改訂 医療福祉施設 計画・設計のための法令ハンドブック

編集：一般社団法人日本医療福祉建築協会
協力：一般社団法人日本医療福祉設備協会

中央法規

発刊にあたって

　わが国の医療福祉施設は、高齢社会の進展や人口構造の変化、ライフスタイルの変化などを背景に、単に治療や介護だけでなく、そのニーズに応じた多様な機能が求められるようになっています。これにより、施設の計画にあたっては多くの創意と工夫が期待されるようになっています。

　一方で、医療福祉施設は多くの法令によって、構造設備や人員配置などに細かな基準が設けられており、計画に際しては、まずそれら法令に規定される諸基準を満たすことが前提となります。しかしながら、それらは医療法や介護保険法における基準、診療報酬や介護報酬を算定するための施設基準、補助金等を利用するための基準など多岐にわたり、経験の豊かな設計者であっても、その全体像を把握することは容易ではありません。

　当協会では、1996（平成8）年にプロジェクトチームを立ち上げ、施設種別ごとにその根拠となる法令・通知等を分類・整理して必要な解説を加えた「医療・高齢者福祉施設についての諸法規・諸基準」をまとめました。この成果をもとに、1998（平成10）年に『医療・高齢者施設の計画法規ハンドブック』を刊行し、以降、四訂版まで版を重ねました。さらに2012（平成24）年7月には『医療福祉施設 計画・設計のための法令ハンドブック』を刊行しました。その後、法規等に関する新たな情報があった場合には、協会ウェブページにおいて、更新情報を提供してきました。

　さて本年、診療報酬改定が実施されました。今回の改定は「人生100年時代を見据えた社会の実現」「どこに住んでいても適切な医療・介護を安心して受けられる社会の実現」「制度の安定性・持続可能性の確保と医療・介護現場の新たな働き方の推進」という基本認識のもと、介護報酬との同時改定であるとともに、2025年問題を前にした重要な体制づくりの方針決定として注目を集めています。平成30年度改定にあわせ本書を発行することになりました。

　改訂版の発行にあたっては、新たな情報の追加・関係法令の更新などのほかに、いくつかの新しい試みを加えています。

まず、当協会の姉妹団体である一般社団法人日本医療福祉設備協会（HEAJ）の協力を得て、設備についての法令を掲載しました。ただし計画・設計に関係する事項に限定しています。次に、法令ではないが参考にされることが多い、ガイドライン・指針について紹介する章を設けました。日本医療福祉設備協会が策定している種々のガイドラインや、医学系学会が提唱している指針のうち、建築設備に言及があるものを紹介しています。3番目に、計画・設計において疑問となりそうな事項について、Q&Aの形式で解説する章を設けました。Q&Aは当協会ウェブページにて法規委員会に寄せられた質問等も参考にしています。

　本書を手にされた方が、法令情報の収集に割くエネルギーを少しでも施設計画に振り向け、ひいては施設水準向上につながればこれに勝る喜びはありません。また、建築設計関係者・施工関係者はもとより、地方自治体の医療・福祉の担当者、病院や高齢者施設の管理者・職員にも広くご活用いただけると考えています。

　末筆になりますが、本書の刊行にあたり情報収集及び執筆の労を取られた法規委員会（小林健一委員長）の委員各位をはじめ、執筆にご協力いただいた方々、また日本医療福祉設備協会からご協力をいただいた鈴村明文氏に感謝申し上げます。

2018年6月

　　　　　　　　　　　　　　　　　　　　一般社団法人　日本医療福祉建築協会
　　　　　　　　　　　　　　　　　　　　　　　会長　　中山　茂樹

改訂 医療福祉施設
計画・設計のための法令ハンドブック

Contents

発刊にあたって

第1章 医療・高齢者施設をめぐる基礎的理解 ———— 1

1 法令等の種類
- ① 法令 ———— 2
- ② 告示・訓令・通達 ———— 2

2 法令等の理解
- ① 委任 ———— 3
- ② 改正 ———— 4

3 法令の調べ方
- ① 官報・e-Gov 法令検索 ———— 6

4 医療保険制度の概要
- ① 診療報酬制度 ———— 7
- ② 医療施設と診療報酬 ———— 9

5 介護保険制度の概要
- ① 介護保険制度 ———— 14
- ② 介護保険のサービス ———— 15

第2章 医療施設の概要と施設基準 ———— 19

1 病院の概要
- ① 病院の種類 ———— 20
- ② 病床の種類 ———— 22
- ③ 病院の構造設備基準 ———— 23
- ④ 病院における廊下・階段について ———— 26
- ⑤ 病室・治療室等の面積の算定方法について ———— 28
- ⑥ 面積と廊下幅への経過措置の適用 ———— 30
- ⑦ 病棟の種類 ———— 31
- ⑧ 構造設備基準にかかる診療報酬上の加算等 ———— 32

2 特定の機能をもつ病院の種別
- ① 特定機能病院 ———— 35
- ② 地域医療支援病院 ———— 36
- ③ 開放型病院（開放型病床） ———— 37
- ④ 臨床研修病院 ———— 38
- ⑤ 災害拠点病院 ———— 39
- ⑥ 総合（地域）周産期母子医療センター ———— 40
- ⑦ がん診療拠点病院 ———— 42
- ⑧ 在宅療養支援病院 ———— 43

3 急性期医療関連
- ① 救命救急センター ———— 44
- ② 特定集中治療室（ICU） ———— 46
- ③ 脳卒中ケアユニット（SCU） ———— 48
- ④ ハイケアユニット（HCU） ———— 50

i

- ⑤ 地域包括ケア病棟 ─── 51
- ⑥ 無菌治療室 ─── 52

4 療養環境関連
- ① 療養環境関連にかかる施設基準の概要 ─── 53
- ② 療養環境（療養環境加算） ─── 54
- ③ 重症者等療養環境（重症加算病室） ─── 55
- ④ 特別の療養環境の提供にかかる基準（差額病室） ─── 56
- ⑤ 療養病床の理解 ─── 58
- ⑥ 療養病棟療養環境 ─── 60
- ⑦ 特殊疾患病棟（特殊疾患入院医療・特殊疾患病棟） ─── 61
- ⑧ 緩和ケア病棟 ─── 62

5 小児・周産期病床
- ① 小児・周産期病床にかかる施設基準の概要 ─── 63
- ② 小児入院医療 ─── 64
- ③ 小児特定集中治療室（PICU） ─── 64
- ④ 新生児特定集中治療室（NICU） ─── 65
- ⑤ 新生児治療回復室（GCU） ─── 65
- ⑥ 総合周産期特定集中治療室 ─── 66
- ⑦ 不妊に悩む方への特定治療支援 ─── 68

6 リハビリテーション関連
- ① リハビリテーション関連にかかる施設基準の概要 ─── 70
- ② 回復期リハビリテーション病棟 ─── 71
- ③ 疾患別リハビリテーション ─── 72

7 感染症病床関連
- ① 感染症病床の施設類型と構造設備基準 ─── 75
- ② 第1種病室・第2種病室の構造設備基準 ─── 76
- ③ 結核病床 ─── 78

8 精神病床関連
- ① 精神病床の概要 ─── 80
- ② 精神科救急病棟 ─── 82
- ③ 精神科急性期治療病棟 ─── 84
- ④ 精神科救急・合併症病棟 ─── 85
- ⑤ 精神療養病棟 ─── 86
- ⑥ 認知症治療病棟 ─── 87
- ⑦ 児童・思春期精神科入院医療病棟（室） ─── 89
- ⑧ 地域移行機能強化病棟 ─── 89
- ⑨ 精神科専門療法 ─── 90

9 診療所
- ① 診療所の概要（構造設備基準） ─── 91
- ② 在宅療養支援診療所 ─── 92

③ 診療所療養病床療養環境 ─── 92
　10 健康増進施設
　　　① 健康増進施設の種別 ─── 94
　　　② 医療施設と疾病予防施設の合築について ─── 95

第3章 高齢者施設の概要と施設基準 ─── 97

　1 高齢者施設の概要
　　　① 介護保険制度と高齢者施設 ─── 98
　　　② 高齢者施設の分類 ─── 102
　　　③ 高齢者施設共通の留意点 ─── 105

　2 居住系施設
　　　① 特別養護老人ホーム（介護老人福祉施設） ─── 108
　　　② 介護老人保健施設 ─── 112
　　　③ 介護医療院 ─── 116
　　　④ 特定施設 ─── 118
　　　⑤ ケアハウス ─── 120
　　　⑥ 有料老人ホーム ─── 122
　　　⑦ 生活支援ハウス ─── 125
　　　⑧ サービス付き高齢者向け住宅 ─── 126
　　　⑨ シルバーハウジング ─── 129
　　　⑩ 老人短期入所施設（ショートステイ） ─── 130
　　　⑪ 短期入所療養介護（ショートステイ） ─── 133
　　　⑫ 認知症高齢者グループホーム（認知症対応型共同生活介護） ─── 134

　3 利用系施設
　　　① デイサービス（通所介護） ─── 136
　　　② デイ・ケア（通所リハビリテーション） ─── 138
　　　③ 小規模多機能型居宅介護 ─── 139
　　　④ 看護小規模多機能型居宅介護事業所 ─── 141

　4 その他の施設
　　　① 訪問介護事業所 ─── 142
　　　② 訪問看護事業所 ─── 144

第4章 医療施設・高齢者施設に共通する諸法規・諸基準 ─── 145

　1 建築基準法・都市計画法関連
　　　① 開発許可 ─── 146
　　　② 防火上主要な間仕切壁 ─── 148
　　　③ 高齢者、障害者等の移動等の円滑化の促進に関する法律 ─── 150
　　　④ 採光のための開口部 ─── 152
　　　⑤ 耐震改修促進法 ─── 153
　　　⑥ 構造耐力上の既存不適格建築物に対する増改築等 ─── 154

  7 仮使用申請と仮設建築物申請 ─────────────── 155
  8 用途変更 ────────────────────── 156
 2 防災関連
  1 医療施設における防火・防災対策 ─────────── 158
  2 社会福祉施設における防火・防災対策 ────────── 162
  3 バルコニー ───────────────────── 163
  4 東京消防庁による医療・社会福祉施設の防火安全対策 ──── 164
  5 ヘリコプター離着陸施設 ───────────────── 166
  6 滑り台 ──────────────────────── 168
 3 設備関連法規
  1 医療排水 ────────────────────── 169
  2 レジオネラ菌対策 ──────────────────── 170
  3 医療ガス ────────────────────── 172
  4 危険物取扱所 ──────────────────── 174
  5 水槽等 ──────────────────────── 176
  6 受電設備 ────────────────────── 178
  7 保守管理 ────────────────────── 180
  8 火気使用室の換気量 ────────────────── 182
 4 その他の法規
  1 医療施設における院内感染の防止 ─────────── 183
  2 業務委託 ────────────────────── 184
  3 廃棄物処理 ───────────────────── 186
  4 放射線障害防止法関連（リニアック・PET・RI 等の届出）── 188
  5 建築物における衛生的環境の確保（ビル管法）────── 191
  6 病院給食における感染管理 ─────────────── 192
  7 特別養護老人ホーム等における入居者の調理行為等について ── 193

第 5 章 学会・団体等によるガイドライン ──────────── 195
 1 医療系学会・団体
  1 集中治療部設置のための指針 ──────────── 196
  2 CCU 設置のための指針 ──────────────── 197
  3 小児集中治療部設置のための指針 ─────────── 198
  4 手術医療の実践ガイドライン ──────────── 199
  5 経カテーテル的大動脈弁置換術実施施設基準 ────── 200
  6 造血細胞移植ガイドライン ─────────────── 201
 2 建築設備系団体
  1 空調設備ガイドライン HEAS-02-2013 ───────── 202
  2 衛生設備ガイドライン HEAS-03-2011 ───────── 206
  3 電気設備ガイドライン HEAS-04-2011 ───────── 208
  4 BCP ガイドライン HEAS-05-2012 ──────────── 210

3 申請手続き例
- ① 病院の開設・増床（東京都） —— 211
- ② 開設許可申請等（東京都） —— 212
- ③ 使用許可申請等（東京都） —— 213
- ④ 診療用エックス線装置備付届（東京都） —— 214
- ⑤ 診療用高エネルギー発生装置等の手続き（東京都） —— 215
- ⑥ 診療用放射性同位元素等の手続き（東京都） —— 216

第6章 医療福祉施設の計画・法規に関する Q&A —— 217

1 医療施設・福祉施設に共通する Q&A
- Q1 平成30年度診療報酬改定（基本的視点と概要） —— 218
- Q2 平成30年度介護報酬改定（基本的な考え方と概要） —— 219
- Q3 療養病床に関する経緯 —— 220
- Q4 法令の公布と施行 —— 222
- Q5 小規模な倉庫の取り扱い —— 223
- Q6 歩行困難者の避難安全対策 —— 224
- Q7 強化天井 —— 226
- Q8 一の建築物 —— 228
- Q9 避難安全のバリアフリー計画 —— 230

2 医療施設に関する Q&A
- Q10 入院基本料 —— 233
- Q11 許可病床数を超える入院 —— 234
- Q12 感染防止対策地域連携加算 —— 236
- Q13 院外薬局の構造基準 —— 238
- Q14 医療機関における施設の一体性 —— 240
- Q15 精神障害者の地域移行支援型ホーム —— 241
- Q16 特定集中治療室管理料の面積算定基準 —— 242
- Q17 助産所の要件 —— 244

3 高齢者施設に関する Q&A
- Q18 市街化調整区域における高齢者施設の建設 —— 245
- Q19 高齢者施設の建築基準法上の分類 —— 246
- Q20 高齢者施設の消防法上の分類 —— 248
- Q21 病院または診療所と介護保険施設等との併設 —— 249
- Q22 老人ホーム等の容積率制限の緩和 —— 250
- Q23 小規模社会福祉施設等の消防設備 —— 251
- Q24 共同住宅の一部にサービス付き高齢者向け住宅等を設ける場合の消防設備の緩和 —— 252

第7章 医療・高齢者施設に関する補助金・交付金 —— 253

1 補助金・交付金
- ① 補助金の概要 —— 254

② 医療提供体制施設整備交付金 ——————————————— 255
　　　③ 医療施設近代化施設整備事業 ——————————————— 262
　　　④ 医療施設等施設整備費補助金 ——————————————— 267
　　　⑤ 地域医療介護総合確保基金 ————————————————— 270
　　　⑥ 高齢者施設に関する補助金制度 —————————————— 271
　　　⑦ 省エネ関連補助金 ——————————————————————— 277
　　　⑧ 木材利用に関する補助金 ————————————————— 280
　　　⑨ 補助金申請手続きの流れ ————————————————— 281
　　　⑩ 補助金の留意点 ———————————————————————— 282
　　　⑪ 補助金を受けた施設の財産処分（転用、譲渡等）——— 283

　２ 融資
　　　① 福祉医療機構融資（医療貸付）—————————————— 286
　　　② 福祉医療機構融資（福祉貸付）—————————————— 287

トピックス・参考

　　設立主体 ——————————————————————————————————— 20
　　病院の名称 ————————————————————————————————— 20
　　病棟とは —————————————————————————————————— 23
　　階段の幅員 ————————————————————————————————— 27
　　受動喫煙対策 ———————————————————————————————— 34
　　総合病院とは ———————————————————————————————— 36
　　医師会立病院 ———————————————————————————————— 37
　　悪性腫瘍に係る専門病院 —————————————————————— 42
　　バイオクリーンルーム ——————————————————————— 47
　　ICUの種類と対象患者・施設基準 ————————————— 49
　　HCU(ハイケアユニット)の呼称について ———————— 50
　　防護環境 —————————————————————————————————— 52
　　外来医療にかかる特別の療養環境 ———————————————— 57
　　ホスピスと緩和ケア ———————————————————————— 62
　　カンガルーケア ——————————————————————————— 63
　　ベビーフレンドリーホスピタル ————————————————— 67
　　生殖補助事業実施医療施設及び提供医療施設における施設・設備の基準 ——— 69
　　リハビリテーションの診療報酬単位 —————————————— 74
　　結核患者の感染症病室への入院 ————————————————— 79
　　結核患者を収容する医療機関の施設基準（試案）について ——— 79
　　精神科病院の定義 ————————————————————————————— 80
　　精神科病院建築基準 ————————————————————————— 81
　　一般病院における併設精神科病棟（室）建築基準 ——————— 82
　　精神科救急医療体制整備事業について —————————————— 83
　　入院形態と閉鎖処遇について ——————————————————— 84
　　医療観察法病棟について —————————————————————— 85
　　鉄格子について ———————————————————————————— 86

診療所の入院制限	91
東京都の診療所構造設備基準	93
介護老人保健施設等との併設	95
高専賃とサ高住	107
スマートウェルネス住宅	107
高齢者施設に関するオーナー型補助制度	111
従来型とユニット型の併設	115
特定施設	119
介護専用型ケアハウス	121
有料老人ホームの運営に関する基準	124
サービス付き高齢者向け住宅関連	128
シルバーハウジング関連	129
ショートステイと老人短期入所施設	132
地方公共団体による補助協議基準	135
老人デイサービスセンターと通所介護	137
東京都における病室等容積率の特例	151
スプリンクラーヘッドの設置を要しない部分	161
核医学施設でのスリッパへの履き替え	190
補助金事業における清浄度クラス	285

資料　法令等	289
資料　法令番号	434

「改訂 医療福祉施設 計画・設計のための法令ハンドブック」編集体制

※法令等の略表記

本書では、必要に応じて法令等を省略して表記しています。そのルールは以下の通りです。

・番号・名称の略表記

	番号・名称	略表記
法律	平成12年○月○日法律第120号	⇒ 平12法120
	医療法、介護保険法、建築基準法	⇒ 医法、介法、建基法
政令	平成10年○月○日政令第93号	⇒ 平10政令93
	医療法施行令	⇒ 医令
省令	平成24年○月○日厚生労働省令第30号	⇒ 平24厚労令30
	医療法施行規則	⇒ 医規
告示	平成24年○月○日厚生労働省告示第45号	⇒ 平24厚労告45
通知	平成24年3月5日保医発0305第2号	⇒ 平24.3.5保医発0305第2

・条項号数等の略表記

	条項号数	略表記
法令	第1条の8　第3項　第1号	⇒ 〈1の8③一〉
通知	第3　2　(1)	⇒ 〈第3　2(1)〉

・略表記例

　　医療法施行規則　第9条の9第1項第2号
　　　⇒医規〈9の9①二〉
　　平成11年3月31日厚生省令第37号　第7条第2項
　　　⇒平11厚令37〈7②〉
　　平成24年3月5日保医発0305第2号　別添2第2　1
　　　⇒平24.3.5保医発0305第2〈別添2　第2　1〉

第1章
医療・高齢者施設をめぐる基礎的理解

1 法令
1) 法令等の種類

　私たちはさまざまなルールに基づいて日常生活を営んでいる。このうち、国会や国の行政機関で制定されるものを、一般的に「法令」と呼ぶ。わが国の法令には、国の法令として、憲法、条約、法律、議院規則、最高裁判所規則及び命令がある。

表 1-1　法令の区別

憲法	日本国憲法はわが国の基本法であり、国の組織と活動の根本を定める その法体系にあってもっとも高い位置にある 憲法に反する法令は効力をもたない	
条約	国家間または国際連合などの国際機関との間において、文書によって結ばれるもの	
法律	法律は国会によって制定され、国民の権利・義務について制限の基本的事項を示す	
命令	国の行政機関が定める。「命令」は、政令、内閣府令・省令、規則に分けることができる	
	政令	憲法及び法律の規定を実施するために内閣が定める その題名は「○○法施行令」となっている場合が多い（例：医療法施行令）
	内閣府令・省令	内閣府令は、内閣府にかかる主任の行政事務について、法律もしくは政令を施行するため、または法律もしくは政令の特別の委任に基づいて、内閣府の命令として定められる 省令は、主任の行政事務について、法律もしくは政令を施行するため、または法律もしくは政令の特別の委任に基づいて、それぞれその機関の命令として各省大臣が定める その題名は「○○法施行規則」となっている場合が多い（例：医療法施行規則、介護保険法施行規則）
	規則	内閣府には、その外局として、委員会及び庁を置くことができるとされ、省も同様にその外局として委員会及び庁が置かれる 各委員会及び各庁の長官は、別に法律の定めるところにより、政令及び省令以外の規則その他の特別の命令を自ら発することができる（例：公正取引委員会規則、国家公安委員会規則）

　法令には、それぞれに定められる所管事項があり、また優劣関係がある。法律は憲法に次ぎ、命令は、すべて法律に劣る。法律と条約との関係については、条約が法律に優先すると解されている。

2 告示・訓令・通達
1) 法令等の種類

　法令のほかに、各省大臣、各委員会及び各庁の長官は、その機関が所管する事務について、公示を必要とする場合においては、告示を発することができるとされている。また、命令または文書で知らせるため、所管の諸機関及び職員に対し、訓令または通達（通知）を発することができる。

1 委任

2) 法令等の理解

　法令は、その種類によって定められる手続きが異なる。法律は国会によって制定され、命令は行政機関が定める。仮に、法律で詳細な規定を定めてしまっては、その見直しが必要になったとき、その都度国会に諮らないとならないのであれば、実際に即した対応が叶わなくなる。そこで、法律の条文そのものには詳細を定める規定をおかず、たとえば「政令で定める」あるいは「〇〇省令で定める」といったように、別の法令（政令や省令）に委ねることで、柔軟な運用を可能としている。このような仕組みを「委任」と呼ぶ。

具体例（政令に委任している場合）

介護保険法（抄）

（平成9年12月17日法律第123号）

（定義）
第7条
3　この法律において「要介護者」とは、次の各号のいずれかに該当する者をいう。
　一　要介護状態にある65歳以上の者
　二　要介護状態にある40歳以上65歳未満の者であって、その要介護状態の原因である身体上又は精神上の障害が加齢に伴って生ずる心身の変化に起因する疾病であって<u>政令で定めるもの</u>（以下「特定疾病」という。）によって生じたものであるもの

介護保険法施行令（抄）

（平成10年12月24日政令第412号）

（特定疾病）
第2条　法第7条第3項第2号に規定する<u>政令で定める疾病</u>は、次のとおりとする。
　一　がん（医師が一般に認められている医学的知見に基づき回復の見込みがない状態に至ったと判断したものに限る。）
　二　関節リウマチ
　三〜十六　略

　このように、介護保険法施行令の第2条をみれば、これが介護保険法第7条第3項第2号の委任規定であることがわかる。
　なお、行政機関による通達（通知）は法令の趣旨や内容を示すために出されることがあり、その全容を理解するには、法令と通達（通知）の双方を理解する必要がある。

2 改　正

2) 法令等の理解

　毎年、多くの法令が制定されるが、そのほとんどは、すでにある法令を改正するものである。介護保険法についていえば、公布されてから、大きな改正が4回あったが、それを含めて50回近くの改正がなされている。改正といっても、その都度"新しい"介護保険法が制定されているわけではない。1997（平成9）年に公布された介護保険法を改正の対象とした別の法律が制定され、これによって、介護保険法の一部が改正されるという手順となる。

　例えば、介護保険法は、最近では「地域包括ケアシステムの強化のための介護保険法等の一部を改正する法律（平成29年6月2日法律第52号）」によって改正されており、その内容の一部は次のとおりである。

改正法の例

　　地域包括ケアシステムの強化のための介護保険法等の一部を改正する法律をここに公布する。

　　　御　名　御　璽

　　　平成29年6月2日

　　　　　　　　　　　　　　　　　　内閣総理大臣　安倍　晋三

法律第52号
　　　地域包括ケアシステムの強化のための介護保険法等の一部を改正する法律（抄）
（介護保険法の一部改正）
第1条　介護保険法（平成9年法律第123号）の一部を次のように改正する。
　　目次中「第2款　介護老人保健施設（第94条―第115条）」を「第2款　介護老人保健施設（第94条―第106条）　第3款　介護医療院（第107条―第115条）」に、「第120条」を「第120条の2」に改める。
　　第5条に次の一項を加える。
　4　国及び地方公共団体は、前項の規定により同項に掲げる施策を包括的に推進するに当たっては、障害者その他の者の福祉に関する施策との有機的な連携を図るよう努めなければならない。
　　第5条の2の見出し中「調査研究の」を「施策の総合的な」に改め、同条中「（脳血管疾患、アルツハイマー病その他の要因に基づく脳の器質的な変化により日常生活に支障が生じる程度にまで記憶機能及びその他の認知機能が低下した状態をいう。以下同じ。）」を削り、「応じた」の下に「リハビリテーション及び」を、「ともに、」の下に「認知症である者を現に介護する者の支援並びに」を加え、「講ずるよう」を「講ずることその他の認知症に関する施策を総合的に推進するよう」に改め、同条を同条第2項とし、同条に第1

項として次の1項を加える。
国及び地方公共団体は、認知症（脳血管疾患、アルツハイマー病その他の要因に基づく脳の器質的な変化により日常生活に支障が生じる程度にまで記憶機能及びその他の認知機能が低下した状態をいう。以下同じ。）に対する国民の関心及び理解を深め、認知症である者への支援が適切に行われるよう、認知症に関する知識の普及及び啓発に努めなければならない。
第5条の2に次の1項を加える。
3　国及び地方公共団体は、前項の施策の推進に当たっては、認知症である者及びその家族の意向の尊重に配慮するよう努めなければならない。
略

このように、改正法によって、対象となる法令（ここでは介護保険法）の一部について、「○○を◆◆」に改めたり、削ったり、新しい条文が追加されたりする。書店などで販売されている法令集には、これらの作業が行われたうえで改正された「後」の状態が収載されている。

もっとも、このような改正法令の内容を十分に理解するのは容易ではない。そのため、すでにある法律を改正する法律案が国会に提出された場合、所管省庁のホームページに法律案の要綱や新旧対照表が掲載される。ただし、これらは法律案の提出時のものであり、審議過程において修正される場合があるので注意が必要である。

新旧対照条文の例
○地域包括ケアシステムの強化のための介護保険法等の一部を改正する法律による介護保険法の改正

（傍線の部分は改正部分）

改正案	現行
目次 （略）	目次 （略）
（国及び地方公共団体の責務） 第5条　（略） 2・3　（略） 4　国及び地方公共団体は、前項の規定により同項に掲げる施策を包括的に推進するに当たっては、障害者その他の者の福祉に関する施策との有機的な連携を図るよう努めなければならない。	（国及び地方公共団体の責務） 第5条　（略） 2・3　（略） （新設）
（認知症に関する施策の総合的な推進等） 第5条の2　国及び地方公共団体は、認知症（脳血管疾患、アルツハイマー病その他の要因に基づく脳の器質的な変化により日常生活に支障が生じる程度にまで記憶機能及びその他の	（認知症に関する調査研究の推進等） 第5条の2　（新設）

認知機能が低下した状態をいう。以下同じ。）に対する国民の関心及び理解を深め、認知症である者への支援が適切に行われるよう、認知症に関する知識の普及及び啓発に努めなければならない。 2　国及び地方公共団体は、被保険者に対して認知症に係る適切な保健医療サービス及び福祉サービスを提供するため、認知症の予防、診断及び治療並びに認知症である者の心身の特性に応じたリハビリテーション及び介護方法に関する調査研究の推進並びにその成果の活用に努めるとともに、認知症である者を現に介護する者の支援並びに認知症である者の支援に係る人材の確保及び資質の向上を図るために必要な措置を講ずることその他の認知症に関する施策を総合的に推進するよう努めなければならない。 3　国及び地方公共団体は、前項の施策の推進に当たっては、認知症である者及びその家族の意向の尊重に配慮するよう努めなければならない。	国及び地方公共団体は、被保険者に対して認知症（脳血管疾患、アルツハイマー病その他の要因に基づく脳の器質的な変化により日常生活に支障が生じる程度にまで記憶機能及びその他の認知機能が低下した状態をいう。以下同じ。）に係る適切な保健医療サービス及び福祉サービスを提供するため、認知症の予防、診断及び治療並びに認知症である者の心身の特性に応じた介護方法に関する調査研究の推進並びにその成果の活用に努めるとともに、認知症である者の支援に係る人材の確保及び資質の向上を図るために必要な措置を講ずるよう努めなければならない。 （新設）

1 官報・e-Gov 法令検索　　　　3）法令の調べ方

　条約、法律、政令、省令、告示は独立行政法人国立印刷局が発行する官報に収載されている。入手方法については、全国主要都市にある「政府刊行物サービスセンター」と各都道府県の県庁所在地にある「官報販売所」に問い合わせる。官報には、公布された法令の全文ほか、その内容などを簡単にまとめた「法令のあらまし」が冒頭にのっている。

　なお、官報としての周知事項を速やかに周知し、官報の補完的役割を果たすものとして、30日間分の官報をインターネット版「官報」として配信している（http://kanpou.npb.go.jp/）。

　電子政府の総合窓口（e-Gov）は、総務省行政管理局が運営する総合的な行政情報ポータルサイトで、e-Gov 法令検索では、法令（憲法・法律・政令・勅令・府令・省令・規則）の内容を検索することができる。法令名（略称法令名）中の用語、五十音、事項別分類、法令番号を利用して検索することが可能である（http://www.e-gov.go.jp/）。

1 診療報酬制度 — 4）医療保険制度の概要

　わが国の医療保険制度は、被用者保険、国民健康保険及び後期高齢者医療制度に分けることができる。いずれも、被保険者による保険料と公費及び患者負担によって運営されており、疾病、負傷、死亡、分娩などに対して、保険者が保険給付を行う。医療保険制度は、健康保険法、国民健康保険法、高齢者の医療の確保に関する法律などに基づいて運営されているが、病院や診療所、医師といった医療提供体制は医療法や医師法、歯科医師法などに基づいている。

　また、保険医療機関及び保険薬局が行う保健医療サービスの対価は国によって決められており、これを診療報酬という。診療報酬の内容は、医師（または歯科医師）や看護師、その他の医療従事者の技術やサービスに対する評価、使用された医療材料費、医療行為に伴って行われた検査費用などであり、一つひとつの技術、サービスについて、点数がつけられている。その点数は、中央社会保険医療協議会（中医協）における議論を踏まえて厚生労働大臣が決定し、診療報酬点数表として示される。診療報酬点数表は、医科、歯科、調剤に分かれており、示された単位数に10円をかけて算定される。利用者はその一部を負担することになる（多くの場合は3割）。

　医科診療報酬点数表は、大きく基本診療料と特掲診療料とに分けられる。基本診療料は、初診、再診及び入院の際に行われる基本的な診療行為の費用を一括して評価するもの（表1-2）で、特掲診療料は、基本診療料として一括して支払うことが妥当でない特別の診療行為に対して個々に点数を設定し評価を行うものである（表1-3）。

図1-1　保険診療の概念図

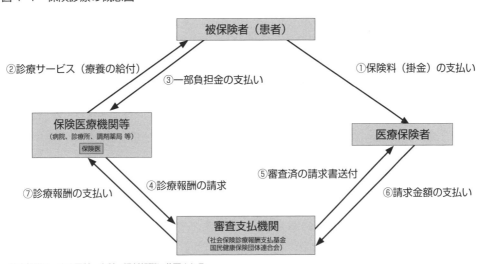

　診療報酬は、まず医科、歯科、調剤報酬に分類される。
　具体的な診療報酬は、原則として実施した医療行為ごとに、それぞれの項目に対応した点数が加えられ、1点の単価を10円として計算される（いわゆる「出来高払い制」）。例えば、盲腸で入院した場合、初診料、入院日数に応じた入院料、盲腸の手術代、検査料、薬剤料と加算され、保険医療機関は、その合計額から患者の一部負担分を差し引いた額を審査支払機関から受け取ることになる。

表1-2 医科診療報酬点数表例（基本診療料）

基本診療料	初診もしくは再診の際及び入院の際に行われる基本的な診療行為の費用を一括して評価するもの	
	初・再診料	初診料：外来での初回の診療時に算定する点数 　　　　基本的な診療行為を含む一連の費用を評価したもの 　　　　簡単な検査、処置等の費用が含まれている 再診料：外来での2回目以降の診療時に1回ごとに算定する点数 　　　　基本的な診療行為を含む一連の費用を評価したもの 　　　　簡単な検査、処置等の費用が含まれている
	入院基本料	入院の際に行われる基本的な医学管理、看護、療養環境の提供を含む一連の費用を評価したもの 簡単な検査、処置等の費用を含み、病棟の種別、看護配置、平均在院日数等により区分されている なお、療養病床の入院基本料については、その他の入院基本料の範囲に加え、検査、投薬、注射及び簡単な処置等の費用が含まれている
	入院基本料等加算	人員の配置、特殊な診療の体制等、医療機関の機能等に応じて一日ごとまたは一入院ごとに算定する点数
	特定入院料	集中治療、回復期リハビリテーション等の特定の機能を有する病棟または病床に入院した場合に算定する点数 入院基本料の範囲に加え、検査、投薬、注射、処置等の費用が含まれている

表1-3 医科診療報酬点数表例（特掲診療料）

特掲診療料	基本診療料として、一括して支払うことが妥当でない特別の診療行為に対して個々に点数を設定し、評価を行うもの	
	医学管理等	特殊な疾患に対する診療、医療機関が連携して行う治療管理、特定の医学管理等が行われた場合に算定する点数
	在宅医療	在宅医療にかかる診療報酬。患家を訪問して医療が行われた場合に算定する点数と、在宅における療養のための医学管理及び医療機器の貸与等が行われた場合に算定する点数からなる。
	検査	検体検査、病理学的検査、生体検査等の施行時に算定する点数
	画像診断	エックス線診断、核医学診断、コンピューター断層撮影診断等の画像撮影、診断時に算定する点数
	投薬	投薬時に算定する点数
	処置	喀痰吸引、人工呼吸、介達牽引等の処置時に算定する点数

2 医療施設と診療報酬

4) 医療保険制度の概要

　病院、診療所といった医療施設については、医療法に規定されている。このほか、診療報酬を算定するにあたっては、あらかじめ定められた要件（人員、構造設備など）を満たす必要があり、病院・診療所を設計、建築する際は、医療法と併せてこれにも留意する必要がある。医科診療報酬点数表は、大きく基本診療料と特掲診療料とに分けられ、さらに基本診療料は初・再診料、入院料等（入院基本料、入院基本料等加算、特定入院料及び短期滞在手術等基本料）からなる。このうち、施設基準にかかわるものは、入院基本料、入院基本料等加算及び特定入院料である。入院基本料、特定入院料は基本的な入院医療の体制を評価するもので、その内容は図1-2に示すとおりである。入院基本料等加算は、それぞれの医療機関の機能に応じて、算定することができ、入院基本料及び特定入院料それぞれに算定可能な入院基本料加算が定められている（表1-4及び表1-5）。

　なお、特定入院料は原則として、1回の入院について、当該治療室に入院させた連続する期間1回に限り算定できるものであり、1回の入院期間中に、当該特定入院料を算定した後に、入院基本料または他の特定入院料を算定し、再度同一の特定入院料を算定することはできない。

図1-2　診療報酬の構成

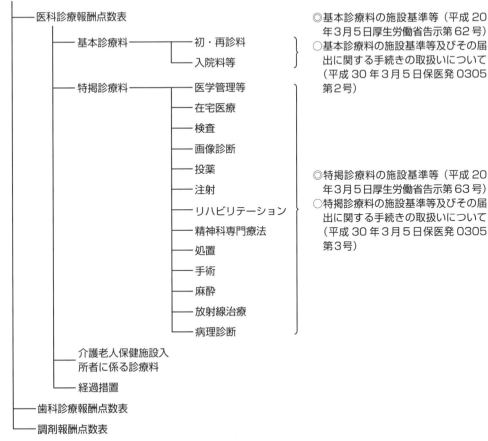

表1-4 入院基本料と入院基本料等加算

- ○ 算定可（特定入院料は、包括されず別途算定可という意味）
- × 算定不可（特定入院料は、包括されており別途算定不可という意味）
- ● 50対1補助体制加算、75対1補助体制加算及び100対1補助体制加算に限る。
- ① 医師事務作業補助体制加算1に限る。
- ② 特定機能病院の病棟では、医師事務作業補助体制加算2を除く。
- ● 難病患者等入院診療加算に限る。
- ★ 看護配置等による制限あり
- △ A300の「注2」加算を算定しない場合に限る。
- □ 精神病棟を除く。
- 注 短期滞在手術等基本料2、3はDPC対象病院を除く。

加算名	急性期一般入院料1	急性期一般入院料2	急性期一般入院料3	急性期一般入院料4	急性期一般入院料5	急性期一般入院料6	急性期一般入院料7	地域一般入院料1	地域一般入院料2	地域一般入院料3	療養病棟入院料1	療養病棟入院料2	療養病棟入院基本料注⑪	療養病棟入院基本料注⑫	結核病棟入院基本料	重症患者割合特別入院基本料	精神病棟入院基本料(A102)	特定機能病院入院基本料1(一般病棟)	特定機能病院入院基本料2(結核病棟)	特定機能病院入院基本料3(精神病棟)	専門病院入院基本料	障害者施設等入院基本料	特定入院基本料(A106)	医療区分(1・2)に応じた点数	有床診療所入院基本料	有床診療所療養病床入院基本料
	一般	一般	一般	一般	一般	一般	一般	一般	一般	一般	療養	療養	療養	療養	結核	結核	精神	一般	結核	精神	一般	一般	一般	一般	一般	療養
総合入院体制加算	○	○	○	○	○	○	○	○	○	○	×	×	×	×	×	×	×	×	×	×	×	×	×	×	×	×
地域医療支援病院入院診療加算	○	○	○	○	○	○	○	○	○	○	○	○	×	×	○	×	○	×	×	×	○	○	×	×	×	×
臨床研修病院入院診療加算	○	○	○	○	○	○	○	○	○	○	○	○	×	×	○	×	○	○	○	○	○	○	×	×	○	○
救急医療管理加算	○	○	○	○	○	○	○	○	○	○	×	×	×	×	×	×	×	×	×	×	○	×	×	×	○	×
超急性期脳卒中加算	○	○	○	○	○	○	○	○	○	○	×	×	×	×	×	×	×	○	×	×	○	×	×	×	○	×
妊産婦緊急搬送入院加算	○	○	○	○	○	○	○	○	○	○	×	×	×	×	×	×	×	○	×	×	○	×	×	×	○	×
在宅患者緊急入院診療加算	○	○	○	○	○	○	○	○	○	○	○	○	×	×	○	×	○	○	○	○	○	○	×	×	○	○
診療録管理体制加算	○	○	○	○	○	○	○	○	○	○	○	○	×	×	○	×	○	○	○	○	○	○	×	×	×	×
医師事務作業補助体制加算	○	○	○	○	○	○	○	○	○	○	●	●	×	×	●	×	●	①	①	①	○	●	×	×	×	×
急性期看護補助体制加算	○	○	○	○	○	○	○	★	×	×	×	×	×	×	×	×	×	○	×	×	○	★	×	×	×	×
看護職員夜間配置加算	○	○	○	○	○	○	○	★	×	×	×	×	×	×	×	×	×	○	×	×	○	★	×	×	×	×
乳幼児加算・幼児加算	○	○	○	○	○	○	○	○	○	○	○	○	×	×	○	×	○	○	○	○	○	○	×	×	○	○
難病等特別入院診療加算	○	○	○	○	○	○	○	○	○	○	×	×	×	×	●	●	×	●	×	×	●	●	●	●	●	×
特殊疾患入院施設管理加算	×	×	×	×	×	×	×	×	×	×	×	×	×	×	×	×	×	×	×	×	×	×	×	×	○	×
超重症児(者)入院診療加算・準超重症児(者)入院診療加算	○	○	○	○	○	○	○	○	○	○	○	○	×	×	×	×	×	○	×	×	○	○	×	×	○	×
看護配置加算	×	×	×	×	×	×	×	×	×	×	×	×	×	×	★	×	★	×	×	×	★	★	△	×	×	×
看護補助加算	×	×	×	×	×	★	★	○	○	○	×	×	×	×	★	×	★	×	×	×	★	★	★	×	×	×
地域加算	○	○	○	○	○	○	○	○	○	○	○	○	×	×	○	×	○	○	○	○	○	○	×	×	○	○
離島加算	○	○	○	○	○	○	○	○	○	○	○	○	×	×	○	×	○	○	○	○	○	○	×	×	○	○
療養環境加算	○	○	○	○	○	○	○	○	○	○	×	×	×	×	○	×	○	×	×	×	○	○	×	×	×	×
HIV感染者療養環境特別加算	○	○	○	○	○	○	○	○	○	○	○	○	×	×	○	×	○	○	○	○	○	○	×	×	○	○
二類感染症患者療養環境特別加算	○	○	○	○	○	○	○	○	○	○	×	×	×	×	○	×	×	○	○	×	○	×	×	×	○	×
重症者等療養環境特別加算	○	○	○	○	○	○	○	○	○	○	×	×	×	×	○	×	×	○	○	×	○	○	×	×	×	×
小児療養環境特別加算	○	○	○	○	○	○	○	○	○	○	×	×	×	×	×	×	×	○	×	×	○	×	×	×	×	×
療養病棟療養環境加算	×	×	×	×	×	×	×	×	×	×	×	×	×	×	×	×	×	×	×	×	×	×	×	×	×	×
療養病棟療養環境改善加算	×	×	×	×	×	×	×	×	×	×	×	×	○	○	×	×	×	×	×	×	×	×	×	×	×	×
診療所療養病床療養環境加算	×	×	×	×	×	×	×	×	×	×	×	×	×	×	×	×	×	×	×	×	×	×	×	×	×	○
診療所療養病床療養環境改善加算	×	×	×	×	×	×	×	×	×	×	×	×	×	×	×	×	×	×	×	×	×	×	×	×	×	○
無菌治療室管理加算	○	○	○	○	○	○	○	○	○	○	×	×	×	×	×	×	×	○	×	×	○	×	×	×	○	×
放射線治療病室管理加算	○	○	○	○	○	○	○	○	○	○	×	×	×	×	×	×	×	○	×	×	○	×	×	×	×	×
重症皮膚潰瘍管理加算	×	×	×	×	×	×	×	×	×	×	○	○	×	×	×	×	×	×	×	×	×	○	×	×	×	○
緩和ケア診療加算	○	○	○	○	○	○	○	○	○	○	×	×	×	×	×	×	×	○	×	×	○	×	×	×	×	×
有床診療所緩和ケア診療加算	×	×	×	×	×	×	×	×	×	×	×	×	×	×	×	×	×	×	×	×	×	×	×	×	○	×
精神科措置入院診療加算	×	×	×	×	×	×	×	×	×	×	×	×	×	×	×	×	○	×	×	○	×	×	×	×	×	×
精神科措置入院退院支援加算	×	×	×	×	×	×	×	×	×	×	×	×	×	×	×	×	○	×	×	○	×	×	×	×	×	×

	入院基本料																									
	急性期一般入院料1	急性期一般入院料2	急性期一般入院料3	急性期一般入院料4	急性期一般入院料5	急性期一般入院料6	急性期一般入院料7	地域一般入院料1	地域一般入院料2	地域一般入院料3	療養病棟入院料1	療養病棟入院料2	療養病棟入院料 注⑪	療養病棟入院料 注⑫	結核病棟入院基本料	重症患者割合特別入院基本料(A102)	精神病棟入院基本料	1 特定機能病院入院基本料(一般病棟)	2 特定機能病院入院基本料(結核病棟)	3 特定機能病院入院基本料(精神病棟)	専門病院入院基本料	障害者施設等入院基本料	特定入院基本料(A106)	医療区分(1・2)に応じた点数	有床診療所入院基本料	有床診療所療養病床入院基本料
	一般	一般	一般	一般	一般	一般	一般	一般	一般	一般	療養	療養	療養	療養	結核	結核	精神	一般	結核	精神	一般	一般	一般	一般	一般	療養
精神科応急入院施設管理加算	×	×	×	×	×	×	×	×	×	×	×	×	×	×	×	×	○	×	×	○	×	×	×	×	×	×
精神科隔離室管理加算	×	×	×	×	×	×	×	×	×	×	×	×	×	×	×	×	○	×	×	○	×	×	×	×	×	×
精神病棟入院時医学管理加算	×	×	×	×	×	×	×	×	×	×	×	×	×	×	×	×	○	×	×	○	×	×	×	×	×	×
精神科地域移行実施加算	×	×	×	×	×	×	×	×	×	×	×	×	×	×	×	×	○	×	×	○	×	×	×	×	×	×
精神科身体合併症管理加算	×	×	×	×	×	×	×	×	×	×	×	×	×	×	×	×	★	×	×	○	×	×	×	×	×	×
精神科リエゾンチーム加算	○	○	○	○	○	○	○	○	○	○	×	×	×	×	×	×	×	○	×	×	○	○	×	×	○	×
強度行動障害入院医療管理加算	○	○	○	○	○	○	○	○	○	○	×	×	×	×	×	×	×	○	×	×	○	○	×	×	×	×
重度アルコール依存症入院医療管理加算	○	○	○	○	○	○	○	○	○	○	×	×	×	×	×	×	×	○	×	×	○	○	×	×	×	×
摂食障害入院医療管理加算	○	○	○	○	○	○	○	○	○	○	×	×	×	×	×	×	×	○	×	×	○	○	×	×	×	×
がん拠点病院加算	○	○	○	○	○	○	○	○	○	○	×	×	×	×	×	×	×	○	×	×	○	○	×	×	×	×
栄養サポートチーム加算	○	○	○	○	○	○	○	○	○	○	○	○	○	○	○	○	○	○	○	○	○	○	×	×	○	○
医療安全対策加算	○	○	○	○	○	○	○	○	○	○	○	○	○	○	○	○	○	○	○	○	○	○	×	×	○	○
感染防止対策加算	○	○	○	○	○	○	○	○	○	○	○	○	○	○	○	○	○	○	○	○	○	○	×	×	○	○
患者サポート体制充実加算	○	○	○	○	○	○	○	○	○	○	○	○	○	○	○	○	○	○	○	○	○	○	×	×	○	○
褥瘡ハイリスク患者ケア加算	○	○	○	○	○	○	○	○	○	○	×	×	×	×	○	○	○	○	○	○	○	○	×	×	×	×
ハイリスク妊娠管理加算	○	○	○	○	○	○	○	○	○	○	×	×	×	×	×	×	×	○	×	×	○	×	×	×	×	×
ハイリスク分娩管理加算	○	○	○	○	○	○	○	○	○	○	×	×	×	×	×	×	×	○	×	×	○	×	×	×	×	×
精神科救急搬送患者地域連携紹介加算	×	×	×	×	×	×	×	×	×	×	×	×	×	×	×	×	○	×	×	○	×	×	×	×	×	×
精神科救急搬送患者地域連携受入加算	×	×	×	×	×	×	×	×	×	×	×	×	×	×	×	×	○	×	×	○	×	×	×	×	×	×
総合評価加算	○	○	○	○	○	○	○	○	○	○	○	○	○	○	○	○	×	○	○	×	○	○	×	×	○	○
呼吸ケアチーム加算	○	○	○	○	○	○	○	○	○	○	×	×	×	×	○	○	×	○	○	×	○	○	×	×	×	×
後発医薬品使用体制加算	○	○	○	○	○	○	○	○	○	○	×	×	×	×	×	×	×	×	×	×	○	○	×	×	○	×
病棟薬剤業務実施加算1	○	○	○	○	○	○	○	○	○	○	×	×	×	×	○	○	○	○	○	○	○	○	×	×	×	×
病棟薬剤業務実施加算2	×	×	×	×	×	×	×	×	×	×	○	○	○	○	×	×	×	×	×	×	×	×	×	×	×	×
データ提出加算	○	○	○	○	○	○	○	○	○	○	○	○	○	○	○	○	○	○	○	○	○	○	×	×	×	×
入退院支援加算1 イ	○	○	○	○	○	○	○	○	○	○	×	×	×	×	○	○	×	○	○	×	○	○	×	×	×	×
入退院支援加算1 ロ	×	×	×	×	×	×	×	×	×	×	○	○	○	○	×	×	○	×	×	○	×	×	×	×	×	×
入退院支援加算2 イ	○	○	○	○	○	○	○	○	○	○	×	×	×	×	○	○	×	○	○	×	○	○	×	×	×	×
入退院支援加算2 ロ	×	×	×	×	×	×	×	×	×	×	○	○	○	○	×	×	○	×	×	○	×	×	×	×	×	×
入退院支援加算3	○	○	○	○	○	○	○	○	○	○	×	×	×	×	×	×	×	○	×	×	○	○	×	×	×	×
認知症ケア加算	○	○	○	○	○	○	○	○	○	○	○	○	○	○	○	○	×	○	○	×	○	○	×	×	×	×
精神疾患診療体制加算	○	○	○	○	○	○	○	○	○	○	×	×	×	×	○	○	×	○	○	×	○	○	×	×	×	×
精神科急性期医師配置加算	×	×	×	×	×	×	×	×	×	×	×	×	×	×	×	×	★	×	×	★	×	×	×	×	×	×
薬剤総合評価調整加算	○	○	○	○	○	○	○	○	○	○	○	○	○	○	○	○	○	○	○	○	○	○	×	×	○	○

表 1-5　特定入院料と入院基本料等加算

○　算定可（特定入院料は、包括されず別途算定可という意味）
×　算定不可（特定入院料は、包括されており別途算定不可という意味）

①　医師事務作業補助体制加算１に限る。
②　特定機能病院の病棟では、医師事務作業補助体制加算２を除く。
注　短期滞在手術等基本料２、３はＤＰＣ対象病院を除く

		特定入院料																																																							
		救命救急入院料	特定集中治療室管理料	ハイケアユニット入院医療管理料	脳卒中ケアユニット入院医療管理料	小児特定集中治療室管理料	新生児特定集中治療室管理料	総合周産期特定集中治療室管理料	新生児治療回復室入院医療管理料	一類感染症患者入院医療管理料	特殊疾患入院医療管理料	医療区分（1・2）に応じた点数	1 小児入院医療管理料1	2 小児入院医療管理料2	3 小児入院医療管理料3	4 小児入院医療管理料4	5 小児入院医療管理料5	回復期リハビリテーション病棟入院料1		回復期リハビリテーション病棟入院料2		回復期リハビリテーション病棟入院料3		回復期リハビリテーション病棟入院料4		回復期リハビリテーション病棟入院料5		回復期リハビリテーション病棟入院料6		地域包括ケア病棟入院料1		地域包括ケア病棟入院料2		地域包括ケア病棟入院料3		地域包括ケア病棟入院料4		地域包括ケア入院医療管理料1		地域包括ケア入院医療管理料2		地域包括ケア入院医療管理料3		地域包括ケア入院医療管理料4		1 特殊疾患病棟入院料1	2 特殊疾患病棟入院料2	医療区分（1・2）に応じた点数 イ	医療区分（1・2）に応じた点数 ロ	緩和ケア病棟入院料（1・2）	精神科救急入院料	1 精神科急性期治療病棟入院料1	2 精神科急性期治療病棟入院料2	精神科救急・合併症入院料	児童・思春期精神科入院医療管理料	精神療養病棟入院料	認知症治療病棟入院料	特定一般病棟入院料	地域移行機能強化病棟入院料
		一般	一般	一般	一般	一般	一般	一般	一般	一般	一般	一般	一般	一般	一般	一般	一般・結核・精神	一般	療養	一般	療養	一般	療養	一般	療養	一般	療養	一般	療養	一般	療養	一般	療養	一般	療養	一般	療養	一般	療養	一般	療養	一般	療養	一般	療養	一般	一般・精神	一般	一般・精神	一般	精神	精神	精神	精神	精神	精神	精神	一般	精神
入院基本料等加算	総合入院体制加算	×	×	×	×	×	×	×	×	×	×	×	×	×	×	×	×	×	×	×	×	×	×	×	×	×	×	×	×	×	×	×	×	×	×	×	×	×	×	×	×	×	×	×	×	×	×	×	×	×	×	×	×	×	×	×	×	○	×
	地域医療支援病院入院診療加算	×	×	×	×	×	×	×	×	×	×	×	×	×	×	×	×	×	×	×	×	×	×	×	×	×	×	×	×	×	×	×	×	×	×	×	×	×	×	×	×	×	×	×	×	×	×	×	×	×	×	×	×	×	×	×	×	×	×
	臨床研修病院入院診療加算	○	○	○	○	○	○	○	○	○	○	○	○	○	○	○	○	○	○	○	○	○	○	○	○	○	○	○	○	○	○	○	○	○	○	○	○	○	○	○	○	○	○	○	○	○	○	○	○	○	○	○	○	○	○	○	○	○	○
	救急医療管理加算	×	×	×	×	×	×	×	×	×	×	×	×	×	×	×	×	×	×	×	×	×	×	×	×	×	×	×	×	×	×	×	×	×	×	×	×	×	×	×	×	×	×	×	×	×	×	×	×	×	×	×	×	×	×	×	×	○	×
	超急性期脳卒中加算	○	○	○	○	○	○	○	○	○	○	○	○	○	○	○	○	×	×	×	×	×	×	×	×	×	×	×	×	×	×	×	×	×	×	×	×	×	×	×	×	×	×	×	×	×	×	×	×	×	×	×	×	×	×	×	×	○	×
	妊産婦緊急搬送入院加算	○	○	○	○	×	×	○	×	○	×	×	×	×	×	×	×	×	×	×	×	×	×	×	×	×	×	×	×	×	×	×	×	×	×	×	×	×	×	×	×	×	×	×	×	×	×	×	×	○	×	○	○	○	×	×	×	○	×
	在宅患者緊急入院診療加算	×	×	×	×	×	×	×	×	×	×	×	○	○	○	○	○	×	×	×	×	×	×	×	×	×	×	×	×	○	○	○	○	○	○	○	○	○	○	○	○	○	○	○	○	×	×	×	×	×	×	×	×	×	×	×	×	○	×
	診療録管理体制加算	×	×	×	×	×	×	×	×	×	×	×	×	×	×	×	×	×	×	×	×	×	×	×	×	×	×	×	×	×	×	×	×	×	×	×	×	×	×	×	×	×	×	×	×	×	×	×	×	×	×	×	×	×	×	×	×	○	×
	医師事務作業補助体制加算	②	○	○	○	○	○	○	○	○	○	○	○	○	○	○	○	○	×	○	×	○	×	○	×	○	×	○	×	○	×	○	×	○	×	○	×	○	×	○	×	○	×	○	×	×	×	×	×	○	○	○	×	○	×	×	×	○	×
	急性期看護補助体制加算	×	×	×	×	×	×	×	×	×	×	×	×	×	×	×	×	×	×	×	×	×	×	×	×	×	×	×	×	×	×	×	×	×	×	×	×	×	×	×	×	×	×	×	×	×	×	×	×	×	×	×	×	×	×	×	×	×	×
	看護職員夜間配置加算	×	×	×	×	×	×	×	×	×	×	×	×	×	×	×	×	×	×	×	×	×	×	×	×	×	×	×	×	×	×	×	×	×	×	×	×	×	×	×	×	×	×	×	×	×	×	×	×	×	×	×	×	×	×	×	×	×	×
	乳幼児加算・幼児加算	×	×	×	×	×	×	×	×	×	×	×	×	×	×	×	×	×	×	×	×	×	×	×	×	×	×	×	×	×	×	×	×	×	×	×	×	×	×	×	×	×	×	×	×	×	×	×	×	×	×	×	×	×	×	×	×	○	×
	難病等特別入院診療加算	×	×	×	×	×	×	×	×	×	×	×	×	×	×	×	×	×	×	×	×	×	×	×	×	×	×	×	×	×	×	×	×	×	×	×	×	×	×	×	×	×	×	×	×	×	×	×	×	×	×	×	×	×	×	×	×	○	×
	特殊疾患入院施設管理加算	×	×	×	×	×	×	×	×	×	×	×	×	×	×	×	×	×	×	×	×	×	×	×	×	×	×	×	×	×	×	×	×	×	×	×	×	×	×	×	×	×	×	×	×	×	×	×	×	×	×	×	×	×	×	×	×	×	×
	超重症児（者）入院診療加算・準超重症児（者）入院診療加算	×	×	×	×	×	×	×	×	×	○	○	○	○	○	○	○	×	×	×	×	×	×	×	×	×	×	×	×	×	×	×	×	×	×	×	×	×	×	×	×	×	×	×	×	○	○	○	○	×	×	×	×	×	×	×	×	○	×
	看護配置加算	×	×	×	×	×	×	×	×	×	×	×	×	×	×	×	×	×	×	×	×	×	×	×	×	×	×	×	×	×	×	×	×	×	×	×	×	×	×	×	×	×	×	×	×	×	×	×	×	×	×	×	×	×	×	×	×	★	×
	看護補助加算	×	×	×	×	×	×	×	×	×	×	×	×	×	×	×	×	×	×	×	×	×	×	×	×	×	×	×	×	×	×	×	×	×	×	×	×	×	×	×	×	×	×	×	×	×	×	×	×	×	×	×	×	×	×	×	×	○	×
	地域加算	○	○	○	○	○	○	○	○	○	○	○	○	○	○	○	○	○	○	○	○	○	○	○	○	○	○	○	○	○	○	○	○	○	○	○	○	○	○	○	○	○	○	○	○	○	○	○	○	○	○	○	○	○	○	○	○	○	○
	離島加算	○	○	○	○	○	○	○	○	○	○	○	○	○	○	○	○	○	○	○	○	○	○	○	○	○	○	○	○	○	○	○	○	○	○	○	○	○	○	○	○	○	○	○	○	○	○	○	○	○	○	○	○	○	○	○	○	○	○
	療養環境加算	×	×	×	×	×	×	×	×	×	×	×	×	×	×	×	×	×	×	×	×	×	×	×	×	×	×	×	×	×	×	×	×	×	×	×	×	×	×	×	×	×	×	×	×	×	×	×	×	×	×	×	×	×	×	×	×	○	×
	HIV 感染者療養環境特別加算	×	×	×	×	×	×	×	×	×	×	×	×	×	×	×	×	×	×	×	×	×	×	×	×	×	×	×	×	×	×	×	×	×	×	×	×	×	×	×	×	×	×	×	×	×	×	×	×	×	×	×	×	×	×	×	×	○	×
	二類感染症患者療養環境特別加算	×	×	×	×	×	×	×	×	×	×	×	×	×	×	×	×	×	×	×	×	×	×	×	×	×	×	×	×	×	×	×	×	×	×	×	×	×	×	×	×	×	×	×	×	×	×	×	×	×	×	×	×	×	×	×	×	○	×
	重症者等療養環境特別加算	×	×	×	×	×	×	×	×	×	×	×	×	×	×	×	×	×	×	×	×	×	×	×	×	×	×	×	×	×	×	×	×	×	×	×	×	×	×	×	×	×	×	×	×	×	×	×	×	×	×	×	×	×	×	×	×	○	×
	小児療養環境特別加算	×	×	×	×	×	×	×	×	×	×	×	○	○	○	○	○	×	×	×	×	×	×	×	×	×	×	×	×	×	×	×	×	×	×	×	×	×	×	×	×	×	×	×	×	×	×	×	×	×	×	×	×	×	×	×	×	○	×
	療養病棟療養環境加算	×	×	×	×	×	×	×	×	×	×	×	×	×	×	×	×	×	×	×	×	×	×	×	×	×	×	×	×	×	×	×	×	×	×	×	×	×	×	×	×	×	×	×	×	×	×	×	×	×	×	×	×	×	×	×	×	×	×
	療養病棟療養環境改善加算	×	×	×	×	×	×	×	×	×	×	×	×	×	×	×	×	×	×	×	×	×	×	×	×	×	×	×	×	×	×	×	×	×	×	×	×	×	×	×	×	×	×	×	×	×	×	×	×	×	×	×	×	×	×	×	×	×	×
	診療所療養病床療養環境加算	×	×	×	×	×	×	×	×	×	×	×	×	×	×	×	×	×	×	×	×	×	×	×	×	×	×	×	×	×	×	×	×	×	×	×	×	×	×	×	×	×	×	×	×	×	×	×	×	×	×	×	×	×	×	×	×	×	×
	診療所療養病床療養環境改善加算	×	×	×	×	×	×	×	×	×	×	×	×	×	×	×	×	×	×	×	×	×	×	×	×	×	×	×	×	×	×	×	×	×	×	×	×	×	×	×	×	×	×	×	×	×	×	×	×	×	×	×	×	×	×	×	×	×	×
	無菌治療室管理加算	×	×	×	×	×	×	×	×	×	×	×	×	×	×	×	×	×	×	×	×	×	×	×	×	×	×	×	×	×	×	×	×	×	×	×	×	×	×	×	×	×	×	×	×	×	×	×	×	×	×	×	×	×	×	×	×	○	×
	放射線治療病室管理加算	×	×	×	×	×	×	×	×	×	×	×	×	×	×	×	×	×	×	×	×	×	×	×	×	×	×	×	×	×	×	×	×	×	×	×	×	×	×	×	×	×	×	×	×	×	×	×	×	×	×	×	×	×	×	×	×	○	×
	重症皮膚潰瘍管理加算	×	×	×	×	×	×	×	×	×	×	×	×	×	×	×	×	×	×	×	×	×	×	×	×	×	×	×	×	×	×	×	×	×	×	×	×	×	×	×	×	×	×	×	×	×	×	×	×	×	×	×	×	×	×	×	×	×	×
	緩和ケア診療加算	×	×	×	×	×	×	×	×	×	×	×	○	○	×	×	×	×	×	×	×	×	×	×	×	×	×	×	×	×	×	×	×	×	×	×	×	×	×	×	×	×	×	×	×	×	×	×	×	×	×	×	×	×	×	×	×	○	×
	有床診療所緩和ケア診療加算	×	×	×	×	×	×	×	×	×	×	×	×	×	×	×	×	×	×	×	×	×	×	×	×	×	×	×	×	×	×	×	×	×	×	×	×	×	×	×	×	×	×	×	×	×	×	×	×	×	×	×	×	×	×	×	×	×	×
	精神科措置入院診療加算	×	×	×	×	×	×	×	×	×	×	×	×	×	×	×	×	×	×	×	×	×	×	×	×	×	×	×	×	×	×	×	×	×	×	×	×	×	×	×	×	×	×	×	×	×	×	×	×	×	○	○	○	○	×	○	○	×	○
	精神科措置入院退院支援加算	×	×	×	×	×	×	×	×	×	×	×	×	×	×	×	×	×	×	×	×	×	×	×	×	×	×	×	×	×	×	×	×	×	×	×	×	×	×	×	×	×	×	×	×	×	×	×	×	×	○	○	○	○	×	○	○	×	○
	精神科応急入院施設管理加算	×	×	×	×	×	×	×	×	×	×	×	×	×	×	×	×	×	×	×	×	×	×	×	×	×	×	×	×	×	×	×	×	×	×	×	×	×	×	×	×	×	×	×	×	×	×	×	×	×	○	○	○	○	×	×	×	×	×

- 難病患者等入院診療加算に限る。
- ★ 看護配置等による制限あり
- △ A300の「注2」加算を算定しない場合に限る。
- □ 精神病棟を除く。

1 介護保険制度

5）介護保険制度の概要

　加齢に伴って生ずる疾病等によって介護を必要とする状態となり、介護、機能訓練や看護、療養上の管理といった医療を要する者が、自立した日常生活を営むことができるように、保健医療サービスや福祉サービスの給付を行い、保健医療の向上及び、福祉の増進を図ることを目的として、1997（平成9）年12月に介護保険法が成立し、介護保険制度が2000（平成12）年4月からスタートした。

　介護保険では、被保険者を①65歳以上の高齢者（第1号被保険者）、②40歳以上65歳未満の医療保険加入者（第2号被保険者）としており、このうち、保険給付を受けることができるのは、市町村から「要介護状態」「要支援状態」にあると認定された場合である（表1-6、1-7）。

　「要介護状態」とは、身体上または精神上の障害があるために、入浴、排泄、食事などの日常生活における基本的な動作の全部または一部について、継続して常時介護を要すると見込まれる状態をいい、「要支援状態」とは、身体上もしくは精神上の障害によって基本的な日常生活動作に介護が必要とされる状態のその程度を軽くしたり、もしくはその悪化を防止したりするために支援が必要であると見込まれる、または継続して日常生活を営むのに支障があると見込まれる状態をいう。前者を「要介護者」、後者を「要支援者」と呼ぶ。ただし、第2号被保険者が「要介護状態」もしくは「要支援状態」と認定されるには、その原因である身体上または精神上の障害が、加齢に伴って生ずる疾病（特定疾病）によって生じた場合である必要がある。

表1-6　介護保険の対象となる被保険者

介護保険の対象と	（第1号）	市町村の区域内に住所を有する65歳以上の者
なる被保険者	（第2号）	市町村の区域内に住所を有する40歳以上65歳未満の医療保険加入者

（介護保険法第9条）

表1-7　介護保険給付の対象者

対象者の区分	介護状態	対象者の説明	給付の種類
要支援（高齢）者	要支援1	・要支援状態にある65歳以上の者 ・認知症、脳血管疾患、閉塞性動脈硬化症などの疾病により要支援状態にある40歳以上65歳未満の者	予防給付
	要支援2		
要介護（高齢）者	要介護1	・要介護状態にある65歳以上の者 ・認知症、脳血管疾患、閉塞性動脈硬化症などの疾病により要介護状態にある40歳以上65歳未満の者	介護給付
	要介護2		
	要介護3		
	要介護4		
	要介護5		

（介護保険法第7条）

2 介護保険のサービス

5）介護保険制度の概要

　介護保険による保険給付には、要介護者に対する「介護給付」、要支援者に対する「予防給付」、要介護状態の軽減もしくは悪化の予防または要介護状態となることの予防に資する給付として条例で定められる「市町村特別給付」の3種類がある。
　なお、保険給付の対象となるサービスは表1-8、1-9のとおりである。

表1-8　介護保険で受けられるサービスの種類（介護給付）と場所

	サービスの種類	サービスを受ける場所	指定・監督を行うもの
介護給付	居宅サービス ①訪問介護（ホームヘルプサービス） ②訪問入浴介護 ③訪問看護 ④訪問リハビリテーション ⑤居宅療養管理指導 ⑥通所介護（デイサービス） ⑦通所リハビリテーション ⑧短期入所生活介護（ショートステイ） ⑨短期入所療養介護 ⑩特定施設入居者生活介護 ⑪福祉用具貸与 ⑫特定福祉用具販売	①居宅 ②居宅 ③居宅 ④居宅 ⑤居宅 ⑥老人デイサービスセンター、特別養護老人ホーム等 ⑦介護老人保健施設、病院、診療所、介護医療院 ⑧特別養護老人ホーム、老人短期入所施設等 ⑨介護老人保健施設、介護医療院、療養病床をもつ病院、診療所等 ⑩有料老人ホーム、養護老人ホーム、軽費老人ホーム ⑪居宅 ⑫居宅	都道府県
	地域密着型サービス ①定期巡回・随時対応型訪問介護看護 ②夜間対応型訪問介護 ③地域密着型通所介護 ④認知症対応型通所介護 ⑤小規模多機能型居宅介護 ⑥認知症対応型共同生活介護 ⑦地域密着型特定施設入居者生活介護 ⑧地域密着型介護老人福祉施設入所者生活介護 ⑨看護小規模多機能型居宅介護	①居宅 ②居宅 ③老人デイサービスセンター、特別養護老人ホーム等 ④老人デイサービスセンター、特別養護老人ホーム ⑤小規模多機能型居宅介護事業所 ⑥認知症高齢者グループホーム ⑦入居定員が29人以下である、有料老人ホーム、養護老人ホーム、軽費老人ホーム ⑧入所定員が29人以下の特別養護老人ホーム ⑨看護小規模多機能型居宅介護事業所	市町村
	施設サービス ①介護福祉施設サービス（介護老人福祉施設） ②介護保健施設サービス（介護老人保健施設） ③介護医療院サービス（介護医療院）	①特別養護老人ホーム ②介護老人保健施設 ③介護医療院	都道府県

注）ここでいう「居宅」には、自宅のほか、養護老人ホーム、軽費老人ホーム及び有料老人ホームの居室を含む

表1-9 介護保険で受けられるサービスの種類（予防給付）と場所

	サービスの種類	サービスを受ける場所	指定・監督を行うもの
予防給付	介護予防サービス ①介護予防訪問介護（ホームヘルプサービス） ②介護予防訪問入浴介護 ③介護予防訪問看護 ④介護予防訪問リハビリテーション ⑤介護予防居宅療養管理指導 ⑥介護予防通所介護（デイサービス） ⑦介護予防通所リハビリテーション ⑧介護予防短期入所生活介護（ショートステイ） ⑨介護予防短期入所療養介護 ⑩介護予防特定施設入居者生活介護 ⑪介護予防福祉用具貸与 ⑫特定介護予防福祉用具販売	①居宅 ②居宅 ③居宅 ④居宅 ⑤居宅 ⑥老人デイサービスセンター、特別養護老人ホーム等 ⑦介護老人保健施設、病院、診療所、介護医療院 ⑧特別養護老人ホーム、老人短期入所施設等 ⑨介護老人保健施設、介護医療院、療養病床をもつ病院、診療所等 ⑩有料老人ホーム、養護老人ホーム、軽費老人ホーム及びサービス付き高齢者向け住宅（一定の居住水準を満たすものに限られる） ⑪居宅 ⑫居宅	都道府県
	地域密着型介護予防サービス ①介護予防認知症対応型通所介護 ②介護予防小規模多機能型居宅介護 ③介護予防認知症対応型共同生活介護	①老人デイサービスセンター、特別養護老人ホーム等 ②小規模多機能型居宅介護事業所 ③認知症高齢者グループホーム	市町村

注）ここでいう「居宅」には、自宅のほか、養護老人ホーム、軽費老人ホーム及び有料老人ホームの居室を含む

　介護保険により給付される施設サービスには介護老人福祉施設、介護老人保健施設、介護医療院の3種類の施設があるが、介護老人福祉施設については、介護保険による給付の対象施設として認められるために、老人福祉法に基づく施設基準とは別に、介護保険上の施設基準が定められている。

　介護老人保健施設については、老人保健施設として1986（昭和61）年の老人保健法の一部改正により規定され、昭和63年度から本格実施されてきたが、介護保険法の施行に伴い同法に基づく介護老人保健施設として運営されている。

　また、2017（平成29）年の介護保険法の改正に伴い、介護保険施設として介護医療院が新たに位置づけられた。

　なお、施設サービス以外の「居宅サービス」「地域密着型サービス」「介護予防サービス」「地域密着型介護予防サービス」についても、その事業の人員及び設備の基準等が定められている（図1-3）。

図 1-3　居宅サービス、施設サービスの施設基準等

介護保険法（平成 9 年 12 月 17 日法律第 123 号）
├── 指定居宅サービス等の事業の人員、設備及び運営に関する基準（平成 11 年 3 月 31 日厚生省令第 37 号）
│   └── 指定居宅サービス等及び指定介護予防サービス等に関する基準について（平成 11 年 9 月 17 日老企第 25 号）
├── 指定介護予防サービス等の事業の人員、設備及び運営並びに指定介護予防サービス等に係る介護予防のための効果的な支援の方法に関する基準（平成 18 年 3 月 14 日厚生労働省令第 35 号）
│   └── 指定居宅サービス等及び指定介護予防サービス等に関する基準について（平成 11 年 9 月 17 日老企第 25 号）
├── 指定地域密着型サービスの事業の人員、設備及び運営に関する基準（平成 18 年 3 月 14 日厚生労働省令第 34 号）
│   └── 指定地域密着型サービス及び指定地域密着型介護予防サービスに関する基準について（平成 18 年 3 月 31 日老計発第 0331004 号・老振発第 0331004 号・老老発第 0331017 号）
├── 指定地域密着型介護予防サービスの事業の人員、設備及び運営並びに指定地域密着型介護予防サービスに係る介護予防のための効果的な支援の方法に関する基準（平成 18 年 3 月 14 日厚生労働省令第 36 号）
│   └── 指定地域密着型サービス及び指定地域密着型介護予防サービスに関する基準について（平成 18 年 3 月 31 日老計発第 0331004 号・老振発第 0331004 号・老老発第 0331017 号）
├── 指定介護老人福祉施設の人員、設備及び運営に関する基準（平成 11 年 3 月 31 日厚生省令第 39 号）
│   └── 指定介護老人福祉施設の人員、設備及び運営に関する基準について（平成 12 年 3 月 17 日老企第 43 号）
├── 介護老人保健施設の人員、施設及び設備並びに運営に関する基準（平成 11 年 3 月 31 日厚生省令第 40 号）
│   └── 介護老人保健施設の人員、施設及び設備並びに運営に関する基準について（平成 12 年 3 月 17 日老企第 44 号）
└── 介護医療院の人員、施設及び設備並びに運営に関する基準（平成 30 年 1 月 18 日厚生労働省令第 5 号）
    └── 介護医療院の人員、施設及び設備並びに運営に関する基準について（平成 30 年 3 月 22 日老老発第 1 号）

第2章
医療施設の概要と施設基準

1 病院の種類

病院は医療法第1条の5において「傷病者が、科学的でかつ適正な診療を受けることができる便宜を与えることを主たる目的として組織され、かつ、運営されるもの」であり、「医業又は歯科医業を行う場所であって、20人以上の患者を入院させるための施設を有するもの」と定義される。

表2-1 医療法による医療施設の種別

病院		医業または歯科医業を行う場所であって、20人以上の患者を入院させるための施設を有するもの （医法〈1の5〉）
	特定機能病院	400床以上の病院であって、高度の医療提供、高度の医療技術の開発及び評価、高度の医療に関する研修を実施する能力を備え、それにふさわしい人員配置、構造設備等を有するもの （医法〈4の2〉）
	地域医療支援病院	200床以上の病院であって、かかりつけ医を支援し、地域医療の充実を図ることを目的として、2次医療圏ごとに整備されるもの （医法〈4〉）
	臨床研究中核病院	400床以上の病院であって、国際水準の臨床研究や医師主導治験の中心的な役割を担う病院 （医法〈4の3〉）
診療所		医業または歯科医業を行う場所であって、患者を入院させるための施設を有しないもの、または19人以下の患者を入院させるための施設を有するもの （医法〈1の5〉）
助産所		助産師が公衆または特定多数人のため、その業務（病院または診療所において行うものを除く）を行う場所であって、妊婦、産婦またはじょく婦10人以下の入所施設を有するもの （医法〈2〉）

トピックス ― 設立主体 ― Topics

医療機関の設立主体による分類としては、国立、独立行政法人、公立（都道府県、指定都市、市町村、組合）、公的（日赤、済生会、厚生連、労災、社会保険、厚生年金、国家公務員共済会、国保連合会等）、私立（医療法人、社会医療法人、公益法人、社会福祉法人、学校法人、宗教法人、企業、個人、その他法人）がある。

トピックス ― 病院の名称 ― Topics

一般的に使われている「一般病院」という名称は、一般病床を主体にしている病院という意味で使用され理解されているが、医療法で定義されているものではない。また「精神科病院」「結核療養所」という名称も、医療法では定義されておらず、主として精神病床、結核病床を有する病院を呼んでいる。

厚生労働省の行う「病院調査」などの「用語の定義」では、「精神科病院」は精神病床のみ、結核療養所」は結核病床のみを有する病院とされている。一般的には、精神病床比率80％以上、医業収支比率90％以上の場合に「精神科病院」、結核病床比率80％以上、医業収支比率70％以上の場合に「結核療養所」と称されている。

1) 病院の概要

病院の種別には、医療法関連だけでなく、消防法等の他の法令で定義されるものもある（表2-2）。

表2-2　その他の法令等に規定されるその他の主な病院種別

臨床研修病院	医学部を卒業し、医師免許を取得した医師（研修医）が卒後2年間、基本的な手技、知識（初期研修）を身につけるため籍を置く病院 （医師法〈16の2〉、平15.6.12医政発0612004）
災害拠点病院	災害発生時に災害医療を行う医療機関を支援する病院。地域災害拠点病院については原則として2次医療圏ごとに1か所、基幹災害拠点病院については原則として都道府県ごとに1か所整備する　　　　　　　　　（平24.3.21医政発0321第2）
救急指定病院	消防法の規定に基づき、救急隊による救急搬送を受け入れるための医療機関のことで、都道府県知事が告示・指定する病院 また都道府県ごとに作成される医療計画において、初期、第2次、第3次救急医療の体制も整備されている　　　　　　　　　　　（消防法〈2⑨〉、昭39厚令8）
共同利用型病院	医療圏単位で、拠点となる病院が一部を開放し、地域の医師の協力を得て、休日及び夜間における入院治療を必要とする重症救急患者を受け入れるもので、その拠点となる病院　　　　　　　　　　　　　　　　　　　　　　　　　（昭52.7.6医発692）
開放型病院	当該病院が当該病院のある地域のすべての医師に利用されるために開放されている病院。当該病院の施設・設備を診察や検査に利用できる　　（平20厚告63）
総合（地域）周産期母子医療センター	相当規模のMFICUを含む産科病棟及びNICUを含む新生児病棟を備え、常時の母体及び新生児搬送受入体制を有し、合併症妊娠（重症妊娠高血圧症候群、切迫早産等）、胎児・新生児異常（超低出生体重児、先天異常児等）等母体または児におけるリスクの高い妊娠に対する医療、高度な新生児医療等の周産期医療を行う医療施設　　　　　　　　　　　　　　　　　（平29.3.31医政地発0331第3）
在宅療養支援病院	24時間体制で訪問診療または訪問看護などの在宅医療を行い、在宅療養をサポートする200床未満の病院　　　　　　　　　　　　（平30.3.5保医発0305第3）
がん診療連携拠点病院	質の高いがん医療の全国的な均てん化を図ることを目的に整備された病院 （平26.1.10健発0110第7）
エイズ診療拠点病院	地域におけるエイズ診療の中核的役割を果たすことを目的に整備された病院 （平5.7.28健医発825）
肝疾患診療連携拠点病院	都道府県における肝疾患の診療ネットワークの中心的役割を果たす医療機関。都道府県において、地域の実情に応じ、1か所以上選定する （平29.3.31健発0331第8）

2 病床の種類 — 1) 病院の概要

　病床は、医療法により表 2-3 の 5 つに区分されており、病床の種別により、用いられる施設基準や診療報酬が異なっている。それぞれの病床の特徴を表 2-3 に記載する。詳細については「3 病院の構造設備基準」(p. 23) を、また経過措置の扱いについては「6 面積と廊下幅への経過措置の適用」(p. 30) を参照のこと。

表 2-3　医療法による病床種別と構造設備基準の概要

病床種別	一般病床	療養病床	精神病床		感染症病床	結核病床
設定可能な施設	病院・診療所	病院				
概要（医法〈7〉）	精神病床、感染症病床、結核病床、療養病床以外の病床	主として長期にわたり療養を必要とする患者を入院させるための病床	病院の病床のうち、精神疾患を有する者を入院させるための病床		病院の病床のうち、感染症法に規定する一類感染症、二類感染症（結核を除く）、新型インフルエンザ等感染症、指定感染症の患者、新感染症の所見がある者を入院させるための病床	病院の病床のうち、結核の患者を入院させるための病床
			1)内科、外科、産婦人科、眼科及び耳鼻咽喉科を有する100床以上の病院並びに大学附属病院	2)1)以外の精神病床		
病院の構造設備基準に加えて必要となる設備		・機能訓練室 ・談話室 ・食堂 ・浴室	・精神疾患の特性を踏まえた適切な医療の提供及び患者の保護のために必要な方法を講ずる		・機械換気設備 ・感染予防のためのしゃ断その他必要な方法を講ずる ・必要な消毒設備	・機械換気設備 ・感染予防のためのしゃ断その他必要な方法を講ずる ・必要な消毒設備
病床面積（内法）	6.4 ㎡／床以上	6.4 ㎡／床以上	6.4 ㎡／床以上		6.4 ㎡／床以上	6.4 ㎡／床以上
廊下幅（内法） 両側居室	2.1 m 以上	2.7 m 以上	2.1 m 以上	2.7 m 以上	2.1 m 以上	2.1 m 以上
廊下幅（内法） 片側居室	1.8 m 以上	1.8 m 以上	1.8 m 以上	1.8 m 以上	1.8 m 以上	1.8 m 以上
届出の単位	病棟単位ごと				病床単位ごと	病棟単位ごと 一般病棟と合わせて 1 看護単位とできる

3 病院の構造設備基準　　　1）病院の概要

　病院に関する施設基準は、基本法としての医療法、医療法施行令、医療法施行規則等に基づいた法律・政省令・告示等の法令と、それに準拠した通知等によって示されている。
　また、診療報酬を算定するための施設基準が告示・通知によって細かに設定されている。
　これら施設基準は、建物にかかる構造設備基準と人員配置基準等で構成されているが、本章では、施設基準のなかでも、特に計画にあたって必要となる構造設備基準のみを取り上げる。
　この構造設備基準は、全ての病院に共通の基準であることから、病院の計画にあたっては、この基準に適合させることが最低条件として求められる。
　従来は採光や換気についても医療法等で定められていたが、現在では建築基準法に準じることになっている。

表2-4　病院の構造設備基準(1)

病棟	病棟の概念	・病院である医療機関の各病棟における看護体制の1単位をもって病棟として取り扱う （平30.3.5 保医発0305 第2）
	1看護単位あたりの病床数	・1看護単位あたりの病床数は、原則60床以下を標準とする ・1病棟の病床数は、①効率的な看護管理、②夜間における適正な看護の確保、③当該病棟にかかる建築物の構造の観点から、総合的に判断したうえで決定されること ・精神病棟については70床まではやむを得ない ・60床（精神病棟については70床）を上回る場合においては、 ①　2以上の病棟に分割した場合に、片方が1病棟として成り立たない ②　建物構造上の事情で標準を満たすことが困難 ③　近く建物の改築がなされることが確実である　等 のやむを得ない理由がある場合に限り認められるものである （平30.3.5 保医発0305 第2）
	複数階を1病棟とする場合	・高層建築の場合、複数階（原則として2つの階）を1病棟とすることは可 ・3つ以上の階を1病棟とすることは、サブナースステーションの設置や看護要員の配置を工夫するなどの場合に限り特例として認められる （平30.3.5 保医発0305 第2）
	感染症病棟結核病棟	・感染症病床が別棟にある場合は、隣接して看護を円滑に実施できる一般病棟に含めて1病棟とすることができる ・平均入院患者数がおおむね30名程度以下の小規模な結核病棟の場合には、一般病棟と結核病棟をあわせて1看護単位とすることも可能だが、看護配置基準が同じ入院基本料を算定する場合に限る　（平30.3.5 保医発0305 第2）

トピックス　病棟とは

　看護師長・看護師等が看る病床のまとまりで、看護体制の1単位のことを看護単位と呼ぶ。
　この看護単位ごとの病室、スタッフステーション等で構成されるまとまりを病棟と呼び、看護単位と病棟は同じ意味として使われていることが一般的である。
　「基本診療料の施設基準等及びその届出に関する手続きの取扱いについて」（平30.3.5 保医発0305 第2）では、病棟とは「看護体制の1単位をもって病棟として取り扱う」と定義されており、建築的なまとまり（階、近接性、棟等）から決まっているものでない。

3 病院の構造設備基準

表 2-5 病院の構造設備基準(2)

病室	床面積	・内法 6.4m²以上／床 ・小児だけを入院させる病室の床面積は上記の 2/3 以上とできる （医規〈16〉）
	配置	・病室は地階または 3 階以上の階には設けない 〈緩和規定〉 ・放射線治療病室は地階に設けてもよい ・主要構造部（建基法〈2 五〉）が耐火構造（建基法〈2 七〉）の場合は 3 階以上に病室を設けてもよい （医規〈16〉）
	1 病室の病床数	・療養病床については 4 床以下 ・療養病床以外の病床については基準なし （医規〈16〉）
	その他	・感染症・結核病室については、7）感染症病床関連参照（p.75） ・精神病室については、8）精神病床関連参照（p.80）
診察室		・各科専門の診察室を有する （医法〈21〉） ・各科専門の診察室については、1 人の医師が同時に 2 以上の診療科の診療にあたる場合その他特別の事情がある場合には、同一の室を使用することができる （医規〈20〉）
手術室		・診療科名中に、外科、整形外科、形成外科、美容外科、脳神経外科、呼吸器外科、心臓血管外科、小児外科、皮膚科、泌尿器科、産婦人科、産科、婦人科、眼科及び耳鼻咽喉科のどれか 1 つがある病院、または歯科のみを診療科名とする病院には手術室が必要 ・手術室は、なるべく準備室を附設し、じんあいの入らないようにし、その内壁全部を不浸透質のもので覆い、適当な暖房及び照明の設備を有し、清潔な手洗い設備を設ける （医規〈20〉）
処置室		・処置室はなるべく診療科ごとに設ける ・ただし、場合により 2 以上の診療科について兼用し、または診療室と兼用することができる （医規〈20〉）
臨床検査室		・喀痰、血液、尿、糞便等について、通常行われる臨床検査のできるもの （医規〈20〉） ・検体検査の業務を委託する場合にあっては、当該施設を設けないことができる ・ただし、休日・夜間や救急時の体制が確保されている ・生理学的検査を行う場所は原則として病院または診療所等の医業が行われる場所に限定される （平 13.2.22 医政発 125〈第 6〉）
エックス線装置		・内科、心療内科、リウマチ科、小児科、外科、整形外科、形成外科、美容外科、脳神経外科、呼吸器外科、心臓血管外科、小児外科、泌尿器科、リハビリテーション科及び放射線科のどれか 1 つがある病院、または歯科のみを診療科名とする病院にはエックス線装置が必要 （医規〈20〉）

1) 病院の概要

表2-6 病院の構造設備基準(3)

調剤所		・採光・換気を十分にし、かつ清潔を保つ ・冷暗所を設ける ・感量10mgの天秤及び500mgの上皿天秤、その他調剤に必要な器具を備える （医規〈16〉）
給食施設		・入院患者のすべてに給食することのできる施設とし、調理室の床は耐水材料をもって洗浄及び排水または清掃に便利な構造とし、食器の消毒設備を設ける ・調理業務または洗浄業務を委託する場合には、当該業務にかかる設備を設けないことができる　（医規〈20〉） ・給食施設を設けない場合であっても、再加熱等の作業に必要な設備については設けなくてはならない　（平13.2.23 医政発125〈第6〉）
消毒施設 洗濯施設		・消毒施設及び洗濯施設は、蒸気、ガス、もしくは薬品を用い、またはその他の方法により入院患者及び職員の被服、寝具等の消毒を行えるものとする（医規〈21〉）。感染症病室または結核病室を有する病院には、上記の消毒施設の他に必要な消毒設備を設ける（医規〈16〉） ・繊維製品の滅菌の業務または寝具類の洗濯の業務を委託する場合にあっては、当該設備を設けないことができる　（平13.2.22 医政発125〈第6〉）
分娩室 新生児の入浴施設		・産婦人科または産科を有する病院では分娩室及び新生児の入浴施設が必要 （医法〈21〉）
食堂		・一般病床については面積規定なし（食堂加算を算定する場合は内法0.5㎡/床） （平18.3.6 保医発0306009） ・療養病床については、入院患者1人につき内法1㎡以上　（医規〈21〉）
歯科技工室		・防塵設備、その他の必要な設備を設ける　（医規〈16〉）
療養病床	機能訓練室	・療養病床を有する病院の1以上の機能訓練室は内法40㎡以上　（医規〈20〉） ・長期にわたる療養を行うにつき、必要な器械・器具（訓練マットとその付属品、姿勢矯正用鏡、車いす、各種杖、各種測定用具（角度計、握力計等）等）を備える　（平30.3.5 保医発0305第2）
	談話室	・入院患者同士や入院患者とその家族が談話を楽しめる広さを有する ・食堂と兼用可能　（医規〈21〉、平30.3.5 保医発0305第2）
	浴室	・身体の不自由な者が入浴するのに適したもの　（医規〈21〉）
その他		・電気・光線、熱、蒸気またはガスに関する構造設備については、危害防止上必要な方法を講じる ・機械換気設備については、感染症病室、結核病室または病理細菌検査室の空気が風道を通じて病院の他の部分へ流入しないようにする ・火気を使用する場所には、防火上必要な設備を設ける ・消火用の機械または器具を備える　（医規〈16〉）

第2章　医療施設の概要と施設基準

4 病院における廊下・階段について

病院の廊下幅員、階段については、建築基準法に加えて医療法に規定されている基準を満たす必要がある。表 2-7 に医療法の基準を示す。

表 2-7 医療法による病院における廊下・階段の基準

患者が利用する廊下	一般病床 精神病床（*1） 感染症病床 結核病床	・片側居室：内法 1.8 m 以上　・両側居室：内法 2.1 m 以上 （医規〈16〉〈43の2〉）
	療養病床 精神病床（*2） 地域包括ケア病棟 回復期リハビリテーション病棟	〈病室に隣接する廊下〉 ・片側居室：内法 1.8 m 以上　・両側居室：内法 2.7 m 以上 〈病室に隣接しない廊下〉 ・片側居室：内法 1.8 m 以上　・両側居室：内法 2.1 m 以上 （医規〈16〉、平 30.3.5 保医発 0305 第 2）
階段	直通階段	・2 階以上の階に病室を有するものにあっては、患者の使用する屋内の直通階段を 2 以上設けること ・ただし、患者の使用するエレベーターが設置されているものまたは 2 階以上の各階における病室の床面積の合計が 50㎡（主要構造部が耐火構造、または不燃材料の場合は 100㎡）以下のものについては直通階段を 1 とすることができる　　　　　（医規〈16〉）
	直通階段の構造	・階段及び踊場の幅：内法 1.2 m 以上 ・蹴上：20cm 以下　・踏面：24cm 以上　・適当な手すりを設ける （医規〈16〉）
	避難階段	・3 階以上の階に病室を有するものは、避難階段を 2 以上設ける （医規〈16〉）

*1 大学附属病院（特定機能病院及び精神病床のみを有する病院を除く）並びに内科、外科、産婦人科、眼科、耳鼻咽喉科を有する 100 床以上の病院（特定機能病院を除く）の精神病床
*2 *1 以外の精神病床

【計画上の留意点】

1 　中廊下とは、両側に居室のある廊下と定義されるが、居室の扱いについては明文化されておらず、トイレを居室とみなすか否かについてなども明確ではない。
「医療監視必携」（厚生省健康政策局指導課監修、第一法規出版）では、居室は「居室、居住、執務、作業、集会、娯楽、その他これに類する目的のために継続的に使用する室」とし、廊下の両側に自由に出入りできる出入口が設けられている居室がある廊下を中廊下とするとしている。

2 　廊下の幅員の測定方法は、医療法施行規則により内法であると明文化されている。しかし手すりを含むかどうかについては明文化されていない。一般的には、手すりの内側から測定するものと考えられるが、下記のような解釈もあるので確認が必要である。
療養病棟療養環境加算については、療養型病床群に関して示された通知「医療法の一部を改正する法律の一部の施行について」（平 5.2.15 健政発 98）により、手すりは廊下の幅に含めて差し支えないという運用、及び「療養型病床群に係る病室に隣接する廊下の幅の解釈について」（平

1）病院の概要

10.9.3 指発 56 の 2）により改修等で建築構造上やむを得ず廊下の一部に設けられる柱については、例外的に廊下幅に含めることが許されている、といった基準が流用されていた。しかし 2015（平成 27）年 4 月 1 日以降は「廊下の幅は、柱等の構造物（手すりを除く。）も含めた最も狭い部分において、基準を満たすこと」と明文化された（平 30.3.5 保医発 0305 第 2）。2015（平成 27）年 3 月 31 日において、現に当該届出を行っている保険医療機関については、当該病棟の増築または全面的な改築を行うまでの間は、当該規定を満たしているものとする。

3　外来などの患者が使用する廊下についても医規〈16⑾ロ〉に基づき片側居室：内法 1.8 m 以上、両側居室：内法 2.1 m 以上の廊下幅を求められることが多い。

トピックス　階段の幅員 ─ Topics

　医療法では階段・踊場の幅員の測定方法は内法とされているが、手すりを含めてよいかどうかは明文化されていない。一方、建築基準法では、手すりの幅が 10 cm を限度に、ないものとして階段・踊場の幅員を算定できる。このことから、行政によっては手すり部分を階段幅に含めてもよいとするところもあるが、含めないところも多いので確認が必要である。

5 病室・治療室等の面積の算定方法について

病室、治療室等の面積の1床あたりの床面積の算定方法については、従来、内法と明文化されていない面積基準があったが、2014（平成26）年の診療報酬改定で表2-8の⑩〜㉔について床面積を内法で算定することが明文化された。

表2-8 病室・治療室等の面積算定方法の基準

内法であると明文化されているもの	①	病院の病室及び診療所の療養病床にかかる病室の床面積：6.4㎡/床以上 （医規〈16〉）
	②	①以外の病室（診療所等）の床面積：4.3㎡/床以上、個室6.3㎡/床以上（医規〈16〉）
	③	緩和ケア病棟：病室8㎡/床以上、病棟30㎡/床以上 （平30.3.5 保医発0305第2）
	④	精神療養病棟：病室5.8㎡/床以上（既存）、病棟18㎡/床以上 （平30.3.5 保医発0305第2）
	⑤	特殊疾患病棟：病棟16㎡/床以上 （平30.3.5 保医発0305第3）
	⑥	療養病棟療養環境加算1：病室6.4㎡/床以上、病棟16㎡/床以上 （平30.3.5 保医発0305第3）
	⑦	小児入院医療管理料：プレイルーム30㎡以上 （平30.3.5 保医発0305第3）
	⑧	療養病床：機能訓練室40㎡以上、食堂1㎡/床以上 （医規〈20〉〈21〉）
	⑨	食堂加算：食堂0.5㎡/床以上 （平18.3.6 保医発0306009）
	⑩	療養環境加算：病棟病室 平均8㎡/床以上 （平30.3.5 保医発0305第2）
	⑪	療養病棟療養環境改善加算1：病室6.4㎡/床以上、療養病棟療養環境改善加算2：病室6㎡/床以上（ともに新生児用9㎡/床以上） （平30.3.5 保医発0305第2）
	⑫	救命救急入院料：20㎡/床以上、15㎡/床以上 （平30.3.5 保医発0305第2）
	⑬	特定集中治療室管理料1：20㎡/床以上、特定集中治療室管理料3：15㎡/床以上 （平30.3.5 保医発0305第2）
	⑭	特定集中治療室管理料2（広範囲熱傷特定集中治療管理料）：20㎡/床以上、特定集中治療室管理料4（広範囲熱傷特定集中治療管理料）：15㎡/床以上 （平30.3.5 保医発0305第2）
	⑮	小児特定集中治療室：15㎡床以上 （平30.3.5 保医発0305第2）
	⑯	新生児特定集中治療室：7㎡/床以上 （平30.3.5 保医発0305第2）
	⑰	母体・胎児集中治療室：15㎡/床以上 （平30.3.5 保医発0305第2）
	⑱	新生児集中治療室：7㎡/床以上 （平30.3.5 保医発0305第2）
	⑲	認知症治療病棟：病棟18㎡/床以上、生活機能回復訓練室60㎡以上 （平30.3.5 保医発0305第2）
	⑳	無菌製剤処理料：5㎡以上 （平30.3.5 保医発0305第2）
	㉑	疾患別リハ、がん患者リハ、集団コミュニケーション療法 （平30.3.5 保医発0305第3）
	㉒	精神科作業療法 （平30.3.5 保医発0305第3）
	㉓	精神科ショート・ケア、デイ・ケア、ナイト・ケア、デイ・ナイト・ケア （平30.3.5 保医発0305第3）
	㉔	重度認知症患者デイ・ケア （平30.3.5 保医発0305第3）
壁芯が明文化	①	感染症指定医療機関第1種病室：15㎡/室以上 （平16.3.3 健感発0303001）
	②	感染症指定医療機関第2種病室：15㎡/室以上とすることが望ましい （平16.3.3 健感発0303001）

1）病院の概要

【計画上の留意点】

病室の面積に算入可能な什器・備品等は、次のように明文化されるとともに解釈されている。

1 「医療監視必携」の質疑解釈には、備え付けの整理ダンス、洋服ダンス、浴室、物置、洗面所など容易に移動できない物品などは算入できないが、患者が容易に行動できる高さで、居住性を阻害しない範囲であれば室面積に算入して差し支えないとされていた。
2 療養環境加算については、病室内に付属している浴室・便所などの面積は算入の対象となるとされている（平30.3.5 保医発0305 第2）。
3 療養環境加算について、厚生省保険局医務課（旧）の見解が（社）日本医療福祉建築協会（「病院建築」No.104）から報告されている。
ア 備品ロッカー（床頭台など）、洗面台などは室面積に含めてよい。また、それらの高さについては規定しない。
イ 簡単に移動できるパーティションなどは室面積に含めてよい。また、腰壁、小壁などの解釈については今後の検討待ち。
ウ 出窓やペリカウンター（窓下空調機器）などの部分は基本的に算入対象としないが、療養環境向上の見地から今後の検討待ち。
エ 病室内に付属している患者専用の私物庫やロッカーの面積は算入の対象にいれる。
オ 病室の前室は廊下と壁などで区分されない限りにおいて面積算入の対象としないので、その前室部分（アルコーブ）等から利用する浴室・便所などについても算入対象外とする。

6 面積と廊下幅への経過措置の適用 ── 1）病院の概要

「医療法の一部を改正する法律」（平成12年法律第141号）の施行の日（2001（平成13）年3月1日）以前に開設されている既存の建物については表2-9に示す経過措置が適用される。

表2-9　医療機関の構造設備基準及び経過措置の概要

項目		完全型の場合								経過措置の適用を受ける場合				
		一般病床	療養病床		精神病床		感染症病床	結核病床	療養病床以外の病床	病院の療養病床		診療所の療養病床		
			病院	診療所	総合(*1)	その他				療養型病床群(*2)	その他	療養型病床群(*2)	その他	
病室定員（以内）		─	4人	4人	─	─	─	─	─	─	4人	─	4人	
病室面積(*6)（㎡/床以上）		6.4	6.4	6.4	6.4	6.4	6.4	6.4	4.3(*7)	6.0	6.4	6.0	6.4	
廊下幅（m以上）	両側居室	2.1	2.7	2.7	2.1	2.7	2.1	2.1	1.6	1.6	1.6	1.6	1.6	
	片廊下	1.8	1.8	1.8	1.8	1.8	1.8	1.8	1.2	1.2	1.2	1.2	1.2	
機能訓練室		─	40㎡以上、必要な機械・器具	十分な広さ、必要な器具(*3)	─	─	─	─	─	十分な広さ、必要な器具(*3)	十分な広さ、必要な器具(*3)	十分な広さ、必要な器具(*3)	十分な広さ、必要な器具(*3)	
食堂		─	1㎡/床以上	1㎡/床以上	─	─	─	─	─	1㎡/床以上	─	1㎡/床以上	─	
談話室		─	談話を楽しめる広さ	談話を楽しめる広さ	─	─	─	─	─	談話を楽しめる広さ	─	談話を楽しめる広さ	─	
浴室		─	入浴に適したもの(*4)	入浴に適したもの(*4)	─	─	─	─	─	入浴に適したもの(*4)	─	入浴に適したもの(*4)	─	

*1　内科、外科、産婦人科、眼科及び耳鼻咽喉科を有する100床以上の病院、並びに大学付属病院
*2　平成12年3月までに転換した療養型病床群で療養病床となったもの（転換型）
*3　機能訓練を行うために十分な広さ、必要な機械・器具
*4　身体の不自由なものが入浴するのに適したもの
*5　幅や面積はいずれも内法による計測とする
*6　小児だけを入院させる病室の床面積は表中数字の3分の2とすることができる。ただし、一部屋の大きさが6.3㎡以下は不可
*7　ただし、患者1人を入院させるものにあっては、6.3㎡/床以上とする

【計画上の留意点】

増築時の病室、廊下の経過措置の取り扱いとしては、増築部分及び改修部分の病室と廊下（病室B・病室C・廊下C）については経過措置の適用は受けられない。

改修をしていない既存建物部分（病室A・廊下A・廊下B）には経過措置が適用できる。

なお、具体的な案件における経過措置の適用の可否については、必ず行政との協議が必要である。

図2-1　経過措置の適用

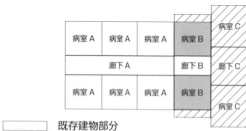

（一般病床）
病室A：1床あたり4.3㎡以上
病室B：1床あたり6.4㎡以上
病室C：1床あたり6.4㎡以上
廊下A：1.6m以上
廊下B：1.6m以上
廊下C：2.1m以上

□ 既存建物部分
▨ 改修部分
▨ 増築部分

注）すべて一般病床

資料作成：厚生労働省健康局国立病院部政策医療課

7 病棟の種類　　　　　　　　　1）病院の概要

診療報酬では、特定入院料の施設基準として表2-10に示す病棟・病床が位置づけられている。

表2-10　診療報酬上の病棟・病床種別と構造施設基準の概要

	概　要	設定可能な病棟区分
回復期リハビリテーション病棟	脳血管疾患または大腿骨頸部骨折等の患者に対して、ＡＤＬ能力の向上による寝たきり防止と家庭復帰を目的としたリハビリテーションを集中的に行うための病棟	一般 療養
地域包括ケア病棟	急性期治療を経過した患者及び在宅で療養を行っている患者等の受け入れ並びに患者の在宅復帰支援等を行う機能を有し、地域包括ケアシステムを支える役割を担う病棟または病室	一般 （病室単位）
特殊疾患病棟	長期にわたり療養が必要な　①重度の肢体不自由児（者）、②脊髄損傷等の重度の障害者、③重度の意識障害者、④筋ジストロフィー患者、⑤神経難病患者等がおおむね8割以上入院する病棟	一般 精神
緩和ケア病棟	苦痛の緩和を必要とする悪性腫瘍及び後天性免疫不全症候群の患者を入院させ、緩和ケアを行うとともに、外来や在宅への円滑な移行も支援する病棟	一般
特定集中治療室 （ICU等（*））	重篤な状態の患者に対して、集中治療を行うための治療室	一般
ハイケアユニット （HCU）	特定集中治療室等を退室後も継続して集中治療が必要な患者に対し、一般病棟よりも手厚い体制を整えている治療室	一般
脳卒中ケアユニット （SCU）	急性期の脳卒中患者に対して、専門の医療職が急性期医療及びリハビリテーションを組織的・計画的に行うための専用の治療室	一般
小児特定集中治療室 （PICU）	重篤な状態の小児患者に対して、集中治療を行うための治療室	一般
新生児特定集中治療室 （NICU）	未熟児等重篤な状態の新生児に対して集中治療を行うための治療室	一般
母体・胎児集中治療室 （MFICU）	合併症妊婦などハイリスク妊娠や切迫流早産の可能性の高い妊婦に対応するための治療室	一般
新生児治療回復室 （GCU）	ＮＩＣＵの後方病床や在宅での療養へと円滑に移行することができるよう、ＮＩＣＵからハイリスク児を直接受け入れる後方病床	一般
特定一般病棟	医療提供体制の確保に鑑み、自己完結した医療を提供しているが、医療資源の少ない地域に所在する1病棟から成る保険医療機関の一般病棟	一般
精神科救急病棟 （スーパー救急病棟）	精神病棟であって、措置入院患者、緊急措置入院患者または応急入院患者を対象として、主として急性期の集中的な治療を要する精神疾患を有する患者を入院させる病棟	精神
精神科急性期治療病棟	精神病棟であって、主として急性期の集中的な治療を要する精神疾患を有する患者を入院させる病棟	精神
精神科救急・合併症病棟	救命救急センターを有している病院が、精神科救急医療において身体疾患を併せもつ患者について急性期の集中的な治療を行う病棟	精神
精神療養病棟	精神病棟であって、主として長期の療養を必要とする精神疾患を有する患者を入院させる病棟	精神
認知症治療病棟	精神病棟であって、認知症に伴う幻覚、妄想、夜間せん妄、徘徊、弄便、異食等の症状が著しく、その看護が著しく困難な認知症高齢者を急性期から入院させ、集中的な医療を提供する病棟	精神

（平30.3.5保医発0305第1、平30.3.5保医発0305第2）

＊　患者の病態によってSICU（外科系集中治療室）、CCU（冠疾患集中治療室）、NCU（脳神経外科集中治療室）、KICU（腎疾患集中治療室）、RICU（呼吸器疾患集中治療室）等に細分化されている

8 構造設備基準にかかる診療報酬上の加算等

診療報酬には多くの加算、管理料、指導料等があり、施設に関係する施設基準が定められているものがある。下記に施設にかかる主な構造設備基準を示す。

療養環境加算と重症者等療養環境特別加算については概当ページを参照のこと。

療養環境加算 (p. 54)

療養環境とは、病床の面積などの環境をいい、表2-11の要件を満たした病室にかかる入院患者について加算するものである。ただし、療養病棟は療養病棟療養環境加算があるため算定できない。

表2-11 療養環境加算の算定要件

算定単位	病棟（療養病棟は算定できない）
病室面積基準	・病室面積内法 8㎡／床以上 ・病棟内に内法 6.4㎡／床未満の病室がある場合には算定できない ・病棟を単位とし、病室（特別の療養環境の提供にかかる病床を除く）の総床面積を病床数で除して得た面積が基準以上であること ・病室内に付属している浴室・便所等の面積は算入可能 ・病棟内の診察室、廊下、手術室等病室以外の部分の面積は算入できない ・特別の療養環境の提供にかかる病床、特定入院料を算定している病床・病室は加算の対象外

（平30.3.5 保医発0305 第2）

重症者等療養環境特別加算（重症加算病室） (p. 55)

病状が重篤であり絶対安静を必要とする患者、もしくは手術または知的障害のため常時監視を要し、適時適切な看護及び介助を必要とする患者で、医療上の必要から表2-12の要件を満たす個室または2人部屋に入院した患者につき加算できる。

表2-12 重症者等療養環境特別加算の算定要件

算定単位	一般病棟の特定の病床
病室基準	・個室または2人部屋 ・重症者等の容態が常時監視できるような設備または構造上の配慮（心拍監視装置等の患者監視装置を備えている場合、または映像による患者観察システムを有する場合を含む） ・酸素吸入、吸引のための設備の整備 ・特別の療養環境の提供にかかる病室でない

（平30.3.5 保医発0305 第2）

食堂加算

入院時食事療養（Ⅰ）、入院時生活療養（Ⅰ）の届出を行っている病院であり、表2-13の要件を満たす食堂を備えている病棟に入院している患者について算定する（療養病棟に入院している患者は除く）。

表2-13 食堂加算の算定要件

算定単位	病棟または診療所単位
食堂面積	・内法 0.5㎡／床以上（当該食堂を利用する病棟にかかる病床あたり） ・他の病棟に入院する患者との共用、談話室等との兼用は可

（平18.3.6 保医発0306009）

1）病院の概要

その他の主な加算等

その他、構造設備基準の定めがある主な加算には表 2-14 に示すようなものがある。

表 2-14　その他の主な加算と算定要件

診療報酬	構造設備基準
診療録管理体制加算	・中央病歴管理室の設置
精神科地域移行実施加算	・専門の部門（地域移行推進室）の設置
摂食障害入院医療管理加算	・面接室（精神療法を行うために必要な室）
病棟薬剤業務実施加算	・医薬品情報管理室（医薬品情報の収集及び伝達を行うための専用施設）
短期滞在手術基本料	・術後の患者の回復のために適切な専用の病床を有する回復室が確保されている ・ただし、当該病床は必ずしも許可病床である必要はない
ウイルス疾患指導料	・プライバシーの保護に配慮した診察室及び相談室
薬剤管理指導料	・医薬品情報管理室（医薬品情報の収集及び伝達を行うための専用施設）
在宅血液透析指導管理料	・専用透析室及び人工腎臓装置
抗悪性腫瘍剤処方管理加算	・許可病床数が 200 床以上の病院
外来化学療法加算	・外来化学療法を実施するための専用のベッド（点滴注射による化学療法を実施するに適したリクライニングシート等を含む）を有する治療室
無菌製剤処理料	・無菌製剤処理を行うための専用の部屋（内法 5㎡以上） ・無菌製剤処理を行うための無菌室、クリーンベンチまたは安全キャビネット
歯科技工加算	・歯科技工室 ・歯科技工に必要な機器
体外衝撃波胆石破砕術	・体外衝撃波胆石破砕術を行う専用の室 ・患者の緊急事態に対応するため緊急手術が可能な手術室 （体外衝撃波胆石破砕術、体外衝撃波膵石破砕術及び体外衝撃波腎・尿管結石破砕術を行う専用の室は同一のものであって差し支えない）
体外衝撃波膵石破砕術	・体外衝撃波膵石破砕術を行う専用の室 ・患者の緊急事態に対応するため緊急手術が可能な手術室 （体外衝撃波胆石破砕術、体外衝撃波膵石破砕術及び体外衝撃波腎・尿管結石破砕術を行う専用の室は同一のものであって差し支えない）
体外衝撃波腎・尿管結石破砕術	・体外衝撃波腎・尿管結石破砕術を行う専用の室 ・患者の緊急事態に対応するため緊急手術が可能な手術室 （体外衝撃波胆石破砕術、体外衝撃波膵石破砕術及び体外衝撃波腎・尿管結石破砕術を行う専用の室は同一のものであって差し支えない）
病理診断管理加算	・剖検室等の設備や必要な機器等を備えていることが望ましい

（平 30.3.5 保医発 0305 第 2、平 30.3.5 保医発 0305 第 3）

トピックス　受動喫煙対策

国においては、2016（平成28）年の「受動喫煙防止対策の強化について（たたき台）」において、新たに導入する制度について、①官公庁や社会福祉施設などの多数の者が利用し、かつ他施設の利用を選択することが容易でないものは建物内禁煙とすること、このうち、②学校や医療機関など特に、未成年者や患者等が主に利用する施設は、受動喫煙による健康影響を防ぐ必要性が高いため、より厳しい「敷地内禁煙」とするとしている。

また、受動喫煙防止のための施設設備の整備に対し国が行う助成（受動喫煙防止対策助成金）では、助成の対象となる「喫煙室」と「喫煙室以外の受動喫煙を防止するための措置」及び「屋外喫煙所」の構造を次のようにしている。

表1-15　受動喫煙防止対策助成金の構造設備基準

喫煙室	・壁等により他の部屋から空間的に分離された室。室外から内に向かう風速が0.2（m／秒）以上となるよう設計されているもの
喫煙室以外の受動喫煙を防止するための措置（換気措置等）（※）	・喫煙室に該当しない喫煙区域のたばこ煙の濃度を、一定以下とするための措置 ・喫煙区域の席数（n）に応じた換気性能（70.3×n（㎥／時間））を満たすもの、または、粉じん濃度を0.15（mg／㎥）以下に下げるもの
屋外喫煙所	・床、壁及び天井で囲まれた閉鎖系の構造物 ・具体的には、屋外に「ユニットハウス」「プレハブ」「コンテナ」「ブース」などを活用した喫煙所を設置した場合、または、屋内に隔離された喫煙区域を設定し屋外側に出入口を設けた場合が、助成対象となる ・窓の設置も可能だが、窓の有無にかかわらず、屋外喫煙所の室内環境を管理するための屋外排気装置の設置は必須 ・設置する屋外排気装置の能力は、出入口を完全に開放したときに0.2m／秒以上の気流が確保できることを目安

※ 「換気措置等」については、宿泊業・飲食店を営んでいる事業場のみが対象
資料：厚生労働省・都道府県労働局「受動喫煙防止対策助成金の手引き」

1 特定機能病院 — 2）特定の機能をもつ病院の種別

特定機能病院とは、高度な医療を提供する機能が認められた病院である。

技術的に難しい手術や先端技術を取り入れた治療のように高度な医療を提供できると認められた病院のことで、医療法に基づき、厚生労働大臣が承認する。

大学病院本院及び国立がん研究センター中央病院と国立循環器病研究センター、大阪国際がんセンター、がん研究会有明病院など85病院が承認されている（2017（平成29）年6月1日現在）。

表2-16 特定機能病院の概要

概要	高度の医療を提供する病院であり、高度の医療技術の開発及び評価、高度の医療に関する研修を実施する病院 （医法〈4の2〉〈16の3〉）
病床数	400床以上 （医規〈6の5〉）
有すべき診療科名	内科、精神科、小児科、外科、整形外科、脳神経外科、皮膚科、泌尿器科、産婦人科、産科、婦人科、眼科、耳鼻咽喉科、放射線科、救急科、歯科等 （医規〈6の4〉）
構造設備基準	病院の施設基準によるもののほか、次の施設を有する ・集中治療室（集中治療管理を行うにふさわしい広さを有し、人工呼吸装置等の集中治療に必要な機器を備える） （医法〈22の2〉、医規〈22の3〉） ・化学、細菌及び病理の検査施設　・病理解剖室　・研究室　・講義室　・図書室 （医法〈22の2〉） ・無菌状態の維持された病室　・医薬品情報管理室 （医規〈22の4〉）
その他	・紹介率50％以上 （医規〈9の20〉） ・紹介率が50％を下回る病院にあっては、おおむね5年間に紹介率を50％まで高めるよう努める （医規〈9の20〉） ・診療に関する諸記録、病院の管理及び運営に関する諸記録を備える （医法〈22の2〉）

注）救急医療の提供は義務づけられていない（救急医療の提供義務は地域医療支援病院）

2 地域医療支援病院 ― 2) 特定の機能をもつ病院の種別

　地域医療支援病院とは、かかりつけ医等を支援し、地域に必要な高度な医療サービスを提供する基幹病院として、他の病院・診療所から紹介された患者に医療を提供し、かつ、病院の建物や機器を、当該病院に勤務しない医師、歯科医師、薬剤師、看護師その他の医療従事者の診療、研究または研修のために利用させる病院である。

　都道府県知事によって承認される。2次医療圏あたり1つ以上存在することが望ましいとされている。

表2-17　地域医療支援病院の概要

概要	・紹介患者に対する医療の提供（かかりつけ医等への患者の逆紹介も含む） ・医療機器の共同利用の実施 ・救急医療の提供 ・地域の医療従事者に対する研修の実施　　　　　　　　　（医法〈4〉〈16の2〉）
病床数	・200床以上 ・ただし、都道府県知事が地域における医療の確保のために必要であると認めたときには200床以下でも可　　　　　　　　　　　　　　　　　　　　　　　　　（医規〈6の2〉）
構造設備基準	病院の施設基準によるもののほか、次の施設を有する ・集中治療室　　　　　　　　　　　　　　　　　　　　　　　　　　　　　（医法〈22〉） 　（集中治療室、化学、細菌及び病理の検査施設、病理解剖室については病院の実状に応じて適当な構造設備を有していること）　　　　　　　　　　　　（医規〈21の5〉） ・化学、細菌及び病理の検査施設　・病理解剖室　・研究室　・講義室　・図書室 　　　　　　　　　　　　　　　　　　　　　　　　　　　　　　　　（医法〈22〉） ・救急用または患者輸送用自動車　・医薬品情報管理室　　　　　（医規〈22〉） ・共同利用のための専用の病床　　　　　　　　　　　　　　　　（医規〈9の16〉）
その他	・①紹介率80％以上、②紹介率65％以上かつ逆紹介率40％以上、③紹介率50％以上かつ逆紹介率70％以上のいずれかを満たす　　　　　　　（平10.5.19 健政発639） ・診療に関する諸記録、病院の管理及び運営に関する諸記録を備える 　　　　　　　　　　　　　　　　　　　　　　　　　　　　　　　　（医法〈22〉）

トピックス　総合病院とは　　Topics

　1997（平成9）年の第3次医療法改正において「地域医療支援病院」が制度化されるとともに、それまで医療法により位置づけられていた「総合病院」が廃止された。

　改正前の医療法では、総合病院は、病床数（ベッド数）が100以上の一般病院で、診療科は最低でも内科・外科・産婦人科・眼科・耳鼻咽喉科の5診療科をもち、さらに化学・細胞・病理の検査施設、病理解剖室、研究室、講義室、図書室、その他省令で決める施設を備えていて、都道府県知事の認可を受けたもののみを総合病院と呼ぶことができた。

　かつての総合病院が、主に施設・設備面から地域医療の充実を図ろうとしていたのに対して、地域医療支援病院は、地域医療全体のレベルアップに重点が置かれているのが特徴である。

3 開放型病院(開放型病床) ── 2) 特定の機能をもつ病院の種別

　開放型病院とは病院の施設や病床の一部を診療所のかかりつけ医（病院と契約をした登録医に限られる）に開放した病院のこと。開放型病院に入院した患者をかかりつけ医が訪問し、病院の医師と共同して治療を行い、退院後は引き続きかかりつけ医のもとで治療を受ける。かかりつけ医と病院の医師が情報を共有することにより、患者は入院中から退院後まで一貫した治療を診療所と病院で受けることができる。
　地域医療支援病院は開放型病院の要件を満たしているものとして取り扱われる。

表2-18　開放型病院共同指導料(I).(II)に関する施設基準

概要	当該病院が当該病院のある地域のすべての医師の利用のために開放されており、当該病院と雇用関係にない20以上の診療所の医師が登録していること、または地域の5割以上の医師が登録している等の保険医療機関であって、共同指導のための専用の病床（おおむね5床以上）が適切に備えられている病院
病床数	開放病床はおおむね5床以上
その他	実績期間中の開放病床の利用率が2割以上 ただし、地域医療支援病院にあってはこの限りではない

（平20厚労告63、平30.3.5保医発0305第3）

トピックス　医師会立病院　Topics

　医師会立病院とは、地域医療を目的にして各地区の医師会が独自に運営している病院であり、診療所が外来機能を担い、病院は入院機能のほか、専門外来、救急や高度先進医療に特化することにより病診連携と機能分担を推進するという地域医療のあるべき姿を図ることを目的に創設されたものである。医師会共同利用施設として開放型病院のルーツともいえる。

4 臨床研修病院　　　　　　　　　2) 特定の機能をもつ病院の種別

　臨床研修病院とは、医学部を卒業し、医師免許を取得した医師（研修医）が卒後2年間、基本的な手技、知識（初期研修）を身につけるため籍を置く、つまり経験を積む、腕を磨く場を提供する病院である。
　臨床研修病院には基幹型と協力型の2種類がある。

基幹型臨床研修病院

　基幹型臨床研修病院とは、臨床研修病院のうち、他の病院または診療所と共同して臨床研修を行う病院であって、当該臨床研修の全体的な管理・責任を有するものをいう。

表2-19　基幹型臨床研修病院の概要

病床数	病床数の規定なし　（2004（平成16）年の改正前は300床以上が条件）
構造設備基準	① 研修医のための宿舎及び研修医室 ② 医学教育用シミュレーター（切開及び縫合、直腸診、乳房診、2次救命処置、心音または呼吸音の聴診等の訓練用機材）、医学教育用ビデオ等の機材 ③ 臨床研修に必要な図書または雑誌を有する ④ 原則としてインターネットが利用できる環境が整備されている
指定基準	① 臨床研修省令に規定する臨床研修の基本理念にのっとった研修プログラムを有している ② 医療法施行規則に規定する員数の医師を有している ③ 研修を行うために必要な診療科を置いている 　　当該病院と協力型臨床研修病院の診療科とを合わせて、原則として内科、外科、小児科、産婦人科及び精神科の診療科を標ぼうしている ④ 救急医療を提供している 　　救急告示病院、初期・第2次・第3次救急医療機関（第3次でも初期を実施） ⑤ 臨床研修を行うのに必要な症例がある 　　入院患者が年間3000人以上 ⑥ 研修医の数が、病床数の1/10、または年間入院患者数の1/100を超えない。指導医1人が受け持つ研修医は5人までとする ⑦ 協力型臨床研修病院として研修医に対して臨床研修を行った実績がある 等

（平15.6.12 医政発0612004）

協力型臨床研修病院

　協力型臨床研修病院とは、他の病院と共同して臨床研修を行う病院で基幹型でないものである。

表2-20　協力型臨床研修病院の概要

病床数	病床数の規定なし
構造設備基準	基幹型臨床研修病院と同じ基準
指定基準	基幹型臨床研修病院の指定基準のうち、①、②、⑥を満たすもの

（平15.6.12 医政発0612004）

5 災害拠点病院　　2）特定の機能をもつ病院の種別

　災害拠点病院とは、日本において、地震・津波・台風・噴火等の災害発生時に災害医療を行う医療機関を支援する病院のことであり、救命救急センターもしくは第2次救急医療機関の指定や災害派遣医療チーム（DMAT）の保有等が求められる。

　原則として2次医療圏ごとに1か所「地域災害拠点病院」を整備し、さらに機能を強化し、要員の訓練・研修機能を有する「基幹災害拠点病院」を原則として各都道府県に1か所整備する。

表2-21　災害拠点病院の概要

構造設備基準（医療関係）	ア）施設 ① 病棟（病室・ICU等）、診療棟（診察室、検査室、レントゲン室、手術室、人工透析室等）等、救急診療に必要な部門を設ける ② 災害時における患者の多数発生時（入院患者については通常時の2倍、外来患者については通常時の5倍程度を想定）に対応可能なスペース及び簡易ベッド等の備蓄スペースを有することが望ましい ③ 診療機能を有する施設が耐震構造を有すること（病院機能を維持するためのすべての施設の耐震化が望ましい） ④ 通常時の6割程度の発電容量を備えた自家発電機を保有し、3日程度の燃料を備蓄 ⑤ 適切な容量の受水槽の保有や井戸設備の整備、優先的な給水協定等により、水を確保 イ）設備 ① 衛星電話を保有、衛星回線インターネットが利用できる環境を整備 ② 広域災害・救急医療情報システム（EMIS）に情報を入力する体制を整備 ③ 多発外傷、挫滅症候群、広範囲熱傷等の災害時に多発する重篤救急患者の救命医療を行うために必要な診療設備 ④ 患者の多数発生用の簡易ベッド ⑤ 被災地における自己完結型の医療に対応できる携行式の応急用医療資器材、応急用医薬品、テント、発電機、飲料水、食料、生活用品　等 ⑥ トリアージ・タッグ ウ）その他 ① 食料、飲料水、医薬品等の3日分程度の備蓄 ② 地域の関係団体・業者との協定の締結等により優先的に供給される体制の整備
構造設備基準（搬送関係）	ア）施設 ① 原則として、病院敷地内にヘリコプターの離着陸場を有する ② 病院敷地内に離着陸場の確保が困難な場合は、必要に応じて都道府県の協力を得て、病院近接地に非常時に使用可能な離着陸場を確保するとともに、患者搬送用の緊急車両を有する ③ ヘリコプターの離着陸場については、少なくとも航空法による飛行場外離着陸場の基準を満たす ④ 飛行場外離着陸場は近隣に建物が建設される等により利用が不可能となることがあることから、航空法による非公共用ヘリポートがより望ましい イ）設備 ① DMATや医療チームの派遣に必要な緊急車両を原則として有する ② 緊急車両には、応急用医療資器材、テント、発電機、飲料水、食料、生活用品等の搭載が可能であること
基幹災害拠点病院	〈上記の構造設備基準に加えて次の要件を満たすことが必要〉 ① 病院機能を維持するために必要なすべての施設を耐震化 ② 病院敷地内のヘリポート整備、複数のDMAT保有、救命救急センター指定

（平24.3.21 医政発0321 第2）

6 総合（地域）周産期母子医療センター

周産期母子医療センターには総合周産期母子医療センターと地域周産期母子医療センターがある。

総合周産期母子医療センター

　総合周産期母子医療センターは、相当規模の母体・胎児集中治療室（MFICU）を含む産科病棟及び新生児特定集中治療室（NICU）を含む新生児病棟を備え、常時の母体及び新生児搬送受け入れ体制を有し、合併症妊娠（重症妊娠高血圧症候群、切迫早産等）、胎児・新生児異常（超低出生体重児、先天異常児）等母体または児におけるリスクの高い妊娠に対する医療、高度な新生児医療等の周産期医療を行うことができるとともに、必要に応じて当該施設の関係診療科または他の施設と連携し、脳血管疾患、心疾患、敗血症、外傷、精神疾患等を有する母体に対応できる医療施設を都道府県が指定するもの。原則として、3次医療圏に1か所整備する。

表 2-22　総合周産期母子医療センターの概要

診療科目		産科及び新生児医療を専門とする小児科（MFICU及びNICUを有するものに限る）、麻酔科その他の関係診療科を有するもの
病床数		・MFICUの病床数は6床以上（＊） 　MFICUと同等の機能を有する陣痛室の病床を含めてよい 　ただし、陣痛室以外のMFICUの病床数は6床を下回ることができない ・NICUの病床数は9床以上（＊）（12床以上が望ましい） 　新生児用人工換気装置を有する病床について算定するものとする ・MFICUの後方病室（一般産科病床等）は、MFICUの2倍以上の病床数を有することが望ましい ・GCUは、NICUの2倍以上の病床数を有することが望ましい
構造設備基準	母体・胎児集中治療室（MFICU）	・必要に応じ個室とする ・分娩監視装置　・呼吸循環監視装置　・超音波診断装置（カラードップラー機能を有するものに限る）　・その他母体・胎児集中治療に必要な設備
	新生児特定集中治療室（NICU）	・新生児用呼吸循環監視装置　・新生児用人工換気装置　・超音波診断装置(カラードップラー機能を有するものに限る)　・新生児搬送用保育器　・その他新生児集中治療に必要な設備
	新生児治療回復室（GCU）	・GCUには、NICUから退出した児並びに輸液、酸素投与等の処置及び心拍呼吸監視装置の使用を必要とする新生児の治療に必要な設備を備える
	家族宿泊施設等	・新生児と家族の愛着形成の支援のため、長期間入院する新生児を家族が安心して見守れるよう、NICU、GCU等への入室面会及び母乳保育を行うための設備、家族宿泊施設等を備えることが望ましい
	検査機能	・血液一般検査、血液凝固系検査、生化学一般検査、血液ガス検査、輸血用検査、エックス線検査、超音波診断装置（カラードップラー機能を有するものに限る）による検査及び分娩監視装置による連続的な監視が常時可能であるもの

＊　3次医療圏の人口がおおむね100万人以下の地域に設置されている場合にあっては、当分の間、MFICUの病床数は3床以上、NICUの病床数は6床以上で差し支えないものとする

（平29.3.31 医政地発0331 第3）

2）特定の機能をもつ病院の種別

地域周産期母子医療センター

　地域周産期母子医療センターは、産科及び小児科（新生児診療を担当するもの）等を備え、周産期にかかる比較的高度な医療行為を行うことができる医療施設を都道府県が認定するものである。ただし、ＮＩＣＵを備える小児専門病院等であって、都道府県が適当と認める医療施設については、産科を備えていないものであっても、地域周産期母子医療センターとして認定できる。

　総合周産期母子医療センター１か所に対して数か所の割合で整備するものとし、１つまたは複数の２次医療圏に１か所または必要に応じそれ以上整備することが望ましい。

表 2-23　地域周産期母子医療センターの概要

診療科目	地域周産期母子医療センターは、産科及び小児科（新生児医療を担当するもの）を有するものとし、麻酔科及びその他関連診療科を有することが望ましい。ただし、ＮＩＣＵを備える小児専門病院等であって、都道府県が適当と認める医療施設については、産科を有していなくても差し支えない
構造設備基準	・産科を有する場合は、次に掲げる設備を備えることが望ましい 　① 緊急帝王切開術等の実施に必要な医療機器 　② 分娩監視装置 　③ 超音波診断装置（カラードップラー機能を有するものに限る） 　④ 微量輸液装置 　⑤ その他産科医療に必要な設備 ・小児科等には新生児病室を有し、次に掲げる設備を備えるＮＩＣＵを設けることが望ましい 　① 新生児用呼吸循環監視装置 　② 新生児用人工換気装置 　③ 保育器 　④ その他新生児集中治療に必要な設備

（平 29.3.31 医政地発 0331 第 3）

7 がん診療拠点病院

2) 特定の機能をもつ病院の種別

　がん診療連携拠点病院は、質の高いがん医療の全国的な均てん化を図ることを目的に整備された病院のことであり、2次医療圏に1か所設けられる地域がん診療連携拠点病院と都道府県に1か所設けられる都道府県がん診療連携拠点病院がある。

表2-24　地域がん診療連携拠点病院及び都道府県がん診療連携拠点病院の構造設備基準

	地域がん診療連携拠点病院	都道府県がん診療連携拠点病院
概要	2次医療圏に1か所	都道府県に1か所
構造設備基準	① 放射線治療に関する機器（リニアックなど、体外照射を行うための機器）の設置 ② 外来化学療法室の設置 ③ 原則として集中治療室を設置すること ④ 白血病を専門とする分野を掲げる場合は、無菌病室を設置する ⑤ 術中迅速病理診断を含めた病理診断が実施可能である病理診断室の設置 ⑥ 集学的治療等の内容や治療前後の生活における注意点などに関して、冊子や視聴覚教材などを用いてがん患者及びその家族が自主的に確認できる環境の整備 ⑦ がん患者及びその家族が心の悩みや体験等を語り合うための場を設けることが望ましい ⑧ 敷地内禁煙の実施等のたばこ対策に積極的に取り組む	

（平26.1.10 健発0110 第7）

トピックス　悪性腫瘍に係る専門病院　　　　　　　　　　　Topics

　2018（平成30）年診療報酬改定では、悪性腫瘍について高度かつ専門的な医療を行っている病院として、「悪性腫瘍に係る専門病院」が設定された。その主な要件は次のとおりである。
① 200床以上の一般病床を有していること
② リニアック等の機器が設置されていること
③ 一般病棟の入院患者の7割以上が悪性腫瘍患者であること
④ 外来患者の3割以上が紹介患者であること
　なお、2018（平成30）年診療報酬改定では、ほかに「循環器疾患に係る専門病院」が設定されている。

8 在宅療養支援病院

2) 特定の機能をもつ病院の種別

在宅療養支援病院とは、医療機関の少ない地域において、訪問診療を受けている患者からの緊急時の連絡を24時間体制で対応するとともに、往診・訪問看護を提供することが可能な病院のことである。

診療所のない地域においては、在宅医療の主たる担い手が病院となっている現状から、2008（平成20）年の診療報酬改定において設けられた。なお、同様の機能をもつ在宅療養支援診療所については、p92を参照。

表2-25　在宅療養支援病院の概要

指定要件	次のいずれかに該当するもの ① 200床未満の病院または病院を中心とした半径4km以内に診療所が存在していない病院（半径4km以内に当該病院以外の病院は存在していても可、また、届出後に新たに診療所が開設された場合には、当分の間、在宅療養支援病院として取り扱う） ② 他の保険医療機関と地域における在宅医療の支援にかかる連携体制（200床未満の病院または診療所により構成）を構築している病院 　ただし、在宅支援連携体制を構築する病院・診療所の数は当該病院を含めて10未満とする
	・24時間連絡を受ける担当者を指定し、患者・家族に説明・文書により提供している ・24時間往診可能な体制を確保している ・24時間訪問看護が提供が可能な体制を確保している （訪問看護ステーションとの連携でも可） ・緊急時に在宅での療養を行っている患者が入院できる病床を常に確保している　等

（平20厚労告63、平30.3.5保医発0305第3）

1 救命救急センター

わが国の救急医療制度は、1964（昭和39）年に発足した、消防法に基づく「救急告示医療機関」（昭39厚令8）と、1977（昭和52）年にスタートした「救急医療対策事業」（昭52.7.6 医発692）の二本立てになっている。

昭和40年代から50年代にかけて、交通事故のみならず、人口高齢化に伴う脳卒中、心筋梗塞などの増加に伴い、救急医療の必要性が高まり、救急告示医療機関を補足するために救急医療対策事業が発足した。

表2-26 救命救急センターの施設基準

	救命救急センター	地域救命救急センター	高度救命救急センター	小児救命救急センター
病床数	救命救急センターの責任者が直接管理する相当数の専用病床及び専用の集中治療室（ICU）を適当数有する			専用の小児集中治療室病床を6床以上有し、独立した看護単位を有する
	おおむね20床以上（＊）	10床以上20床未満	おおむね20床以上	
所要室	専用の診察室（救急蘇生室） 緊急検査室 放射線撮影室 手術室　等			専用の診察室（救急蘇生室） 緊急検査室、放射線撮影室、手術室等を優先して使用できる体制
所要室（必要に応じて）	心臓病専用病室（CCU） 脳卒中専用病室（SCU） 小児救急専門病床（小児専門集中治療室） 重症外傷専用病室 ヘリポート ドクターカーの保有			ヘリポート ドクターカーの保有
建物構造	耐震構造（併設病院を含む）			
その他		最寄りの救命救急センターへのアクセスに時間を要する地域（おおむね60分以上）において整備することができる	広範囲熱傷、指肢切断、急性中毒等の特殊疾病患者に対する救命医療を行うために必要な相当高度な診療機能を有する	

＊ 病床数が10床以上20床未満であって、平成19年度以前に整備されたもの、または平成19年度中に国と調整を行っており平成20年度において整備されたものについては、この限りではない

（昭52.7.6 医発692）

3) 急性期医療関連

救急医療体制

　1998（平成10）年の医療計画作成指針において、医療計画に記載された第2次及び第3次救急医療機関を、都道府県知事が救急病院（診療所）として認定することで、医療計画で定められた救急医療体制（第2次・第3次救急医療機関）と、「救急病院等を定める省令」に基づく救急病院（診療所）との一元化が図られた。これにより従来、救急告示医療機関と初期、第2次、第3次救急医療体制が併存し、住民や消防機関にとって分かりづらいものとなっていた救急医療体制が、医療計画に基づき一つのものとなるよう整理された。

表2-27　救急医療体制の概要

救急指定病院		24時間救急患者を受け入れる施設 消防法に基づく施設で、救急車が患者を搬送してよい施設
救急医療対策事業に基づく救急医療機関	初期救急医療機関	外来診療によって救急患者の医療を担当 在宅当番医や休日夜間急患センターなど
	第2次救急医療機関	入院治療を要する重症救急患者を担当 病院群輪番制方式や、共同利用型病院方式等がある
	第3次救急医療機関	重症及び複数の診療科領域にわたるすべての重篤な救急患者を24時間体制で受け入れる 救命救急センターと呼ばれる

（昭39厚令8、昭52.7.6医発692）

救命救急入院料にかかる施設基準

　救命救急センターを有する病院の、重篤な救急患者を治療する病室において算定する際の施設基準。
　2010（平成22）年診療報酬改定において、「広範囲熱傷特定集中治療室管理料」は廃止され、「救命救急入院料」及び「特定集中治療室管理料」の1項目として位置づけられた。

表2-28　救命救急入院料に関する構造設備基準

	救命救急入院料1	救命救急入院料2	救命救急入院料3	救命救急入院料4
算定単位	救命救急センターを有している病院の一般病棟の治療室単位			
所要室			広範囲熱傷特定集中治療管理の治療室 （内法15㎡／床以上）	広範囲熱傷特定集中治療管理の治療室 （内法15㎡／床以上）
必要機器（*）	・救急蘇生装置（気管内挿管セット、人工呼吸装置等）　・除細動器　・ペースメーカー ・心電計　・ポータブルエックス線撮影装置　・呼吸循環監視装置			
その他	自家発電装置を有している病院			
他基準との関連		特定集中治療室管理料1または3の施設基準を満たす （病室面積・バイオクリーンルーム等）		特定集中治療室管理料1または3の施設基準を満たす （病室面積・バイオクリーンルーム等）

注）　特定集中治療室管理料はp.46参照
＊　ペースメーカー、心電計、ポータブルエックス線撮影装置、呼吸循環監視装置については、当該保険医療機関内に備え、必要な際に迅速に使用でき、緊急の事態に十分対応できる場合においては、常時備えつけている必要はない

（平30.3.5保医発0305第2）

2 特定集中治療室(ICU) ― 3) 急性期医療関連

ICUは、重篤な状態の患者に対して、集中治療を行うための治療室。主に「病棟で重篤な状態となった患者」「救急患者のうち継続的な状態管理が必要な患者」「手術後に高度な状態管理が必要な患者」等を受け入れる。

専用の治療室と専任医師の常時勤務などの条件がある。2014（平成26）年の診療報酬改定によって医師の経験年数や臨床工学技士の常時勤務などが必要となる管理料も設定された。

表2-29　特定集中治療室管理料に関する構造設備基準

	特定集中治療室管理料1	特定集中治療室管理料2	特定集中治療室管理料3	特定集中治療室管理料4
算定単位	一般病棟の治療室			
必要室	専用の特定集中治療室	特定集中治療室管理料1の施設基準を満たすほか、広範囲熱傷特定集中治療管理の治療室	専用の特定集中治療室	特定集中治療室管理料3の施設基準を満たすほか、広範囲熱傷特定集中治療管理の治療室
病室面積	内法20㎡／床以上（新生児用9㎡／床以上）	内法20㎡／床以上（広範囲熱傷特定集中治療）	内法15㎡／床以上（新生児用9㎡／床以上）	内法15㎡／床以上（広範囲熱傷特定集中治療）
必要機器（＊）	・救急蘇生装置　・除細動器　・ペースメーカー ・心電計　・ポータブルエックス線撮影装置　・呼吸循環監視装置 （新生児用は上記に加えて、経皮的酸素分圧監視装置または経皮的動脈血酸素飽和度測定装置、酸素濃度測定装置、光線治療器）			
その他	自家発電装置を有している病院 治療室内はバイオクリーンルーム			

＊　ペースメーカー、心電計、ポータブルエックス線撮影装置、呼吸循環監視装置については、当該保険医療機関内に備え、必要な際に迅速に使用でき、緊急の事態に十分対応できる場合においては、常時備えている必要はない

（平30.3.5保医発0305第2）

トピックス　バイオクリーンルーム

　バイオクリーンルーム (biological clean room) は、医療施設、医薬品、食品等の分野において、主に空気中の浮遊微生物を制御・管理したクリーンルーム。

　診療報酬上は、「特定集中治療室管理料」「小児特定集中治療室管理料」「新生児特定集中治療室管理料」「母体・胎児集中治療室管理料」において用語が使用されているが、空気清浄度に関する仕様は示されていない。

　特定機能病院の施設として求められる「無菌状態の維持された病室」(医規〈22の4〉) とは、「細菌が非常に少ない環境で診療を行うことができる病室」を意味するとされ、それは「空気清浄度がクラス1万以下」の環境を想定しているものであるとしている (平5.2.15 健政98)。

　無菌治療室管理加算では、空気清浄度を、ISO 基準クラスで定義し、「集中治療部設置のための指針」(P.196) では、ISO 基準クラス7と NASA 基準クラス (Fed.Std.209E 基準) (2001 (平成13) 年11月29日に廃止) を併記している。

　一方、日本医療福祉設備協会による「病院空調設備の設計・管理指針」(HEAS-02-2013) では、清浄度クラスⅠ～Ⅴという分類を用いている。これは ISO 基準や NASA 基準が工業用クリーンルームを対象とした規格であり、病院のように室内での作業内容が大きく変化したり、測定場所により異なる値となる可能性が高い場合の表示としては妥当ではないと考えられたためである。

　各々の基準で、仕様規定の方法が異なり、単純な比較はできないが、医療施設設計の現場では、腎移植施設整備事業実施要綱や無菌治療室管理加算 (2010 (平成22) 年改正まで) 等の清浄度の条件に記載されていたため現在も NASA 基準クラスが比較的多く使用されている。

3 脳卒中ケアユニット(SCU)

3) 急性期医療関連

　急性期の脳卒中患者に対して、専門の医療職が急性期医療及びリハビリテーションを組織的・計画的に行うための専用の病床。

表 2-30　脳卒中ケアユニット入院医療管理料に関する構造設備基準

算定単位	一般病棟の治療室（専用の治療室）
病床数	30 床以下
必要機器（*）	・救急蘇生装置（気管内挿管セット、人工呼吸装置等）　・除細動器　・心電計 ・呼吸循環監視装置
その他	コンピューター断層撮影、磁気共鳴コンピューター断層撮影、脳血管造影等の必要な脳画像撮影及び診断が常時行える体制 当該治療室に、専任の常勤理学療法士または専任の常勤作業療法士 1 名以上の配置が必要

* 当該治療室が特定集中治療室と隣接しており、これらの装置及び器具を特定集中治療室と共有しても緊急の事態に十分対応できる場合においては、常時備えている必要はない

（平 30.3.5 保医発 0305 第 2）

【計画上の留意点】

1　脳血管疾患等リハビリテーション料(I)(II)(III)のいずれかを届け出ていることが必要である。

2　脳神経外科または脳神経内科の病棟の一画を脳卒中ケアユニットとすることができる。ただし、看護師については、当該治療室に常時、入院患者の数が 3 またはその端数を増すごとに 1 以上配置され、当該治療室以外での夜勤を併せて行わないこと等の施設基準を満たす必要がある。

（平 18.3.23 事務連絡）

3　治療室単位で算定する「脳卒中ケアユニット入院医療管理料」のほかに、脳卒中に関する加算として「超急性期脳卒中加算」がある。超急性期脳卒中加算は、脳梗塞発症後 4.5 時間以内に組織プラスミノーゲン活性化因子を投与した場合に加算される。常勤の医師の配置や薬剤師の常時配置、専用の治療室（ICU・SCU と兼用可）、CT・MRI 脳血管造影等の検査体制が要件となっている。

ICUの種類と対象患者・施設基準

ICU（集中治療室）という用語は、広義には、NICU（Neonatal ICU／新生児対象）・CCU（Coronary Care Unit／心疾患患者対象）など、特定の疾患を対象とする治療室を含めて使用する場合があるが、狭義には、呼吸・循環・代謝などの重要臓器の急性臓器不全の患者に集中治療を行う総合的な集中治療室のみを指す場合もある。表2-31に示す名称は、診療報酬の申請時には通知に定められた名称が用いられる。

表2-31　ICUの種類と対象患者・施設基準（診療報酬の特定入院料・加算）2018（平成30）年改定

	種類	対象患者	入院料名	面積・病床数	室内に常時備える装備・器具	清浄度	施設（院内）
全般	ICU「集中治療室」(Intensive Care Unit)	内科系・外科系を問わず、重篤な急性機能不全の患者　手術後の容態観察が必要な患者	特定集中治療室管理料	専用室 ・20㎡／床以上 ・15㎡／床以上 ・（新生児）9㎡／床以上	救急蘇生装置、除細動器、ペースメーカー、心電計、ポータブルX線撮影装置、呼吸循環監視装置	原則としてバイオクリーンルーム	自家発電装置、電解質定量検査、血液ガス分析を含む必要な検査が常時実施可
	SICU「外科系集中治療室」(Surgical Intensive Care Unit)	従来の「術後回復室」が高度化したもので主に全身麻酔による外科手術直後の患者。容態安定までの短期収容	専用の基準なし。ICU基準に則る。				
	救命救急ICU	救命救急センターに設けられ、急病や外傷など救急医療で搬送された危篤状態の患者を収容	救命救急入院料	救命救急センターを有する病院	ICU基準と同じ	—	ICU基準と同じ
部位別	CCU「冠動脈疾患集中治療室」(Coronary Care Unit)	主に心筋梗塞や狭心症で、急性発症し緊急の処置・管理を要する患者	専用の基準なし。ICU基準に則る。				
	SCU「脳卒中集中治療室」(Stroke Care Unit)	脳卒中（脳出血、くも膜下出血、脳梗塞など）を急性発症し、緊急の処置・管理を要する患者	脳卒中ケアユニット入院医療管理料	専用の治療室	救急蘇生装置、除細動器、心電計、呼吸循環監視装置	—	CT、MRI、脳血管造影等が常時行える体制
	NCU「脳神経外科集中治療室」(Neurosurgical Care Unit)	脳神経疾患や頭部外傷での脳外科手術後の患者。SCUの役割を併せもってNCUとしたり、SICUと領域が重複	専用の基準なし。ICU基準に則る。				
	KICU「腎疾患集中治療室」(Kidney Intensive Care Unit)	急性の腎不全や肝炎により、緊急の処置・管理を要する患者　腎障害を合併した重症患者	専用の基準なし。ICU基準に則る。				
	RICU「呼吸器疾患集中治療室」(Respiratory Intensive Care Unit)	主に急性呼吸不全、慢性呼吸不全の急性増悪、喘息の重積発作、心不全、大手術後の患者	専用の基準なし。ICU基準に則る。				
周産期・小児専門	MFICU「母体・胎児集中治療室」(Maternal-Fetal Intensive Care Unit)	妊娠中の妊娠中毒症、多胎妊娠、胎盤位置異常、切迫流産、合併症の妊婦及びその胎児	母体・胎児集中治療室管理料	専用室 ・15㎡／床以上 ・6床以上	救急蘇生装置、心電計、呼吸循環監視装置、分娩監視装置、超音波診断装置	原則として、バイオクリーンルーム	ICU基準と同じ
	NICU「新生児集中治療室」(Neonatal Intensive Care Unit)	未熟児、高度の先天奇形、分娩時の障害、合併症など、出産後間もない病的な新生児	新生児特定集中治療室管理料（*1）	専用室 ・7㎡／床以上	救急蘇生装置（気管内挿管セット）、新生児用呼吸循環監視装置、新生児用人工換気装置、微量輸液装置 他	原則として、バイオクリーンルーム	ICU基準と同じ
	GCU「移行期（回復期）治療室」(Growing Care Unit)	急性期治療が終了、または集中治療を要しない新生児　NICUの後方病床の位置づけ	新生児治療回復室入院医学管理料	なし	「新生児特定集中治療室管理料」と同じ。ただし新生児特定集中治療室と隣接し、装置・器具を共有できればこの限りではない	なし	ICU基準と同じ
	PICU「小児集中治療室」(Pediatric Intensive Care Unit)（*2）	重症あるいは手術後の小児患者	小児特定集中治療室管理料	専用室 ・15㎡／床以上 ・8床以上	救急蘇生装置（気管内挿管セット、人工呼吸装置等）、除細動器、ペースメーカー、心電計、ポータブルX線撮影装置、呼吸循環監視装置、急性血液浄化療法に必要な装置	原則として、バイオクリーンルーム	ICU基準と同じ

*1　6床以上で、かつ母体・胎児集中治療室管理料の基準も満たせば、より点数の高い「総合周産期特定集中治療室管理料—新生児集中治療室管理料」を算定できる
*2　PICUがPerinatal Intensive Care Unitの略の場合は「周産期集中治療室」。MFICUと同義で使われることもある
*3　ペースメーカー、心電計、ポータブルエックス線撮影装置、呼吸循環監視装置については、当該保険医療機関内に備え、必要な際に迅速に使用でき、緊急の事態に十分対応できる場合においては、常時備えている必要はない

資料：「集中治療室の運用と施設計画に関する研究」報告書（日本医療福祉建築協会）

4 ハイケアユニット（HCU） ― 3）急性期医療関連

　HCUは、ICUを退室後も継続して集中治療が必要な患者に対し、一般病棟よりも手厚い体制を整えている治療室。

　2010（平成22）年診療報酬改定において、これまで要件とされていた「救命救急入院料」または「特定集中治療室管理料」の届出施設であることが削除されたため、ICUを有しない病院においても、HCU単独での設置が可能となった。

表2-32　ハイケアユニット入院医療管理料に関する構造設備基準

算定単位	一般病床の治療室（専用の治療室）
病床数	30床以下
必要室	専用の治療室
必要機器（＊）	・救急蘇生装置（気管内挿管セット、人工呼吸装置等）　・除細動器 ・心電計　・呼吸循環監視装置

*　当該治療室が特定集中治療室と隣接しており、これらの装置及び器具を特定集中治療室と共有しても緊急の事態に十分対応できる場合においては、常時備えている必要はない

（平30.3.5保医発0305第2）

【計画上の留意点】

1　ハイケアユニット入院医療管理料は、治療室を単位として算定されるため、一般病棟とは看護師配置などを分ける必要がある。同時に、ナースステーションも独立して設置することが必要。

2　ハイケアユニット入院医療管理料は、院内の複数箇所に設置することも可能。ただし、当該保険医療機関全体で30床以下、それぞれを独立した看護単位とすることが必要。

（平16.3.30事務連絡、平16.7.7事務連絡）

トピックス　HCU（ハイケアユニット）の呼称について　Topics

　HCU（ハイケアユニット）は、いわゆる高度治療室として広義に取り扱われ、人員や構造設備の基準にかかわらずに運用されたり、名称が使用されたりする場合もある。一方で、診療報酬の入院医療管理料を算定する狭義のHCUでは、告示や通知、事務連絡に準拠した施設整備と運用が必要となる。例えば、病棟に重傷室や観察室として一般病室とは別に設置されたり、あるいは院内に重傷患者病棟として集団で設置されHCUと呼ばれている場合もあるが、基準に適合できていなければ、診療報酬における狭義のHCUとはならない。

5 地域包括ケア病棟

3）急性期医療関連

　地域包括ケア病棟・病室は、急性期後の受け入れをはじめとする地域包括ケアシステムを支える病棟の充実が求められていることを受けて、2014（平成26）年の診療報酬改定において新設された。一方、地域包括ケア病棟の新設に伴い、これまでの亜急性期入院管理料が廃止された。

　地域包括ケア病棟には、①急性期後の受け入れ、②在宅・生活復帰支援、③在宅患者の緊急時の受け入れを担う病棟・病室としての機能が求められている。

表2-33　地域包括ケア病棟入院料、地域包括ケア入院医療管理料に関する構造設備基準

	地域包括ケア病棟入院料1	地域包括ケア病棟入院料2	地域包括ケア病棟入院料3	地域包括ケア病棟入院料4	地域包括ケア入院医療管理料1	地域包括ケア入院医療管理料2	地域包括ケア入院医療管理料3・4
算定単位	病棟単位				病室単位		
病床区分	一般病床、療養病床				一般病床、療養病床		
病室面積	内法6.4㎡／床以上（＊1）	―			内法6.4㎡／床以上（＊1）	―	
廊下幅	片側居室：内法1.8m以上が望ましい（病室に隣接する廊下） 両側居室：内法2.7m以上が望ましい（病室に隣接する廊下） 既存病棟を転換する場合においては、全面的な改築等を行うまでは基準未満であっても可、ただし、改築等の予定について年1回の報告が必要						
必要室	患者の利用に適した浴室・便所						
在宅復帰率	7割以上		―		7割以上		―
届出	200床未満（＊2）	―	200床未満（＊2）	―	200床未満（＊2）		
	下記の場合1病棟のみ届出可 ・療養病床 ・400床以上 ・救命救急入院料、特定集中治療室管理料、ハイケアユニット入院医療管理料、脳卒中ケアユニット入院医療管理料、小児特定集中治療室管理科を届け出ている機関				届出可能病棟は1病棟のみ		
	・在宅療養（後方）支援病院、第2次救急医療機関、救急病院、訪問看護ステーションの同一敷地内の設置のいずれかを満たしていること ・特定機能病院以外であること ・疾患別リハまたはがん患者リハの届出を行っていること						

＊1　2015（平成27）年3月31日までに床面積について、壁芯測定で届出が行われたものはそれ以降も有効である
＊2　離島など厚生労働大臣が定める地域においては240床未満

（平30.3.5保医発0305第2）

6 無菌治療室

3）急性期医療関連

白血病、再生不良性貧血、骨髄異形成症候群、重症複合型免疫不全症等の患者に対して、無菌治療室管理を行った場合に算定される。

「無菌治療室管理加算」は、2012（平成24）年の診療報酬改定により、施設基準が厳格になった。（従前の、「無菌治療室管理加算」は、新しい「無菌治療室管理加算2」に相当する）

表2-34　無菌治療室管理加算に関する構造設備基準

	無菌治療室管理加算1	無菌治療室管理加算2
必要要件	・室内の空気清浄度が常時ISOクラス6以上（＊） ・自家発電装置を有している ・滅菌水の供給が常時可能 ・個室 ・当該治療室の空調設備が垂直層流方式、水平層流方式またはその双方を併用した方式	・室内の空気清浄度が常時ISOクラス7以上（＊） ・自家発電装置を有している ・滅菌水の供給が常時可能

＊　空気清浄度のISOクラスは、クラス6／7が、一般的に用いられているNASA基準（Fed.Std.209E基準）による、クラス1,000／10,000に相当する

（平30.3.5保医発0305第2）

【計画上の留意点】

1　無菌治療室管理とは、当該治療室において、医師等の立入等の際にも無菌状態が保たれるような必要な管理をいう（平30.3.5保医発0305第1）。
2　2012（平成24）年の診療報酬改定では、無菌治療室管理加算1において個室化と病室内の層流確保が明記されたため、無菌病棟の計画における無菌病室ユニットやベッドアイソレータの利用においては、病院との打合せ確認が重要である。

トピックス　防護環境　　Topics

1970年代に米国で骨髄移植が行われるようになって以来、高度な易感染状態にある骨髄移植患者は感染予防の観点から厳重な無菌管理のもとに治療が行われてきた。患者は「無菌病室」と呼ばれる部屋に隔離され、肉体的にも精神的にも非常に厳しい入院生活を送ってきた。米国ではCDCのガイドライン等に基づき無菌管理の合理的な運用が行われているが、日本では無菌病室ユニット自体は現在も多くの病院で利用されている。

日本においても、日本造血細胞移植学会が高温多湿の日本の環境や各施設の現状に配慮した「造血細胞移植ガイドライン」を作成しており、これまでに蓄積されたエビデンスに基づき、無菌病室管理の簡略化を提唱している。

ガイドラインでは、「無菌病室」という表現自体が不適切となってきており、CDC（米国疾病管理予防センター：Centers for Disease Control and Prevention）のガイドラインで定義されている「防護環境(protective environment)」と呼ぶことを提唱している。

1 療養環境関連にかかる施設基準の概要 — 4) 療養環境関連

病院や診療所における療養環境及び療養病床に関連する施設基準のうち、施設計画に関係するものとして以下の基準がある。
① 医療法における施設基準
② 診療報酬上の加算を算定できる施設基準
③ 特定入院料として診療報酬上の点数算定が認められる施設基準

医療法における施設基準

療養病床は、医療法において「病院または診療所の病床のうち、精神病床、感染症病床、結核病床以外の病床であって、主として長期にわたり療養を必要とする患者を入院させるためのもの」（医法〈7②四〉）と定義される。

図 2-2 療養病床の位置づけ

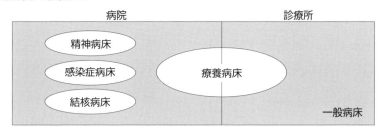

療養病床の構造設備基準では、一般病床の構造設備基準に付加される形で、機能訓練室などの諸室の設置、両側居室の廊下幅の拡大が求められている。

診療報酬上の加算を算定できる施設基準

療養環境に関連する施設基準のうち、診療報酬上、入院基本料への加算を算定できるものとして以下の施設基準がある。なお、療養病棟療養環境加算及び療養病棟療養環境改善加算は、療養病棟にのみ認められる加算である。
・療養環境加算（p. 54）
・重症者等療養環境特別加算（p. 55）
・療養病棟療養環境加算及び療養病棟療養環境改善加算（p. 60）

特定入院料として診療報酬上の点数算定が認められる施設基準

療養環境に関連する施設基準のうち、診療報酬上、特定入院料として点数算定が認められるものとして以下の施設基準がある。なお、特定入院料とは、病棟や病室の特有の機能や特定の疾患等に対する入院医療等を入院基本料とは別に評価するものである。
・特殊疾患入院医療管理料（p. 61）
・特殊疾患病棟入院料（p. 61）
・緩和ケア病棟入院料（p. 62）

2 療養環境（療養環境加算）

4）療養環境関連

病棟における一定水準以上の療養環境に対し、診療報酬上、入院基本料等への加算として「療養環境加算」が認められている。

表 2-35　療養環境加算に関する構造設備基準

単位	病棟
病室面積	・内法 8㎡／床以上 ・当該病棟内に 6.4㎡／床未満の病室を有する場合は算定不可 ・1 病床あたり面積は、医療法上の許可等を受けた病床にかかる病室の総床面積を当該病床数で除した面積 ・病棟内であっても、診察室、廊下、手術室等病室以外の部分の面積は算入しない ・病室内に付属している浴室・便所等の面積は算入の対象となる ・特別の療養環境の提供にかかる病床または特定入院料を算定している病床もしくは病室については、加算の対象から除外

（平 30.3.5 保医発 0305 第 2）

3 重症者等療養環境(重症加算病室) ― 4) 療養環境関連

　一般病棟における重症者に対応する特定の病床に対して、診療報酬上、入院基本料等への加算として「重症者等療養環境特別加算」が認められている。

表2-36　重症者等療養環境特別加算の構造設備基準

単位	一般病棟における特定の病床
病室基準(いずれにも該当)	・個室または2人部屋 ・重症者等の容態が常時監視できるような設備または構造上の配慮がなされている(心拍監視装置等の患者監視装置を備えている場合または映像による患者観察システムを有する場合を含む) ・酸素吸入、吸引のための設備の整備 ・特別の療養環境の提供にかかる病室でない

(平30.3.5 保医発0305 第2)

4 特別の療養環境の提供にかかる基準（差額病室）

　1984（昭和59）年の健康保険法改正により、特定療養費制度が導入され、特に定められた高度医療や特別なサービス（アメニティ部分）を含んだ療養を受けた場合、患者のニーズに応えるために療養全体にかかる費用のうち、特別サービス分を自費負担とすることが可能となった。

　2006（平成18）年の改正により、特定療養費制度が廃止されて新たに保険外併用療養費制度が導入され、差額室料の徴収は患者の選定による「選定療養」に区分されている。

　表2-37の要件を満たす特別療養環境室（差額病室）に入院した場合は、差額室料の徴収が可能であるが、本人または家族が希望したときのみ認められるものであり、病院の都合や治療上の必要から特別療養環境室に入院させても、患者に特別な料金を求めることはできない。

　また、2010（平成22）年の診療報酬改定により、要件を満たす病床について、保険医療機関の病床の数の5割まで患者に妥当な範囲の負担を求めることが認められることとなった。

表2-37　特別療養環境室（差額病室）の概要

要件	① 病床数は4床以下 ② 6.4㎡／床以上 ③ 病床ごとのプライバシーの確保を図るための設備を備えていること ④ 特別の療養環境として適切な設備を有すること
病床割合	・全病床数の5割以下 ・特定機能病院以外で国が開設するものは病床数の2割以下 ・特定機能病院以外で地方公共団体が開設するものは病床数の3割以下 〈緩和規定〉 下記の基準で厚生労働大臣が承認した場合には5割以上も可能 ・病床過剰地域でかつ特別療養環境室の割合を増加しても患者が療養の給付を受けることに支障をきたすおそれがない場合 ・特別療養環境室がすべて2床以下であり、要件の②から④までを充足する　　　等

（平18.3.13 保医発0313003）

【計画上の留意点】

1　「治療上の必要」に該当しない例（差額室料を求めてもよい例）

　「治療上の必要」とは、特別療養環境室に入院しようとしている患者本人についての治療上の必要をいうものであり、本人以外の患者への影響が理由の場合には差額室料を求めてもよい。

　なお、特別療養環境室への入院にあたっては、患者への十分な情報提供と署名による患者側の同意の確認が必要である。

　・院内感染を引き起こすような感染症患者（本人の理由ではない）
　・認知症あるいはいびきで他の患者に迷惑を及ぼすと考えられる患者（本人の理由ではない）
　・空床がない等、病院の都合で特別療養環境室の入院をすすめた場合

2　「治療上の必要」に該当する例（差額室料を求められない例）
　① 患者本人の「治療上の必要」により特別療養環境室へ入院させる場合

4）療養環境関連

- ・救急患者、術後患者等であって、病状が重篤なため安静を必要とする者
- ・免疫力が低下し、感染症に罹患するおそれのある患者
- ・終末期の患者
- ・後天性免疫不全症候群の病原体に感染している患者
- ・クロイツフェルト・ヤコブ病の患者

② 病棟管理の必要性等から特別療養環境室に入院させた場合であって、実質的に患者の選択によらない場合
- ・MRSA等に感染している患者であって、主治医等が他の入院患者の院内感染を防止するため、実質的に患者の選択によらず入院させたと認められる者

トピックス　外来医療にかかる特別の療養環境　Topics

　一定の要件を満たす診察室等について患者に妥当な範囲の負担を求めることが認められている。診療に要する時間が長時間にわたる（一連の診療に要する時間がおおむね1時間を超える）場合に特別の療養環境を提供することができる。

要　件
- ・完全な個室環境（間仕切り等により個人の区画を確保するようなものは認められない）
- ・患者が静穏な環境下で受診できる構造設備等が確保されている

留意点
- ・通常の診察室が空いていない等の理由により特別療養環境室での受診が求められることのないようにしなければならない。なお、特別の療養環境の提供について、一定期間における複数回の受診について包括的に同意を得ることは差し支えないが、その際には期間等を明示したうえで同意を確認する
- ・特別の療養環境の提供を受ける患者は他の患者に比べ予約の順位が優先されるなど、療養環境の提供以外の便宜を図ることは認められない

（平18.3.13 保医発0313003）

5 療養病床の理解

療養病床とは「病院または診療所の病床のうち、精神病床、感染症病床、結核病床以外の病床であって、主として長期にわたり療養を必要とする患者を入院させるためのもの」(医法〈7②四〉)であり、一般病床において必要な施設のほか機能訓練室、談話室、食堂、浴室を要する。その他、両側居室の廊下幅は一般病床よりも広い幅員を要することに注意が必要である。

表2-38 療養病床に関する構造設備基準

設置基準	1病室の病床数	4床以下（医規〈16〉）
	患者1人あたりの病室面積	内法6.4㎡以上（医規〈16〉）
	廊下幅（病室隣接）	片廊下：内法1.8 m以上（医規〈16〉） 中廊下：内法2.7 m以上（医規〈16〉）
	所要施設	1以上の機能訓練室：内法40㎡以上（医規〈20〉） 談話室：入院患者同士や入院患者の家族が談話を楽しめる広さ（医規〈21〉） 食　堂：入院患者1人につき内法1㎡以上（医規〈21〉） 浴　室：身体の不自由な者が入浴するのに適したもの（医規〈21〉）

【計画上の留意点】

1　「療養病床」が設けられた経緯

　　1992（平成4）年の第2次医療法改正時に、それまで問題となっていた急性期から亜急性期、長期療養までの幅広い患者層を対象とする病棟における病床利用の非効率性や入院環境の不適切さを緩和するため「療養型病床群」の制度が導入されたが、根本的な解決に至らなかった。そのため、2001（平成13）年の第4次医療法改正において、患者の病態にふさわしい医療を提供することを目的として、それまでの「その他の病床」（結核病床、精神病床、感染症病床を除いた病床）を、長期入院患者を対象とする「療養病床」と「一般病床」に区分することとなった。

2　施設基準

　①　病室面積

　　医療法施行規則によると療養病床の病室の床面積は内法による測定で患者1人について6.4㎡以上と定められており、旧療養型病床群の転換型のように病室面積を緩和する基準はない。

　　なお、診療報酬における療養病棟療養環境改善加算2の場合、内法による測定で患者1人について6.0㎡以上と定められているが、2012（平成24）年3月31日において現に療養病棟療養環境加算4にかかる届出を行っている病棟のみが対象となる。

　②　廊下幅

　　医療法施行規則の本則では、片廊下の幅は1.8 m、中廊下の幅は2.7 mと定めているが、同附則において、2001（平成13）年3月1日現在で開設の許可を受けていた建物を利用した場合に限り、片廊下が1.2 m、中廊下が1.6 mとなることが認められている。いずれの場合にも

4) 療養環境関連

測定の方法は内法である。

なお、療養型病床群に関して示された通知の一部は現在も適用されるとの解釈がなされており、「医療法の一部を改正する法律の一部の施行について」（平 5．2.15 健政発 98）により、手すりは廊下の幅に含めて差し支えないとされている。また、「療養型病床群に係る病室に隣接する廊下の幅の解釈について」（平 10．9．3 指発 56）により建築構造上やむを得ず廊下の一部に設けられる柱については、例外的に廊下幅に含めることが許されている。一方、2014（平成 26）年度診療報酬改定において、「療養病棟療養環境加算」と「診療所療養環境加算」を対象として、廊下幅は柱等の構造物（手すりを除く）を含めた最も狭い部分において基準を満たすことが要件とされた（経過措置あり）。

③　中廊下

中廊下とは両側に居室のある廊下をいう。「医療監視必携」では「居室、居住、執務、作業、集会、娯楽、その他これに類する目的のために継続的に使用する室」と居室を定義している。

3　介護保険による指定介護療養型医療施設

介護保険により、療養病床を指定介護療養型医療施設とする場合の施設基準は、医療法施行規則による施設基準とほぼ同じである。ただし、「医療法の一部を改正する法律の一部の施行について」（平 5.2.15 健政発 98）には食堂と談話室の兼用を認めることが明示されているが、指定介護療養型医療施設の施設基準にはそれが明示されていない。また、人員配置についても、介護保険の指定施設になるためには、介護支援専門員の配置が求められている。

なお、指定介護療養型医療施設は、2017（平成 29）年の介護保険法改正により、2024（平成 36）年 3 月末までに廃止、新たに創設された介護医療院等への転換が求められる。

4　2006（平成 18）年 7 月からの療養病床にかかる診療報酬・介護報酬の見直し

2003（平成 15）年 3 月の閣議決定「健康保険法等の一部を改正する法律附則第 2 条第 2 項の規定に基づく基本方針について」において「慢性期入院医療については、病態、日常生活動作能力（ＡＤＬ）、看護の必要度等に応じた包括評価を進めるとともに、介護保険との役割分担の明確化を図る」こととされ、これを受けて 2006（平成 18）年 7 月から、医療療養病棟について、医療区分・ＡＤＬ区分等に基づく患者分類を用いた評価が導入された。

6 療養病棟療養環境

4) 療養環境関連

療養病棟における一定水準以上の療養環境に対して、診療報酬上、入院基本料等への加算として「療養病棟療養環境加算」及び「療養病棟環境改善加算」が認められている。

療養病棟環境改善加算を算定できる期間は、当該病棟の増築または全面的な改築を行うまでの間に限定されている。

表2-39 療養病棟療養環境加算及び療養病棟療養環境改善加算に関する構造設備基準

	療養病棟療養環境加算1	療養病棟療養環境加算2	療養病棟療養環境改善加算1	療養病棟療養環境改善加算2（＊4）
病棟面積（＊1）	内法16㎡／床以上	規定なし		
病室面積	内法6.4㎡／床以上			内法6.0㎡／床以上
病室定員	4床以下			規定なし
廊下幅	片廊下：内法1.8 m以上 中廊下：内法2.7 m以上		規定なし	
機能訓練室（＊2）	内法40㎡以上			必要（面積規定なし）
食堂・談話室（＊3）	内法1㎡／床以上			
浴室	身体の不自由な患者の利用に適したもの			

＊1 当該病棟内にある治療室、機能訓練室、浴室、廊下、デイルーム、食堂、面会室、ナースステーション、便所等を面積に算入可
＊2 「当該病院に機能訓練室を有しており、当該機能訓練室の床面積は、内法による測定で、40㎡以上であること」と規定されており、病棟内に機能訓練室がなくても病院内にあればよいと解釈できる
＊3 談話室と食堂の兼用は可
＊4 2014（平成26）年3月31日において、現に療養病棟療養環境加算4にかかる届出を行っている保険医療機関については、当該病棟の増築または全面的な改築を行うまでの間は病室面積内法6.0㎡／床を満たしているものとする

（平30.3.5保医発0305第2）

7 特殊疾患病棟（特殊疾患入院医療・特殊疾患病棟） — 4）療養環境関連

特殊疾患入院医療

　特殊疾患患者を一定割合以上入院させる一般病棟において、診療報酬上、特定入院料として「特殊疾患入院医療管理料」及び「特殊疾患病棟入院料」が認められている。

　「特殊疾患入院医療管理料」は「病室」を単位とするのに対し、「特殊疾患病棟入院料」は「病棟」を単位とする点で異なる。

表2-40　特殊疾患入院医療管理料に関する構造設備基準

算定単位	病室単位（脊髄損傷等の重度障害者、重度の意識障害者、筋ジストロフィー患者または神経難病患者等をおおむね8割以上入院させる病室）
病室面積	内法6.4㎡／床以上

（平30.3.5 保医発0305 第2）

特殊疾患病棟

　特殊疾患患者を入院あるいは入所させる病棟等において、診療報酬上、特定入院料として「特殊疾患病棟入院料」が認められている。

表2-41　特殊疾患病棟入院料に関する構造基準

	特殊疾患病棟入院料1	特殊疾患病棟入院料2
単位	病棟単位	
他の基準	当該病棟の入院患者数のおおむね8割以上が、脊髄損傷等の重度障害者（2008（平成20）年10月1日以降は、脳卒中の後遺症の患者及び認知症の患者を除く）、重度の意識障害者、筋ジストロフィー患者または神経難病患者	次のいずれかの基準を満たしていること ア　次のいずれかに該当する一般病棟または精神病棟 　(イ)　肢体不自由児施設 　(ロ)　重症心身障害児施設 　(ハ)　国立高度専門医療研究センター 　(ニ)　独立行政法人国立病院機構の設置する医療機関であって厚生労働大臣の指定する医療機関 イ　当該病棟の入院患者数のおおむね8割以上が、重度の肢体不自由児（者）（日常生活自立度のランクB以上に限る）等の重度の障害者（ただし、特殊疾患病棟入院料1の対象となる患者を除く）
病棟床面積	内法16㎡／床以上（＊）	

＊　当該病棟内にある治療室、機能訓練室、浴室、廊下、デイルーム、食堂、面会室、ナースステーション、便所等の面積を算入可能

（平30.3.5 保医発0305 第2）

8 緩和ケア病棟 — 4) 療養環境関連

緩和ケアを行う病棟に対して、診療報酬上、特定入院料として「緩和ケア病棟入院料」が認められている。

表2-42 緩和ケア病棟入院料1及び2に関する構造設備基準

対象病院	① がん診療の拠点となる病院（＊1） ② 公益財団法人日本医療機能評価機構等が行う医療機能評価を受けている病院 ③ ①、②に準ずる病院（＊2）
単位	主として悪性腫瘍患者または後天性免疫不全症候群に罹患している患者を入院させ緩和ケアを行う病棟
病棟床面積	内法30㎡／床以上
病室床面積	内法8㎡／床以上
所要施設	患者家族の控え室、患者専用の台所、面談室、一定の広さを有する談話室

＊1 「がん診療連携拠点病院等の整備等について」（平26.1.10 健発0110第7）に基づき、がん診療連携拠点病院等の指定を受けた病院等
＊2 都道府県が当該地域においてがん診療の中核的な役割を担うと認めた病院または公益財団法人日本医療機能評価機構が定める機能評価（緩和ケア病院）と同等の基準について第三者の評価を受けている病院

（平20厚労告62、平30.3.5 保医発0305第1）

【計画上の留意点】

緩和ケア病棟は全室個室であって差し支えないが、特別療養環境室（差額病室）の数が5割以下であることが求められる（平30.3.5 保医発0305第1）。

トピックス ― ホスピスと緩和ケア ― Topics

「ホスピス（hospice）」とは死期の近い患者のためにターミナルケア（終末期医療）を行う施設のことを指す。他方、「緩和ケア（Palliative care）」とは、命を脅かす疾患による問題に直面している患者とその家族に対して、痛みやその他の身体的・心理的・精神的（スピリチュアル）な問題を早期に発見し的確な評価と処置を行うことによって、苦しみを予防し和らげることでQOL（クオリティ・オブ・ライフ）を改善するアプローチである。(2002年WHO)」と定義される。この定義によると「緩和ケア」は「命を脅かす疾患による問題に直面」している患者すべてを対象としており、終末期医療を担う「ホスピス」より広範囲の患者を対象とする点で両者は本来異なるものである。

しかしながら、現在の日本では、末期のがんや後天性免疫不全症候群（エイズ）患者を主な対象として「緩和ケア病棟」の整備が進められてきているため、「緩和ケア」と「ホスピス」は同じような意味として捉えられている。また、診療報酬上も緩和ケアの施設基準を満たすホスピスについては緩和ケア病棟入院料の算定が認められている。さらに近年では「ホスピス緩和ケア」という両者を組み合わせた言葉も広まってきており、「ホスピス」と「緩和ケア」の境界が薄らいできている。

1 小児・周産期病床にかかる施設基準の概要　5）小児・周産期病床

小児・周産期病床においては、産科病棟や小児病棟などの一般病床のほか、新生児特定集中治療室（NICU）や新生児回復治療室（GCU）、小児特定集中治療室（PICU）、母体・胎児集中治療室（MFICU）といった集中治療室が体系化されている。

これらの集中治療室は、患者層や患者の状態などにより対象が異なっている。

表2-43　小児・周産期病床における集中治療室の概要

		対象患者	患者の状態
総合周産期特定集中治療室	母体・胎児集中治療室（MFICU）	妊産婦（母体・胎児）	重い妊娠中毒症、合併症妊娠、切迫流早産や胎児異常など、分娩時に母体や胎児にリスクの高い状態の妊産婦
	新生児集中治療室（NICU）（*）	新生児	早産児や低出生体重児（未熟児）、先天性の疾患をもった重症新生児など集中治療を必要とする重篤な状態の新生児
新生児特定集中治療室（NICU）（*）		新生児	新生児集中治療室と同様
新生児治療回復室（GCU）		新生児	NICUで治療を受け、出生時・出産後の重篤な状態から安定状態に移行した新生児 緊急搬送された新生児の状態により当初からGCUに入る場合もある
小児特定集中治療室（PICU）		15歳未満の小児	救急搬送された重篤な小児患者や心臓病などの難病疾患をもつ小児患者など生命が危険な状態にあり集中治療を必要とする小児重症患者

＊　診療報酬上、新生児集中治療室管理料と新生児特定集中治療室管理料1とは同様の構造基準となる

トピックス　カンガルーケア　Topics

「カンガルーケア」とは、出産後すぐに、赤ちゃんをお母さんの素肌の胸の上に抱っこし、母親の体温で赤ちゃんを温めてもらおうという処置のこと。その様子がカンガルーの親子のようだということで、カンガルーケアと名づけられた。もともとは伝統的な育児方法であるが、1979年、南米コロンビアのボゴダという町の病院で低出生体重児を収容する保育器の不足を補うために導入され、注目された。

この処置により、赤ちゃんの体温保持はもちろんのこと、低出生体重児の生存率も改善しただけでなく、母親の育児放棄も少なくなり、母親と赤ちゃんの愛情形成にも役だったという思わぬ効果があった。その後、日本も含めて、赤ちゃんを新生児室に集める母子別室制が広まっていた先進国の出産施設では、母親と赤ちゃんのスキンシップが減っていたが、母乳育児や母子同室制の見直しと共にカンガルーケアが世界に広がった。

最近、そのカンガルーケアの最中に、赤ちゃんの容態が急変し、NICUに救急搬送される深刻な事態が起きる事例が全国に出てきて、見直しをする動きがある。また、この問題をきっかけに突然死等の急変が起こるこの時期の安全管理が十分かどうかという議論が始まっている。

2 小児入院医療 ― 5) 小児・周産期病床

　小児が入院する病棟や施設において、診療報酬上、特定入院料として「小児入院医療管理料」の算定が認められている。
　小児入院医療管理料の施設基準を満たしたうえでプレイルームを設けることにより、小児入院医療管理料の加算が認められている。

表 2-44　小児入院医療管理料にかかる加算に関する構造設備基準

- 内法による測定で 30㎡のプレイルームがある。プレイルームについては、当該病棟内にあることが望ましい
- プレイルーム内には、入院中の小児の成長発達に合わせた遊具、玩具、書籍等がある
- 当該病棟に小児入院患者を専ら対象とする保育士が 1 名以上常勤している

（平 30.3.5 保医発 0305 第 2）

3 小児特定集中治療室（PICU） ― 5) 小児・周産期病床

　小児特定集中治療室（PICU：Pediatric Intensive Care Unit）における小児に対する特定集中治療に対して、診療報酬上、特定入院料として「小児特定集中治療室管理料」の算定が認められている。

表 2-45　小児特定集中治療室管理料に関する構造設備基準

算定単位	一般病棟の治療室
必要室	専用の小児特定集中治療室
病室面積	内法 15㎡/床以上
必要機器（*）	・救急蘇生装置（気管内挿管セット、人工呼吸装置等）　・除細動器　・ペースメーカー ・心電計　・ポータブルエックス線撮影装置　・呼吸循環監視装置　・体外補助循環装置 ・急性血液浄化療法に必要な装置
その他	・自家発電装置を有している病院 ・治療室内はバイオクリーンルーム

* ペースメーカー、心電計、ポータブルエックス線撮影装置、呼吸循環監視装置については、当該保険医療機関内に備え、必要な際に迅速に使用でき、緊急の事態に十分対応できる場合においては、常時備えている必要はない

（平 30.3.5 保医発 0305 第 2）

　小児特定集中治療室管理料は、15 歳未満の小児に対し 14 日を限度として算定できる（平 30 厚労告 43）。

4 新生児特定集中治療室（NICU） ── 5）小児・周産期病床

　新生児特定集中治療室（NICU：Neonatal Intensive Care Unit）における新生児に対する特定集中治療に対して、診療報酬上、特定入院料として「新生児特定集中治療室管理料」の算定が認められている。

表2-46　新生児特定集中治療室管理料に関する構造設備基準

算定単位	一般病棟の治療室
必要室	専用の新生児特定集中治療室
病室面積	内法 7㎡／床以上
必要機器	・救急蘇生装置（気管内挿管セット）　・新生児用呼吸循環監視装置　・新生児用人工換気装置　・微量輸液装置　・経皮的酸素分圧監視装置または経皮的動脈血酸素飽和度測定装置　・酸素濃度測定装置　・光線治療器
その他	・自家発電装置を有している病院 ・治療室はバイオクリーンルーム

（平 30.3.5 保医発 0305 第 2）

5 新生児治療回復室（GCU） ── 5）小児・周産期病床

　新生児治療回復室（GCU：Growing Care Unit）における新生児に対する治療回復室入院医療に対して、診療報酬上、特定入院料として「新生児治療回復室入院医療管理料」の算定が認められている。

表2-47　新生児治療回復室入院医療管理料に関する構造設備基準

算定単位	一般病棟の治療室
必要室	特定の治療室
病室面積	基準なし
必要機器（＊）	・救急蘇生装置（気管内挿管セット）　・新生児用呼吸循環監視装置　・新生児用人工換気装置　・微量輸液装置　・経皮的酸素分圧監視装置または経皮的動脈血酸素飽和度測定装置　・酸素濃度測定装置　・光線治療器
その他	自家発電装置を有している病院

＊　当該治療室が新生児特定集中治療室または新生児集中治療室と隣接しており、これらの装置及び器具を新生児特定集中治療室または新生児集中治療室と共有しても緊急の事態に十分対応できる場合においては、常時備えている必要はない

（平 30.3.5 保医発 0305 第 2）

　新生児治療回復室入院医療管理料は、新生児特定集中治療室管理料及び新生児集中治療室管理料を算定した期間と通算して 30 日（出生時体重が 1,500 g 以上で、別に厚生労働大臣が定める疾患を主病として入院している新生児にあっては 50 日、出生時体重が 1,000 g 未満の新生児にあっては 120 日、出生時体重が 1,000 g 以上 1,500 g 未満の新生児にあっては 90 日）を限度として算定できる（平 20 厚労告 59）。

6 総合周産期特定集中治療室

母体や胎児、新生児への特定集中治療に対して、診療報酬上、特定入院料として「総合周産期特定集中治療室管理料」の算定が認められている。算定にあたっては、「疾病・事業及び在宅医療に係る医療提供体制について」(平 29.3.31 医政地発 0331 第 3) に規定する「総合周産期母子医療センター」または「地域周産期母子医療センター」のいずれかであることが求められる。

表 2-48　総合周産期特定集中治療室管理料に関する構造設備基準

	母体・胎児集中治療室（MFICU）管理料	新生児集中治療室（NICU）管理料
算定単位	一般病棟の治療室	
必要室	専用の母体・胎児集中治療室	専用の新生児特定集中治療室
病室面積	内法 15㎡ / 床以上	内法 7㎡ / 床以上
病床数	3 床以上	6 床以上
必要機器	・救急蘇生装置（気管内挿管セット、人工呼吸装置等）・心電計（＊）・呼吸循環監視装置（＊）・分娩監視装置・超音波診断装置（カラードップラー法による血流測定が可能なものに限る）	・救急蘇生装置（気管内挿管セット）・新生児用呼吸循環監視装置・新生児用人工換気装置・微量輸液装置・経皮的酸素分圧監視装置または経皮的動脈血酸素飽和度測定装置・酸素濃度測定装置・光線治療器
その他	・自家発電装置を有している病院 ・治療室はバイオクリーンルーム	

*　心電計、呼吸循環監視装置については、当該保険医療機関内に備え、必要な際に迅速に使用でき、緊急の事態に十分対応できる場合においては、常時備えている必要はない

(平 30.3.5 保医発 0305 第 2)

総合周産期特定集中治療室管理料のうち、母体・胎児集中治療室管理料については妊産婦である患者に対して 14 日を限度として、新生児集中治療室管理料については新生児である患者に対して新生児特定集中治療室管理料及び新生児治療回復室入院医療管理料を算定した期間と通算して 21 日（出生時体重が 1,500 g 以上で、別に厚生労働大臣が定める疾患を主病として入院している新生児にあっては 35 日、出生時体重が 1,000 g 未満の新生児にあっては 90 日、出生時体重が 1,000 g 以上 1,500 g 未満の新生児にあっては 60 日）を限度として、それぞれ所定点数を算定する（平 20 厚労告 59）。

なお、母体・胎児集中治療室はＭＦＩＣＵ（Maternal Fetal Intensive Care Unit）、新生児集中治療室はＮＩＣＵ（Neonatal Intensive Care Unit）のことである。

【計画上の留意点】

総合周産期母子医療センター及び地域周産期母子医療センターについては、「周産期医療の体制構築に係る指針」(平29.3.31 医政地発0331 第3)に設備や病床数が示されている。

地域周産期母子医療センターは、産科及び小児科（新生児医療を担当するもの）を有するものとされ、小児科等には新生児病室を有し、NICU を設けることが望ましいとされているが、病床数について規定はない。ただし、NICU を備える小児専門病院等であって、都道府県が適当と認める医療施設

5) 小児・周産期病床

については、産科を有していなくても差し支えないものとされている（p.40〜41 参照）。

トピックス　ベビーフレンドリーホスピタル　　　Topics

　世界保健機関（WHO）とユニセフが母乳育児を推進するために母乳育児のための10カ条を提唱し、実施できている産院を「赤ちゃんにやさしい病院」として「ベビー・フレンドリー・ホスピタル」に認定している。

＜母乳育児を成功させるための10カ条（ユニセフ・WHOによる共同声明）＞
1. 母乳育児の方針を全ての医療に関わっている人に、常に知らせること
2. 全ての医療従事者に母乳育児をするために必要な知識と技術を教えること
3. 全ての妊婦に母乳育児の良い点とその方法をよく知らせること
4. 母親が分娩後、30分以内に母乳を飲ませられるように援助すること
5. 母親に授乳の指導を十分にし、もし、赤ちゃんから離れることがあっても母乳の分泌を維持する方法を教えること
6. 医学的な必要がないのに母乳以外のもの、水分、糖水、人工乳を与えないこと
7. 母子同室にする。赤ちゃんと母親が一日中24時間、一緒にいられるようにすること
8. 赤ちゃんが欲しがるときに、欲しがるままの授乳を進めること
9. 母乳を飲んでいる赤ちゃんにゴムの乳首やおしゃぶりを与えないこと
10. 母乳育児のための支援グループを作り援助し、退院する母親に、このようなグループを紹介すること

7 不妊に悩む方への特定治療支援 — 5) 小児・周産期病床

「不妊に悩む方への特定治療支援事業の実施について」(平 26.2.6 雇児母発 0206 第 3) の「別紙 1 不妊に悩む方への特定治療支援事業の実施医療機関における設備・人員の指定要件に関する指針」において施設計画上の指針が示されている。

表 2-49 「実施医療機関に具備すべき施設・設備の基準」の概要

① 必ず有すべき施設	採卵室・胚移植室 ・採卵室の設計は、原則として手術室仕様(＊1)であること ・清浄度は原則として手術室レベル(＊2)であること ・酸素吸入器、吸引器、生体監視モニター、救急蘇生セットを備えていること 培養室 ・清浄度は原則として手術室レベルであること ・培養室においては、手術着、帽子、マスクを着用することとし、入室時は手洗いを行うこと ・職員不在時には施錠すること 凍結保存設備 ・設備を設置した室は、職員不在時には施錠すること 診察室・処置室 ・不妊の患者以外の患者と併用であってもさしつかえないこと
② その他の望ましい施設	採精室 カウンセリングルーム 検査室(特に、精液検査、精子浮遊液の調整等、不妊治療に関する検査を行う設備を設置した室)

＊1 「手術室仕様」の参考 (医規〈20③〉)
手術室は、なるべく準備室を附設しじんあいの入らないようにし、その内壁全部を不浸透質のもので覆い、適当な暖房及び照明の設備を有し、清潔な手洗いの設備を附属して有しなければならない

＊2 「手術室レベルの清浄度」の参考

清浄度クラス	名称	該当室	室内圧	微生物濃度
Ⅰ	高度清潔区域	バイオクリーン手術室など	陽圧	10CFU／m³以下
Ⅱ	清潔区域	手術室	陽圧	200CFU／m³以下
Ⅲ	準清潔区域	ICU、NICU、分娩室	陽圧	200-500CFU／m³
Ⅳ	一般清潔区域	一般病室、診察室、材料部など	等圧	(500CFU／m³以下)
Ⅴ	汚染管理区域 拡散防止区域	細菌検査室など トイレなど	陰圧 陰圧	(500CFU／m³以下)

生殖補助事業実施医療施設及び提供医療施設における施設・設備の基準

「厚生科学審議会生殖補助医療部会「実施医療施設及び提供医療施設における施設・設備・機器の基準」及び「実施医療施設及び提供施設における人的要件」」(「第1回特定不妊治療費助成事業の効果的・効率的な運用に関する検討会」参考)において、それぞれの施設性能の詳細が掲載されている。下記に建築設備にかかわる要件を略述する。

厚生科学審議会生殖補助医療部会「実施医療施設及び提供医療施設における施設・設備・機器の基準」

体外受精培養室・培養前室(IVFラボ)	衛生環境	・培養環境は無菌的操作が行える環境が必要 ・手術室並みの清浄度と無塵状態を保つ ・培養室内では無菌衣、帽子、マスクを着用 ・培養室・培養前室ともに不使用時には、紫外線を点灯する ・定期的に落下細菌試験を行い、空気の清潔度を確認する ・1週間に1回定期清掃を行う。洗剤を用いず、水で湿らせた布で床面を清掃
	空気	・ラボ内外の揮発性有機化学物質の濃度を測定しておく ・IVFラボ全体の空気を浄化するため、活性炭フィルターも考慮する ・除菌フィルターを設置し内部を陽圧とする 　通常、毎時7〜15回の換気をし、陽圧(少なくとも0.10〜0.20インチ水圧)とする ・ラボ内の空気は100%ラボ外の空気を化学的・物理的フィルターに通す
	構造	・少なくとも15〜18㎡程度確保する ・ラボは、採卵場所の近くに設置し採卵された卵を迅速に検鏡できるよう設計する ・器具類は培養室の壁面に沿って配置し、中央部分はフリースペースとする ・メインテナンスや修理作業をラボの外側で行える設計とする ・避難経路の確保
	出入り口	・ラボの出入り口は採卵室(手術室を利用する場合は手術室)とは別に設ける ・培養室前室にはエアカーテンを設置し二重扉とする ・ドアは施錠できるようにする
	照明	・ラボの室内は自然光(太陽光)を避け、室内照明だけとする ・胚への影響を考慮し、自然光、蛍光灯、顕微鏡からの紫外線を遮断する ・顕微鏡には紫外線カットフィルターを取り付ける ・ハンドリングチェンバーや顕微授精装置のフードに紫外線カットフィルムを貼る ・室内光量は、顕微授精・卵、胚の移動に支障がない程度に少し下げる
	温度・湿度	・室内の温度、湿度は、作業員が最も能率よく仕事ができる条件に設定する 　必要に応じてラボ内の温度は30〜35℃に、湿度は40%以下に調節可能であること
	振動・音響	・顕微授精を行う際に、除振台を設置する ・交通量の多い道路に隣接する場合は強固な架台を用意する ・音響は(作業工事現場のようなものを別とすれば)なんら問題ない
	クリーンベンチ	・不使用時には70%アルコール消毒、UV照射を行う
	インキュベーター	・必ず2台以上設置する ・インキュベーター内は定期的に清掃、消毒が必要 ・温度、湿度、酸素濃度等を毎日点検する ・年に1〜2回は業者による徹底点検を行う ・胚発育の環境の面から扉の開閉は最小限にする ・生殖補助医療の症例数は、1台のインキュベーターに対して4症例以下とする
	倒立位相差顕微鏡・顕微授精用装置	・顕微授精を行うため、倒立位相差顕微鏡とマニピュレーターの設置が必要であること ・テレビモニターシステムを付属する
	液体窒素容器	・建物の出口の近くに液体窒素用の保存スペースを確保する
	その他	・実体顕微鏡、生物顕微鏡、凍結用プログラムフリーザーを配置する ・壁面からの揮発性物質が出ない内装仕上げとする ・壁や天井は配管の貫通を少なくする
採卵・移植室		・採卵室は手術室に準じた設備とする ・超音波装置、低圧吸引ポンプ、内視鏡診断設備などを設置すること ・培養室の近傍に設置し卵や胚の受け渡しがスムーズに行えるようにすること
回復室		・麻酔覚醒まで、安静にして待機できる環境
採精室		・プライバシーを重視した清潔な環境とする ・採精室は音響が遮断され、広すぎず、手洗い場を設置 ・採精室は調精室と受け渡し窓で結ばれ、ベルで知らせるようにする
基礎研究室		・無菌、無塵で安定した室温を保ち、直射日光、高温多湿、ほこり、振動、衝撃のある場所は避ける
カウンセリング室		

注) 指針では、各項目について、「〜であること」「望ましい」といった表現を用いており、詳細は原典を参照していただきたい。

1 リハビリテーション関連にかかる施設基準の概要 — 6）リハビリテーション関連

　リハビリテーションが必要な疾患は多岐に及ぶが、主な疾患として脳血管障害、骨関節疾患、脊椎・脊髄疾患、心臓疾患、呼吸器疾患等があげられる。

　リハビリテーションのステージは、発症後2週間～1か月目に行う「急性期リハビリテーション」、2～6か月目に行う「回復期リハビリテーション」、6か月目以降の「維持期リハビリテーション」の3段階に大きく分類される。

　在院期間が短縮化傾向にある現在、急性期病院においても、周術期の呼吸リハビリテーションや、廃用症候群・二次障害予防のための「急性期リハビリテーション」が重要になっている。2012（平成24）年の診療報酬改定においても、「早期リハビリテーション」に関する加算が新設された。

　「回復期リハビリテーション」を行う病棟として、2000（平成12）年の診療報酬改定において新設された「回復期リハビリテーション病棟」では、脳血管疾患または大腿骨頸部骨折等の患者に対して、ADL能力の向上による寝たきりの防止と家庭復帰を目的としたリハビリテーションを集中的に行う。

　回復期リハビリテーションを要する患者が常時80％以上入院していることや、疾患により入院料を算定できる期間（90～180日）が定められていること、入院患者の自宅復帰率が定められているなど、診療報酬においても、治療成績（アウトカム）が求められている。

　「維持期リハビリテーション」では、回復期リハビリテーションまでに獲得された身体機能の状態を、極力維持させることを目標としており、主として介護保険のサービスにより提供されている。

　診療報酬では、リハビリテーションについて、主に疾患別（心大血管疾患、脳血管疾患等、運動器、呼吸器）に診療料が規定され、それぞれについて必要になる、機能訓練室面積、リハビリテーション機器の基準が定められている。心大血管疾患リハビリテーション料、脳血管疾患等リハビリテーション料、廃用症候群リハビリテーション料、運動器リハビリテーション料及び呼吸器リハビリテーション料を「疾患別リハビリテーション料」という。

　回復期リハビリテーション病棟入院料は、規定された疾患別リハビリテーションの基準を取得していることが条件となっている。また、回復期リハビリテーション病棟入院料は、当該医療機関が有している「一般病床」「療養病床」のいずれかの構造設備基準に加えて、回復期リハビリテーション病棟の構造設備基準を満たす必要がある。

2 回復期リハビリテーション病棟 — 6) リハビリテーション関連

　回復期リハビリテーション病棟は、脳血管疾患または大腿骨頸部骨折等の患者に対して、ADL能力の向上による寝たきりの防止と家庭復帰を目的としたリハビリテーションを集中的に行うための病棟である。回復期リハビリテーションを要する状態の患者が常時8割以上入院していることが必要とされる。

表2-50　回復期リハビリテーション病棟入院料に関する構造設備基準

算定単位	一般病棟または療養病棟の病棟単位
病室面積	内法 6.4㎡／床以上
廊下幅	片側居室：内法 1.8m 以上が望ましい 両側居室：内法 2.7m 以上が望ましい （病室に隣接する廊下幅）
必要室	患者の利用に適した浴室及び便所

（平30.3.5 保医発0305 第2）

計画上の留意点

1　「回復期リハビリテーション病棟入院料」は、「一般病床」「療養病床」のどちらでも算定可能である。
2　下記の、疾患別リハビリテーションのいずれかを届け出ていることが必要
　・心大血管疾患リハビリテーション料(Ⅰ)
　・脳血管疾患等リハビリテーション料(Ⅰ)(Ⅱ)(Ⅲ)
　・運動器リハビリテーション料(Ⅰ)(Ⅱ)
　・呼吸器リハビリテーション料(Ⅰ)

3 疾患別リハビリテーション

リハビリテーションについては、2006（平成 18）年の診療報酬改定において、それまでの「理学療法」「作業療法」「言語聴覚療法」という区分から、「心大血管疾患」「脳血管疾患等」「運動器」「呼吸器」の 4 種類の疾患別リハビリテーションに区分が見直された。

「難病患者リハビリテーション」「障害児（者）リハビリテーション」は以前より設けられていたが、2008（平成 20）年の診療報酬改定において「集団コミュニケーション療法」が創設され、2010（平成 22）年の改定において「がん患者リハビリテーション」が新たに創設された。

表 2-51　心大血管リハビリテーション料に関する構造設備基準

機能訓練室面積（＊1）	病　院：内法 30㎡以上　おおむね 3㎡／人以上（平 30.3.5 保医発 0305 第 1） 診療所：内法 20㎡以上　おおむね 3㎡／人以上（平 30.3.5 保医発 0305 第 1）
必要機器	酸素供給装置、除細動器、心電図モニター装置、トレッドミルまたはエルゴメータ、血圧計、救急カート、運動負荷試験装置

表 2-52　脳血管疾患等リハビリテーション料に関する構造設備基準

	脳血管疾患等リハビリテーション料(I)	脳血管疾患等リハビリテーション料(Ⅱ)	脳血管疾患等リハビリテーション料(Ⅲ)
機能訓練室面積（＊1）	内法 160㎡以上	病　院：内法 100㎡以上 診療所：内法 45㎡以上	
必要機器	歩行補助具、訓練マット、治療台、重錘、各種測定用器具、血圧計、平行棒、傾斜台、姿勢矯正用鏡、各種車いす、各種歩行補助具、各種装具、家事用設備、各種日常生活動作用設備等	歩行補助具、訓練マット、治療台、重錘、各種測定用器具等	
その他	言語聴覚療法を行う場合 ・遮蔽等に配慮した専用の個別療法室（内法 8㎡以上）1 室以上を別途設置 ・聴力検査機器、音声録音再生装置、ビデオ録画システム等		

表 2-53　運動器リハビリテーション料に関する構造設備基準

	運動器リハビリテーション料(I)	運動器リハビリテーション料(Ⅱ)	運動器リハビリテーション料(Ⅲ)
機能訓練室面積（＊1）	病　院：内法 100㎡以上 診療所：内法 45㎡以上		内法 45㎡以上
必要機器	各種測定用器具、血圧計、平行棒、姿勢矯正用鏡、各種車いす、各種歩行補助具等		歩行補助具、訓練マット、治療台、重錘、各種測定用器具等

6）リハビリテーション関連

表2-54　呼吸器リハビリテーション料に関する構造設備基準

	呼吸器リハビリテーション料(I)	呼吸器リハビリテーション料(II)
機能訓練室面積（＊1）	病　院：内法100㎡以上 診療所：内法45㎡以上	内法45㎡以上
必要機器	呼吸機能検査機器、血液ガス検査機器等	

表2-55　難病患者リハビリテーション料に関する構造設備基準

機能訓練室面積（＊1）	内法60㎡以上　かつ　内法4㎡／人以上
必要機器	訓練マットとその付属品、姿勢矯正用鏡、車いす、各種杖、各種測定用器具

表2-56　障害児（者）リハビリテーション料に関する構造設備基準

機能訓練室面積（＊1）	病　院：内法60㎡以上 診療所：内法45㎡以上
必要機器	訓練マットとその付属品、姿勢矯正用鏡、車いす、各種杖、各種測定用器具
その他	言語聴覚療法を行う場合は、遮蔽等に配慮した専用の個別療法室（内法8㎡以上）1室以上を別途設置

表2-57　がん患者リハビリテーション料に関する構造設備基準

機能訓練室面積（＊1）	内法100㎡以上
必要機器	歩行補助具、訓練マット、治療台、重錘、各種測定用器具等

表2-58　集団コミュニケーション療法料に関する構造設備基準

集団コミュニケーション療法室面積（＊1）	内法8㎡以上・1室以上（＊2）
必要機器	簡易聴力スクリーニング検査機器、音声録音再生装置、ビデオ録画システム、各種言語・心理・認知機能検査機器・用具、発声発語検査機器・用具、各種診断・治療材料

＊1　機能訓練室は、「専用」で必要だが、当該療法を実施する時間帯以外の時間帯において、他の用途に使用することは差し支えない。また、当該療法を実施する時間帯に、他の疾患別リハビリテーション、障害児（者）リハビリテーションまたはがん患者リハビリテーションを同一の機能訓練室で行う場合には、それぞれの施設基準を満たしていれば差し支えない。それぞれの施設基準を満たす場合とは、機能訓練室の面積は、それぞれのリハビリテーションの施設基準で定める面積を合計したもの以上である必要があり、必要な器械・器具についても、兼用ではなく、それぞれのリハビリテーション専用のものとして備える必要がある

＊2　言語聴覚療法以外の目的で使用するものは集団コミュニケーション療法室に該当しない。ただし、言語聴覚療法の個別療法室と集団コミュニケーション療法室の共用は可能

（表2-51～2-58 平30.3.5 保医発0305 第3）

3 疾患別リハビリテーション　　6）リハビリテーション関連

【計画上の留意点】

1 　機能訓練室については、すべての疾患別リハビリテーションにおいて、「当該療法を実施する時間帯以外の時間帯において、他の用途に使用することは差し支えない」とされている（平30.3.5保医発0305第3）。また、心大血管疾患リハビリテーション料では、「当該療法を実施する時間帯に、他の疾患別リハビリテーション、障害児（者）リハビリテーション又はがん患者リハビリテーションを同一の機能訓練室で行う場合には、それぞれの施設基準を満たしていれば差し支えない」とされ、脳血管疾患等リハビリテーション料、運動器リハビリテーション料、呼吸器リハビリテーション料では、「疾患別リハビリテーション、障害児（者）リハビリテーション又はがん患者リハビリテーションを同一の機能訓練室において同時に行うことは差し支えない」とされているが、心大血管疾患リハビリテーションについては、独立した機能訓練室が必要とされる指導が行われる場合もあり、所轄の厚生局に確認しておくことが望ましい。
　このような指導が行われる経緯として
・平18.3.6保医発0306003では、心大血管疾患リハビリテーション(Ⅰ)(Ⅱ)のみ、「機能訓練室は、当該療法を実施する時間帯については、他との兼用はできない」と記載されていたこと（現在は、当該表記は削除）
・平30.3.5保医発0305第3でも、脳血管疾患等リハビリテーション料、運動器リハビリテーション料、呼吸器リハビリテーション料において、「同一の時間帯において心大血管疾患リハビリテーションを行う場合にあっては、それぞれの施設基準を満たしていること」と記載されていること
・心大血管疾患リハビリテーションは、その特性上、他のリハビリテーションとは独立した室での実施が望ましいこと

等に起因して、単なる合算面積では認められない場合が想定される。

2 　機能訓練室の面積要件は、異なる階に配置されていても、合算して算定することが可能である（「疑義解釈資料の送付について（その3）」平成18年3月31日事務連絡）。
3 　医療保険における疾患別リハビリテーションの機能訓練室と、介護保険の通所リハビリテーションの機能訓練室は兼用することが可能である（同一時間帯に実施する場合は、疾患別リハビリテーションの利用者数を通所リハビリテーションの利用者数とみなした分の機能訓練室の面積が必要であるが、機能訓練室を分ける必要はない）（「疑義解釈資料の送付について（その1）」平成22年3月29日事務連絡）。

トピックス　　リハビリテーションの診療報酬単位　　Topics

　疾患別リハビリテーションは、患者に対して20分以上個別療法として訓練を行った場合に1単位として算定される。また、患者1人につき1日合計6単位までの算定が上限である（厚生労働大臣が定める患者は1日合計9単位）。回復期リハビリテーションでは、実績指数（各患者の在棟中ADLスコアの伸びの総和）により算定できる上限が変わる。

1 感染症病床の施設類型と構造設備基準 — 7）感染症病床関連

　医療法では、感染症病床は、一般病床において必要な構造設備基準のほか、感染症特有の施設が必要と記載されている。

　感染症法では、感染症をその感染力や罹患した場合の症状の重篤性等に基づいて1類から5類までの感染症、新型インフルエンザ等感染症、指定感染症及び新感染症に分類し、それぞれの感染症を取り扱う指定医療機関を次のように分類・規定している。また、感染症法に伴う通知「感染症指定医療機関の施設基準に関する手引きについて」（平16.3.3 健感発0303001）において、感染症指定医療機関で取り扱う1類感染症と2類感染症に対応する構造設備基準及び病室平面図事例が示されている（特定感染症指定医療機関については新感染症病室の平面図事例のみが示されている）。

表2-59　感染症法による指定医療機関

指定医療機関名	規定内容
特定感染症指定医療機関	新型感染症の所見がある者または1類感染症、2類感染症もしくは新型インフルエンザ等感染症の患者を入院させる医療機関
第1種感染症指定医療機関	1類感染症、2類感染症または新型インフルエンザ等感染症の患者を入院させる医療機関
第2種感染症指定医療機関	2類感染症または新型インフルエンザ等感染症の患者を入院させる医療機関

（感染症の予防及び感染症の患者に対する医療に関する法律）

図2-3　第1種病室例

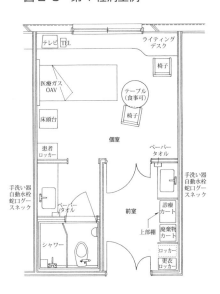

図2-4　第2種病室例

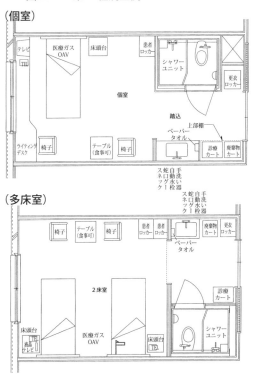

2 第1種病室・第2種病室の構造設備基準

　第1種感染症指定医療機関は、第1種病室を有している必要がある。また、第1種感染症指定医療機関は、「第1種病室」と「第2種病室」をもつことが望ましいとされている。
　第2種感染症指定医療機関は、第2種病室を有している必要がある。

表2-60　指定医療機関の構造設備基準

病室		第1種病室	第2種病室
対象		1類感染症	2類感染症
病室の面積		個室にて15㎡／床以上(壁芯)(トイレ・シャワー含まずに15㎡が望ましい) 改修は15㎡程度が望ましい	面積の規定なし(トイレ・シャワー含まずに壁心で15㎡／室以上とすることが望ましい) 原則として個室
付属室	前室	必要	前室は不要
	トイレ・シャワー	必要。病室内から直接入れる構造	病室内にトイレ・シャワー室を設けることが望ましい
天井高		病室2.4 m以上 改修は2.4 m程度が望ましい	病室2.4 m以上が望ましい
開口部	入口	有効開口1.2 m以上が望ましい 前室両側の扉が同時に開かない構造が望ましい(利用方法での徹底も可)	有効開口1.2 m以上が望ましい
	窓	窓は高気密、非常時のみ開放(通常は閉鎖したまま使用) ブラインドは内蔵型、取り外して清掃可能 カーテン・ロールブラインドは取り外して洗濯可能 JIS A-4 等級以上	窓は原則閉鎖 ブラインドは内蔵型、取り外して清掃可能 カーテン・ロールブラインドは取り外して洗濯可能 JIS A-3、A-4 等級以上
仕上げ	床	継目のない工法 入隅は、床材を立ち上げるか、丸面のとれる材料等	継目のない工法 入隅は、床材を立ち上げるか、丸面のとれる材料等
	壁	埃の溜まらない構造 仕上げは、不浸透性で清掃がしやすい材料 病室(トイレ・シャワー室を含む)と前室・隣室・廊下などとの間仕切り壁は、上階スラブ面まで立ち上げ 前室と隣室・廊下等との間仕切り壁についても同様の構造	埃の溜まらない構造 仕上げは、不浸透性で清掃がしやすい材料 病室(トイレ・シャワー室を含む)と隣室・廊下などとの間仕切り壁は、上階スラブ面まで立ち上げが望ましい
	天井	埃の除去を行いやすい構造	埃の除去を行いやすい構造
設備	空調	全外気方式が望ましい 再循環をする場合は病室・前室ごとまたは病室ごと(HEPAフィルター付) 給気：特定区域単独(逆流防止装置付またはHEPAフィルター) 排気：特定区域単独排気が基本 換気回数：12回／時以上 最小全風量(外気)：最大2回／時以上	再循環をする場合は病室ごと(高性能フィルター付) ファンコイルユニット等による再循環方式可 排気：単独が望ましい 最小全風量(外気)：最大2回／時以上が望ましい
	気圧コントロール	病室は、前室に対して陰圧 前室は、特定区域外に対して陰圧	廊下側より陽圧にならないようにする

7) 感染症病床関連

	電気	電話機・テレビ・ナースコール等設置 コンピューター通信の対応が望ましい スイッチプレート等は空気の漏れにくい仕様	電話機・テレビ・ナースコール等設置 コンピューター通信の対応等が望ましい
	衛生	単独水槽設置が望ましい（逆流防止弁（二重）を設置したうえで、下流に特定区域外の水栓をもたない構造とすれば受水槽または高架水槽は専用水槽でなくても可） 電気温水器等による個別給湯設備が望ましい 室内と前室に手洗設備を設置 水を溜められない構造（オーバーフローは取り外して掃除可能） 大便器はサイホン式やブローアウト方式が望ましい 手指を使わない水栓 ペーパータオル等を設置 専用の排水処理設備を設置 排水配管は端末まで単独が望ましい（適切な排水管の接続と通気により、合流も可）	給水の高架水槽や加圧タンク等は病院全体で共用可 電気温水器等による個別給湯設備が望ましい 病室及びトイレに手洗設備設置 水を溜められない構造（オーバーフローは取り外して掃除可能） 大便器はサイホン式やブローアウト方式が望ましい 手指を使わない水栓 ペーパータオル等を設置 公共下水道への直接放流可（但し各指導官庁との協議必要）
	消火設備	補助散水栓（特定区域外に設置）が望ましい。または予作動方式のスプリンクラーとする 病室・前室に消火器設置が望ましい	消火設備は一般病室同等 スプリンクラーの設置可
	医療ガス	酸素・圧縮空気：一般系統と同じでよいが、シャットオフバルブで分岐 ポータブルタイプの使用も望ましい 吸引：単独系統またはポータブルタイプ 吸引ポンプ排気は高性能フィルター 吸引タンクは清掃・消毒可能	酸素・圧縮空気：一般系統と同じでよい 吸引：単独系統またはポータブルタイプが望ましい 吸引タンクは清掃・消毒可能
消毒・滅菌設備	病室	ゴミ箱は、廃棄物カートまたは壁掛け式	ゴミ箱は、廃棄物カートまたは壁掛け式
	物品	前室に、手袋・マスク・予防衣などの収納場所、及び感染性廃棄物・使用済みの手袋・マスク・予防衣などの搬出物の専用保管スペースがあること	踏込（病室入口部）に、未使用のディスポ製品等の保管場所及び感染性廃棄物・使用済み手袋・マスク・予防衣等の搬出物の保管場所を設ける
	その他	感染性廃棄物・医療器具等の消毒・滅菌できる設備を病院内に設ける	医療器具等の消毒・滅菌できる設備を病院内に設ける
面会		原則として第1種病室内への面会者の入室は望ましくない 医師の承諾と、所定の感染予防の手続きを行えば、病室への入室可 病室内に入らなくても面会可能な設備（画像やインターホン等）	所定の感染防止の手続きを行い、病室内で面会が原則

（平成16.3.3 健感発0303001）

3 結核病床

7）感染症病床関連

　結核病床については、1948（昭和23）年の医療法により規定され、結核療養所をはじめとする指定病床により入院加療が行われてきた。しかし、高齢化等に伴って複雑化する、高度な合併症を有する結核患者または入院を要する精神障害者である結核患者に対して、医療上の必要性から、一般病床または精神病床において収容治療する場合も起こってくることが想定されるため、1992（平成4）年に結核患者収容モデル事業が開始された。また、今後は一般病棟に病室単位で整備される必要がある。

表2-61　結核病棟に関する構造設備基準

構造設備基準		感染症病室及び結核病室には、感染予防のための遮断等の対策 病院には、医療法施行規則第21条第1項第1号に規定する消毒設備（蒸気、ガス、薬品等による入院患者及び職員の被服、寝具等の消毒）のほかに必要な消毒設備 診療所には、必要な消毒設備　　　　　　　　　　　　　　　　（医規〈16〉）
設置基準	1人あたりの居住面積	1床室：内法6.4㎡／床以上【経過措置：既存の病室の床面積は、4.3㎡／床以上】 （医規〈16〉）
	廊下幅	片側居室：内法1.8m以上、両側居室：内法2.1m以上 【経過措置：既存の建物は、片側居室：1.2m以上　両側居室：1.6m以上】 （医規〈16〉）

表2-62　結核患者収容モデル事業における構造設備基準

施設構造及び設備に関する要件		
モデル病室及びモデル区域	空気遮断	モデル病室・モデル区域と他の病室との境は空気の流出を遮断する構造 扉は、自閉式の引き戸
	換気	独立した換気設備。直接屋外に排気。排気口は他の建物の吸気口や病室の窓等から離す 一般病室と共用吸気設備とする場合には、機械換気設備が停止しても逆流や混入がないようにする モデル病室・モデル区域を陰圧に保つ設備の設置が望ましい
	殺菌設備等	空気を殺菌、除菌する設備を設けることが望ましい 最も有効な場所に設置 紫外線は、患者及び職員等の眼の安全に配慮
	手洗設備	手指の流水洗浄・消毒ができる設備を設置
	便所	原則として、区域内に設置 結核患者以外との共用便所を使用する場合は、結核患者専用のトイレを設け、紫外線殺菌灯等を整備
	浴室	区域内に設置が望ましい 共用する場合は、同時に使用させないこと
	談話室等	区域内に設置 食事は病室内で行わせる
モデル病室及びモデル区域以外	処置室	隣接して専用処置室を設けることが望ましい
	エレベーター・廊下等	結核患者が使用する場合、他の患者との接触が少なくなるように配慮する
	殺菌設備等	設置する場合は、空気の流れ等を考慮し、最も有効な場所に設置 紫外線は、患者及び職員等の眼の安全に配慮

（平4.12.10健医発1415）

トピックス　結核患者の感染症病室への入院　――Topics

　結核患者は、医療法第7条第2項に基づき、原則として、結核病床に入院させることとされているが、2017（平成29）年12月に閣議決定された「平成29年の地方からの提案等に関する対応方針」を踏まえ、結核患者が入院する病床についてその方針が示された。

　医療法施行規則第10条第5項に定める「同室に入院させることにより病毒感染の危険のある患者を他の種の患者と同室に入院させないこと」を遵守することが可能であり、空気感染に対応できるよう、陰圧制御やHEPAフィルターの設置等を行うことを条件に、結核患者について、感染症病床に入院させることが可能である。

参考　結核患者を収容する医療機関の施設基準（試案）について

　結核患者を収容する結核病棟については、かつては隔離を目的として病棟もしくは病院単位で整備されることが多かった。しかし結核患者の絶対数が著しく減少し、治療が必要な合併症を有する結核患者が増加している状況を踏まえると、今後は病室単位で整備される必要があるが、空気感染対策の観点からの具体的な施設基準が示されていないのが現状であることから、平成20年度厚生労働科学研究費補助金にて、結核患者を収容するための施設基準の試案が報告された。

表2-63　結核患者を収容する医療機関の施設基準（試案）

病室の面積・構造等	① 病室は原則として個室とする ② 病室に隣接して、結核患者が自由に行動できる特定区域を設けることが望ましい ③ 病室は前室を有していることが望ましい ④ 易感染性の患者を収容する病室には前室を設ける ⑤ 病室面積はトイレ・シャワーを除いて15㎡／室以上とすることが望ましい ⑥ 病室または特定区域内にトイレ及びシャワー設備を設ける
病室の窓・扉等	⑦ 病室の開口部はできる限りふさぐ ⑧ 病室の扉は自閉式とする
空調換気設備	⑨ 病室は原則として陰圧を保持する ⑩ 病室内で適切な換気を行う ⑪ 病室内の患者に安全に接することができるよう、空気流の方向を設定する ⑫ 施設内の空気は、清潔区域から汚染区域へ流れるように維持する ⑬ 病室または特定区域の空調換気設備は、全排気方式が望ましい ⑭ 病室または特定区域の空調換気設備を再循環方式とする場合には、結核菌を病室内に再流入させないためにHEPAフィルターを備えている ⑮ 病室及び特定区域は独立した排気とする ⑯ 病室及び特定区域からの排気は直接屋外へ排出してよい。ただし施設の立地条件によっては、廃棄設備にHEPAフィルターを設置する ⑰ 病室及び特定区域の排気口は建物の外気取入口や病室窓から離す ⑱ 空調換気設備が停止した場合の対策を講じる
給水、排水等	⑲ 病室内に手洗い設備を設ける ⑳ 手洗い設備の水洗は、手の指を使わないで操作できるものが望ましい ㉑ 排水を適切に処理できる設備を有する
検査等	㉒ 結核患者が使用する検査室は陰圧とする ㉓ 採痰ブースは空気が漏れない閉鎖空間とする

注）内容の詳細については、「結核患者を収容する医療機関の施設基準に関する検討――感染症に対応する施設環境の指針に関する研究」『日本建築学会技術報告集』第16巻第34号、2010年を参照

1 精神病床の概要

8) 精神病床関連

　精神病床とは、病院の病床のうち、精神疾患を有する者を入院させるためのものをいう(医法〈7②一〉)。
　厚生労働省の医療施設調査では、精神病床のみを有する病院を「精神科病院」としている。
　また、「内科、外科、産婦人科、眼科及び耳鼻咽喉科を有する100床以上の病院、並びに大学附属病院」における精神病床では、廊下幅の基準が緩和されている(医規〈43の2〉)。

表2-64　構造設備基準

設置基準	患者1人あたりの病室面積	内法6.4㎡以上	(医規〈16〉)
	廊下幅(病室隣接)	片廊下:内法1.8m以上	(医規〈16〉)
		中廊下:内法2.7m以上	(医規〈16〉)
		内法2.1m以上(＊)	(医規〈43の2〉)

＊　内科、外科、産婦人科、眼科及び耳鼻咽喉科を有する100床以上の病院、並びに大学附属病院

【計画上の留意点】

1　施設基準については、おおむね厚生労働省令に基づいて出される通知によって細かく示される。それらには、精神科医療について所管する厚生労働省社会・援護局障害保健福祉部精神・障害保健課から出される通知、健康保険法などの医療保険に基づく診療報酬を所管する保険局医療課から出される通知がある。
2　別々に出される通知は、それぞれに同種の事項について規定しており、微妙な差異によって、基準の運用に際して大きな違いが生ずることがあるので、関連する通知すべてに目を通して、最も厳しい規定を想定しなければならない。

トピックス　精神科病院の定義　Topics

　精神科病院という名称は、2006(平18)年6月23日の法律第94号「精神病院の用語の整理等のための関係法律の一部を改正する法律」により、それ以前の「精神病院」から「精神科病院」に改められた。これは、精神科医療機関に対する国民の正しい理解の深化や患者の自発的な受診を促す目的がある。
　一般的に精神科病院といった場合は、「精神病床の割合が80%以上の病院」と定義していることが多い。しかし、厚生労働省の「医療施設調査」や「病院報告」といった統計調査では、用語の解説において病院の種類として精神科病院を「精神病床のみを有する病院」と定義している。

精神科病院建築基準

通知発行から50年以上経過した現在でも、精神科病院の施設基準として、規範にすべき内容を含んでいるが、強制力のない通知だったため、現状、この通知に基づいて行政指導が行われることはない。

表 2-65 精神科病院の建築基準

基準の概要		精神科病院を建築する場合の望ましい基準を示す（最低基準ではない） 200〜300床程度の病院を想定して作成
建物の構造		耐震耐火構造 精神科病院にこだわりすぎて、あまりにも閉鎖的になりすぎないようにする
病棟	看護単位	30〜50床の看護単位を基本 男女の患者は分離するが、男女の病室が明確に区分されていれば同一病棟内でも差し支えない
	病棟計画	患者の在院期間が長期にわたるため、病室とデイルームは区別 戸外に出られやすいように設計 常時臥床の必要のない者が多く、日中の生活はほとんど起きているのが常態であるので、生活スペースを十分に考慮
	病棟面積	約25㎡／床（病棟共通部分を含む） （平成13年3月1日に既設の場合は、約20㎡／床）
	合併症病棟	一般病棟と区分し、種類の異なる合併症患者ごとに分離、隔離できるよう配慮
	保護室数	全病床数の5％程度
一般病室		4床〜6床（最大）以下
保護室		個室で、10㎡（6帖）程度
合併症病室		合併症病棟を設けない場合は、一般病棟内に、合併症状、精神症状の別に収容できるように個室を多く設置
諸施設	病棟部	病室、患者の生活的施設、診療及び看護関係施設、その他
	中央診療部	検査室、X線室、手術室、中央滅菌材料室、歯科診療室、薬局、解剖室、研究室
	外来診療部	待合室、相談室、診察室、処置室
	生活療法施設部	作業療法施設、レクリエーション療法
	サービス部	給食施設、給水施設、暖房施設、消毒施設、洗濯施設、汚物処理施設、消防用施設、電気室、機械室、ガレージ、職員用諸施設
	管理部	
	宿舎部	

（昭 44.6.23 衛発 431）

2 精神科救急病棟　　　8）精神病床関連

　精神科救急入院料を算定する病棟は、措置入院患者、緊急措置入院患者または応急入院患者等を対象として、主として急性期の集中的な治療を要する精神疾患を有する患者を入院させる病棟。一般的にスーパー救急病棟とも呼ばれる。

　入院料の算定にあたっては、精神科救急医療体制整備事業において基幹的役割を果たしていることが求められる。

表2-66　精神科救急入院料に関する構造設備基準

算定単位	精神病棟を単位とする
病床数	60床／看護単位以下 当該病棟の病床数 ・当該病院の精神病床数が300床以下の場合　：60床以下 ・当該病院の精神病床数が300床を超える場合：2割以下
必要室	個室病室　50％以上（隔離室を含む）
その他	必要な検査及びCT撮影の実施体制

（平30.3.5 保医発0305 第2）

参考　一般病院における併設精神科病棟（室）建築基準

　一般病院における併設精神科病棟建築基準は、一般病院に精神科病棟（病室）を併設する場合における1つの望ましい標準を示すものであって、最低基準のような性格をもつものではない。

表2-67　一般病院に併設する精神科病棟の建築基準

基準の概要		一般病院に精神科病棟（病室）を併設する場合における1つの望ましい標準を示す（最低基準ではない） 50床前後の病床数を想定して作成
建物の構造		耐震耐火的構造 建物が堅牢になりすぎて威圧感を与えたり、患者を監視するというような設計にならないようにする
病棟	病棟計画	一般病棟（病室）から離れた独立棟であることが望ましい 常時臥床の必要のない者が多く、日中の生活はほとんど起きているのが常態であるので、生活スペースを十分に考慮
	病室区分	男女の患者の病室は原則として区分
	病棟面積	約23㎡／床が望まれる
一般病室		個室または4床室が望ましい （2床室、3床室は、人間関係等から好ましくない場合がある）
保護室		50床程度の病床数では、2室程度
合併症病室		2～4床程度
病棟内所要室	診療及び看護関係の施設	診療室、看護員室、処置・治療室、治療後の休養室、作業療法室、レクリエーション療法施設、汚物処理室、洗濯室、リネン室、看護員仮眠室、職員便所
	患者の生活的施設	配膳室、食堂、デイルーム、洗面所、患者用洗濯室、便所（男女別）、浴室、面会室、患者私物格納室
	病室	一般病室、保護室、合併症病室

（昭36.8.7 衛発644）

**精神科救急医療体制整備事業について** ― Topics

精神障害者のための救急医療体制を整備する事業。1995（平成7）年より、国が補助金を出して進めている。このうち、「精神科救急医療確保事業」については、「緊急な医療を必要とする全ての精神障害者等に対し医療の提供ができる体制（精神保健指定医のオンコール等による）を整えるものとし、入院を必要とする場合には入院させることができるよう空床を確保すること」とされている。

都道府県知事または指定都市市長は、地域の実情に応じて本事業が実施可能な医療機関のなかから、精神科救急医療施設として指定し実施する。

① 精神科救急医療施設

都道府県が設定した圏域ごとに表2-68に示す類型による精神科救急医療施設を確保すること等により、24時間365日、緊急な医療を必要とする精神障害者等に精神科救急医療を提供できる体制を整備する。

表2-68 精神科救急医療施設

類型	内容	要件
病院群輪番型	各精神科救急医療圏域で、複数病院の輪番制により医師・看護師を常時配置（診療所を始めとした当該医療機関以外の医師が診療に一時的に協力することも含むものとする）し、受け入れ体制を整備した病院や1時間以内に医師・看護師のオンコール対応が可能な病院を病院群輪番型施設として指定	・診療応需の体制（入院が必要な患者の受け入れを含む）を整えている ・保護室、診察室、面会室（ただし、場合により診察室と兼用とすることができる）及び処置室（酸素吸入装置、吸引装置等身体的医療に必要な機器を設置しているものに限る）を有している
常時対応型	24時間365日、同一の医療機関において、重度の症状を呈する精神科急性期患者を中心に対応するため、医師・看護師を常時配置（診療所を始めとした当該医療機関以外の医師が診療に一時的に協力することも含むものとする）し、受け入れ体制を整備した病院や1時間以内に医師・看護師のオンコール対応が可能な病院を常時対応型施設として指定	・診療報酬において、「精神科救急入院料」または「精神科救急・合併症入院料」の算定を行っている ・診療応需の体制（入院が必要な患者の受け入れを含む）を整えている ・保護室、診察室、面会室（ただし、場合により診察室と兼用とすることができる）及び処置室（酸素吸入装置、吸引装置等身体的医療に必要な機器を設置しているものに限る）を有する

② 外来対応施設

外来対応施設においては、外来診療によって初期精神科救急患者の医療対応ができる体制を整えるものとする。診療所にあっては、精神病床を有する医療機関との連携により体制確保を図るものとする。

なお、外来対応施設のうち、夜間、休日、全時間帯を同一の医療機関において、対応する体制を整えている場合は、「常時型外来対応施設」として指定するものとする。

（平20.5.26 障発0526001）

3 精神科急性期治療病棟　　　8）精神病床関連

　主として急性期の集中的な治療を要する精神疾患を有する患者を入院させる病棟。
　当該病院への新規患者や、他の病棟から当該病棟に移動した入院患者などのうち、意識障害、昏迷状態等の急性増悪のため精神保健指定医が集中的な治療の必要性を認めた患者（転棟患者等）が算定対象となり、新規患者については入院後3か月、転棟患者等については1年に1回に限り1か月を限度として算定が認められる。
　入院料の算定にあたっては、精神科救急医療システムに参加していることが求められる。

表2-69　精神科急性期治療病棟入院料に関する構造設備基準

算定単位	精神病棟を単位とする
病床数	60床／看護単位以下
	当該病棟の病床数 ・当該病院の精神病床数が300床以下の場合　：60床以下 ・当該病院の精神病床数が300床を超える場合：2割以下
必要室	隔離室

注　同一保険医療機関内において、精神科急性期治療病棟入院料1・2を同時算定することはできない
（平30.3.5 保医発0305第2）

トピックス　入院形態と閉鎖処遇について　　Topics

　精神保健福祉法に基づく主な入院形態は次のとおりである。
・任意入院：精神障害者本人の同意に基づく入院
・医療保護入院：精神保健指定医による診察の結果、精神障害があるため入院の必要があり、かつ、任意入院ができない状態にある者で、家族等のうちいずれかの同意があるときに行われる入院
・措置入院：2人以上の精神保健指定医が、精神障害のために自傷他害のおそれがあると認めた場合に、都道府県知事（指定都市市長）の権限により行われる入院
等が設けられている。
　このうち、任意入院については、「開放処遇」（患者の求めに応じ、夜間を除いて病院の出入りが可能な処遇）が原則とされているが、症状から開放処遇を制限しなければ、患者本人の医療または保護を図ることが著しく困難であると医師が判断した場合は、任意入院患者であっても開放処遇を制限することができる。
　対象となる任意入院患者は次のとおり。
① 他の患者との人間関係を著しく損なうおそれがある等、その言動が患者の病状の経過や予後に悪く影響する場合
② 自殺企図または自傷行為のおそれがある場合
③ 当該任意入院者の病状から、開放処遇の継続が困難な場合
「精神保健及び精神障害者福祉に関する法律第37条第1項の規定に基づき厚生労働大臣が定める基準」（昭63厚告130）

4 精神科救急・合併症病棟　　8）精神病床関連

　救命救急センターを有している病院が、精神科救急医療において身体疾患を併せもつ患者について急性期の集中的な治療を行う精神病棟。
　入院料を算定するにあたっては、精神科救急医療体制整備事業において基幹的役割を果たしていることが求められる。

表 2-70　精神科救急・合併症入院料に関する構造設備基準

算定単位	救命救急センターを有している病院の精神病棟を単位とする
病床数	60床／看護単位以下
必要室	個室病室　50％以上　（隔離室を含む。合併症ユニットの病床は個室として算入することができる） 合併症ユニット ・治療室単位 ・当該病棟の病床数の20％以上（合併症ユニットの病室は、個室として算入可能）
必要機器	・救急蘇生装置　・除細動器　・心電計　・呼吸循環監視装置
その他	必要な検査及びCT撮影の実施体制

（平30.3.5 保医発0305第2）

参考　医療観察法病棟について

　心神喪失等の状態で重大な他害行為（殺人、放火、強盗、強姦、強制わいせつ、傷害）を行った法対象者に対して、適切な医療を提供し、社会復帰の促進を図るため、2003（平成15）年に「心神喪失等の状態で重大な他害行為を行った者の医療及び観察等に関する法律」（「医療観察法」）が制定された。医療観察法に基づく指定入院医療機関については、2018（平成30）年4月1日現在指定数33か所（833床）となっている。

表 2-71　医療観察法病棟の施設基準

病室	全室個室、10㎡以上
診察室	2か所以上
必要諸室	・酸素吸入装置・吸引装置等を有する処置室 ・保護室（10㎡以上） ・集団精神療法室 ・作業療法室 ・入院対象者が使用できる談話室・食堂・面会室・浴室・公衆電話
その他	無断退去を防止するため、玄関の二重構造等安全管理体制を整備

（平17.7.14 障精発0714001、平17.8.2 障精発0802003）

5 精神療養病棟 —— 8) 精神病床関連

精神病棟であって、主として長期にわたり療養が必要な精神障害患者が入院する病棟。

表 2-72　精神療養病棟入院料に関する構造設備基準

算定単位	精神病棟を単位とする
病床数	60床／看護単位以下
病室	6床／病室以下
病室床面積	内法 5.8㎡／床以上
病棟床面積	内法 18㎡以上
必要室	談話室 食堂 面会室 浴室（またはシャワー室） 公衆電話 作業療法室または生活機能回復訓練室（病院内）
その他	専用の鉄格子がない

（平 30.3.5 保医発 0305 第 2）

【計画上の留意点】

病棟内にある治療室、食堂、談話室、面会室、浴室、廊下、ナースステーション及び便所等は病棟面積に算入できる。ただし病棟エリア外の廊下などは算入できない場合もあるため、所轄の厚生局への確認が必要である。

談話室、食堂、面会室については兼用可。

トピックス　鉄格子について　Topics

精神科の病棟では、古くは、開口部に鉄格子が設置されるのが一般的であったが、現在の新築病棟において鉄格子が設置されることは、ほとんどなくなっている。

診療報酬上は、「精神科療養病棟入院料」において「鉄格子がないこと」と規定されているほか、平成 5 年度から始まった「医療施設近代化施設整備費補助金」制度（医療施設近代化施設整備事業の実施について（平 5.12.15 健政発 786））により、補助要件として精神科病院・精神病棟にあっては、「畳部屋、6 床を超える病室及び原則として鉄格子を設けないこと」と規定されたことから、鉄格子の廃止が進んだ。

6 認知症治療病棟　　　　　　8）精神病床関連

　精神病棟であって、認知症に伴う幻覚、妄想、夜間せん妄、徘徊、弄便、異食等の症状が著しく、その看護が著しく困難な認知症高齢者を急性期から入院させて、集中的な医療を提供する病棟。

表2-73　認知症治療病棟入院料に関する構造設備基準

	基本施設基準（平30.3.5 保医発0305第2）		整備基準（昭63.7.5 健医発785）
	入院料1（＊1）	入院料2（＊1）	
算定単位	精神病棟を単位とする		
病床数	おおむね40〜60床を上限	おおむね60床を上限	おおむね40〜60床
病棟床面積	内法18㎡標準（＊2）（管理部分を除く）		おおむね25㎡程度（2001（平成13）年3月1日にすでに存するものはおおむね23㎡以上）
病室面積			6.4㎡／床（平成13年3月1日にすでに存するものは6.0㎡／床）以上 個室8㎡／床以上
病室			・4人以下／病室 ・個室はおおむね総病床数の10％以上 ・観察室：4床を収容可能な面積を確保（＊3） ・保護室：不要
廊下幅員			・片廊下：おおむね内法1.8m以上 ・中廊下：内法2.7m以上（大学附属病院並びに、内科、外科、産婦人科、眼科、耳鼻咽喉科を有する100床以上の病院は2.1m）
廊下形状	デイルーム等の共有空間がある等高齢者の行動しやすい廊下		・おおむね全長50m以上の回廊部（廊下の両端にデイルーム等の共用空間（両端それぞれ40㎡以上）をもつ老人の行動しやすい35m以上の廊下でも可（＊4））
所要室	生活機能回復訓練室（内法60㎡以上）（＊5）		・生活機能回復訓練室：60㎡以上 ・デイルーム（ナースステーションから直接観察できる位置） ・在宅療養訓練指導室：20㎡以上（浴室、便所等の設置／家族の宿泊対応） ・浴室、便所
その他			・病棟は、原則として1階に設置することとし、2階以上の場合は、エレベーターを設置するほか、直接屋外へ通ずる避難路を備えること ・新築の場合は、天井高を2.7m以上 ・窓には、鉄格子を設置しない

＊1　同一保険医療機関内において、認知症治療病棟入院料1・2を同時算定することはできない
＊2　2008（平成20）年3月31日時点で特殊疾患療養病棟入院料2を算定している病棟から当該病棟へ移行した場合は、当分の間、内法16㎡（治療室、機能訓練室、浴室、廊下、デイルーム、食堂、面会室、ナースステーション、便所等の面積を含む）であっても、認められる
＊3　ナースステーションに隣接して配置（酸素吸入装置、吸引装置等の設置）
＊4　「老人性認知症治療病棟施設整備基準について」（平6.3.16 健医精発12）による
＊5　2008（平成20）年3月31日時点で特殊疾患療養病棟入院料2を算定している病棟から当該病棟へ移行した場合は、当分の間、代用的に生活機能回復訓練等が行える場所（デイルーム等）

6 認知症治療病棟　　　　　8）精神病床関連

【計画上の留意点】

1 認知症治療病棟の施設基準の運用については、「認知症治療病棟の施設基準の運用について」（平18.3.6 保医発 0306011）において、「基本診療料の施設基準等及びその届出に関する手続きの取扱いについて」（平30.3.5 保医発 0305 第2）（以下、「基本施設基準通知」という）のみならず、「老人性認知症疾患治療病棟施設整備基準」（昭63.7.5 健医発第 785）（以下、「整備基準」という）を参考にするよう記載されている。

一方、老人性認知症疾患治療病棟入院料を算定する施設は、「整備基準に適合する施設であることが望ましいが、これに適合させることが困難な場合は、基本施設基準を満たせば足りる」とも記載されており、適用範囲については所轄行政への確認が必要である。

2 認知症治療病棟の患者1人あたりの床面積の算定方法、廊下及び生活機能回復訓練室の配置については次のとおり規定されている。

① 病棟の患者1人あたりの床面積

(1) 「整備基準」に適合する場合

「整備基準」の第2の3に規定する各施設（表2-74左欄）と、「精神病院建築基準」（昭44.6.23 衛発 431）の第3の1の(3)に規定する各施設（表2-74右欄）を合算した面積を当該病棟の入院患者数で除して算定する。

表2-74 認知症治療病棟の施設基準

「整備基準」の第2の3に規定する各施設	「精神病院建築基準」の第3の1の(3)に規定する各施設のうち専ら当該病棟の入院患者のために設けられているもの
病室・観察室・生活機能回復訓練室・デイルーム・浴室・便所・在宅療養訓練指導室・廊下	・病室（一般病室、保護室、合併症病室） ・患者の生活的施設（デイルーム、食堂、配膳室、浴室、便所、洗面所、足洗場、患者用洗濯室及び物干場、面会室、患者私物格納庫） ・診療及び看護関係施設（診察室、処置室、看護員室、看護員仮眠室、汚物処理室、リネン室） ・その他の施設（倉庫、掃除具置場）

(2) 「整備基準」に適合していない場合

「精神病院建築基準」の第3の1の(3)に規定する各施設（表2-74右欄）と「基本施設基準通知」の別添4の第19の1の(3)のキに規定する廊下、(3)のク及び(4)のオに規定する生活機能回復訓練室の面積を合算した面積を当該病棟の入院患者数で除して算定する。

② 「基本施設基準通知」別添4の第19の1の(3)のキに規定する廊下は、「整備基準」の第2の3の(8)に規定する廊下の要件を満たすものであること。

③ 「基本施設基準通知」の別添4の第19の1の(3)のク及び(4)のオに規定する生活機能回復訓練室は、当該病棟との連絡に十分考慮した適切な配置が行われている場合は、当該病棟の外部に設けられていて差し支えないものであること。

7 児童・思春期精神科入院医療病棟（室） — 8）精神病床関連

　児童・思春期精神科入院医療管理料は、児童及び思春期の精神疾患患者に対して、家庭及び学校関係者等との連携も含めた体制のもとに、医師、看護師、精神保健福祉士及び公認心理師等による集中的かつ多面的な治療が計画的に提供されることを評価したものである。

表 2-75　児童・思春期精神科入院医療管理料に関する構造設備基準

算定単位	精神病棟または治療室（精神病床）単位
対象	20歳未満の精神疾患を有する患者（精神作用物質使用による精神及び行動の障害の患者並びに知的障害の患者を除く）をおおむね8割以上入院させる病棟または治療室
病床数	30床以下
必要室	浴室・廊下・デイルーム・食堂・面会室・便所・学習室（学習室は、病院内設置で可）（当該病棟の他の治療室とは別に設置）

（平30.3.5 保医発0305第2）

8 地域移行機能強化病棟 — 8）精神病床関連

　地域移行機能強化病棟は2016（平成28）年の診療報酬改定において、長期入院精神疾患患者の地域移行を進め、精神病床の適正化を目的に新設された。精神保健福祉士等、退院支援を行う職種を重点的に配置し、地域生活に向けた訓練や居住先の確保等の退院支援を重点的に実施する精神病棟である。

　毎年、病棟の病床数の20％削減が条件となっており、精神科病院がダウンサイジングを実施する期間のみに届出する病棟である。

表 2-76　地域移行機能強化病棟入院料に関する構造設備基準

病床数	60床／看護単位以下
その他	・届出時、精神病床に許可病床数の90％以上の患者が入院していること ・1年以上の長期入院患者が、当該病棟から退院した数が、月平均で病棟病床数の1.5％以上であること ・病院全体で、毎年、当該病棟病床数の20％以上の精神病床を削減することが条件
届出	届出は2020（平成32）年3月31日までに限り行うことができる

（平30.3.5 保医発0305第2）

9 精神科専門療法

8) 精神病床関連

「精神科作業療法」は、精神疾患を有するものの社会生活機能の回復を目的として行う。

「精神科ショート・ケア／デイ・ケア／ナイト・ケア／デイ・ナイト・ケア」は、精神疾患を有するものの地域への復帰を支援するため、社会生活機能の回復を目的として、個々の患者に応じたプログラムに従ってグループごとに治療するもので、実施時間帯・時間数に応じて区分される。

「重度認知症患者デイ・ケア」は、精神症状及び行動異常が著しい認知症患者の精神症状等の軽快及び生活機能の回復を目的として行う。

表2-77 精神科専門療法に関する構造設備基準

基準名称		施設面積（内法）	実施時間	その他
精神科作業療法		50㎡以上／作業療法士1人	2時間／日・人（標準）	（*1）（*3）
精神科ショート・ケア	大規模	60㎡以上かつ4.0㎡／患者1人以上	3時間／日・人（標準）	（*2）
	小規模	30㎡以上かつ3.3㎡／患者1人以上		
精神科デイ・ケア	大規模	60㎡以上かつ4.0㎡／患者1人以上	6時間／日・人（標準）	（*2）
	小規模	40㎡以上かつ3.3㎡／患者1人以上		
精神科ナイト・ケア		40㎡以上かつ3.3㎡／患者1人以上	4時間／日・人（標準）	（*2）開始時間は16:00以降
精神科デイ・ナイト・ケア		40㎡以上かつ3.3㎡／患者1人以上	10時間／日・人（標準）	（*2）調理施設の設置が望ましい
重度認知症患者デイ・ケア		60㎡以上かつ4.0㎡／患者1人以上	6時間以上／日・人	

(平30.3.5 保医発0305 第3)

*1 「専用」で必要だが、当該療法を実施する時間帯以外の時間帯において、他の用途に使用することは差し支えない
*2 精神科ショート・ケア、精神科デイ・ケア、精神科ナイト・ケア、精神科デイ・ナイト・ケアは、施設の兼用が可能
*3 精神科作業療法では、1人の作業療法士の取扱い患者数は、おおむね25人を1単位として、1日2単位50人以内を標準とする

【計画上の留意点】

精神科ショート・ケア、精神科デイ・ケアについては、従事者の構成と人数により「大規模なもの」もしくは「小規模なもの」に区分される。精神科ナイト・ケア、精神科デイ・ナイト・ケアを含めて、1日あたりの患者数の上限は、医師及び従事者（看護師・作業療法士等）の構成と人数により定められている。

1 診療所の概要（構造設備基準）

9）診療所

　診療所は医療法第1条の5において「医師又は歯科医師が、公衆又は特定多数人のため医業又は歯科医業を行う場所であって、患者を入院させるための施設を有しないもの又は19人以下の患者を入院させるための施設を有するもの」とされている。

表 2-78　診療所の概要

定員		無床または9床以下の診療所	10～19床の診療所	療養病床を有する診療所
設置基準	1人あたりの居住面積	1床室：内法 6.3㎡／床以上 多床室：内法 4.3㎡／床以上		内法 6.4㎡／床以上・4床以下
		ただし、小児だけを入院させる病室の床面積は上記の 2/3 以上とすることができるが、一部屋の大きさが 6.3㎡以下であってはならない。　　　　　　　　　　　　　　　（医規〈16〉）		
	直通階段 （医規〈16〉）	―	階段及び踊場の幅：内法 1.2 m以上、適当な手すり、けあげ：0.2 m以下、踏面：0.24 m以上	
	廊下幅 （内法） （医規〈16〉）	―	片側居室：内法 1.2 m以上 両側居室：内法 1.6 m以上	片側居室：内法 1.8 m以上 両側居室：内法 2.7 m以上 【経過措置（＊） 片側居室：1.2 m以上 両側居室：1.6 m以上】
	所要室 （医規21の3、4）	―	―	機能訓練室 談話室 食堂：内法 1㎡／人 浴室 【経過措置（＊） 機能訓練室のみ】

＊　経過措置とは、2001（平成13）年3月1日現在で開設の許可を受けていた建物を利用した場合（医療法施行規則附則第24条）

トピックス　診療所の入院制限　Topics

　診療所の患者の収容時間制限に関して、1954（昭和29）年の医療法第13条の変更により、「診療所の管理者は、診療上やむを得ない事情がある場合を除いては、同一の患者の48時間をこえて収容しないようにつとめなければならない」として努力義務が課されていた。
　その後、平成19（2007）年に、医療法第13条が「入院患者の病状が急変した場合においても適切な治療を提供することができるよう、当該診療所の医師が速やかに診療を行う体制を確保するよう努めるとともに、他の病院又は診療所との緊密な連携を確保しておかなければならない」と改正され、48時間を超えて入院させないように努めるという診療所の管理者に対する入院時間制限の努力義務規定が廃止された。

2 在宅療養支援診療所　　9）診療所

　2006（平成18）年の診療報酬改定で創設された在宅療養支援診療所は、地域における退院後の患者に対する在宅療養の提供に主たる責任を有する診療所で、24時間体制で往診や訪問看護を実施する診療所として、自宅におけるターミナルケアや慢性疾患の療養等への対応が期待されている。在宅療養支援診療所の所要室等の構造設備基準は、診療所に準じるが、その他の主な具体的用件は次のとおりである（同様の機能をもつ在宅療養支援病院についてはp.43を参照）。

- 当該診療所において、24時間連絡を受ける保険医または看護職員をあらかじめ指定し、その連絡先を文書で患家に提供していること
- 当該診療所において、患家の求めに応じて、24時間往診が可能な体制を確保し、往診担当医の氏名、担当日等を文書により患家に提供していること
- 当該診療所において、または別の保険医療機関もしくは訪問看護ステーションとの連携により、患家の求めに応じて、当該診療所の保険医の指示に基づき、24時間訪問看護の提供が可能な体制を確保し、訪問看護の担当者の氏名、担当日等を文書により患家に提供していること
- 当該診療所において、または別の保険医療機関との連携により、緊急時に在宅での療養を行っている患者が入院できる病床を常に確保し、受入医療機関の名称等をあらかじめ地方厚生局長等に届け出ていること

（平20厚労告63）

3 診療所療養病床療養環境　　9）診療所

　診療所療養病床療養環境加算は、診療所のうち、長期にわたり療養を必要とする患者に提供される療養環境を総合的に評価するものである。

表2-79　診療所療養病床療養環境加算の概要

	病室面積	病室定員	廊下幅	機能訓練室	食堂・談話室 ※兼用可	浴室
診療所療養病床療養環境加算	内法6.4㎡／床以上	4床以下	片廊下内法1.8m以上 中廊下内法2.7m以上	必要 （面積規定なし）	内法1㎡／床以上	身体の不自由な患者の利用に適したもの

（平30.3.5保医発0305第2）

東京都の診療所構造設備基準

表 2-80　東京都における診療所の構造設備基準（北区の例）

区画構造の一体性	1. 診療所、歯科診療所は、他の施設と機能的かつ物理的に区画されている 2. 医療機関の各施設は、原則として構造の一体性を保つ 　雑居ビルで数階にわたって開設される場合は、専用経路（専用階段、専用エレベーター等）を確保すること（＊） 3. 原則として、各室が独立していること。また、各室の用途が明示されている	
待合室	標準面積：3.3㎡以上	
診察室	標準面積：9.9㎡以上 ・他の室（診察室含む）と明確に区画。診察室が他の室への通路となるような構造でない	
処置室	・診察室と処置室を兼用する場合には、カーテン等で区画することが望ましい	
薬の保管	調剤所を設ける場合	標準面積：6.6㎡以上 ・採光、換気を十分にし、かつ清潔を保つ ・冷暗所（または電気冷蔵庫）を設ける ・鍵のかかる貯蔵設備を設ける ・調剤所と他の室との間には、隔壁を設ける
	調剤所を設けない場合	・診療所、歯科診療所内に鍵のかかる貯蔵設備を設ける
歯科治療室	標準面積：1セットの場合 6.3㎡以上 2セット以上の場合は、1セットあたり 5.4㎡以上 ・他の室と明確に区画されていること。他の室への通路となるような構造でない	
歯科技工室	歯科技工室を設ける場合	標準面積：6.6㎡以上 ・防じん設備、防火設備、消火用機械・器具等を設ける ・十分な採光、換気装置、ダストコレクターを設ける ・給水設備を設ける ・石膏トラップを設置する
	歯科技工室を設けない場合	・歯科を行う場合、診療所内に石膏トラップを設置する
エックス線装置及び診療室	・エックス線診療室は放射線防護がなされ、かつ、別に操作する場所を設ける ・エックス線診療室には「管理区域」の標識及び使用の旨の表示がある ・移動式のポータブル装置の場合には、保管場所に鍵がかかる設備を用意する。なお、診察室などで大半を使用する場合、エックス線診療室が必要である ・防護用エプロン、取扱者の被ばく測定器具を準備する	
その他	・診療の用に供する電気、光線、熱、蒸気またはガスに関する構造設備については、危険防止上必要な方法を講ずる ・暖房設備は、診察室、処置室、病室、エックス線室、分娩室及び新生児の入浴施設にできる限り設置する ・廃棄物の処理にあたっては、廃棄物処理法の規定を遵守する ・寝具類等の選択を外部に委託する場合は、厚生省健康政策局指導課長通知による ・給水設備については、水道法の規定を遵守する	

＊　「医療機関における施設の一体性について」（平 28.3.7 医政総発 0307 第 1）において利用する患者の往来の頻度や病態等を勘案し、衛生面や保安面などで医療の安全性が確保されていることが認められれば、複数階に入居する医療機関に施設内部の専用階段の設置を求める必要はないとされており、今後、東京都の基準も変わっていくと想定される。

1 健康増進施設の種別

10) 健康増進施設

健康増進施設とは、厚生労働大臣が認定するもので、設備や健康運動指導士などの人員、運動指導の内容などの基準を満たした、健康増進のための運動を安全かつ適切に行う施設である。また、医療法人がその業務を行う場合、医療法第42条に規定されていることから、「42条施設」と呼ばれることもある。

表2-81　健康増進施設の種別と概要

施設区分	運動型健康増進施設	温泉利用型健康増進施設	温泉利用プログラム型健康増進施設
概要	健康増進のための有酸素運動（休養効果を高めることを目的とした運動を含む。以下「運動」という）を安全かつ適切に行うことのできる施設であって適切な生活指導を提供する場を有するもの（健康増進施設認定規程〈2〉）	健康増進のための温泉利用（以下「温泉利用」という）及び運動を安全かつ適切に行うことのできる施設であって適切な生活指導を提供する場を有するもの	温泉利用プログラム（温泉の利用を中心とした健康増進のための計画をいう。以下同じ）を有し、かつ、温泉利用プログラムの提供を安全かつ適切に行うことのできる施設であって適切な生活指導を提供する場を有するもの（健康増進施設認定規程〈2〉）
認定基準（設備基準）	有酸素運動及び補強運動が安全に行える設備（＊） ・トレーニングジム・運動フロア・プール（プールはなくてもよい）		
	・トレーニングジム内のストレッチゾーン（＊） ・シャワー室または浴室、更衣室 ・体力測定及び運動プログラムの提供のための設備 ・応急処置を行うための設備 ・生活指導のための設備		
		温泉利用を実践するための設備 ・入浴前に温泉または温水を浴びるための設備 ・入浴を行うための温泉浴槽 ・仰臥した状態で入浴を行うための温泉浴槽 ・身体の表層を刺激し、血行を促進するための温水浴槽 ・蒸気浴または熱気浴を行うための設備 ・更衣室、休憩室その他の付帯施設	

＊　温泉利用を行う施設と有酸素運動を行う施設が異なる場合においても、これらの施設が一体となって運営するものについても、施設間の近接性の担保など一定の要件を満たすことで、複数の施設を一の施設とみなし温泉利用型施設として認定できる

2 医療施設と疾病予防施設の合築について　10) 健康増進施設

　医療施設と疾病予防施設の合築の際、既存の病院または診療所内に疾病予防施設としての専用部分を設置する場合は、医療法に基づく変更の手続きを行い、病院または診療所の一部を廃止することになる。

表 2-82　医療施設と疾病予防施設等の合築要件

病院または診療所の施設（出入り口、廊下、便所、待合室等を含む）の共用のための要件	疾病予防施設が医療法第 42 条第 4 号または第 5 号に定める基準に適合
	疾病予防施設の専用部分として、病院または診療所と区分された事務室を設ける。ただし、患者の混乱を避けるため、病院または診療所の業務に支障のない場所を選定すること
	機能訓練室を共用する場合は、病院または診療所の患者に対する治療その他のサービスに支障がないものとする。共用にあたっては、利用計画等の提出などにより、十分精査すること
	病院または診療所と疾病予防施設はそれぞれ別個の事業として、会計、組織、人員等の区分を明確にし、従事者を兼ねることは、原則として認められない

（平 7.4.26 健政発 390）

トピックス　介護老人保健施設等との併設　　Topics

　病院または診療所と、介護老人保健施設等の併設に関しては、「病院又は診療所と介護保険施設等との併設等について」（平 30.3.27 医政発 0327 第 31・老発 0327 第 6）により、以下の条件において可能となる。

・表示等により区分を明確にすること。
・各施設の構造設備は、それぞれの基準を満たし、かつ治療、介護、その他のサービスに支障がない場合に限り、共用が認められる。ただし、診察室・医務室、手術室、処置室（機能訓練室を除く）、病室・療養室または居室、エックス線撮影装置等の共用は認められない。

　なお、ここでの介護保険施設等とは、介護保険法または老人福祉法に規定する介護医療院、介護老人保健施設、指定介護老人福祉施設（特別養護老人ホーム）及びその他の要介護者、要支援者その他の者を入所、入居または通所させるための施設並びにサービス付き高齢者向け住宅、高齢者向け優良賃貸住宅及び生活支援ハウスを指す。

図 2-5　病院または診療所と介護老人保健施設等との併設

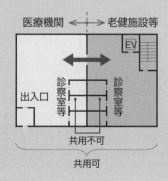

第3章

高齢者施設の概要と
施設基準

1 介護保険制度と高齢者施設

介護保険の各種サービスとサービスを提供する施設との関係は表3-1及び表3-2のようになる。大きくは施設サービス、居宅サービス、地域密着型サービスに分類される。介護老人福祉施設、介護老人保健施設、介護医療院を介護保険施設といい、これら3施設は介護保険法上「施設」として分類され、「施設介護サービス費」が支給される。一方、軽費老人ホーム、有料老人ホームなどの施設における居室は介護保険法上、「居宅」と位置づけられており、これらの施設で提供されるサービスは「居宅サービス」として分類される。地域密着型サービスは、中学校区程度の日常生活圏域ごとに行うサービスで、認知症高齢者グループホーム、小規模多機能型居宅介護事業所及び定員29名以下の特別養護老人ホーム(介護老人福祉施設)、有料老人ホームなどが該当する。

表3-1 介護保険サービスによる施設分類

	介護保険のサービス	サービスを提供する施設
施設サービス	介護福祉施設サービス	介護老人福祉施設(特別養護老人ホーム)
	介護保健施設サービス	介護老人保健施設
	介護医療院サービス	介護医療院
居宅サービス	訪問介護	ヘルパーステーション
	訪問看護	老人訪問看護ステーション
	通所介護	老人デイサービスセンター等
	通所リハビリテーション	介護老人保健施設
		介護医療院
		診療所・病院
	短期入所生活介護	老人短期入所施設(ショートステイ)等
	短期入所療養介護	介護老人保健施設
		介護医療院
		診療所・病院
	特定施設入居者生活介護	有料老人ホーム
		養護老人ホーム
		軽費老人ホーム(ケアハウスなど)
地域密着型サービス(住み慣れた地域で生活継続が可能な介護・福祉基盤を整備するために、市区町村において、日常生活圏域を設定し、圏域ごとに行われる面的介護サービス)	夜間対応型訪問介護	夜間対応型訪問介護事業所
	定期巡回・随時対応型訪問介護看護	定期巡回・随時対応型訪問介護看護事業所
	認知症対応型通所介護	認知症対応型老人デイサービスセンター
	小規模多機能型居宅介護	小規模多機能型居宅介護事業所
	認知症対応型共同生活介護	認知症高齢者グループホーム
	地域密着型特定施設入居者生活介護	介護専用型有料老人ホーム(定員29名以下)
		養護老人ホーム(介護専用型(*))(定員29名以下)
		軽費老人ホーム(介護専用型(*))(定員29名以下)
	地域密着型介護老人福祉施設入所者生活介護	地域密着型介護老人福祉施設(定員29名以下の特別養護老人ホーム)
	看護小規模多機能型居宅介護	看護小規模多機能型居宅介護事業所

* 介護専用型とは、入居者が要介護者、その配偶者等に限られるものをいう

1) 高齢者施設の概要

表 3-2　介護保険サービスによる施設分類（介護予防関連）

介護保険のサービス		サービスを提供する施設
介護予防サービス	介護予防訪問介護	ヘルパーステーション
	介護予防訪問看護	老人訪問看護ステーション
	介護予防通所介護	老人デイサービスセンター等
	介護予防通所リハビリテーション	介護老人保健施設
		介護医療院
		診療所・病院
	介護予防短期入所生活介護	老人短期入所施設（ショートステイ）等
	介護予防短期入所療養介護	介護老人保健施設
		介護医療院
		介護療養型医療施設
	介護予防特定施設入居者生活介護	有料老人ホーム
		養護老人ホーム
		軽費老人ホーム
地域密着型介護予防サービス	介護予防認知症対応型通所介護	認知症対応型老人デイサービスセンター
	介護予防小規模多機能型居宅介護	小規模多機能型居宅介護事業所
	介護予防認知症対応型共同生活介護	認知症高齢者グループホーム（＊）

＊　介護予防認知症対応型共同生活介護は要支援2のみ対象
注）　介護予防サービス及び地域密着型介護予防サービスは「要支援者」を対象とする

　なお、介護保険3施設は要介護者のみが対象である。ケアハウス（軽費老人ホームの一種）、養護老人ホーム、有料老人ホームについては、健常な高齢者等も対象とする施設であるが、要介護・要支援高齢者を対象とする場合には介護保険上の「特定施設」または「地域密着型特定施設」の指定を受けなければ介護報酬を算定できない。介護予防サービスと介護サービスは対象者の介護度に違いがあるが、同一の場所でサービスを提供できるので、介護予防サービスを提供する独自の施設名称は設けられていない。

　介護保険の給付対象となる施設には、人員や運営に関する基準及び設備に関する基準について介護保険法や施行規則、省令・告示・通知等で詳細に規定されている。各施設を規定する主たる法令・通知等について表3-3に示す。特別養護老人ホームは老人福祉法に基づく措置の対象施設でもあり、設置根拠は老人福祉法に規定されている。介護保険法上の名称は「介護老人福祉施設」となっている。

　建物の計画をするうえではこれらの基準は建築基準法や消防法に上乗せされるものとなる。なお、ケアハウス、生活支援ハウス、サービス付き高齢者向け住宅、シルバーハウジングの設備基準は介護保険以外の法令で規定されている。ケアハウスについては基本的には老人福祉法で規定されているが、特定施設とする場合（介護付とする）には介護保険法の基準も適用されることになる。

1 介護保険制度と高齢者施設

表 3-3　高齢者施設を規定する主たる法令

高齢者施設	法令	省令	通知等
介護老人福祉施設（特別養護老人ホーム）	介護保険法	指定介護老人福祉施設の人員、設備及び運営に関する基準	指定介護老人福祉施設の人員、設備及び運営に関する基準について
	老人福祉法	特別養護老人ホームの設備及び運営に関する基準	特別養護老人ホームの設備及び運営に関する基準について
介護老人保健施設	介護保険法	介護老人保健施設の人員、施設及び設備並びに運営に関する基準	介護老人保健施設の人員、施設及び設備並びに運営に関する基準について
介護医療院	介護保険法	介護医療院の人員、施設及び設備並びに運営に関する基準	介護医療院の人員、施設及び設備並びに運営に関する基準について
生活支援ハウス			高齢者生活福祉センター運営事業の実施について
特定施設入居者生活介護	介護保険法	指定居宅サービス等の事業の人員、設備及び運営に関する基準	指定居宅サービス等及び指定介護予防サービス等に関する基準について
軽費老人ホーム	老人福祉法	軽費老人ホームの設備及び運営に関する基準	軽費老人ホームの設備及び運営に関する基準について
有料老人ホーム（介護付き）	老人福祉法		有料老人ホームの設置運営標準指導指針について
養護老人ホーム	老人福祉法	養護老人ホームの設備及び運営に関する基準	養護老人ホームの設備及び運営に関する基準について
サービス付き高齢者向け住宅	高齢者の居住の安定確保に関する法律	国土交通省・厚生労働省関係高齢者の居住の安定確保に関する法律施行規則	
シルバーハウジング			シルバーハウジング・プロジェクトの実施について
短期入所生活介護事業所（ショートステイ）	介護保険法	指定居宅サービス等の事業の人員、設備及び運営に関する基準	指定居宅サービス等及び指定介護予防サービス等に関する基準について
老人短期入所施設	老人福祉法		
ヘルパーステーション	介護保険法		
老人訪問看護ステーション	介護保険法		
通所介護事業所（デイサービス）	介護保険法	指定居宅サービス等の事業の人員、設備及び運営に関する基準	指定居宅サービス等及び指定介護予防サービス等に関する基準について
老人デイサービスセンター	老人福祉法		
老人デイケア（通所リハビリテーション）	介護保険法		

1) 高齢者施設の概要

高齢者施設		法令	省令	通知等
夜間対応型訪問介護事業所		介護保険法	指定地域密着型サービスの事業の人員、設備及び運営に関する基準	指定地域密着型サービス及び指定地域密着型介護予防サービスに関する基準について
定期巡回・随時対応型訪問介護看護事業所		介護保険法		
認知症対応型老人デイサービスセンター		介護保険法		
小規模多機能型居宅介護事業所		介護保険法		
看護小規模多機能型居宅介護事業所				
認知症高齢者グループホーム		介護保険法		
地域密着型特定施設入居者生活介護		介護保険法	指定地域密着型サービスの事業の人員、設備及び運営に関する基準	指定地域密着型サービス及び指定地域密着型介護予防サービスに関する基準について
	軽費老人ホーム	老人福祉法	軽費老人ホームの設備及び運営に関する基準	軽費老人ホームの設備及び運営に関する基準について
	有料老人ホーム（介護付き）	老人福祉法		有料老人ホームの設置運営標準指導指針について
	養護老人ホーム	老人福祉法	養護老人ホームの設備及び運営に関する基準	養護老人ホームの設備及び運営に関する基準について
地域密着型介護老人福祉施設（定員29名以下）		介護保険法	指定地域密着サービス等の事業の人員、設備及び運営に関する基準	指定地域密着サービス等の事業の人員、設備及び運営に関する基準について
		老人福祉法	特別養護老人ホームの設備及び運営に関する基準	特別養護老人ホームの設備及び運営に関する基準について

2 高齢者施設の分類

高齢者施設は、大きくは「居住系施設」「利用系施設」の2つに分類できる（表3-4）。居住系施設には特別養護老人ホームなどの老人福祉施設のほかに高齢者住宅や認知症高齢者グループホーム、有料老人ホームがある。利用系施設には老人デイサービスセンターなどの通所施設、老人福祉センター等の公的施設、訪問介護・看護などの介護支援施設、短期の入所や宿泊機能を備えたショートステイや小規模多機能型居宅介護事業所がある。

表3-4　高齢者施設の体系

居住系施設	老人福祉施設	介護保険施設	・介護老人福祉施設（特別養護老人ホーム） ・介護老人保健施設 ・介護医療院
		その他	・養護老人ホーム ・軽費老人ホーム ・生活支援ハウス（高齢者生活福祉センター）
	高齢者住宅		・シルバーハウジング ・サービス付き高齢者向け住宅
	共同居住		・認知症高齢者グループホーム
	その他		・有料老人ホーム
利用系施設	通所施設		・老人デイサービスセンター（通所介護） ・老人デイケア（通所リハビリテーション）
	公的利用施設		・老人福祉センター ・老人憩いの家 ・老人休養ホーム
	介護支援施設		・地域包括支援センター ・在宅介護支援センター（老人介護支援センター） ・訪問看護ステーション ・ヘルパーステーション（訪問介護）
	その他		・老人短期入所施設（ショートステイ） ・小規模多機能型居宅介護事業所 ・看護小規模多機能型居宅介護事業所

　認知症高齢者グループホームは建築形態的には特別養護老人ホームなどの「施設」と大きな違いはないが、「給食」「洗濯」などのサービスを提供せず、利用者が食事をつくったり洗濯したりするのを介護職員がサポートする形式なので、「福祉施設」ではなく「共同居住」とみなしている。

　また、高齢者住宅も「給食」「洗濯」などのサービスを直接提供せず、在宅サービスである訪問介護などを外づけにすることによって必要に応じて介護サービスを提供する点が福祉施設との相違である。高齢者住宅は建築形態としては個人領域にキッチン、トイレ、浴室、洗濯場があり「住戸」として完結しているのが原則であるが、食堂や浴室を共用するなど寄宿舎に近い形態のものも認められており、こちらの場合は建築形態的にはユニット型の特別養護老人ホームや有料老人ホームなどとあまり相違がない。

　居住系施設の比較については表3-5、3-6のとおりである。基本的に、対象となる利用者の年齢は65歳以上であるが、住宅系の施設では60歳以上のものもある。開設できる者の制限にも違いがあり、社会福祉法人や医療法人に限られるものと民間事業者（株式会社など）でも開設可能なものがある。

1）高齢者施設の概要

表 3-5　居住系施設の比較表（その 1）

施設名	介護老人福祉施設（特別養護老人ホーム）	介護老人保健施設	介護医療院	軽費老人ホーム ケアハウス	軽費老人ホーム 都市型
機能	介護	家庭復帰・療養	治療・療養	見守り・居住	
対象者	65歳以上 常時介護が必要で在宅生活が困難な寝たきり高齢者等	65歳以上 病状安定期にあり、入院治療は必要ないが、リハビリ・看護・介護を必要とする寝たきり高齢者等	65歳以上 長期に渡り療養を必要とする高齢者等	60歳以上 日常生活を営むのに不安があり、家族の援助を受けることが困難な高齢者等	
開設者	社会福祉法人、厚生連、地方公共団体	医療法人、社会福祉法人、地方公共団体、厚生労働大臣が認める者	国、医療法人、社会福祉法人、地方公共団体、厚生労働大臣が認める者	社会福祉法人、医療法人、地方公共団体、農業共同組合、財団法人、社団法人、都道府県知事の許可を得た民間法人	
費用の支払	介護保険 食費、居住費等は自己負担（ただし、軽減策あり）	介護保険 食費、居住費等は自己負担（ただし、軽減策あり）	介護保険 食費、居住費等は自己負担（ただし、軽減策あり）	原則全額自己負担であるが、所得に応じた額 介護サービスを受ける場合は介護保険	
定員	規定なし（＊1）	規定なし（＊1）	規定なし	規定なし	20人以下
1居室の定員	従来型　1人（＊2） ユニット型は1人	4人以下 ユニット型は1人	4人以下 ユニット型は1人	1人	
1人あたり居室面積（下限・内法）	10.65㎡	8㎡ ユニット型は10.65㎡	8㎡ ユニット型は10.65㎡	21.6㎡ ユニット型は15.63㎡	7.43㎡
廊下幅員（下限・内法）	片廊下 1.8 m 中廊下 2.7 m ユニット型（＊3） 片廊下 1.5 m 中廊下 1.8 m	片廊下 1.8 m 中廊下 2.7 m ユニット型（＊3） 片廊下 1.5 m 中廊下 1.8 m	片廊下 1.8 m 中廊下 2.7 m ユニット型（＊3） 片廊下 1.5 m 中廊下 1.8 m	規定なし	
備考		機能訓練室 1㎡/人以上	機能訓練室 40㎡以上		

＊1　地域密着型介護老人福祉施設、サテライト型小規模介護老人保健施設等の場合は29人以下
＊2　2012（平成24）年の介護保険法の改正で「参酌すべき基準」であるため地方公共団体による緩和あり
＊3　廊下の一部を拡張することにより入居者、職員等の円滑な往来に支障が生じない場合（アルコーブを設けることなどにより、入居者、職員等がすれ違う際にも支障が生じない場合）

2 高齢者施設の分類 — 1）高齢者施設の概要

表 3-6 居住系施設の比較表（その2）

施設名	生活支援ハウス	有料老人ホーム	サービス付き高齢者向け住宅	シルバーハウジング	老人短期入所施設	認知症高齢者グループホーム
機能	見守り・居住	介護・居住	見守り・居住	見守り・居住	介護・機能訓練	
対象者	60歳以上 高齢等のため独立して生活するのに不安がある者	老人（*1）	60歳以上 単身高齢者または高齢者夫婦世帯等	60歳以上 単身高齢者または高齢者夫婦世帯 障害者、障害者とその配偶者世帯等	65歳以上 短期間の入所により、利用者の家族の身体的精神的負担を軽減する必要がある高齢者等	65歳以上 要支援2・要介護状態の認知症高齢者
開設者	市町村、市町村が委託する指定通所介護事業所等	社会福祉法人、医療法人、民間法人	民間事業者、都市機構、地方公共団体、社会福祉法人、医療法人、農業協同組合等	地方公共団体、都市機構、地方住宅供給公社等	社会福祉法人、地方公共団体、法人格をもつ民間事業者	法人格を有するもの
費用の支払	原則全額自己負担であるが、所得に応じた額	原則全額自己負担 特定施設の場合は介護保険も利用（*2）	全額自己負担	規定なし	介護保険 食費、居住費等は自己負担（ただし、軽減策あり）	介護保険 ただし家賃、食費は自己負担
定員	おおむね10人程度で、20人以下	規定なし		規定なし	20人以上 （単独型） 併設型は規定なし	1ユニット 5人以上 9人以下
1居室の定員	1人	1人	規定なし	規定なし	4人以下 ユニット型は1人	1人
1人あたり居室面積（下限）	18㎡以上	13㎡ 廊下幅を緩和する場合は18㎡	25㎡ 共同利用の場合は18㎡	規定なし	10.65㎡	7.43㎡
廊下幅員（下限）	規定なし	片廊下1.8 m 中廊下2.7 m すべての介護居室が個室でその床面積18㎡以上の場合 片廊下1.4 m 中廊下1.8 m	78cm以上 柱がある部分は75cm以上	規定なし	片廊下1.8 m 中廊下2.7 m ユニット型 （*3） 片廊下1.5 m 中廊下1.8 m	規定なし
備考	老人デイサービスセンター等に必要な設備を設けること		加齢対応構造とする 状況把握・生活相談サービス必置	ライフサポートアドバイザーを配置		2ユニットまで。都市部は3ユニットまで

*1 老人：老人福祉法での表記。年齢については明確には定義されていない
*2 介護保険法に規定されている「特定施設入居者生活介護」または「介護予防特定施設入居者生活介護」を行う施設
*3 廊下の一部を拡張することにより利用者、従業者等の円滑な往来と支障が生じない場合（アルコーブを設けるなどにより、利用者、従業者等がすれ違う際にも支障が生じない場合）

3 高齢者施設共通の留意点 ― 1）高齢者施設の概要

高齢者施設の設備基準は建築基準法と体系が別であり、建築基準法に上乗せされる基準があるので留意が必要である。

1. 地方公共団体による基準の策定

「地域の自主性及び自立性を高めるための改革の推進を図るための関係法律の整備に関する法律」（平成23年法律第37号）によって、老人福祉法及び介護保険法が改正され、従来、厚生労働省令で定めることとされていた施設基準等について、都道府県または市町村の条例で定めることとなった。

また、都道府県または市町村が条例を定めるにあたっては、施設基準等に定められた事項ごとに、
① 厚生労働省令で定める基準に従い定めるもの（以下「従うべき基準」という）
② 厚生労働省令で定める基準を標準として定めるもの（以下「標準」という）
③ 厚生労働省令で定める基準を参酌するもの（以下「参酌すべき基準」という）
とされており、「従うべき基準」以外は、条例により一部の基準が緩和または強化されている。

表3-7 施設種別と都道府県、市町村が条例で定めるべき施設基準の段階の関係

施設種別	設備基準の段階		
	従うべき基準	標準	参酌すべき基準
特別養護老人ホーム	居室の床面積		左記基準以外の設備基準
地域密着型介護老人福祉施設	居室の床面積		左記基準以外の設備基準
介護老人保健施設			すべての設備基準
介護医療院			すべての設備基準
老人短期入所施設	居室の床面積	利用定員	左記基準以外の設備基準
ケアハウス	居室の床面積	利用定員	左記基準以外の設備基準
小規模多機能型居宅介護事業所	宿泊室の床面積・利用定員		左記基準以外の設備基準
看護小規模多機能型居宅介護事業所	宿泊室の床面積	利用定員	左記基準以外の設備基準
認知症高齢者グループホーム	居室の床面積	利用定員	左記基準以外の設備基準
認知症対応型通所介護	利用定員		左記基準以外の設備基準
療養通所介護	専用室の面積	利用定員	左記基準以外の設備基準
デイケア	リハ専用室面積		左記基準以外の設備基準

（介法〈73〉〈78の3〉〈87〉〈96〉〈110〉、平23.10.7 老発1007 第6）

2. 施設全体の1人あたり基準面積

老人福祉法や介護保険法では居室や食堂、機能訓練室など所要室の必要面積が定められているが、施設全体についての1人あたりの基準面積は定められていない。以前は施設によって1人あたりの基準面積が定められていたことがあったため、地方公共団体との補助協議において当時の基準に基づいた1人あたりの基準面積が示される場合があり、事前に確認しておく必要がある。例えばユニット型特別養護老人ホームについては1人あたり38㎡以上、ケアハウスについては39.6㎡以上、などを規定している地方公共団体がある。

3 高齢者施設共通の留意点

3. 所要室の面積基準は内法か壁芯か

老人福祉法や介護保険法では所要室の面積基準が規定されているが、壁芯か内法か明文化されていないケースが多い。多くの地方公共団体における補助協議では内法で求められることが多いので、「壁芯で」と明文化されていないものについては内法有効として計画しておいたほうがよい。

特別養護老人ホームについては平成14（2002）年の改正時に「内法による」と明文化された（平12.3.17 老発 214）。サービス付き高齢者向け住宅の住戸専用面積は壁芯によるものと規定されている（平 23.10.7 老発 1007 第 1・国住心 37）。

4. 居室の面積に算入可能な什器・備品・衛生器具

老人福祉施設等の場合には居室内のトイレは居室の床面積から除外する。サービス付き高齢者住宅の場合には住戸面積からトイレを除外しなくてよい。また、法令等には明文化されていないものの、床頭台やチェストなどの備品は居室の床面積とは関係しない（床面積から除外することはない）が、固定式の収納設備は床面積から除外し、洗面設備については床面積から除外しない場合が多い。詳細は各施設の設備基準を参照し、補助協議に際しては担当課に確認しておく。

5. 中廊下の定義

中廊下であるかの判断については、施設によって基準が異なる。明文化されているものは以下のとおりである（表 3-8）。

表 3-8 中廊下の定義

特別養護老人ホーム	廊下の両側に居室、静養室等入所者の日常生活に直接使用する設備のある廊下（平 12.3.17 老発 214）
介護老人保健施設	廊下の両側に療養室等（＊1）またはエレベーター室のある廊下（平 12.3.17 老企 44）
介護医療院	廊下の両側に療養室等（＊2）またはエレベーター室のある廊下（平 30.3.22 老老発 0322 第 1 号）

＊1　療養室、談話室、食堂、浴室、レクリエーション・ルーム、便所等入所者が日常継続的に使用する施設（平 12.3.17 老発 214〈第 3　3(1)〉）

＊2　療養室、談話室、食堂、浴室、レクリエーション・ルーム、便所等入所者が日常継続的に使用する施設（平 30.3.22 老老発 0322 第 1 号〈第 4　3(1)〉）

6. 廊下の幅員の定義

廊下の幅員については、特別養護老人ホーム、介護老人保健施設では平成14（2002）年の改正で「手すりから測る」とされた。また、介護医療院については、「内法によるものとし、壁から測定する」とされている。他施設については規定がないが、建築基準法上でも廊下の基準は手すりの内法なので、手すり内法と考えるのが妥当であろう。

7. サービス付き高齢者向け住宅の住戸面積とメーターボックス

　通常マンションの個別のメーターボックスは住戸の専用面積に含めているが、サービス付き高齢者向け住宅の場合、地方公共団体によってはメーターボックスの面積は住戸面積に含めないとされている（平23.10.7 老発1007第1、国住心37〈第4　2〉）。

トピックス　高専賃とサ高住　Topics

　「高専賃」は高齢者専用賃貸住宅、「サ高住」はサービス付き高齢者向け住宅の略称である。どちらも「高齢者の居住の安定確保に関する法律」による施設であるが、2011（平成23）年の法改正により、それまであった「高専賃」が廃止され、「サ高住」がとってかわった。

　「高専賃」は、家賃債務保証制度や前払家賃に対する保全措置などにより賃貸事業者にとっては高齢者に貸しやすく、入居する高齢者にとっても入居しやすい制度の賃貸住宅であったが、自立した生活ができなくなってきた場合に住みつづけることに不安があった。

　「サ高住」は、見守りサービスや一定の福祉サービスを付加することにより、これらの不安を解消することを狙って創設されたものである。「サ高住」の詳細な内容については本論を参照のこと。

トピックス　スマートウェルネス住宅　Topics

　高齢者、障害者、子育て世帯等の多様な世代が交流し、安心して健康に暮らすことができる住宅が「スマートウェルネス住宅」である。その実現のため、サービス付き高齢者向け住宅の整備、住宅団地等における併設施設の整備、高齢者、障害者、子育て世帯の居住の安定確保、健康維持・増進にかかる先導的な住まいづくりの取り組みを支援する事業として、①サービス付き高齢者向け住宅整備事業、②スマートウェルネス拠点整備事業、③スマートウェルネス住宅等推進モデル事業からなるスマートウェルネス住宅等推進事業、④として住宅確保要配慮者専用賃貸住宅改修事業が行われている。

1 特別養護老人ホーム（介護老人福祉施設）

　老人福祉法上は特別養護老人ホーム、介護保険上は介護老人福祉施設と呼ばれているが、設備基準に差異はない。全室個室のユニット型と多床室で構成された従来型（通称）があり、また、29名以下の地域密着型、サテライト型という分類がある（表3-10）。

表3-9　介護老人福祉施設に関する設備基準

区分		ユニット型	従来型（一般型）
概要		65歳以上の常時介護を必要とし居宅で介護を受けることが困難な高齢者（要介護高齢者）及び市町村の措置による要介護高齢者を入所させ、養護することを目的とする施設	
開設者		地方公共団体、社会福祉法人、農業共同組合連合会（厚生連）	
対象者（新規入所）		65歳以上の原則要介護3以上（＊1）の高齢者	
定員		規定なし。地域密着型は29名以下	
設備基準	居室定員	1人（必要と認められる場合は2人）	1人（＊2）
	居室面積「従うべき基準」	10.65㎡以上（便所を除く、内法面積）二人部屋21.3㎡以上	10.65㎡／人以上（便所を除く、内法面積）
	所要室＊2	ユニット（＊3）（居室（＊4）、共同生活室（2㎡／人）、洗面設備（＊6）、便所（＊6））	居室（＊4）、静養室（＊5）、食堂及び機能訓練室（合計3㎡／人）、洗面設備（＊6）、便所（＊6）、浴室（＊6）、医務室（＊7）、調理室、介護職員室、看護職員室、面談室、洗濯室または洗濯場、汚物処理室、介護材料室、事務室その他運営上必要な設備
		浴室（＊6）、医務室（＊7）、調理室、洗濯室または洗濯場、汚物処理室、介護材料室、事務室その他の運営上必要な設備	
	階段	ユニット、居室、静養室、食堂、浴室、機能訓練室が3階以上にある場合には特別避難階段を2以上（防災上有効な傾斜路を有する場合または車いすもしくはストレッチャーで通行するために必要な幅を有するバルコニー及び屋外に設ける避難階段を有する場合は、1以上）	
	廊下	・片廊下1.8 m　中廊下2.7 m以上（内法、手すりから測定する）廊下の一部を拡張することで往来に支障がない場合は、片廊下1.5 m、中廊下1.8 m以上 ・地域密着型は原則片廊下1.5 m、中廊下1.8 m以上で廊下の一部を拡張することで往来に支障がない場合は建築基準法規定による（＊8）	・片廊下1.8 m以上　中廊下2.7 m以上（内法、手すりから測定する）
	その他	・廊下、共同生活室、便所等に常夜灯を設けること（平11厚令46〈11⑥二〉）	

＊1　2015（平成27）年4月より（既入所者は継続して入所可能）。
＊2　2012（平成24）年の改正により「4人以下」から「1人」になった。「参酌すべき基準」であるため地方公共団体によっては「4人以下」としているところもある。また、既存施設については経過措置として「4人以下」となっている
＊3　1ユニットの入居定員は原則10人以下。他のユニットの入居者が当該共同生活室を通過することなく施設内の他の場所に移動できるようにすること。居室は当該ユニットの共同生活室に近接して一体的に設けること
＊4　地階は不可。身の回り品を保管できる設備、ブザーを備えること
＊5　地階は不可。介護職員室または看護職員室に近接
＊6　要介護者が使用するのに適したものであること
＊7　医療法第1条の5第2項に規定する診療所とすること。サテライト型では不要（平11厚令46〈55〉）
＊8　平11厚令46〈55⑥〉、平12.3.17老発214〈第6　2〉

2）居住系施設

表 3-10　介護保険法による介護老人福祉施設（特別養護老人ホーム）の分類

定員	施設分類	
30 人以上	介護老人福祉施設（一般）	
29 人以下	地域密着型介護老人福祉施設	小規模の介護老人福祉施設
		サテライト型居住施設（＊）

＊　サテライト型居住施設とは、本体施設（同一法人による特別養護老人ホーム、介護老人保健施設、介護医療院、病院、診療所であって、当該サテライト型居住施設に対する支援機能を有するもの）との密接な連携を確保しつつ、本体施設とは別の場所（通常の交通手段を利用して、おおむね 20 分以内（平 12.3.17 老発 214〈第 6　2(2)〉））で運営される指定地域密着型介護老人福祉施設をいう。　医師、栄養士、機能訓練指導員、介護支援専門員、調理員、事務員などを本体施設と兼務させることができる

【計画上の留意点】

1　居室面積の測定方法

　2002（平成 14）年の改定によりすべて内法での測定によることとし（平 12.3.17 老企 214〈第 2　1(11)〉）、また、ユニット型個室については、洗面設備は含むが便所は除くとされた（平 12.3.17 老企 214〈第 5　4(5)⑤〉）。

2　廊下の幅員

　2002（平成 14）年の改定により、内法によるものとし手すりから測定する、とされた（平 12.3.17 老企 214〈第 2　1(12)〉）。

3　中廊下の定義

　中廊下とは、廊下の両側に居室、静養室、共同生活室（＊）等入所者の日常生活に直接使用する設備のある廊下をいう（平 12.3.17 老発 214〈第 2　1(5)〉）。

　＊ユニット型の場合は静養室を共同生活室に読み替える（平 12.3.17 老発 214〈第 5　4(10)〉）

4　耐火性能

　耐火建築物とすること。ただし、入居者の日常生活の場が 2 階及び地階のいずれにも設けられていない場合は、準耐火建築物とすることができる。なお、2006（平成 18）年 3 月の改定により一定条件のもとで木造平屋建てとすることが、2012（平成 24）年 3 月には木造 2 階建てができるようになった（平 11 厚令 46、平 12.3.17 老企 214）。

　なお、木造とする場合には、平元 .3.31 消防予 36、平 19.6.13 消防予 213 に基づいた計画とすること（平 24.3.30 老発 0330 第 3）。

5　傾斜路またはエレベーターの設置

　居室、静養室等が 2 階以上の階にある場合は、1 以上の傾斜路を設けるかまたはエレベーターを設けること（平 11 厚令 46〈11〉）。

6　バルコニー

　法令としての規定はないが、「社会福祉施設における防火安全対策の強化について」（昭 62.9.18 社施 107）によって、設置することが望ましいとされている。また、東京消防庁など条例で、周回バルコニーの設置を強く指導しているところがある（p. 164 参照）。

7　ユニットの定員

　おおむね 10 人以下。ただし入居定員が 10 人を超えるユニットが当該施設の総ユニット数の半

1 特別養護老人ホーム(介護老人福祉施設) — 2) 居住系施設

数以下であれば例外的に認められている(平11厚令46、平12.3.17老企214〈第5 4(5)③〉)。2012(平成24)年の改正で「参酌すべき基準」になったことを受けて、ユニット定員を12人以下とする地方公共団体がある。

8 共同生活室

当該ユニットの入居者全員とその介護を行う職員が一度に食事をしたり、談話等を楽しんだりすることが可能な備品を備えたうえで、当該共同生活室内を車いすが支障なく通行できる形状が確保されていること。入居者が、その心身の状況に応じて家事を行うことができるようにする観点から、簡易な流し、調理設備を設けることが望ましい(平11厚令46、平12.3.17老企214〈第5 4(6)〉)。ユニット内への調理設備の設置については通知が出ている(平15.3.31老計0331003)。

9 共同生活室間の壁

共同生活室間の壁は可動式としてはならない(ユニット型個室の特別養護老人ホームの設備に関するQ&Aについて(平23.12.1事務連絡))。

10 ユニット型個室的多床室

ユニットに属さない居室を改修したもので、居室の床面積が10.65㎡以上であるもの。入居者同士の視線の遮断の確保を前提にしたうえで、居室を隔てる壁について、天井との間に一定の隙間(スプリンクラー、排煙を考慮した寸法)が生じていても差し支えない(平12.3.17老発214〈第5 4(5)⑤ロ〉)。

11 浴室

ユニット型では、居室のある階ごとに設けることが望ましい(平12.3.17老発214〈第5 4(9)〉)。レジオネラ症対策を講じること(平15.7.25健感0725001)。

12 便所、洗面設備

ユニット型では、居室ごと、または共同生活室ごとに適当数設けること。従来型では居室のある階ごとに設けること(平12.3.17老発214〈第5 4(7)、(8)〉)。

13 宿直室、霊安室

2003(平成15)年の改正で宿直室、霊安室は設備基準の記載がなくなったが、宿直については「社会福祉施設における防火安全対策の強化について」(昭62.9.18社施107)によって宿直者を必ず配置することとされている。

14 併設施設との設備共用

他の社会福祉施設等の設備を利用することによって効果的な運営を期待でき、かつ入所者の処遇に支障がない場合は、一部の所要室を設けないことができる(平11厚令46)。

15 「特別養護老人ホーム等の医務室に係る保険医療機関の指定の取扱いについて」(平成24年3月26日事務連絡)により、特別養護老人ホームの医務室については、その構造等がすべての被保険者に対して開放されている等必要な条件を満たす場合には保険医療機関として指定できることが改めて周知された。

トピックス 高齢者施設に関するオーナー型補助制度

高齢者施設の施設整備費補助において、東京都は従来の事業者整備型に加えオーナー整備型を独自に制度化している。

① 施設整備費補助制度の類型
- 事業者整備型：運営事業者が自己所有または賃借した土地に施設を建築して受ける補助
- オーナー整備型：地主が所有する土地に施設を建築して受ける補助（建物を運営者に賃貸）

② オーナー整備型補助制度のしくみ

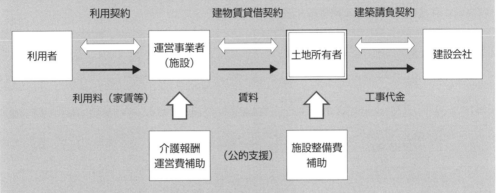

③ オーナー整備型補助制度の対象施設と補助単価
- 認知症高齢者グループホーム：1ユニットあたり 2000 万円（最大 3 ユニット）
- 都市型軽費老人ホーム：定員 1 人あたり 400 万円（定員 5 人以上 20 人以下）
- 介護専用型有料老人ホーム：定員 1 人あたり 200 万円（定員 30 人以上）
- ショートステイ（単独型・病院等併設型）：定員 1 人あたり 387 万円（定員 20 人以上）
- 特別養護老人ホーム：定員 1 人あたり 500 万円（ユニット型・定員 30 人以上）

④ オーナー整備型補助制度の注意点
土地・建物に事業の安定的な継続に支障が生じるおそれがある権利設定がされていないこと
- 原則として抵当権（根抵当権を含む）設定不可
- 施設整備を目的とした抵当権は認められる（根抵当権設定不可）

2 介護老人保健施設

介護老人保健施設には7つの類型がある。大きくは、多床室で構成されている従来型（通称）と、個室で10名程度のまとまった単位で構成されるユニット型に分けられ、定員29名以下の小規模型、医療機関併設型、サテライト型などがある（表3-12）。

表3-11　介護老人保健施設に関する設備基準

区分		ユニット型	従来型（一般型）
概要		病状安定期にあり入院治療の必要のない要介護高齢者を入所させ、看護や医学的管理下における介護、機能訓練、必要な医療、日常生活上の世話を行い、在宅復帰を目指す施設	
開設者		地方公共団体、医療法人、社会福祉法人、日本赤十字社、その他厚生労働大臣が定める者	
対象者		65歳以上の要介護状態の高齢者	
定員		規定なし。サテライト型小規模、医療機関併設型小規模は29名以下	
設備基準	居室定員	1人（必要と認められる場合は2人）	4人以下
	居室面積	10.65㎡／人以上（洗面所を含み、便所を除く、内法有効面積）	8㎡／人以上（洗面所、収納含む、便所は含まない、内法有効面積）
	所要室	ユニット（＊1）（療養室、共同生活室（2㎡／人）、洗面所、便所）	療養室、食堂（2㎡／人）、洗面所、便所、浴室（＊2）、診察室、機能訓練室（1㎡／人）（＊3）、談話室、レクリエーション・ルーム、サービス・ステーション、調理室、洗濯室または洗濯場、汚物処理室、その他望ましい設備（家族相談室、ボランティア・ルーム、家族介護教室等）
		浴室（＊2）、診察室、機能訓練室（1㎡／人）（＊3）、サービスステーション、調理室、洗濯室または洗濯場、汚物処理室、その他望ましい設備（家族相談室、ボランティア・ルーム、家族介護教室等）	
	階段、エレベーター	エレベーター（療養室等が2階以上の階にある場合） 避難階段（療養室等が3階以上にある場合は、2以上）	
	廊下	・片廊下1.8m　中廊下2.7m以上（内法、手すりから測定する） 廊下の一部を拡張することで往来に支障がない場合は、片廊下1.5m、中廊下1.8m以上	・片廊下1.8m以上　中廊下2.7m以上（内法、手すりから測定する）
	その他	・廊下、便所に常夜灯を設けること	

＊1　1ユニットの入居定員は原則10人以下。他のユニットの入居者が当該共同生活室を通過することなく施設内の他の場所に移動できるようにすること。居室は当該ユニットの共同生活室に近接して一体的に設けること
＊2　身体の不自由な者が使用するのに適したものとすること。一般浴槽のほか、介助を必要とする者に適した特別浴槽を設けること
＊3　サテライト型小規模、医療機関併設型小規模の場合は40㎡以上

（平11厚令40、平12.3.17老企44）

2) 居住系施設

表3-12　介護老人保健施設の施設分類

施設類型	規定	定員	特記事項
基本型介護老人保健施設		規定なし	
分館型介護老人保健施設	基本型の開設者が基本型施設と一体として運営するものとして開設する施設	規定なし	・独立した1の介護老人保健施設であり、独立した1の開設の許可の対象となる。 ・東京都の区部、市部、政令指定都市、過疎地、離島及び奄美群島においてのみ設置可能。
サテライト型小規模介護老人保健施設	本体施設との密接な連携（＊）を確保しつつ、本体施設とは別の場所で運営され、入所者の在宅への復帰の支援を目的とするもの	29人以下	・本体施設を利用することにより、調理室、洗濯室または洗濯場及び汚物処理室を有しないことができる。 ・機能訓練室は40㎡以上
医療機関併設型小規模介護老人保健施設	介護医療院または病院もしくは診療所に併設され、入所者の在宅への復帰の支援を目的とするもので、サテライト型以外のもの	29人以下	・併設される病院等の施設を利用することにより、療養室及び診察室以外の施設を有しないことができる。 ・機能訓練室は40㎡以上
ユニット型サテライト型小規模介護老人保健施設	ユニットごとに入居者の日常生活が営まれ、これに対する支援が行われるサテライト型小規模介護老人保健施設	29人以下	・本体施設を利用することにより、調理室、洗濯室又は洗濯場及び汚物処理室を有しないことができる。 ・機能訓練室は40㎡以上
ユニット型医療機関併設型小規模介護老人保健施設	ユニットごとに入居者の日常生活が営まれ、これに対する支援が行われる医療機関併設型小規模介護老人保健施設	29人以下	・併設される病院等の施設を利用することにより、療養室及び診察室以外の施設を有しないことができる。 ・機能訓練室は40㎡以上
ユニット型介護老人保健施設		規定なし	

＊　サテライト型における「本体施設との密接な連携を確保する具体的要件」は、自動車等による移動時間がおおむね20分以内の近距離であること、本体施設に対し1か所の設置であること（平12.3.17老企44〈第1　4①〉）。本体施設が、介護老人保健施設の場合、医師、支援相談員、理学療法士、作業療法士、言語聴覚士、栄養士、介護支援専門員を本体施設と兼務させることができる（平11厚令40〈2⑥〉）

【計画上の留意点】

1　居室面積の測定方法
　　洗面設備、収納設備は含み、便所は除く。内法での測定によると明文化されていないが、補助協議においては内法で測定している（平12.3.17老企44〈第3　2⑴②〉）。

2　廊下の幅員
　　2002（平成14）年の改定により、内法によるものとし手すりから測定する、とされた（平

2 介護老人保健施設

12.3.17 老企 44〈第3　3⑷①〉）。

3　中廊下の定義

　　中廊下とは、廊下の両側に「療養室等」（療養室、談話室、食堂、浴室、レクリエーション・ルーム、便所等入所者が日常継続的に使用する施設）またはエレベーター室のある廊下をいう（平12.3.17 老企 44〈第3　3⑷③〉）。

4　廊下・階段の手すり

　　廊下・階段の手すりは、原則として両側に設置すること（平 12.3.17 老企 44〈第3　⑶、⑷②〉）。

5　建築構造

　　耐火建築物とすること。ただし、療養室等が2階及び地階のいずれにも設けられていない場合は、準耐火建築物とすることができる。なお、2006（平成 18）年3月の改定により一定条件のもとで木造平屋建てとすることが、2012（平成 24）年3月には木造2階建てができるようになった（平 11 厚令 40、平 11.9.17 老企 44）。なお、木造とする場合には、平元 .3.31 消防予 36、平 19.6.13 消防予 213 に基づいた計画とすること（平 24.3.30 老発 0330 第 3）。

6　バルコニー

　　法令としての規定はないが、「介護老人保健施設における防火・防災対策について」（昭 63.11.11 老健 24）では、バルコニーの設置について、「特段の配慮をされたい」とされている。また、東京消防庁など条例で、周回バルコニーの設置を強く指導しているところがある（p. 164 参照）。

7　ユニットの定員

　　おおむね 10 人以下。ただし入居定員が 10 人を超えるユニットが当該施設の総ユニット数の半数以下であれば例外的に認められている（平 12.3.17 老企 44）。2012（平成 24）年の改正で「参酌すべき基準」になったことを受けて、ユニット定員を 12 人以下とする地方公共団体がある。

8　共同生活室

　　当該ユニットの入居者全員とその介護を行う職員が一度に食事をしたり、談話等を楽しんだりすることが可能な備品を備えたうえで、当該共同生活室内を車いすが支障なく通行できる形状が確保されていること。入居者が、その心身の状況に応じて家事を行うことができるようにする観点から、簡易な流し、調理設備を設けることが望ましい（平 11.9.17 老企 44）。ユニット内への調理設備の設置については通知が出ている（平 15.3.31 老計 0331003）。

9　療養室

　　地階は不可。入所者の身の回り品を保管することができる設備及びナース・コールを設けること（平 11 厚令 40〈3 ②〉）。ただし、認知症専門病棟の療養室に限り設けなくとも差し支えない（平 12.9.5 老健 115）。

10　ユニット型個室的多床室

　　ユニットに属さない療養室を改修したもので、療養室の床面積が 10.65 ㎡以上であるもの。入居者同士の視線の遮断の確保を前提にしたうえで、居室を隔てる壁について、天井との間に一定の隙間（スプリンクラー、排煙を考慮した寸法）が生じていても差し支えない（平 12.3.17 老企

44)。

11 機能訓練室、談話室、食堂等の一体化
機能訓練室、談話室、食堂、レクリエーション・ルームを区画せず一つのオープンスペースとすることは差し支えないが、全体面積は各々の基準面積を合算したもの以上であること（平12.3.17 老企 44〈第3 2(1)①〉）。

12 浴室
ユニット型では、療養室のある階ごとに設けることが望ましい（平 12.3.17 老企 44〈第5 3(2)⑧〉）。レジオネラ症対策を講じること（平 15.7.25 健感 0725001）。

13 便所、洗面所
従来型では療養室のある階ごとに設けること（平 11.3.31 厚令 40）。ユニット型では療養室ごと、または共同生活室ごとに適当数設けること（平 12.3.17 老企 44〈第5 3(2)⑥、⑦〉）。身体の不自由な者が入浴するのに適したものとすること（平 11 厚令 40）。

14 既存施設の経過措置
現行基準の施行以前に開設していた施設については、療養室面積、食堂面積、エレベーターの設置及び廊下幅について緩和措置がある（平 11 厚令 40）。

15 一般病床、精神病床、療養病床等からの転換にかかる経過措置
療養病床等を介護老人保健施設に転換する場合においては、療養室、機能訓練室の面積及び廊下の幅員の規定についての緩和措置がある（平 11 厚令 40）。

16 併設施設との設備共用
病院、診療所、介護医療院、社会福祉施設等とが併設される場合（同一敷地にある場合、または公道をはさんで隣接している場合をいう）には、療養室以外の施設を共用することができる。双方の施設基準を満たすとともに利用計画上両施設の処遇に支障がないこと。共用する施設についても介護老人保健施設としての許可を得ることになり、併設の病院と施設を共用する場合には介護老人保健施設の許可と医療法上の許可の両方が必要（平 12.3.17 老企 44〈第3 2(1)③イ、ロ、ハ〉）。別途詳細な通知がある（平 30.3.27 医政発 0327 第 31・老発 0327 第 6）。

17 社会福祉法人が介護老人保健施設を運営する場合は、公益事業となる。その場合には、通所介護または通所リハビリテーションを実施すること、家族相談室等を設けるなどの基準がある（平 13.7.23 老計発 31）。

トピックス ― 従来型とユニット型の併設 ― Topics

2011（平成 23）年 8 月の省令改正により、従来型（多床室）とユニット型を併設する場合は、それぞれ別の施設として指定を受けることになった（平 23.8.18 老高 0818 第 1・老振 0818 第 1・老老 0818 第 1）。ただし、調理室など他の社会福祉施設との共用が認められている設備については共用することができる。

3 介護医療院

　介護医療院は、2011（平成23）年の介護保険法改正における介護療養型医療施設の廃止・転換期限の延長を経て、2017（平成29）年の介護保険法改正において、増加が見込まれる慢性期の医療・介護ニーズへの対応のため、「日常的な医学管理が必要な重介護者の受入れ」や「看取り・ターミナル」等の機能と、「生活施設」としての機能を兼ね備えた、新たな介護保険施設として創設された。病院または診療所から転換した場合には、転換前の病院または診療所の名称を引き続き使用できる。

　要介護者に対し、「長期療養のための医療」と「日常生活上の世話（介護）」を一体的に提供する。介護保険法上の介護保険施設だが、医療法上は医療提供施設として法的に位置づけられた。

表3-13　介護療養院の施設及び設備に関する基準

区分		介護医療院	ユニット型介護医療院
概要		入所する要介護者に対し、施設サービス計画に基づいて行われる療養上の管理、看護、医学的管理の下における介護及び機能訓練その他必要な医療並びに日常生活上の世話を行う施設	
開設者		国、地方公共団体、医療法人、日本赤十字社、社会福祉法人、その他厚生労働大臣が定める者 介護医療院に転換を行う病院または診療所、転換による介護老人保健施設の開設者	
対象者		長期にわたり療養が必要な者	
定員		規定なし	
設備基準	療養室定員	4人以下	1人、必要とされる場合2人可 ユニット定員はおおむね10人以下
	療養室面積	8㎡／人以上	10.65㎡、2人の場合21.3㎡以上
	所要室	診察室、処置室、機能訓練室（内法40㎡以上）、浴室、サービス・ステーション、調理室、洗濯室または洗濯場、汚物処理室	
		療養室、談話室、食堂（内法1㎡／人）、洗面所、レクリエーション・ルーム、便所	ユニット（療養室、共同生活室（2㎡／人）、洗面設備、便所）
	階段	手すり設置 療養室等が2階以上では屋内直通階段及びエレベーター、3階以上では避難階段2以上設置	
	廊下	片廊下1.8m、中廊下2.7m以上（内法によるものとし、壁から測定する）で手すり、常夜灯設置 ユニット型で廊下の一部を拡張することにより円滑な往来に支障が生じない場合、片廊下1.5m、中廊下1.8m以上（内法によるものとし、壁から測定する）とすることができる	
	その他	耐火建築物、ただし要件を満たす2階建てまたは平屋は準耐火建築物とすること	

＊1　療養室は地階は不可。身の回り品の保管設備（ユニット型の場合は必要に応じて）、ナース・コール設置
　　　ユニット型の場合、療養室はいずれかのユニットに属し、共同生活室に近接して一体的に設ける
＊2　共同生活室には必要な設備及び備品を設置。ユニット型の場合、洗面設備、便所は療養室ごと、または共同生活室ごとに適当数設置
＊3　診察室には臨床検査施設、調剤施設を有すること。検体検査を委託する場合は臨床検査施設は不要
＊4　処置室にはエックス線装置を設置。診察室との兼用可
＊5　機能訓練室には必要な器械及び器具を設置
　　　併設型小規模介護医療院及びユニット型併設型小規模介護医療院は機能訓練を行うために十分な広さで可
＊6　談話室は入所者やその家族が談話を楽しめる広さとする
＊7　浴室は一般浴槽のほか、要介助者に適した特別浴槽を設置
＊8　レクリエーション・ルームは十分な広さで必要な設備を設置
＊9　洗面所、便所は身体の不自由な者が利用するのに適したもの

2）居住系施設

【計画上の留意点】

1　療養床の区分

療養室のうち、入所者1人あたりの寝台またはこれに代わる設備を療養床とし、Ⅰ型とⅡ型に区分される。医師、看護師、介護支援専門員等の従業員の員数の算定他に使われる。

　Ⅰ型療養床：主として長期にわたり療養が必要な者であって、重篤な身体疾患を有する者、身体合併症を有する認知症高齢者等を入所させるためのもの

　Ⅱ型療養床：Ⅰ型療養床以外のもの

2　経過措置（療養病床等を有する病院または病床を有する診療所からの転換）

療養病床等を有する病院または病床を有する診療所が2024（平成36）年3月31日までの間に介護医療院（ユニット型を除く）に転換する場合の療養室については、新築、増築または全面的な改築工事が終了するまでの間は、内法 6.4 ㎡／人以上とする。

また、療養室等が2階以上の階にある場合にそれぞれ1以上設けることとされている屋内の直通階段及びエレベーターについては、屋内の直通階段を2以上設けることとされている。ただし、エレベーターが設置されているものまたは2階以上の各階における療養室がそれぞれ 50 ㎡（耐火構造または不燃材料では 100 ㎡）以下のものについては、屋内の直通階段を1とすることができる。

同じく、療養室に隣接する廊下については、片廊下内法 1.2 m、中廊下内法 1.6 m以上とする。

3　経過措置（介護療養型老人保健施設からの転換）

介護療養型老人保健施設が2024（平成36）年3月31日までの間に施設の全部または一部を廃止するとともに、介護医療院を開設した場合においては、調剤を行う施設と臨床検査施設、エックス線装置は、近隣の医療機関との連携によりサービスの提供に支障がない場合にあっては置かないことができる。

同じく、介護医療院（ユニット型を除く）に転換する場合の療養室については、新築、増築または全面的な改築工事が終了するまでの間は、内法 6.4 ㎡／人以上とする。

また、療養室等が2階以上の階にある場合にそれぞれ1以上設けることとされている屋内の直通階段及びエレベーターについては、屋内の直通階段を2以上設けることとされている。ただし、エレベーターが設置されているものまたは2階以上の各階における療養室がそれぞれ 50 ㎡（耐火構造または不燃材料では 100 ㎡）以下のものについては、屋内の直通階段を1とすることができる。

同じく、療養室に隣接する廊下については、片廊下内法 1.2 m、中廊下内法 1.6 m以上とする。

4 特定施設

　有料老人ホームやケアハウス（軽費老人ホーム）、養護老人ホームが要支援・要介護者を対象とし介護保険を利用する場合には、介護保険上の「特定施設」の指定を受ける必要がある。「特定施設」は、介護保険の給付対象としての名称であり、特定施設という単独の名称の施設があるわけではない。
　特定施設には、介護サービスの提供方法の違いによる「一般型（包括型）」「外部サービス利用型」があり、また、利用対象者の介護度の違いによって「介護専用型」「混合型」に分類され、さらに介護専用型で定員29名以下のものが「地域密着型」になる。

表3-14　特定施設に関する設備基準

区分		一般型（包括型）	地域密着型	外部サービス利用型
概要		利用者が要介護状態となった場合でも、その有する能力に応じ自立した日常生活を営むことができるように、特定施設サービス計画に基づき、入浴、排泄、食事等の介護その他の日常生活上の世話、機能訓練及び療養上の世話を行う		
対象者		要支援、要介護高齢者	要介護高齢者	要支援、要介護高齢者
開設者		法人格をもつもの		
定員		規定なし	29名以下	規定なし
設備基準	居室定員	1人（ただし、処遇上必要な場合は、2人）		
	居室面積	規定なし（介護を行える適当な広さ）		
	所要室	介護居室（＊1）、一時介護室（＊2）、浴室、便所、食堂及び機能訓練室（＊3）		居室（＊4）、浴室、便所、食堂（＊5）
	設備	消火設備その他の非常災害に際して必要な設備を設ける		

＊1　地階に設けてはならない
＊2　他に利用者を一時的に移して介護を行うための室が確保されている場合にあっては設けないことができる
＊3　他に機能訓練を行うために適当な広さの場所が確保できる場合には設けないことができる
＊4　地階に設けてはならない。非常通報装置またはこれに代わる設備を設ける
＊5　居室の面積が25㎡以上の場合は設けないことができる
（平11厚令37〈174、177、192の6〉、平18厚労令34〈112〉、平11.9.17老企25、平18.3.31老計発0331004・老振発0331004・老老発0331017）

表3-15　特定施設入居者生活介護の類型

類型	利用者へのサービス提供方法等
一般型（包括型）	介護サービスはすべて施設の職員が提供
外部サービス利用型	施設の職員が安否確認や特定施設計画の作成等を実施し、介護サービスは委託先の介護サービス事業所が提供
地域密着型	介護サービスはすべて施設の職員が提供。区市町村が指定・監督権限をもつ。定員29名以下

類型	利用対象者
混合型	利用者が要支援者または要介護者である（混在している）特定施設
介護専用型	利用者が要介護者、その配偶者、三親等以内の親族等に限られる特定施設

2）居住系施設

【計画上の留意点】

1 対象となる施設
　特定施設入居者生活介護の指定の対象となるのは、有料老人ホームのほか、養護老人ホーム及び軽費老人ホーム（ケアハウスを含む）である。

2 特定施設の基準と各施設ごとの基準
　有料老人ホーム、ケアハウス等にはそれぞれ別途施設基準があり、介護保険法上の特定施設にする場合は介護保険法と各施設の基準の両方を満たす必要がある。

3 総量規制
　2005（平成17）年の介護保険法の改正により、地方公共団体は特定施設の新規開設を制限できるようになった（総量規制）。それ以降、主に介護保険の負担増への懸念から新規開設を制限している地方公共団体が多く、その傾向は続いている。介護付有料老人ホーム等の計画にあたっては、当該地方公共団体における特定施設入居者生活介護の枠の有無や募集方法、スケジュール等を確認する必要がある。

トピックス　特定施設　　　　　　　　　　　　　　　　　　　　　　Topics

　介護付の有料老人ホームや介護専用型のケアハウスを運営する場合には、介護保険法上の「特定施設」の指定を受けなければならない。指定を受けないと介護報酬を得ることができないからだ。特定施設の指定を受けた場合には「特定施設の指定を受けた有料老人ホーム」「特定施設の指定を受けたケアハウス」になるのであって、「特定施設」という施設種別になるわけではない。つまり「特定施設」という名称は「特別養護老人ホーム」などの施設種別を示すものではなく、介護保険法の対象としての「資格」を意味する名称といえる。

5 ケアハウス

　ケアハウスは軽費老人ホームの一種であり、食堂等の共用スペースにおいて入所者全員で過ごす一般的なケアハウスに対して、10人程度の居室に面した共同生活室を中心にすごすユニット型がある。特別養護老人ホームのユニット型の理念を準用したものである。都市型軽費老人ホームは従来の軽費老人ホームの基準を大幅に緩和したもので、大都市における低所得高齢者の社会問題を解消すべく平成22（2010）年4月に創設された。

表3-16　ケアハウスに関する設備基準

区分			ケアハウス	都市型軽費老人ホーム
概要			身体機能の低下等で自立した日常生活を営むことに不安があり、家族の援助が困難な60歳以上の高齢者を無料または低額な料金で入所させ、入浴等の準備、食事の提供、相談及び援助、緊急時の対応を行う施設	
開設者			地方公共団体、社会福祉法人、医療法人、農業協同組合、知事の許可を得た民間法人等	
対象者			60歳以上の者。その配偶者、三親等内の親族、共に入所させることが必要な者	
定員			規定なし	20人以下
設備基準	居室定員		1人（必要と認められる場合2人）	
	居室面積（「従うべき基準」）		21.6㎡/人以上（洗面所、便所、収納設備、調理設備を除いた有効面積14.85㎡以上）　2人室　31.9㎡以上	7.43㎡以上（収納設備を除く）
			ユニット（＊1）型の場合は15.63㎡/人以上（洗面所、便所、収納設備、簡易な調理設備を除いた有効面積13.2㎡以上）。 2人室　23.45㎡以上	
	所要室		居室（＊2）、談話室、娯楽室または集会室、食堂、洗面所、便所、面談室、洗濯室または洗濯場、宿直室、事務室その他運営上必要な設備、浴室（＊3）、調理室	居室（＊6）、食堂（自炊用調理設備設置）、洗面所、便所、面談室、洗濯室または洗濯場、宿直室、事務室その他の運営上必要な設備、浴室（＊3）、調理室
			ユニット型の場合は、居室（＊4）、共同生活室（＊5）、洗面所、便所、面談室、洗濯室または洗濯場、宿直室、事務室その他の運営上必要な設備、浴室（＊3）、調理室	
	所要設備		エレベーター（居室が2階以上にある場合）、施設内に一斉放送ができる設備	施設内に一斉放送ができる設備

＊1　10程度の居室及び当該居室に近接して設けられる共同生活室（＊5）によって構成される区画の通称
＊2　地階は不可。洗面所、便所、収納設備、簡易な調理設備、緊急連絡のためのブザーを設ける
＊3　老人が入浴するのに適したもの。必要に応じて介護が必要な者が入浴できる設備を設ける
＊4　地階は不可。洗面所、便所、収納設備、簡易な調理設備、緊急連絡のためのブザーを設けること。ただし、共同生活室ごとに便所、調理設備を適当数設ける場合は、居室ごとの便所、簡易な調理設備は不要
＊5　利用者が談話室、娯楽室または集会室、食堂として使用可能な部屋
＊6　地階は不可。緊急連絡のためのブザーを設ける

（平20厚労令107、平20.5.30老発0530002）

表3-17　ケアハウスの類型

ケアハウス（一般型）	表3-16に示す一般的なケアハウス
ケアハウス（介護専用型）	介護専用型特定施設（＊）の指定を受けたケアハウス。入居者が要介護者、その配偶者等に限られるもの
サテライト型軽費老人ホーム	本体施設（介護老人保健施設、介護医療院または診療所であって支援機能を有するもの）との密接な連携を確保しつつ、本体施設とは別の場所で運営される定員29人以下の軽費老人ホーム

＊　介護保険法第8条第21項、介護保険法施行規則第15条
注）ケアハウス（介護専用型）とする場合、介護保険法による特定施設の設備基準を満たさなければならない

2）居住系施設

【計画上の留意点】

1. 耐火性能
   耐火建築物または準耐火建築物とすること。入所者が使わない設備のみを有する付属建物は適用外（平20.5.30老発0530002）。また、一定条件のもとで木造平屋建てとすることができる。
2. 併設施設との設備共用
   他の社会福祉施設等の設備を利用することによって効果的な運営を期待でき、かつ入所者に提供するサービスに支障がない場合は、所要室を設けないことができる（平20厚令107）。
3. 特定施設との関係
   ケアハウスは介護保険上「居宅」扱いであるため、入所者が要支援・要介護状態になった場合は居室で訪問介護を受けたり、老人デイサービスセンターに通ったりすることができる。また、特定施設の基準を満たし指定を受ければ要介護者のみを対象とする「ケアハウス（介護専用型）」となり、包括的に介護サービスを提供できる。
4. 軽費老人ホームについては、「軽費老人ホームの設備及び運営について（昭47.2.26社老17）」において、軽費老人ホーム（A型）、軽費老人ホーム（B型）、ケアハウスの3類型が規定されていたが、2008（平成20）年にケアハウスに一元化することとなった（平20.5.30老発0530002）。

トピックス ── 介護専用型ケアハウス ── **Topics**

介護専用型特定施設とは、「有料老人ホームその他厚生労働省令で定める施設（養護老人ホーム、軽費老人ホーム）であってその入所者が要介護者、その配偶者その他厚生労働省で定められる者に限られるもの」とされている（介護保険法第8条第21項）。

一般的には「介護専用型特定施設」に該当するケアハウス（原則要介護者のみを入所対象者とする）のことを「介護専用型ケアハウス」と呼んでいるが、介護保険法その他の法令では定義されておらず、「介護専用型ケアハウス」はあくまで通称である。

6 有料老人ホーム

　主に民間事業者が運営する老人ホームであり「介護付」「住宅型」「健康型」に分類される。「介護付」とする場合には介護保険上の「特定施設」あるいは「地域密着型特定施設」の指定を受ける必要があり、特定施設である「介護付」は入居対象者や定員、サービス提供方法により「混合型」「介護専用型」「外部サービス利用型」、定員29人以下の「地域密着型」に分かれる（「特定施設」の基準（p. 118）参照のこと）。

表3-18　有料老人ホーム設置運営標準指導指針に定める構造設備

概要		老人を入居させ、入浴、排泄または食事の介護、食事の提供、家事または健康管理の介護等を供与する施設であって、老人福祉施設、グループホーム等でないもの
対象者		特定施設にする場合は特定施設の基準に該当する者
開設者		社会福祉法人、医療法人、民間企業等（個人は不可）
定員		規定なし。地域密着型は29名以下
設備基準（＊1）	居室定員	個室（2人も可（＊2））
	居室面積　一般居室	個室で13㎡以上
	介護居室	個室で13㎡以上。すべてが個室で、1室あたり壁芯で18㎡以上で一定の要件を満たす場合は廊下幅員の緩和がある
	所要室	一時介護室（＊3）、機能訓練室（＊4）、食堂、浴室（＊5）、便所（＊6）、洗面設備、医務室（＊7）（または健康管理室）、談話室（または応接室）、事務室、宿直室、洗濯室、汚物処理室、看護・介護職員室、健康・いきがい施設（＊8）
	廊下	介護居室のある区域の廊下幅　　片廊下　1.8 m以上　　中廊下　2.7 m以上 ただし、介護居室がすべて個室で、壁芯による床面積（バルコニーの面積を除く）が18㎡以上あり、居室内に便所及び洗面設備が設置されている場合は　片廊下　1.4 m以上　中廊下　1.8 m以上

＊1　既存建物の転用または定員9人以下で、次のイ、ロ及びハを満たす場合、設備基準に適合することを要しない
　　イ　すべての居室が個室
　　ロ　設備基準を満たしていない事項について、重要事項説明書または管理規程で入居者等に説明
　　ハ　代替措置で同等の効果が認められる、または将来に基準適合させる改善計画を入居者に説明
＊2　有料老人ホーム設置運営標準指導指針では、個室とあるが2人（夫婦）室が認められていないというわけではなく、特定施設入居者生活介護の設備に関する基準でも、居室の定員は1人とするが、処遇上必要と認められる場合（夫婦で利用する場合）は2人とすることができるとされている（平11.3.31厚令37）
＊3　個室で13㎡以上。一般居室または介護居室で一時的な介護サービスを提供することが可能である場合は設置しなくてもよい
＊4　他に機能訓練を行うために適当な広さの場所が確保できる場合には設置しなくてもよい
＊5　要介護者等が使用する浴室は身体の不自由な者が使用するのに適したもの
＊6　居室内または居室のある階ごとに居室に近接して設置し、緊急通報装置等を備え、身体の不自由な者が使用するのに適したものとすること
＊7　医療法施行規則第16条に規定する診療所の構造設備の基準に適合
＊8　スポーツ、レクリエーション施設、図書室等

（平14.7.18老発0718003）

2）居住系施設

表3-19　有料老人ホームの類型

類　　　型			類　型　の　説　明		入居対象者	定員
介護付有料老人ホーム	一般型特定施設	混合型特定施設	介護が必要となっても施設が提供する特定施設入居者生活介護を利用しながら住み続けられる	介護サービスは施設の職員が提供	要支援者・要介護者	規定なし
		介護専用型特定施設		介護サービスは施設の職員が提供	要介護者のみ	規定なし
	外部サービス利用型特定施設			施設の職員が安否確認や計画作成等を実施し、介護サービスは委託先の介護サービス事業所が提供する	要支援者・要介護者	規定なし
	地域密着型特定施設			介護サービスは施設の職員が提供。区市町村が指定・監督権限をもつ	要介護者のみ	29名以下
住宅型			生活支援等のサービスがあり、介護が必要となった場合、入居者自身の選択により、地域の訪問介護等の介護サービスを利用しながら住み続けることができる		規定なし（各施設の規定による）	規定なし
健康型			食事等のサービスがつき、介護が必要となった場合には契約を解除し退去しなければならない		自立の高齢者	規定なし

（平14.7.18 老発0718003）

【計画上の留意点】

1　介護付有料老人ホームの総量規制
　2005（平成17）年4月の介護保険法の改正により、地方公共団体は特定施設の新規開設を制限できるようになった（総量規制）。それ以降、主に介護保険の負担増への懸念から新規開設を制限している地方公共団体が多く、その傾向は続いている。介護付有料老人ホームの計画にあたっては、当該自治体における特定施設入居者生活介護の枠の有無や募集方法、スケジュール等を確認する必要がある。

2　地方公共団体の独自基準
　有料老人ホーム設置運営標準指導指針（表3-18）以外に各地方公共団体が独自の設置運営指導指針を定めている場合がある。なかにはより厳しい構造・設備基準を設けているところがあるので、計画にあたっては注意が必要である。

3　サービス付き高齢者向け住宅との関係
　高齢者の居住の安定確保に関する法律（高齢者住まい法）の改正により、2011（平成23）年10月からサービス付き高齢者向け住宅の登録制度が開始され、有料老人ホームであっても基準を満たせば登録することができる。その場合、有料老人ホームの届出等は不要となる（高齢者住まい法第23条）。一方、標準指導指針の対象から除外されているサービス付き高齢者住宅について、その位置づけが明確でなく、有料老人ホームの届出規定が適切に遵守されていないことから、2015（平成27）年7月から、老人福祉法の規定において有料老人ホームに該当するものは、標準指導指針の対象に追加された。有料老人ホームとサービス付き高齢者向け住宅とは入居対象

6 有料老人ホーム　　　2）居住系施設

者が重複する場合もあるが、構造・設備基準だけでなく、利用料の設定や助成金、税制上でも相違点がある。計画にあたってはその内容を踏まえてより相応しい制度を活用することが重要である。

4　有料老人ホームの定義

1人でも高齢者を入居させ、食事、介護、洗濯・掃除等の家事、健康管理などのいずれかのサービスを提供する場合には、有料老人ホームとして扱われる（老人福祉法第29条）。有料老人ホームの定義から除外されるものは、老人福祉施設、認知症高齢者グループホーム、登録されたサービス付き高齢者向け住宅である。

5　耐火性能

原則耐火建築物または準耐火建築物でなければならないが、一定の要件を満たせば木造平屋建も可能。

トピックス　有料老人ホームの運営に関する基準　Topics

1　「介護付き」等の表示規制

特定施設入居者生活介護の指定を受けていないホームは、広告、パンフレット等において「介護付き」「ケア付き」等の表示を行ってはならない（平16.4.2公正告示3、平16.6.16通達11）。

2　契約方式と支払方式

契約には利用権方式、建物賃貸借方式、終身建物賃貸借方式がある。支払方法には前払い方式、月払い方式、これらを組み合わせた選択方式がある。

3　入居一時金の保全措置

入居一時金や介護費用等の一時金については、いかなる名称であるかを問わず、家賃、施設利用料、サービス対価等事業者が収受するすべての費用の保全措置をとらなければならない。ただし、家賃6か月分に相当する額を上限として敷金は保全措置の対象外。保全の範囲は、500万円か返還債務残高のいずれか低いほう。保全は、銀行等による連帯保証、指定格付期間により特定格付された親会社による連帯保証、債務不履行の場合の保険会社による保証保険等によって行われなければならない。

7 生活支援ハウス　　　2）居住系施設

　単身高齢者や高齢者単独世帯が孤立しないよう介護支援機能、居住機能及び交流機能を総合的に提供する小規模複合施設で、積雪で孤立してしまう冬季だけ自宅を離れて居住するといった使われ方もされている。

表 3-20　生活支援ハウスに関する設備基準

概要		指定通所介護事業所等に居住部門を合わせ、または隣接して整備した小規模多機能施設 居宅で生活することに不安のある高齢者に必要に応じ住居を提供する 居住部門利用者に対する各種相談、助言を行うとともに緊急時の対応を行う
開設者		市町村、市町村が委託する指定通所介護事業所等
対象者		60歳以上の一人暮らしの者、夫婦のみの世帯及び家族による援助を受けることが困難な者で、高齢等のため独立して生活することに不安のあるもの
定員		おおむね10人程度で、20人以下
設備基準	居室定員	1人
	居室面積	18㎡以上
	所要室	・居室（ブザー等緊急連絡装置を設ける） ・居室部門には、洗面所、便所、収納スペース、調理設備を設けること ・指定通所介護事業所等に必要な設備 ・相談室、集会室、食堂、調理室、浴室、洗濯室、宿直室、便所、洗面所、生活援助員室

（平 12.9.27 老発 655）

【計画上の留意点】

1　建築構造
　　耐火建築物または準耐火建築物とすること。
2　木造平屋建ての基準
　　次の①から③までのいずれかの要件を満たす場合は木造平屋建てとすることができる。
　　①　スプリンクラー設備の設置、天井等の内装材等への難燃性の材料の使用、調理室等火災が発生するおそれがある箇所における防火区画の設置等により、初期消火及び延焼の抑制に配慮した構造であること。
　　②　非常警報設備の設置等による火災の早期発見及び通報の体制が整備されており、円滑な消火活動が可能なものであること。
　　③　避難口の増設、搬送を容易に行うために十分な幅員を有する避難路の確保等により、円滑な避難が可能な構造であり、かつ、避難訓練を頻繁に実施すること、配置人員を増員すること等により、火災の際の円滑な避難が可能なものであること。
3　社会福祉施設等との併設時の緩和規定
　　他の社会福祉施設等の設備を利用することにより、施設の効果的な運営を期待することができる場合にあって、利用者の処遇に支障がないときは、表 3-20 の所要室に示す設備の一部を設けないことができる。

8 サービス付き高齢者向け住宅

　2011（平成23）年に高齢者専用賃貸住宅、高齢者向け優良賃貸住宅、高齢者向け円滑入居賃貸住宅の廃止とともに新たに制度化された、介護が必要になってもある程度まで住み続けることができる高齢者住宅である。登録制度になっている。

表 3-21　サービス付き高齢者向け住宅に関する設備基準

概要	状況把握サービス、生活相談サービス、日常生活を営むために必要な福祉サービスを提供する高齢者向けの住宅
開設者	社会福祉法人、医療法人、民間企業等、個人等
対象者	・60歳以上の高齢者、60歳未満の要支援・要介護認定者 ・上記の高齢者の配偶者または60歳以上の親族、60歳未満の要介護・要支援認定を受けた親族、または入居者と同居させることが必要であると都道府県知事が認める者 （平23厚国告2）
定員	規定なし
設備基準　居室定員	規定なし
設備基準　住戸面積	25㎡以上（共用の居間、食堂、台所その他がある場合は18㎡以上）（壁芯寸法）
設備基準　所要室	各住戸に台所、水洗便所、収納設備、洗面設備、浴室を備えること （ただし共用部に台所、収納設備、浴室を備える場合は各住戸になくてもよい）

表 3-22　加齢対応構造基準

部位	新築時の基準	既存改修時の適用
住戸内の床	原則として段差なし（5mm以下）玄関の上がりかまち、浴室出入口、バルコニー出入口などに緩和規定あり（＊2）	適用
住戸内の廊下幅	78cm以上（柱部は75cm以上）	―
居室の出入口	75cm以上（引き残し、ドア厚を引いた有効）	―
浴室の出入口	60cm以上（引き残し、ドア厚を引いた有効）	―
浴室の大きさ	戸建住宅：短辺130cm以上、面積2㎡以上	―
	戸建以外：短辺120cm以上、面積1.8㎡以上	―
便所の大きさ	長辺が内法130cm以上	―
	便器の前方または側方で、便器と壁の距離50cm以上	―
特定寝室（＊1）	内法寸法で9㎡以上	―
住戸内の階段	$T \geq 19.5$、$R \div T \leq 22 \div 21$、$55 \leq T + 2R \leq 65$ 蹴込30mm以下（＊T：踏面寸法　R：けあげ寸法　単位cm）	適用
手すりの設置場所	便所、浴室、住戸内階段、住戸玄関、脱衣所（下地でも可）	適用
	バルコニー、開放廊下等には転落防止手すり（床面から1.1m以上等詳細規定あり（＊2））	適用
	転落防止の手すり子の間隔は内法110mm以下	適用
共用階段	$T \geq 24$、$55 \leq T + 2R \leq 65$　蹴込30mm以下	適用
	手すり設置（最低片側、床から700～900mmの高さ）	適用
	外部階段には転落防止手すり設置（踏面先端から1.1m以上など詳細規定あり（＊2）	適用

2）居住系施設

共用廊下	段差なし、 手すり設置（最低片側、床から 700 〜 900mm の高さ）	適用
	2 階以上の開放廊下には転落防止手すり設置（床面から 1.1 m 以上など詳細規定あり（＊2））	適用
エレベーター	3 階以上の共同住宅の場合設置	適用
	出入口幅 800mm 以上、EV ホールに 1.5 m 角の空間を確保	―
	建物出入口から EV ホールまで原則段差なし	―

＊1　現在または将来、高齢者等が就寝のために使用している部屋
＊2　平 13 国告 1296、平 23 厚国告 2

【計画上の留意点】

1. 有料老人ホームとの関係（高齢者住まい法第 23 条、有料老人ホーム設置運営標準指導指針（平 14.7.18 老発 0718003））
   サービス付き高齢者向け住宅に登録した有料老人ホームは老人福祉法による届出が不要となる。一方、有料老人ホーム設置運営標準指針においては、サービス付き高齢者向け住宅は、「高齢者の居住の安定確保に関する法律第 5 条第 1 項の登録を受けている高齢者向けの賃貸住宅又は有料老人ホーム」と定義され、老人福祉法の規定において有料老人ホームに該当するものは、標準指導指針の対象とされている。

2. 住戸面積（平 23.10.7 老発 1007 第 1・国住心 37）
   壁芯で算定する。パイプスペースについては、その面積が過大な場合は専用部分の面積に含まない。メーターボックスの面積は住戸面積に含めない（東京都の登録基準、平 23.10.7 老発 1007 第 1・国住心 37〈第 4　2〉）。

3. 個メーターの設置
   光熱水費の個メーターは原則としてそれぞれに別に設けること。

4. 共用部の面積（平 23.10.7 老発 1007 第 1・国住心 37）
   共用の居間・食堂・浴室等を設けて住戸面積を 25㎡以下に緩和する場合には、食堂・台所等の共同利用部分の面積の合計が、各専用部分の床面積と 25㎡の差の合計を上回ること。

5. 共用部の浴室の数
   法令上の基準はないが、住戸に浴室がない場合には住戸 6 戸に対し 1 か所の割合で浴室を設けるという基準を設けている地方公共団体がある。

6. 高齢者生活支援サービスの提供（高齢者住まい法第 6 条、平 23 厚国令 2〈5〉）
   登録できるサービスは以下のとおりである。ただし、①と②は必須である。
   ①状況把握サービス　②生活相談サービス　③入浴、排せつ、食事等の介護サービス　④食事の提供サービス　⑤調理、洗濯、掃除等の家事サービス　⑥心身の健康維持及び増進に関するサービス（高齢者住まい法第 7 条第 1 項第 5 号、平 23 厚国令 2〈11〉）。
   登録したサービスが提供できる設備を設けること。

トピックス サービス付き高齢者向け住宅関連 ―― Topics

1. サ高住　サービス付き高齢者向け住宅の略称
2. 高専賃　サービス付き高齢者向け住宅の制度創設に伴い廃止された旧制度に基づく「高齢者専用賃貸住宅」の略称
3. 状況把握サービス及び生活相談サービスの基準（平23厚国令2〈11〉）
   ① サービス提供者は夜間を除き常駐すること（隣接建物内でも可）。おおむね9時から17時とし、少なくとも1名が常駐。併設された介護サービス事業所等の職員が、当該事業所等の人員配置基準に定められた時間帯以外の時間帯に常駐させることも可（平23.10.7 老発1007第1・国住心37）。
   ② 常駐していない時間は通報装置により状況把握サービスを提供すること（平23厚国令2〈11〉）。
   ③ サービス提供事業従事者は、医師、看護師、介護福祉士、社会福祉士、介護支援専門員等、医療法人や社会福祉法人、介護保険事業者などでサービス提供に従事している者とする。
4. 入居契約の基準（高齢者住まい法第7条）
   ・権利金方式は認められない。
   ・家賃、または高齢者生活支援サービスの提供の対価の全部または一部を前払金として一括受領することは可能であるが、その場合、前払金の保全措置を講ずること。
   ・敷金及び家賃等の前払金を受領する場合には、その算定の基礎及び返還債務の全額の算定方式を明示すること。
   ・住宅事業者は、入居者の病院への入院などでは契約の解約や変更をすることができない。
5. 終身建物賃貸借（高齢者住まい法第52条）
   都道府県知事の認可を受けることにより賃借人が死亡したときに借地借家法第30条の規定によらず建物の賃貸借を終了する旨を定めることができる。
6. 最低住戸数（平13国令115〈16〉）
   民間事業については規定がないが、都市再生機構の場合は5戸以上。
7. 地方公共団体等による供給
   地方公共団体、公社、都市再生機構が整備するサービス付き高齢者向け住宅は「高齢者向けの優良な賃貸住宅」と呼ばれ、整備に際して国から補助金を受けることができる。
8. 補助制度等
   2012（平成24）年時点では、施設整備に関する補助制度（サービス付き高齢者向け住宅整備事業）が設けられており、一定の要件を満たせば活用できる。また、登録を行う住宅のうち一定の要件を満たすものについて、税制上の優遇措置、住宅金融支援機構からの融資の支援措置が設けられている。
9. 地域優良賃貸住宅補助制度
   バリアフリー住宅の制度として地域優良賃貸住宅（高齢者型）（民間建設）があり、当該住宅がサービス付き高齢者向け住宅の場合には建設等にかかる費用の5分の1（200万円／戸が上限）を限度に地方公共団体から補助を受けることができる。その場合には地域優良賃貸住宅の基準も満たす必要がある（平19.3.28 国住備160、平19.3.28 国住備161）。

9 シルバーハウジング — 2) 居住系施設

シルバーハウジングは、高齢者世帯及び障害者世帯を対象とする見守り付きの公的賃貸住宅である。

表3-23　シルバーハウジングに関する設備基準

概要		高齢者等の身体特性に配慮した設計の公的賃貸住宅 附帯施設とライフサポートアドバイザー（生活援助員）による福祉サービスを供給する 住宅の供給については国土交通省が所管し、福祉サービスの提供は厚生労働省が所管する 2006（平成18）年4月以降、生活援助員の派遣は「地域支援事業実施要綱」に定める任意事業となり、市町村が「高齢者の安心な住まいの確保に資する事業」に位置づけて行うことになった
開設者		地方公共団体、都市再生機構、地方住宅供給公社等
対象者		・60歳以上の単身世帯、高齢者のみからなる世帯、高齢者夫婦世帯（いずれか一方が60歳以上） ・事業主体の長が特に必要と認める障害者の単身世帯、障害者のみからなる世帯、障害者とその配偶者のみからなる世帯、障害者と高齢者もしくは高齢者夫婦のみからなる世帯
定員		規定なし
設備基準	住戸面積	規定なし
	所要室	・必要に応じてライフサポートアドバイザー用の住戸を供給 ・福祉施設連携方式により事業を行う場合、必要に応じて老人福祉施設を合築
	設備	・高齢者の生活特性に配慮した設備、仕様であること

（平13.3.28老発114、平18.6.9老発0609001）

トピックス　シルバーハウジング関連　Topics

1　ライフサポートアドバイザーの役割
　ライフサポートアドバイザー（略称LSA）は、必要に応じて生活指導・相談、安否の確認、一時的な家事援助、緊急時対応等のサービスを行う。

2　サービス付き高齢者向け住宅との違い
　シルバーハウジングの開設者は地方公共団体、都市再生機構、地方住宅供給公社等の公的機関に限られ、入居者の所得による家賃設定が適用される。それに対して、サービス付き高齢者向け住宅の開設者は民間企業等、社会福祉法人、医療法人、個人等で、入居者の所得による家賃設定に制限はない。

10 老人短期入所施設（ショートステイ）

短期入所生活介護事業所には、特別養護老人ホーム等に併設され一体的に運営される併設事業所（併設ショート）と老人福祉法第20条の3に規定されている専用施設（老人短期入所施設）がある。また、特別養護老人ホームと同様に全室個室のユニット型と多床室で構成された従来型（通称）がある。

表3-24　老人短期入所施設（ショートステイ）に関する設備基準

区分		ユニット型	従来型（一般型）
概要		要支援または要介護高齢者を短期間入所させ、入浴、排泄、食事等の介護その他の日常生活上の世話及び機能訓練等のサービスを提供するとともに、利用者の家族の身体的、精神的負担の軽減を図る専用の施設	
開設者		地方公共団体、社会福祉法人、法人格をもつ民間事業者	
対象者		要支援または要介護状態の高齢者	
定員「標準」		20人以上（併設事業所の場合にあっては20人未満とすることができる）	
設備基準（*2）	居室定員	1人（利用者へのサービスの提供上必要と認められる場合は2人）	4人以下（*1）
	居室面積「従うべき基準」	内法10.65㎡／人以上（*1） 基準該当ショートの場合内法7.43㎡以上	
	所要室（*2）	ユニット（*3）（居室、共同生活室（*4）、洗面設備（*6、7）、便所（*6、7））浴室（*6）、医務室、調理室、洗濯室または洗濯場、汚物処理室、介護材料室	居室、静養室、食堂及び機能訓練室（*5）、洗面設備（*6）、便所（*6）、浴室（*6）、医務室、調理室、介護職員室、看護職員室、面談室、洗濯室または洗濯場、汚物処理室、介護材料室
	廊下	・片廊下1.8m以上　中廊下2.7m以上　廊下の一部を拡張することにより利用者、職員等の円滑な往来に支障が生じない場合には、片廊下内法1.5m、中廊下内法1.8m以上	・片廊下1.8m以上　中廊下2.7m以上（*1）
	その他	・廊下、共同生活室、便所等に常夜灯を設けること	

＊1　経過措置として、現行基準の施行以前に開設していた施設については、居室定員、居室面積、食堂及び機能訓練室の合計面積、廊下幅について緩和措置あり。基準該当ショートの場合も緩和措置あり
＊2　特別養護老人ホーム等に併設する場合、当該施設の利用者へのサービス提供に支障がない場合は、ユニット以外の所要室を設けないことができる
＊3　1ユニットの利用定員は原則10人以下。他のユニットの利用者が当該共同生活室を通過することなく施設内の他の場所に移動できるようにすること。居室は当該ユニットの共同生活室に近接して一体的に設けること
＊4　ユニット利用定員×2㎡以上。
＊5　食事の提供及び機能訓練を行う際に支障がない広さを確保できる場合は同一の場所とすることができ、合計面積は利用者1人当たり3㎡以上とする
＊6　要介護者が使用するのに適したものとする
＊7　居室ごとまたは共同生活室ごとに適当数設ける

（平11厚令37〈120、140の2〉、平11.9.17老企25〈第3　八〉）

2）居住系施設

【計画上の留意点】

1　基準該当ショートステイ
　通所介護事業所（デイサービス）等に併設する定員20人未満の事業所を基準該当短期入所生活介護事業所という（平11厚令37）。2012（平成24）年の改正で基準該当ショートステイの1人あたりの居室面積は7.43㎡以上に緩和された（平11厚令37〈140の30〉）。

2　緊急ショートステイ
　法令上の規定はないが、虐待等の問題で緊急に高齢者を受け入れる必要がある場合に備えて地方公共団体がショートステイのベッドを一定数確保する制度のこと。

3　居室面積の測定方法
　規定はないが、特別養護老人ホームでは2002（平成14）年の改定によりすべて内法での測定によることとし、洗面設備は含むが便所は除く、とされたのでこれに準ずると考えるのが妥当であろう。

4　廊下の幅員、中廊下の定義（平11.9.17老企25）
　測定位置については定められていないが、特別養護老人ホームでは2002（平成14）年の改定により、内法によるものとし手すりを含む、とされたのでこれに準ずると考えるのが妥当であろう。なお、中廊下は、廊下の両側に居室、静養室等利用者の日常生活に直接使用する設備のある廊下とされている。

5　建築構造
　耐火建築物とすること。ただし、入居者の日常生活にあてられる居室、静養室、食堂、浴室、機能訓練室を2階及び地階のいずれにも設けられていない場合は、準耐火建築物とすることができる。なお、2006（平成18）年3月の改定により一定条件のもとで木造平屋建てとすることが、2012（平成24）年3月には木造2階建てができるようになった（平11厚令37、平11.9.17老企25）。なお、木造とする場合には、平元.3.31消防予36、平19.6.13消防予231に基づいた計画とすること（平24.3.30老発0330第3）。

6　傾斜路またはエレベーターの設置
　居室、機能訓練室、食堂、浴室及び静養室が2階以上の階にある場合は、1以上の傾斜路を設けるかまたはエレベーターを設けること（平11厚令37）。

7　バルコニー
　法令としての規定はないが、防火安全対策については「社会福祉施設における防火安全対策の強化について」（昭62.9.18社施107）が通知されている。老人短期入所施設について具体的な記載がないが、「自力避難困難施設」に該当すると考えられるので、2階以上の部分にはバルコニーを設置することが望ましい。

8　ユニット
　おおむね10人以下とすることが求められる。利用定員が10人を超えるユニットも例外的に認められるが、その場合でも利用定員が10人を超えるユニットの数は当該施設の総ユニット数の

10 老人短期入所施設（ショートステイ） 2）居住系施設

半数以下であること（平11厚令37、平11.9.17老企25）。2012（平成24）年の改正で「参酌すべき基準」になったことを受けて、12人以下とする地方公共団体がある。

9　共同生活室

当該ユニットの利用者全員とその介護を行う職員が一度に食事をしたり、談話等を楽しんだりすることが可能な備品を備えたうえで、当該共同生活室内を車いすが支障なく通行できる形状が確保されていること。利用者が、その心身の状況に応じて家事を行うことができるようにする観点から、簡易な流し、調理設備を設けることが望ましい（平11.9.17老企25）。ユニット内への調理設備の設置については通知が出ている（平15.3.31老計発0331003）。

トピックス　ショートステイと老人短期入所施設　Topics

　介護が必要な高齢者を短期間（数日から1週間程度）預かって世話をするサービスを、一般的に「ショートステイ」と呼んでいる。「ショートステイ」は通称で、介護保険法上の名称を「短期入所生活介護」といい、サービス提供施設を「指定短期入所生活介護事業所」という。また、老人福祉法上の名称を「老人短期入所事業」といい、サービス提供施設を「老人短期入所施設」という。

　「指定短期入所生活介護事業所」は、株式会社等が一定の要件を満たして介護保険法の指定を受ければ開設できる。老人短期入所施設でなくても指定を受けることができるので、厳密にいうと「老人短期入所施設」は「短期入所生活介護事業所」の概念のなかに包含されているといえる。これらを総称して「ショートステイ」といっていることになる。

　なお、介護老人保健施設などで行う同様のサービスを「短期入所療養介護」といい、「短期入所生活介護」よりも、医療的なケアが必要な場合に利用される。いずれも、「ショートステイ」と通称されている。

図3-1　ショートステイと老人短期入所施設との関係

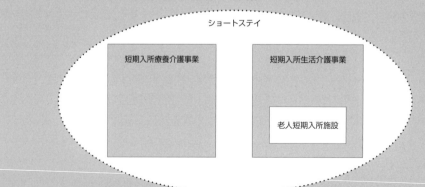

11 短期入所療養介護(ショートステイ) 2) 居住系施設

　介護が必要な高齢者を短期間（数日から1週間程度）預かって日常生活上の世話等を行うサービスは一般的に「ショートステイ」と呼ばれているが、介護保険では「短期入所生活介護」と「短期入所療養介護」の2つに分類できる。「短期入所生活介護事業所」は単独施設あるいは併設施設であり、指定された特定のベッドをもつが、「短期入所療養介護」は介護老人保健施設、介護医療院の療養室、療養病床を有する病院・診療所等の病床を利用するサービスであり、特定の施設類型ではない。

　設備基準についても運営主体となる介護老人保健施設、介護医療院、療養病床を有する病院・診療所の基準を準用している。

表3-25　（介護予防）短期入所療養介護事業所（ショートステイ）に関する設備基準

概　要	要支援または要介護高齢者を短期間入所させ、看護、医学的管理下における介護及び機能訓練その他必要な医療並びに日常生活上の世話を行う施設。療養生活の質の向上及び利用者の家族の身体的及び精神的負担の軽減を図る。
開設者	介護老人保健施設、介護医療院、病院、診療所の開設者
対象者	要支援または要介護状態の高齢者
定　員	規定なし。ただし、介護老人保健施設の入所定員及び療養室の定員、介護医療院、療養病床を有する病院または診療所、老人性認知症疾患療養病棟を有する病院の病床数及び病室の定員を超えてはならない。

指定短期入所療養介護事業所の種類		設備基準
一般型	介護老人保健施設である指定短期入所療養介護事業所	介護老人保健施設として必要な施設及び設備
	介護医療院である指定短期入所療養介護事業所	介護医療院として必要な設備
	療養病床を有する病院または診療所（介護医療院以外）である指定短期入所療養介護事業所	医療法に規定する療養病床を有する病院または診療所の設備
	療養病床を有しない診療所である指定短期入所療養介護事業所	病室の床面積6.4㎡/人以上 食堂、浴室、機能訓練室
ユニット型	介護老人保健施設であるユニット型指定短期入所療養介護事業所	ユニット型介護老人保健施設として必要な施設及び設備
	介護医療院であるユニット型指定短期入所療養介護事業所	ユニット型介護医療院として必要な設備
	療養病床を有する病院であるユニット型指定短期入所療養介護事業所	平成18年旧介護保険法に規定するユニット型指定介護療養型医療施設として必要な設備
	療養病床を有する診療所であるユニット型指定短期入所療養介護事業所	平成18年旧介護保険法に規定するユニット型指定介護療養型医療施設として必要な設備

＊　指定介護予防短期入所療養介護事業所の設備基準は、指定短期入所療養介護事業所に準ずる
＊　ユニット型指定介護予防短期入所療養介護事業所の設備基準はユニット型指定短期入所療養介護事業所に準ずる

12 認知症高齢者グループホーム（認知症対応型共同生活介護） 2）居住系施設

一般的にグループホームと呼ばれているが、介護保険法上は「認知症対応型共同生活介護事業所」となる。

建築形態的には、特別養護老人ホームのユニットと大きな相違がないが、給食・洗濯などのサービス提供がなく、利用者が食事をつくったり洗濯したりするのを職員がサポートする点で、「施設」ではないとされている。地域密着型サービスに位置づけられている。

表 3-26　認知症対応型共同生活介護に関する設備基準

概要		要介護状態の認知症高齢者に対し、共同生活住居において、家庭的な環境と地域住民との交流のもとで入浴、排泄、食事等の生活上の介護を行うことにより、利用者の有する能力に応じ自立した生活を営むように援助する
開設者		法人格を有するもの
対象者		要介護状態の認知症高齢者
定員「標準」		5 人以上 9 人以下
構造・設備基準	居室定員	原則個室。処遇上必要と認められる場合は 2 人
	居室面積「従うべき基準」	7.43㎡（和室であれば 4.5 畳（＊1））以上。収納設備は別途確保
	所要室	・居室、居間、食堂、台所（共同生活住居ごとの専用設備。居間と食堂は同一の場所とすることができる）、浴室 ・消防設備その他の非常災害に際して必要な設備 ・その他利用者が日常生活を営む上で必要な設備
	立地条件	住宅地の中にあるかまたは住宅地と同程度に家族や地域住民との交流の機会が確保される地域の中にあること
	その他	共同生活住居 2 単位までが限度（大都市部（＊2）においては 3 単位まで）

＊1　平 18.3.31 老計発 0331004・老振発 0331004・老老発 0331017
＊2　既成市街地等及びこれに準ずる地域が対象（平 21.12.25 老高発 1225 第 1）
（介護保険法第 8 条第 20 項、平 18 厚令 34〈93〉、平 18.3.31 老計発 0331004・老振発 0331004・老老発 0331017）

【計画上の留意点】

1　共用型認知症対応型通所介護の併設
　居間、食堂において、共用型認知症対応型通所介護を 3 名まで行うことができる（p. 136 参照）。

2　外部評価の基準
　運営にあたって外部評価が義務づけられており、外部評価の評価項目のうち設備にかかわる部分について設計上配慮しておく必要がある。例えば、「居心地のよい共用空間づくり」など（平 18.10.17 老計発 1017001）。

3　介護予防認知症対応型共同生活介護
　要支援高齢者を対象とする「指定介護予防認知症対応型共同生活介護」の設備基準は表 3-26 と変わらない。また、同一事業所で一体的に介護予防認知症共同生活介護を行う場合も設備基準はかわらない。

トピックス　地方公共団体による補助協議基準

制度創設当時以下のような補助基準があったため、地方公共団体との補助協議時に現在でも同様の指導を受けることがあるので事前に確認しておくこと。

(1) 民家など、住宅地の中にある既存建物の活用を図ること。この場合、買取・改修に要する費用を対象経費とする。

(2) 他の社会福祉施設等と併設または合築して設置する場合には、次の点に留意の上、完全に独立した構造とすること。

　ア　職員が共同生活住居（以下「ユニット」という）間を往来できる設備構造としてもかまわない。

　イ　2つのユニットの設置または他施設との合築の場合に、エレベーターを共用することまで妨げるものではないが、エレベーターからフロアに出た場所が、即、ユニット内となるような構造は認められない。

　ウ　老人デイサービスセンターとの併設または合築の場合には、当該センターで実施される通所介護が当該認知症高齢者グループホームの入居者が日常的に利用し、かつ、家庭的な環境を維持できるよう18名程度までの利用者に対して行われるものであるときは、ユニットの設備のうち居間、食堂及び台所については、当該通所介護の利用者が共用してもかまわない。ただし、ユニットの入居者の生活に支障のない範囲に限る。

(3) 2階を設ける場合には、建築基準法第2条第9号の2に規定する耐火建築物または同法第2条第9号の3に規定する準耐火建築物とすること。ただし、2階部分の面積が300㎡未満の場合はこの限りでない。3階部分を設ける場合には、耐火建築物とすること。

(4) 高層建築物の中に設置する場合は、できるだけ低層階に設置すること。

(5) 居室は地階に設けてはならない。

(6) 浴室は1～2人用の個別浴槽とし、要介護者に適したものとすること。

(7) 便所は居室ごとに設けるか、または不足のない数をユニット内の2か所以上に分散して設けること。

(8) 台所は入居者と職員が共同で調理等を行うことができる十分な広さを有していること。

(9) 仕様は一般の住居に近い仕様となるよう、内装の色彩に留意するほか、木質系材料等を効果的に使用するなど、高齢者の精神的なゆとりと安らぎへのきめ細かな配慮を行うこと。また、利用者が認知症の高齢者であることに鑑み、特に防災・防火安全対策には配慮すること。

1 デイサービス（通所介護）

　一般的にデイサービスといわれているが、介護保険法上は通所介護と呼ばれている。通所介護には療養通所介護、認知症対応型通所介護があり、また、それぞれに単独型、併設型の区別がある。併設型とは、特別養護老人ホーム等の施設に併設されているものをいう。

表3-27　通所介護に関する設備基準

	通所介護	療養通所介護	認知症対応型通所介護	
			単独型・併設型	共用型
概要	利用者が可能な限り居宅で自立した日常生活を営むことができるよう、必要な日常生活上の世話及び機能訓練を行うことにより、利用者の社会的孤立感の解消及び心身の機能の維持並びに利用者の家族の身体的及び精神的負担の軽減を図るもの			
対象者	在宅の要介護者	難病等を有する重度要介護者またはがん末期の者であって、サービス提供にあたり常時看護師による観察が必要なもの	在宅の要介護者で認知症（認知症の原因となる疾患が急性の状態にある者を除く）であるもの	
開設者	法人格を有するもの			
定員	特になし	18人以下「標準」	12人以下「従うべき基準」	ユニット入居者と合わせて12人以下「従うべき基準」
所要室	食堂、機能訓練室、静養室、相談室、事務室	専有の部屋（6.4㎡に利用定員を乗じた面積以上）「従うべき基準」	食堂、機能訓練室、静養室、相談室、事務室	共用するそれぞれの事業所、施設に定められるもの
宿泊サービス（お泊りデイ）	・利用定員は通所定員の1／2以下かつ9人以下 ・宿泊室は原則個室とし7.43㎡以上（プライバシーを確保できる間仕切による部屋も可） 　個室以外の定員は4人以下で、多床室全体で1人あたり7.43㎡以上 ・消火設備その他の非常災害に必要な設備			

（平11厚令37、平11.9.17老企25、平18厚令34、平18.3老計0331004・老振0331004・老老0331017　平27.4.30老振0430第1・老老0430第1・老推0430第1）

【計画上の留意点】

1　食堂と機能訓練室の面積の合計は3㎡に利用定員を乗じた面積以上。ただし、食事の提供、機能訓練の提供に支障がない広さを確保できる場合、同一の場所とできる。
2　相談室は遮蔽物の設置等により相談の内容が漏洩しないよう配慮されていること。
3　要支援者を対象とする第1号通所事業（旧介護予防通所介護に相当）、介護予防認知症対応型通所介護がある。
4　通所介護と第1号通所事業が、同一の事業所において一体的に運営されている場合、市町村の定める第1号通所事業の人員基準と設備基準を満たしていれば通所介護の基準を満たしているものとみなされる。
5　共用型認知症通所介護は、事業の開始または施設の開設後3年以上経過している事業所、施設

3）利用系施設

でないと実施できない。
6 通所介護事業所において障害者デイサービス事業を行うことができる（平18厚労令171〈94〉）。
7 療養通所介護の利用定員は2017（平成29）年の改正で18人以下とされた。
8 共用型認知症対応型通所介護の定員は、2018（平成30）年の改正で、1施設3人以下から1ユニットあたりユニットの入居者と合わせて12人以下に変更とされた。
9 宿泊サービスを提供する場合の事業の人員、設備及び運営に関する指針が、2015（平成27）年に定められた。

トピックス　老人デイサービスセンターと通所介護　Topics

　老人デイサービスセンターは老人福祉法に規定される老人福祉施設の1つである。通所介護は介護保険法で規定されるサービスの1つで、通所介護を提供する施設が「指定通所介護事業所」である。株式会社等が一定の要件を満たして都道府県知事の指定を受ければ「指定通所介護事業所」を開設できる。老人デイサービスセンターと通所介護事業所は一般的にはまったく同じであると捉えられているが、老人デイサービスセンターでなくても通所介護事業所の指定を受けられるので、厳密には老人デイサービスセンターが通所介護事業所に包含されることになる（図）。

　なお、老人デイサービスセンターでは、やむを得ない事由により一般の通所介護事業所を利用することが難しい高齢者等を利用対象者とすることがある。

図3-2　老人デイサービスセンターと通所介護事業所との関係

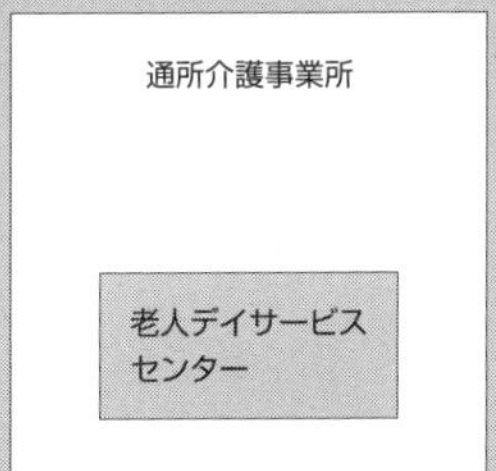

2 デイ・ケア（通所リハビリテーション） 3）利用系施設

　一般的にデイ・ケアと呼ばれているが、介護保険法上は通所リハビリテーションと呼ばれている。介護老人保健施設、介護医療院、病院、診療所内において提供されている。

表 3-28　通所リハビリテーションに関する設備基準

概要	利用者が可能な限りその居宅において、その有する能力に応じ自立した日常生活を営むことができるよう、理学療法、作業療法その他必要なリハビリテーションを行うことにより、利用者の心身の機能の維持回復を図るもの
対象者	在宅の要介護者（病状が安定期にあり、心身の機能の維持回復及び日常生活上の自立を図るために、診療に基づき実施される計画的な医学的管理の下における理学療法、作業療法その他必要なリハビリテーションを要すると主治医が認めたもの）
開設者	介護老人保健施設、介護医療院、病院、診療所を開設し得るもの
定員	特になし
所要室	専用の部屋等（3㎡に利用定員を乗じた面積以上）「従うべき基準」

（平 11 厚令 37〈110、112〉、平 11.9.17 老企 25〈第 3　七〉）

【計画上の留意点】

1　事業所が介護老人保健施設である場合は当該専用の部屋等の面積に通所リハビリテーション利用者専用の食堂（リハビリテーションに供用されるものに限る）の面積を加えてよい。

2　要支援者を対象とする介護予防通所リハビリテーションがあるが、設備基準は表 3-28 と変わらない。

3　通所リハビリテーションと介護予防通所リハビリテーションが、同一の事業所において一体的に運営されている場合、人員基準と設備基準に関してはどちらかの事業の基準を満たしていれば双方の基準を満たしているものとみなされる。

4　2014（平成 26）年の介護保険制度改正によって、開設者として介護医療院が加えられた。

3 小規模多機能型居宅介護

3）利用系施設

認知症や一人暮らしの高齢者が要介護状態等となっても、住み慣れた地域で生活が継続できるように支援することを目指して、2005（平成17）年の介護保険法の改正によって新たに創設された施設である。「通い」を中心として、随時の「訪問」や「泊まり」を組み合わせて提供する、柔軟な事業形態の介護サービスであり、介護報酬は要介護度別の定額制となっている。2012（平成24）年からサテライト型小規模多機能型居宅介護が制度化され、2015（平成27）年の改正で登録定員が29名までとなった。

表 3-29 小規模多機能型居宅介護に関する設備基準

	（標準型）	サテライト型
概要	居宅への訪問、サービスの拠点への通い、短期間の宿泊により、家庭的な環境と地域住民との交流の下で、入浴、排泄、食事等の介護その他の日常生活上の世話及び機能訓練を行うことにより、利用者がその有する能力に応じその居宅において自立した日常生活を営むことができるようにするもの	
対象者	在宅の要介護者（＊）	
開設者	法人格を有するもの	
定員「従うべき基準」	・登録定員：29人以下 ・通いの利用定員：登録定員の1/2～18人 ・宿泊の利用定員：通いの定員の1/3～9人	登録定員：18人以下 ・通いの利用定員：登録定員の1/2～12人 ・宿泊の利用定員：通いの定員の1/3～6人
宿泊室面積「従うべき基準」	原則7.43㎡以上	
所要室	居間及び食堂、宿泊室、台所、浴室	
立地	住宅地または住宅地と同程度に利用者の家族や地域住民との交流の機会が確保される地域であること	

＊ 介護予防小規模多機能型居宅介護の場合は要支援者

（平18厚令34、平18.3.31 老計発0331004）

【計画上の留意点】

1 サテライト型とは本体事業所と密接な連携のもと別の場所で運営されるもので、介護保険事業等について3年以上の実績をもつ事業者でないと設置できない。本体とサテライトは相互の登録者に訪問サービスが可能であり、また、サテライトの登録者が本体での宿泊が可能。

2 居間及び食堂は、2009（平成21）年までは「合計面積は、通いサービスの利用定員1人あたり3㎡以上」とされていたが、現在は「機能を十分に発揮しうる適当な広さを有すること」とされている。

3 通いサービスの利用定員が15名を超える場合は、居間及び食堂の合計面積を3㎡/人確保しなければならない。

4 宿泊室は原則個室。ただし、処遇上必要と認められる場合は2人室も可。

5 個室は7.43㎡以上。個室以外の場合は1人あたりおおむね7.43㎡以上としてよいが、その場合

❸ 小規模多機能型居宅介護　　　3) 利用系施設

にも利用者のプライバシーが確保された構造とすること。「プライバシーが確保されたもの」とは、例えば、パーティションや家具などにより利用者同士の視線の遮断が確保されるようなものであり、壁やふすまのような建具まで要するということではないが、カーテンは認められない。

6　他の利用者が通らない、宿泊室と連続した縁側等については、宿泊室の面積に含めて差し支えない。

7　居間はプライバシーが確保されたものであれば、個室以外の宿泊室の面積に含めてかまわない。

8　宿泊室、居間及び食堂の床面積について、壁芯であるか内法有効であるかは明文化されていないが、新築の場合は内法有効で考えておいたほうがよいと思われる。

9　要支援者を対象とする介護予防小規模多機能型居宅介護事業所があるが、設備基準は表3-29とかわらない。

10　小規模多機能型居宅介護事業所と介護予防小規模多機能型居宅介護事業所が同一の事業所において一体的に運営されている場合、人員基準と設備基準に関してはどちらかの事業の基準を満たしていれば双方の基準を満たしているものとみなされる。

11　併設施設

認知症対応型共同生活介護事業所、地域密着型特定施設、地域密着型介護老人福祉施設、介護療養型医療施設（療養病床を有する診療所のみ）の「居住」施設（以下、地域密着型の4施設等）と併設する場合は、「居住」に移行してからもなじみの関係が保てるよう各施設の人員基準を満たしたうえで、人員としては一体のものとして運営してかまわない。また、平成26年度までは広域型の特別養護老人ホーム、介護老人保健施設との併設については別棟でないと認められなかったが、2015（平成27）年の基準改正により可能となった。

4 看護小規模多機能型居宅介護事業所　3）利用系施設

　看護小規模多機能型居宅介護は、小規模多機能型居宅介護に訪問看護を組み合わせたもの、または小規模多機能型居宅介護に一体的に提供されることが特に効果的かつ効率的なその他のサービスの組合せにより提供されるサービスであり、2012（平成24）年に制度化された。創設当初は、「複合型サービス」という名称であったが、2015（平成27）年に、サービス内容が具体的にイメージできる「看護小規模多機能型居宅介護」に改称された。

　医療ニーズの高い要介護高齢者が小規模多機能型居宅介護サービスと訪問看護サービスを包括介護報酬内で受けられるようにしたものである。2018（平成30）年にサテライト型が創設された。

表3-30　看護小規模多機能型居宅介護事業所に関する設備基準

	（標準型）	サテライト型
概要	医療ニーズの高い在宅の要介護高齢者に対して、訪問看護及び小規模多機能型居宅介護を組み合わせ総合的かつ一体的に行うもの 主治の医師と密接な連携のもと、保健師、看護師、理学療法士等が看護サービスを提供する	
対象者	在宅の要介護者	
開設者	法人格を有するもの、病床を有する診療所を開設している者	
定員	・登録定員：29人以下 ・通いサービスの利用定員 　：登録定員の1/2～18人 ・宿泊サービスの利用定員 　：通いサービスの利用定員の1/3～9人	・登録定員：18人以下 ・通いサービスの利用定員 　：登録定員の1/2～12人 ・宿泊サービスの利用定員 　：通いサービスの利用定員の1/3～6人
所要室	居間及び食堂、宿泊室、台所、浴室	
立地	住宅地または住宅地と同程度に利用者の家族や地域住民との交流の機会が確保される地域であること	

（平18厚令34）

【計画上の留意点】

1　居間及び食堂は機能を十分に発揮しうる適当な広さを有すること。
2　宿泊室は原則個室。ただし、処遇上必要と認められる場合は2人室も可。
3　個室の面積は7.43㎡以上。ただし複合型サービス事業所が病院または診療所である場合で、個室の場合は6.4㎡以上。
4　個室以外の宿泊室の面積の合計は、宿泊サービスの利用定員から個室の定員数を減じた数におおむね7.43㎡を乗じた面積以上とするものとし、その構造は利用者のプライバシーが確保されたものでなければならない。
5　居間はプライバシーが確保されたものであれば、個室以外の宿泊室の面積に含めてかまわない。
6　通いサービスの利用定員が15名を超える場合は、居間及び食堂の合計面積を3㎡/人以上確保しなければならない。
7　宿泊室については、利用者専用の宿泊室として1病床を確保したうえで、診療所の病床を届け出ることができる。

1 訪問介護事業所

　訪問介護とは、介護福祉士、訪問介護員（ホームヘルパー）が要介護者の居宅を訪問し、入浴、排せつ、食事等の介護、調理、洗濯、掃除等の家事、生活等に関する相談及び助言、日常生活上の世話などを行うサービスをいう。

　夜間の定期的な巡回訪問や、通報を受けることにより 24 時間サービスを行う「夜間対応型訪問介護」があるが、さらに 2012（平成 24）年には訪問看護と組み合わせた「定期巡回・随時対応型訪問介護看護」も制度化された。

表 3-31　訪問介護に関する設備基準

概要	利用者が居宅において自立した日常生活を営むことができるよう、入浴、排泄、食事の介護その他の生活全般にわたる援助を行うもの
対象者	在宅の要介護者（＊）
開設者	法人格を有するもの
所要室	事業の運営を行うために必要な広さを有する専用の区画（面積基準はない）

＊　介護予防訪問介護の場合は要支援者

(平 11 厚令 37)

【計画上の留意点】

1　要支援者を対象とした第 1 号訪問事業（旧介護予防訪問介護に相当）がある。
2　訪問介護と第 1 号訪問事業が、同一の事業所において一体的に運営されている場合、市町村の定める第 1 号訪問事業の人員基準と設備基準を満たしていれば訪問介護の基準を満たしているものとみなされる。
3　2015（平成 27）年 6 月に閣議決定された「規制改革実施計画」を踏まえ、訪問介護事業所は建築基準法上「老人福祉センターその他これに類するもの」として取り扱われることとなり、住宅専用地域でも設置できることになった（平 27.11.13 国住衛 107）。
4　感染症予防に必要な手指洗浄設備を設ける。

表 3-32　夜間対応型訪問介護に関する設備基準

概要	利用者が居宅において自立した日常生活を営むことができるよう、夜間に定期的な巡回または通報により居宅を訪問し、排泄の介護、日常生活上の緊急時の対応その他の援助を夜間において行うもの 定期巡回サービス、オペレーションセンターサービス、随時訪問サービスなどを行う
対象者	在宅の要介護者
開設者	法人格を有するもの
所要室	事業の運営を行うために必要な広さを有する専用の区画（面積基準はない）

(平 18 厚令 34)

4）その他の施設

【計画上の留意点】

1. 定期巡回サービスを行う訪問介護員等が利用者から通報を受けることにより適切にオペレーションセンターサービスを実施することが可能であると認められる場合は、オペレーションセンターを設置しないことができる。
2. オペレーションセンターには、利用者の心身の状況等の情報を蓄積し、随時適切に利用者からの通報を受けることができる通信機器等を備えなければならない。
3. 利用者に対しては、当該利用者が援助を必要とする状態となったときに適切にオペレーションセンターに通報できる端末機器を配布しなければならない。

表3-33　定期巡回・随時対応型訪問介護看護に関する設備基準

概要	利用者が居宅において自立した日常生活を営むことができるよう、定期的な巡回または随時通報により居宅を訪問し、排泄の介護、日常生活上の緊急時の対応その他の援助を行い、その療養生活を支援し、心身の機能の維持回復を目指すもの 定期巡回サービス、随時対応サービス、随時訪問サービス、訪問看護サービスなどを行う
対象者	在宅の要介護者
開設者	法人格を有するもの
所要室	事業の運営を行うために必要な広さを有する専用の区画（面積基準はない）

（平18厚令34）

【計画上の留意点】

1. 事業所には以下の機器等を備えること。
   ア　利用者の心身の状況等の情報を蓄積できる機器。ただし適切な体制を確保しオペレーターが当該情報を常時閲覧できるときは、当該機器等を備えなくともよい。
   イ　随時適切に利用者からの通報を受けることができる通信機器等。
2. 利用者に対しては、当該利用者が援助を必要とする状態となったときに適切にオペレーションセンターに通報できる端末機器を配布しなければならない。
3. 定期巡回・随時対応型訪問介護看護事業所と夜間対応型訪問介護事業所が、同一の事業所において一体的に運営されている場合、夜間対応型訪問介護の設備基準を満たしていれば定期巡回・随時対応型訪問介護看護の基準を満たしているものとみなされる。
4. 定期巡回・随時対応型訪問介護看護は、定期巡回サービス、随時対応サービス、随時訪問サービス、訪問看護サービスを適宜適切に組み合わせて、総合的に利用者の在宅生活の継続を支援するものである。自らは訪問看護サービスの提供を行わず、他の訪問看護事業所と連携して訪問看護サービスを提供する「連携型定期巡回・随時対応型訪問介護看護」とすべてを提供する「一体型」の2つのタイプがある。

2 訪問看護事業所 — 4）その他の施設

　訪問看護とは、居宅要介護者が、看護師、保健師、准看護師、理学療法士、作業療法士、言語聴覚士から受ける、療養上の世話または必要な診療の補助をいう。

表 3-34　訪問看護に関する設備基準

概要	利用者が居宅において、自立した日常生活を営むことができるよう、その療養生活を支援し、心身の機能の維持回復を目指すもの
対象者	在宅の要介護者（病状が安定期にあり、居宅において看護師等が行う療養上の世話または必要な診療の補助を要すると主治医が認めたもの）（＊）
開設者	法人格を有するもの、病院もしくは診療所
所要室	事業の運営を行うために必要な広さを有する専用の事務室（面積基準はない）

＊　介護予防訪問看護の場合は要支援者

（平 11 厚令 37）

【計画上の留意点】

1　同一敷地内に他の事業所、施設等がある場合は、事業の運営を行うために必要な広さを有する専用の区画でもよい。
2　医療機関の場合は事業の運営を行うために必要な広さを有する専用の区画でもよい。
3　構造・設備基準上は定められていないが、実用上から相談室（スペース）を設けることが多い。
4　地方公共団体によっては、最低面積基準、外部に面した入り口の設置、相談室（スペース）の設置など構造や設備について独自の指導がされる場合もある。
5　要支援者を対象とする介護予防訪問看護があるが設備基準は表 3-34 と変わらない。
6　訪問看護事業所と介護予防訪問看護事業所が、同一の事業所において一体的に運営されている場合、人員基準と設備基準に関してはどちらかの事業の基準を満たしていれば双方の基準を満たしているものとみなされる。
7　感染症予防に必要な設備等を設ける。

第4章 医療施設・高齢者施設に共通する諸法規・諸基準

1 開発許可

　都市計画区域または準都市計画区域における開発行為には、都道府県知事等の許可を受けなければならない。ただし、表4-1に示す規模未満の開発行為については許可を必要としない。

　2006（平成18）年の都市計画法の改正により、それまで開発許可を必要としなかった病院・診療所・助産所・社会福祉施設・更生保護施設・学校等の公共公益施設が開発許可の対象となった（施行2007（平成19）年11月30日）。これにより、市街化調整区域での開発行為・建築行為は事実上制限され、原則として、開発審査会の審査が必要となった。ただし、診療所、助産所、地域密着型施設（入所・通所）は審査が不要である。

　開発許可制度については、各自治体の条例等で詳細を定めていることから、確認が必要である。

表4-1　開発許可が必要となる対象規模

開発行為の概要	開発行為とは、建築物の建築または特定工作物の建設の用に供する目的で行う土地の地目変更や切土・盛土等（区画形質の変更）である　　　　　　　　　　　　　　（都市計画法〈4 ⑫〉）			
開発許可等の対象規模	都市計画区域	線引き都市計画区域	市街化区域	1,000㎡（三大都市圏の既成市街地、近郊整備地帯等は500㎡）以上（*）
			市街化調整区域	原則として全ての開発行為
		非線引き都市計画区域		3,000㎡以上（*）
	準都市計画区域			3,000㎡以上（*）
	都市計画区域外及び準都市計画区域外			1 ha以上

＊　開発許可権者が条例で300㎡まで引き下げ可
注　上記の規模未満の医療施設・高齢者施設については開発許可不要

（都市計画法第29条）

【市街化調整区域内で許可される開発行為・建築行為】

　市街化調整区域は市街化を抑制すべき区域とされ、市街化調整区域において許可できる開発行為は都市計画法第34条の基準を満たすものに限定されている。また、開発許可を受けていない市街化調整区域での建築行為にも建築許可が必要であり、開発許可に準じた基準を満たすものに限定される。

　表4-2に医療施設、高齢者施設に関する開発許可制度運用指針に示される開発許可が認められる建築物を示す。

1）建築基準法・都市計画法関連

表 4-2　開発許可制度運用指針に示される開発許可が認められる建築物

公益上必要な建築物	周辺の地域に居住している者の利用に供する公益上必要な建築物 周辺居住者が利用する診療所、助産所、通所系施設、更生保護事業の用に供する施設、周辺地域に居住する者、その家族・親族が入所するための入所系社会福祉施設　等
既存建築物の建替（*）	①　原則、従前の建築物の敷地の範囲内で行われるものであること ②　原則として従前の建築物と同一の用途であること ③　規模、構造、設備等が従前のものに比較して過大でなく、かつ、周辺の土地利用の状況等からみて適切なものであること 注）建替え後の床面積の合計が、従前の建築物の1.5倍以下であるものについては、従前の構造・用途がほぼ同一であれば、開発許可を要しない改築として取り扱われる
医療施設関係（*）	病院、診療所、助産所で国の定めた設置・運営基準に適合するものなどで、下記のいずれかに該当するもの ①　救急医療が求められる地域で、患者等の搬送手段の確保のため、周辺の交通基盤等の活用が必要と認められる場合 ②　施設の入院患者等にとって、周辺の自然環境等の療養環境が必要とされる場合 ③　病床過剰地域にある病院・診療所が病床不足地域に移転する場合
有料老人ホーム（*）	設置及び運営が国の定める基準等に適合する優良なものであって、その立地がやむを得ないもの 有料老人ホーム設置運営標準指導指針等に適合しており、かつ、住宅部局との十分な連絡調整のうえ、安定的な経営確保が図られていることが確実に判断されるもの ①　利用権方式または賃貸方式のもの 　（分譲方式のものは有料老人ホームには当たらないことから認められない） ②　市街化調整区域に立地する病院または特別養護老人ホーム等が有する医療、介護機能と密接に連携しつつ立地する必要がある、入居一時金及び利用料に関する国の基準等がある場合であって適正な料金設定のため不可避であるなど、総合的に判断して市街化区域に立地することが困難・不適当 ③　その開発区域を管轄する市町村の福祉施策、都市計画の観点から支障がないことについて、当該市町村長が承認したもの
サービス付き高齢者向け住宅（*）	介護・食事の提供、家事または健康管理のサービスを提供するサービス付き高齢者向け住宅（老人福祉法に規定する有料老人ホームに該当する施設）であって、設置及び運営が国の定める基準等に適合する優良なものであり、その立地がやむを得ないもの ①　有料老人ホームにおける①～③の基準を満たすもの ②　原則として全戸に介護等サービスが提供されること
介護老人保健施設（*）	①　協力病院が近隣に所在する場合等、介護老人保健施設を市街化調整区域に立地させることがやむを得ないと認められる場合 ②　開発許可は介護老人保健施設の開設が確実に許可される見込みであるものについて行うことが望ましい
社会福祉施設（*）	社会福祉法第2条・更生保護事業法第2条に規定する施設で、それぞれ国の定める設置・運営基準に適合するもので、下記のいずれかに該当するもの ①　近隣に医療施設、社会福祉施設等が存在し、これらと密接に連携しつつ立地または運用する必要がある場合 ②　施設利用者の安全確保のために立地場所に配慮する必要がある場合 ③　施設が提供するサービスの特性から、周辺の資源、環境等の活用が必要である場合

*　開発審査会の議が必要（都市計画法第34条第14項）
　周辺における市街化を促進するおそれがなく、かつ、市街化区域内において行うことが困難または著しく不適当と認める開発行為として開発審査会の議を経たものであること

（都市計画法第34条、平26.8.1 国都計67）

2 防火上主要な間仕切壁

病院や老人ホームでは、防火区画に加えて、建築基準法施行令第114条区画（防火上主要な間仕切壁）が必要となる。

表4-3　防火上主要な間仕切壁

建築基準法による規定	・病院・診療所（患者の収容施設を有しないものを除く）、児童福祉施設等（老人福祉施設、有料老人ホーム等を含む）などにおいては、その防火上主要な間仕切壁（自動スプリンクラー設備等設置部分その他防火上支障がないものとして国土交通大臣が定める部分の間仕切り壁を除く）を準耐火構造とし、小屋裏または天井裏に達せしめなければならない （建基令〈114②〉） ・界壁間仕切壁または隔壁を貫通する配管・ダクトは、防火区画と同等の措置を行う （建基令〈114⑤〉） ・床面積が200㎡以下の階、または、床面積200㎡以内ごとに準耐火構造の壁、もしくは防火設備（法第2条第9号ロ）で区画されている部分で自動スプリンクラー設備等を設けた部分については、防火上主要な間仕切りは準耐火構造としなくてもよい （建基令〈114②〉）
平成26年国土交通省告示第860号による緩和	間仕切り壁を準耐火構造としないこと等に関して防火上支障がない部分として、次の①から③までに適合するもの ① 居室の床面積が100㎡以下の階または居室の床面積100㎡以内ごとに準耐火構造の壁もしくは防火設備で区画されている部分 ② 各居室に煙感知式の住宅用防災報知設備もしくは自動火災報知設備または連動型住宅用防災警報器が設けられていること ③ 次のア）またはイ）に該当する部分 　ア）各居室から直接屋外への出口等へ避難することができる 　イ）各居室の出口から屋外への出口等の一に至る歩行距離が8m（各居室及び当該通路の内装の仕上げを難燃材料でした場合または建築基準法施行令第129条第1項第1号ロに掲げるものとした場合は16m）以下であって、各居室と当該通路とが間仕切り壁及び、常時閉鎖式または火災により煙が発生した場合に自動的に閉鎖する戸（ふすま、障子等を除く）で区画されている
防火避難規定による解説	① 防火上主要な間仕切壁の範囲 ・病室、就寝室等の相互間の壁で、3室以下かつ100㎡以下（100㎡を超える室にあってはこの限りではない）に区画する壁 ・病室、就寝室等と避難経路を区画する壁（＊） ・火気使用室とその他の部分を区画する壁 ② 防火上主要な間仕切壁の構造 建築基準法では、準耐火構造とされているが、耐火建築物の場合は耐火構造壁が求められる（日本建築行政会議『建築物の防火避難規定の解説2005』ぎょうせい、2005年）
その他	・防火上主要な間仕切壁に設けられる建具については、規定されていない ・ただし、東京消防庁では、不燃かつ煙感知器連動閉鎖式の建具とすることが指導される

＊　病室や就寝室等以外の室（火災発生の少ない室を除く）も同様とすることが望ましい

1) 建築基準法・都市計画法関連

【計画上の留意点】

1 防火上主要な間仕切壁は、天井裏の延焼防止を目的としているため、防煙区画が必要な場合を除き、天井下での垂壁は不要である。ただし、確認審査機関・所轄消防により指導が異なる場合があるため、事前に確認しておくことが望ましい。
2 建具の性能についても、原則としては、木製建具や扉無し開口も認められるが、確認審査機関・所轄消防により指導が異なる場合があるため、事前に確認しておくことが望ましい。
3 防火上主要な間仕切壁に設置される設備開口部（スイッチ・コンセント類　アウトレット）の措置については、規定されていない。乾式の耐火間仕切壁の個別認定においても、開口部の措置については明記されていない。建具開口同様に、規定が無いと判断される場合がある一方で、鉄製のボックスを使用する、壁内配管を鉄製とするなど、壁への取り込み口を貫通する場合と同様に防火区画貫通処理を行うことが求められる場合がある。確認審査機関・所轄消防により指導が異なるため、必要に応じて、事前に確認しておくことが望ましい。

3 高齢者、障害者等の移動等の円滑化の促進に関する法律

【法律の概要】

「高齢者、障害者等の移動等の円滑化の促進に関する法律」（バリアフリー新法）（平成18年法律第91号）では、「特定建築物」及び「特別特定建築物」を定め、床面積の合計が2000㎡以上の特別特定建築物を建築（建築物の新築、増築、または改築）しようとする者は「建築物移動等円滑化基準」に適合させなければならないとしている。また、特定建築物を建築しようとする者は「建築物移動等円滑化基準」に適合するよう必要な措置を講ずるよう努めなければならない。

表4-4 特定建築物と特別特定建築物

特定建築物	特別特定建築物
学校、病院、老人ホームなど多数の者が利用する建築物	病院または診療所、老人ホームなど、不特定かつ多数の者が利用し、または主として高齢者、障害者等が利用する特定建築物であって、移動等円滑化が特に必要なもの

表4-5 建築物移動等円滑化基準と誘導基準の比較

	建築物移動等円滑化基準	建築物移動等円滑化誘導基準
定義	移動等円滑化のために必要な建築物特定施設の構造及び配置に関する基準	建築物移動等円滑化基準を超え、かつ、高齢者、障害者等が円滑に利用できるようにするために誘導すべき建築物特定施設の構造及び配置に関する基準
出入口	玄関（1以上）80cm以上、居室80cm以上	玄関（1以上）120cm以上、居室90cm以上
廊下幅	120cm以上	180cm以上
階段	踊場を除き、手すりを設けること	踊場を除き、両側に手すりを設けること幅140cm以上（手すりは10cmまで含む）、蹴上16cm以下、踏面30cm以上
傾斜路	勾配が1/12を超え、または高さが16cmを超える傾斜がある部分には手すりを設けること、幅120cm以上（階段に代わるもの）、勾配1/12以下（高さ16cm以下の場合は1/8以下）	両側手すり（高さが16cmを超える場合）、幅150cm以上（階段に代わるもの）、勾配1/12以下（屋外1/15以下）
エレベーター	出入口幅80cm以上、奥行135cm以上、幅140cm以上、乗降ロビー150cm角以上	出入口幅90cm以上、奥行135cm以上、幅160cm以上、乗降ロビー180cm角以上
トイレ	車いす用1以上、オストメイト対応1以上、床置小便器、壁掛式小便器（受け口の高さが35cm以下）1以上	車いす用各階原則2％以上、オストメイト対応各階1以上、床置小便器、壁掛式小便器（受け口の高さが35cm以下）各階1以上
アプローチ	幅120cm以上	幅180cm以上
駐車場	車いす用1以上、幅350cm以上	200台以下4％、200台超2％＋2台以上、幅350cm以上
浴室	―	車いす用1以上

【計画上の留意点】

多くの都道府県や政令指定都市等において、公共的建築物や公共施設のバリアフリーを推進するための条例が制定されるなど、地方自治体においても、高齢者・障害者対応の推進方策が講じられてきている。福祉のまちづくり条例等、各自治体での条例の確認が必要である。東京都においては、「高齢者、身体障害者等が利用しやすい建築物の整備に関する条例」（平成15年12月24日東京都条例

1) 建築基準法・都市計画法関連

第 155 号）が付加される。バリアフリー新法では、従業員が使用する施設は法の対象外となっているが、自治体によっては整備への努力を促している場合があるので、事前協議が必要である。病院等のスタッフエリアについても、車いす便所等のバリアフリーへの配慮が望ましい。

【建築物移動等円滑化誘導基準に適合した場合の支援措置】

- 表示制度・税制上の特例・低利融資・補助制度等の支援措置を受けることができる。
- 延べ面積には、廊下、階段、エレベーター、便所等の床面積のうち、通常の床面積を超える部分は、延べ面積の 1 ／ 10 を限度として算入しないことができる（バリアフリー新法第 19 条、バリアフリー新法施行令第 24 条）。
- 「病室等面積」の容積率の特例として、病室において患者 1 人あたり 4.3 ㎡を超える部分の床面積の合計が容積対象外となる（平 15.3.31 国住街 163）。病室等面積の容積率の特例については、各自治体で異なる場合があるので、確認が必要である。

トピックス　東京都における病室等容積率の特例　Topics

東京都では、同一敷地内建替・増築かつ病床数・入所人員の増加を伴わない場合に限り、病室等に加え、食堂、機能訓練室に関して、容積の緩和が受けられる（建築基準法第 52 条第 14 項第 1 号に基づく東京都容積率の許可に関する取扱基準）。

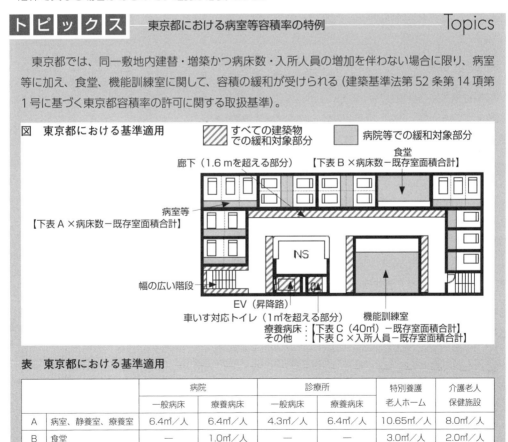

図　東京都における基準適用

表　東京都における基準適用

		病院		診療所		特別養護老人ホーム	介護老人保健施設
		一般病床	療養病床	一般病床	療養病床		
A	病室、静養室、療養室	6.4 ㎡／人	6.4 ㎡／人	4.3 ㎡／人	6.4 ㎡／人	10.65 ㎡／人	8.0 ㎡／人
B	食堂	―	1.0 ㎡／人	―	―	3.0 ㎡／人	2.0 ㎡／人
C	機能訓練室	―	40.0 ㎡	―	―	3.0 ㎡／人	1.0 ㎡／人

4 採光のための開口部

1）建築基準法・都市計画法関連

　病院、診療所、高齢者福祉施設の居室のうち、患者及び入所者が使用する病室や寝室、その他日常的に使用する室については建築基準法上、採光のための開口部を確保することが義務づけられている。

【採光のための開口部】

表4-6　採光に必要な開口部（学校、病院、児童福祉施設等の居室の採光）

居室の種類	採光に有効な開口部の面積のその床面積に対する割合
・病院または診療所の病室 ・児童福祉施設等（*）の寝室（入所する者の使用するものに限る） ・児童福祉施設等（*）（保育所を除く）の居室のうちこれらに入所し、または通う者に対する保育、訓練、日常生活に必要な便宜の供与その他これらに類する目的のために使用されるもの	7分の1以上
・病院、診療所及び児童福祉施設等（*）の居室のうち入院患者または入所する者の談話、娯楽その他これらに類する目的のために使用されるもの	10分の1以上

＊　老人ホーム等は建築基準法上、児童福祉施設等に含まれる

（建築基準法施行令第19条第3項）

【採光補正係数】

　建築基準法施行令第20条に、第19条で規定する居室の窓その他の開口部で採光に有効な部分の面積の算定方法が示されている。具体的には、当該居室の開口部ごとの面積に、それぞれ採光補正係数を乗じて得た面積を合計して算定することとされている。

【採光のための開口部を設けることを要しない居室】

　建築基準法第28条第1項ただし書きに規定する「温湿度調整を必要とする作業を行う作業室その他用途上やむを得ない居室」に含まれる居室については、次のとおりである（表4-7）。ICU等の清浄度管理を要する病室がこれらの居室に該当するかについては所轄の行政庁に確認を要する。

表4-7　温湿度調整を要する作業室その他用途上やむを得ない居室

温湿度調整を必要とする作業を行う作業室	厳密な温湿度調整を要する治療室、新生児室等
その他用途上やむを得ない居室	開口部を設けることが用途上望ましくない居室 ・大学、病院等の実験室、研究室、消毒室、クリーンルーム等放射性物質等の危険物を取り扱うため、または遺伝子操作実験、病原菌の取り扱い、滅菌作業、清浄な環境の下での検査、治療等を行ううえで細菌もしくはほこりの侵入を防ぐため、開口部の面積を必要最小限とすることが望ましい居室

（平7.5.25 住指発153）

5 耐震改修促進法　　　1）建築基準法・都市計画法関連

　1995（平成7）年の兵庫県南部地震（阪神・淡路大震災）において、現行の新耐震基準（昭和56 (1981) 年施行）以降に建築された建築物の被害は軽かったことから、「建築物の耐震改修の促進に関する法律」（耐震改修促進法）により、現在の新耐震基準を満たさない建築物についての耐震診断や改修が促進されている。

【耐震改修促進法のポイント】

1　計画的な耐震化の促進
2　建築物の所有者に対する指導等の強化

　所管行政庁は、特定建築物（耐震改修促進法第14条に該当する耐震関係規定に関する既存耐震不適格建築物）の所有者に対して必要な指導及び助言や、より強い措置として指示を行うことができ、さらにその指示に従わない場合は公表することもできる。また、倒壊の危険の高い建築物については建築基準法に基づき、除却や修繕等を命令することもできる（建築基準法第10条第1項～第4項）。

表 4-8　特定建築物（医療・福祉施設関連等）に対する措置

用途等	所管行政庁の対応		
	指導及び助言	指示	義務
・病院 ・診療所	階　数　3以上 床面積　1000㎡以上	階数3以上かつ 2000㎡以上	階数3以上かつ 5000㎡以上
・老人ホーム ・老人短期入所施設、福祉ホームその他これらに類するもの ・老人福祉センター、児童厚生施設、身体障害者福祉センターその他これらに類するもの	階　数　2以上 床面積　1000㎡以上	階数2以上かつ 2000㎡以上	階数2以上かつ 5000㎡以上
都道府県耐震改修促進計画に記載された道路に接するもので、地震によって倒壊した場合に、その敷地に接する道路の通行を妨げ、多数の者の円滑な避難を困難とするおそれがあるもの	前面道路幅員（W）≦12mの場合 　建物高さ（H）＞L＋6m 前面道路幅員（W）＞12mの場合 　建物高さ（H）＞L＋W/2 L：建物高さ（H）の部分から前面道路の境界線までの水平距離		

（耐震改修促進法施行令第6条、第8条）

【耐震改修計画の認定】

　所管行政庁により、建築物の耐震改修計画の認定を受けることで、建築基準法の規定に関する緩和や特例措置を受けられる。
① 既存不適格建築物の制限の緩和
② 耐火建築物に対する制限の緩和
③ 建築確認手続きの特例

6 構造耐力上の既存不適格建築物に対する増改築等 — 1）建築基準法・都市計画法関連

【構造耐力規定の適用の合理化】

構造耐力上の既存不適格建築物に増改築等を行う場合、政令に定められる範囲内の増改築等であれば、既存部分に遡及適用しない（建築基準法第86条の7第1項、建築基準法施行令第137条の2第1項第1号）。

図4-1　増築部分の規模等の条件に対応して既存部分に適用される耐震基準
（A：既存部分の延べ面積）

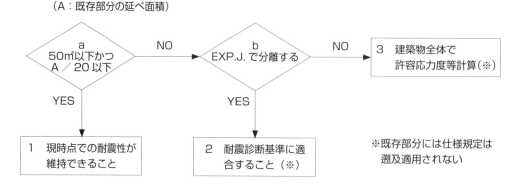

2005（平成17）年6月1日の建築基準法改正による構造耐力規定の適用の合理化、及び2007（平成19）年6月20日の法改正により2分の1を超える増改築を行う場合に、既存建築物にも現行の構造基準への適合が求められることとなった。しかし、施設を運営しながら既存建築物を合理的に現行の構造基準に適合させることが困難であったことから、病院の増築を行う際に支障をきたしていたといえる。そのため、2012（平成24）年9月20日の法改正により、既存建築物の床面積（基準時における延床面積）の2分の1を超える増改築に対しても、構造上EXP.J.で分離されていれば、既存部分は耐震診断基準に適合させればよいことになった。さらに、2013（平成25）年6月1日の法改正では、増改築を行う建築物にかかる申請図書及び、申請書類の合理化が図られている。

事実上、2005（平成17）年以前の運用に戻ったといえる。

7 仮使用申請と仮設建築物申請 — 1）建築基準法・都市計画法関連

　施設の老朽化に伴う建て替え等を行う際に、医療や福祉の機能を維持するため、新築した建物の一部を工事中に先行して使用したり、仮設の建物を空いたスペース等に建てて使用したりせざるを得ないことがある。その場合には建築基準法の規定に従って、仮使用の承認を受けたり、仮設建築物として制限の緩和を受けたりすることで対応できる。

【仮使用申請】

　確認申請を必要とする建築物の新築、増改築等を行う場合など、建築主は「検査済書」の交付を受けた後でなければ、その建築物等を使用することができない。ただし、仮使用認定申請を行えば、検査済書の交付を受ける前でも仮に使用することができる。

　次の認定基準（平27国交告247）を満たしているものについては、指定確認検査機関においても仮使用の手続きが可能である。ただし、防火上・避難上の安全計画についての判断に裁量を伴うものは、特定行政庁の認定が必要となる。

① 工事部分と仮使用部分が防火上有効に区画されていること。
② 工事作業者等の経路と、仮使用部分を利用する者の経路が重複しないこと。
③ 仮使用部分が建築基準関係規定に適合していること。

　仮使用認定申請にあたっては、設計図書等のほかに、工事中の安全上・防火上及び避難上講じる措置の内容を示した安全計画書などを添付する。仮使用の期間は原則として2年以内とされている（昭53.11.7 住指805）。

【仮設建築物に対する制限の緩和】

　非常災害の場合の応急仮設建築物や、建て替えに伴い必要となる建築物等、短期間使用する建築物については、建築基準法上の制限が緩和される（建築基準法第85条、建築基準法施行令第147条）。

表4-9　建築基準法上の制限が緩和される仮設建築物

対象となる建物	存続期間	備考
非常災害の場合の応急仮設建築物 ・災害により破損した建築物の応急の修繕 ・国、地方公共団体または日本赤十字社が災害救助のために建築するもの ・被災者自ら使用するために建築するもので延べ面積が30㎡以内のもの	工事完了後3か月以内（＊1）	・建築基準法、並びにこれに基づく命令及び条例は適用されない ・災害が発生した区域またはこれに隣接する区域で特定行政庁が指定する区域内にある場合に限る ・災害が発生した日から1か月以内に着工するもので防火地域以外の地域に建築する場合に限る
仮設興行場などの仮設建築物 ・建て替え期間中に必要となる仮設店舗等 ・モデルルーム ・工事を施工するために現場に設ける事務所等（工事敷地以外に設ける場合）	1年以内（＊2）	・特定行政庁が安全上、防火上及び衛生上支障がないと認めた場合 ・建築基準法の規定の一部が適用除外 ・許可申請及び確認申請が必要 ・特定行政庁ごとに許可条件を定めている場合がある

＊1　3か月を超えて存続しようとする場合は特定行政庁の許可が必要（存続期間は2年以内）
＊2　建て替え期間中の仮設店舗等の場合は特定行政庁が当該工事の施工上必要と認める期間

8 用途変更

【確認申請を必要とする用途変更】

建物の用途を、特殊建築物(建築基準法別表第1(い)欄に掲げる用途に供する建築物)で100㎡を超える用途に変更する場合は建築確認申請が必要となる。ただし、表4-10に示す類似の用途相互間におけるものである場合は不要である(建築基準法第87条、建築基準法施行令第137条の17)。

なお、2018(平成30)年の建築基準法の改正により100㎡から200㎡になる見込みである。

表4-10 確認申請不要の用途

類似の用途	備考
診療所(患者の収容施設があるもの) 児童福祉施設等	第1種低層住居専用地域もしくは第2種低層住居専用地域内にある場合は除く

【既存不適格建築物の用途変更】

既存不適格建築物において、建物の用途を、特殊建築物(建築基準法別表第1(い)欄に掲げる用途に供する建築物)で100㎡を超える用途に変更する場合、表4-11に示す規定については法の適用が準用され、不適格部分の改修が必要となる。ただし、次頁①、②のいずれかに該当する場合、不適

表4-11 既存不適格建築物でも用途変更にあたり準用される規定

法令等		内容
建築基準法	第24条	木造建築物等である特殊建築物の外壁等
	第27条	耐火建築物又は準耐火建築物としなければならない特殊建築物
	第28条第1項、第3項	居室の採光及び換気
	第29条	地階における住宅等の居室
	第30条	長屋又は共同住宅の各戸の界壁
	第35条	特殊建築物等の避難及び消火に関する技術的基準
	第35条の2	特殊建築物等の内装
	第35条の3	無窓の居室等の主要構造部
	第36条	技術的基準(第28条第1項、第35条に関する部分)
	第48条第1項~第13項	用途地域等
	第51条	卸売市場等の用途に供する特殊建築物の位置
右欄の各条項に基づく条例	第39条第2項	災害危険区域
	第40条	地方公共団体の条例による制限の付加
	第43条第2項	敷地と道路との関係
	第43条の2	その敷地が4m未満の道路にのみ接する建築物に対する制限の付加
	第49条	特別用途地区
	第49条の2	特定用途制限地域
	第50条	用途地域等における建築物の敷地、構造、建築設備に対する制限
	第68条の2第1項	市町村の条例に基づく制限
	第68条の9第1項	都市計画区域、準都市計画区域以外の区域内の建築物の敷地及び構造

格部分は現状のままとすることができる（建築基準法第 87 条第 3 項）。
① 類似の用途（病院、診療所（患者の収容施設のあるもの）、児童福祉施設等）相互間におけるもので、建築物の修繕もしくは模様替えをしない場合、またはその修繕もしくは模様替えが大規模でない場合
② 用途地域の建築制限に合致していないが、下記の範囲内の場合（建築基準法施行令第 137 条の 19）
・建築基準法施行令第 137 条の 19 第 2 項で、用途相互間の変更の場合
・用途地域による建築制限に適合しない理由が原動機の出力、機械の台数、容器等の容量の場合、これらの値が基準時の 1.2 倍を超えない範囲の変更の場合
・用途地域の建築制限に適合しない用途に供する部分の床面積が基準時の 1.2 倍を超えない場合

【用途変更を行わない部分への制限の緩和】

既存不適格建築物に用途変更を行う場合、用途変更を行わない部分（一定の区画方法によるものあり）については表 4-12 の左欄の規定は適用されない（建築基準法第 87 条第 4 項）。

表 4-12　用途変更を行わない部分への制限が緩和される規定

緩和対象となる規定（建築基準法）	適用が緩和される部分
第 28 条第 1 項もしくは第 3 項（居室の採光及び換気）	用途変更を行わない部分には適用しない
第 29 条（地階における住宅等の居室）	
第 30 条（長屋または共同住宅の各戸の界壁）	
第 35 条の 3（無窓の居室等の主要構造部）	
第 36 条（第 28 条第 1 項関連部分）（補足のために必要な技術的基準（居室の採光面積に係る部分に限る））	
第 35 条のうち施行令第 5 章第 2 節、第 4 節の規定（第 117 条第 2 項を除く）（廊下、避難階段及び出入口、非常用の照明装置）	開口部のない耐火構造の床または壁で区画した場合、用途変更を行わない部分には適用しない
第 35 条のうち施行令第 5 章第 3 節の規定（第 126 条の 2 第 2 項を除く）（排煙設備）	次のいずれかの方法で区画した場合、用途変更を行わない部分には適用しない ・開口部のない準耐火構造の床または壁 ・遮煙性能を有する防火設備

【用途変更の手続き】

区分所有建築物等で、異なる区分所有者等が 100 ㎡以下の特殊建築物の用途への用途変更を別々に行う場合に、用途変更する部分の合計が 100 ㎡を超えた時点での用途変更の手続きは、特定行政庁が地域の実情に応じ必要と判断した場合に限り、その手続きを要する（平 28.3.31 国住指 4718）。なお、同一の者が 100 ㎡以下の用途変更を繰り返し行う場合については、意図的な用途変更の回避と判断されることがある。

1 医療施設における防火・防災対策

病院等の構造設備、防災設備については、医療法及び医療法施行規則のほか、建築基準法関係法令及び消防法関係法令による規制を受けており、これらの関係法令により設置義務があるものの整備を適切に行う必要がある。

医療法及び建築基準法関係法令における建築物、防災設備に関する主な規定について「病院等における防火・防災対策要綱について」（平25.10.18医政発1018第17）において整理されている。

【建築物の防火上の構造等】

「病院等における防火・防災対策要綱」（平25.10.18医政発1018第17）は、病院、診療所及び助産所が患者を入院させている等の特有な事情を有することを考慮し、特に人命尊重の見地から防火・防災安全対策を講じることを目的としている。

表4-13　要綱における医療法及び建築基準法関係規定の建築物に関する規定の主な事項

	対象	規定	法令
階数	高さ31m以下の3階以上の階	非常用進入口を設置（*1）	建基令〈126の6〉
	2階が300㎡以上かつその部分に病床を有する	耐火または準耐火建築物	建基法〈27〉
	3階以上	耐火建築物	建基法〈27〉
	病室	地階または3階以上には設けない（*2）	医規〈16①二〉
	2階以上に病室があるもの	患者用の屋内直通階段を2以上設置（*3）	医規〈16①八〉
	3階以上に病室があるもの	避難階段を2以上設置（*4）	医規〈16①十〉
	地階に病室を設ける場合	前面にからぼり等があり衛生上支障がない	建基法〈29〉
防火区画	耐火または準耐火建築物等	一定の面積以内ごとに防火区画に区分	建基令〈112①〜③、⑤〉
	たて穴（吹き抜き、階段、ダクトスペース等）	その他の部分とを準耐火構造の床、壁または建築基準法第2条第9項第2号ロに規定する防火設備で区画	建基令〈112⑨〉
	防火戸	随時閉鎖ができ、火災による煙の発生または温度上昇により自動的に閉鎖できる構造	建基令〈112⑭〉
	給水・配電管等が防火区画を貫通	すき間を完全に埋めもどし	建基法〈112⑮〉
	風道が防火区画を貫通	防火上有効にダンパーを設置	建基令〈112⑯〉
その他	すべての医療施設	敷地内に避難上及び消火上必要な通路を設置	建基令〈127〜128の2〉
	バルコニー	避難・誘導、搬送活動及び消火活動を円滑に行うため設置することが望ましい	要綱による規定
	段差・傾斜、溝、手すり等	車いす等による避難を円滑に行うため改造、設置等をすることが望ましい	

2) 防災関連

その他	直通階段	2階以上の階に病室を有する場合、患者の使用する屋内の直通階段を2以上設ける。ただし、患者の使用するエレベーターが設置されている場合は1とすることができる	医規〈16①八〉
	避難階段	3階以上に病室を有する場合、避難に支障のないよう避難階段を2以上設ける	医規〈16①十〉
	非常用の出口（避難階段から屋外への出口等）	原則として屋内から鍵を用いることなく解錠できる。見やすい場所に解錠方法を表示	建基令〈125の2〉
	内装	防火上支障のないようにする	建基法〈35の2〉
	診療のための構造設備（電気、光線、熱、蒸気またはガス）	危害防止上必要な方法を講ずる	医規〈16①一〉
	防火または準防火地域内	建築基準法に規定する構造	建基法〈61～67〉

＊1 非常用のエレベーター設置の場合はこの限りでない
＊2 医療法施行規則第30条の12の病室（診療用放射線照射装置、診療用放射線照射器具、診療用放射性同位元素または陽電子断層撮影診療用放射性同位元素により治療を受けている患者を入院させる病室）は地階に、また、主要構造部が耐火構造の場合は3階以上に設けることも可
＊3 患者の使用するエレベーターが設置されているものまたは2階以上の各階における病室の床面積の合計がそれぞれ50㎡（主要構造部が耐火構造であるか、または不燃材料でつくられている建築物にあっては100㎡）以下のものについては、患者の使用する屋内の直通階段を1とすることができる
＊4 医療法施行規則第16条第1項第8号に規定する直通階段のうちの1または2を建築基準法施行令第123条第1項に規定する避難階段としての構造とする場合は、その直通階段の数を避難階段の数に算入することができる
注 建築基準法関係規定は、改正の施行日により整備すべき基準が相違するので留意すること

【防火設備の整備と点検】

医療施設の防火設備、特に消防法の改正については、既存の建築物に対しても遡及適用することが原則とされているので、これらの法令により設置義務があるものの整備に努めること。基準以下でも、関係行政機関が指導したものは、自主整備に努めることが望ましいとされている。

また、2014（平成26）年の消防法施行令の改正により、「避難のために患者の介助が必要な有床診療所・病院」には原則として、面積にかかわらず、スプリンクラー設備の設置が求められることとなった。

表4-14 要綱における医療法及び消防法関係規定等の防火設備に関する規定の主な事項

対象	規定	法令
延べ面積300㎡以上の建築物	非常電源を附置した自動火災報知設備を設置	消令〈21〉
延べ面積500㎡以上の建築物	押しボタン操作等により消防機関に通報できる非常警報装置を設置	消令〈23①、③〉
一定の構造の建築物で延べ面積300㎡以上及び契約電流容量が50Aを超える建築物	漏電火災警報器を設置	消令〈22〉
地階床面が1000㎡以上の建築物	ガス漏れ火災報知設備を設置	消令〈21の2〉

1 医療施設における防火・防災対策　2) 防災関連

対　象	規　定	法令
・延べ面積が 3000㎡以上の病院（それ以外は 6000㎡以上） ・4階以上 10階以下の階で 1500㎡以上の階 ・地階及び無窓階で、1000㎡以上の階 ・11階以上の建築物	スプリンクラー設備を設置（＊1） ただし既存の建築物及び特定の部屋等については、代替措置等によることができる	消令〈12〉
延床面積 2100㎡以上の耐火建築物であって内装制限している建築物	屋内消火栓を設置	消令〈11〉
延床面積 1400㎡以上の準耐火建築物であって内装制限しているものまたは耐火建築物		
延床面積 700㎡以上のその他の建築物		
延床面積 500㎡超の建築物	排煙設備を設置	建基令〈126の2〉
病院、診療所及び助産所	非常用の照明装置を設置（＊2）	建基令〈126の4〉
病院、診療所及び助産所	カーテン、布製ブラインド、絨緞等は防炎性能を有するものとする	消法〈8の3〉
病院、診療所及び助産所	寝具類、寝衣類については、防炎性能を有するものとすることが望ましい	要綱による規定
2階以上の病室を有する病院、診療所及び助産所	すべり台、避難橋、救助袋等法令に規定されているものから、病院、診療所及び助産所の入院患者等に即した所定の避難器具を設置	消令〈25〉
病院、診療所及び助産所	非常ベル、放送設備（消防法施行令第24条）、誘導灯・誘導標識（消防法施行令第26条）、その他の消防設備を設置	要綱による規定
病院、診療所及び助産所	消火、避難・誘導、搬送のため携帯用マイク、懐中電灯、防煙マスク、担架、車いす等を備える また、入院する患者の症状等に対応して、閃光型警報装置、点滅型または誘導音装置付誘導灯等を設置することが望ましい	要綱による規定
火気を使用する場所	防火上必要な設備を設置	医規〈16①十五〉
病院、診療所及び助産所	消火用の機械または器具を備える	医規〈16①十六〉

＊1　病院建物では、下記の部分は、スプリンクラー設置が免除されている（消防法施行規則第13条第3項第7号、第8号）
　　・手術室、分娩室、内視鏡検査室、人工血液透析室、麻酔室、重症患者集中治療看護室その他これらに類する室
　　・レントゲン室等放射線源を使用し、貯蔵し、または廃棄する室
＊2　病院建物の居室、居室から地上に通ずる廊下、階段、その他の通路及びこれらに類する部分（廊下に接するロビー、通り抜け避難に用いられる場所、その他通常照明装置が必要とされる部分）には、非常照明を設置することとされるが、病室については、除外されている

トピックス ── スプリンクラーヘッドの設置を要しない部分 ── Topics

　医療施設にはスプリンクラー設置を要しない部分が多くある。手術室、分娩室、内視鏡検査室、人工血液透析室、麻酔室、重症患者集中治療看護室のほか、例えば、東京消防庁では、次の場所は、消防法施行規則第 13 条第 3 項第 7 号に規定する「その他これらに類する室」として取り扱うことができるとしている。

① 回復室、洗浄滅菌室、器材室、器材洗浄室、器材準備室、滅菌水製造室、洗浄消毒室（蒸気を熱源とするものに限る）、陣痛室、沐浴室及び汚物室
② 無響室、心電図室、心音室、節電室、脳波室、基礎代謝室、ガス分析室、肺機能検査室、胃カメラ室、超音波検査室、採液及び採血室、天秤室、細菌検査室及び培養室、血清検査室及び保存室、血液保存に供される室並びに解剖室
③ 人工血液透析室に附属する診療室、検査室及び準備室
④ 特殊浴室、蘇生室、バイオクリン室（白血病、肝臓移植、火傷等治療室）、授乳室及び調乳室、新生児室、未熟児室、隔離室及び観察室（未熟児の観察に限る）
⑤ 製剤部の無菌室、注射液製造室及び消毒室（蒸気を熱源とするものに限る）
⑥ 医療機器を備えた診療室及び理学療法室
⑦ 手術関連のモニター室、ギプス室、手術ホール的な廊下
⑧ 病理検査室、生化学検査室、臨床検査室、生理検査室等の検査室
⑨ 霊安室

　また、次の場所は、消防法施行規則第 13 条第 3 項第 8 号に規定する室として取り扱うことができるとしている。

① 放射性同位元素にかかる治療室、管理室、準備室、検査室、操作室及び貯蔵庫
② 診断及び検査関係の撮影室、透視室、操作室、暗室、心臓カテーテル室及びX線テレビ室

　自治体によっては、このような詳細な記載がないところもある。その場合は、消防法施行規則等に立ち戻り、個別に協議を行うこととなる。

（参考：東京消防庁監『予防事務審査・検査基準Ⅱ　改訂第 12 版』2017 年、220 頁）

2 社会福祉施設における防火・防災対策　2) 防災関連

　1987（昭和62）年に発生した特別養護老人ホームの火災を受けて防火安全対策の通知が出された。さらに2006（平成18）年に長崎で発生した認知症高齢者グループホームの火災のあとには、消防法施行令が改正され、延床面積1000㎡未満の小規模社会福祉施設の防火設備の基準が強化された。

1. 社会福祉施設における防火安全対策の強化（昭62.9.18 社施107）

表4-15　社会福祉施設における防火安全対策

対策項目	対策内容
火災発生の未然防止	寝具類、カーテン、寝衣を防炎化する
夜間防火管理体制	夜勤者とは別に宿直者を配置する
避難対策	消防機関の協力を得て、夜間における避難に重点をおいた避難・救出訓練を定期的に行う
	バルコニーは、2階以上の部分に設置することが望ましい
	入所者の避難・搬送が容易に行えるよう避難路は十分な幅員を確保し、バルコニー等を含め段差をなくし、また必要な手すりを設ける
	視覚・聴覚障害者が入所する施設においては、閃光型警報装置、点滅型誘導灯、誘導音装置付誘導灯等を設置する
	寝たきり等重度な者のための居室は極力1階または避難が容易な場所に設ける
延焼防止・防煙対策	間仕切り壁を防火上有効に小屋裏または天井に達せしめる 防煙垂れ壁の設置

2. 小規模社会福祉施設の防火安全対策

　認知症高齢者グループホームを含む消防法施行令別表第1⑹項ロに掲げる防火対象物にあっては、自動火災報知設備、火災通報装置（消防機関へ通報する火災報知設備）、スプリンクラー設備、消火器の設置が義務づけられている。ただし、延床面積1000㎡未満の施設についてはスプリンクラー設置を要しない緩和規定がある（小規模社会福祉施設に対する消防用設備等の技術上の基準の特例の適用について（平19.6.13消防予231））。なお、1000㎡未満の施設では、水道を利用した「特定施設水道連結型スプリンクラー設備」とすることができる。

3. その他の緩和規定

■小規模社会福祉施設等に対する消防用設備等の技術上の基準の特例の適用について（平26.3.28 消防予105）
■消防法施行令第12条第1項に規定する「火災発生時の延焼を抑制する機能を備える構造として総務省令で定める構造」（消防法施行規則第12条の2）

3 バルコニー　　　2）防災関連

　建築基準法や消防法では病院、高齢者施設等へのバルコニーの設置義務はないが、医療法や老人福祉法関連の通知等及び各地方自治体の独自の建築基準条例や火災予防条例等によって設置が要請されている（表4-16）。
　またバルコニーを設置した場合には、消防法上の避難器具の設置が免除される（消防法施行規則第26条）。
　東京消防庁によるバルコニーの設置基準については「6 滑り台」を参照のこと。

表4-16　バルコニーの設置を要請する通知

建物種別	通知	内容
医療施設	「病院等における防火・防災対策要綱について」（平25.10.18 医政発1018第17）	避難・誘導、搬送活動及び消火活動を円滑に行うことができるようにするためバルコニーを設置することが望ましい
介護老人保健施設	「介護老人保健施設における防火、防災対策について」（昭63.11.11 老健24）	避難・誘導、搬送活動及び消火活動を円滑に行うことができるようにするためのバルコニーの設置に特段の配慮をされたい
社会福祉施設（*）	「社会福祉施設における防火安全対策の強化について」（昭62.9.18 社施107）	居室に接するバルコニーは、出火の際の避難場所として有効なものであるので、今後建設される施設については2階以上の部分に設置することが望ましい。 入所者の避難または搬送が容易に行えるよう避難路となるバルコニー等を含め床の段差、溝、急な傾斜をなくし十分幅員を確保するとともに、ゆるやかな傾斜の避難路を設けることや手すりを設置することについて十分配慮する

＊　施設の性格上、自力避難が困難な者が多数入所する施設が指導の対象（特別養護老人ホーム、養護老人ホーム、障害者総合支援法による給付対象事業を行う施設、救護施設、乳児院）
　なお、これらの施設以外の施設についても各指導事項に準じ、施設の実態に応じた防火安全対策を指導すること

【計画上の留意点】

　医療施設においては、事故防止、鳩害による感染防止などのため、バルコニーの設置が望ましくない場合がある。計画にあたっては地元消防署等と事前協議を行う必要がある。

4 東京消防庁による医療・社会福祉施設の防火安全対策

　東京消防庁では、病院、老人ホーム等に対して厳しい指導を行っている。他の自治体でも同様の指導を受けることがあるので事前に確認が必要である。下記内容は指導事項であり、協議によってはすべてを満たさなくてもよい場合がある。

指導対象
① 消防法施行令別表第1(6)項イ(1)から(3)までに掲げる防火対象物
② 消防法施行令別表第1(6)項ロ及び(6)項ハに掲げる防火対象物
③ 消防法施行令別表第1(16)項イに掲げる防火対象物で前(1)の用途に供する部分

表4-17　指導事項

1．出火防止対策

火気使用設備器具の管理	・入居室（入所または入院者の入室している居室）内では、裸火は使用しない
喫煙管理	・入居室以外に喫煙場所を設ける。他の部分と区画し、必要に応じて「喫煙所」の旨の掲出を行う
厨房	・排気ダクトには、フード等用簡易自動消火装置を設置する ・揚げ物調理に使用する器具は、調理油過熱防止装置付きのものとする
寮母室等	・火気使用を制限するとともに、努めて火気使用器具は設置しない ・火気使用器具の設置が必要な場合は、当該設置部分を防火区画等する ・書類等の可燃物を保管する部分も努めて同様に区画する ・食事室等には、可燃物を置かない。可燃物を置く場合には、不燃材料製等の収納庫等を活用する
放火防止対策	・休日、夜間等は、出入口を限定する ・リネン室、器材室、薬品庫及び常時使用していない病室等は、施錠する ・共用部分は、施設の実態に応じて、ITV等の設置により管理を行う ・巡視等が十分でない福祉施設等の外周部は、夜間照明の設置等により管理を行う
危険物品等の管理	・消毒用アルコール等引火性の高い危険物の保管、小分けは、火気のない専用の部屋で行い、保管場所は施錠する

2．延焼拡大防止策

防火区画等	・火気使用室及び多量の可燃物を収納するリネン室及び倉庫等は、防火区画する ・各入居室相互の壁は、建築基準法施行令第114条第2項に定める防火上主要な間仕切り壁で区画する（＊） ・防火上主要な間仕切り壁の開口部には、不燃材料製の扉等を設ける（＊） ・入居室の廊下に面する出入口扉は、随時閉鎖でき、かつ、煙感知器と連動して閉鎖する機構とする（＊）
内装制限	次に掲げる部分で室内に面する壁及び天井の仕上げは、準不燃材料とする (ｱ)　スプリンクラー設備が設置されていない入居室（＊） (ｲ)　寮母室及びナースステーション (ｳ)　前(ｱ)以外の入居室
構造規制	2階以上の階に入居室を有する建築物は耐火建築物とする
防炎製品の使用促進	・寝具類（敷布、カバー類、布団類、毛布類等）は、防炎製品を使用する ・寝衣類は、防炎製品とする

3．避難及び消防活動対策

バルコニー等の設置	・避難階以外の階に入居室を有する福祉施設等は、連続式のバルコニーを設置する（＊） ・バルコニーには直接地上等への避難ができるように階段またはスロープを設置する（＊） ・階段またはスロープは、バルコニー上で2方向避難が可能であるように設置する ・バルコニーの幅員は、150cm以上とし、バルコニーへの出口の幅員は85cm以上とする

2) 防災関連

段差の解消	避難経路となる廊下、バルコニー及び当該部分への出入口の床等には、段差を設けない。やむを得ない場合は、2cm以下とする
水平避難の確保	各階ごとに水平避難が可能なように、ゾーン区画（耐火構造の壁、床、防火戸等）を行う（＊）
手術室等の防火区画	手術室、分娩室及び重症患者集中治療看護室等は、当該室内に籠城可能な防火区画する（＊）
救助用開口部の設置等	・バルコニーの床には、救助用開口を設置し、かつ、固定はしごを設置する ・活動上有効なバルコニーの手すりには、消防隊の進入口として取外し可能な箇所（幅員75cm以上）を2か所以上設置する
入所・入院者の管理	・自力避難困難な入所者・入院者は努めて避難階、バルコニーが設けられている側の入居室、寮母室、ナースステーション及び階段室付近で、避難または救出しやすい部分に入室させるよう配慮する（＊）
障害者に対する警報器の設置	・聴力の障害者が入所する福祉施設等については、施設の実態に応じて閃光型の警報器を設置する
火災時の解錠	・各入居室及び避難口を施錠している施設では、自動火災報知設備と連動し自動的に解錠する装置とするとともに、防災センターまたは宿直室等から一斉解錠できる機構とする
避難器具	・避難器具の設置個数の減免は、消防法施行規則第26条第5項各号に定めるほか、積極的に消防法施行令第32条を適用して、当該階には避難器具を設置しないことができるものである ・避難器具を設置する場合には、消防法施行令第25条第2項第1号に掲げる表のうち、努めて滑り台または避難橋を設置する
消防車両の活動空間の確保等	・バルコニー等に面してはしご車等の活動空間を確保できるよう道路状況に配慮した計画とする ・敷地内の通路についても消防車両の活動に配慮した計画とする
避難用スペースの確保	・敷地内には、入所者等が災害時に避難した後、退避できるスペースを努めて確保する

4．消防用設備等の充実・強化

消火設備等の設置	・スプリンクラー設備を設置する ・福祉施設等の規模等によりスプリンクラー設備を設置できない場合は、パッケージ型自動消火設備を設置する
自動火災報知設備等の設置	・自動火災報知設備を設置する ・寮母室またはナースステーションに副受信機を設置する ・副受信機が設置できない場合にあっては、受信機の設置場所と寮母室またはナースステーションとの間で相互に連絡できる措置を講ずる ・感知器、受信機等には、非火災報対策を講ずる ・厨房等には、簡易型ガス漏れ火災警報設備を設置する
火災通報装置の設置等	・火災通報装置を設置する ・火災通報装置は、自動火災報知設備と連動する有人直接通報とする
非常警報設備	・非常警報設備は放送設備とする ・前出の放送設備を設置できない場合にあっては、寮母室またはナースステーションからも放送できる遠隔操作器を備えた一斉放送設備を設置する
誘導灯の設置	・視力または聴力の障害者が入所または入院している福祉施設等の誘導灯の設置にあたっては、点滅型誘導音装置付誘導灯を設置する
防災センター等の設置	・「防災センター等の技術上の基準」に準じた防災センターを設置する（＊） ・福祉施設等の規模等により、防災センター等に総合操作盤が設けられない場合にあっても自火報の受信機、放送設備の操作部などを、集中的に管理する（別途細目あり）（＊）

＊印は重点指導事項となっている
資料：東京消防庁監『予防事務審査・検査基準Ⅰ（改訂第12版）』2017年、242～245頁

5 ヘリコプター離着陸施設

【計画上の留意点】

ヘリコプターが離着陸できる施設には、公共用ヘリポート、非公共用ヘリポート、場外離着陸場、緊急離着陸場がある（図4-2）。このうち、病院に設置される可能性のあるものは、非公共用ヘリポート、場外離着陸場、緊急離着陸場である。

表4-18 ヘリコプター離着陸施設の設置基準

		非公共用ヘリポート	場外離着陸場（屋上）	緊急離着陸場（屋上）
対象		一般も可（設置者の許可を受けた者）	ドクターヘリ、消防防災ヘリコプター	消防防災ヘリコプター
関連法		航空法	航空法	各自治体の消防による
環境アセスメント・公聴会		有り		
進入表面	勾配	1/8以下（両側）	1/8以下（片側1/4も可）	1/5以下（＊1）
	長さ	1000 m	500 m（片側勾配1/4の場合250 m）	500 m
	交差角	90°以上	90°以上	90°以上
転移表面		1/2 高さ45 m、長さ90 m	進入表面両側に勾配1/1以下 着陸帯から10 mまで1/2 高さ45 m、長さ45 m	進入表面両側に勾配1/1以下（＊2） 高さ45m、長さ45 m（＊3）
水平表面		200 m以下、高さ45 m 国土交通大臣が指定		
着陸帯	大きさ	機体の全長・全幅×1.2倍以上	機体の全長・全幅×1.2倍以上	原則として20 m×20 m以上 待機場所がある場合、15m×15 m以上（＊4）
	強度	使用予定機体の3.25倍	使用予定機体の3.25倍（＊5）	使用予定機体の2.25倍
	勾配	縦断2%以下 横断2.5%以下	縦断2%以下 横断2.5%以下	2%以下
転落防止施設等		着陸帯の外側に幅1.5m以上	着陸帯の外側に幅1.5 m以上	必要（進入表面・転移表面から突出しない構造）
退避場所				必要（＊6）

＊1　1/8以下とする自治体もあるので確認が必要
＊2・＊3　1/2以下、長さ90 mとする自治体もあるので確認が必要
＊4　17 m×17 mや、大きさの緩和措置のない自治体もあるので確認が必要
＊5　航空局よりの指導で2.25倍ではなく、3.25倍とされることもあるので確認が必要
＊6　大きさは自治体によるので確認が必要

2) 防災関連

　非公共用ヘリポートは、特定のヘリコプターの離発着及び運用のために設けられたヘリポートである。ドクターヘリ拠点病院等、頻繁にヘリポートを使用する病院に設置する必要がある。ただし、設置にあたっては、環境アセスメントや公聴会が必要になる。

　場外離着陸場は、ドクターヘリサテライト病院等に設置が必要となる。場外離着陸場は、建物に関する設置申請ではなく、ヘリコプターの離着陸（運航）の申請となるため、最初に使用する運航者が、航空局等に申請することとなる。

　一方、緊急離着陸場は、航空法により規定されたヘリポートではなく、原則として、火災等で屋上に避難した人の救助や患者の救急搬送を対象とする、消防防災ヘリコプターのみ利用可能なものである。各自治体消防により内容が異なるため、詳細については協議が必要となる。

図4-2　航空法に基づくヘリコプターの離着陸場の分類

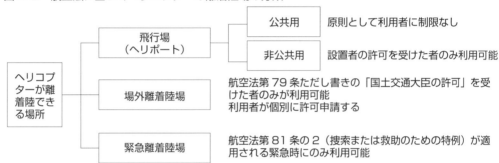

図4-3　一般の場外離着陸場の基準

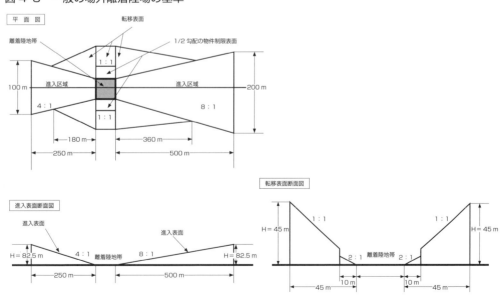

6 滑り台　　　　　　　　　　　　　　　　　　　2）防災関連

【滑り台等の設置義務規定】

1．防災計画に有効な滑り台の設置

　福祉施設等の防火対象物の各階に適応した避難器具の設置が規定されているが、2階以上10階までに滑り台が適応した避難器具とされている。市町村消防の行政指導において、多くの要請のあるものに「らせん式滑り台」がある。

　東京都の例では、「避難階以外の階に入居者を有する福祉施設等は、原則として連続式のバルコニーを設置し、かつ、バルコニーから地上への避難ができるよう、スロープを設置する」となっている（「4 東京消防庁による医療・社会福祉施設の防火安全対策」参照）が、敷地の制約がある場合にあっては、滑り台でもやむを得ないとされている。

　一般的には、ゆるやかな勾配のスロープを設置するスペースの確保が困難であったりすると、「らせん式滑り台」で避難器具の設置要請に対応することも多いようである。

　高齢者福祉施設や病院等では、入所者の身体機能の状態や介護・看護の勤務体制の状況を考慮すれば、火災発生時にベッドに寝たきりの人あるいは車いすに座っている人を滑り台で下階に移動避難することは極めて困難である。

　原則としては、隣接する防火区画への水平避難が最も現実的に有効であり、外気に開放されたバルコニーやそれに連続する一次避難の場所への誘導が第一である。

　滑り台を設置すれば法的な規定による避難器具の個数が確保できるという、数合わせの対応ではなく、本来的に望まれる防災計画とは何かを追求することが最も重要である。

2．消防法施行令による避難器具の設置規定

　福祉施設等の防火対象物の種類ごとに各階に適応した避難器具を設置する（消防法施行令第25条）。

　避難器具には、滑り棒、避難ロープ、避難はしご、避難用タラップ、滑り台、緩降機、避難橋、救助袋があり必要個数が決められいずれかを選んで設置する。

　ただし、以下のような総務省令及び告示で定めるところにより、その設置個数を減少し、または避難器具を設置しないことができる（消防法施行規則第26条）。

表4-19　避難器具設置の緩和・免除規定

(1)	避難器具の設置を要しない階（バルコニーを設置した場合等の避難器具免除規定）
(2)	避難階段または特別避難階段を設置した場合の避難器具の個数減
(3)	耐火建築物間に渡り廊下を設置した場合の避難器具の個数減
(4)	屋上に避難橋を設置した場合の避難器具の個数減

1 医療排水　　　　　　　　　　　　　　　3）設備関連法規

　医療施設等からはさまざまな排水が排出される。大まかな分類として、①生活排水、②雨水・湧水、特殊排水（③薬品含有排水、④放射性物質含有排水、⑤感染性排水、⑥人工透析排水、⑦高温排水、⑧厨房排水など）などが想定される（日本医療福祉設備協会分類）。しかし、医療法関係で規定された排水の取り扱いは、放射性排水と第一種病室とその特定区域からの排水のみである。血液などに関しては廃棄物処理法による感染性廃棄物として取り扱うことが想定されている。
　排水の処理水質基準は、公共下水道整備地域（下水道放流基準に満たない場合は除害施設が必要となる）か、未整備地域（浄化槽が必要となる）かによって大きく異なるため、所轄の諸官庁に確認を行う必要がある。

1　放射性排水について

　医療法施行規則第 30 条の 11 に放射性（RI）排水の減衰処理が定められている。ここでは、排水設備（排水管・排液処理槽など）に対し、RI 濃度の監視、漏れにくい構造、浸透、腐食しにくい材料の使用、さく等の設置、標識の設置などの構造的基準が定められている。

2　第 1 種病室・特定区域からの排水

　第 1 種病室とその特定区域からの排水については、「感染症指定医療機関の施設基準に関する手引きについて」（平 16.3.3 健感発 0303001）に添付された「手引き」において、「専ら特定区域のための排水処理設備（感染性の排水を消毒又は滅菌できる施設をいう）を有すること」とされている。第 2 種病室については、現在の感染症法では公共下水道が整備されている地域においては直接放流可能としている。

3　水質汚濁防止法／下水道法

　水質汚濁防止法は、河川や海など全公共用水域への排水を対象としており、すべての特定事業場に対し一律の基準であるため、「一律排水基準」と呼ばれる。この法律において届出の対象となる特定施設は、300 床以上の病院に設置された、厨房施設、洗浄施設、入浴施設である（水質汚濁防止法施行令別表第一 68 の 2）。ただし、排水基準の遵守は、すべての施設で求められる。
　環境省令で定められた水質汚濁防止法の排水基準とは、排出水の汚染状態（濃度）についての許容限度をいう。カドミウム等の「有害物質」については、規模の大小を問わず濃度が定められている。また水素イオン濃度等の「生活環境項目」については排水量 50 ㎥ / 日以上の事業場について適用される。例えば、生物化学的酸素要求量（BOD）は、1 L につき 160mg（日間平均 120mg）などが定められている。これらの濃度については各自治体で上乗せ基準を作成している場合があるので計画の都度、確認が必要となる。細菌等微生物の規制は、「大腸菌群数 1 cm³につき日間平均 3,000 個」という基準のみである。
　下水道法では、公共下水道を使用して、① 50 ㎥ / 日以上の汚水を排出する事業場、②政令で定める水質の下水を排出する事業場、③水質汚濁防止法における特定施設を設置している事業場などに対し、排水基準の遵守などが求められる。下水道法の排水基準は、水質汚濁防止法の基準と同一のものも多いが、BOD や排水温度の設定など、いくつかの項目で異なる基準が定められている。

2 レジオネラ菌対策

レジオネラ症を予防するために必要な措置に関する技術上の指針（平15厚労告264）

1　レジオネラ症の発生を防止する対策の基本的考え方

　　レジオネラ症の発生を防止する対策の基本は、レジオネラ属菌が繁殖しやすい状況をできるだけなくし、これを含むエアロゾルの飛散を抑制する措置を講ずることである。高齢者、新生児及び免疫機能の低下をきたす疾患にかかっている者が多い医療施設、社会福祉施設等においては、入浴設備、空気調和設備の冷却塔及び給湯設備における衛生上の措置を徹底して講ずることが重要である。

2　入浴設備における衛生上の措置

(1)　入浴設備における衛生上の措置に関する基本的考え方

① 　レジオネラ属菌は、生物膜に生息する微生物等のなかで繁殖し、消毒剤から保護されているため、浴槽の清掃や浴槽水の消毒では十分でないことから、ろ過器及び浴槽水が循環する配管内等に付着する生物膜の生成を抑制し、その除去を行う
② 　浴室におけるエアロゾルの発生をできるだけ抑制する

(2)　構造設備上の措置

① 　浴槽水の消毒に用いる塩素系薬剤の注入口または投入口は、浴槽水がろ過器に入る直前に設置する
② 　湯温が60度に満たない貯湯槽には、これを60度以上に保つ能力を有する加熱装置を設置する
③ 　浴槽から排出された水を再利用するための回収槽の水を浴用に供することは避ける
④ 　浴槽に気泡発生装置等の設備を設置する場合には、空気取入口から土ぼこりが入らない構造とする
⑤ 　浴槽に補給する湯水の注入口は、浴槽水が循環する配管に接続しない
⑥ 　ろ過器等により浴槽水を循環させる構造の浴槽は、当該水を浴槽の底部に近い部分から供給する
⑦ 　打たせ湯及びシャワーには、循環している浴槽水を用いない

(3)　維持管理上の措置

① 　浴槽水は、少なくとも1年に1回以上、水質検査を行う
② 　原則浴槽水は、毎日、完全に換える。難しい場合、最低でも1週間に1回以上完全に換える。その際、換水のみではなく、ろ過器や配管内等に付着する生物膜を除去する
③ 　ろ過器内は1週間に1回以上、付着する生物膜等を逆洗浄等で十分排出し、配管内に付着する生物膜等を適切な消毒方法で除去する。集毛器は、毎日清掃する
④ 　回収槽の水を浴用に供する場合は、回収槽の壁面等の清掃及び消毒し、回収槽内の水を消毒する
⑤ 　浴槽水の消毒では、浴槽水中の遊離残留塩素濃度を頻繁に測定して記録し、通常0.2〜0.4mg/ℓ程度に保ち、かつ、最大で1.0mg/ℓを超えないように管理を行うとともに、ろ過器を設置している浴槽では、塩素系薬剤をろ過器の直前に注入する。温泉水及び井戸水を利用する場合または塩素消毒以外の方法により消毒を行う場合は適切な維持管理を行う
⑥ 　貯湯槽は、湯温を60度以上に保つ。また、定期的に貯湯槽内の生物膜の除去のための清掃及び消毒を行う
⑦ 　浴槽に気泡発生装置、ジェット噴射装置等エアロゾルを発生させる設備を設置している場合は、毎日、完全に換えることなく使用している浴槽水を使用しない
⑧ 　浴槽に入る前には身体を洗うこと等の注意を喚起する

3）設備関連法規

3　空気調和設備の冷却塔における衛生上の措置

　空気調和設備の冷却塔を発生源とするレジオネラ症は、海外では数多くの集団感染事例が報告されており、感染源として重視する必要がある。

　冷却塔からの排気に含まれるエアロゾルは、外気取入口や窓を介して屋内に侵入し、または、地上に飛散することから、冷却塔の設置または修繕を実施する場合は、冷却塔からの排気に含まれるエアロゾルの飛散を抑制するための措置を講ずる必要がある。冷却塔内のスケール及びスライムの生成を抑制し、除去を行うことが重要である。

　冷却塔を設置する際には、外気取入口、居室の窓及び人が活動する場所から十分距離を置く。

　維持管理上は、冷却塔の使用開始時及び使用期間中は1か月以内ごとに1回、冷却塔及び冷却水の汚れの状況を点検し、必要に応じ、冷却塔の清掃及び換水等を実施する。また、必要に応じ、殺菌剤等を冷却水に加えて微生物や藻類の繁殖を抑制すること。

4　給湯設備における衛生上の措置

　湯温の制御がレジオネラ属菌による汚染を防止するうえで最も重要である。また、湯水が貯湯槽や給湯配管内で滞留することによってレジオネラ属菌をはじめとする微生物が繁殖しやすくなる。

　貯湯槽内の湯温が60℃以上、末端の給湯栓でも55℃以上となるような加熱装置を備えることが必要である。また、滞留水を排水できるよう貯湯槽等には排水弁を設置するとともに、循環式の中央式給湯設備では、湯水が均一に循環するよう流量弁等を設置する。

　貯湯槽等に滞留している湯水を定期的に排出するとともに、1年に1回以上、貯湯槽等の清掃を実施すること。

【参考】
○『レジオネラ症防止指針 第4版』日本建築衛生管理教育センター、2017年
○「循環式浴槽におけるレジオネラ症防止対策マニュアルについて」（平成13年9月11日健衛発95）

3 医療ガス

　医療ガスとは、患者の治療、診断及び予防ならびに手術機器駆動用として使用するガスまたはその混合ガスをいう（JIS T7101）、酸素、亜酸化窒素（笑気）、治療用空気、吸引、窒素、二酸化炭素、麻酔ガス排除、非治療用空気がある。医療ガスを供給する設備を計画するにあたり、関連する主な法令として高圧ガス保安法、消防法がある。

　高圧ガス保安法においては、ボンベ等に充てんされた高圧の医療ガスや液化した酸素や窒素などをガス化する設備（CE：コールド・エバポレーター）に対する離隔の規定などがある。

　消防法においては、取り扱う危険物施設と高圧ガス施設との離隔の規定などがある。

1　高圧ガスの製造

　病院において、液化酸素タンクなどのCEを設置する場合、「高圧ガスの製造」に該当する。貯蔵能力、処理能力により、届出や許可申請を行う必要がある（高圧ガス保安法第5条、一般高圧ガス保安規則第3条、第4条）。

2　高圧ガスの貯蔵

　医療ガスを300㎥以上貯蔵する場合、許可申請や届出が必要となる。第1種貯蔵所においては都道府県知事の許可が、第2種貯蔵所においては都道府県知事への届出がそれぞれ必要になる。また、液化ガスの場合、液化ガス10kgを1㎥に換算する（高圧ガス保安法第15条、第16条、第17条の2）。

3　保安距離

(1)　設備距離

　液化酸素タンクなどのCEを含む高圧ガスの製造・貯蔵設備と保安物件（学校や住居など）との間には、ガスの貯蔵能力に対応した一定以上の距離である「設備距離」を設けることが定められている。タンクローリーは「移動式製造設備」に該当するため、保安物件に対してタンクローリーの外面から一定の距離を取らなければならない。

　なお、保安物件には事業所の存する敷地と同一敷地内にあるものは除かれる。すなわち、病院の敷地内にある高圧ガス製造・貯蔵所から病院本体への設備距離については高圧ガス保安法に規定がないが、都道府県の行政指導などにより当該距離に対する規制があるため確認を要する（参考：神奈川県の行政指導）。

3）設備関連法規

図 4-4　CE（コールド・エバポレーター）の設備距離

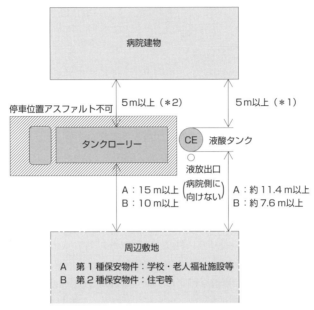

＊1　5m未満の場合　CE頂部以下のCE側の範囲に開口部がないこと
＊2　5m未満の場合　玄関または窓（網入ガラス、強化ガラス等強度があり開閉できないものを除く）等の開口部に面していないこと

（神奈川県・行政指導）

表 4-20　保安物件に対する設備距離（一般高圧ガス保安規則第6条、第8条）

保安物件	保安距離	
第1種保安物件（学校、病院、老人福祉施設など）	第1種設備距離以上	CE（コールド・エバポレーター）との保安距離：$8\sqrt{2} ≒ 11.4$ m以上（液酸の貯蔵量1,000kg未満の場合）
		タンクローリーとの保安距離：15 m以上
第2種保安物件（第1種保安物件以外の建築物で住居の用に供するもの。民家など）	第2種設備距離以上	CE（コールド・エバポレーター）との保安距離：$(16/3)\sqrt{2} ≒ 7.6$ m以上（液酸の貯蔵量1,000kg未満の場合）
		タンクローリーとの保安距離：10 m以上

4　火気との距離

　液化酸素タンクなどのCEを含む特定高圧ガスの貯蔵設備等の周囲5 m以内においては火気の使用が禁じられている（一般高圧ガス保安規則第55条第2項）。かかる火気には自動車等も含まれるため、高圧ガス設備と駐車区画とは5 m以上の距離を確保しなければならないことに注意が必要である。

5　消防法

　危険物貯蔵所と処理能力30㎡/日以上のCEとの間の保安距離として20 m以上の離隔が必要。

4 危険物取扱所

　危険物とは、消防法別表第1に掲げる物品をいい（消防法第2条）、指定数量以上の危険物は、貯蔵所（車両に固定されたタンクにおいて危険物を貯蔵し、または取り扱う貯蔵所（移動タンク貯蔵所）を含む）以外の場所でこれを貯蔵し、または製造所、貯蔵所及び取扱所以外の場所でこれを取り扱ってはならないとされている（消防法第10条）。

　病院内には、油類（灯油、重油）を貯蔵し、燃料として使用するボイラー・冷凍機などの熱源設備や、高圧のフロンガスなどを使用して冷水を発生させる冷熱源設備、厨房などで使用する液化石油ガスなどさまざまな危険物がある。

　消防法に定める危険物を取り扱う施設のうち、医療福祉施設の計画において関係の深いものは次のとおりである（危険物の規制に関する政令第2条、第3条）。

製造所	危険物を製造する施設
屋内タンク貯蔵所	屋内にあるタンクにおいて危険物を貯蔵し、または、取り扱う施設
地下タンク貯蔵所	地盤面下に埋設されているタンクにおいて危険物を貯蔵し、または取り扱う施設
一般取扱所	給油取扱所、販売取扱所、移送取扱所以外で危険物を取り扱う施設

　指定数量（危険物についてその危険性を勘案して政令で定める数量。灯油1,000ℓ、重油2,000ℓ）未満の危険物施設は少量危険物施設（貯蔵所、取扱所）となり、自治体の条例及び規則により規制されている。

表4-21　屋内タンク貯蔵所

- 壁、柱、床、天井はすべて耐火構造とし、床は、危険物が浸透しない構造とする
- 窓は設けない
- 流出防止の用のセキの高さは200mm以上とし、全容量の110％以上が包含し得る規模とする
- 電気設備は、防爆構造とする

注　地下にタンク専用室を設けた場合の例。詳細は所轄消防署の指示による

（危険物の規制に関する政令第12条）

表4-22　ボイラー室

- 耐火構造の障壁で区画された場所に設置しなければならない
- 出入口は2か所以上設けなければならない
- 扉は原則として、外開きとし、甲種防火戸で自閉式とする
- ボイラー室その他のボイラー設置場所に燃料を貯蔵するときは、これをボイラーの外側から2m（固体燃料にあっては、1.2m）以上離しておかなければならない

（ボイラー及び圧力容器安全規則第18条、第19条、第21条）

3）設備関連法規

表4-23　冷凍機室

- 独立した機械室に設置することが望ましく、ボイラーなどの同室は好ましくない
- 地下室など漏洩ガスのこもりやすいところは、冷媒ガスが漏れても災害が起こらないよう注意する
- 出入口は非常口も含めて2か所以上設ける
  一側壁に2か所以上設けない
- 火気及び燃焼物が付近にないこと

注　高圧ガス保安法、冷凍保安規則等によるが、詳細は所轄部署の指示による

（高圧ガス保安法）

表4-24　プロパンボンベ庫

- 火気からの離隔距離を2m以上確保する
  火気から2m以内の場合は、火気をさえぎる措置を講じ、かつ、屋外に置くこと
- 屋根は、不燃性または難燃性であって軽量なものとする
- 換気口は床面に接し外気に通じていて容器設置の床面積1㎡あたり、300c㎡の、有効開口面積以上とし、2方向以上に設けること（1か所の開口面積は2,400c㎡以下）
- 容器設置床は地面より10cm以上高くし、平らにすること

注　液化石油ガスの保安の確保及び取引の適正化に関する法律等によるが、詳細は所轄部署の指示による

（液化石油ガスの保安の確保及び取引の適正化に関する法律等）

5 水槽等

　水槽等には、飲料水、雑用水を貯留する「給水タンク」、病院内の各所から出てくる汚水、雑排水などを自然流下で建物外へ放流できない場合、建物最下階の床下ピットなどを利用して一時的に貯留する「排水槽」、スプリンクラー設備等の水源となる「消火水槽」などさまざまなものがある。建物内にそれらを設置する場合、それぞれ「建築基準法」「消防法」「建築物における排水槽等の構造、維持管理等に関する指導要綱」（東京都の場合）などの規制を受ける。

　また、「RI貯留槽」については、「放射性同位元素等による放射線障害の防止に関する法律」「医療法」により設置上の基準が定められている。

表 4-25　水槽等

	規定
給水タンク	・6面点検スペース 　周囲及び下面の最小点検寸法は、0.6 m以上、上部寸法は1.0 m以上確保（建基法〈36〉、建基令〈129の2の5②〉、昭50建告1597） ・ポンプ室と一体となっているものの床面積の算定 　ポンプ、制御室等が一体形となって設けられており、他の用途として使用されるおそれのある場合は、建築物の機械室とみなされ、その部分については、床面積に算入される（建基法〈92〉、建基令〈2〉） ・給水タンク等を設置する地下ピット床面積の算定 　給水または揚水ポンプを設置し、制御盤等を置く等、保守点検用の空間（0.6〜1.5 m程度）を超えて使用される場合には、機械室等とみなし、床面積に算入する。当該部分に設置される設備が、給水タンク等及び関連設備のみで、かつ、出入りがタラップ等であり、出入口を上蓋とするなど他の用途に使用されるおそれのないものであれば、不算入とすることができる（建基法〈92〉、建基令〈2①〉）
雑用水槽	・6面点検スペースは必要がなく、建物の床下ピットなどを利用する。定期的な点検・清掃をするため、2槽設置が望ましい
消火水槽	水源容量＝（同時開放数）× 1.6 m³ （閉鎖型スプリンクラーヘッドの場合）（消令〈12②〉）
汚水槽	・汚水槽の悪臭防止対策として、槽容量、床勾配（1/10〜1/15）、トラップ・防臭型マンホールの設置などの基準（東京都「建築物における排水槽等の構造、維持管理等に関する指導要綱」）
RI貯留槽	・排液の漏れにくい構造とし、排液が浸透しにくく、かつ、腐食しにくい材料を用いること（医規〈30の11〉） ・排液処理槽の上部の開口部は、ふたのできる構造とするか、またはさくその他の周囲に人がみだりに立ち入らないようにするための設備を設けること（医規〈30の11〉）

3）設備関連法規

【計画上の留意点】

・RI 貯留槽については、経年変化や災害等により排水処理槽に生じる亀裂等の有無を確認するための漏水試験等が実施しにくい地中埋設式のコンクリート槽等は望ましくなく、地上据置式のステンレス槽が一般的である。

図 4-5　給水タンク

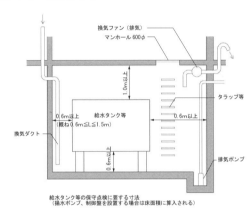

図 4-6　排水槽

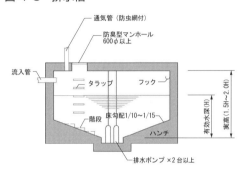

図 4-7　給水タンク（床面積に算入されない例）

図 4-8　給水タンク（床面積に算入される例）

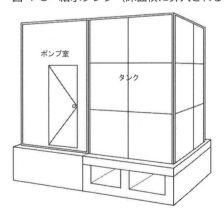

6 受電設備

　受電する電圧が高圧・特別高圧になると、病院内で使用する機器の電圧（100V/200V など）に変換・配分するための受変電設備（構成はキュービクル・配電盤、変圧器、遮断機、保護継電器、進相コンデンサなど）が必要となる。
　キュービクルの種別（屋内、屋外、開放）、設置場所などにより、建物からの距離、金属箱の周囲との保有距離が異なるので注意が必要である。

表 4-26　受電室の施設（屋内）

- 防火構造または耐火構造であって、不燃材料でつくった壁、柱、床及び天井で区画され、かつ、窓及び出入口には防火戸を設ける
- 変圧器、配電盤など受電設備の主要部分には、保守点検に必要な空間及び防火上有効な空間を保持するため、表 4-27 の値以上の保有距離を有すること
- 保守点検に必要な通路は、幅 0.8 m 以上、高さ 1.8 m 以上とする
- 受電室には、水管、蒸気管、ガス管などを通過させないこと

＊　受電室とは、高圧受電設備を施設する屋内の場所をいう。電気室または変電室と呼称されることもある
（電気技術規程：JEAC（Japan Electric Association Code）8011-2014 高圧受電設備規程）

表 4-27　受電設備に使用する配電盤などの最小保有距離（m）

部位別＼機器別	前面または操作面	背面または点検面	列相互間（点検を行う面）＊1	その他の面＊2
高圧配電盤	1.0	0.6	1.2	―
低圧配電盤	1.0	0.6	1.2	―
変圧器など	0.6	0.6	1.2	0.2

＊1　機器類を 2 列以上設ける場合をいう
　2　操作面・点検面を除いた面をいう
（電気技術規程：JEAC（Japan Electric Association Code）8011-2014 高圧受電設備規程）

表 4-28　屋内に設置するキュービクルの施設

- キュービクルを屋内に設置する場合、金属箱の周囲との保有距離、他造営物または物品との離隔距離は、表 4-29 の区分に従い保持すること。

＊　キュービクルとは、キュービクル式高圧受電設備及び金属箱に収めた高圧受電設備をいう
（電気技術規程：JEAC（Japan Electric Association Code）8011-2014 高圧受電設備規程）

　屋外に設ける場合の建築物等との離隔距離及び金属箱の周囲の保有距離は、次のとおりである（火災予防条例（例）第 11 条）。
① 屋外に設けるキュービクル式受電設備（消防長が火災予防上支障がないと認める構造を有するキュービクル式受電設備は除く）は、建築物から 3 m 以上の距離を保つこと。
　ただし、不燃材料でつくり、またはおおわれた外壁で開口部のないものに面するときは、この限りではない。
　なお、消防長が火災予防上支障がないと認められる構造を有するキュービクル式受電設備とし

3）設備関連法規

ておおむね次のものがある。
- 消防庁告示第7号「キュービクル式非常電源専用受電設備の基準」に適合するもの
- 日本電気協会の認定品及び推奨品

② 金属箱の周囲の保有距離は、1m＋保安上有効な距離以上とすること。
ただし、隣接する建築物等の部分が不燃材料でつくられ、かつ、当該建築物等の開口部に防火戸その他の防火設備が設けてある場合にあっては、高圧受電設備規程「屋内に設置するキュービクルの施設」に準じて保つことができる。

図4-9 保有距離

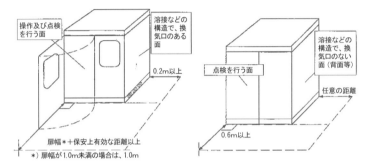

表4-29 キュービクルの保有距離（m）

保有距離を確保する部分	保有距離
点検を行う面	0.6 以上
操作を行う面	扉幅＋保安上有効な距離
溶接などの構造で換気口がある面	0.2 以上
溶接などの構造で換気口がない面	―

注1）溶接などの構造とは、溶接またはねじ止めなどにより堅固に固定されている場合をいう
　2）扉幅については、扉幅が1.0m未満の場合は、1.0mとする
　3）保安上有効な距離とは、人の移動に支障をきたさない距離をいう
（電気技術規程：JEAC（Japan Electric Association Code）8011-2014 高圧受電設備規程）

表4-30 屋外に設置するキュービクルの施設

・キュービクル式受電設備（消防長が火災予防上支障がないと認める構造を有するキュービクル式受電設備は除く）は、建築物から3m以上の距離を保つこと
・金属箱の周囲の保有距離は、1.0m＋保安上有効な距離以上

＊　保安上有効な距離とは、人の移動に支障をきたさない距離をいう
（電気技術規程：JEAC（Japan Electric Association Code）8011-2014 高圧受電設備規程）

7 保守管理

　病院には、一般業務建物と異なり、24時間の医療を行う病棟、突発的な対応が必要な救急部門、清浄度の確保が必要な手術部・ICU・NICU等がある。さらに温度・湿度・電源などの要求度がさまざまに異なる部屋も数多くある。それぞれの使用状況に応じた設備の運転・保守が必要である。長時間運転のなかで、設備・機器の損耗劣化は、設置後の使用開始時から始まる。設備・機器の機能の日常点検と定期点検を計画的に行い、適切にその機能を維持しなければならない。計画的な維持管理を行うための中長期保全計画を策定する際に参考となる機器の耐用年数を表4-31に示す。

表4-31　設備機器の耐用年数

機器名	形式	法定耐用年数 *1	建築物のライフサイクルコストによる耐用年数*2	医療福祉設備協会による耐用年数
ボイラー（法定点検1回/1年）	水管	15		
	炉筒煙管	15	20	15
	鋳鉄管	15	30	15
冷凍機（法定点検1回/3年）	往復動	15（13）	15	
	遠心	15	20	
	吸収	15（13）	20	
パッケージ形空気調和機	水冷	15（13）	20	6
	空冷	15（13）	15	6
家庭用冷暖房機器		6		
ユニット形空気調和機		15	20	10
ファンコイルユニット		15	20	
送風機		15	20	15
冷却塔	FRP製	15	15	10（開放）
	鋼板製	15	15	15（密閉）
ポンプ		15	20	10
汚水汚物ポンプ		15	15	
自動制御		15	15	
熱交換器		15	20	
軟水装置		15	—	
弁類	鋳鉄製	15	15	15
	青銅製	15	15	
制御機器		15	15	

3）設備関連法規

機器名	形式	法定耐用年数 *1	建築物のライフサイクルコストによる耐用年数 *2	医療福祉設備協会による耐用年数
エレベーター		17	30	
エスカレーター		15	30	
照明器具		15	20	
変圧器	油入	15	30	
	乾式	15	30	
高圧受電盤		15	25	
高圧配電盤		15	25	
電力コンデンサ		15	25	
中央監視装置		15	15	
蓄電池	鉛（MSE）	6	8	
	アルカリ	6	13	
ディーゼルエンジン	非常用	15	30	
発電機（法定点検1回/6か月）	非常用	15	30	
分電盤・動力制御盤	屋内用	15	25	
電気時計		10	20	
拡声装置		6	20	
消火、排煙または災害報知設備（法定点検1回/6か月）		8	20	
電話交換装置		6	20	
電気通信処理設備		6	—	
テレビ機器		10	20	
その他通信機器		10	15	

*1 法定耐用年数は、「減価償却資産の耐用年数等に関する省令」（昭40.3.31 大蔵省令第11号）による
*2 建築物のライフサイクルコストは、国土交通省大臣官房官庁営繕部監修、建築保全センター編集『建築物のライフサイクルコスト』経済調査会、2005年による耐用年数

【計画上の留意点】

・中期保全計画の策定手順は、施設の現状把握（目視・記録調査、詳細調査）→劣化状況判定（耐用年数、調査による）→更新時期・方法の検討→年度ごとの保全計画となる。なお、建築プランの変更、医療業務を続けながらの工事手順などとの調整が重要である。

8 火気使用室の換気量 ― 3）設備関連法規

　厨房、湯沸室などの火気使用室の有効換気量は、そこに設置される排気フードの形状により、計算式がそれぞれ異なる。厨房器具のレイアウトをもとに良好な作業空間をつくるためにフードの形状を決める。計算式は、建築基準法第28条第3項、建築基準法施行令第20条の3第2項、「換気設備の構造方法を定める件」（昭45建告1826）による。

表4-32　有効換気量の計算式

排気フードⅠ形の場合：$V = 30 \times K \times Q$
排気フードⅡ形の場合：$V = 20 \times K \times Q$
V：有効換気量（㎥／h）
K：燃料の単位燃焼量あたりの理論廃ガス量（㎥／kWh または㎥／kg）
　都市ガス：0.93 ／ LPガス：0.93
Q：燃料消費量（kW／h または kg／h）

図4-10　排気フードの形状

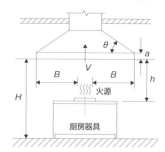

		法規制値			実用値
		Ⅱ形フード	Ⅰ形フード	Ⅰ形フードと同等とみなせるフード	
高さ	h	1.0 m以下	1.0 m以下	1.2 m以下	1.0 m以下
	H	―	―	―	1.8～2.0 m
大きさ（火源の周囲）	B	h/2以上	火源等を覆うことができるもの	h/6以上	―
集気部分	a	5cm以上	廃ガスが一様に捕集できる形状	廃ガスが一様に捕集できる形状	10～15cm
	θ	10°以上			30°～40°
材質		不燃材料	不燃材料	不燃材料	ステンレス
面風速	V	―	―	―	0.3～0.5m/s＊

＊ 国土交通省住宅局建築指導課『換気・空調設備技術基準・同解説2005年版』日本建築設備・昇降機センター、2005年による

【計画上の留意点】

・建築基準法に定められた構造方法により求めた有効換気量と調理の際に発生する水蒸気、熱、油脂分などを有効に捕集できるフード面での風速（通常0.3～0.5m／s）から算出した換気量と、室の換気回数（40回／h）から算出した換気量を比較して大きいほうの値を採用する。

・電化厨房の換気量は、法的な規定はないが、厨房器具の電気容量による有効換気量、フードの面風速から算出した換気量、室の換気回数（20回／h）から算出した換気量の大きいほうの値とする。

1 医療施設における院内感染の防止　　4）その他の法規

　院内感染は、人から人へ直接、または医療器具等を媒介して発生する。特に、免疫力の低下した患者、未熟児、老人等の易感染患者は、通常の病原微生物のみならず、感染力の弱い微生物によっても、院内感染を起こす可能性がある。このため、院内感染防止対策は、個々の医療従事者ごとに対策を行うのではなく、医療施設全体として対策に取り組むことが必要である。

表 4-33　院内感染防止対策（医療機関等における院内感染対策について）

標準予防策及び感染経路別予防策	・手袋・マスク・ガウン等の個人防護具を適切に配備する ・集中治療室などの清潔領域への入室に際して、履物交換と個人防護具着用を一律に常時実施する必要はない
手指衛生	・手洗い及び手指消毒のための設備・備品等を整備する ・必要に応じて石けん及び水道水による手洗いを実施する（アルコールに抵抗性のある微生物への対応）
環境整備	・空調設備、給湯設備など、院内感染対策に有用な設備を適切に整備する ・環境整備の基本は清掃である。一律に広範囲の環境消毒を行わない ・ドアノブ、ベッド柵など、頻繁接触箇所は、定期的に清拭。必要に応じアルコール消毒等を行う ・多剤耐性菌感染患者が使用した病室等に環境消毒が必要となる場合は、生体への毒性等がないように配慮する ・粘着マット及び薬液浸漬マットについては、感染防止効果が認められない
医療機器の洗浄、消毒または滅菌	・消毒薬や滅菌用ガスが生体に有害な影響を与えないよう十分に配慮する ・使用済みの医療機器は、消毒または滅菌に先立ち、洗浄を十分行う ・現場での一次洗浄は極力行わずに、可能な限り中央部門で一括して十分な洗浄を行う ・中央部門で行う際は、密閉搬送し、汚染拡散を防止する
手術	・空調設備により周辺の各室に対して陽圧を維持し、清掃が容易にできる構造とする ・消毒薬を使用した広範囲の床消毒については、日常的に行う必要はない
新生児集中治療部門	・保育器の日常的な消毒は必ずしも必要ではない。消毒薬を使用した場合には、その残留毒性に十分注意を払う

＊　感染制御予防策は別添の研究報告書による推奨

（平 26.12.19 医政地発 1219 第 1）

2 業務委託

医療法では、診療等に著しい影響を与える業務として、①検体検査業務、②滅菌消毒業務、③患者給食業務、④洗濯業務、⑤患者輸送業務、⑥医療機器保守管理業務、⑦医療用ガス保守点検業務、⑧清掃業務の8つを定めており（政令8業務）、これらを委託する場合には表4-34にある基準に適合するものに委託しなければならないとされている。

表 4-34 業務委託を行う場合の構造設備基準

検体検査業務	・血清分離のみを請負う受託者にあっては、電気冷蔵庫、電気冷凍庫及び遠心器を有すれば足りる なお、施設の賃貸借については、開設者と受託者の契約により明確にする ・微生物学的検査のうち、病原体遺伝子検査の検査用機械器具は、当該検査の前処理の工程まで専用であればよい　　　　　　　　　　　　　　　　　　　（平5.2.15健政発98）
滅菌消毒業務	・滅菌消毒作業室、繊維製品の洗濯包装作業室、滅菌または消毒済みの医療機器または繊維製品の保管室が区分されている ・滅菌消毒作業室は十分な広さ及び構造を有する ・滅菌消毒作業室の機器及び設備は、作業工程順に置かれている ・滅菌消毒作業室の床及び内壁の材料は、不浸透性材料（コンクリート、タイル等汚水が浸透しないものをいう） ・保管室は、室内の空気が直接外部及び他の区域からの空気により汚染されない構造 ・下記の機器及び装置（代替する機能を有するものでも可）を有する 　高圧蒸気滅菌器、エチレンオキシドガス滅菌器及び強制脱気装置、超音波洗浄器、ウォッシャーディスインフェクター装置またはウォッシャーステリライザー装置 ・汚水処理施設及び排水設備を有する。ただし、共用の汚水処理施設を利用する場合はこの限りでない　　　　　　　　　　　　　　　　　　　　　　　　　（医規〈9の9〉）
	・エチレンオキシドガスボンベを有する場合にあっては、当該ボンベは、滅菌消毒作業室の外であって、エチレンオキシドガス滅菌器に近接した場所に配置されている ・滅菌の処理に使用する機器及び装置は、滅菌処理が行われる医療機器等を搬入する扉と滅菌処理が行われた医療機器等を搬出する扉を有する両扉方式であることが望ましい 　　　　　　　　　　　　　　　　　　　　　　　　　　　　（平5.2.15健政発98）
患者給食業務	・患者等給食にかかる施設、設備及び食器については、HACCPの概念に基づく適切な衛生管理が行われ、衛生状態が常に良好に保たれている ・病院内の給食施設において調理のすべてを行う必要はないが、病院外の調理加工施設を使用して調理を行う場合であっても、加熱等の病院内での調理作業は残るので、病院内の給食施設のすべてが不要となることはない ・病院と老人保健施設等とを併設する場合（同一敷地内にある場合または公道を挟んで隣接している場合）においては、併設施設の給食施設を病院の給食施設として共用することが認められる ただし、病院または老人保健施設等のそれぞれの患者または入所者等への食事の提供に支障を来すことがないよう十分に配慮されていなければならない。また、食事の運搬については、衛生管理に特段の留意が図られている ・食器は洗浄後に消毒されたものを用いる。また、食器は食事の提供に支障を生じることがないよう必要数を備えている。なお、食器を運搬する場合には、食器が細菌等に汚染されることがないよう専用の保管庫または保管容器を用いる　　　　　　（平5.2.15健政発98）

4) その他の法規

洗濯業務	・洗濯施設は、隔壁等により外部及び居室、便所等の他の施設と区分されている ・寝具類の受取場、洗濯場、仕上場及び引渡場は、洗濯物の処理及び衛生保持に必要な広さ及び構造を有し、かつ、それぞれが区分されている ・洗濯施設は、採光、照明及び換気が十分に行える構造 ・消毒、洗濯、脱水、乾燥、プレスのために必要な機械・器具を有する ・洗濯物の処理のために使用する消毒剤、洗剤、有機溶剤等を専用に保管する保管庫または戸棚等を有する ・仕上げの終わった洗濯物の格納施設が清潔な場所に設けられている ・寝具類の受取場及び引渡場は、取り扱う量に応じた適当な広さの受取台及び引渡台を備えている　等 　　　　　　　　　　　　　　　　　　　　　　　　　　（医規〈9 の 14〉）
	・洗濯施設は、原則として病院洗濯物のみを取り扱う専門施設とする 　なお、他の洗濯物も併せて取り扱う場合にあっては、病院洗濯物にかかる各施設（受取場、洗濯場（選別場、消毒場、洗い場、乾燥場等）、仕上場及び引渡場）が病院洗濯物専用のものであり、また、隔壁等により他の洗濯物にかかる各施設と区分されている ・洗濯場の床及び腰張りは、コンクリート、タイル等の不浸透性材料を使用し、清掃が容易に行える構造 ・水洗いによる洗濯物の処理を行う洗濯施設の床面は、容易に排水ができるよう適当なこう配を有し、排水口が設けられている ・有機溶剤を使用しての洗濯物の処理を行う洗濯施設には、局所排気装置等の換気設備を適正な位置に設けるなど有機溶剤使用に伴い生じる悪臭等による周辺への影響について十分配慮する ・洗濯施設には、汚染のおそれのない場所に仕上げの終わった寝具類の格納設備が設けられている 　　　　　　　　　　　　　　　　　　　　　　　　　（平 5.2.15 健政発 98）
	・感染の危険のある寝具類については、その洗濯を外部委託することができるものであっても、やむを得ない場合を除き、これにかかる消毒は病院内の施設で行う（例外的に消毒前の寝具類の洗濯を外部委託する場合には、感染の危険のある旨を表示したうえで、密閉した容器に収めて持ち出すなど他へ感染するおそれのないよう取り扱う）　等 　　　　　　　　　　　　　　　　　　　　　　　　　　　　　　　　　（平 5.2.15 指 14）

注）　患者輸送業務、医療機器保守管理業務、医療用ガス保守点検業務、清掃業務については、計画上留意すべき構造設備基準はないので記載していない

3 廃棄物処理

医療機関から排出される廃棄物は一般的には医療廃棄物と呼ばれる。医療廃棄物は、感染性廃棄物であるか否かによってその取り扱いと処理の仕方が大きく異なる。廃棄物の処理・処分方法を規定する法律として「廃棄物の処理及び清掃に関する法律」（廃棄物処理法）があり、医療廃棄物についてもこの法律で規定されている。

図4-11　廃棄物処理法に基づく分類

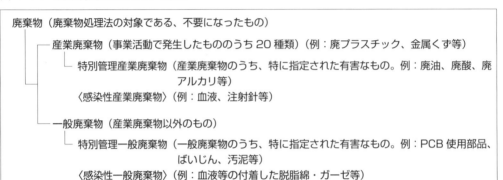

法による規定がなかった当時は、医療関係者の判断に委ねられており、主に医療機関内の自家用小型焼却炉で処理・処分されていたが、自家焼却については、低温焼却炉から発生するダイオキシン類の発生問題により、1997（平成9）年の廃棄物処理法の規制強化に伴い、外部委託が一般化することとなった。

特別管理廃棄物とは

爆発性、毒性、感染性その他の人の健康または生活環境にかかる被害を生ずるおそれがある性状を有する廃棄物をいう。必要な処理基準を設け、通常の廃棄物より厳しい規制を行っている。

感染性廃棄物とは

感染性廃棄物とは、医療関係機関等から生じ、人が感染し、もしくは感染するおそれのある病原体が含まれ、もしくは付着している廃棄物またはこれらのおそれのある廃棄物をいう。

感染性廃棄物の判断

廃棄物が感染性廃棄物であるか否かの判断は、廃棄物の「形状の観点」「排出場所の観点」及び「感染症の種類の観点」によって行われる（図4-12）。

4) その他の法規

図 4-12 感染性廃棄物判別フロー

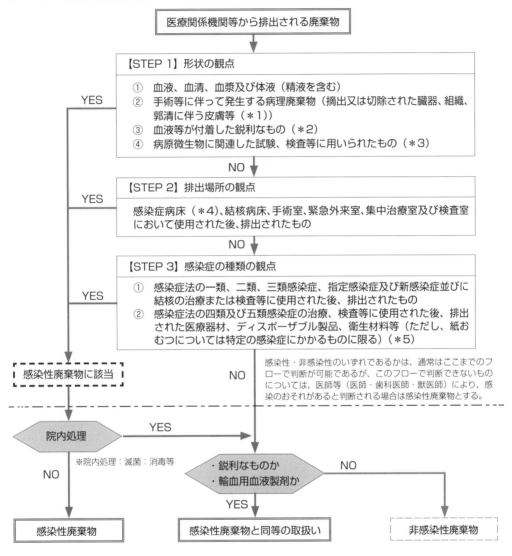

* 次の廃棄物も感染性廃棄物と同等の取扱いとする
  ・外見上血液と見分けがつかない輸血用血液製剤等
  ・血液等が付着していない鋭利なもの（破損したガラスくず等を含む）
* 1 ホルマリン漬臓器等を含む
* 2 医療器材としての注射針、メス、破損したアンプル・バイヤル等
* 3 病原微生物に関連した試験、検査等に使用した培地、実験動物の死体、試験管、シャーレ等
* 4 感染症法により入院措置が講ぜられる一類、二類感染症、指定感染症及び新感染症の病床
* 5 医療器材（注射針、メス、ガラスくず等）、ディスポーザブルの医療器材（ピンセット、注射器、カテーテル類、透析等回路、輸液点滴セット、手袋、血液バッグ、リネン類等）、衛生材料（ガーゼ、脱脂綿等）、紙おむつ、標本（検体標本）等。なお、インフルエンザ、麻疹、レジオネラ症等の患者の紙おむつは、血液等が付着していなければ感染性廃棄物ではない

出典：「新改訂」医療廃棄物の適正処理マニュアル——感染性廃棄物を中心に」『臨床病理レビュー』No.133、11頁、2005年

4 放射線障害防止法関連
（リニアック・PET・RI 等の届出）

　リニアックや RI などを用いた放射線治療、RI を用いた核医学診断（SPECT 検査（Single Photon Emission CT）、PET 検査（Positron Emission Tomography））などを行う場合、医療法に基づく都道府県知事への届け出のほか、「放射性同位元素等による放射線障害の防止に関する法律（放射線障害防止法）」の規定に該当するものは、同法に基づく原子力規制委員会の許可も受けなければならない（使用する密封線源のすべてが原子力規制委員会の定める下限数量の 1000 倍以下の場合は届け出）。

　上記の届け出を行う場合や、許可を受けようとする場合、医療法施行規則、放射線障害防止法施行規則それぞれに規定された、建築や設備に関する構造設備基準を順守する必要がある（表 4-35、4-36）。

　これらの設計にあたっては使用する放射性同位元素の核種・使用量などに基づく遮蔽能力計算等が必要となるため、許可申請業務とともに装置メーカーや専門業者に協力を依頼する場合が通例である。また、許可申請の審査や検査と設計、工事のスケジュール調整にも留意が必要である。

　なお、原子力利用における安全対策の強化のための核原料物質、核燃料物質及び原子炉の規制に関する法律等の一部を改正する法律が 2017（平成 29）年 4 月 14 日に公布され、放射線障害防止法は、「放射性同位元素等の規制に関する法律」に名称が変更される（公布の日から 3 年以内に施行）。

表 4-35　放射線障害防止法施行規則に基づく使用施設の基準（概要）

構造設備の基準
地崩れ及び浸水のおそれの少ない場所に設ける
主要構造部等は耐火構造または不燃材料を用いた構造とする
遮蔽壁その他の遮蔽物を設ける
密封されていない放射性同位元素を使用する場合は作業室及び出入口付近等に汚染検査室を設ける
作業室、汚染検査室の壁・床等は突起物、くぼみ及び仕上材の目地等のすきまの少ない構造とする
作業室、汚染検査室の壁・床等の表面は、平滑で気体または液体が浸透しにくく腐食しにくい材料とする
汚染検査室には洗浄設備及び更衣設備を設ける
出入口には放射性同位元素または放射線発生装置の使用をする場合に自動的に表示する装置及び、人がみだりに入ることを防止するインターロック装置を設ける
管理区域の境界には、さく等の人がみだりに立ち入らないようにするための施設を設け、標識を付す

（放射線障害防止法施行規則第 14 条の 7）

注 1）　使用施設とは放射性同位元素または放射線発生装置の使用をする施設をいう
注 2）　廃棄物詰替施設、貯蔵施設、廃棄物貯蔵施設、廃棄施設の構造設備の基準は第 14 条の 8 〜 11 に規定されている

4) その他の法規

表 4-36 医療法施行規則に基づく、リニアック・PET・RI 等の防護及び構造設備（概要）

構造設備の基準	該当する装置等使用室
使用室の出入口開放時に、放射線の発生を遮断するインターロックを設置する	A
画壁等は遮蔽する（人が通行や停在しない場所との画壁については不要）（＊1）	A・B・C・D・F・G
使用室内には装置を操作する場所を設けない（＊2）	C・G
使用室である旨を示す標識を設置する	A・B・C・D・E・F・G
人が常時出入する出入口は 1 か所とする	A・B・D・F・G
主要構造部等は耐火構造または不燃材料を用いた構造とする	B・E・F・G
外部に通ずる部分には鍵などを設置する	E
間仕切りを設ける等、放射線障害の防止に関する予防措置を講ずる。	E
準備室（調剤等）と診療室は区画する	F
壁・床等は突起物、くぼみ及び仕上材の目地等のすきまの少ないものとする	F・G
壁・床等の表面は平滑で気体または液体が浸透しにくく腐食しにくい材料とする	F・G
出入口付近に測定器、洗浄設備及び更衣設備を設ける	F・G
準備室（調剤等）には洗浄設備を設ける	F・G
陽電子準備室（調剤等）と診療を行う室及び患者等が待機する室は区画する	G
排水設備、排気設備を設置する（構造設備の基準は第 30 条の 11 参照）	医療用放射性汚染物を廃棄する施設
凡例 A：診療用高エネルギー放射線発生装置（リニアック等）及び診療用粒子線照射装置（陽子線照射装置等） B：診療用放射線照射装置（ガンマナイフ・ラルストロン）　C：エックス線診療室（一般エックス線、透視、CT 等） D：診療用放射線照射器具（ラルストロン等）　　　　　　E：放射性同位元素装備診療機器（骨塩分析装置等） F：診療用放射性同位元素（放射性医薬品等）　　　　　　G：陽電子断層撮影診療用放射性同位元素（PET 等）	

＊1　画壁はその外側における実効線量が 1 週間につき 1 ミリシーベルト以下になるように遮蔽する
＊2　エックス線診療室で、第 30 条第 4 項第 3 号に規定する箱状の遮蔽物を設けたとき、または近接透視撮影を行うとき、乳房撮影を行う等で必要な防護物を設けた場合は室内に操作する場所を設けることができる

（医療法施行規則第 30 条の 2、第 30 条の 4〜第 30 条の 8 の 2）

トピックス　核医学施設でのスリッパへの履き替え　Topics

　日本の核医学施設では、放射能汚染の拡大の防止のため、スタッフ及び患者のスリッパ履き替えが行われているが、本当に必要なことなのか。医療現場でも患者の転倒事故、感染症予防の問題から、スリッパの履き替えが話題となっている。

　医療法では、診療用放射性同位元素使用室への出入りにおいて、患者が履物を交換するという規定は設けられていない。ただし医療法施行規則第30条の20で、取扱者の遵守事項として「診療用放射性同位元素使用室、陽電子断層撮影診療用放射性同位元素使用室または廃棄施設においては作業衣等を着用し（以下略）」とあり、この作業衣等にスリッパが含まれると解釈されてきたと考えられる。しかし、その有効性についての科学的な根拠はなく、日常の診療で、十分な配慮がなされていれば、診療中に全く気づかないままに核医学施設の床に大きな汚染が起こることは考えがたい。また、日常診療における床のわずかな汚染により他の患者等が被ばくしたとしても、その被ばく線量は十分に小さいことから、必ずしも、核医学施設の出入りに際して、履物を交換する必要はなく、それより、男子トイレでは比較的大きな放射能汚染が発生する可能性があることから、トイレの汚染防止や汚染拡大防止策を取るとともに、清掃作業者の無用な被ばくを避ける工夫を検討すべきとの意見もある（国立保健医療科学院生活環境研究部ウェブサイト参照）。

表 4-37　A 施設における測定結果

場所	核種	汚染面密度 (Bq/cm^2)
管理区域内トイレ	Tc-99m	8.5
	F-18	20.4
保管廃棄室	Tc-99m	0.0015
処置室	Tc-99m	0.0012
準備室	Tc-99m	0.0008
廊下	Tc-99m	0.0002
スリッパ	Tc-99m	0.0002
体外計測室	Tc-99m	0.0005

5 建築物における衛生的環境の確保（ビル管法）

4）その他の法規

　学校、事務所、店舗、百貨店、博物館、旅館等の建物は、多数の者が使用し、その維持管理について環境衛生上特に配慮が必要な建物として、「建築物における衛生的環境の確保に関する法律」（略称：建築物衛生法、ビル管法）により空気環境の調整、給排水の管理、清掃等について環境衛生上良好な状態を維持するのに必要な措置について定められており、そのための定期的な測定検査も義務づけられている。

　上記のいわゆる「特定建築物」について、同法施行令に建物種別・規模について規定があるが、病院は含まれていない。そのためか、事務所ビルでは当たり前に行われている室内環境測定等が、ほとんどの病院で行われていない。

　病院は、この法律によるまでもなく、衛生管理、感染防止等が行われていることが前提と思われるが、実際には、病院がビル管法から除外されていることで、しっかりした環境維持、そのための環境測定等がないがしろにされているきらいがある。しかし、病院であればこそ、健康的な環境を維持するようにしっかりとした施設管理が行われなければならないはずである。

　病院は、規制対象に含まれていないものの、規制対象である事務所等との複合建築である場合は病院部分も含めて適法とすることを指導されることがあるので、所管する保健所に確認する必要がある。

表4-38　空気調和設備を設けている場合の空気環境の基準

1	浮遊粉じんの量	：空気1m³につき0.15mg以下
2	一酸化炭素の含有率	：100万分の10（特例として外気がすでに10ppm以上ある場合は20ppm以下）以下
3	二酸化炭素の含有率	：100万分の1000以下
4	温度	：17℃以上28℃以下 居室における温度を外気の温度より低くする場合は、その差を著しくしないこと
5	相対湿度	：40％以上70％以下
6	気流	：0.5m／秒以下
7	ホルムアルデヒドの量	：空気1m³につき0.1mg以下

＊　表4-39の空気環境の基準以外に、給水（飲料水、雑用水）の管理、排水の管理、清掃等についての衛生上必要な措置が定められている

（建築物における衛生的環境の確保に関する法律施行令第2条）

6 病院給食における感染管理 ── 4) その他の法規

　病院給食施設については、大量調理施設衛生管理マニュアル（平9.3.24衛食85別添）に、感染管理にかかわる内容が示されている。同マニュアルは、集団給食施設等における食中毒を予防するために、HACCPの概念に基づき、調理過程における「重要管理事項」と、「衛生管理体制」を示している。

※ HACCP：Hazard Analysis and Critical Control Point（＝危害分析・重要管理点）

　HACCPは、食品の製造・出荷の工程で、どの段階で微生物や異物混入が起きやすいかという危害を予測・分析し、食中毒などによる危害の発生を予防し、食品の安全確保を図るというもの。

表4-39　大量調理施設衛生管理マニュアル

適用範囲	同一メニューを1回300食以上または1日750食以上を提供する調理施設
厨房施設	隔壁等により、汚水溜、動物飼育場、廃棄物集積場等不潔な場所から完全に区別
開口部	施設の出入口及び窓は極力閉めておくとともに、外部に開放される部分には網戸、エアカーテン、自動ドア等を設置し、ねずみやこん虫の侵入を防止
作業区域の区分	食品の調理過程ごとに、 ① 汚染作業区域（検収場、原材料の保管場、下処理場） ② 非汚染作業区域（さらに準清潔作業区域（調理場）と清潔作業区域（放冷・調製場、製品の保管場）に区分される） を明確に区別する なお、各区域を固定し、それぞれを壁で区画する、床面を色別する、境界にテープをはる等により明確に区画することが望ましい
手洗い設備等	手洗い設備、履き物の消毒設備（履き物の交換が困難な場合に限る）は、各作業区域の入り口手前に設置する なお、手洗い設備は、感知式の設備等で、コック、ハンドル等を直接手で操作しない構造のものが望ましい
排水勾配	床面に水を使用する部分にあっては、適当な勾配（2/100程度）及び排水溝（2〜4/100程度の勾配を有するもの）を設けるなど排水が容易に行える構造
シンク	シンク等の排水口は排水が飛散しない構造
器具保管庫	すべての移動性の器具、容器等を衛生的に保管するため、外部から汚染されない構造の保管設備の設置
便所	便所、休憩室及び更衣室は、隔壁により食品を取り扱う場所と必ず区分されている。なお、調理場等から3m以上離れた場所に設けられていることが望ましい 便所には、専用の手洗い設備、専用の履き物が備えられている。また、便所は、調理従事者等専用のものが設けられていることが望ましい
作業環境	施設は、ドライシステム化を積極的に図ることが望ましい
温湿度管理	施設は十分な換気を行い、高温多湿を避ける

（平9.3.24衛食85〈別添〉。最終改正平成29年6月16日）

7 特別養護老人ホーム等における入居者の調理行為等について

4) その他の法規

　特別養護老人ホーム等においてユニットケアの普及により、共同生活室にキッチンを設け、簡易な調理を行うことが家庭的な雰囲気を醸成し好ましいとされているが、衛生上問題ないか疑問視する保健所等もあるため、厚生労働省への疑義照会があり、回答において衛生上の管理措置等が示された（平15.3.31 老計0331003）。
　疑義回答におけるポイントは以下のとおりである。

　関係通知（下記）や「家庭でできる食中毒予防の6つのポイント」（平9.3.31 衛食110〈別添〉）による衛生上の措置等を講ずれば、入居者が調理室以外の場所で簡単な調理（米を研ぐ、野菜の皮をむく等）、盛りつけ、配膳、後片付け（食器洗い等）などを行うこと自体には、食品衛生上の規制に照らして問題がない。

【関係通知】
○社会福祉施設における適切な保健衛生状態の確保について
　（平成2年11月2日老福第214号・健医精発第52号・社施第151号・児企第56号）
○社会福祉施設における食中毒事故発生防止の徹底について
　（平成8年6月18日社援施第97号）
○腸管出血性大腸菌感染症の指定伝染病への指定等に伴う社会福祉施設における対応について
　（平成8年8月7日社援施第122号）
○社会福祉施設における衛生管理について
　（平成9年3月31日社援施第65号）
○社会福祉施設における衛生管理の自主点検の実施について
　（平成9年8月8日社援施第117号）
○社会福祉施設等における食中毒予防及び衛生管理の徹底について
　（平成13年8月7日社援基発第27号）

第5章
学会・団体等によるガイドライン

1 集中治療部設置のための指針　　1）医療系学会・団体

　日本集中治療医学会集中治療部設置基準検討委員会では2002（平成14）年3月に、ICUの最低基準ではない、患者の安全性・快適性、医療スタッフの利便性・快適性を求めた「集中治療を推進するにふさわしい」仕様として「集中治療部設置のための指針」を策定した。いわゆるGeneral ICUとしての条件を記載しており、CCUや新生児ICUについては、別途、指針が定められている。

表5-1　「集中治療部設置のための指針」の概要

必要諸室	・病室　・スタッフステーション　・器材室　・医師室、看護師室 ・医師控室、看護師控室　・部長室、看護師長室　・技師（士）室 ・リネン室　・配膳室　・更衣室 ・情報管理室　・検査室　・調剤室　・汚物処理室、洗浄消毒室 ・医師当直室　・職員用トイレ、シャワー　・面談室 ・カンファレンス室　・患者家族控室
面積等	・病室　病床数4床以上　20㎡／床以上 　　ベッド間の距離（間口）3.6 m以上　柱スパン7.2 m以上 　　天井高さ　2.8〜3.0 m ・個室病室は、ICU病床の20〜25％が目安　25㎡／床以上 　隔離室には前室が必要 ・器材室　10㎡／床以上 ・廊下幅員（内法）　2.4 m以上 ・ICU総延床面積　75㎡／床以上
設備等	・病室の床耐荷重　1 t／㎡以上 ・病室の医療ガス　1床あたり　酸素×2・空気×1・吸引×2 　（特定機能病院では1床あたり　酸素×4・空気×2・吸引×3） ・個室病室には、患者観察のためのビデオカメラ設置 ・病室の電源容量　30 A／床以上、1床ごとにアイソレート ・コンセント数　16〜20個／床以上　設置位置床上900㎜ 　（多数の医療機器を使用する場合30個／床以上） ・病室の空気清浄度　ISO基準クラス7／NASA基準クラス10,000〜100,000
感染防止対策	・病室の手洗い設備は、個室病室では、1か所／室 　open floorでは、2床あたり1か所 ・集中治療部の出入口に手洗い設備設置 ・空調吹出は、患者上方の天井面／吸込は患者の枕元・足下等の壁面下方 ・紫外線殺菌灯は、院内感染防止上の有効性は実証されていない ・入室時着替え用ガウンの着用やスリッパの履き替えが院内感染発症を防止する証拠はない

注　指針では、各項目について、「〜であること」「推奨する」「望ましい」の三段階の表現を用いており、詳細は原典を参照していただきたい

2 CCU 設置のための指針 — 1) 医療系学会・団体

　日本集中治療医学会集中治療部設置基準検討委員会では 2004（平成 16）年 3 月に、General ICU とは異なる側面をもつ集中治療施設として「CCU 設置のための指針」を策定した。わが国での CCU は、いわゆる cardiac care unit として心不全、不整脈、心筋炎、急性大動脈解離、急性肺血栓塞栓症なども対象疾患としている。したがってここでの CCU は、主たる疾患は冠状動脈疾患であるが、循環器内科の重症患者も収容する集中治療病棟としている。

表 5-2　「CCU 設置のための指針」の概要

項目	内容
必要諸室	・病室　・スタッフステーション　・器材室　・医師、看護師室 ・医師控室、看護師控室　・部長室、看護師長室　・技師（士）室 ・リネン室　・配膳室　・更衣室 ・情報管理室　・検査室　・調剤、薬剤管理室 ・汚物処理室、洗浄消毒室 ・医師当直室　・職員用／患者用トイレ、シャワー　・面談室 ・カンファレンス室　・患者家族控室
面積等	・病室　病床数 4 床以上　20 ㎡／床以上 　ベッド間の距離（間口）3.6 m 以上　柱スパン 7.2 m 以上 　天井高さ　2.8〜3.0 m ・個室が望ましい 　最重症患者　25 ㎡／床以上の個室 ・器材室　10 ㎡／床以上 ・廊下幅員（内法）　2.4 m 以上 ・CCU 総延床面積　75 ㎡／床以上
設備等	・病室の床耐荷重　1 t／㎡以上 ・病室の医療ガス　1 床あたり　酸素×2・空気×1・吸引×2 　（特定機能病院では 1 床あたり　酸素×4・空気×2・吸引×3） ・個室病室には、患者観察のためのビデオカメラ設置 ・病室の電源容量　30 A／床以上、1 床ごとにアイソレート ・コンセント数　16〜20 個／床以上　設置位置床上 900 ㎜ 　（多数の医療機器を使用する場合 30 個／床以上） ・病室の空気清浄度　ISO 基準クラス 7／NASA 基準クラス 10,000〜100,000 ・病室内トイレ
感染防止対策	・病室の手洗い設備は、個室病室では、1 か所／室 　open floor では、2 床あたり 1 か所 ・CCU の出入口に手洗い設備設置 ・空調吹出は、患者上方の天井面／吸込は患者の枕元・足下等の壁面下方 ・紫外線殺菌灯は、院内感染防止上の有効性は実証されていない ・入室時着替え用ガウンの着用やスリッパの履き替えが院内感染発症を防止する証拠はない

注　指針では、各項目について、「〜であること」「推奨する」「望ましい」の三段階の表現を用いており、詳細は原典を参照していただきたい

3 小児集中治療部設置のための指針 ― 1) 医療系学会・団体

　日本集中治療医学会　集中治療部設置基準検討委員会、新生児・小児集中治療委員会と日本小児科学会小児医療改革・救急プロジェクトチームが共同し2007（平成19）年3月に、小児の重症患者に対し適切な集中治療を実施するために望ましい医学・医療面からの指針として、小児集中治療部設置のための指針を策定した。

表5-3　「小児集中治療部設置のための指針」の概要

必要諸室	・病室　・スタッフステーション　・器材室　・医師室、看護師室 ・医師控室、看護師控室　・部長室、看護師長室　・更衣室 ・情報管理室　・検査室　・調剤室　・汚物処理室、洗浄消毒室 ・医師当直室　・職員用トイレ、シャワー　・面談室 ・カンファレンス室　・患者家族控室　・リネン室　・配膳室 ・児童福祉士、保育士等小児ケア専門職控室　・ボランティア控室
面積等	・病室　6床以上　20㎡／床以上（総室部分） 　ベッド間の距離（間口）3.6 m以上　柱スパン7.2 m以上 　天井高さ　2.8〜3.0 m ・個室が望ましい 　個室は、25㎡／床以上 ・空気感染隔離室を1室以上 ・器材室　10㎡／床以上 ・廊下幅員（内法）　2.4 m以上 ・ICU総延床面積　75㎡／床以上
設備等	・病室の床耐荷重　1 t／㎡以上 ・病室の医療ガス　1床あたり　酸素×4・空気×2・吸引×3 ・個室病室には、患者観察のためのビデオカメラ設置 ・病室の電源容量　50 A／床以上、1床ごとにアイソレート ・コンセント数　40個／床以上　設置位置床上900㎜ ・病室の空気清浄度　ISO基準クラス7 　隔離個室で陽圧使用の場合はISO基準クラス5
感染防止対策	・病室の手洗い設備は、個室病室では、1か所／室 　open floorでは、2床あたり1か所 ・出入口に手洗い設備設置 ・空調吹出は、患者上方の天井面／吸込は患者の枕元・足下等の壁面下方 ・陰圧個室は最低1室　前室付 ・幹細胞移植患者を収容するためには陽圧の隔離個室設置　前室付
周辺環境	・ノーワックスメンテナンス　床材立ち上げ 　ペアガラスまたは2重サッシ

注　指針では、各項目について、「〜であること」「推奨する」「望ましい」の三段階表現を用いており、詳細は原典を参照していただきたい

4 手術医療の実践ガイドライン —— 1)医療系学会・団体

　日本手術医学会では2013(平成25)年9月に、安全で質の高い医療を効率よく行っていくために「手術医療の実践ガイドライン」改訂版をまとめた。ガイドラインは全12章から構成され、その第11章に「手術部建築・設備」が掲載されている。

表5-4 「手術医療の実践ガイドライン」改訂版の概要(注釈のない項目は第11章)

ゾーニング	高度清潔区域(バイオクリーンルーム):清浄度クラスⅠ 清潔区域(一般手術室):清浄度クラスⅡ
	解説 ・清浄度によるゾーニングについては、日本医療福祉設備協会「病院空調設備の設計・管理指針2004年版」を参照
手術室の面積	手術室の面積について規定される明確な基準はない
	解説 ・米国のAIAガイドライン2006を紹介。一般的な手術:最低約36㎡、心臓手術、整形外科手術、脳神経外科手術:少なくとも約54㎡ ・回復室、器在庫や職員休憩スペースなどの基準も現在のところない
空調	高度清潔区域では層流方式による高度な清浄度
	解説 ・手術室内圧は正圧(陽圧)を維持(日本医療福祉設備協会「病院空調設備の設計・管理指針2004年版」を参照) 感染症患者の場合は、負圧(陰圧)手術室を使用(陰圧室を使用すべきだが、陽圧室利用の場合は麻酔導入し呼吸回路に接続後に空調を開始(第7章)) ・換気回数15回/hr、うち外気量の換気は3回/hr
水	手術手洗い水は滅菌水に限らず、管理された水道水でよい
	解説 ・2005年2月1日医療法施行規則の一部改正と、これに伴う通知の見直しにより、手術時手洗いは「滅菌手洗いの設備」から「清潔な手洗いの設備」に改正 ・「適切な管理」は水道法による管理基準「遊離残留塩素濃度0.1mg/L以上、1mLの検水で形成される一般細菌集落数が100以下、大腸菌が検出なし」
排水	血液は、特別管理産業廃棄物にあたり、下水に流せない
	解説 ・血液は、特別管理産業廃棄物(種類:感染性産業廃棄物)。(廃棄物処理法では血液・体液は特別の処置が義務づけあり。しかし、下水道法や水質汚濁防止法では血液・体液等を下水道に流してはいけないとの記載がなく、そのため実際には病院の患者用トイレから患者の汚物や下血などがそのまま流されている)
室温調整 (第5章)	室温を26〜28℃くらいに調節
	解説 ・患者と術者で適温が異なるが、負荷の少ない環境が望まれる
歩行入室・ 履き替え (第7章)	感染対策の面から、手術患者の歩行入室は問題なく、スタッフの靴の履き替えも必要ない
	解説 ・手術室床は汚いものとして感染経路遮断対策を徹底する
電気安全 (第8章)	患者やスタッフに電気ショックを与えないように注意
	解説 ・ME機器の漏れ電流の総和を安全許容値2mA以下 ・心臓や血管に電極・カテーテルを留置する際は、接地電位を10mV以下

　その他、第1章では環境保護と資源節約を求め、米国の「green building」の紹介がされ、わが国でもその考えを取り入れることが推薦されている。

注　指針では、各項目について、「〜すべきである」「望ましい」の二段階の表現を用いており、詳細は原典を参照していただきたい

第5章　学会・団体等によるガイドライン

5 経カテーテル的大動脈弁置換術実施施設基準　1）医療系学会・団体

　経カテーテル的大動脈弁置換術関連学会協議会は、わが国において経カテーテル的大動脈弁置換術（TAVR）を安全かつ有効に普及させることを目的とし、その人的・施設的要件として経カテーテル的大動脈弁置換術実施施設基準を策定した。

表5-5　「TAVRを安全に施行するためのハイブリッド手術室に関するガイドライン」の概要

施設基準
・手術室面積は60㎡以上あることが推奨される
・設置型透視装置を備えること（現時点ではいかなる移動式の透視装置も認めない）
・手術室の壁にエックス線不透過シールドが施されていること
・空気清浄度がclass Ⅱ以上に保たれていること。なお空気清浄度class Ⅱとは、「病院空調設備の設計・管理指針」（HEAS-02-2013）の基準による。室内循環機器にHEPAフィルタ等の高性能以上のフィルタ（JIS比色法98％以上）を取りつけることが必須で、室圧は周辺諸室に対して陽圧を維持していなければならない。緊急外科的処置の可能性も考慮し、滅菌機材を展開する部屋もclass Ⅱの清浄度が要求される また、血管撮影室に設置の場合、ハイブリッド手術室に通じる周囲廊下、透視装置操作室もハイブリッド手術室と同等、class Ⅱの清潔度が保たれていること
・いずれのTAVRのアプローチ法においても、透視台、モニター、常設無影灯が適切に配置可能であること
・人工心肺装置あるいは経食道心エコー検査が可能なスペースが確保されていること
・開心術が可能な常設無影灯、麻酔器用ガスライン、十分な電圧を有する非常用電源が設置されていること
・PCIや末梢動脈血管内治療を速やかに施行できる準備が整っていること
・カテーテル室改造の場合、シンクを撤去すること

注　PCI（percutaneous coronary intervention）：経皮的冠動脈形成術
　　TAVR経カテーテル的大動脈弁置換術（Transcatheter Aortic Valve Replacement）はTAVI経カテーテル的大動脈弁留置術（Transcatheter Aortic Valve Implantation）ともいわれている
　　指針では、各項目について、「～であること」「推奨する」「望ましい」の三段階の表現を用いており、詳細は原典を参照していただきたい

【参考】
米国の病院建築ガイドラインFGI（Facility Guidelines Institute）2014版では、同様の手術が行われるハイブリッド手術室（血管撮影・CT・MRI）の新築時の面積を650ft^2（60.39㎡）としておりTAVRの基準とほぼ同じ大きさである。

6 造血細胞移植ガイドライン　1) 医療系学会・団体

日本造血細胞移植学会では2017（平成29）年9月に、「造血細胞移植ガイドライン——造血細胞移植後の感染管理」を第4版として改訂した。背景として①移植後感染管理の周知徹底、②均一なstandard care、③移植方法・移植適応の多様化、④わが国の移植医療の実情に基づいたエビデンスの組み入れなどをあげている。施設的な要求事項については「Ⅱ．環境の管理」で取り上げられている。

表5-6　「造血細胞移植ガイドライン」の概要

防護環境	・過去には「無菌室」「移植病室」と呼ばれていたが、「防護環境（protective environment）」と呼ぶ ・次の条件を満たすべき ① 流入する空気をHEPA濾過する ② 室内空気流を一方向性にする ③ 室内空気圧を廊下に比較して陽圧にする ④ 外部からの空気流を防ぐために病室を十分シールする（壁、床、天井、窓などをシールする） ⑤ 換気回数は1時間に12回以上とする ⑥ 埃を最小にする努力をする ⑦ ドライフラワー及び新鮮な花や鉢植えを持ち込まない ・陽圧となっていることを定期的に確認する ・防護環境のホルマリン燻蒸やオゾン処理はしない ・アスペルギルスのサーベイランスを行い、問題がある場合は換気システムの注意深い調査を施行 ・同種造血幹移植患者は防護環境に入室させる ・自家移植は、一般病室の使用を考慮してもよい ・施設内で工事が行われる場合は、埃を拡散させない方法を作業者に徹底させる
医療スタッフ	・手指衛生はアルコール手指消毒で十分であるが、必要時は石けんと流水による手洗いを行う ・防護環境に出入りするスタッフには、標準予防策及び感染経路別予防策を熟知させる ・日常的な帽子・マスク・スリッパの履き替えは感染対策上有効性がない
物品と清掃	・生活物品の滅菌処理・紫外線照射は不要 ・生活物品や玩具は、環境清拭用クロスにて埃を除去する。消毒薬は不要 ・植物・ドライフラワーの防護環境への持ち込みは禁止 ・環境表面の消毒や滅菌は推奨しない。日常的清掃で十分 ・高頻度接触表面（ドアノブ、ベッド柵、電灯のスイッチなど）を重点的に清掃する。水回りは洗剤にて洗浄後、十分に乾燥させる

注　ガイドラインでは、各項目について、「推奨する」「推奨しない」を簡潔に記載している。詳細は原典を参照していただきたい

1 空調設備ガイドライン HEAS-02-2013

　病院の設備計画は、病院の機能を担保し、平面計画にも大きな影響を与える要素である。日本医療福祉設備協会では、2013年に「病院空調は快適環境を目指すとともに、医療効果を促進する環境を作り、感染防止にも貢献する設備としなければならない」との空調設備の基本理念のもと、患者・医療従事者に対する最適な医療環境・衛生環境・快適環境を実現するために、必要最低限の要求事項を示すと同時に、より望ましい要求事項も加え「病院設備設計ガイドライン（空調設備編）HEAS-02-2013」を改訂した。ここでは、施設計画に影響を及ぼす項目について概述する（詳細はガイドラインを参照）。

表5-7 「建築計画と調整すべき項目」の概要

項目	内容
熱源機械室の配置	・使用する機器により熱源機械室のスペースは大きく異なる ・建物内に設置する場合と別棟（エネルギーセンター）とする場合がある 【留意事項】 ・隣室への騒音、振動対策・煙突設置位置と煙道ルート ・エネルギー供給ルート、シャフト計画 ・予備／更新／搬出入計画 ・浸水対策
空調機械室の配置	・空調ゾーニング（外気処理系統）は各部門でエアバランスが完結 ・配管ルート、給排気ガラリの配置と合わせて計画する ・メンテナンス／機器更新／搬出入ルートを考慮
屋外設置機器の配置	・設置スペースを建築計画と意匠上の配慮も含めて検討 ・医療機器工事等で設置される機器を把握しスペースを確保
ダクト・パイプシャフト計画	・空調方式により必要な配管本数、スペースが異なる ・ダクトは必要スペースに与える影響が大きい ・排煙設備、特殊排気（厨房、RI、感染系など）の屋外排気口の位置を検討
階高・天井高の設定	・配管、ダクトのルート・サイズ、設置機器寸法を確認 ・HEPAフィルタが設置される室、厨房など大型ダクトが必要となる部屋は特に留意 ・最低天井高の設定有無の確認（放射線撮影室など）
給排気口の配置	・給排気がショートサーキットを起こさないように計画 ・特殊排気（厨房、RI、感染など）、冷却塔と外気取り入れ口はショートサーキットに注意 ・ビル管法の適用に準拠。給気口「汚染源からおおむね10m以上離すこと」
水損事故対策	・水配管を用いない空調方式とするか、支障のない位置に機器を設置し、ダクトによる空調方式とする。やむを得ない場合は下記の対策 ① 二重スラブを設け、二重スラブ内に配管する ② 二重床を設け、二重床内に配管する ③ 天井内配管の下にドレンパンまたは樋を設ける

注　各項目について、「～であること」「望ましい」との表現を用いている。

表 5-8 病院建築の構成と空調設備の主な留意点

大分類	中分類	小分類	空調設備の主な留意点
病棟		病室（一般、易感染、感染）ICU、NICU 患者諸室 看護諸室	・一般病室においても陰圧対応が求められる場合がある ・無菌治療室管理加算を取得する場合は施設基準がある ・第一種及び第二種感染症病室の場合は施設基準がある ・ICU、NICU には施設基準（清浄度）がある ・スタッフステーションは室内の設置機器の発熱で冬期でも冷房を求められる場合がある
外来部	一般外来部 救急部	診察室 処置室	・呼吸器内科では空気感染対応を求められる場合がある ・小児科、救急外来では陰圧対応が求められる場合がある
診療部門	検査部	検体検査部	・機器の発熱量が大きく冬期でも冷房を求められる場合がある ・細菌検査室、病理検査室では安全キャビネットが必要
		病理検査部	・ホルマリン使用室では局所排気が必要 ・解剖台、切り出し台等ダクト接続の必要な機器が設置される場合や、プッシュプル装置を設置する場合がある
		生理検査部	・脳波、筋電、聴力検査室ではシールドが要求される場合がある
		画像診断部	・撮影装置により発熱量が異なるため、仕様の確認が必要 ・MRI 室はヘリウム放出管、室内の緊急排気装置が必要 ・各撮影室はシールド工事（放射線または電磁波）が必要
		核医学検査部	・RI 単独系統とし、全外気・全排気方式とする ・排気は排気浄化装置でろ過し、ガスモニタで放射能濃度を監視する
	治療部	人工透析部	・ベッド上はドラフトを感じない空調方式が求められる
		放射線治療部	・画像診断部に準ずる
		内視鏡部	・臭気により換気量の増大を求められる場合がある ・生体毒性の強い消毒薬への対応が必要
		リハビリテーション部	・水治療室でのコールドドラフトや湿気対策を考慮する ・作業療法室での局所換気を考慮する
		手術部 分娩部	・感染対応（陰圧）を求められる場合がある ・術式により低温、高温、急速冷房・暖房を求められる場合がある
供給部門	中央材料部	仕分・洗浄室 組立・セット室 既滅菌室	・滅菌済器材を露出した状態で扱う場合は手術室と同等の環境下で行う ・オートクレーブからの発熱に対する対応が必要 ・ダクト接続の必要な機器が設置される場合がある ・EOG 滅菌器は専用排気ダクト、ガス放出管が必要
	栄養部	調理室 下処理室 洗浄コーナー	・HACCP に準拠した条件が必要 ・早朝からの運用を考慮した空調方式とする
	薬局	製剤室 調剤室	・散剤を扱う場合は空調機からのドラフトに注意が必要 ・安全キャビネットやクリーンベンチが設置される
管理部門	医事、事務		・機器発熱が大きく冬期でも冷房を求められる場合がある
	管理	中央管理室 防災センター	・単独の空調系統とする

1 空調設備ガイドライン HEAS-02-2013

表 5-9 清浄度クラスと換気条件（代表例）

清浄度クラス	名称	摘要	該当室（代表例）	最小風量のめやす（回／h）外気量*1	最小風量のめやす（回／h）室内循環風量*2	室内圧	給気最終フィルタの効率*3
Ⅰ	高度清潔区域	層流方式による高度な清浄度が要求される区域	バイオクリーン手術室 易感染患者用病室*6	5*4 2	—*5 15	P P	PAO 計数法 99.97%
Ⅱ	清潔区域	必ずしも層流方式でなくてもよいが、Ⅰに次いで高度な清浄度が要求される区域	一般手術室	3*4	15	P	高性能フィルタ JIS 比色法 98％以上 (ASHRAE 比色法 90％以上)
Ⅲ	準清潔区域	Ⅱよりもやや清浄度を下げてもよいが、一般区域よりも高度な清浄度が要求される区域	未熟児室 膀胱鏡・血管造影室 手術手洗いコーナー NICU・ICU・CCU 分娩室	3 3 2 2 2	10 15 6 6 6	P P P P P	高性能フィルタ JIS 比色法 95％以上 (ASHRAE 比色法 80％以上)
Ⅳ	一般清潔区域	原則として開創状態でない患者が在室する一般的な区域	一般病室 新生児室 人工透析室 診察室 救急外来（処置・診察） 待合室 X 線撮影室 内視鏡室（消化器） 理学療法室 一般検査室 材料部 手術部周辺区域（回復室） 調剤室 製剤室	2*7 2 2 2 2 2 2 2 2 2 2 2 2 2	6 6 6 6 6 6 6 6 6 6 6 6 6 6	E E E E E E E E E E E E E E	中性能フィルタ JIS 比色法 90％以上*13 (ASHRAE 比色法 60％以上)
Ⅴ	汚染管理区域	有害物質を扱ったり、感染性物質が発生する室で、室外への漏出防止のため、陰圧を維持する区域	RI 管理区域諸室*9 細菌検査室・病理検査室*9 隔離診察室*9 感染症隔離病室*9 内視鏡室（気管支）*9 解剖室*9	全排気 2 2 2 2 全排気	6*8 6 12 12 12 12	N N N*10 N N N	中性能フィルタ JIS 比色法 90％以上 (ASHRAE 比色法 60％以上)
	拡散防止区域	不快な臭気や粉塵などが発生する室で、室外への拡散を防止するため陰圧を維持する区域	患者用便所 使用済リネン室 汚物処理室 霊安室	—*11 —*11 —*11 —*11	10*12 10*12 10*12 10*12	N N N N	—*11

*1 換気回数と、一人あたりの外気取り入れ量 30㎥/h 程度を比較し、多い値を採用することが必要である
*2 全排気の場合は、排気量を示す
*3 空調機または外調機内に設置する最終フィルタを示す
*4 余剰麻酔ガスやレーザーメス使用時の臭気を排除するため、10 回/h 以上を要求される場合もある
*5 吹出し風速を垂直層流式 0.35m/s、水平層流式 0.45m/s 程度とする
*6 造血幹細胞移植患者用病室など
*7 各室に便所などを配置した場合、必要排気量によって外気量が決定することもあるので注意する
*8 使用する RI の種類（核種）、数量、使用条件から医療法・厚労省局長通知に基づき算出する
*9 排気には汚染物質を有効に処理可能な、排気処理装置を考慮すること
*10 空気感染防止の場合
*11 特に規定しない、各施設の状況により決定する
*12 排気量を示す
*13 清浄度クラスⅣで室内循環機器を設置する場合は、機器吸込口にはプレフィルタ以上を設置すること。清浄度クラスⅣでは JIS 比色法 90％以上のフィルタの設置が望ましいが周囲の交通量が少ないなど、大気がきれいな立地条件の場合には、室内浮遊粉塵量がビル管理法に規定される 0.15mg/㎥以下になるようなフィルタを設置すればよいものとする

注 1　P：陽圧、E：等圧、N：陰圧
　 2　厨房については「大量調理施設衛生管理マニュアル（平 9.3.24 衛食 85）」によることとする
　 3　各部門諸室の空調条件については原典を参照

2) 建築設備系団体

表 5-10 主要室の温湿度条件（設計条件）

部　門	室　名	夏　期 乾球温度 DB（℃）	夏　期 相対湿度 RH（%）	冬　期 乾球温度 DB（℃）	冬　期 相対湿度 RH（%）	備　考
病棟部	病室	24～<u>26</u>～27	<u>50</u>～60	22～<u>23</u>～24	40～<u>50</u>	窓側冷輻射や日射の影響に注意する
	スタッフステーション	25～<u>26</u>～27	<u>50</u>～60	20～<u>22</u>	40～<u>50</u>	
	デイルーム	<u>26</u>～27	<u>50</u>～60	21～<u>22</u>	40～<u>50</u>	
外来診療部	診察室	<u>26</u>～27	<u>50</u>～60	22～<u>24</u>	40～<u>50</u>	待合室より温度は高めにする
	待合室	<u>26</u>～27	<u>50</u>～60	22～<u>24</u>	40～<u>50</u>	
	調剤室	<u>25</u>～26	<u>50</u>～55	20～<u>22</u>	40～<u>50</u>	
	緊急手術室	23～<u>24</u>～26	<u>50</u>～60	22～<u>26</u>	45～<u>55</u>～60	
中央診療部	手術室	23～<u>24</u>～26	<u>50</u>～60	22～<u>26</u>	45～<u>55</u>～60	
	回復室	<u>24</u>～26	<u>50</u>～60	23～<u>25</u>	45～<u>50</u>～55	
	ICU	<u>24</u>～26	<u>50</u>～60	23～<u>25</u>	45～<u>50</u>～55	
	分娩室	24～<u>25</u>～26	<u>50</u>～60	23～<u>25</u>	45～<u>50</u>～55	高温度設定要求もある
	新生児・未熟児室	<u>26</u>～27	<u>50</u>～60	25～<u>27</u>	45～<u>55</u>～60	
	一般検査室	25～<u>26</u>～27	<u>50</u>～60	20～<u>22</u>	40～<u>50</u>	
	X線撮影室	<u>26</u>～27	<u>50</u>～60	<u>24</u>～25	40～<u>50</u>	
	X線操作室	<u>25</u>～26	<u>50</u>～60	<u>20</u>～22	40～<u>50</u>	機器発熱対応が必要
	水治療室	26～<u>27</u>	<u>50</u>～65	26～<u>28</u>	<u>50</u>～65	輻射暖房が望ましい
	解剖室	<u>24</u>～26	<u>50</u>～60	20～<u>22</u>	40～<u>50</u>	
供給部	厨房	「病院給食システムの設計・管理指針」による				
	洗濯室（作業域周辺）	30以下	70以下	15以下	40以下	
	材料部諸室	<u>26</u>～27	<u>50</u>～60	20～<u>22</u>	40～<u>50</u>	
管理部	一般居室	<u>26</u>～27	<u>50</u>～60	20～<u>22</u>	40～<u>50</u>	

* 表中アンダーラインを付けた数値は空調機器設計のための設計条件値を示す
　夏期日射や高温機器の輻射熱、冬期窓などからの冷輻射の影響を受ける場合は、考慮すること

2 衛生設備ガイドライン HEAS-03-2011

　日本医療福祉設備協会では、2011（平成23）年に延べ面積20,000㎡、300床の総合病院を想定して衛生設備設計のガイドラインを、基本設計編と実施設計編に分けて作成している。

　基本設計編では、まず病院建築の概要、一般建築設備と病院建築設備の違い、病院建築と衛生設備とのかかわりなどを述べ、次に病院各部門について設計・計画における基本的な考え方、配慮する項目などを記述した。実施設計編では、設備ごとに実際の設計の流れに沿う形で基本事項、設備方式、原単位、留意事項などを記述している（詳細はガイドラインを参照）。

表5-11 「建築計画と調整すべき項目」の概要

受水槽の配置	・上水と雑用水共用の水槽を内部に設置 ・上水と雑用水共用または分けた水槽を屋外に設置 ・上水の水槽を内部、雑用水の水槽を地下ピット内に設置 ・上水の水槽を外部、雑用水の水槽を地下ピット内に設置（図5-1）
排水処理設備の配置	排水処理設備としては検査系排水処理設備、RI排水処理設備、感染系排水処理設備、人工透析系排水処理設備などがあり、建物内部の機械室に設ける場合と別棟を設けてそこに設置する場合がある
パイプシャフト計画	給水・給湯・排水・通気用パイプシャフトの病院低層部における配置と病棟におけるパイプシャフトの配置例（図5-2）
ヘリポートと給水方式	建物最上部にヘリポートがある場合は、高置水槽の配置が困難な場合が多いため、建物規模や建物高さなどを考慮して給水方式を決定する
ヘリポートと排水設備	着陸面での燃料漏れを回収できるように1,000リットルのオイルトラップを設置する。消防署によっては異なる水量を指導する場合があるので所轄の消防署に確認するのが望ましい
給水給湯圧力と水槽位置	給水給湯水圧は、快適なシャワーの利用のためには最低70kPa（7mAq）は必要であり、高置水槽による給水の場合は、水槽の底辺からシャワーヘッドの高さがこの数値以上で配管による抵抗分を考慮した高さになるようにする
水損事故対策	電気室、発電機室、手術室、MRI、シードルームなどの天井内には、給水・給湯・排水の管が通過するのを避けるべきである。やむを得ず、配管が通過する場合は、下記による ・二重スラブを設け、二重スラブ内に配管する ・二重床を設け、二重床内に配管する ・天井内配管の下にドレンパンまたは樋を設ける
ピット計画	病院各所の排水箇所から排水処理施設へ重力式排水できない場合は、排水貯留槽を設けていったん貯留し、ポンプによる圧送を行う。貯留槽は、パネタンクと床下ピットの場合があり、メンテナンススペース、内部仕上げ、床勾配などに留意する

2）建築設備系団体

表 5-12　病院における各給排水衛生設備の特徴と一般の建築設備との違い

基本的な設備	給水設備	・1 床あたり 300 ～ 1,000 リットル／床／日 ・災害時にも給水可能なシステム（備蓄、井戸水等）
	給湯設備	・1 床あたり 100 ～ 200 リットル／床／日
	排水通気設備	・一般の汚水や雑排水の他、検査系排水、細菌を含む排水、高 BOD 排水、RI 排水等がある ・漏水時の周辺への影響を最小限に留める対策が必要
	衛生器具設備	・用途によって多岐にわたる器具の選定が必要 ・感染対策としての自動水栓や手術用手洗いが必要
	消火設備	・医療機器の保護や入院患者への二次災害防止のため、スプリンクラーヘッドの設置を免除される室がある
	ガス設備	・検査室や歯科技工室へのガス供給が必要
病院特殊設備	医療ガス設備	・酸素、圧縮空気、笑気、窒素、二酸化炭素及び吸引設備を設ける
	排水処理設備	・検査系排水の中和処理、感染排水の滅菌・還元・中和処理、高 BOD 排水の処理
	RI 排水処理設備	・減衰・希釈処理及びモニタリングと管理システム
	厨房器具設備	・HACCP に基づいた器具の配置や動線計画

図 5-1　受水槽の配置例

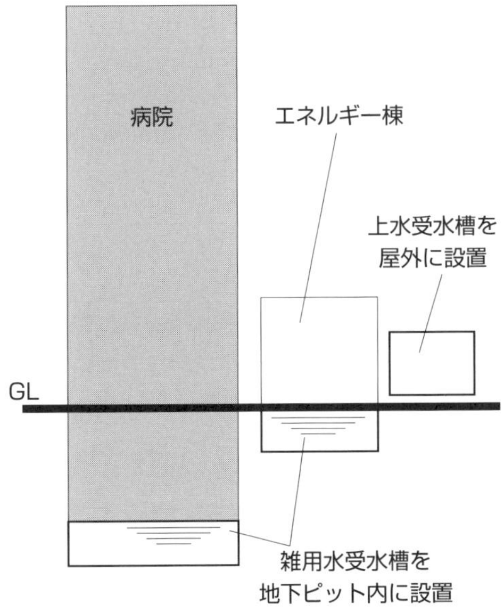

図 5-2　パイプシャフトの配置例

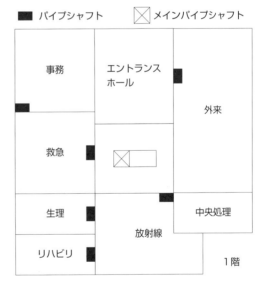

第 5 章　学会・団体等によるガイドライン

3 電気設備ガイドライン HEAS-04-2011

　日本医療福祉設備協会では、2011（平成23）年に延べ面積20,000㎡、300床の総合病院を想定して電気設備設計のガイドラインを、基本設計編と実施設計編に分けて作成している。

　基本設計編では、まず病院建築の概要、一般建築設備と病院建築設備の違い、病院建築と電気設備とのかかわりなどを述べ、次に病院各部門について設計・計画における基本的な考え方、配慮する項目などを記述した。実施設計編では、設備ごとに実際の設計の流れに沿う形で基本事項、設備方式、原単位、留意事項などを記述している（詳細はガイドラインを参照）。

表5-13　電気設備

基本的な設備	受変電設備	・契約電力は採用する熱源システムにより異なり、およそ40～80W／㎡の幅がある
	自家発電設備	・容量は需用電力の50～100％を見込む ・運転時間は、災害拠点医療施設の場合、商用電源が復旧するまでの時間、燃料補給に要する時間を勘案し決定。想定が困難な場合は72時間程度で計画する。災害拠点以外の場合、前記想定が困難な場合は10時間程度で計画する
	無停電電源装置	・JIS T 1022：2006に規定されている瞬時特別非常電源として設置し、生命維持に関する機器へ電力供給する。設備更新時の電力供給の継続を考慮し、複数台設置するのが望ましい
	幹線設備	・医療施設を稼働しながらの保守・点検となることを考慮し、幹線の二重化等、重要負荷には電力供給を継続可能なシステムとする
	電灯設備	・診察室、処置室等医療室においては、グレア低減を考慮した器具選定が必要である ・診療科目により照度設定、演色性、電磁波抑制を考慮する必要がある
	非常用照明設備	・建築基準法において、階数が3以上で延べ面積が500㎡を超える場合は、居室、避難通路等には非常照明の設置が義務づけられているが、病室については免除される
	放送設備	・消防法に基づき非常放送の設置が必要となる場合は、非常・業務兼用のアンプとしている
	テレビ共聴設備	・病室のテレビは、プリペイドカード方式を採用するケースが多い
	電話設備	・近年、従来のアナログ電話システムに加え、データ系と音声系を統合したIP電話システムを導入するケースも出てきている
	時計設備	・従来は親時計と子時計を有線でつないだ電気時計が主流であったが、近年は電波時計を導入するケースも増えている ・手術室には手術時間と麻酔時間をカウント表示する手術時計が設置される。麻酔器にタイマーが装備されていることから、秒針付時計のみとすることもある
	防災設備	防災センター ・消防法において、医療施設は(6)項のイの防火対象物にあたる。地階を除く階数が11以上で延べ面積が10,000㎡以上のもの、または地階を除く階数が5以上で延べ面積が20,000㎡以上の場合は防災センターの設置、総合操作盤の設置が必要となる

2）建築設備系団体

医療施設特殊設備	医用接地設備	・JIS T 1022：2006 に基づき、ME 機器使用時の患者に対するマイクロショック、ミクロショック防止のため、保護接地・等電位設置を行う ・電源の遮断による機能停止が医療に重大な支障をきたすおそれがある医用電気機器を使用する医用室のコンセント分岐回路には、非接地配線方式を適用する必要がある
	ナースコール設備	・親機のタイプには壁掛ボード型、PC（卓上型、自立型）がある。医療情報システムのリンクや機能拡張性の優れているのは PC である ・PHS などに連携されたナースコールは、任意の場所で患者との応答が可能
	呼出設備	・マイクを使った音声呼び出しシステム、表示モニタを使って受付番号を表示する表示システム、PHS 等通信機器による呼び出しシステム等がある
	医療情報設備	・システム意図を理解し、電源（無停電電源装置等）、LAN 用伝送設備を計画する必要がある
	搬送設備	・搬送対象（処方箋、カルテ、検体、薬品等）、量、移動区間、時期（定時、臨時）、時間等を検討し、搬送手段（人手または機械）を決定する ・主なシステムとして気送管、自走台車、小荷物専用昇降機、リニアモーター搬送設備等がある

4 BCP ガイドライン HEAS-05-2012

2）建築設備系団体

　日本医療福祉設備協会では、2011（平成23）年の東日本大震災の教訓を取り入れた病院設備全般に関する災害対策ガイドラインを、1年後の2012（平成24）年に作成した。

　作成にあたり次の点に配慮している。

① 建築設備設計者の視点から示されてきた「病院の災害対策」を医療従事者の視点で見直し、"医療機能を継続させる"という観点でまとめる。

② 病院設備の災害対策が病院BCP（医療継続）に密接に関連していることを示し、医療スタッフ・施設管理者・設計者が協働して「災害に強い」病院を構築する。

③ これまでの「病院の災害対策」が設備の冗長化、備蓄や複数エネルギーの採用など建築設備のハード面を中心に示されているのに対し、ソフト面や運用面にも配慮した総合的な「病院の災害対策」を示す。

　ガイドラインに収載している「災害対策手法一覧表」では、電気設備・エレベーター・衛生設備・空調設備・換気設備・医療ガス設備ごとに災害対策手法を「優先度」と「効果／コスト」で判定している。建築関連では、免震構造、ヘリポート、水害対策、設備諸室配置、災害対策スペース（本部、トリアージ、スタッフ仮眠・宿泊、保育所、死体安置等）などの項目がある（詳細はガイドラインを参照のこと）。

図5-3　病院BCP策定手順

```
病院内外で発生する状況の想定
・ライフライン・交通        ・建物・非構造部材・設備
・医療機器・家具、什器      ・余震の発生
・スタッフの参集状況
```

```
継続する医療の決定と必要となる設備機能の洗い出し
・病院機能の全体像の把握    ・入院患者対応と救急患者対応
・ベースにおく安全性・居住性 ・対応する設備の洗い出し
```

```
ハード面の拡充
・備蓄量                    ・効果的な災害対策手法
・設備側対応と運用側対応    ・家具・什器の固定
```

```
訓練と継続的改善
・初動対応と減災    ・震災訓練    ・地域連携
```

1 病院の開設・増床（東京都）　　3）申請手続き例

1985（昭和60）年の医療法改正により、都道府県は医療計画を定めることが義務づけられた。ここでは東京都の手続きを示す。なお、実際の手続きは各担当行政庁に確認することが必要である。

まず事前相談計画書を作成し担当部局との事前相談から開始する必要があるが、原則として病床過剰地域には新規開設（移転は除く）や増床等は認められない。

図5-4　計画書提出後の流れ（東京都）

申請の流れ	時期	
	1～6月	7～12月
① 事前打合せ （受付期間中随時。計画書の様式は打合せ後に配付される）	随時	随時

② 計画書提出 （病床が不足している地域のみ申請が可能。各医療圏域の病床数を確認のうえ、申請する）	病床数公表後随時 （4月1日現在）	病床数公表後随時 （10月1日現在）

③ 受付終了後、期間中に申請のあった計画病床数を合計し、基準病床数と照らし合わせたうえで配分案を決定 （許可病床数が希望に合わない場合等には、配分案を連絡し、意向を打診する場合がある）	7月～9月	翌年1月～3月
④ 区市町村へ意見照会		
⑤ 許可可能病床数等を決定		

⑥ 事前相談結果通知	9月末	3月末

⑦ 病院開設等の許可申請手続きへ （⑥の通知書の日付から6か月以内）	10月以降	4月以降

資料：東京都福祉保健局医療政策部医療安全課編『病院管理の手引　平成29年3月』242頁、2017年を基に作成

2 開設許可申請等（東京都） — 3) 申請手続き例

　病院を開設する場合や開設許可を得て運営している病院の一部を変更する場合には、それぞれ許可申請が必要となる。ここでは東京都の手続きを示す。なお実際の手続きは各担当行政庁に確認することが必要である。

　受付窓口は保健所、許可権者は東京都の場合都知事となる。申請書は事前に提出しなければならない。

　開設許可申請の設計関係書類として、配置図、平面図（1/200以上）、放射線診療室等の放射線防護図（1/50以上の平面図・側面図（展開図））などのほか、建築確認済証が必要となる。

　一部を変更する場合の設計関係書類には、現行と変更後の平面図、各室の用途及び有効面積、病室の病床数及び病床種別が、増築等を行う場合は建築確認済証の添付が必要となる。なお、平面図は変更する部分としない部分の関係を明らかにするため、フロア全体の平面図とする。

図5-5　開設許可申請・開設許可事項一部変更許可申請の手続き（東京都）

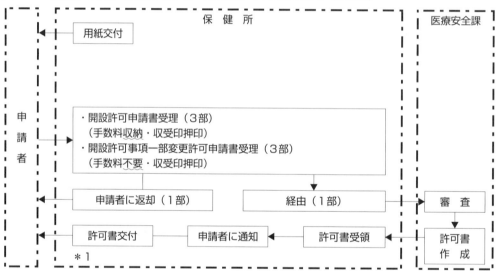

＊1　一部変更使用許可には使用前検査を要するものと、要しないものとがあるため、一部変更許可書の交付時に要、不要を通知する。
　　　使用前検査については、軽微な変更等の場合に限り、申請書による自主検査によることができる。

↓工事着工
↓工事完了

資料：東京都福祉保健局医療政策部医療安全課編『病院管理の手引 平成29年3月』167頁、2017年

3 使用許可申請等（東京都）

3）申請手続き例

　開設許可や一部変更許可を得た病院が使用を開始する前には使用許可申請を出す必要がある。ここでは東京都の手続きを示す。なお、実際の手続きは各担当行政庁に確認することが必要である。

　受付窓口は保健所、許可権者は東京都の場合都知事となる。申請書は事前に提出しなければならない。

　ここでは施設の確認箇所の一覧のほか、別途許可等を受けているものの内容が確認できる書面を添付する必要がある。例えば、建築基準法による検査済証もしくは確認通知書の副本、消防法による検査結果通知書などのほか、放射線漏洩線当量測定結果報告書などが必要書類の一部である。

　また、病院開設後10日以内に病院開設届、病院開設許可事項中一部変更届を提出する必要がある。

図5-6　使用許可申請・開設許可事項一部変更使用許可申請の手続き（東京都）

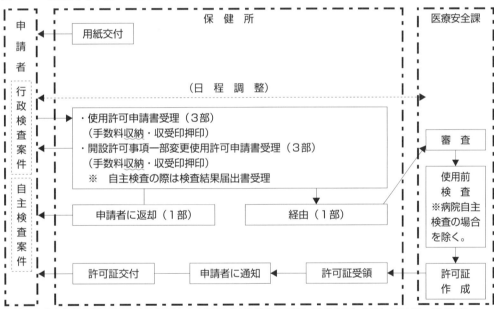

資料：東京都福祉保健局医療政策部医療安全課編『病院管理の手引 平成29年3月』167頁、2017年

4 診療用エックス線装置備付届（東京都） — 3) 申請手続き例

　定格出力の管電圧が10キロボルト以上の診療用エックス線装置を備えた場合は、「診療用エックス線装置備付届」を実際に診療の用に供した日の10日以内に届け出なければならない。
　東京都の場合、受付窓口は保健所、許可権者は東京都の場合都知事となる。
　なお、添付書類は次のとおりである。
① 　隣接室名、上階及び下階の室名並びに周囲の状況を明記したエックス線診療室の50分の1の平面図及び側面図。ただし、歯科診療室は50分の1または25分の1の見やすい縮図とする。
② 　漏えい線量測定結果
　　測定年月日、測定器の名称、測定者、測定条件、ファントム、測定結果等
　また、エックス線装置を変更した場合にも同様の手続きが必要である。

図5-7　診療用エックス線装置を備えた場合の手続き（東京都）

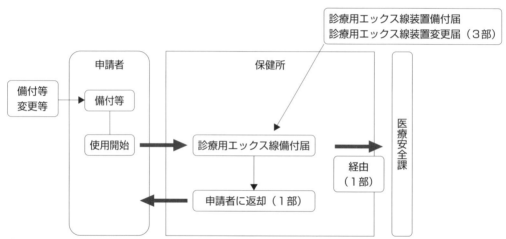

資料：東京都福祉保健局医療政策部医療安全課編『病院管理の手引 平成29年3月』209頁、2017年

5 診療用高エネルギー発生装置等の手続き(東京都) ― 3) 申請手続き例

　診療用高エネルギー放射線発生装置、診療用放射線照射装置、診療用放射線照射器具、放射性同位元素装備診療機器または医薬品でない陽電子断層撮影診療用放射性同位元素を備える場合の必要な手続きは次のとおりである。

図 5-8　診療用高エネルギー放射線発生装置等でない陽電子断層撮影診療用放射性同位元素を備える場合の手続き（東京都）

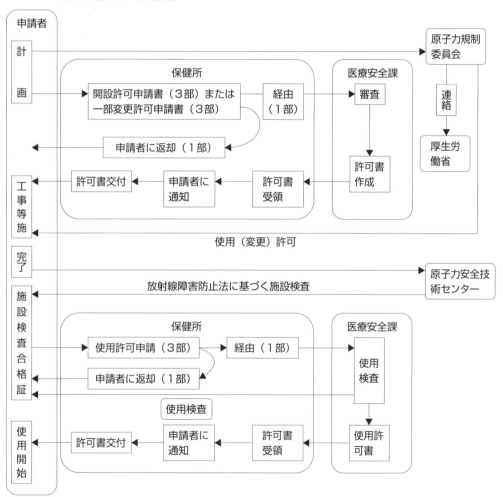

注　これらの装置を備え付ける場合は、開設時であれば開設許可申請、開設後である場合は、開設許可事項中一部変更許可申請及び使用許可申請が必要である。
資料：東京都福祉保健局医療政策部医療安全課編『病院管理の手引 平成29年3月』230頁、2017年

6 診療用放射性同位元素等の手続き（東京都） — 3）申請手続き例

　診療用放射性同位元素または医薬品である陽電子断層撮影診療用放射性同位元素を備える場合の必要な手続きについては次のとおりである。

図5-9　診療用放射性同位元素等である陽電子断層撮影診療用放射性同位元素を備える場合の手続き（東京都）

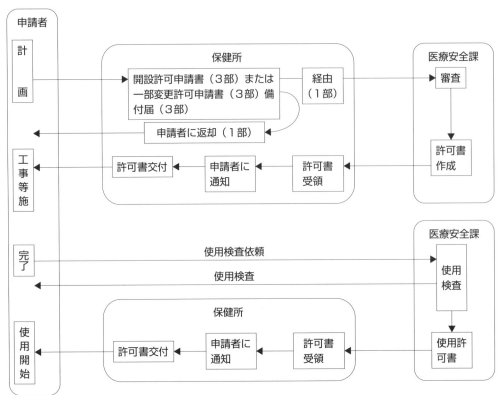

注　これらの装置を備え付ける場合は、開設時であれば開設許可申請、開設後である場合は、開設許可事項中一部変更許可申請及び使用許可申請が必要である。
資料：東京都福祉保健局医療政策部医療安全課編『病院管理の手引 平成29年3月』231頁、2017年

第6章
医療福祉施設の
計画・法規に関するQ&A

1 医療施設・福祉施設に共通する Q&A

▶平成 30 年度診療報酬改定（基本的視点と概要）

平成 30 年度診療報酬改定の内容について教えてください。

平成 30 年度の診療報酬の改定にあたり、基本的視点と具体的方向性として、次の 4 つがあげられています。
① 地域包括ケアシステムの構築と医療機能の分化・強化、連携の推進
② 新しいニーズにも対応でき、安心・安全で納得できる質の高い医療の実現・充実
③ 医療従事者の負担軽減、働き方改革の推進
④ 効率化・適正化を通じた制度の安定性・持続可能性の向上

平成 30 年度の診療報酬改定では、入院医療の評価体系について、基本的な医療の評価部分と診療実績に応じた段階的な評価部分との 2 つの評価を組み合わせた新たな評価体系に再編・統合されました。例えば、一般病棟入院基本料については、入院患者の医療の必要性に応じた適切な評価を選択できるよう、一般病棟入院基本料（7 対 1、10 対 1、13 対 1、15 対 1）が再編・統合され、新たに、急性期一般入院基本料、地域一般入院基本料となりました。また、療養病棟入院基本料については、20 対 1 看護職員配置を要件とした療養病棟入院料に一本化され、医療区分 2・3 の該当患者割合に応じた 2 段階の評価になりました。なお、新たな評価体系となる入院料は、急性期医療、急性期医療～長期療養、長期療養の機能に大きく分かれます。

このほか、大病院とその他の医療機関との機能分化を推進するため、病床数 500 床以上を要件としている診療報酬の取り扱いについて、原則として、病床数 400 床以上に見直されました。具体的には、許可病床数が 500 床以上であることを要件の一部としている初診料、外来診療料、在宅患者緊急入院診療加算、地域包括ケア病棟入院料、在宅患者共同診療料について、当該基準が 400 床以上と変更されました。

介護医療院の創設に伴う対応として、診療報酬における取り扱いが整理され、診療内容については介護療養型医療施設、体制の基準については介護老人保健施設にかかる給付調整と同様に扱われます。

▶平成30年度介護報酬改定（基本的な考え方と概要）

平成30年度介護報酬改定の内容について教えてください。

平成30年度における介護報酬改定の基本的な考え方は、次のとおりです。
① 地域包括ケアシステムの推進
　　中重度の要介護者も含め、どこに住んでいても適切な医療・介護サービスを切れ目なく受けることができる体制を整備
② 自立支援・重度化防止に資する質の高い介護サービスの実現
　　介護保険の理念や目的を踏まえ、安心・安全で、自立支援・重度化防止に資する質の高い介護サービスを実現
③ 多様な人材の確保と生産性の向上
　　人材の有効活用・機能分化、ロボット技術等を用いた負担軽減、各種基準の緩和等を通じた効率化を推進
④ 介護サービスの適正化・重点化を通じた制度の安定性・持続可能性の確保
　　介護サービスの適正化・重点化を図ることにより、制度の安定性・持続可能性を確保

このうち、①では看護小規模多機能型居宅介護においてサテライト型事業所が創設されました。その基準については、サテライト型小規模多機能型居宅介護と本体事業所との関係に準じています。また、2017（平成29）年の介護保険法改正において創設された介護医療院、共生型サービスについて、人員・設備・運営基準、基本報酬が定められました。介護医療院の主な設備基準は次のとおりです（p.116参照）。

表6-1　介護医療院の主な設備基準

療養室	定員　4人以下　　床面積　8.0㎡／人以上
所要室	診察室、処置室、機能訓練室、臨床検査設備、エックス線装置等

共生型サービスとは、介護保険法または障害者総合支援法のいずれかの居宅サービスの指定を受けている事業所が、もう一方の制度における居宅サービスの指定も受けやすくする、「指定の特例」を受けたサービスです。これによって、障害者が65歳以上になっても、使い慣れた事業所のサービスを利用しやすくなるようになります。

▶療養病床に関する経緯

Q3 2017（平成29）年の介護保険制度改正で、介護医療院が創設されましたが、どのような経緯で、このような施設がつくられることになったのでしょうか？

2000（平成12）年にスタートした介護保険制度には、介護保険施設の1つとして、介護療養型医療施設が位置づけられました。介護療養型医療施設とは、主として長期にわたり療養を必要とする要介護者に対して医学的管理、介護などを行う施設で、それまで、医療法において規定されていた療養型病床群の一部を、介護保険施設として位置づけたものです。療養型病床群は、1993（平成5）年の医療法改正により創設されましたが、そのそもそもの発端は、1970年代にさかのぼります。

1973（昭和48）年の老人福祉法改正により、老人医療費無料化が実現し、施設の代わりに病院を利用する、社会的入院が促されるとともに、医師や看護師の配置の少ない、いわゆる老人病院が増加することとなりました。このようなことから、1983（昭和58）年に、診療報酬上、医師や看護師の配置を減らし介護職員の配置を増やすなどの介護機能が評価されるようになり、特例許可老人病院が制度化されました。

特例許可老人病院はその後、先に述べたように、1993（平成5）年に、主として長期にわたり療養を必要とする患者を入院させるための療養環境をもつ療養型病床群へと移行しました。なお、療養型病床群については、一部が介護療養型医療施設として位置づけられるとともに、2001（平成13）年の医療法改正により、療養病床として位置づけられることになりました。

介護保険制度のスタート後は、療養病床（医療保険）と介護療養型医療施設（介護保険）とがそれぞれサービスを提供していましたが、2006（平成18）年の診療報酬・介護報酬の同時改定において、その実態調査の結果、医療療養病床（医療保険）と介護療養型医療施設（介護保険）とで入院患者の状況に大きな差がみられなかった（医療の必要性の高い患者と低い患者が同程度混在）ことが明らかとなり、医療保険と介護保険の役割分担が課題として指摘され、介護療養型医療施設を2011（平成23）年度末に廃止することが決定されました。

その後、介護療養型医療施設の転換が進んでいないことから、2011（平成23）年の介護保険法改正において、介護療養型医療施設の廃止・転換期限が2017（平成29）年度末まで延長されるとともに、介護療養型医療施設の廃止期限の延長については、実態調査をしたうえで、その結果に基づき必要な見直しを検討することとされました。

こうした経緯をふまえ、国では、「療養病床の在り方等に関する特別部会」において検討を行い、2017（平成29）年の介護保険法改正において「介護医療院」が新たに創設されることとなりました。なお、介護療養型医療施設の経過措置期間について

は、さらに6年間延長されることになり、2024（平成36）年3月末までとなっています。

図6-1 療養病床に関する経緯

1973（昭和48）年 老人医療費無料化	○老人病院の増加。社会的入院の増加
1983（昭和58）年 特例許可老人病院制度化	○老人病院を、医療法において特例許可老人病院として位置づけ、診療報酬上、医師、看護師の配置を減らし介護職員を多く配置するなどの介護機能を評価
1993（平成5）年 療養型病床群の創設	○一般病院における長期入院患者の増加に対応し、主として長期にわたり療養を必要とする患者を入院させるための療養環境をもつ病床として、療養型病床群を創設
2000（平成12）年 介護保険制度スタート	○介護療養型医療施設（療養病床）の一部について、介護保険法上、主として長期にわたり療養を必要とする要介護者に対して医学的管理、介護などを行う介護療養型医療施設として位置づけ（介護療養病床）
2001（平成13）年 療養病床の創設	○療養型病床群と老人病院（特例許可老人病院）を再編し、療養病床に一元化
2006（平成18）年 診療報酬・介護報酬改定	○介護療養型医療施設の2012（平成24）年3月末での廃止決定
2011（平成23）年 介護保険法改正	○介護療養型医療施設の廃止・転換期限を2018（平成30）年3月末まで延長
2017（平成29）年 介護保険法改正 介護医療院の創設	○介護医療院の創設 ○介護療養型医療施設の廃止・転換期限を2024（平成36）年3月末まで延長

▶法令の公布と施行

法令の公布と施行は、どのようになされるのでしょうか？

法令の題名の後に（ ）で示されている日付は公布日を、番号は法令番号を指します。公布日とは、制定された法令を周知させるために公示された日のことをいいます。また、施行日とはその法令に効力が生じる日をいいます。通常、附則（法令の施行期日や経過措置など付随的な事項を規定した部分、それ以外を本則という）の冒頭に規定されます。施行日の定め方は法令によってさまざまで、公布日と施行日が同じ日である場合もありますが、多くは法令の実施のための準備、周知期間として、公布日から施行日まで一定の期間をおいています。介護保険法の場合、公布日は1997（平成9）年12月17日である一方、施行日は2000（平成12）年4月1日であり、したがってその周知期間として2年余りが設けられていたことになります。

法令番号は、法律でいえば、毎年1月1日以後最初に公布される法律を第1号とし、以降順番に番号がつけられます。介護保険法（平成9年12月17日法第123号）でいえば、1997（平成9）年12月17日に公布された、その年の123番目の法律ということです。これは、他の法令についても同様で、介護保険法施行令（平成10年12月24日政令第412号）は、1998（平成10）年12月24日に公布された、その年の412番目の政令ということになります。

▶小規模な倉庫の取り扱い

「小規模な倉庫」の建築基準法上の取り扱いについて教えてください。

「小規模な倉庫」にかかる建築基準法上の取り扱いについては、「土地に自立して設置する小規模な倉庫（物置等を含む）のうち、「奥行きが1m以内のもの、又は高さが1.4m以下のもの」は、建築物に該当しない」こととされています[*1]。

また、次のとおり補足されています[*1]。

・小規模な倉庫は物置等を含むものとし、「外部から荷物の出し入れを行うことができ、かつ、内部に人が立ち入らないもの」については、建築基準法第2条第1号に規定する貯蔵槽に類する施設として、建築物に該当しないものとする。

・したがって上記の規模は、最低限、人が内部に入ることのないものとした数値の目安を示したものである。

・なお、倉庫の内部に収納・備蓄する内容は問わないものとする。

・この取り扱いについては、当該倉庫が既製のものであるか否か、及びその構造種別にかかわらない。

・幅、面積及び連結型等の取り扱いなど具体的な適用の判断については、申請する審査機関に確認が必要である。

なお、小規模な倉庫にかかる建築基準法上の手続きについて、土地に自立して設置する小規模な倉庫（物置等を含む）のうち、外部から荷物の出し入れを行うことができ、かつ、内部に人が立ち入らないものについては、建築基準法第2条第1号に規定する貯蔵槽に類する施設として、建築物に該当しないものとされ、したがって、建築確認等の手続きについても不要であるとされています。この取り扱いについては、当該倉庫が既製のものであるか否か、及びその構造種別にかかわらず、上記に従って判断されます（平27.2.27国住指4544）。

＊1 日本建築行政会議編『建築確認のための基準総則・集団規定の適用事例 2017年度版』建築行政情報センター、2017年

▶歩行困難者の避難安全対策

高齢者が利用する高層建築物における防火安全対策について、どのようなことに注意すればよいでしょうか？

東京消防庁では、非常時におけるユニバーサルデザインの整備、居住者の大半が高齢者となるような中高層・超高層の建築物における総合的な安全対策のしくみについて検討するため、2012（平成24）年に、「高齢社会の到来を踏まえた高層建築物等における防火安全対策のあり方」をまとめています。

ここでは、高齢者等にかかる防火安全対策の課題をあげたうえ、防火安全対策の提言として、①一時避難エリアを活用した避難誘導対策、②非常用エレベーターを活用した避難誘導対策、③その他の避難誘導対策に分け、それぞれの考え方や留意点が記載されています。

① 一時避難エリアを活用した避難誘導対策（表6-2）

避難階段、特別避難階段を含めた直通階段による垂直避難が困難な高齢者等の避難安全性確保のため、消防隊が救助を完了するまでの間、留まることのできる安全性が確保された一時避難エリアを各階に設定することが必要であるとしています。

表6-2 一時避難エリアにかかる建物構造、設定位置、設備等

建物構造等	・主要構造部は耐火構造 ・竪穴部分の開口部には防火設備を設置 ・避難上有効なバルコニーが設置される場合は、当該バルコニー上の隔て板を高齢者等でも破壊可能な簡易破壊型隔板とし、当該バルコニーからも一時避難エリアに通ずるようにすることが望ましい
一時避難エリアの設定位置	・原則全階に設定。ただし、水平移動のみで地上に避難できる階や在館者が極端に少ないと想定される塔屋階等には設定を要しない ・避難経路上でかつ高齢者等以外の者の避難と逆行しない位置に設定するとともに、最終的経路確保のため直通階段に避難上有効に連絡 ・階に複数設定する場合は、避難上有効な間隔を保って設定。なお、階に複数設定することが不可能な場合は、一時避難エリアに加えバルコニーまたは開放廊下等を避難上有効に活用できるよう努める ・居室と一時避難エリアの間には、1以上の安全区画（※1）を介している。なお、安全区画には排煙設備が設けられていること。ただし、安全区画が屋外同等（開放廊下等）の場合はこの限りでない
居室・安全区画間及び安全区画・一時避難エリア間の区画	・居室と安全区画との間は、不燃材料以上の防火性能をもつ間仕切壁もしくは常時閉鎖または自動閉鎖機構を有する不燃性の建具で区画 ・安全区画と一時避難エリアとの間は、耐火構造の床もしくは壁または防火設備で区画 ・建具及び防火設備は高齢者等の避難上支障がないよう配慮 ・一時避難エリアは、屋外に開放されている部分及び出入口開口部を除き、耐火構造の床及び壁で囲まれている

一時避難エリア等の設備等	・安全区画から一時避難エリアに通ずる出入口付近の避難上有効な箇所に、高齢者等が一時避難できる旨のピクトグラム、文字表示及び点字表示を掲げる ・一時避難エリア内部には、防災センター等との情報連絡及び避難者の心理的孤立感の緩和のため、非常電話またはインターホン及び監視カメラを設置（※2） ・一時避難エリアの床には、段差がないなどの高齢者等の利用に支障がないように配慮するとともに、当該部分が一時避難に使用できることがわかる表示をすることが望ましい ・一時避難エリアに通じる避難通路及び避難口には、ピクトグラム等を効果的に設置し、高齢者等が迷うことなく一時避難エリアに到達できるよう配慮
一時避難エリアの面積（階ごとの合計）	・想定される高齢者等の在館者を収容して支障のない面積とすることが望ましい

※1 安全区画とは、「通行または運搬の用に供され、かつ、当該区画内は可燃性物品等の存置その他高齢者等の避難上支障がない状態が維持されるものに限る」と定められている
※2 カメラ付きインターホンを設置する場合はこの限りではない

② 非常用エレベーターを活用した避難誘導対策

　高齢者等の多くは、自ら直通階段を使った垂直避難が困難で非常用エレベーターを活用することが有効であるとし、自衛消防隊等の管理の下に運行する場合に限り、消防隊が到着するまでの間は避難誘導に活用することができるとしています。

③ その他の避難誘導対策（表6-3）

表6-3　その他の避難誘導対策

ドアノブの形状	・比較的小さな力で開放することができ、かつドアノブの位置を探りやすい棒状、プッシュプルハンドル、パニックバー及びレバーハンドル等とすることが望ましい ・握り玉、ケースハンドル等は望ましくない
ゾーン区画の扉の開き	・高齢者等にとって開放に負荷のかかる防火設備の開き方向は、いずれの避難方向にも押し開きできるよう配慮することが望ましい ・廊下幅員が狭い等の理由から廊下を1枚の扉とくぐり戸で区画する場合は、それぞれの扉の開き方向が逆になることから、避難者が押し開きする扉を誤らないように表示するなどの配慮が必要 ・くぐり戸は車いす使用者に配慮した仕様にすることが望ましい
避難経路上のバリアフリー化	・日常動線上のバリアフリー化のみならず、避難動線上についてもバリアフリー化を促進する必要がある ・特に、避難経路がバックヤードを通過する部分については、一般の建物利用者の目に触れないため、維持管理が適切になされないことも危惧されることから、適切な防火管理が必要

▶強化天井

Q7 強化天井にはどのようなメリットがあるのでしょうか？

強化天井とは、「天井のうち、その下方からの通常の火災時の加熱に対してその上方への延焼を有効に防止することができるもの」をいいます。国土交通大臣が定めた構造方法を用いるもの、または国土交通大臣の認定を受けたものをいい、具体的には、次のように定められています。

表 6-4　強化天井の構造方法にかかる基準

> ① 強化石膏ボード（ボード用原紙を除いた部分の石膏の含有率を95％以上、ガラス繊維の含有率を0.4％以上とし、かつ、ひる石の含有率を2.5％以上としたものに限る）を2枚以上張ったもので、その厚さの合計が36㎜以上
> ② 給水管、配電管その他の管が強化天井を貫通する場合においては、当該管と強化天井との隙間をロックウールその他の不燃材料で埋めるとともに、当該管の構造を次の⑴〜⑶までのいずれかに適合するものとすること
> 　⑴ 給水管、配電管その他の管の貫通する部分及び当該貫通する部分からそれぞれ両側に1m以内の距離にある部分を不燃材料で造ること
> 　⑵ 給水管、配電管その他の管の外径が、当該管の用途、材質その他の事項に応じて国土交通大臣が定める数値未満であること
> 　⑶ 防火区画等を貫通する管に通常の火災による火熱が加えられた場合に、加熱開始後1時間防火区画等の加熱側の反対側に火炎を出す原因となる亀裂その他の損傷を生じないものとして、国土交通大臣の認定を受けたものであること
> ③ 換気、暖房または冷房の設備の風道が強化天井を貫通する場合においては、当該風道の強化天井を貫通する部分またはこれに近接する部分に特定防火設備を設けていること
> ④ 防火被覆の取合いの部分、目地の部分その他これらに類する部分が、当該部分の裏面に当て木が設けられている等天井裏への炎の侵入を有効に防止することができる構造であること

（平28国交告694）

なお、④において、防火被覆の取合いの部分、目地の部分その他これらに類する部分については、炎の侵入を有効に防止することができる構造とすることを求めており、それぞれ次に掲げる構造方法とする必要があります（平28.6.1国住指669）。

❶ 照明器具の配線が強化天井を貫通する場合
　当該配線と天井との隙間を不燃性の材料で埋めること
❷ ダウンライト等の埋め込み型の照明器具を設ける場合または天井換気口等に用いるダクト配管等を設ける場合、次の表に掲げる開口面積に応じた防火被覆を設けること

表 6-5 開口面積に応じた防火被覆基準

開口面積	防火被覆の仕様
100c㎡未満	厚さ 50mm以上の不燃性の断熱材（密度 40kg／㎥以上のロックウール、密度 24kg／㎥以上のグラスウール等）またはこれと同等の性能を有する材料
100c㎡以上	強化天井と同等の防火性能を有する防火被覆

（平 28.6.1 国住指 669）

強化天井による防火上主要な間仕切壁にかかる規制の合理化については、2014（平成 26）年の建築基準法の改正（施行は 2016（平成 28）年 6 月 1 日）に伴うものです。

従来、防火上主要な間仕切壁の構造方法については、原則として、準耐火構造とし、小屋裏または天井裏に達せしめなければならないこととされていましたが、その改正により、下方からの通常の火災時の加熱に対してその上方への延焼を有効に防止することができる強化天井としたものについては、防火上主要な間仕切壁を小屋裏または天井裏に達せしめることを要しないことになりました。

▶一の建築物

Q8 複数の建築物が接続される場合に、それらの建築物が「一の建築物」に該当するかどうかの基準について教えてください。

建築物が、建築基準法施行令第1条第1号の「一の建築物」に該当するか否かの判断は、「外観上」「構造上」（構造耐力にかかわらない）及び「機能上」の各面を総合的に判断して、一体性があると認められる場合は「一の建築物」として取り扱うこととされています（日本建築行政会議編『建築確認のための基準総則・集団規定の適用事例2017年度版』建築行政情報センター、2017年）。

外観上、構造上及び機能上の一体性の要件は、以下のとおりです。

表6-6　外観上、構造上及び機能上の一体性の要件

外観上	どの方向からみても連結され、一体性があると判断できる十分な接続をもつもの
構造上	エキスパンションジョイントの有無にかかわらず床または壁を共有し、一体性があると判断できる十分な接続をもつもの
機能上	接続していることで、建築物に必要な機能（防火・避難・利用形態上など）を満足し、一体性があると判断できる十分な接続をもつもの

建築物がいかなる場合に「一の建築物」に該当するか否かについては、その要件を定めた法令等の規定はありませんが、この件について裁判（東京地方裁判所・平成13年2月28日・平11（行ウ）第156号、同裁判所・平成17年11月21日・平15（ワ）第9701号、同裁判所・平成19年9月27日・平18（行ウ）第482号、仙台地方裁判所・平成23年6月30日・平23（行ウ）第1号、東京地方裁判所・平成23年11月11日・平22（行ウ）295号）が行われており、一定の判断基準が示されています。

医療福祉施設においては、増築などにより、既設の建築物と新設の建築物を接続する場合が多く、それぞれ単独の建築物として取り扱われるか、「一の建築物」として一体的に建築基準関連法令が適用されるかどうかによって、法令適用の範囲や規定が異なることになりますので、注意が必要です。

「一の建築物」の該当事例は、以下のとおりです。なお、個々の具体の事例については、申請する審査機関に確認が必要です。

図 6-2　直接連結型の場合

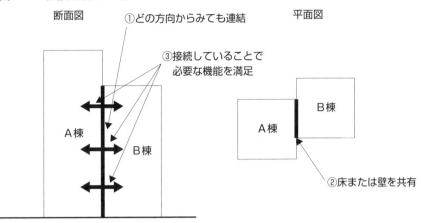

図 6-3　渡り廊下型の場合

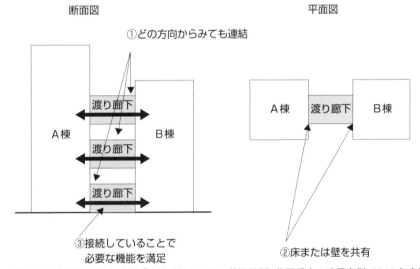

資料：日本建築行政会議編『建築確認のための基準総則・集団規定の適用事例 2017 年度版』建築行政情報センター、2017 年

▶避難安全のバリアフリー計画

Q9 医療福祉施設における避難安全計画に対して留意する点を教えてください。

日本建築学会の避難安全バリアフリーデザイン特別調査委員会による 2013 年度報告書において、「医療福祉施設の避難安全計画・評価」について詳細な検証・報告・提言がなされています。

報告書では、医療福祉施設にはさまざまな歩行能力の人が存在し、火災発生時の人命安全は職員の初動対応にかかっている一方、夜間の管理態勢が手薄であり、火災時の潜在的なリスクは高いとしています。一方、施設特有の職員の介助行動を前提とした避難安全については、いまだ確立された評価法が整備されず、その早急な解決が必要な課題であると指摘し、病室、入所室等の居室から廊下を経て安全に一時待機できる場所までの水平移動に対して検討がなされています。報告書で示された医療福祉施設の避難安全計画の基本方針は次のとおりです。

表 6-7　避難安全計画の基本方針

①　火災の影響範囲の限定と水平移動による安全確保
・火災の影響範囲を限定する水平避難区画を設置
・水平避難区画が適切に配置されれば出火した防火区画（出火区画）内で移動させる患者の人数を減らすことができ、短い距離で煙の影響から一時的に逃れることができる
②　水平避難区画内で滞留できる場所の確保
・水平避難区画で滞留し避難階への垂直避難を一時的に待機するための滞留スペースの確保
・滞留スペースは出火階で想定される自力避難困難な患者等がベッド・車いす等の移動形態を維持しながら滞留できる十分な広さが必要
・滞留スペースは直通階段や避難に利用できるエレベーター等の垂直避難用の施設に通じる避難経路が確保されている必要がある
・病室等の人工呼吸器等の電源や医療ガスを確保できる部屋は医療の継続が容易であるため、病室等も滞留スペースに含める計画が必要
・医療の継続も可能な滞留スペースは、出火室・出火区画に応じて変わり、図 6-4 のように出火区画からは 2 つ先の第 2 次水平避難区画に計画する
・図 6-5 のように中央の区画での出火を想定する必要がある場合は、検討結果に応じて修正→出火室と想定できる部屋を防火区画することが原則であるが、中央の区画に患者が常時滞在する病室等が設置されていない（水平避難用防火設備がほぼ開放されない）状態において、中央廊下が常に負圧を保持できる煙制御を行えるかは、検討の余地がある
③　廊下周りの区画
・廊下は安全区画として一定時間煙の流入が抑制されるように、病室や入所室等の居室扉は、常時閉鎖式とするか、もしくは日常開放状態にする場合であっても、火災時には煙感知器等の信号により自動閉鎖するなど、確実に閉鎖できる仕様とすることが原則
・病棟のスタッフステーションの可燃物量は多いことも予想されるため、廊下に開放する部分は可燃物の少ない用途に限定し、処置室、薬品保管庫等の可燃物量の多い用途は防火区画された室に収納するなど、機能上の可燃物量に応じた区画が必要

- 廊下に開放する場合でも、一定の深さ以上の防煙垂れ壁を設置するなど、煙の侵入を一時的に抑制するための対策が必要

④　移動不可能な人のいるエリアの安全対策
- 病院の手術室、ICU・CCU、NICU等の移動不可能な人がいるエリアでは、図6-6のように「籠城区画」を形成し、そこに長時間留まっていても安全な対策が求められる
- 「籠城区画」は単に防火区画を形成すればよいわけではなく、周囲の火災に対して煙の侵入を確実に防止しなければならない。そのため、単に籠城区画に通じる廊下に排煙設備を設置するのに留まらず、二重の防火区画や日常の陽圧管理空調を火災時に加圧防煙として活用する煙制御を行うなど、確実な防煙対策が望まれる

⑤　バルコニーの計画
- 医療福祉施設ではバルコニーの設置が従来、推奨されており、条例等で設置を義務化している自治体もある
- バルコニーは、避難だけでなく、消防隊による屋外からの進入・救助及び上階への延焼防止にきわめて有効であるが、病棟では管理上のさまざまな理由で日常はバルコニーに通じる扉や窓を施錠することが多く、火災等の災害時に避難経路として使う場合には、自動火災報知設備に連動する等の確実な解錠方法が必要

⑥　避難誘導（ソフト）対策
- 職員が施設の避難計画や設置された火災安全のための防災設備・避難施設を理解することが重要。そのうえで、自力避難困難者の人数に応じて、他階からの応援を含めた実効的な避難誘導態勢を整える必要がある。さらに、避難誘導の実効性を向上させるためには、訓練の積み重ねが重要

図6-4　水平避難区画の概念図（端部の区画で出火した場合）

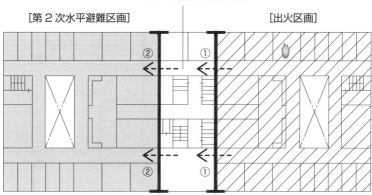

資料：日本建築学会避難安全のバリアフリーデザイン特別調査委員会『避難安全のバリアフリーデザイン特別調査委員会2013年度報告書』2014年

■ 医療施設・福祉施設に共通する Q&A

図 6-5 水平避難区画の概念図（中央の区画で出火した場合）

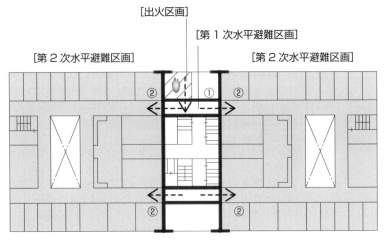

資料：日本建築学会避難安全のバリアフリーデザイン特別調査委員会「避難安全のバリアフリーデザイン特別調査委員会 2013 年度報告書」2014 年

図 6-6 籠城区画の概念図

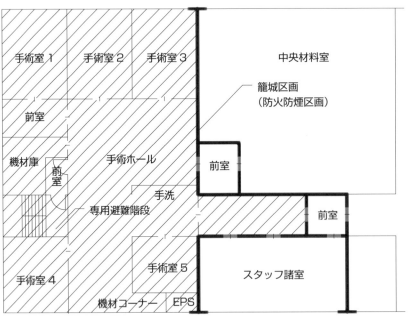

資料：日本建築学会避難安全のバリアフリーデザイン特別調査委員会「避難安全のバリアフリーデザイン特別調査委員会 2013 年度報告書」2014 年

2 医療施設に関する Q&A

▶入院基本料

入院基本料とはどのようなものですか?
また、入院基本料に対応する看護配置はどのような基準となっていますか?

入院基本料とは、入院の際に行われる基本的な医学管理、看護、療養環境の提供を含む一連の費用を評価したものです。入院基本料には、療養環境（寝具等を含む）の提供、看護師等の確保及び医学的管理の確保等のほか、簡単な検査（血圧測定検査等）の費用、簡単な処置の費用等（入院の場合には皮内、皮下及び筋肉内注射及び静脈内注射の注射手技料等）が含まれています。

入院基本料は、一般病棟、療養病棟、結核病棟、精神病棟、専門病院、障害者施設等、特定機能病院（一般病棟、結核病棟、精神病棟）、有床診療所、有床診療所療養病床に、一般病棟入院基本料は急性期一般入院基本料（1〜7）、地域入院料（1〜3）に分かれます。急性期一般入院基本料については、①当該病棟において、1日に看護を行う看護職員の数が常時、当該病棟の入院患者の数が10またはその端数を増すごとに1以上であること（急性期一般入院料1にあっては7またはその端数を増すごとに1以上）、②看護職員の最小必要数の7割以上が看護師であること、③当該病棟の入院患者の平均在院日数が21日以内であること（急性期一般入院料1にあっては18日以内）などが施設基準として定められており、さらに、重症度、医療・看護必要度Ⅰ・Ⅱの基準を満たす患者の割合に応じて、1〜7に分かれます。

一般病棟入院基本料は看護配置に応じて「7対1入院基本料」「10対1入院基本料」等に区分されていましたが、入院患者の医療の必要性に応じた適切な評価を選択できるよう、実績に応じた評価体系を導入し、将来の入院医療ニーズの変化にも弾力的な対応を可能とするため、平成30年度の診療報酬改定において見直されました（p. 218参照）。

▶許可病床数を超える入院

Q11 病室以外の場所や、病室に定員を超えて入院させることはできるのでしょうか？

医療法施行規則第10条において、病院や療養所の保険医療機関は、医療法の手続きにより許可された「許可病床数以上の入院患者は原則として入院させてはならない」とされています。

ただし、災害その他のやむを得ない「臨時応急」のためにはこの限りでないとされており、救急医療対応やインフルエンザ対応等の場合には、定員超過入院等を行うことができます（平成21.7.21　医政総発0721第1・医政指発0721第1・保医発0721第1）。

なお、定員超過入院等は緊急時の一時的なものに限られ、常態化することは認められません。また、院内感染をはじめ、医療の安全の確保には十分注意する必要があります。常態化する場合には、診療報酬上の減額措置がなされたり、医療法上の増床手続きを行う必要が生じます。ただし、月平均の入院患者数が、病院にあっては許可病床数に100分の105を乗じて得た数未満、診療所にあっては許可病床数に3を加えて得た数未満である場合には、定員超過入院等を理由とした入院基本料の減額は行われません。

また、昨今、周産期救急医療および小児救急医療を含む救急医療にかかる患者の受入れが困難な事態が発生していることから、医療法施行規則第10条及び厚生労働大臣の定める入院患者数の基準及び医師等の員数の基準並びに入院基本料の算定方法の取り扱いについて、緊急時の対応として許可病床数を超える入院に対する緩和措置が設けられています。

○ 救急患者の受入れに係る医療法施行規則第10条等の取扱いについて
　（平成21年7月21日医政総発0721第1号・医政指発0721第1号・保医発0721第1号）

1　医療法施行規則第10条により、病室に定員を超えて患者を入院させること及び病室以外の場所に患者を入院させること（以下「定員超過入院等」という。）は、患者の療養環境の悪化を招くため、原則認められていないところであるが、地域の救急医療体制が厳しい状況にある中で、緊急時の対応として当該救急患者を入院させるときは、同条ただし書の規定が適用されるものであり、定員超過入院等を行うことができること。

　　ただし、定員超過入院等を行う場合においても、一時的なものに限り、常態

化することは認められず、入院患者の症状、近隣の医療機関の空床情報等を把握した上で、入院患者を転院させる等により、できる限り短期間のうちに定員超過入院等の解消を図る必要があること。また、院内感染をはじめ、医療の安全の確保には十分注意する必要があること。
2 また、定員超過入院等を行う場合においては、次の事項に留意すべきものであること。
① 入院名簿、病院日誌等に、定員超過入院等を行った救急患者の受入状況を記録し、保存すること。
② 同条ただし書の規定の適用により、救急患者を入院させる場合であっても、原則として病室に入院させることとし、病室以外の場所への救急患者の入院については、他の入院患者の病室移動が困難である夜間において、病室以外の場所で診療し、療養させなければ、当該救急患者の生命や身体に危険を生じさせるおそれがある場合等に行うこととすること。
3 入院基本料を算定する病棟において医療法（昭和23年法律第205号）の規定に基づき許可を受け、若しくは届出をし、又は承認を受けた病床数（以下「許可病床数」という。）を超えて患者を病室に入院させた場合の診療報酬については、厚生労働大臣の定める入院患者数の基準及び医師等の員数の基準並びに入院基本料の算定方法（平成18年3月6日厚生労働省告示第104号）において定められているように、月平均の入院患者数が、病院にあっては許可病床数に100分の105を乗じて得た数未満、診療所にあっては許可病床数に3を加えて得た数未満である場合には、定員超過入院等を理由とした入院基本料の減額は行われないものであること。

▶感染防止対策地域連携加算

Q12 感染防止対策地域連携加算に病院計画に関する内容はありますか？

平成24年度の診療報酬改定では、院内感染対策の推進を図るため、医療機関同士の連携や相互の感染防止対策の評価を行う感染防止対策地域連携加算が新設されました。感染防止対策に関する評価のためのチェックリストには、施設計画に関する項目が多く含まれています（表6-8）。

表6-8 感染防止対策地域連携加算チェック項目表（抜粋）

C. 外来		
2. 外来診察室	1) 診察室に手洗いの設備がある	
D. 病棟		
1. 病室	1) 部屋ごとに手洗い場がある	
	2) 床や廊下に物品が放置されていない	
	3) 必要なコホーティングが行われている	
	4) 隔離個室の医療器具は専用化されている	
	5) 隔離個室には必要なPPEが準備されている	
	6) 空調のメンテナンスが行われ、HEPA filterが定期的に交換されている	
2. スタッフステーション	1) 水道のシンク外周が擦拭され乾燥している	
3. 処置室	1) 清潔区域と不潔区域を区別している	
E. ICU		
1. 着衣および環境	1) 入室時に手指衛生を実施している	
	4) ベッド間隔に十分なスペースがある	
	5) 手洗いや速乾式手指消毒薬が適切に配置されている	
F. 標準予防策		
1. 手洗い	1) 職員の手指消毒が適切である	
	3) 手袋を着用する前後で手洗いを行っている	
G. 感染経路別予防策		
1. 空気感染予防策	2) 陰圧個室が整備されている	
2. 飛沫感染予防対策	4) 可能ならば個室隔離としている	
	5) 個室隔離が困難な場合、コホーティングしている	
	6) ベッド間隔が1メートル以上取られている	
3. 接触感染予防策	3) 必要なPPEが病室ごとに用意されている	

I. 医療器材の管理		
2. 人工呼吸器	1) 加湿器には滅菌水を使用している	
J. 洗浄・消毒・滅菌		
1. 医療器具	1) 病棟での一次洗浄、一次消毒が廃止されている（計画がある）	
2. 内視鏡	1) 内視鏡洗浄・管理が中央化されている（計画がある）	
	3) 用手洗浄が適切に行われている	
K. 医療廃棄物		
	3) 最終保管場所が整備されている	
L. 微生物検査室		
1. 設備・機器	1) 安全キャビネット（クラスⅡ以上）を備えている	
	2) 安全キャビネットは定期点検（HEPAフィルターのチェック・交換等）が行われている	
	3) 菌株保存庫（冷凍庫等）は、カギを掛けている	
2. 検査業務	3) 抗酸菌検査、検体分離等は安全キャビネット内で行っている	
	7) 感染防止のための手洗い対策が適正である	
	8) 感染性廃棄物が適正に処理されている	

（平30.3.5 保医発0305 第2 別紙24）

▶院外薬局の構造基準

Q13 院外薬局の設置に関わる構造基準の一部緩和について、保険薬局は保険医療機関と一体的な構造としてはならないとされていますが、「一体的な構造」とは、具体的にはどのような構造をいうのでしょうか？

健康保険事業の健全な運営の確保の観点から、保険薬局は、その担当する療養の給付に関し、
- 保険医療機関と一体的な構造とし、または保険医療機関と一体的な経営を行うこと
- 保険医療機関または保険医に対し、患者に対して特定の保険薬局において調剤を受けるべき旨の指示等を行うことの対償として、金品その他の財産上の利益を供与すること

を行ってはならないとされています（昭和 32.4.30 厚令 16〈2の3①〉）。
この場合、保険医療機関と「一体的な構造」とは、次の①から③に掲げるような構造を指します。

表6-9　保険医療機関と「一体的な構造」の基準

①　保険医療機関の建物内にあるものであって、当該保険医療機関の調剤所と同様とみられるもの
②　保険医療機関の建物と専用通路等で接続されているもの
③　①または②に該当しないが、保険医療機関と同一敷地内に存在するものであって、当該保険薬局の存在や出入口を公道等から容易に確認できないもの、当該保険医療機関の休診日に公道等から当該保険薬局に行き来できなくなるもの、実際には当該保険医療機関を受診した患者の来局しか想定できないもの等、患者を含む一般人が当該保険薬局に自由に行き来できるような構造を有しないもの

（平 8.3.8 保険発 22）

保険医療機関と「一体的な構造」とは、従来「保険薬局の土地又は建物が保険医療機関の土地又は建物と分離しておらず、公道又はこれに準ずる道路等を介さずに専用通路等により患者が行き来するような形態のものをいう」とされており、その結果、保険医療機関と保険薬局との間にフェンス等が設置されてきました。

しかし、2015（平成 27）年 6 月 30 日に閣議決定された規制改革実施計画を踏まえ、患者の利便性に配慮するため、その構造上の規制が改められました（2016（平成 28）年 10 月 1 日から適用）。

その具体例は、次のとおりです。

図 6-7 保険医療機関と「一体的な構造」のイメージ

1. 2016（平成 28）年 10 月 1 日以降は、フェンス等を設置しなくても指定が認められるもの

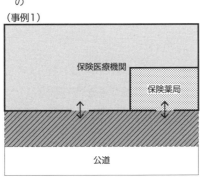
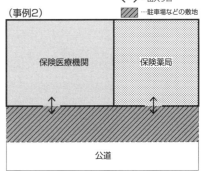

2. 2016（平成 28）年 10 月 1 日以降は、現地の実態を踏まえ、地方社会保険医療協議会に諮ったうえで個別に判断するもの

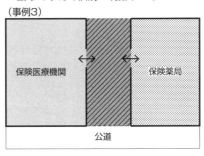
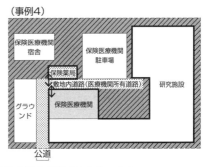

3. 2016（平成 28）年 10 月 1 日以降も、引き続き指定が認められないもの

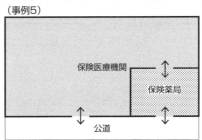
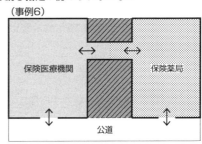

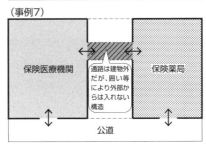

（平 28.3.31 事務連絡）

▶医療機関における施設の一体性

医療機関で確保している必要があるとされている「施設の一体性」とは、どのようなものでしょうか?

手術部門や病棟部門など、医療機関の施設の一部が公道等を隔てて位置する場合には、適切な医療を提供するため、それぞれの施設が有機的な関係をもち、全体で一体性を確保する必要があるとされ、原則として「渡り廊下等を設けて接続」することとされています。

ただし、次のような場合には「渡り廊下等による接続を行わなくとも一体性の要件を満たしている」と解釈されています。

表 6-10　公道等を隔てた医療機関における施設の一体性

> - 患者の利用することのない事務部門等を設置する場合であって、渡り廊下を設けることが困難であり、かつ、患者にとって衛生上、防火上及び保安管理上問題がない場合
> - 相互の密接な有機的関連性が必要である病棟部門や外来診療部門等とは異なる施設(デイケア施設)等を設置する場合
> - 両施設の位置する敷地間の距離が同一の管理者による管理及び患者等の往来に支障をきたさない程度である(具体的には、施設間を隔てる公道等に両施設の敷地が面していることを原則とする)
> - 公道等を隔てて位置する両施設の機能を十分考慮したうえで、施設間の患者の往来の頻度や利用する患者の病態等を勘案し、衛生面や保安面などで医療の安全性が十分に確保されていると認められること(具体的には、施設を隔てる公道等には、特に狭い場合や自動車の通行が禁止されている場合を除き、横断歩道がある、または、医療機関の職員による介助があるなど、安全性への配慮が十分になされている必要があること)

(平 17.7.1 医政総発 0701001)

また、「医療機関としての一体性」があると認められるための要件は、「施設の一部が公道等を隔てて位置する場合」のみならず、「医療機関が複合ビル等の複数の階に入居する場合」も適用され得ます。

具体的には、個別の事案に応じて判断する必要があるとされていますが、「フロア間で同一の管理者による管理及び患者等の往来に支障をきたさない」こと、ならびに「フロア間の機能を十分考慮したうえで、利用する患者の往来の頻度や病態等を勘案し、衛生面や保安面などで医療の安全性が十分に確保されている」ことが認められれば、複数階に入居する医療機関に「施設内部の専用階段の設置を求める必要はない」とされています(平 28.3.7 医政総発 0307 第 1)。

▶精神障害者の地域移行支援型ホーム

精神障害者の地域移行型ホームを設置するにあたり留意する点を教えてください。

地域移行支援型ホームは、長期入院精神障害者の地域移行に向けた具体的方策について検討した「長期入院精神障害者の地域移行に向けた具体的方策に係る検討会」による取りまとめにおいて、病院資源の活用として示されました。障害者総合支援法に基づく共同生活援助の共同生活住居は本来、入所施設または病院の敷地外にあるようにしなければならないとされていますが、一定の要件を満たし、都道府県知事が認めた場合に、病院の敷地内の建物を共同生活住居として共同生活援助の事業等を行うことができます。これを、「地域移行支援型ホーム」といいます。特例が認められる場合の要件、構造及び設備などは次のとおりです。

表6-11 地域移行支援型ホームの要件

- 指定共同生活援助または外部サービス利用型指定共同生活援助の量が、都道府県障害福祉計画において定める量に満たない地域で、都道府県知事が特に必要と認めた場合
- 病院の精神病床数の減少を伴うものであって、病院の定員1以上の削減に対し、地域移行支援型ホームの定員を1とする
- 新規の指定については平成27年4月1日から平成31年3月31日まで、指定後の運営期間については当該指定を受けてから6年間とする。

（平18.12.6 障発1206001）

表6-12 地域移行支援型ホームの構造及び設備等

共同生活住居の数	1以上
入居定員	4人以上30人以下
構造及び設備	居者の生活の独立性を確保するもの ・共同生活住居の入口は、病院を利用する患者等や病院関係者が利用する病院の入口と異なるものとする ・病院を利用する患者等が共同生活住居に立ち入らないよう、建物を別にしたり、廊下に壁や施錠されたドアを設けたりするなど、共同生活住居と病院を直接行き来できないような構造 ・共同生活住居の設備は、病院で使用する設備と共用できない
提供期間	原則として、2年を超えて、指定共同生活援助等を提供してはならない
地域移行推進協議会の設置	利用者の地域への移行を推進するための関係者により構成される協議会（地域移行推進協議会）を設置し、定期的に活動状況を報告し、地域移行推進協議会から必要な要望、助言等を聴く機会を設ける

（平18.12.6 障発1206001）

▶特定集中治療室管理料の面積算定基準

特定集中治療室の病床面積の「患者の病床として専用する」とは、どのような意味でしょうか？

特定集中治療室の広さは、内法による測定で、1床あたり20㎡以上であることが求められていますが、病床面積とは、「患者の病床として専用するベッド周り面積を指す」とされています（平26.4.4 事務連絡問21）。

このとき、「専用する」とは次のように解釈されています。

表6-13 「患者の病床として専用するベッド周り面積」の解釈

> ① 「専用するベッド周り」とは、患者周辺で実際に医療行為が行われているエリアを指す。この場合、必ずしもキュービクルカーテンやパーテーションなどで区切られた内側だけを指すものではない。
> ② 面積確保のためだけに、通行部分も含めた扁平な（細長い）患者エリアなどを設定している場合はこの部分を面積算入できない。あくまでも患者をケアするエリアとして妥当な部分を面積算入の対象とする。
> ③ 遠隔でモニタリングのみ行うようなスペース（スタッフステーションなど）は面積に含まない。キュービクルカーテンの外でもモニターなどを患者ベッド近くに置く場合は、常識的範囲で算入してよい。
> ④ パーテーションで閉じられた場合には個室として扱い、原則として囲われた部屋の内法を面積算定対象とする。

なお、それぞれの具体的事例については個別に厚生局と協議する必要があります。

図6-8 「患者の病床として専用するベッド周り面積」のイメージ

平成26年4月4日の「疑義解釈資料の送付について(その2)」
「病床面積とは、患者の病床として専用するベッド周り面積を指す。」
に対する解釈について

個室の場合：室の内法面積
OK

総室の場合：キュービクルカーテンの内側の面積
OK

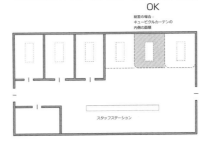

総室の場合：不適切な面積算定
NG

総室の場合：実際に医療行為が行われるエリアの面積
OK

総室の場合：不適切な面積算定
NG

資料：日本医療福祉建築協会法規委員会作成

2 医療施設に関するQ&A

▶助産所の要件

助産所を開設するにあたり、分娩室を設置する必要はありますか？

助産所とは、「助産師が公衆又は特定多数人のためその業務（病院又は診療所において行うものを除く）を行う場所」をいい、「妊婦、産婦又はじょく婦10人以上の入所施設を有してはならない」と定義されています（医法2）。

従来、助産所が分娩を取り扱うことが前提とされていましたが、助産所が分娩を伴わない産後ケアなどのさまざまなニーズに、より一層対応できるようにするため、医療法施行規則が見直され、分娩を取り扱わない助産所について、分娩室の設置を要しないこととなりました。

これにより、分娩を扱っていた助産所が分娩をやめて産後ケア等を実施する場合に既存の分娩室をほかの用途に有効活用できるようになります。その他、既存の建物を使って新たに産後ケアを行う施設を自治体等が開設するといった場合に改装・改築が必要なくなる等の効果が期待できます。

図6-9 入所による産後ケアを行う施設を開設する場合の例

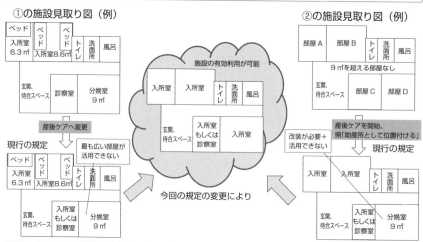

資料：第5回周産期医療体制のあり方に関する検討会（平成28年6月30日）資料4

3 高齢者施設に関する Q&A

▶市街化調整区域における高齢者施設の建設

市街化調整区域において高齢者施設の建設は可能ですか?

原則として市街化調整区域には建物の建設ができませんが、例外があり、一定の許可基準を満たし都道府県の開発許可を受ければ建設が可能です。用途的な条件は次のとおりです。

> ・主として当該開発区域の周辺において居住している者の利用に供する政令で定める公益上必要な建築物であること(都市計画法第34条第1項第1号)。
> ・都道府県知事が開発審査会の議を経て、開発区域の周辺における市街化を促進するおそれがなく、かつ市街化区域内において行うことが困難又は不適当と認める開発行為(都市計画法第34条第1項第14号)

* 「公益上必要な建築物」とは、社会福祉法による社会福祉事業の用に供する施設をいう(都市計画法施行令第29条の5、同第21条第26号)。
また、社会福祉法による社会福祉事業は次のとおり(社会福祉法第2条)。
第1種社会福祉事業:
 老人福祉法に規定する養護老人ホーム、特別養護老人ホームまたは軽費老人ホームを経営する事業
第2種社会福祉事業:
 老人福祉法に規定する老人居宅介護等事業、老人デイサービス事業、老人短期入所事業、小規模多機能型居宅介護事業、認知症対応型老人共同生活援助事業または複合型サービス福祉事業及び同法に規定する老人デイサービスセンター、老人短期入所施設、老人福祉センターまたは老人介護支援センターを経営する事業

開発許可制度を運用していく際の技術的助言として定められた開発許可制度運用指針(平26.8.1 国都計67)では、市街化調整区域における都市計画法第34条第14号等の運用について、通常原則として許可して差し支えないものと考えられるものとして、条件つきで有料老人ホーム、サービス付き高齢者向け住宅、介護老人保健施設、社会福祉施設があげられています。

しかし、開発許可制度運用指針では、社会福祉施設の開発許可について、「開発許可担当部局と社会福祉施設担当部局とが十分な連絡調整を図ることが望ましい」とされ、開発審査会の議を経ることは相当に難しいといえます。

結論としては、都市計画法上は可能ではあるが、都道府県の開発許可担当との協議によるということになります。

▶高齢者施設の建築基準法上の分類

高齢者施設は、建築基準法においてどのように分類されているのでしょうか？

建築基準法における「老人ホーム」などの高齢者施設を示す用語は次のとおりです。

① 用途地域等内における建築物の制限に関する建築基準法別表第2(い)及び(は)の「老人ホーム、保育所、福祉ホームその他これらに類するもの」及び「老人福祉センター、児童厚生施設その他これらに類するもの」
② 居室の採光について定めた建築基準法施行令第19条第1項に定める「・・・、老人福祉施設、有料老人ホーム、・・・」（以下「児童福祉施設等」）
③ 建築確認申請書に記載する建築物用途区分記号を示す建築基準法施行規則別紙に記載された「老人ホーム、福祉ホームその他これらに類するもの」及び「児童福祉施設等（建築基準法施行令第19条第1項に規定する児童福祉施設等をいい、前3項に掲げるものを除く）」

建築基準法における位置づけは以下のように整理できます。

ただし、特定行政庁によっては独自の「建築基準法取扱基準」等により定めている場合があるので、特定行政庁へ事前に確認しておくことが望ましい。

① 特別養護老人ホームについては、建築基準法別表第一(2)の用途のうち「その他これらに類するもの」に該当し、これは建築基準法施行令第115条の3により、「児童福祉施設等」とされています。「児童福祉施設等」は、建築基準法施行令第19条第1項に規定され、ここに「老人福祉施設」が位置づけられています。建築基準法施行規則別紙及び建築基準法別表第2では「老人ホーム、福祉ホームその他これらに類するもの」に該当します。

② 介護老人保健施設については、20床以上の場合は「病院」、19床以下の場合は「診療所」に該当する、という解釈が示されています[*1]。

③ 介護医療院は、2017（平成29）年の介護保険法改正によって創設されたため建築基準法等に明文化されていませんが、その前身である「介護療養型医療施設」や「介護老人保健施設」が病院または診療所の扱いであったことから、20床以上の場合は「病院」、19床以下の場合は「診療所」に該当すると考えられます。

④ 老人短期入所施設、養護老人ホーム、ケアハウスは、老人福祉法に規定される老人福祉施設にあたり、特別養護老人ホームと同様「児童福祉施設等」かつ「老人福祉施設」「老人ホーム、福祉ホームその他これらに類するもの」に該当します。

⑤ 認知症高齢者グループホームについては、特定行政庁によって、「老人福祉施設」として扱われる場合と「寄宿舎」として扱われる場合があります。「事業主体や運営内容を考慮せず、図面上の形態としてみたときに居室群と共同の食堂や浴室等で構成されているので、「寄宿舎」として扱う」と明言している特定行政庁もあります。

⑥ サービス付き高齢者向け住宅については次の考え方をもとに、個々の建物の利用

状況等を踏まえて、特定行政庁が総合的に判断することとされています[*2]。
○各専有部分に便所・洗面所・台所を備えているもの
　・老人福祉法の有料老人ホームに該当するかどうかにかかわらず…共同住宅
○各専有部分に便所・洗面所はあるが、台所を備えていないもののうち、
　・老人福祉法における有料老人ホームに該当するもの…老人ホーム
　・老人福祉法における有料老人ホームに該当しないもの…寄宿舎

⑦　訪問系の事業所については、2015（平成27）年の国土交通省の住宅局市街地建築課長通知（平27.11.13国住街107）により、「老人福祉センターその他これらに類するもの」として取り扱われることが明確になり、600㎡以下であれば第1種低層住居専用地域内でも建てられる（建築基準法施行令第130条の4）ようになりました。訪問系の事業所とは、次に掲げる事業を行う建築物をいいます。

表6-14　「老人福祉センターその他これに類するもの」に該当する建築物

① 訪問介護	⑩ 介護予防訪問看護
② 訪問入浴介護	⑪ 介護予防訪問リハビリテーション
③ 訪問看護	⑫ 介護予防居宅療養管理指導
④ 訪問リハビリテーション	⑬ 介護予防支援
⑤ 居宅療養管理指導	⑭ 介護予防訪問介護
⑥ 定期巡回・随時対応型訪問介護看護	⑮ 第1号訪問事業
⑦ 夜間対応型訪問介護	⑯ 第1号生活支援事業
⑧ 居宅介護支援	⑰ 地域包括支援センター
⑨ 介護予防訪問入浴介護	

⑧　老人デイサービスセンターについては、老人短期入所施設と同様、老人福祉施設にあたることから、「児童福祉施設等」に該当します。また、「建築確認のための基準総則・集団規定の適用事例2017年度版」では、小規模多機能型居宅介護事業所の項において小規模多機能型居宅介護事業所と同様とみていることから、細目としては「老人ホーム、保育所、福祉ホームその他これらに類するもの」に該当すると考えられますが、通所施設であることから特定行政庁においては「老人福祉センターその他これらに類するもの」とみなす場合があります。

　また、宿泊機能をもつ場合は小規模多機能型居宅介護事業所と同様の扱いとなると考えられます。

⑨　小規模多機能型居宅介護事業所については、「老人ホーム、保育所、福祉ホームその他これらに類するもの」とする、という解釈が示されています[*1]。

＊1　日本建築行政会議編『建築確認のための基準総則・集団規定の適用事例2017年度版』建築行政情報センター、2017年
＊2　サービス付き高齢者向け住宅情報提供システム「よくあるご質問」（https://www.satsuki-jutaku.jp/faq.php）

▶高齢者施設の消防法上の分類

Q20 高齢者施設は、消防法においてどのように分類されているのでしょうか？

社会福祉施設等の態様の多様化を踏まえ、消防法上の位置づけを明確にするため消防法施行令別表第1における用途区分の改正が2015（平成27）年に行われ、次のとおり分類されています。

表6-15 消防法施行令別表第1による高齢者施設の用途区分

(6)項ロ （自力避難困難者入所福祉施設等）	(1) 高齢者施設 ・老人短期入所施設 ・養護老人ホーム ・特別養護老人ホーム ・軽費老人ホーム（避難が困難な要介護者（※1）を主として入居させるものに限る） ・有料老人ホーム（避難が困難な要介護者（※1）を主として入居させるものに限る） ・介護老人保健施設 ・老人短期入所事業を行う施設 ・小規模多機能型居宅介護事業を行う施設（避難が困難な要介護者を主として宿泊させるものに限る） ・認知症対応型老人共同生活援助事業を行う施設 ・その他これらに類するもの（※2）
(6)項ハ （老人福祉施設、児童養護施設等）	(1) 高齢者施設 ・老人デイサービスセンター ・軽費老人ホーム（(6)項ロ以外） ・老人福祉センター ・老人介護支援センター ・有料老人ホーム（(6)項ロ以外） ・老人デイサービス事業を行う施設 ・小規模多機能型居宅介護事業を行う施設（(6)項ロ以外） ・その他これらに類するもの（※2）

※1 「避難が困難な要介護者」とは、介護保険法における要介護3〜5に該当する者をいう（消防法施行規則第5条第1項第5号）。また、「避難が困難な要介護者を主として入居させる」とは、避難が困難な要介護者の割合が、施設全体の定員の半数以上であることを目安として判断する（平26.3.14 消防庁81）
「避難が困難な要介護者を主として宿泊させる」とは、宿泊業務が常態化していること、または避難が困難な要介護者の割合が、当該施設の宿泊サービス利用者全体の半数以上であることを目安として判断する（平26.3.14 消防予81）
※2 消防法施行規則第5条第6項及び第8項

▶病院または診療所と介護保険施設等との併設

病院または診療所と、介護保険施設は併設できるのでしょうか？また、その場合の条件を教えてください。

病院または診療所と、介護保険施設等の併設については、「病院又は診療所と介護保険施設等との併設等について」（平 30.3.27 医政発 0327 第 31・老発 0327 第 6）により、次のように示されています。

表 6-16　病院または診療所と介護保険施設等との併設について

- 表示等により病院または診療所と介護保険施設等との区分を可能な限り明確にすること
- 病院または診療所の施設及び構造設備と介護保険施設等の施設及び設備は、それぞれの基準を満たし、かつ治療、介護、その他のサービスに支障がない場合に限り、共用が認められる。ただし、診察室・医務室、手術室、処置室（機能訓練室を除く）、病室・療養室または居室、エックス線装置等の共用は認められない。なお、介護医療院については、診察室・医務室（病院等の建物の一部を介護医療院に転用する場合）、処置室（機能訓練室を除く）及びエックス線装置等の共用は認められる

なお、ここでの介護保険施設等とは、介護保険法または老人福祉法に規定する介護医療院、介護老人保健施設、指定介護老人福祉施設（特別養護老人ホーム）その他の要介護者、要支援者その他の者を入所、入居または通所させるための施設並びにサービス付き高齢者向け住宅、高齢者向け優良賃貸住宅及び生活支援ハウスを指します。

▶老人ホーム等の容積率制限の緩和

特別養護老人ホームの地下室やエレベーターの昇降路が容積対象面積から除外されると聞きました。具体的に教えてください。

容積率の算定の基礎となる延べ面積には、建築物の地階でその天井が地盤面からの高さ1m以下にあるものの住宅または老人ホーム、福祉ホームその他これらに類するもの（老人ホーム等）の用途に供する部分（昇降機の昇降路の部分または共同住宅の共用の廊下もしくは階段の用に供する部分を除く）の床面積は、算入しないものとされています（建基法〈53③〉）。ただし、床面積が当該建築物の住宅及び老人ホーム等の用途に供する部分の床面積の合計の3分の1を超える場合においては、当該建築物の住宅及び老人ホーム等の用途に供する部分の床面積の合計の3分の1に限ります。

地下室の床面積を容積率に不算入とする特例によって、地上部分に計画していた老人ホーム等を構成する機械室等を地下部分に配置することで、地上部分の居室面積の拡大が図られるなど、設計上の工夫等により対応が可能となる場合も考えられます。

また、エレベーターの昇降路及び共用の廊下、階段の部分の床面積についても、容積率の算定の基礎となる延べ面積には、同様に、算入されません（建基法〈53⑥〉）。

これらの特例は、2014（平成26）年6月及び2018（平成30）年3月の建築基準法の改正により、それまで、その対象が住宅であったものが、「老人ホーム、福祉ホームその他これらに類する用途に供する建築物」に拡充されたものです。

なお、共用の廊下、階段の部分の床面積については、2018（平成30）年の建基法の改定により不算入となる見込みです。

表6-17 地下室の床面積の不算入

対象	住宅、老人ホーム、福祉ホームその他これらに類するもの（老人ホーム等）
概要	床面積の合計の3分の1を限度として、地下室の床面積を容積率に不算入とする。

表6-18 エレベーター昇降路の床面積の不算入

対象	すべての建築物
概要	エレベーターの昇降路について、不算入

▶小規模社会福祉施設等の消防設備

認知症高齢者グループホームなどの小規模社会福祉施設の消火設備が強化されたと聞きましたが、どのようになっていますか？

度重なる認知症高齢者グループホーム等の火災により、社会福祉施設等へのスプリンクラー設備及び自動火災報知設備の設置に関する基準が見直され、また、消防法における社会福祉施設等の分類（消防法施行令別表第1）も見直しとなりました（Q20）。スプリンクラーの設置については避難が困難な要介護者を主として入所させる社会福祉施設等は原則として延べ面積にかかわらず設置が義務づけられることとなりました。ただし、延べ面積275㎡未満の施設（小規模社会福祉施設等）においては、設置免除の特例基準があります（平26.3.28消防予105、平19.6.13消防予231）。なお、延べ面積が1,000㎡未満の場合には水道を利用した簡易型の「特定施設水道連結型スプリンクラー」を設置することができます（消防法施行令〈12①〉）。

また、消防法施行令別表第1第6項ロ及び老人デイサービスセンター（利用者を入居させ、または宿泊させるものに限る）については、延べ面積にかかわらず自動火災報知設備を設置することが義務づけられました（消防法施行令第21条）。

別表第1第6項ロの施設には、自動火災報知設備及び自動火災報知設備の感知器の作動と連動して起動する火災通報装置を設置しなければなりません（消防法施行令第23条）。ただし、消防機関からの歩行距離が500m以下である場所についてはその限りでありません（消防法施行規則第25条第1項）。

表6-19 スプリンクラー設備の設置が義務づけられている施設

- 老人短期入所施設
- 養護老人ホーム
- 特別養護老人ホーム
- 軽費老人ホーム（要介護3～5の高齢者（避難が困難な要介護者）を主として入居させるものに限る）
- 有料老人ホーム（避難が困難な要介護者を主として入居させるものに限る）
- 介護老人保健施設
- 老人短期入所事業を行う施設
- 小規模多機能型居宅介護事業を行う施設（避難が困難な要介護者を主として宿泊させるものに限る）
- 認知症対応型老人共同生活援助事業を行う施設　　など

（消防法施行令〈12①一〉及び別表第1）

3 高齢者施設に関係する Q&A

▶共同住宅の一部にサービス付き高齢者向け住宅等を設ける場合の消防設備の緩和

既存の共同住宅の一部をサービス付き高齢者住宅にする場合にスプリンクラーの設置を免除できる方法があると聞きましたが、条件等を教えてください。

従前の消防法では、建物の一部に別表第6項ロの建物が含まれる場合には、消防法施行令第8条による区画を設け、別の防火対象物とする場合を除いて、建物全体にスプリンクラーの設置が義務づけられていました。しかしながら、社会情勢の変化により福祉施設の小規模化、多様化、複合化が進展しており、小規模な福祉施設を併設するには共同住宅部にも多額な費用投資が必要となり福祉施設の普及に影響を及ぼすとの指摘があったことから、一定の要件に適合する場合には、共同住宅部分への設置が免除されることになりました（平26.3.26消防予101）。

具体的な要件は、消防法施行規則第12条の2第3項に示されているとおりです。

表6-20 共同住宅の住戸を(6)項ロの用途に供する場合におけるスプリンクラー設備の設置緩和の条件

以下のすべてを満たす区画を有すること
① (6)項ロの用途に供される部分の延べ面積が275㎡未満であること
② 特定住戸部分（①の条件を満たす住戸をいう）の各住戸を準耐火構造の壁及び床で区画したものであること
③ 特定住戸部分の各住戸の主たる出入口が、直接外気に開放され、かつ、当該部分における火災時に生ずる煙を有効に排出することができる廊下に面していること
④ ③の主たる出入口は、防火戸等（＊1）を設けたものであること
⑤ 壁及び天井（天井のない場合にあっては、屋根）の室内に面する部分（回り縁、窓台その他これらに類する部分を除く）の仕上げを、③の廊下に通ずる通路にあっては準不燃材料、その他の部分にあっては難燃材料とすること
⑥ ③の廊下に通ずる通路を消防庁長官が定めるところ（＊2）により設けること
⑦ 居室及び通路に煙感知器を設けること
⑧ 特定住戸部分の各住戸の床面積が100㎡以下であること

＊1 防火戸で、随時開くことができる自動閉鎖装置付きのもの、または次に定める構造のものを設けたもの
　① 随時閉鎖することができ、かつ、煙感知器（イオン化式スポット型感知器、光電式感知器及び煙複合式スポット型感知器をいう）の作動と連動して閉鎖すること。
　② 居室から地上に通ずる主たる廊下、階段その他の通路に設けるものにあっては、直接手で開くことができ、かつ、自動的に閉鎖する部分を有し、その部分の幅、高さ及び下端の床面からの高さが、それぞれ、75cm以上、1.8m以上及び15cm以下であること。

＊2 平成26年3月28日消防庁告示第4号
　① 居室から廊下に通ずる通路が、当該居室以外の居室を通過しないこと。
　② 居室の開口部のうち廊下に通ずる通路に面するものは、随時開くことができる自動閉鎖装置付きの戸（不燃材料で造られたものに限る）を設けたものであること。

第7章 医療・高齢者施設に関する補助金・交付金

1 補助金の概要　　　　　　　　　　　1）補助金・交付金

　補助金とは、国などが、公益性があると認められた事業を行う事業者に対して、当該補助事業の遂行に必要な施設や設備の整備にかかる資金等について、全部または一部を供給するものである。

　医療機関に対する補助金は、施設整備、設備整備、事業運営、職員の確保や資質の向上等を対象として、非常に多くのものが存在している。いずれも、国または地方公共団体が、補助金交付先の医療機関を誘導し、政策課題や目標を解決する手段として交付されるものであり、国や都道府県が策定する計画に位置づけられる必要があるため、都道府県ごとに交付する補助金の内容は異なる。

　また、年度予算に応じて上限が決まるので、民間医療機関が希望しても確実に補助が受けられるわけではない。よって、民間医療機関が補助金を活用するには、都道府県ごと、年度ごとにその概要をよく確認しておくことが重要である。

　本章では、医療機関を対象としている主な補助金のうち、施設整備に活用できるものに限定して分類・整理している。

　また、原則2017年度の補助金要綱に基づいて記載しているため、実際に補助金を活用する時期により内容が異なる可能性があることに留意してもらいたい。

表7-1　病院で活用できる補助金

省庁	補助金名	補助目的	補助対象
厚生労働省	医療提供体制施設整備交付金	都道府県の保健医療計画の実現	工事費
	医療施設等施設整備費補助金		
	地域医療介護総合確保基金		
	医療施設等設備整備費補助金		医療機器等購入費
	医療施設運営費等補助金		運営経費 備品購入費
	医療提供体制推進事業費補助金		医療機器等購入費
国土交通省 経済産業省 環境庁	省エネルギー関連補助金（多数）	省エネの推進	工事費 備品購入費 等
林野庁 国土交通省 環境庁	木材利用関連補助金（多数）	木材利用の推進	工事費 備品購入費 等
自治体	自治体単独補助金（多数）	自治体独自の政策の実現	自治体の交付要綱による

2 医療提供体制施設整備交付金 ― 1）補助金・交付金

　医療提供体制施設整備交付金は、民間病院で活用されることの多い「医療施設近代化施設整備事業」や「医療施設等耐震整備事業」を含む29事業の施設整備費に対し、国が都道府県に交付する交付金である。都道府県は、国から交付される交付金を公的病院や民間病院に配分する。交付対象事業は表7-2に示すとおりで、また、基準単価は表7-3のとおりである。交付金は、都道府県が策定する事業計画に記載された医療提供施設等の整備に要する経費に充てられるため、事業計画に記載されていないものについては対象とならない場合もある。

　交付額は、事業分類に応じ、交付基礎額に調整率を乗じて得た額に評価事項及び都道府県が行う事後的評価による評価に基づき合計した額となる。また、年度の予算内での交付となることから、都道府県ごとに実施する補助メニューは異なることに注意が必要である。

　なお、同様の交付金として、医療機器や運営費に対する「医療提供体制推進事業費補助金」もあるが、ここでは医療提供体制施設整備交付金を対象とした。医療機器・運営費の交付金については都道府県の所管部局に確認願いたい。

表7-2　医療提供体制施設整備交付金

事業分類	事業区分	交付金事業者 独法	交付金事業者 公立	交付金事業者 公的	交付金事業者 民間	調整率	種目	1か所あたり基準額 面積の場合、面積に基準単価を乗じた額。ただし、実面積（実価）が基準面積（基準額）を下回る場合は実面積（実価）を基面積（基準単価）とする。
医療計画等の推進に関する事業	(1)休日夜間急患センター施設整備事業	○	×	○	○	0.33	病院	次のいずれかの面積 ① 人口10万人以上：150㎡（特別に必要な場合は300㎡を限度） ② 人口5万人以上10万人未満：100㎡（特別に必要な場合は200㎡を限度）
	(2)病院群輪番制病院及び共同利用型病院施設整備事業	○	×	○	○	0.33	病院	150㎡（特別に必要な場合は300㎡を限度）
							CCU	15㎡×心臓病専用病床数（2床を限度）
							SCU	15㎡×脳卒中専用病床数（2床を限度）
	(3)救急ヘリポート施設整備事業	○	×	○	○	0.33	ヘリポート	44,116千円（1か所）
	(4)ヘリポート周辺施設施設整備事業	○	×	○	○	0.33	格納庫	154,500千円（1か所）
							給油施設	97,300千円（1か所）
							融雪施設	97,300千円（1か所）

2 医療提供体制施設整備交付金

事業分類	事業区分	交付金事業者 独法	交付金事業者 公立	交付金事業者 公的	交付金事業者 民間	調整率	種目	1か所あたり基準額 面積の場合、面積に基準単価を乗じた額。ただし、実面積（実単価）が基準面積（基準額）を下回る場合は実面積（実単価）を基準面積（基準単価）とする。
医療計画等の推進に関する事業	(5)救命救急センター施設整備事業	◯	×	◯	◯	0.33	病院	2,300㎡（30床未満は30㎡／床減）
							ヘリポート	70,294千円
							SCU	15㎡×脳卒中専用病床数（4床を限度）
							小児救急専門病床	15㎡×小児救急専門病床数（6床を限度）
							CCU	15㎡×心臓病専用病床数（4床を限度）
							重症外傷専用病室	15㎡×重症外傷専用病床数（4床を限度）
							補強	2,300㎡×39,000円
	(6)小児救急医療拠点病院施設整備事業	◯	×	◯	◯	0.33	病院	150㎡
	(7)小児初期救急センター施設整備事業	◯	×	◯	◯	0.33	病院	300㎡
	(8)小児集中治療室施設整備事業	◯	×	◯	◯	0.33	NICU	20㎡×小児集中治療室病床数
	(9)小児医療施設施設整備事業	◯	×	◯	◯	0.33	診療棟 小児専用病棟	① 都道府県人口400万人以上：1,300㎡ ② 都道府県人口400万人未満：800㎡ ③ 小児総合病院：4,000㎡
	(10)周産期医療施設施設整備事業	◯	×	◯	◯	0.33	MFICU	① 都道府県人口400万人以上：500㎡ ② 都道府県人口400万人未満：300㎡
	(11)地域療育支援施設施設整備事業	◯	×	◯	◯	0.50	病院 診療所	130㎡×床数（10床を限度）
	(12)共同利用施設施設整備事業	◯	×	×	◯	0.33	病院 診療所	① 特殊診療棟：300㎡ ② 開放型病棟：一般病床×13.88㎡（耐火構造）12.56㎡（ブロック・木造）（50床を限度）

1) 補助金・交付金

事業分類	事業区分	交付金事業者				調整率	種目	1か所あたり基準額 面積の場合、面積に基準単価を乗じた額。ただし、実面積（実単価）が基準面積（基準額）を下回る場合は実面積（実単価）を基準面積（基準単価）とする。
		独法	公立	公的	民間			
施設環境等の改善に関する事業	(13)医療施設近代化施設整備事業（詳細は p.262 参照）	○	×	○	○	0.33	病院 診療所	○病院（ア＋イ） ア）病棟 　25㎡（22㎡）×整備後の整備区域の病床数 　整備後の病床数は150床（300床）を限度 イ）加算条件 　25㎡（15㎡）×整備後の整備区域の病床数 　整備後の病床数は150床（300床）を限度
	(14)不足病床地区病院施設整備事業	×	×	○	×	0.33	病院 診療所	療養病床数及び一般病床数×21.00㎡（18.84㎡） 新築：100床を限度 増築：50床を限度
	(15)基幹災害拠点病院施設整備事業	○	×	○	○	0.50	補強	① 2,300㎡×39,000円 ② Is 値0.4未満の場合 　2,300㎡×185,300円
						0.33	備蓄倉庫	144,410千円
							自家発	149,535千円
							受水槽	137,802千円
							研修部門	111,086千円
							ヘリポート	130,234千円
	(16)地域災害拠点病院施設整備事業	○	×	○	○	0.50	補強	① 2,300㎡×39,000円 ② Is 値0.4未満の場合 　2,300㎡×185,300円
						0.33	備蓄倉庫	40,731千円
							自家発	149,535千円
							受水槽	137,802千円
							ヘリポート	70,294千円
	(17)腎移植施設施設整備事業	○	×	○	○	0.33	無菌手術室	100㎡
	(18)特殊病室施設整備事業	○	×	○	○	0.33	無菌室	1室あたり60,446千円
	(19)肝移植施設施設整備事業	○	×	○	○	0.33	無菌手術室	100㎡

2 医療提供体制施設整備交付金

事業分類	事業区分	交付金事業者				調整率	種目	1か所あたり基準額 面積の場合、面積に基準単価を乗じた額。ただし、実面積（実単価）が基準面積（基準額）を下回る場合は実面積（実単価）を基準面積（基準単価）とする。
		独法	公立	公的	民間			
施設環境等の改善に関する事業	⑳治験施設施設整備事業	○	×	×	○	0.33	治験専門外来	100㎡
							治験管理部門	75㎡ （事務部門、相談部門その他）
	㉑病児・病後児保育施設施設整備事業	○	×	○	○	0.33	保育施設	利用（増加）定員×7.2㎡ 改修は厚生労働大臣が必要と認めた額
	㉒特定地域病院施設整備事業	○	×	○	○	0.33	改築	① 病棟： 既存病床数×30%×13.88㎡ 一部改築の場合は改築を要しない病床数×13.88㎡を差し引いた面積を限度 ② 診療棟： 厚生労働大臣が認める面積
							補強	① 病棟： 既存病床数×30%×13.88㎡×39,000円 一部補強の場合は補強を要しない病床数×13.88㎡を差し引いた面積を限度 ② 診療棟： 厚生労働大臣が認める面積×39,000円
	㉓地震防災対策医療施設耐震整備事業	○	×	○	○	0.50	補強	2,300㎡×39,000円
		○	×	○	○	0.33	土砂災害危険か所	補強または防護壁の設置等が必要と認められるもの1か所あたり30,769千円
	㉔医療施設等耐震整備事業	○	×	△	○	0.50	病院	① 2,300㎡×39,000円 ② Is値0.4未満の第二次救急医療施設等 2,300㎡×185,300円 ③ Is値0.3未満の病院 病床過剰地域では病床10%削減 2,300㎡×185,300円 ※③のみ公的病院も可

							看護師等養成所	① 2,300㎡× 29,800 円 ② Is 値が 0.3 未満 2,300㎡× 141,500 円
	㉕南海トラフ地震に係る津波避難対策緊急事業	○	×	○	○	0.33	病院 診療所	① 救命救急センター 839,556 千円 ② 病院群輪番制病院及び共同利用型病院 87,547 千円 ③ 在宅当番医制診療所 14,343 千円 ④ 在宅当番医制歯科診療所 14,343 千円 ⑤ 休日夜間急患センター 14,343 千円 ⑥ 休日等歯科診療所 14,343 千円 ⑦ 時間外診療実施診療所 14,343 千円 ⑧ 基幹災害拠点病院 739,311 千円 ⑨ 地域災害拠点病院 488,439 千円 ⑩ 周産期母子医療センター 90,930 千円 ⑪ 小児救急医療拠点病院 30,734 千円 ⑫ 在宅医療実施病院 87,547 千円 ⑬ 在宅医療実施診療所 14,343 千円 ⑭ 在宅医療実施歯科診療所 14,343 千円 ⑮ 精神科病院 87,547 千円 ⑯ 精神科救急医療センター 839,556 千円

2 医療提供体制施設整備交付金

事業分類	事業区分	交付金事業者 独法	公立	公的	民間	調整率	種目	1か所あたり基準額 面積の場合、面積に基準単価を乗じた額。ただし、実面積（実単価）が基準面積（基準額）を下回る場合は実面積（実単価）を基準面積（基準単価）とする。
施設環境等の改善に関する事業	(26)アスベスト除去等整備事業	○	×	○	○	0.33	—	アスベスト等の除去等を行う壁等の延面積× 41,097 円
	(27)医療機器管理室施設整備事業	○	×	×	○	0.33	医療機器管理室	80㎡
	(28)地球温暖化対策施設整備事業	○	×	○	○	0.33	—	96,686 千円（1か所）
医療従事者の養成力の充実等に関する事業	(29)内視鏡訓練施設施設整備事業	○	×	×	○	0.50	内視鏡訓練施設	訓練者× 30㎡ （1,000㎡を限度）

注1）「交付金事業者」欄の区分
　「独法」…独立行政法人国立病院機構等の独立行政法人、国立大学法人等
　「公立」…地方公共団体、地方独立行政法人
　「公的」…日本赤十字社、社会福祉法人恩賜財団済生会、全国厚生農業協同組合連合会、社会福祉法人北海道社会事業協会
　　　　　（「医療施設近代化施設整備事業」「腎移植施設施設整備事業」に限り国民健康保険組合、国民健康保険団体連合会を含む）
　「民間」…上記以外の者
注2）過去に同一事業について補助を受け、現に使用しているときは、基準面積（基準面積が定められていないときは基準額とする）から当該補助の際の基準面積を差し引いた面積を基準面積とする。
注3）建築面積が基準面積を下回るときは、当該建築面積を基準面積とする。
注4）補強の基準単価は補強事業における単価であり、補強単価が基準単価を下回るときは、当該補強単価を基準単価とする。
注5）すべての事業区分において都道府県の負担は任意

1) 補助金・交付金

表7-3 基準単価　　　　　　　　　　　　　　　　　　　　　　　　　　　　（単位：円）

事業区分	種目等	構造別	単価
(1)休日夜間急患センター施設整備事業 (7)小児初期救急センター施設整備事業		鉄筋コンクリート	158,200
		ブロック	137,500
		木造	158,200
(2)病院群輪番制病院及び共同利用型病院施設整備事業 (5)救命救急センター施設整備事業 (6)小児救急医療拠点病院施設整備事業 (8)小児集中治療室施設整備事業 (27)医療機器管理室施設整備事業 (29)内視鏡訓練施設施設整備事業		鉄筋コンクリート	224,300
(9)小児医療施設施設整備事業 (11)地域療育支援施設施設整備事業 (12)共同利用施設施設整備事業 (14)不足病床地区病院施設整備事業 (22)特定地域病院施設整備事業	病棟	鉄筋コンクリート	200,900
		ブロック	175,100
	診療棟	鉄筋コンクリート	224,300
		ブロック	196,000
(10)周産期医療施設施設整備事業		鉄筋コンクリート	200,900
		ブロック	175,100
(13)医療施設近代化施設整備事業	病院	鉄筋コンクリート	200,900
		ブロック	175,100
	診療所 (一般地区)	鉄筋コンクリート	150,500
		ブロック	130,900
		木造	150,500
	診療所 (離島・豪雪地区)	鉄筋コンクリート	161,300
		ブロック	140,600
		木造	161,300
(21)病児・病後児保育施設施設整備事業		鉄筋コンクリート	200,900
		ブロック	175,100
		木造	200,900
(17)腎移植施設施設整備事業 (19)肝移植施設施設整備事業		鉄筋コンクリート	476,400
(20)治験施設施設整備事業	治験専門外来	鉄筋コンクリート	224,300
		ブロック	196,000
	治験管理部門	鉄筋コンクリート	185,000
		ブロック	161,500

注1) 上記基準単価は、新築及び増改築事業における基準額算定の限度となる単価であり、建築単価が基準単価を下回るときは、当該建築単価を基準単価とする。
注2) 鉄骨造、その他の構造については、強度、耐久性が鉄筋コンクリート造と同等の工法である場合には「鉄筋コンクリート」単価を用い、その他は「ブロック」単価を適用する。

（最終改正：平29.7.21 医政0721 第2号）

3 医療施設近代化施設整備事業

　医療提供体制施設整備交付金のなかで、最も活用されているのが医療施設近代化施設整備事業である。病院(地方公共団体及び地方独立行政法人を除く)における患者の療養環境、医療従事者の職場環境、衛生環境等の改善のための施設整備事業として下記の6つの事業が対象となる。

① 病院の老朽化等による建替え等(表7-4、表7-5)
② 改修(一部増築含む)により療養病床を整備する病院(表7-6)
③ 結核病棟改修等整備事業(表7-7)
④ 承継に伴う診療所の施設整備(表7-8)
⑤ 改修等(新規開設を除く)により療養病床を整備する診療所(表7-9)
⑥ 療養病床療養環境改善事業(表7-10)
⑦ 介護老人保健施設等整備事業(表7-11)

　なお、交付対象となるのは地域医療構想に基づいた施設整備であるが、精神病棟、結核病棟、無床診療所の整備は必ずしも地域医療構想に基づいたものである必要はない。

表7-4　病院の老朽化等による建替え等(交付条件)

		交付対象・交付条件
交付対象		日本赤十字社、全国厚生農業協同組合連合会、社会福祉法人、健康保険組合及びその連合会、その他厚生労働大臣が適当と認める者(ただし、地方公共団体及び地方独立行政法人を除く)
交付条件	1	建替整備(改築及び移転新築)を伴う場合は、築後おおむね30年以上経過または激甚災害にかかる地震で被災していること
	2	整備後の病室面積　6.4㎡/床(改修5.8㎡/床)以上 整備後の病棟面積　18㎡/床(改修16㎡/床)以上
	3	下記のいずれかに該当する病院 　へき地医療拠点病院、救命救急センター等、地域医療研修施設、腎移植施設、共同利用施設、周産期医療施設、指定訪問看護を担当する病院、老人介護支援センター実施病院、緩和ケア病棟届出施設、精神科病院、院外処方箋率30%超の病院など 病床数を20%以上削減すれば上記を満たさなくても可
	4	病床を10%以上削減 病床非過剰地域では病床削減を必要としないが、増床は不可 いずれの場合も、整備後の増床は不可(特例病床等(＊)にかかる増床を除く)
	5	病棟は、患者食堂、談話室、高齢者・身体障害者に配慮(スロープの配置等)
	6	最低20床以上の病棟
	7	医師・看護師いずれかの現員数が医療法の基準を満たしている
	8	精神科病院、精神病棟の場合 畳部屋、6床以上の病室及び原則として鉄格子がないこと 精神保健指定医が2名以上(100床未満は1名以上)

＊　特定病床等
　：救急医療、がん、循環器、小児、周産期、緩和ケア、発達障害児の早期リハ、薬物中毒性精神疾患、老人性精神疾患、小児精神疾患、合併症を伴う精神疾患、神経難病、開放型病床、後天性免疫不全症候群、新興・再興感染症、治験、診療所の療養病床にかかる病床

1）補助金・交付金

表 7-5　病院の老朽化等による建替え等（交付基準額）

基準面積・基準額 面積の場合、面積に基準単価を乗じた額。ただし、実面積（実単価）が基準面積（基準額）を下回る場合は実面積（実単価）を基準面積（基準単価）とする。		対象経費
交付額＝（基準面積（＊1）（ア＋イ）×基準単価（＊2）＋ウ）× 0.33 ＊1　過去に同一事業にて補助を受けている場合は、基準面積から差し引く 　　　延床面積が基準面積を下回る場合は、基準面積＝延床面積 ＊2　建設単価が基準単価を下回る場合は、基準単価＝建設単価		
ア　病棟	基準面積 ① 25㎡×整備後の病床数 　（6.4㎡以上／床、病棟面積18㎡以上／床の場合） ② 22㎡×整備後の病床数 　（5.8㎡以上／床、病棟面積16㎡以上／床の場合） 150床を限度（公的団体、持ち分のない法人は300床を限度）	補助対象 病室、診察室、処置室、記録室、患者食堂、談話室、機能訓練室、浴室、寝具倉庫、バルコニー、廊下、便所、暖冷房、附属設備等
イ　病棟外（加算部分）	基準面積 ① 25㎡×整備後の病床数 　（20％以上削減の場合） ② 15㎡×整備後の病床数 　（20％未満削減の場合） 150床を限度（公的団体、持ち分のない法人は300床を限度）	下記の(1)〜(5)の整備を行う場合 (1)患者療養環境改善の整備 (2)職場環境改善の整備 (3)衛生環境改善の整備 (4)業務の高度情報処理化及び快適環境整備 (5)乳幼児を抱える母親の通院等のための環境の整備（授乳室、託児室等）
ウ　電子カルテ	基準額 　整備後の病床数× 605 千円	電子カルテシステムの整備 建替え整備
基準単価 （病院）	鉄筋コンクリート	200,900 円／㎡
	ブロック	175,100 円／㎡

（最終改正：平 29.7.21 医政 0721 第 2 号）

交付金額の試算例

【事　　例】建替前病床 200 床、建替後病床 180 床（10％削減）、整備後延床面積 14,000㎡
　　　　　　鉄筋コンクリート造、電子カルテなし、建設単価 40 万円／㎡の場合
【基準面積】（病棟）25㎡× 150 床＋（病棟外）15㎡× 150 床＝ 6,000㎡
【交　付　額】（基準面積）6,000㎡×（基準単価）200,900 円× 0.33（調整率）＝ 3.97 億円

3 医療施設近代化施設整備事業

表7-6 改修（一部増築含む）により療養病床を整備する病院

	交付条件・基準額・基準単価
交付対象	日本赤十字社、全国厚生農業協同組合連合会、社会福祉法人、健康保険組合及びその連合会、その他厚生労働大臣が適当と認める者（ただし、地方公共団体及び地方独立行政法人を除く）
交付条件	① 整備後の病室面積　6.4㎡／床以上 　　整備後の病棟面積　18㎡／床以上 ② 機能訓練室、患者食堂、談話室、浴室を設置 ③ 病床過剰地域は病床を10％以上削減 　　病床非過剰地域では病床削減を必要としないが、増床は不可 　　いずれの場合も、整備後の増床は不可 ④ 療養病床は最低20床以上の病棟
基準額	整備後の病床数×3,508千円 　　150床を限度（公的団体、持ち分のない法人は300床を限度）
基準単価	鉄筋コンクリート造　200,900円／㎡ ブロック　　　　　　175,100円／㎡
調整率	0.33

（最終改正：平29.7.21 医政0721第2号）

表7-7 結核病棟改修等整備事業

	交付条件・基準額・基準単価
交付対象	日本赤十字社、全国厚生農業協同組合連合会、社会福祉法人、健康保険組合及びその連合会、その他厚生労働大臣が適当と認める者（ただし、地方公共団体及び地方独立行政法人を除く）
交付条件	① 感染症指定医療機関 ② 建替整備（改築及び移転新築）を伴う場合は、築後おおむね30年以上経過していること ③ 整備後の病室面積　6.4㎡／床（改修5.8㎡／床）以上 　　整備後の病棟面積　18㎡／床（改修16㎡／床）以上 ④ 医師・看護師いずれかの現員数が医療法の基準を満たしている ⑤ 病床過剰地域は病床を10％以上削減 　　病床非過剰地域、都道府県内の他の病院で同規模の削減が可能な場合は病床削減を必要としないが、増床は不可 　　いずれの場合も、整備後の増床は不可
基準面積（ア＋イ）	ア　病棟整備 　　① 25㎡×整備後の病床数（6.4㎡以上／床、病棟面積18㎡／床以上の場合） 　　② 22㎡×整備後の病床数（5.8㎡以上／床、病棟面積16㎡／床以上の場合） イ　陰圧化等空調設備を整備：整備後の病床数×15㎡
基準単価	鉄筋コンクリート造　200,900円／㎡ ブロック　　　　　　175,100円／㎡
調整率	0.33

※ 結核病棟の整備は必ずしも地域医療構想に基づいたものである必要はない

（最終改正：平29.7.21 医政0721第2号）

1) 補助金・交付金

表7-8 承継に伴う診療所の施設整備

	交付条件・基準額・基準単価
交付対象	日本赤十字社、全国厚生農業協同組合連合会、社会福祉法人、健康保険組合及びその連合会、その他厚生労働大臣が適当と認める者（ただし、地方公共団体及び地方独立行政法人を除く）
交付条件	① 事業実施年度の前年度、当該年度、または翌年度の承継に伴う施設整備 ② 山村振興法、過疎地域自立促進特別措置法、離島振興法、沖縄振興特別措置法等に規定する地域のいずれかに所在すること ③ 救急患者の搬入口の整備をすること ④ 高齢者・身体障害者等に配慮したスロープの整備をすること ⑤ 療養指導室の整備をすること ⑥ 小児科の場合、乳幼児を抱える母親の通院等のための環境整備（授乳室、託児室等）をすること
基準面積 （ア＋イ）	ア 無床の場合　160㎡ イ 有床の場合 　① 5床以下の場合　240㎡ 　② 6床以上の場合　760㎡
基準単価 （　）は離島・豪雪地区	鉄筋コンクリート造　150,500（161,300）円/㎡ ブロック　　　　　　130,900（140,600）円/㎡ 木造　　　　　　　　150,500（161,300）円/㎡
調整率	0.33

※ 無床診療所の整備は必ずしも地域医療構想に基づいたものである必要はない

（最終改正：平29.7.21 医政0721第2号）

表7-9 改修等（新規開設を除く）により療養病床を整備する診療所

	交付条件・基準額・基準単価
交付対象	日本赤十字社、全国厚生農業協同組合連合会、社会福祉法人、健康保険組合及びその連合会、その他厚生労働大臣が適当と認める者（ただし、地方公共団体及び地方独立行政法人を除く）
交付条件	① 病床非過剰地域の診療所 ② 開設許可を受けている診療所の病床数の範囲内（増床は不可） ③ 建替整備を伴う場合は、築後おおむね30年以上経過していること ④ 整備後の病室面積　6.4㎡/床以上 　　整備後の病棟面積　18㎡/床以上、病室面積　8㎡/床以上のいずれか ⑤ 機能訓練室、患者食堂、談話室（患者食堂兼用可）、浴室
基準面積 （ア＋イ）	整備後の病床数×3,508千円
基準単価 （　）は離島・豪雪地区	鉄筋コンクリート造　150,500（161,300）円/㎡ ブロック　　　　　　130,900（140,600）円/㎡ 木造　　　　　　　　150,500（161,300）円/㎡
調整率	0.33

（最終改正：平29.7.21 医政0721第2号）

3 医療施設近代化施設整備事業 ― 1) 補助金・交付金

表 7-10 療養病床療養環境改善事業

	交付条件・基準額・基準単価	
交付対象	日本赤十字社、全国厚生農業協同組合連合会、社会福祉法人、健康保険組合及びその連合会、その他厚生労働大臣が適当と認める者（ただし、地方公共団体及び地方独立行政法人を除く）	
交付条件	① 病院・診療所 ② 機能訓練室、患者食堂、浴室の全部または一部の整備 ③ 病室の整備が伴わない整備計画であること	
基準額 （ア＋イ＋ウ）	ア	機能訓練室　40㎡／施設×基準単価
	イ	患者食堂　1㎡／床×基準単価
	ウ	浴室　10,256 千円／1 か所
基準単価	病院の場合（診療所の場合は「承継に伴う診療所の施設整備」（表 7-8）の基準単価参照） 鉄筋コンクリート造　　200,900 円／㎡ ブロック　　　　　　　175,100 円／㎡	
調整率	0.33	

（最終改正：平 29.5.24 医政発 0524 第 9 号）

表 7-11 介護老人保健施設等整備事業

	交付条件・基準額・基準単価	
交付対象	日本赤十字社、全国厚生農業協同組合連合会、社会福祉法人、健康保険組合及びその連合会、その他厚生労働大臣が適当と認める者（ただし、地方公共団体及び地方独立行政法人を除く）	
交付条件	① 既存の病院、診療所の病床を削減（廃止）し、介護老人保健施設を整備すること。病床を廃止する場合は、診療所を併設 ② 介護老人保健施設の定員は削減病床数の範囲内 ③ 既存の病院、診療所の患者を入所させる場合の整備に限る	
基準額 （ア＋イ）	ア	介護老人保健施設の入所定員数（整備後）×（老健単価） （老健単価）新築 3,623 千円、改築 4,347 千円、改修 1,811 千円
	イ	病院、診療所を廃止し、介護老人保健施設に併設する診療所を整備する場合 160㎡×基準単価
調整率	0.33	

（最終改正：平 29.5.24 医政発 0524 第 9 号）

4 医療施設等施設整備費補助金 ── 1) 補助金・交付金

　医療施設等施設整備費補助金は、病院の施設整備に活用できる厚生労働省所管の補助金のうち、医療提供体制施設整備交付金と並ぶ補助金である。

　医療提供体制施設整備交付金が、医療計画の推進を目的とし公的病院や民間病院に交付されるのに対して、医療施設等施設整備費補助金は、へき地医療の確保及び臨床研修医の研修環境の充実を主たる目的とし、公立病院にも交付される補助金であることが特徴である。

　へき地医療や研修病院以外にも、産科医療機関やスプリンクラー整備事業、院内感染対策施設整備事業も対象となっている（表7-12。基準単価については表7-13）。

表7-12　医療施設等施設整備費補助金

区分	交付金事業者				補助率	種目	1か所あたり基準額　面積の場合、面積に基準単価を乗じた額。ただし、実面積（実単価）が基準面積（基準額）を下回る場合は実面積（実単価）を基準面積（基準単価）とする。
	独法	公立	公的	民間			
(1)へき地診療所施設整備事業	○	○	○	○	1/2	へき地診療所	① 診療部門 　次のいずれかの面積 　無床の場合　160㎡ 　有床の場合 　　5床以下　240㎡ 　　6床以上　760㎡ ② 医師住宅　80㎡ ③ 看護師住宅　80㎡
						ヘリポート	1か所あたり 70,294 千円
(2)過疎地域等特定診療所施設整備事業	×	○	×	×	1/2	過疎地診療所	① 診療部門　160㎡ ② 医師住宅　80㎡ ③ 看護師住宅　80㎡
(3)へき地保健指導所施設整備事業	×	○	×	×	1/3　沖縄1/2	へき地保健指導所	① 指導部門・住宅部門併設　120㎡ ② 指導部門のみ　70㎡ ③ 住宅部門のみ　50㎡
(4)研修医のための研修施設整備事業	△	×	×	○	1/2	研修棟	研修医数×30㎡ （1000㎡を限度） （増築、改築の場合、既存面積と増築、改築面積との合計面積は、新築の場合に準じて算出した面積を超えることはできない）
(5)臨床研修病院施設整備事業	△	×	×	○	1/2	外来診療棟	500㎡
(6)へき地医療拠点病院施設整備事業	○	○	○	○	1/2	へき地医療拠点病院	① 診療部門　1000㎡ ② 医師住宅　80㎡／戸 　（2戸が限度）
(7)医師臨床研修病院研修医環境整備事業	△	×	×	○	1/3	宿舎等	研修医数×20㎡

4 医療施設等施設整備費補助金

区分	交付金事業者				補助率	種目	1か所あたり基準額 面積の場合、面積に基準単価を乗じた額。ただし、実面積（実単価）が基準面積（基準額）を下回る場合は実面積（実単価）を基準面積（基準単価）とする。
	独法	公立	公的	民間			
(8)離島等患者宿泊施設施設整備事業	○	○	○	○	1/3	患者宿泊施設	室数×40㎡×269千円 （8室を上限）
(9)産科医療機関施設整備事業	○	○	○	○	1/2	産科医療機関	① 診療部門　194㎡ ② 宿泊施設　室数×40㎡ 　　（2室を限度）
(10)分娩取扱施設施設整備事業	○	○	○	○	1/2	分娩取扱施設	① 分娩室、病室、入所室等　194㎡ ② 宿泊施設　室数×40㎡ 　　（2室を限度）
(11)死亡時画像診断システム等施設整備事業	○	○	○	○	1/2	解剖の実施に必要な施設	60㎡
(12)有床診療所等スプリンクラー等施設整備事業	△	△	○	○	定額	有床診療所	① スプリンクラー　17.5千円／㎡ ② 自動火災報知設備　1,030千円 ③ 火災通報装置　1施設あたり310千円 　非常通報機能付は68千円を加算
(13)南海トラフ地震に係る津波避難対策緊急事業	○	○	○	○	1/2	津波避難対策	① へき地医療拠点病院　250,196千円 ② へき地診療所　14,343千円
(14)院内感染対策施設整備事業	○	○	○	○	1/3	感染者のための個室	1室あたり11,951千円 空気清浄度クラス10,000以上を整備の場合は27,199千円を加算
(15)医療機関における外国人患者受入環境施設整備事業	○	○	○	○	1/2	外国人患者を受け入れる医療機関	1施設あたり103,000千円

注1）「交付金事業者」欄の区分
　　「独法」…独立行政法人国立病院機構等の独立行政法人、国立大学法人等
　　「公立」…地方公共団体、地方独立行政法人
　　「公的」…日本赤十字社、社会福祉法人恩賜財団済生会、全国厚生農業協同組合連合会、社会福祉法人北海道社会事業協会
　　「民間」…上記以外の者
注2）過去に同一事業について補助を受け、現に使用しているときは、基準面積（基準面積が定められていないときは基準額とする）から当該補助の際の基準面積を差し引いた面積を基準面積とする。
注3）建築面積が基準面積を下回るときは、当該建築面積を基準面積とする。

1) 補助金・交付金

表7-13　基準単価

事業区分	種目等	構造別	基準単価
(1)へき地診療所施設整備事業 (2)過疎地域等特定診療所施設整備事業 (3)へき地保健指導所施設整備事業	一般地区	鉄筋コンクリート	150,600
		ブロック	130,900
		木造	150,600
	離島・豪雪地区	鉄筋コンクリート	161,300
		ブロック	140,600
		木造	161,300
(4)研修医のための研修施設整備事業		鉄筋コンクリート	224,300
		ブロック	196,000
		木造	224,300
(5)臨床研修病院施設整備事業		鉄筋コンクリート	224,300
		ブロック	196,000
(6)へき地医療拠点病院施設整備事業	病棟	鉄筋コンクリート	200,900
		ブロック	175,100
	診療棟	鉄筋コンクリート	224,300
		ブロック	196,000
	医師住宅	鉄筋コンクリート	150,600
		ブロック	130,900
		木造	150,600
(7)医師臨床研修病院研修医環境整備事業		鉄筋コンクリート	224,300
		ブロック	195,000
		木造	224,300
(9)産科医療機関施設整備事業	診療部門	鉄筋コンクリート	200,900
		ブロック	175,100
		木造	200,900
	宿泊施設	鉄筋コンクリート	224,000
		ブロック	195,500
		木造	224,000
(10)分娩取扱施設施設整備事業	分娩室、病室、入所室等	鉄筋コンクリート	200,900
		ブロック	175,100
		木造	200,900
	宿泊施設	鉄筋コンクリート	224,000
		ブロック	195,500
		木造	224,000
(11)死亡時画像診断システム等施設整備事業		鉄筋コンクリート	224,300

注1) 上記基準単価は、新築及び増改築における補助金算出の限度となる単価であり、建築単価が基準単価を下回るときは、当該建築単価を基準単価とする。
注2) 鉄骨造等については、鉄筋コンクリート造と読み替える。

(最終改正：平29.5.24 医政0524第1号)

5 地域医療介護総合確保基金 ── 1) 補助金・交付金

　地域医療介護総合確保基金とは、地域における医療及び介護の総合的な確保の促進に関する法律(医療介護総合確保法)に基づき、消費税の増収分を活用して都道府県に造成される基金で、高度急性期から在宅医療・介護までの一連のサービスを地域で総合的に確保するため、医療・介護の整合的な計画策定に向けた措置や、医療・介護の実施事業に財政支援を行う。都道府県は、作成した計画(都道府県計画)の範囲内で、事業に必要な経費を基金から取り崩し、事業の財源に充てる。

　地域医療介護総合確保基金は国が2/3、都道府県が1/3を負担し、都道府県計画に沿って分配される。

　具体的な対象事業は、次のとおりである。
① 病床機能分化・連携推進事業(地域医療構想の達成に向けた医療機関の施設または設備の整備に関する事業)
② 在宅医療推進事業(居宅等における医療の提供に関する事業)
③ 医療従事者確保事業(医療従事者の確保に関する事業)
④ 介護施設等整備事業(介護施設等の整備に関する事業)
⑤ 介護従事者確保事業(介護従事者の確保に関する事業)

①、②、④が医療分として交付され、③、⑤が介護分として交付される。

　都道府県が作成する基金事業の内容、交付条件、交付額等はさまざまであることから、病院が基金を活用しようとする場合には、まず都道府県の計画を確認することが重要となる。表7-14に医療機関の施設または設備の整備に関する事業として病床の機能分化・連携に関する事業の事業例を示すので、詳細は都道府県に問い合わせていただきたい。

表7-14　病床の機能分化・連携に関する事業の例

事業名	事業の概要
病床の機能分化・連携を推進するための基盤整備	急性期から回復期、在宅医療に至るまで、一連のサービスを地域において総合的に確保するため、急性期病床から地域で不足している病床機能への転換等、病床の機能分化、連携を推進するための施設・設備の整備
精神科病床のデイケア施設や地域生活支援事業への移行を促進するための施設・設備整備	精神科医療機関の機能分化を進める観点から、病床を外来施設やデイケア施設等、新たな用途に供するための改修または施設・設備の整備
がんの医療体制における空白地域の施設・設備整備	がん診療連携拠点病院の存在しない二次医療圏において、新たに設置する「地域がん診療病院」に対して、新たに整備する放射線機器や検査室等の整備
妊産婦の多様なニーズに応えるための院内助産所・助産師外来の施設・設備整備	院内助産所や助産師外来を開設しようとする産科を有する病院・診療所の増改築・改修や、体制整備に必要な備品の設置
ICTを活用した地域医療ネットワーク基盤の整備	病院・診療所間の切れ目のない医療情報連携を可能とするため、医療機関相互のネットワーク構築を図るとともに、津波などによる診療情報流出防止の観点から、防災上安全な地域にデータサーバーを設置し、診療情報等のデータを当該サーバーに標準的な形式で保存することができるような設備の整備

6 高齢者施設に関する補助金制度 — 1）補助金・交付金

　2005（平成17）年までは特別養護老人ホーム等の高齢者福祉施設に対して、基準額の3/4を都道府県等が補助、国はその2/3を補助するといった国庫補助制度があったが、2005（平成17）年の三位一体改革により廃止され、地方交付税交付金として一般財源化された。

　そのため、都道府県や政令指定都市等が独自に補助制度を設けている。補助金額は都道府県等により異なるが、例えば、東京都では特別養護老人ホーム1床あたり500万円（促進係数、加算により850万円）、千葉県では1床あたり450万円となっている（平成29年度）。

　三位一体改革の際に地域介護・福祉空間整備等交付金制度が設けられ、市町村が行う地域密着型サービス施設等（地域密着型特別養護老人ホーム、ケアハウス、認知症高齢者グループホーム、小規模多機能型居宅介護事業所、定期巡回・随時対応型訪問介護看護事業所、施設内保育施設など）の施設整備に対しては表7-15に示す助成が受けられる。また、介護施設等の施設開設準備経費（開設準備室の人件費、備品購入費など）に対する交付金や、定期借地権設定のための一時金に対する交付金など、建設費以外に対する交付金や、既存の施設の個室化・ユニット化、介護療養型医療施設から介護老人保健施設への転換整備、空き家活用による認知症高齢者グループホームの整備に対する交付金も制度化されている。

　なお、これらの交付金は、2014（平成26）年に「医療介護提供体制改革推進交付金」に名称がかわり、国・都道府県の出資により都道府県に設置された「地域医療介護総合確保基金」から交付されるしくみとなった。交付金額については、都道府県・政令市等が条例により定めている。

　本来特別養護老人ホーム等の社会福祉事業はその安定経営のため土地及び建物は自己所有が前提であったが、2016（平成28）年に一定の要件のもと、特別養護老人ホームにかかる不動産のすべてについて、国及び地方公共団体以外の者から貸与を受けられることになった（平28.7.27 社援発0727第1・老発0727第1）ことを踏まえ、東京都ではオーナー型補助制度を設けている。本制度は、高齢者施設の運営事業者ではなく建物の所有者に補助する制度である。

　有料老人ホームについては原則補助制度がないが、東京都のように介護専用型有料老人ホームに限定して補助制度を設けている地方公共団体もある。

　サービス付き高齢者向け住宅については1戸あたり120万円程度の国の補助制度がある。詳細については申請の窓口であるサービス付き高齢者向け住宅整備事業事務局の「サービス付き高齢者向け住宅整備事業」のホームページ（http://www.koreisha.jp/service/）を確認すること。

6 高齢者施設に関する補助金制度

表7-15　配分基礎単価
① 地域密着型サービス等整備助成事業

1　区　分		2　配分基礎単価	3　単位	4　対象経費
地域密着型サービス施設等の整備				
	地域密着型特別養護老人ホーム	2,000～4,270千円の範囲で都道府県知事が定める額	整備床数	地域密着型特別養護老人ホーム等の整備（施設の整備と一体的に整備されるものであって、都道府県知事が必要と認めた整備を含む）に必要な工事費または工事請負費及び工事事務費（工事施工のため直接必要な事務に要する費用であって、旅費、消耗品費、通信運搬費、印刷製本費及び設計監督料等をいい、その額は、工事費または工事請負費の2.6％に相当する額を限度額とする）。ただし、別の負担（補助）金等において別途補助対象とする費用を除き、工事費または工事請負費には、これと同等と認められる委託費及び分担金及び適当と認められる購入費等を含む。
	小規模な介護老人保健施設	25,000～53,400千円の範囲で都道府県知事が定める額	施設数	
	小規模な養護老人ホーム	2,270千円の範囲で都道府県知事が定める額	整備床数	
	小規模なケアハウス（特定施設入居者生活介護の指定を受けるもの）	2,000～4,270千円の範囲で都道府県知事が定める額	整備床数	
	都市型軽費老人ホーム	1,700千円の範囲で都道府県知事が定める額	整備床数	
	認知症高齢者グループホーム	15,000～32,000千円の範囲で都道府県知事が定める額	施設数	
	小規模多機能型居宅介護事業所	15,000～32,000千円の範囲で都道府県知事が定める額	施設数	
	定期巡回・随時対応型訪問介護看護事業所	5,670千円の範囲で都道府県知事が定める額	施設数	
	看護小規模多機能型居宅介護事業所	15,000～32,000千円の範囲で都道府県知事が定める額	施設数	
	認知症対応型デイサービスセンター	11,300千円の範囲で都道府県知事が定める額	施設数	
	介護予防拠点	8,500千円の範囲で都道府県知事が定める額	施設数	
	地域包括支援センター	1,130千円の範囲で都道府県知事が定める額	施設数	
	生活支援ハウス	34,000千円の範囲で都道府県知事が定める額	施設数	
	緊急ショートステイの整備	1,130千円の範囲で都道府県知事が定める額	整備床数	
	施設内保育施設	11,300千円の範囲で都道府県知事が定める額	施設数	
介護施設等の合築等				
	地域密着型特別養護老人ホームを整備する際に、他の地域密着型サービス等にかかる施設と合築・併設	2,000～4,270千円の範囲で都道府県知事が定める額に1.05を乗じた額	整備床数	
空き家を活用した整備				
	認知症高齢者グループホーム	8,500千円の範囲で都道府県知事が定める額	施設数	
	小規模多機能型居宅介護事業所			
	看護小規模多機能型居宅介護事業所			
	認知症対応型デイサービスセンター			

（平成26.9.12医政発0912第5・老発0912第1・保発0912第2）

② 介護施設等の施設開設準備経費等支援事業

1 区分	2 配分基礎単価	3 単位	4 対象経費
定員30名以上の広域型施設等			特別養護老人ホーム等の円滑な開所や既存施設の増床、介護療養型医療施設から介護老人保健施設への転換の際に必要な需用費、使用料及び賃借料、備品購入費（備品設置に伴う工事請負費を含む）、報酬、給料、職員手当等、共済費、賃金、旅費、役務費、委託料または工事請負費
特別養護老人ホーム	621千円の範囲で都道府県知事が定める額	定員数	
介護老人保健施設	〃	定員数	
ケアハウス（特定施設入居者生活介護の指定を受けるもの）	〃	定員数	
養護老人ホーム	〃	定員数	
訪問看護ステーション（大規模化やサテライト型事業所の設置）	3,100千円の範囲で都道府県知事が定める額	施設数	
定員29名以下の地域密着型施設等			
地域密着型特別養護老人ホーム	621千円の範囲で都道府県知事が定める額	定員数（*）	
小規模な介護老人保健施設	〃	〃	
小規模なケアハウス（特定施設入居者生活介護の指定を受けるもの）	〃	〃	
認知症高齢者グループホーム	〃	〃	
小規模多機能型居宅介護事業所	〃	〃	
看護小規模多機能型居宅介護事業所	〃	〃	
定期巡回・随時対応型訪問介護看護事業所	10,300千円の範囲で都道府県知事が定める額	施設数	
都市型軽費老人ホーム	310千円の範囲で都道府県知事が定める額	定員数	
小規模な養護老人ホーム	310千円の範囲で都道府県知事が定める額	定員数	
施設内保育施設	3,100千円の範囲で都道府県知事が定める額	施設数	
介護療養型医療施設の介護老人保健施設等への転換整備に必要な経費			
・介護老人保健施設 ・ケアハウス ・有料老人ホーム ・特別養護老人ホーム及び併設されるショートステイ用居室 ・認知症高齢者グループホーム ・小規模多機能型居宅介護事業所 ・看護小規模多機能型居宅介護事業所 ・生活支援ハウス ・サービス付き高齢者向け住宅	156千円の範囲で都道府県知事が定める額	定員数（転換床数）	

＊　小規模多機能型居宅介護事業所及び看護小規模多機能型居宅介護事業所にあっては、宿泊定員数とする
（平成26.9.12 医政発0912第5・老発0912第1・保発0912第2）

6 高齢者施設に関する補助金制度

③ 定期借地権設定のための一時金の支援事業

1 区分	2 配分基準	3 補助率	4 対象経費
【本体施設】			
定員30名以上の広域型施設			
特別養護老人ホーム			
介護老人保健施設			
ケアハウス（特定施設入居者生活介護の指定を受けるもの）			
養護老人ホーム			
定員29名以下の地域密着型施設等			
地域密着型特別養護老人ホーム			
小規模な介護老人保健施設	当該施設等を整備する用地にかかる国税局長が定める路線価の2分の1	1/2	定期借地権設定に際して授受される一時金であって、借地代の前払いの性格を有するもの（当該一時金の授受により、定期借地権設定期間中の全期間または一部の期間の地代の引き下げが行われていると認められるもの）。
小規模なケアハウス（特定施設入居者生活介護の指定を受けるもの）			
認知症高齢者グループホーム			
小規模多機能型居宅介護事業所			
看護小規模多機能型居宅介護事業所			
都市型軽費老人ホーム			
小規模な養護老人ホーム			
施設内保育施設			
【合築・併設施設】			
定員29名以下の地域密着型施設等			
定期巡回・随時対応型訪問介護看護事業所			
認知症対応型デイサービスセンター			
介護予防拠点			
地域包括支援センター			
生活支援ハウス			
緊急ショートステイ			

（平成26.9.12医政発0912第5・老発0912第1・保発0912第2）

1）補助金・交付金

④ 既存の特別養護老人ホーム等のユニット化改修等支援事業

1　区　分	2　配分基礎単価	3　単位	4　対象経費
既存施設のユニット化改修			特別養護老人ホーム等のユニット化等の改修（施設の整備と一体的に整備されるものであって、都道府県知事が必要と認めた整備を含む）に必要な工事費または工事請負費及び工事事務費（工事施工のため直接必要な事務に要する費用であって、旅費、消耗品費、通信運搬費、印刷製本費及び設計監督料等をいい、その額は、工事費または工事請負費の2.6％に相当する額を限度額とする）。 ただし、別の負担（補助）金等において別途補助対象とする費用を除き、工事費または工事請負費には、これと同等と認められる委託費及び分担金及び適当と認められる購入費等を含む。
「個室　→　ユニット化」改修	1,130 千円 の範囲で都道府県知事が定める額	整備床数	
「多床室　→　ユニット化」改修	2,270 千円 の範囲で都道府県知事が定める額		
ア　特別養護老人ホームのユニット化 イ　介護老人保健施設のユニット化 ウ　介護療養型医療施設の改修により転換される次の施設 　　・介護老人保健施設 　　・ケアハウス 　　・特別養護老人ホーム 　　・認知症高齢者グループホーム			
特別養護老人ホーム（多床室）のプライバシー保護のための改修	700 千円 の範囲で都道府県知事が定める額	整備床数	
介護療養型医療施設の介護老人保健施設等への転換整備			
・介護老人保健施設 ・ケアハウス ・有料老人ホーム ・特別養護老人ホーム及び併設されるショートステイ用居室 ・認知症高齢者グループホーム ・小規模多機能型居宅介護事業所 ・看護小規模多機能型居宅介護事業所 ・生活支援ハウス ・サービス付き高齢者向け住宅	創設　1,930 千円 の範囲で都道府県知事が定める額	転換床数	
	改築　2,390 千円 の範囲で都道府県知事が定める額		
	改修　964 千円 の範囲で都道府県知事が定める額		

（平成26.9.12 医政発0912第5・老発0912第1・保発0912第2）

6 高齢者施設に関する補助金制度 — 1) 補助金・交付金

表 7-16　サービス付き高齢者向け住宅整備補助事業

新築	補助条件		補助金の額の上限
夫婦型サービス付き高齢者向け住宅	以下をすべて満たすもの ○住戸部分の床面積が 30㎡以上であること ○住戸部分に基本設備（＊1）がすべて設置されていること		135万円／戸
一般型サービス付き高齢者向け住宅	上記以外のうち	床面積が 25㎡以上の住戸	120万円／戸
		床面積が 25㎡未満の住戸	110万円／戸
改修			
既存ストック型サービス付き高齢者向け住宅	以下のいずれかを満たすもの ○既存ストックを活用し、改修工事等によりサービス付き高齢者向け住宅を整備する際に、建築基準法・消防法・バリアフリー法等の法令に適合させるための工事（＊2）が新たに必要となること ○階段室型の共同住宅を活用し、新たに共用廊下を設置すること		150万円／戸
夫婦型サービス付き高齢者向け住宅	上記以外のうち、新築の「夫婦型サービス付き高齢者向け住宅」の条件をすべて満たすもの		135万円／戸
一般型サービス付き高齢者向け住宅	上記以外のもの		120万円／戸
高齢者生活支援施設			
拠点型サービス付き高齢者向け住宅	小規模多機能型居宅介護事業所等（＊3）を併設するもの		1,200万円／施設
一般型高齢者生活支援施設	上記以外の高齢者生活支援施設を併設するもの		1,000万円／施設

＊1　便所、洗面、浴室、台所、収納
＊2　スプリンクラー設備の設置工事、自動火災報知設備の設置工事、防火性・遮音性が確保された戸境壁への改修工事　等
＊3　小規模多機能型居宅介護事業所、看護小規模多機能型居宅介護事業所（複合型サービス事業所）、短期入所生活介護事業所、短期入所療養介護事業所

資料　サービス付き高齢者向け住宅整備事業 http://www.koreisha.jp/service/ より

7 省エネ関連補助金　　1) 補助金・交付金

　医療施設に活用できそうな、国土交通省、経済産業省、環境省が管轄する省エネルギー関連の補助金を表 7-17 にまとめた。ただし、年度ごとに実施される補助金は異なるため、関係省庁、執行団体のホームページ等を確認することが必要である。

表 7-17　省エネルギー関連の主な補助金（平成 29 年度、平成 30 年度の内容より記載）

	名称	概要	評価項目	補助率 上限額
国土交通省	サスティナブル建築物先導事業（省 CO_2 先導型）	省 CO_2 の実現性に優れたリーディングプロジェクト モデル性や先導性が高いもの ※具体的な基準はない （新設・改修）	① 優先課題 ・街区・複数建築物のエネルギー融通まちづくり ・非常時のエネルギー自立 ・被災地の震災復興 ・地方都市等の先導的技術の波及・普及 ② 評価事項 ・プロジェクトの先端性・先進性、技術の波及性・普及性 ・既往の技術の新たな組み合わせ ・過年度実施事例を踏まえたさらなる先導性や普及性・波及性を評価	補助率 1/2 以内 上限：総事業費の 5 % 以内か 10 億円以内
	既存建築物省エネ化推進事業	既存建築物（非住宅）の省エネ改修 （改修）	・躯体（外皮）の省エネ改修 ・建物全体で 15 % 以上のエネルギー消費量削減 ・エネルギー使用量等の計測をすること ・省エネルギー性能に関する基準を満たす ・省エネルギー性能を表示	補助率 1/3 以内 上限：5000 万円以内、うち設備費は 2500 万円以内 ※バリアフリー改修は 2500 万円を限度に加算
経済産業省	住宅・ビルの革新的省エネ技術導入促進事業（ネット・ゼロ・エネルギー・ビル実証事業）	ZEB の実現に資するような設備機器・システム等の導入事業 （新設・改修）	① ZEB 達成度 ・大幅な省エネルギー化と、再生可能エネルギー導入によるエネルギー自立度等 ② 技術性 ・ヒエラルキーアプローチによる、パッシブな建築計画や外皮、設備の高度化等 ・BEMS の内容 ③ 経済性 ・ZEB 技術導入に伴うコスト増を踏まえた費用対効果 ④ その他 ・事業の継続性、モデル性、評価分析手法 ・ZEB 設計ガイドライン作成のための建物の種類等による選考	補助率 2/3 以内 上限：5 億円 複数年度事業は上限：10 億円

7 省エネ関連補助金

	エネルギー使用合理化等事業者支援事業	省エネ設備機器の改修等 （改修）	① 省エネ設備導入 ・既設設備等の改修 ・省エネ率1％以上 ・省エネ量1000kl以上　他 ② 電気需要平準化対策設備導入 ・ピーク抑制効果のある設備導入 ・ピーク対策5％以上 ・ピーク対策量1900千kWh以上　他 ③ エネマネ事業者活用事業 ・①及び②の事業＋EMS導入 ・エネマネサービス契約 ・省エネ率2％以上（①の場合） ・ピーク対策10％以上（②の場合）　他	補助率 ①②：1/3以内 ③　：1/2以内 上限 複数年度、複数事業者：50億円／年 複数事業者 ：30億円／年 単独事業者 ：15億円／年
環境省	天然ガスの環境調和等に資する利用促進事業費補助金	災害時にも対応可能な天然ガス利用設備の導入及び機能維持・強化を行う事業者に対する補助事業 （新設・改修）	① 災害時にも対応可能な天然ガス利用設備で以下の要件を満足 ・天然ガスを主原料とするガスを使用 ・5％以上の省エネが図られることまたは、高効率機器 ・従来方式よりも25％以上の省CO_2 ・計測装置を取り付けること ・中圧ガス導管等でガス供給を受けている病院等 ② 更新前設備の廃止 ③ 熱使用先での省エネは補助対象外 ④ 同一敷地内の複数台設置は1補助事業として受付 評価項目 ・費用対効果 ・災害時の強靭性	天然ガス設備 補助率1/3以内 上限1.7億円
	先進対策の効率的実施による二酸化炭素排出量大幅削減設備補助事業	事業場におけるエネルギー起源CO_2排出抑制のための先進的で効率的な低炭素機器等の導入を行う事業	① 以下をすべて満たす ・基準年度排出量50 t -CO_2以上 ・実施後のCO_2排出量が基準年度比で削減される ・「環境大臣指定設備・機器等一覧」に掲げる設備・機器等に属する製品を少なくとも1つ以上導入 ・L2-Tech認証製品が補助事業で導入する機器の材料費全体に対して50％以上 ・運用改善等による排出削減目標量が排出削減目標量全体に対して10％以上 ・L2-Tech認証製品を導入したことによるCO_2削減効果及びランニングコスト削減効果が定量的に把握可能である	L2-Tech認証品 補助率1/2以内 その他機器 補助率1/3以内 上限1.5億円

1) 補助金・交付金

		② 採択基準 ・1 t-CO_2 あたりの補助対象事業費が少ない事業から採択	
L2-Tech（先導的低炭素技術）導入拡大推進事業	既存の設備・機器をL2-Tech（先導的低炭素技術）の水準を満たす設備・機器に更新する事業	① 対象事業（病院の場合） ・未利用エネルギーと蓄熱層を活用した冷温同時利用型HPシステム （L2-Tech製品：高温ヒートポンプ） ② 評価項目 ・対象事業要件への適合 ・CO_2 削減効果 　（直接効果及び波及効果） ・CO_2 削減対策コスト ・導入モデルの波及性 ・成果等の情報公開への協力 ・CO_2 削減効果の定量化方法　等	ファイナンスリースによる共同実施 補助率1／2以内 指定都市以外の市町村及び中小企業 補助率2／3以内 上記以外 補助率1／2以内 上限2億円／年

第7章　医療・高齢者施設に関する補助金・交付金

8 木材利用に関する補助金　　1) 補助金・交付金

　2010 (平成22) 年に施行された公共建築物等における木材の利用の促進に関する法律 (公共建築物等木材利用促進法) は、木造率が低く、今後の需要が期待できる公共建築物にターゲットを絞って、国が率先して木材利用に取り組むとともに、地方公共団体や民間事業者にも国の方針に即して主体的な取り組みを促し、木材全体の需要拡大をねらいとしている。

　公共建築物等の整備に活用可能な補助事業・制度等が用意されており、医療施設に活用できそうな補助金を表7-18にまとめた。ただし、年度ごとに実施される補助金は異なるため、関係省庁、執行団体のホームページ等を確認することが必要である。

表7-18　木材利用関連の主な補助金

	名称	概要	評価項目	補助率
林野庁	林業成長産業化総合対策のうち林業・木材産業成長化促進対策	地域材利用のモデルとなるような公共建築物の木化・木質化に対する補助金 (新設・改修)	・補助対象施設の面積が300㎡以上であること ・木造化の場合、対象施設の木材利用量が0.18㎥/㎡以上であること ・構造耐力上主要な部分に用いる製材品について、原則として、JAS製材品を使用すること ・地域材利用　等	① 木造化 　建設工事費の15％ ※CLT等の先進的技術を活用するものは1/2以内 ② 木質化 　建設工事費の3.75％ ※木質化事業費の1/2以内
国土交通省	サステナブル建築物等先導事業 (木造先導型)	木造化に係る先導的な設計・施工技術が導入される建築物の整備に対する補助金 (新設・改修)	・構造・防火面の先導的な設計・施工技術の導入 ・使用する材料や工法の工夫により整備コストを低減させるなどの、木材利用に関する建築生産システムについて先導性を有するもの ・建築基準法上特段の措置を要する一定規模以上のもの ・多数の者が利用する施設 ・設計、施工にかかる技術等の公開　等	① 調査設計費 　先導的な木造化にかかる費用の1/2以下 ② 建設工事費 　木造化による費用の1/2以下 ※算出困難な場合 　建設工事費の15％ ③ 技術検証費 　検証費用の1/2 ④ 上限額：原則5億円
環境省	木材利用による業務用施設の断熱性能効果検証事業	CLT等の新たな建築部材を用いたモデル建築物を建設し、その断熱性能をはじめとする省エネ効果等について定量的に把握等を行う事業に対する補助金	・壁等の構造耐力上主要な部分にCLT等が使用されており、かつ、それらの面のうち少なくとも1面が外気と接していること ・CLT等が使用された室の延べ床面積が300㎡以上であること ・省エネ・省CO_2性能の把握を行う取り組みであること　等	① 設計費、工事費、設備費、実証にかかる計測費等の3/4 ② 上限額：5億円

9 補助金申請手続きの流れ — 1) 補助金・交付金

　補助金を活用する場合は、建設工事予定の前年度から、都道府県が実施する意向調査に回答することから始まり、事業計画書、交付申請書、実績報告書等の事務手続きが必要となる。
　図7-1に東京都の申請事務手続きの流れを掲載するが、都道府県ごとに手続きの流れは異なるため、担当部署に確認する必要がある。
　工事契約、工事着工については、内示後であることが求められるため注意が必要である。

補助金申請手続きの流れ（東京都の例であり都道府県、年度によって異なる）
① 前年度5～6月頃　　：事業計画調査（意向調査）
② 前年度10～12月頃　：事業計画書提出
③ 当年度6～10月頃　　：補助内示、交付申請書提出
　　　　　　　　　　　：内示後工事契約、着工
④ 翌年度3月頃　　　　：工事完了
⑤ 翌年度4～5月　　　 ：実績報告書提出、補助金交付
※2か年事業の場合は、翌年にも同様の手続きが必要となる。

図7-1　補助金申請手続きの流れ（東京都の例）

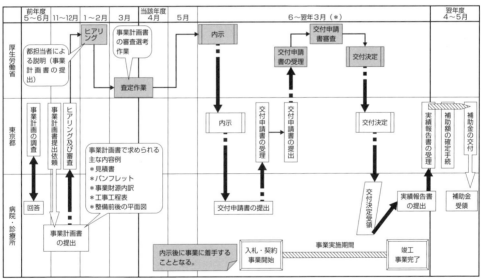

※　国から内示が出る時期によって、交付申請書の提出時期等が異なる。

10 補助金の留意点　　1) 補助金・交付金

補助金を活用する場合の一般的な留意点は次のとおりである。
ただし、都道府県ごとにその運用は異なるため、都道府県の窓口に相談することが必要である。

【補助金活用時の留意点（Q&A）】

Q1　施設整備を行う場合、建物所有者と病院開設者が異なっていても、補助は受けられますか？
A1　補助は受けられません。建物所有者と病院等の開設者が同一であることが条件になります。賃借物件については補助を受けることはできません。

Q2　複数年度にまたがる工事ですが、補助は受けられますか？
A2　多年にまたがる工事の場合は、複数年度事業として補助を受けることができます。事業によって取り扱いが異なる場合があるため、都道府県に問い合わせが必要です。

Q3　必ず補助は受けられますか？
A3　事業者及び事業内容について審査を行ったうえで、予算の範囲内で実施するため、必ず補助できるとは限りません。

Q4　どのような審査がありますか？
A4　①事業者の適格性、②事業計画の内容、③土地建物の利用状況、④資金計画、⑤経営の安定性などを審査します。

Q5　1つの工事に複数の補助を受けられますか？
A5　原則として、1つの工事で1つの補助金となります。ただし、明確に工事区域が分けられ、工事契約も分けられる場合には、複数の補助を受けることができる場合もあります（事業によって取り扱いは異なります）。

Q6　補助金を受けて整備した場合、使用目的の変更や処分の制限がありますか？
A6　補助金を受けて整備した施設・設備については、交付目的を遂行するため、補助金等に係る予算の執行の適正化に関する法律等で財産の処分制限期間を設けています。
　　つまり、その期間内に補助金で整備した財産を勝手に交付の目的に反して使用し、譲渡し、交換し、貸付または担保に供することはできず、厚生労働大臣または知事の承認を受けなければなりません。
　　なお、制限期間内に処分する場合は、原則として補助金を返還することになります。

Q7　工事契約に関する条件はありますか？
A7　予定価格が一定額以上の契約については内示後に入札を行うなど、都道府県の補助にかかる契約手続き基準に則る必要があります。

11 補助金を受けた施設の財産処分(転用、譲渡等) ― 1) 補助金・交付金

　補助金等の交付の対象となる事業等を行う者（補助事業者等）は、原則として補助金等により取得した財産を、目的に反して使用し、譲渡し、交換し、貸し付け、または担保に供してはならないとされ（補助金適正化法第22条、補助金適正化法施行令第13条、第14条）、財産処分を行うにあたっては厚生労働大臣等の承認が必要である。ただし、①補助事業者等が補助金等の全部に相当する金額を国に納付した場合、②補助金等の交付の目的及び財産の耐用年数を勘案してあらかじめ定められた期間（処分制限期間（表7-19））を経過した場合は、財産の処分の制限が適用されず、処分を行うことが可能である。

表7-19　処分制限期間（病院用）

種類	構造または用途	処分制限期間
建物	鉄骨鉄筋コンクリート造 鉄筋コンクリート造	39年
	レンガ造、石造、ブロック造	36年
	金属造（骨格材の肉厚4mmを超えるもの）	29年
	金属造（骨格材の肉厚3mmを超え4mm以下）	24年
	金属造（骨格材の肉厚3mm以下）	17年
	木造	17年
建物附属設備	電気設備	15年
	給排水または衛生設備、ガス設備	15年
	冷暖房設備、ボイラー設備	15年
	エレベーター	17年
	エスカレーター	15年
	消火設備、排煙設備、火災報知設備、格納式避難設備	8年

＊　福祉施設については、分類がないので慣例的に病院用と同種とみなしている。

（H 20.7.11　厚労告384）

　しかしながら、近年における少子高齢化の進展、産業構造の変化等の社会情勢の変化に対応するとともに、既存ストックを効率的に活用した地域活性化のため、2008（平成20）年に財産処分の承認手続き等の弾力化及び明確化が図られることとなった（厚生労働省所管一般会計補助金等に係る財産処分について（平20.4.17 会発0417001））。

　具体的には、申請手続きの特例（包括承認事項）が定められ、地方公共団体がその事業にかかる社会資源が充足していると判断したうえで行われる、経過年数（補助目的のために事業を実施した年数）が10年以上である施設または設備の財産処分などは、厚生労働大臣の承認があったものとして取り扱われる。

　このほか、国庫納付に関する承認の基準として、地方公共団体以外の者が行う、①経過年数が10年以上である施設等を、同種の事業（平20.4.17 会発0417001 別表）に使用する場合の転用、無償

11 補助金を受けた施設の財産処分（転用、譲渡等）

譲渡または無償貸付、②同一事業を10年以上継続する場合の無償譲渡、無償貸付などについては、国庫納付に関する条件を付さずに承認するものとされた。

経過年数10年以内の施設の転用、無償譲渡等や、10年を超えていても同種とみなせない事業への転用、無償譲渡、あるいは有償譲渡の場合には、国庫納付を条件に承認が可能である。国庫納付金の額は図7-2の計算式による。

また、補助金等により取得した財産に、当該補助財産取得のため以外に抵当権を設定することは原則認められない。

なお、財産処分の承認基準については、内部部局の長は、特段の事情により必要がある場合には、別に承認基準の特例を定めることができるとされ、老健局及び医政局それぞれの所管する一般会計補助金等にかかる承認基準の特例が設けられている。

老健局所管の一般会計補助金等にかかる承認基準の特例（厚生労働省所管一般会計補助金等に係る財産処分について（平20.4.17老発0417001））については、①社会福祉法人が行う老人福祉施設等の補助施設等の財産処分（無償譲渡及び無償貸付に限る）であって、譲渡（貸付）先が他の社会福祉法人または地方公共団体で同一事業を継続するもの、②経過年数が10年以上の老人福祉施設等の補助施設等の同種の事業（老発0417001別表）への転用について、地方公共団体以外の者が行う場合は、包括承認事項として取り扱われる。また、地域介護・福祉空間整備等施設整備交付金（ハード交付金）を受けて、老人福祉施設等の補助施設等を、施設内保育施設整備事業及び緊急ショートステイ整備事業に転用する場合、ハード交付金の交付を受けて整備した事業所（表7-20左欄）を、表7-20の右欄に掲げる事業に転用する場合についても包括承認事項として取り扱われる。

医政局所管の一般会計補助金等にかかる承認基準の特例（厚生労働省所管一般会計補助金等に係る財産処分について（平20.4.17医政発0417001））については、地方公共団体または医療法人等が、補助を受けた医療施設等を、①国庫補助対象施設等へ転用する場合、②新たに補助金等の交付を受けずに代替施設を整備したうえで、補助施設等を転用する場合などは、国庫納付に関する条件を付さずに承認するものとされる。

表7-20　ハード交付金を受けて整備した事業の転用についての特例

ハード交付金を受けて整備した事業	転用後の事業
夜間対応型訪問介護事業所	定期巡回・随時対応型訪問介護看護事業所
定期巡回・随時対応型訪問介護看護事業所	夜間対応型訪問介護事業所
小規模多機能型居宅介護事業所	看護小規模多機能型居宅介護事業所
看護小規模多機能型居宅介護事業所	小規模多機能型居宅介護事業所

1）補助金・交付金

図 7-2　国庫納付の額の算定方法

① 10年経過前の転用、無償譲渡、有償譲渡等
　10年経過後の有償譲渡等（厚生労働行政関連事業等以外に使用の場合）

$$国庫補助額 \times \frac{残存年数}{処分制限期間}$$

② 10年経過後の有償譲渡等（厚生労働行政関連事業等に使用の場合）＊1

$$譲渡額＊2 \times \frac{国庫補助額}{総事業費}$$

＊1　①の額を上限額とする。
＊2　譲渡額が評価額に比して著しく低価な場合には、評価額

なお、これら承認手続きの窓口は厚生労働省所管の地方厚生局であり、そのホームページに概要が示されている。

トピックス ― 補助金事業における清浄度クラス ― Topics

　現在、医療提供体制施設整備事業において、個別の清浄度定義がなされている。
　例えば、腎移植施設整備事業等に記載がある（昭55.1.4 医発1105）。この実施要綱において無菌手術室とは、空気清浄度クラス100の設備を有する手術室とされている。さらに、空気清浄度クラス100の設備として次のような記述がある。

- HEPAフィルター面積が天井または壁面の75％以上
- 換気回数が1時間に200回以上

　肝移植施設整備事業における無菌手術室も同様の定義である（平7.6.5 健医発716）。
　特殊病室施設整備事業における無菌室の定義は空気清浄度をクラス100以下に保つために必要な設備とされている（平7.6.5 健医発716）。
　日本造血細胞移植学会や日本医療福祉設備協会では、CDCガイドラインに準じたガイドライン等を設けている。

1 福祉医療機構融資（医療貸付）

2）融資

　独立行政法人福祉医療機構は、医療・福祉分野の施設宛融資を専門とした政府系金融機関である。
　貸付内定前に工事請負契約、工事着手を行った場合は融資対象外となるため、契約初期段階から機構へ相談することと、工事着手2か月以上前には借入申込みが必要となることに注意が必要である。

表7-22　医療貸付事業の概要

区分	内容
融資対象事業	・病院　・一般診療所（健診センター、デイケアを有する診療所含む）　・歯科診療所 ・共同利用施設（医師会が開設する臨床検査センター）　・介護老人保健施設 ・助産所　・医療従事者養成施設　・指定訪問看護事業 ※いずれも借入申込者＝建物所有者であることが必要
融資対象資金	・建築資金（新築、増改築、購入、賃借などに必要な資金） ・土地取得資金 ※500床以上の病院は、5疾病5事業等の医療を提供する部分に限定 ※機械購入資金融資、長期運転資金融資もある（詳細は機構ホームページ等参照）
融資額	・所要額（建築工事費＋設計監理費）×融資率 ・上記の所要額×融資率と下記限度額の低い額が融資額 ※所要額には解体撤去費、造成工事費等は含めない ※補助金がある場合は、（所要額－補助金）と（所要額×融資率）の低い額 ・機械購入資金、長期運転資金は、別の算定方法となるため問い合わせること
融資率	・70％以内（下記以外の場合） ・病床充足地域における増改築：60％以内 ・一般病床のみ200床未満：90％以内 ・臨床研修指定病院：90％以内 ・社会医療法人：90％以内
上限額	・建築資金：原則7.2億円以内＋加算分 　　　　　加算：看護師宿舎6000万円　保育施設1500万円 　　　　　　　　在宅介護支援センター2000万円 　　　　　　　　電子カルテ等を整備する場合8000万円 ・特定病院：原則12億円以内 　　　　　　ただし収益性等一定基準を満たしている場合は12億円以上も可 ※機構が定める特定病院 　①地域医療支援病院、②大学病院、③臨床研修指定病院、④精神保健福祉法に基づく指定病院（200床以上）、⑤医師会が開設する開放型病院（100床以上）、⑥がん、脳卒中、救急医療等の急性期及び専門診療等を担う病院（100床以上）、⑦療養病床を有する病院 ・土地取得資金：3億円以内
償還期間	融資の対象や資金の種類等によって異なる（5年以内〜30年以内） それぞれに据置期間が設けられている（6か月以内〜3年以内）
優遇措置	下記の事業については融資率、利率などの優遇措置がある ・地域医療介護総合確保基金の対象となる事業、医療提供体制施設整備交付金に基づき補助を受けた耐震化事業 ・津波対策、スプリンクラー等の設置、国家戦略特区、自家発電導入工事

2 福祉医療機構融資（福祉貸付） 2）融資

　独立行政法人福祉医療機構の福祉貸付事業は、社会福祉法人による特別養護老人ホームなどの社会福祉施設の整備及び民間事業者による在宅サービス事業等に対して、建設資金等を融資するものである。最長30年までの固定金利及び最長3年までの元金償還据置が可能であること、保証人不要制度があること、などのメリットがある。

　なお、福祉医療機構と覚書を締結している民間金融機関からの資金調達が円滑に行える「協調融資制度」がある。

　手続きについては、地方自治体との補助協議と同時に事前相談を行うこと、借入申込時に地方自治体の意見書が必要であること、福祉医療機構から借入申込書の受理票が発行された後でないと工事請負契約ができないことなどの留意点がある。

表7-23　福祉貸付事業の概要

区分	内容
融資対象事業	・特別養護老人ホーム　　・老人デイサービスセンター（生活支援ハウスを含む） ・養護老人ホーム　　　　・認知症高齢者グループホーム ・ケアハウス　　　　　　・老人短期入所施設 ・老人介護支援センター　・看護小規模多機能型居宅介護事業所 ・小規模多機能型居宅介護事業所
融資対象資金 （＊1）	・建築資金（新築、改築、拡張、改造・修理、購入、賃借の費用）（設計監理費を含む） ・設備備品整備資金（機械器具、備品の購入、取付工事費等の費用） ・土地取得資金 ・定期借地権設定時の一時金（平成37年度まで）
融資額	・融資限度額＝（基準事業費－法的・制度的補助金）×融資率 ・建築工事の基準事業費＝（定員1人あたりの基準単価×定員）の合計額と実際事業費の合計額のいずれか低い額 ・土地取得資金の基準事業費＝実際土地取得単価×融資対象建物の建築確認上の延床面積×3倍と実際の土地取得費のいずれか低い額 ・経営資金の基準事業費＝実際事業費の額
融資率（＊2）	・養護老人ホーム　　　　80％ ・特別養護老人ホーム等　75％ ・老人介護支援センター　70％
融資条件	・完全固定金利制度か10年経過ごと金利見直し制度を選べる ・償還期間：貸付金の種類、貸付金額、建物の耐火性能により5年から20年以内まで。ただし、特別養護老人ホーム、養護老人ホーム及びケアハウスで耐火建築物の場合は30年、ユニット型特別養護老人ホームで準耐火建築物の場合は25年以内 ・据置期間：償還期間に応じて1年～3年以内の据置が可能 ・償還形態：元金均等方式 ・元金の償還方法：毎月償還、3か月償還または年賦償還 ・担保提供：融資対象施設及び建設用地に第1抵当権を設定 ・保証人：法人代表者等の連帯保証とするか、または「保証人不要制度」（＊3）利用

＊1　経営資金もあり
＊2　都市部における整備については90％の優遇措置あり
＊3　貸付利率に一定の利率を上乗せすることで、連帯保証人を不要とする制度

資料

法令等

資料では、本書で取り扱う施設基準や構造設備基準の根拠となる主な法令等を抜粋して掲載しています。

資料
法令等

〔医療施設関係〕 ———————————————————————————— 292

　◎医療法
　　（昭和23年7月30日法律第205号）———————————————— 292
　◎医療法施行規則
　　（昭和23年11月5日厚生省令第50号）—————————————— 294
　　○医療法の一部を改正する法律の一部の施行について
　　　（平成5年2月15日健政発第98号）——————————————— 305
　　○医療法等の一部を改正する法律等の施行について
　　　（平成13年2月22日医政発第125号）—————————————— 306
　◎基本診療料の施設基準等
　　（平成20年3月5日厚生労働省告示第62号）——————————— 307
　　○基本診療料の施設基準等及びその届出に関する手続きの取扱いについて
　　　（平成30年3月5日保医発0305第2号）————————————— 314
　◎特掲診療料の施設基準等
　　（平成20年3月5日厚生労働省告示第63号）——————————— 326
　　○特掲診療料の施設基準等及びその届出に関する手続きの取扱いについて
　　　（平成30年3月5日保医発0305第3号）————————————— 327
　◎感染症の予防及び感染症の患者に対する医療に関する法律
　　（平成10年10月2日法律第114号）———————————————— 335
　◎健康増進施設認定規程
　　（昭和63年11月29日厚生省告示第273号）———————————— 335
　◎医師法
　　（昭和23年7月30日法律第201号）———————————————— 336
　◎医師法第16条の2第1項に規定する臨床研修に関する省令
　　（平成14年12月11日厚生労働省令第158号）——————————— 337
　◎歯科医師法
　　（昭和23年7月30日法律第202号）———————————————— 337
　◎歯科医師法第16条の2第1項に規定する臨床研修に関する省令
　　（平成17年6月28日厚生労働省令第103号）———————————— 337

〔高齢者施設関係〕 ————————————————————————— 338

　◎介護保険法
　　（平成9年12月17日法律第123号）———————————————— 338
　◎介護保険法施行規則
　　（平成11年3月31日厚生省令第36号）—————————————— 341
　◎老人福祉法
　　（昭和38年7月11日法律第133号）———————————————— 341
　◎特別養護老人ホームの設備及び運営に関する基準
　　（平成11年3月31日厚生省令第46号）—————————————— 342

○特別養護老人ホームの設備及び運営に関する基準について
　　　（平成12年3月17日老発第214号） ―――――― 349
　　○社会福祉施設における防火安全対策の強化について
　　　（昭和62年9月18日社施第107号） ―――――― 354
◎介護老人保健施設の人員、施設及び設備並びに運営に関する基準
　（平成11年3月31日厚生省令第40号） ―――――― 357
　　○介護老人保健施設の人員、施設及び設備並びに運営に関する基準について
　　　（平成12年3月17日老企第44号） ―――――― 361
◎介護医療院の人員、施設及び設備並びに運営に関する基準
　（平成30年1月18日厚生労働省令第5号） ―――――― 368
　　○介護医療院の人員、施設及び設備並びに運営に関する基準について
　　　（平成30年3月22日老老発0322第1号） ―――――― 373
◎指定居宅サービス等の事業の人員、設備及び運営に関する基準
　（平成11年3月31日厚生省令第37号） ―――――― 379
　　○指定居宅サービス等及び指定介護予防サービス等に関する基準について
　　　（平成11年9月17日老企第25号） ―――――― 386
◎軽費老人ホームの設備及び運営に関する基準
　（平成20年5月9日厚生労働省令第107号） ―――――― 394
　　○軽費老人ホームの設備及び運営に関する基準について
　　　（平成20年5月30日老発第0530002号） ―――――― 397
　　○有料老人ホームの設置運営標準指導指針について
　　　（平成14年7月18日老発第0718003号） ―――――― 398
◎高齢者の居住の安定確保に関する法律
　（平成13年4月6日法律第26号） ―――――― 400
◎高齢者の居住の安定確保に関する法律施行規則
　（平成13年8月3日国土交通省令第115号） ―――――― 403
◎国土交通省・厚生労働省関係高齢者の居住の安定確保に関する法律施行規則
　（平成23年8月12日厚生労働・国土交通省令第2号） ―――――― 405
◎高齢者の居住の安定確保に関する法律施行規則第34条第1項第9号の国土交通大臣
　の定める基準
　（平成13年8月3日国土交通省告示第1296号） ―――――― 406
◎国土交通省・厚生労働省関係高齢者の居住の安定確保に関する法律施行規則第10条
　第5号の国土交通大臣及び厚生労働大臣の定める基準
　（平成23年10月7日厚生労働・国土交通省告示第2号） ―――――― 410
◎指定地域密着型サービスの事業の人員、設備及び運営に関する基準
　（平成18年3月14日厚生労働省令第34号） ―――――― 412
　　○指定地域密着型サービス及び指定地域密着型介護予防サービスに関する基準につ
　　　いて
　　　（平成18年3月31日老計発第0331004号・老振発第0331004号・老老発第
　　　0331017号） ―――――― 420

医療施設関係

医療法（抄）

（昭和23年7月30日　法律第205号）

注　平成29年6月21日法律第67号改正現在

第1章　総則

●定義

第1条の5　この法律において、「**病院**」とは、医師又は歯科医師が、公衆又は特定多数人のため医業又は歯科医業を行う場所であつて、20人以上の患者を入院させるための施設を有するものをいう。病院は、傷病者が、科学的でかつ適正な診療を受けることができる便宜を与えることを主たる目的として組織され、かつ、運営されるものでなければならない。

2　この法律において、「**診療所**」とは、医師又は歯科医師が、公衆又は特定多数人のため医業又は歯科医業を行う場所であつて、患者を入院させるための施設を有しないもの又は19人以下の患者を入院させるための施設を有するものをいう。

第2条　この法律において、「**助産所**」とは、助産師が公衆又は特定多数人のためその業務（病院又は診療所において行うものを除く。）を行う場所をいう。

2　助産所は、妊婦、産婦又はじよく婦10人以上の入所施設を有してはならない。

●地域医療支援病院

第4条　国、都道府県、市町村、第42条の2第1項に規定する社会医療法人その他厚生労働大臣の定める者の開設する病院であつて、地域における医療の確保のために必要な支援に関する次に掲げる要件に該当するものは、その所在地の都道府県知事の承認を得て地域医療支援病院と称することができる。

一　他の病院又は診療所から紹介された患者に対し医療を提供し、かつ、当該病院の建物の全部若しくは一部、設備、器械又は器具を、当該病院に勤務しない医師、歯科医師、薬剤師、看護師その他の医療従事者（以下単に「医療従事者」という。）の診療、研究又は研修のために利用させるための体制が整備されていること。

二　救急医療を提供する能力を有すること。

三　地域の医療従事者の資質の向上を図るための研修を行わせる能力を有すること。

四　厚生労働省令で定める数以上の患者を入院させるための施設を有すること。

五　第21条第1項第2号から第8号まで及び第10号から第12号まで並びに第22条第1号及び第4号から第9号までに規定する施設を有すること。

六　その施設の構造設備が第21条第1項及び第22条の規定に基づく厚生労働省令並びに同項の規定に基づく都道府県の条例で定める要件に適合するものであること。

2　都道府県知事は、前項の承認をするに当たつては、あらかじめ、都道府県医療審議会の意見を聴かなければならない。

3　地域医療支援病院でないものは、これに地域医療支援病院又はこれに紛らわしい名称を付けてはならない。

●特定機能病院

第4条の2　病院であつて、次に掲げる要件に該当するものは、厚生労働大臣の承認を得て特定機能病院と称することができる。

一　高度の医療を提供する能力を有すること。

二　高度の医療技術の開発及び評価を行う能力を有すること。

三　高度の医療に関する研修を行わせる能力を有すること。

四　医療の高度の安全を確保する能力を有すること。

五　その診療科名中に、厚生労働省令の定めるところにより、厚生労働省令で定める診療科名を有すること。

六　厚生労働省令で定める数以上の患者を入院させるための施設を有すること。

七　その有する人員が第22条の2の規定に基づく厚生労働省令で定める要件に適合するものであること。

八　第21条第1項第2号から第8号まで及び第10号から第12号まで並びに第22条の2第2号、第5号及び第6号に規定する施設を有すること。

九　その施設の構造設備が第21条第1項及び第22条の2の規定に基づく厚生労働省令並びに同項の規定に基づく都道府県の条例で定める要件に適合するもの

であること。
2 厚生労働大臣は、前項の承認をするに当たつては、あらかじめ、社会保障審議会の意見を聴かなければならない。
3 特定機能病院でないものは、これに特定機能病院又はこれに紛らわしい名称を付けてはならない。

第4章 病院、診療所及び助産所
第1節 開設等

●開設許可
第7条
2 病院を開設した者が、病床数、次の各号に掲げる病床の種別（以下「病床の種別」という。）その他厚生労働省令で定める事項を変更しようとするとき、又は臨床研修等修了医師及び臨床研修等修了歯科医師でない者で診療所を開設したもの若しくは助産師でない者で助産所を開設したものが、病床数その他厚生労働省令で定める事項を変更しようとするときも、厚生労働省令で定める場合を除き、前項と同様とする。
一 精神病床（病院の病床のうち、精神疾患を有する者を入院させるためのものをいう。以下同じ。）
二 感染症病床（病院の病床のうち、感染症の予防及び感染症の患者に対する医療に関する法律（平成10年法律第114号）第6条第2項に規定する1類感染症、同条第3項に規定する2類感染症（結核を除く。）、同条第7項に規定する新型インフルエンザ等感染症及び同条第8項に規定する指定感染症（同法第7条の規定により同法第19条又は第20条の規定を準用するものに限る。）の患者（同法第8条（同法第7条において準用する場合を含む。）の規定により1類感染症、2類感染症、新型インフルエンザ等感染症又は指定感染症の患者とみなされる者を含む。）並びに同法第6条第9項に規定する新感染症の所見がある者を入院させるためのものをいう。以下同じ。）
三 結核病床（病院の病床のうち、結核の患者を入院させるためのものをいう。以下同じ。）
四 療養病床（病院又は診療所の病床のうち、前3号に掲げる病床以外の病床であつて、主として長期にわたり療養を必要とする患者を入院させるためのものをいう。以下同じ。）
五 一般病床（病院又は診療所の病床のうち、前各号に掲げる病床以外のものをいう。以下同じ。）

第2節 管理

●病院の法定人員及び施設の基準等
第21条 病院は、厚生労働省令（第1号に掲げる従業者（医師及び歯科医師を除く。）及び第12号に掲げる施設にあつては、都道府県の条例）の定めるところにより、次に掲げる人員及び施設を有し、かつ、記録を備えて置かなければならない。
一 当該病院の有する病床の種別に応じ、厚生労働省令で定める員数の医師及び歯科医師のほか、都道府県の条例で定める員数の看護師その他の従業者
二 各科専門の診察室
三 手術室
四 処置室
五 臨床検査施設
六 エックス線装置
七 調剤所
八 給食施設
九 診療に関する諸記録
十 診療科名中に産婦人科又は産科を有する病院にあつては、分べん室及び新生児の入浴施設
十一 療養病床を有する病院にあつては、機能訓練室
十二 その他都道府県の条例で定める施設
2 療養病床を有する診療所は、厚生労働省令（第1号に掲げる従業者（医師及び歯科医師を除く。）及び第3号に掲げる施設にあつては、都道府県の条例）の定めるところにより、次に掲げる人員及び施設を有しなければならない。
一 厚生労働省令で定める員数の医師及び歯科医師のほか、都道府県の条例で定める員数の看護師及び看護の補助その他の業務の従業者
二 機能訓練室
三 その他都道府県の条例で定める施設
3 都道府県が前2項の条例を定めるに当たつては、病院及び療養病床を有する診療所の従業者及びその員数（厚生労働省令で定めるものに限る。）については厚生労働省令で定める基準に従い定めるものとし、その他の事項については厚生労働省令で定める基準を参酌するものとする。

●地域医療支援病院の法定施設等
第22条 地域医療支援病院は、前条第1項（第9号を除く。）に定めるもののほか、厚生労働省令の定めるところにより、次に掲げる施設を有し、かつ、記録を備えて置かなければならない。
一 集中治療室
二 診療に関する諸記録
三 病院の管理及び運営に関する諸記録
四 化学、細菌及び病理の検査施設
五 病理解剖室
六 研究室
七 講義室

八　図書室
　　九　その他厚生労働省令で定める施設
●特定機能病院の法定人員及び施設の基準等
第22条の2　特定機能病院は、第21条第1項（第1号及び第9号を除く。）に定めるもののほか、厚生労働省令の定めるところにより、次に掲げる人員及び施設を有し、かつ、記録を備えて置かなければならない。
　　一　厚生労働省令で定める員数の医師、歯科医師、薬剤師、看護師その他の従業者
　　二　集中治療室
　　三　診療に関する諸記録
　　四　病院の管理及び運営に関する諸記録
　　五　前条第4号から第8号までに掲げる施設
　　六　その他厚生労働省令で定める施設
●厚生労働省令への委任等
第23条　第21条から前条までに定めるもののほか、病院、診療所又は助産所の構造設備について、換気、採光、照明、防湿、保安、避難及び清潔その他衛生上遺憾のないように必要な基準は、厚生労働省令で定める。
2　前項の規定に基づく厚生労働省令の規定に違反した者については、政令で20万円以下の罰金の刑を科する旨の規定を設けることができる。
●業務の範囲
第42条　医療法人は、その開設する病院、診療所、介護老人保健施設又は介護医療院（当該医療法人が地方自治法第244条の2第3項に規定する指定管理者として管理する公の施設である病院、診療所、介護老人保健施設又は介護医療院（以下「指定管理者として管理する病院等」という。）を含む。）の業務に支障のない限り、定款又は寄附行為の定めるところにより、次に掲げる業務の全部又は一部を行うことができる。
　　一　医療関係者の養成又は再教育
　　二　医学又は歯学に関する研究所の設置
　　三　第39条第1項に規定する診療所以外の診療所の開設
　　四　疾病予防のために有酸素運動（継続的に酸素を摂取して全身持久力に関する生理機能の維持又は回復のために行う身体の運動をいう。次号において同じ。）を行わせる施設であつて、診療所が附置され、かつ、その職員、設備及び運営方法が厚生労働大臣の定める基準に適合するものの設置
　　五　疾病予防のために温泉を利用させる施設であつて、有酸素運動を行う場所を有し、かつ、その職員、設備及び運営方法が厚生労働大臣の定める基準に適合するものの設置
　　六　前各号に掲げるもののほか、保健衛生に関する業務
　　七　社会福祉法（昭和26年法律第45号）第2条第2項及び第3項に掲げる事業のうち厚生労働大臣が定めるものの実施
　　八　老人福祉法（昭和38年法律第133号）第29条第1項に規定する有料老人ホームの設置

医療法施行規則（抄）

（昭和23年11月5日　厚生省令第50号）

注　平成30年5月30日厚生労働省令第70号による改正現在

　　　　第1章の4　病院、診療所及び助産所の開設
●地域医療支援病院の有すべき施設の数
第6条の2　法第4条第1項第4号に規定する厚生労働省令で定める数は200とする。ただし、都道府県知事が、地域における医療の確保のために必要であると認めたときは、この限りでない。
●特定機能病院の有すべき診療科名
第6条の4　特定機能病院は、その診療科名中に内科、外科、精神科、小児科、皮膚科、泌尿器科、産婦人科又は産科及び婦人科、眼科、耳鼻咽喉科、放射線科及び救急科（令第3条の2第1項第1号ハ又はニ(2)の規定によりこれらの診療科名と組み合わせた名称を診療科名とする場合を除く。）、同号ハの規定による脳神経外科及び整形外科、歯科（同項第2号ロの規定により歯科と組み合わせた名称を診療科名とする場合を除く。第4項において同じ。）並びに法第6条の6第1項の規定による診療科名（同項の規定により厚生労働大臣の許可を受けた診療科名に限る。）を含むものとする。
●特定機能病院の有すべき施設の数
第6条の5　法第4条の2第1項第5号に規定する厚生労働省令で定める数は400とする。
　　　　第2章　病院、診療所及び助産所の管理
●受託する業務を適正に行う能力のある者の基準
第9条の9　法第15条の2の規定による医療機器又は医学的処置若しくは手術の用に供する衣類その他の繊維

製品の滅菌又は消毒（以下「滅菌消毒」という。）の業務を適正に行う能力のある者の基準は、次のとおりとする。ただし、クリーニング業法（昭和25年法律第207号）第3条第3項第5号の規定により行う医学的処置若しくは手術の用に供する衣類その他の繊維製品（以下「繊維製品」という。）の消毒のみを委託する場合にあつては、第13号に掲げる基準とする。

一　受託業務の責任者として、滅菌消毒の業務（以下「滅菌消毒業務」という。）に関し相当の経験を有する医師、歯科医師、薬剤師、看護師、歯科衛生士、臨床検査技師又は臨床工学技士を有すること。ただし、病院、診療所又は助産所の施設で滅菌消毒業務を行う場合は、滅菌消毒業務に関し相当の知識及び経験を有する者を受託業務の責任者とすることができる。

二　受託業務の指導及び助言を行う者として、滅菌消毒業務に関し相当の知識及び経験を有する医師等を選任していること。ただし、病院、診療所又は助産所の施設で滅菌消毒業務を行う場合は、この限りでない。

三　従事者として、滅菌消毒の処理に使用する機器の取扱いその他の受託業務を行うために必要な知識及び技能を有する者を有すること。

四　構造設備が安全かつ衛生的であること。

五　滅菌消毒作業室、繊維製品の洗濯包装作業室、滅菌又は消毒済みの医療機器又は繊維製品の保管室が区分されていること。

六　滅菌消毒作業室は、受託業務を適切に行うことができる十分な広さ及び構造を有すること。

七　滅菌消毒作業室の機器及び設備は、作業工程順に置かれていること。

八　滅菌消毒作業室の床及び内壁の材料は、不浸透性材料（コンクリート、タイル等汚水が浸透しないものをいう。）であること。

九　保管室は、室内の空気が直接外部及び他の区域からの空気により汚染されない構造であること。

十　次に掲げる機器及び装置又はこれらに代替する機能を有する機器及び装置を有すること。
　イ　高圧蒸気滅菌器
　ロ　エチレンオキシドガス滅菌器及び強制脱気装置
　ハ　超音波洗浄器
　ニ　ウォッシャーディスインフェクター装置（洗浄及び消毒を連続して行う装置をいう。）又はウォッシャーステリライザー装置（洗浄及び滅菌を連続して行う装置をいう。）

十一　汚水処理施設及び排水設備を有すること。ただし、共用の汚水処理施設を利用する場合は、この限りでない。

十二　運搬車並びに密閉性、防水性及び耐貫通性の運搬容器を有すること。ただし、病院、診療所又は助産所の施設で滅菌消毒業務を行う場合は、運搬車を有することを要しない。

十三　クリーニング業法第3条第3項第5号の規定により行う繊維製品の消毒を行う場合にあつては、当該業務を行う施設について、同法第5条第1項の規定により、都道府県知事にクリーニング所の開設の届出を行っていること。

十四　次に掲げる事項を記載した標準作業書を常備し、従事者に周知していること。
　イ　運搬
　ロ　滅菌消毒の処理の方法
　ハ　滅菌消毒の処理に使用する機器の保守点検
　ニ　滅菌消毒の処理に係る瑕疵があつた場合の責任の所在に関する事項

十五　次に掲げる事項を記載した業務案内書を常備していること。
　イ　取り扱う医療機器及び繊維製品の品目
　ロ　滅菌消毒の処理の方法
　ハ　滅菌の確認方法
　ニ　運搬方法
　ホ　所要日数
　ヘ　滅菌消毒を実施する施設の概要
　ト　業務の管理体制

十六　従事者に対して、適切な研修を実施していること。

2　前項の規定にかかわらず、病院、診療所又は助産所の施設で滅菌消毒業務を行う場合であつて、当該病院、診療所又は助産所が滅菌消毒業務を実施するために、適切な構造及び設備を有していると認められる場合は、同項第4号から第11号までの規定は適用しない。

第9条の10　法第15条の2の規定による病院における患者、妊婦、産婦又はじよく婦の食事の提供（以下「患者等給食」という。）の業務を適正に行う能力のある者の基準は、次のとおりとする。

六　病院の外部で食器の洗浄業務を行う場合にあつては、食器の消毒設備を有すること。

七　病院の外部で調理業務又は食器の洗浄業務を行う場合にあつては、運搬手段について衛生上適切な措置がなされていること。

第9条の11　法第15条の2の規定による患者、妊婦、産婦又はじよく婦の病院、診療所又は助産所相互間の搬送の業務及びその他の搬送の業務で重篤な患者につい

て医師又は歯科医師を同乗させて行うものを適正に行う能力のある者の基準は、次のとおりとする。
一　受託業務の責任者として、患者、妊婦、産婦又はじよく婦の搬送に関し相当の知識及び経験を有する者を有すること。
二　従事者として、受託業務を行うために必要な知識及び技能を有する者を有すること。
三　次に掲げる要件を満たす搬送用自動車を有すること。
　イ　ストレッチャー又は車椅子を確実に固定できること。
　ロ　自動車電話又は携帯電話を備えていること。
　ハ　医師を同乗させる場合にあつては、医療上の処置を行うために必要な広さを有すること。
　ニ　十分な緩衝装置を有すること。
　ホ　換気及び冷暖房の装置を備えていること。
四　次に掲げる資器材を有すること。
　イ　担架、枕、敷物、毛布、体温計、膿盆及び汚物入れ
　ロ　医師を同乗させる場合にあつては、聴診器、血圧計、心電計、手動又は自動人工呼吸器、酸素吸入器、吸引器及び点滴架設設備
五　次に掲げる事項を記載した標準作業書を常備し、従事者に周知していること。
　イ　搬送途上の患者の急変に対する応急手当の方法
　ロ　患者の観察要領
　ハ　主治医との連携
　ニ　搬送用自動車及び積載する資器材の滅菌又は消毒及び保守管理
六　次に掲げる事項を記載した業務案内書を常備していること。
　イ　利用料金
　ロ　搬送用自動車の構造及び積載する資器材
　ハ　業務の管理体制
七　従事者に対して、適切な研修を実施していること。

第9条の12　法第15条の2の規定による第9条の7に定める医療機器の保守点検の業務を適正に行う能力のある者の基準は、次のとおりとする。
一　受託業務の責任者として、相当の知識を有し、かつ、医療機器の保守点検業務に関し3年以上の経験を有する者を有すること。
二　従事者として、次に掲げる業務を行うために必要な知識及び技能を有する者を有すること。
　イ　保守点検
　ロ　高圧酸素その他の危険又は有害な物質を用いて診療を行うための医療機器の保守点検業務を受託する場合にあつては、当該危険又は有害な物質の交換及び配送
　ハ　医療機関との連絡
　ニ　病院、診療所又は助産所の外部で診療の用に供する医療機器の保守点検業務を受託する場合には、患者及び家族との連絡
三　次に掲げる事項を記載した標準作業書を常備し、従事者に周知していること。
　イ　保守点検の方法
　ロ　点検記録
四　次に掲げる事項を記載した業務案内書を常備していること。
　イ　保守点検の方法
　ロ　故障時の連絡先及び対応方法
　ハ　業務の管理体制
五　従事者に対して、適切な研修を実施していること。

第9条の13　法第15条の2の規定による医療の用に供するガスの供給設備の保守点検の業務を適正に行う能力のある者の基準は、次のとおりとする。
一　受託業務の責任者として、高圧ガス保安法（昭和26年法律第204号）の規定による販売主任者又は製造保安責任者の資格を有し、かつ、医療の用に供するガスの供給設備の保守点検業務に関し3年以上の経験を有する者を有すること。
二　従事者として、受託業務を行うために必要な知識を有する者を有すること。
三　圧力計（真空計を含む。）、気密試験用器具、流量計、酸素濃度計その他医療の用に供するガスの供給設備の保守点検に必要な資器材を有すること。
四　次に掲げる事項を記載した標準作業書を常備し、従事者に周知していること。
　イ　保守点検の方法
　ロ　点検記録
五　次に掲げる事項を記載した業務案内書を常備していること。
　イ　保守点検の方法
　ロ　業務の管理体制
六　従事者に対して、適切な研修を実施していること。

第9条の14　法第15条の2の規定による患者、妊婦、産婦又はじよく婦の寝具又はこれらの者に貸与する衣類（以下「寝具類」という。）の洗濯の業務を適正に行う能力のある者の基準は、次のとおりとする。ただし、診療所及び助産所における当該業務を委託する場合にあつては、第10号に該当する者であることとする。
一　受託業務を行うために必要な従事者を有すること。

二　洗濯施設は、隔壁等により外部及び居室、便所等の他の施設と区分されていること。
三　寝具類の受取場、洗濯場、仕上場及び引渡場は、洗濯物の処理及び衛生保持に必要な広さ及び構造を有し、かつ、それぞれが区分されていること。
四　洗濯施設は、採光、照明及び換気が十分に行える構造であること。
五　消毒、洗濯、脱水、乾燥、プレスのために必要な機械及び器具を有すること。
六　洗濯物の処理のために使用する消毒剤、洗剤、有機溶剤等を専用に保管する保管庫又は戸棚等を有すること。
七　仕上げの終わつた洗濯物の格納施設が清潔な場所に設けられていること。
八　寝具類の受取場及び引渡場は、取り扱う量に応じた適当な広さの受取台及び引渡台を備えていること。
九　寝具類の運搬手段について、衛生上適切な措置を講じていること。
十　受託業務を行う施設について、クリーニング業法第５条第１項の規定により、都道府県知事にクリーニング所の開設の届出を行つていること。
十一　次に掲げる事項を記載した標準作業書を常備し、従事者に周知していること。
　イ　運搬の方法
　ロ　医療機関から受け取つた洗濯物の処理の方法
　ハ　施設内の清潔保持の方法
十二　次に掲げる事項を記載した業務案内書を常備していること。
　イ　寝具類の洗濯の方法
　ロ　業務の管理体制
十三　従事者に対して、適切な研修を実施していること。

第９条の15　法第15条の２の規定による医師若しくは歯科医師の診療若しくは助産師の業務の用に供する施設又は患者の入院の用に供する施設の清掃の業務を適正に行う能力のある者の基準は、次のとおりとする。ただし、診療所又は助産所における当該業務を委託する場合にあつては、この限りではない。
三　真空掃除機（清潔区域（手術室、集中強化治療室その他の特に清潔を保持する必要のある場所をいう。）の清掃を行う場合にあつては、高性能エアフィルター付き真空掃除機又はこれに代替する機能を有する機器とする。）、床磨き機その他清掃用具一式を有すること。
四　次に掲げる事項を記載した標準作業書を常備し、従事者に周知していること。
　イ　区域ごとの作業方法
　ロ　清掃用具、消毒薬等の使用及び管理の方法
　ハ　感染の予防

第９条の15の２　法第16条の厚生労働省令で定める場合は、病院の入院患者の病状が急変した場合においても当該病院の医師が速やかに診療を行う体制が確保されているものとして当該病院の管理者があらかじめ当該病院の所在地の都道府県知事に認められた場合とする。

● **地域医療支援病院の管理者の行うべき事項**

第９条の16　地域医療支援病院の管理者は、次に掲げるところにより、法第16条の２第１項第１号から第６号に掲げる事項を行わなければならない。
一　次に掲げるところにより、共同利用を実施すること。
　イ　共同利用の円滑な実施のための体制を確保すること。
　ロ　共同利用に係る医師、歯科医師、薬剤師、看護師その他の医療従事者と協議の上、共同利用の対象となる当該病院の建物、設備、器械又は器具の範囲をあらかじめ定めること。
　ハ　共同利用の対象となる当該病院の建物、設備、器械又は器具の範囲その他の共同利用に関する情報を、当該地域の医師、歯科医師、薬剤師、看護師その他の医療従事者に対し提供すること。
　ニ　共同利用のための専用の病床を常に確保すること。
二　次に掲げるところにより、救急医療を提供すること。
　イ　重症の救急患者に対し医療を提供する体制を常に確保すること。
　ロ　他の病院、診療所等からの救急患者を円滑に受け入れる体制を確保すること。
三　地域の医療従事者の資質の向上を図るために、これらの者に対する生涯教育その他の研修を適切に行わせること。
四　診療並びに病院の管理及び運営に関する諸記録の管理に関する責任者及び担当者を定め、諸記録を適切に分類して管理すること。
五　診療並びに病院の管理及び運営に関する諸記録の閲覧に関する責任者、担当者及び閲覧の求めに応じる場所を定め、当該場所を見やすいよう掲示すること。
六　次に掲げるところにより、紹介患者に対し、医療を提供すること。

イ　その管理する病院における医療の提供は、原則として紹介患者に対するものであること。
　　ロ　必要な医療を提供した紹介患者に対し、その病状に応じて、当該紹介を行つた医療機関その他の適切な医療機関を紹介すること。

●特定機能病院の管理者の行うべき事項

第9条の20　特定機能病院の管理者は、次に掲げるところにより、法第16条の3第1項各号に掲げる事項を行わなければならない。

　一　次に掲げるところにより、高度の医療を提供すること。
　　イ　特定機能病院以外の病院では通常提供することが難しい診療の提供を行うこと。
　　ロ　臨床検査及び病理診断を適切に実施する体制を確保すること。
　　ハ　第1条の11第1項各号に掲げる体制を確保し、及び次条第1項第1号から第13号までに掲げる事項を行うこと。
　二　次条第1項第14号に規定する報告書を作成すること。
　二　次に掲げるところにより、高度の医療技術の開発及び評価を行うこと。
　　イ　特定機能病院以外の病院では通常提供することが難しい診療に係る技術の研究及び開発を行うこと。
　　ロ　医療技術の有効性及び安全性を適切に評価すること。

　　　第3章　病院、診療所及び助産所の構造設備

●病院、診療所の構造設備の基準

第16条　法第23条第1項の規定による病院又は診療所の構造設備の基準は、次のとおりとする。ただし、第9号及び第11号の規定は、患者を入院させるための施設を有しない診療所又は9人以下の患者を入院させるための施設を有する診療所（療養病床を有する診療所を除く。）には適用しない。

　一　診療の用に供する電気、光線、熱、蒸気又はガスに関する構造設備については、危害防止上必要な方法を講ずることとし、放射線に関する構造設備については、第4章に定めるところによること。
　二　病室は、地階又は第3階以上の階には設けないこと。ただし、第30条の12に規定する病室にあつては、地階に、主要構造部（建築基準法（昭和25年法律第201号）第2条第5号に規定する主要構造部をいう。以下同じ。）を耐火構造（建築基準法第2条第7号に規定する耐火構造をいう。以下同じ。）とする場合は、第3階以上に設けることができる。

　二の二　療養病床に係る1の病室の病床数は、**4床以下**とすること。
　三　病室の床面積は、次のとおりとすること。
　　イ　病院の病室及び診療所の療養病床に係る病室の床面積は、内法による測定で、患者1人につき**6.4平方メートル以上**とすること。
　　ロ　イ以外の病室の床面積は、内法による測定で、患者1人を入院させるものにあつては**6.3平方メートル以上**、患者2人以上を入院させるものにあつては患者1人につき**4.3平方メートル以上**とすること。
　四　小児だけを入院させる病室の床面積は、前号に規定する病室の床面積の3分の2以上とすることができること。ただし、1の病室の床面積は、**6.3平方メートル以下**であつてはならない。
　五　機械換気設備については、感染症病室、結核病室又は病理細菌検査室の空気が風道を通じて病院又は診療所の他の部分へ流入しないようにすること。
　六　精神病室の設備については、精神疾患の特性を踏まえた適切な医療の提供及び患者の保護のために必要な方法を講ずること。
　七　感染症病室及び結核病室には、病院又は診療所の他の部分及び外部に対して感染予防のためにしや断その他必要な方法を講ずること。
　八　第2階以上の階に病室を有するものにあつては、患者の使用する屋内の直通階段を2以上設けること。ただし、患者の使用するエレベーターが設置されているもの又は第2階以上の各階における病室の床面積の合計がそれぞれ50平方メートル（主要構造部が耐火構造であるか、又は不燃材料（建築基準法第2条第9号に規定する不燃材料をいう。以下同じ。）で造られている建築物にあつては100平方メートル）以下のものについては、患者の使用する屋内の直通階段を1とすることができる。
　九　前号に規定する直通階段の構造は、次の通りとすること。
　　イ　階段及び踊場の幅は、内法を1.2メートル以上とすること。
　　ロ　けあげは0.2メートル以下、踏面は0.24メートル以上とすること。
　　ハ　適当な手すりを設けること。
　十　第3階以上の階に病室を有するものにあつては、避難に支障がないように避難階段を2以上設けること。ただし、第8号に規定する直通階段のうちの1又は2を建築基準法施行令（昭和25年政令第338号）第123条第1項に規定する避難階段としての構造と

する場合は、その直通階段の数を避難階段の数に算入することができる。
十一　患者が使用する廊下の幅は、次のとおりとすること。
　　イ　精神病床及び療養病床に係る病室に隣接する廊下の幅は、内法による測定で、1.8メートル以上とすること。ただし、両側に居室がある廊下の幅は、内法による測定で、2.7メートル以上としなければならない。
　　ロ　イ以外の廊下（病院に係るものに限る。）の幅は、内法による測定で、1.8メートル以上とすること。ただし、両側に居室がある廊下（病院に係るものに限る。）の幅は、内法による測定で、2.1メートル以上としなければならない。
　　ハ　イ以外の廊下（診療所に係るものに限る。）の幅は、内法による測定で、1.2メートル以上とすること。ただし、両側に居室がある廊下（診療所に係るものに限る。）の幅は、内法による測定で、1.6メートル以上としなければならない。
十二　感染症病室又は結核病室を有する病院又は診療所には、病院にあつては第21条第１項第１号に規定する消毒施設のほかに必要な消毒設備を、診療所にあつては必要な消毒設備を設けること。
十三　歯科技工室には、防塵設備その他の必要な設備を設けること。
十四　調剤所の構造設備は次に従うこと。
　　イ　採光及び換気を十分にし、かつ、清潔を保つこと。
　　ロ　冷暗所を設けること。
　　ハ　感量10ミリグラムのてんびん及び500ミリグラムの上皿てんびんその他調剤に必要な器具を備えること。
十五　火気を使用する場所には、防火上必要な設備を設けること。
十六　消火用の機械又は器具を備えること。
２　前項に定めるもののほか、病院又は診療所の構造設備の基準については、建築基準法の規定に基づく政令の定めるところによる。

●病院の施設及び記録
第20条　法第21条第１項第２号から第６号まで、第８号、第９号及び第11号の規定による施設及び記録は、次の各号による。
一　各科専門の診察室については、１人の医師が同時に２以上の診療科の診療に当たる場合その他特別の事情がある場合には、同一の室を使用することができる。
二　手術室は、診療科名中に外科、整形外科、形成外科、美容外科、脳神経外科、呼吸器外科、心臓血管外科、小児外科、皮膚科、泌尿器科、産婦人科、産科、婦人科、眼科及び耳鼻いんこう科の１を有する病院又は歯科医業についての診療科名のみを診療科名とする病院においてはこれを有しなければならない。
三　手術室は、なるべく準備室を附設しじんあいの入らないようにし、その内壁全部を不浸透質のもので覆い、適当な暖房及び照明の設備を有し、清潔な手洗いの設備を附属して有しなければならない。
四　処置室は、なるべく診療科ごとにこれを設けることとする。ただし、場合により２以上の診療科についてこれを兼用し、又は診療室と兼用することができる。
五　臨床検査施設は、喀痰、血液、尿、ふん便等について通常行われる臨床検査のできるものでなければならない。
六　前号の規定にかかわらず、臨床検査施設は、法第15条の２の規定により検体検査の業務を委託する場合にあつては、当該検査に係る設備を設けないことができる。
七　エックス線装置は、内科、心療内科、リウマチ科、小児科、外科、整形外科、形成外科、美容外科、脳神経外科、呼吸器外科、心臓血管外科、小児外科、泌尿器科、リハビリテーション科及び放射線科の１を有する病院又は歯科医業についての診療科名のみを診療科名とする病院には、これを設けなければならない。
八　給食施設は入院患者のすべてに給食することのできる施設とし、調理室の床は耐水材料をもつて洗浄及び排水又は清掃に便利な構造とし、食器の消毒設備を設けなければならない。
九　前号の規定にかかわらず、給食施設は、法第15条の２の規定により調理業務又は洗浄業務を委託する場合にあつては、当該業務に係る設備を設けないことができる。
十　診療に関する諸記録は、過去２年間の病院日誌、各科診療日誌、処方せん、手術記録、看護記録、検査所見記録、エックス線写真、入院患者及び外来患者の数を明らかにする帳簿並びに入院診療計画書とする。
十一　療養病床を有する病院の１以上の機能訓練室は、内法による測定で40平方メートル以上の床面積を有し、必要な器械及び器具を備えなければならない。

●病院の施設基準
第21条 法第21条第3項の厚生労働省令で定める基準（病院の施設及びその構造設備に係るものに限る。）であつて、都道府県が条例を定めるに当たつて参酌すべきものは、次の各号に掲げる施設の区分に応じ、当該各号に定める構造設備を有することとする。
一 消毒施設及び洗濯施設（法第15条の2の規定により繊維製品の滅菌消毒の業務又は寝具類の洗濯の業務を委託する場合における当該業務に係る設備を除く。） 蒸気、ガス若しくは薬品を用い又はその他の方法により入院患者及び職員の被服、寝具等の消毒を行うことができるものでなければならないこと（消毒施設を有する病院に限る。）。
二 談話室（療養病床を有する病院に限る。） 療養病床の入院患者同士や入院患者とその家族が談話を楽しめる広さを有しなければならないこと。
三 食堂（療養病床を有する病院に限る。） 内法による測定で、療養病床の入院患者1人につき1平方メートル以上の広さを有しなければならないこと。
四 浴室（療養病床を有する病院に限る。） 身体の不自由な者が入浴するのに適したものでなければならないこと。

●療養病床を有する診療所の施設
第21条の3 法第21条第2項第2号に規定する機能訓練室は、機能訓練を行うために十分な広さを有し、必要な器械及び器具を備えなければならない。

●療養病床を有する診療所の施設基準
第21条の4 法第21条第3項の厚生労働省令で定める基準（療養病床を有する診療所の施設及びその構造設備に係るものに限る。）であつて、都道府県が条例を定めるに当たつて参酌すべきものについては、第21条第2号から第4号までの規定を準用する。

●地域医療支援病院の施設及び記録
第21条の5 法第22条第1号から第8号までの規定による施設及び記録は、次のとおりとする。
一 集中治療室、化学、細菌及び病理の検査施設並びに病理解剖室は、当該病院の実状に応じて適当な構造設備を有していなければならない。
二 診療に関する諸記録は、過去2年間の病院日誌、各科診療日誌、処方せん、手術記録、看護記録、検査所見記録、エックス線写真、紹介状、退院した患者に係る入院期間中の診療経過の要約及び入院診療計画書とする。
三 病院の管理及び運営に関する諸記録は、共同利用の実績、救急医療の提供の実績、地域の医療従事者の資質の向上を図るための研修の実績、閲覧実績並びに紹介患者に対する医療提供及び他の病院又は診療所に対する患者紹介の実績を明らかにする帳簿とする。

●地域医療支援病院の有すべき施設
第22条 法第22条第9号の規定による施設は、救急用又は患者輸送用自動車及び医薬品情報管理室（医薬品に関する情報の収集、分類、評価及び提供を行うための室をいう。第22条の4において同じ。）とする。

●特定機能病院の施設基準等
第22条の3 法第22条の2第2号から第4号までの規定による施設及び記録は、次のとおりとする。
一 集中治療室は、集中治療管理を行うにふさわしい広さを有し、人工呼吸装置その他の集中治療に必要な機器を備えていなければならない。
二 診療に関する諸記録は、過去2年間の病院日誌、各科診療日誌、処方せん、手術記録、看護記録、検査所見記録、エックス線写真、紹介状、退院した患者に係る入院期間中の診療経過の要約及び入院診療計画書とする。
三 病院の管理及び運営に関する諸記録は、過去2年間の従業者数を明らかにする帳簿、高度の医療の提供の実績、高度の医療技術の開発及び評価の実績、高度の医療の研修の実績、閲覧実績、紹介患者に対する医療提供及び他の病院又は診療所に対する患者紹介の実績、入院患者、外来患者及び調剤の数並びに第9条の20の2第1項第1号から第13号まで及び第15条の4各号に掲げる事項の状況、第1条の11第1項に規定する体制の確保及び同条第2項に規定する措置の状況を明らかにする帳簿とする。
第22条の4 法第22条の2第6号の規定による施設は、無菌状態の維持された病室及び医薬品情報管理室とする。

第4章 診療用放射線の防護
第2節 エツクス線装置等の防護

●診療用高エネルギー放射線発生装置の防護
第30条の2 診療用高エネルギー放射線発生装置は、次に掲げる障害防止の方法を講じたものでなければならない。
一 発生管の容器は、利用線錐（すい）以外の放射線量が利用線錐（すい）の放射線量の1000分の1以下になるようにしやへいすること。
二 照射終了直後の不必要な放射線からの被ばくを低減するための適切な防護措置を講ずること。
三 放射線発生時にその旨を自動的に表示する装置を付すること。
四 診療用高エネルギー放射線発生装置使用室の出入

口が開放されているときは、放射線の発生を遮断するインターロックを設けること。

● 診療用粒子線照射装置の防護

第30条の2の2　前条の規定は、診療用粒子線照射装置について準用する。この場合において、同条第1号中「発生管」とあるのは「照射管」と、同条第3号中「発生時」とあるのは「照射時」と、同条第4号中「診療用高エネルギー放射線発生装置使用室」とあるのは「診療用粒子線照射装置使用室」と、「発生を」とあるのは「照射を」と読み替えるものとする。

第3節　エツクス線診療室等の構造設備

● エツクス線診療室

第30条の4　エツクス線診療室の構造設備の基準は、次のとおりとする。

一　天井、床及び周囲の画壁（以下「画壁等」という。）は、その外側における実効線量が1週間につき1ミリシーベルト以下になるようにしやへいすることができるものとすること。ただし、その外側が、人が通行し、又は停在することのない場所である画壁等については、この限りでない。

二　エツクス線診療室の室内には、エツクス線装置を操作する場所を設けないこと。ただし、第30条第4項第3号に規定する箱状のしやへい物を設けたとき、又は近接透視撮影を行うとき、若しくは乳房撮影を行う等の場合であつて必要な防護物を設けたときは、この限りでない。

三　エツクス線診療室である旨を示す標識を付すること。

● 診療用高エネルギー放射線発生装置使用室

第30条の5　診療用高エネルギー放射線発生装置使用室の構造設備の基準は、次のとおりとする。

一　画壁等は、その外側における実効線量が1週間につき1ミリシーベルト以下になるようにしやへいすることができるものとすること。ただし、その外側が、人が通行し、又は停在することのない場所である画壁等については、この限りでない。

二　人が常時出入する出入口は、1箇所とし、当該出入口には、放射線発生時に自動的にその旨を表示する装置を設けること。

三　診療用高エネルギー放射線発生装置使用室である旨を示す標識を付すること。

● 診療用粒子線照射装置使用室

第30条の5の2　前条の規定は、診療用粒子線照射装置使用室について準用する。この場合において、同条第2号中「発生時」とあるのは、「照射時」と読み替えるものとする。

● 診療用放射線照射装置使用室

第30条の6　診療用放射線照射装置使用室の構造設備の基準は、次のとおりとする。

一　主要構造部等（主要構造部並びにその場所を区画する壁及び柱をいう。以下同じ。）は、耐火構造又は不燃材料を用いた構造とすること。

二　画壁等は、その外側における実効線量が1週間につき1ミリシーベルト以下になるようにしやへいすることができるものとすること。ただし、その外側が、人が通行し、又は停在することのない場所である画壁等については、この限りでない。

三　人が常時出入する出入口は、1箇所とし、当該出入口には、放射線発生時に自動的にその旨を表示する装置を設けること。

四　診療用放射線照射装置使用室である旨を示す標識を付すること。

● 診療用放射線照射器具使用室

第30条の7　診療用放射線照射器具使用室の構造設備の基準は、次のとおりとする。

一　画壁等は、その外側における実効線量が1週間につき1ミリシーベルト以下になるようにしやへいすることができるものとすること。ただし、その外側が、人が通行し、又は停在することのない場所である画壁等については、この限りでない。

二　人が常時出入する出入口は、1箇所とすること。

三　診療用放射線照射器具使用室である旨を示す標識を付すること。

● 放射性同位元素装備診療機器使用室

第30条の7の2　放射性同位元素装備診療機器使用室の構造設備の基準は、次のとおりとする。

一　主要構造部等は、耐火構造又は不燃材料を用いた構造とすること。

二　扉等外部に通ずる部分には、かぎその他閉鎖のための設備又は器具を設けること。

三　放射性同位元素装備診療機器使用室である旨を示す標識を付すること。

四　間仕切りを設けることその他の適切な放射線障害の防止に関する予防措置を講ずること。

● 診療用放射性同位元素使用室

第30条の8　診療用放射性同位元素使用室の構造設備の基準は、次のとおりとする。

一　主要構造部等は、耐火構造又は不燃材料を用いた構造とすること。

二　診療用放射性同位元素の調剤等を行う室（以下「準備室」という。）とこれを用いて診療を行う室とに区画すること。

三　画壁等は、その外側における実効線量が１週間につき１ミリシーベルト以下になるようにしやへいすることができるものとすること。ただし、その外側が、人が通行し、又は停在することのない場所である画壁等については、この限りでない。

四　人が常時出入する出入口は、１箇所とすること。

五　診療用放射性同位元素使用室である旨を示す標識を付すること。

六　内部の壁、床その他放射性同位元素によつて汚染されるおそれのある部分は、突起物、くぼみ及び仕上材の目地等のすきまの少ないものとすること。

七　内部の壁、床その他放射性同位元素によつて汚染されるおそれのある部分の表面は、平滑であり、気体又は液体が浸透しにくく、かつ、腐食しにくい材料で仕上げること。

八　出入口の付近に放射性同位元素による汚染の検査に必要な放射線測定器、放射性同位元素による汚染の除去に必要な器材及び洗浄設備並びに更衣設備を設けること。

九　準備室には、洗浄設備を設けること。

十　前２号に規定する洗浄設備は、第30条の11第１項第２号の規定により設ける排水設備に連結すること。

十一　準備室に気体状の放射性同位元素又は放射性同位元素によつて汚染された物のひろがりを防止するフード、グローブボックス等の装置が設けられているときは、その装置は、第30条の11第１項第３号の規定により設ける排気設備に連結すること。

●陽電子断層撮影診療用放射性同位元素使用室

第30条の８の２　陽電子断層撮影診療用放射性同位元素使用室の構造設備の基準は、次のとおりとする。

一　主要構造部等は、耐火構造又は不燃材料を用いた構造とすること。

二　陽電子断層撮影診療用放射性同位元素の調剤等を行う室（以下「陽電子準備室」という。）、これを用いて診療を行う室及び陽電子断層撮影診療用放射性同位元素が投与された患者等が待機する室に区画すること。

三　画壁等は、その外側における実効線量が１週間につき１ミリシーベルト以下になるようにしやへいすることができるものとすること。ただし、その外側が、人が通行し、又は停在することのない場所である画壁等については、この限りでない。

四　人が常時出入する出入口は、１箇所とすること。

五　陽電子断層撮影診療用放射性同位元素使用室である旨を示す標識を付すること。

六　陽電子断層撮影診療用放射性同位元素使用室の室内には、陽電子放射断層撮影装置を操作する場所を設けないこと。

七　内部の壁、床その他放射性同位元素によつて汚染されるおそれのある部分は、突起物、くぼみ及び仕上材の目地等のすきまの少ないものとすること。

八　内部の壁、床その他放射性同位元素によつて汚染されるおそれのある部分の表面は、平滑であり、気体又は液体が浸透しにくく、かつ、腐食しにくい材料で仕上げること。

九　出入口の付近に放射性同位元素による汚染の検査に必要な放射線測定器、放射性同位元素による汚染の除去に必要な器材及び洗浄設備並びに更衣設備を設けること。

十　陽電子準備室には、洗浄設備を設けること。

十一　前２号に規定する洗浄設備は、第30条の11第１項第２号の規定により設ける排水設備に連結すること。

十二　陽電子準備室に気体状の放射性同位元素又は放射性同位元素によつて汚染された物のひろがりを防止するフード、グローブボックス等の装置が設けられているときは、その装置は、第30条の11第１項第３号の規定により設ける排気設備に連結すること。

●貯蔵施設

第30条の９　診療用放射線照射装置、診療用放射線照射器具、診療用放射性同位元素又は陽電子断層撮影診療用放射性同位元素を貯蔵する施設（以下「貯蔵施設」という。）の構造設備の基準は、次のとおりとする。

一　貯蔵室、貯蔵箱等外部と区画された構造のものとすること。

二　貯蔵施設の外側における実効線量が１週間につき１ミリシーベルト以下になるようにしやへいすることができるものとすること。ただし、貯蔵施設の外側が、人が通行し、又は停在することのない場所である場合は、この限りでない。

三　貯蔵室は、その主要構造部等を耐火構造とし、その開口部には、建築基準法施行令第112条第１項に規定する特定防火設備に該当する防火戸を設けること。ただし、診療用放射線照射装置又は診療用放射線照射器具を耐火性の構造の容器に入れて貯蔵する場合は、この限りでない。

四　貯蔵箱等は、耐火性の構造とすること。ただし、診療用放射線照射装置又は診療用放射線照射器具を耐火性の構造の容器に入れて貯蔵する場合は、この限りでない。

五　人が常時出入する出入口は、１箇所とすること。

六　扉、ふた等外部に通ずる部分には、かぎその他閉鎖のための設備又は器具を設けること。

七　貯蔵施設である旨を示す標識を付すること。

八　貯蔵施設には、次に定めるところに適合する貯蔵容器を備えること。ただし、扉、ふた等を開放した場合において１メートルの距離における実効線量率が100マイクロシーベルト毎時以下になるようにしやへいされている貯蔵箱等に診療用放射線照射装置又は診療用放射線照射器具を貯蔵する場合は、この限りでない。

　イ　貯蔵時において１メートルの距離における実効線量が100マイクロシーベルト毎時以下になるようにしやへいすることができるものとすること。

　ロ　容器の外における空気を汚染するおそれのある診療用放射性同位元素又は陽電子断層撮影診療用放射性同位元素を入れる貯蔵容器は、気密な構造とすること。

　ハ　液体状の診療用放射性同位元素又は陽電子断層撮影診療用放射性同位元素を入れる貯蔵容器は、こぼれにくい構造であり、かつ、液体が浸透しにくい材料を用いること。

　ニ　貯蔵容器である旨を示す標識を付し、かつ、貯蔵する診療用放射線照射装置若しくは診療用放射線照射器具に装備する放射性同位元素又は貯蔵する診療用放射性同位元素若しくは陽電子断層撮影診療用放射性同位元素の種類及びベクレル単位をもつて表した数量を表示すること。

九　受皿、吸収材その他放射性同位元素による汚染のひろがりを防止するための設備又は器具を設けること。

● 運搬容器

第30条の10　診療用放射線照射装置、診療用放射線照射器具、診療用放射性同位元素又は陽電子断層撮影診療用放射性同位元素を運搬する容器（以下「運搬容器」という。）の構造の基準については、前条第８号イからニまでの規定を準用する。

● 廃棄施設

第30条の11　診療用放射性同位元素、陽電子断層撮影診療用放射性同位元素又は放射性同位元素によつて汚染された物（以下「医療用放射性汚染物」という。）を廃棄する施設（以下「廃棄施設」という。）の構造設備の基準は、次のとおりとする。

一　廃棄施設の外側における実効線量が１週間につき１ミリシーベルト以下になるようにしやへいすることができるものとすること。ただし、廃棄施設の外側が、人が通行し、又は停在することのない場所である場合は、この限りでない。

二　液体状の医療用放射性汚染物を排水し、又は浄化する場合には、次に定めるところにより、排水設備（排水管、排液処理槽その他液体状の医療用放射性汚染物を排水し、又は浄化する一連の設備をいう。以下同じ。）を設けること。

　イ　排水口における排液中の放射性同位元素の濃度を第30条の26第１項に定める濃度限度以下とする能力又は排水監視設備を設けて排水中の放射性同位元素の濃度を監視することにより、病院又は診療所の境界（病院又は診療所の境界に隣接する区域に人がみだりに立ち入らないような措置を講じた場合には、その区域の境界とする。以下同じ。）における排水中の放射性同位元素の濃度を第30条の26第１項に定める濃度限度以下とする能力を有するものであること。

　ロ　排液の漏れにくい構造とし、排液が浸透しにくく、かつ、腐食しにくい材料を用いること。

　ハ　排液処理槽は、排液を採取することができる構造又は排液中における放射性同位元素の濃度が測定できる構造とし、かつ、排液の流出を調節する装置を設けること。

　ニ　排液処理槽の上部の開口部は、ふたのできる構造とするか、又はさくその他の周囲に人がみだりに立ち入らないようにするための設備（以下「さく等」という。）を設けること。

　ホ　排水管及び排液処理槽には、排水設備である旨を示す標識を付すること。

三　気体状の医療用放射性汚染物を排気し、又は浄化する場合には、次に定めるところにより、排気設備（排風機、排気浄化装置、排気管、排気口等気体状の医療用放射性汚染物を排気し、又は浄化する一連の設備をいう。以下同じ。）を設けること。ただし、作業の性質上排気設備を設けることが著しく困難である場合であつて、気体状の放射性同位元素を発生し、又は放射性同位元素によつて空気を汚染するおそれのないときは、この限りでない。

　イ　排気口における排気中の放射性同位元素の濃度を第30条の26第１項に定める濃度限度以下とする能力又は排気監視設備を設けて排気中の放射性同位元素の濃度を監視することにより、病院又は診療所の境界の外の空気中の放射性同位元素の濃度を第30条の26第１項に定める濃度限度以下とする能力を有するものであること。

　ロ　人が常時立ち入る場所における空気中の放射性同位元素の濃度を第30条の26第２項に定める濃度

限度以下とする能力を有するものとすること。
　　ハ　気体の漏れにくい構造とし、腐食しにくい材料を用いること。
　　ニ　故障が生じた場合において放射性同位元素によつて汚染された物の広がりを急速に防止することができる装置を設けること。
　　ホ　排気浄化装置、排気管及び排気口には、排気設備である旨を示す標識を付すること。
　四　医療用放射性汚染物を焼却する場合には、次に掲げる設備を設けること。
　　イ　次に掲げる要件を満たす焼却炉
　　　⑴　気体が漏れにくく、かつ、灰が飛散しにくい構造であること。
　　　⑵　排気設備に連結された構造であること。
　　　⑶　当該焼却炉の焼却残さの搬出口が廃棄作業室（医療用放射性汚染物を焼却したのちその残さを焼却炉から搬出し、又はコンクリートその他の固型化材料により固型化（固型化するための処理を含む。）する作業を行う室をいう。以下この号において同じ。）に連結していること。
　　ロ　次に掲げる要件を満たす廃棄作業室
　　　⑴　当該廃棄作業室の内部の壁、床その他放射性同位元素によつて汚染されるおそれのある部分が突起物、くぼみ及び仕上材の目地等のすきまの少ない構造であること。
　　　⑵　当該廃棄作業室の内部の壁、床その他放射性同位元素によつて汚染されるおそれのある部分の表面が平滑であり、気体又は液体が浸透しにくく、かつ、腐食しにくい材料で仕上げられていること。
　　　⑶　当該廃棄作業室に気体状の医療用放射性汚染物の広がりを防止するフード、グローブボックス等の装置が設けられているときは、その装置が排気設備に連結していること。
　　　⑷　廃棄作業室である旨を示す標識が付されていること。
　　ハ　次に掲げる要件を満たす汚染検査室（人体又は作業衣、履物、保護具等人体に着用している物の表面の放射性同位元素による汚染の検査を行う室をいう。）
　　　⑴　人が通常出入りする廃棄施設の出入口の付近等放射性同位元素による汚染の検査を行うのに最も適した場所に設けられていること。
　　　⑵　当該汚染検査室の内部の壁、床その他放射性同位元素によつて汚染されるおそれのある部分がロの⑴及び⑵に掲げる要件を満たしていること。
　　　⑶　洗浄設備及び更衣設備が設けられ、汚染の検査のための放射線測定器及び汚染の除去に必要な器材が備えられていること。
　　　⑷　⑶の洗浄設備の排水管が排水設備に連結していること。
　　　⑸　汚染検査室である旨を示す標識が付されていること。
　五　医療用放射性汚染物を保管廃棄する場合（次号に規定する場合を除く。）には、次に定めるところにより、保管廃棄設備を設けること。
　　イ　外部と区画された構造とすること。
　　ロ　保管廃棄設備の扉、ふた等外部に通ずる部分には、かぎその他閉鎖のための設備又は器具を設けること。
　　ハ　保管廃棄設備には、第30条の9第8号ロ及びハに定めるところにより、耐火性の構造である容器を備え、当該容器の表面に保管廃棄容器である旨を示す標識を付すること。
　　ニ　保管廃棄設備である旨を示す標識を付すること。
　六　陽電子断層撮影診療用放射性同位元素（厚生労働大臣の定める種類ごとにその1日最大使用数量が厚生労働大臣の定める数量以下であるものに限る。以下この号において同じ。）又は陽電子断層撮影診療用放射性同位元素によつて汚染された物を保管廃棄する場合には、陽電子断層撮影診療用放射性同位元素又は陽電子断層撮影診療用放射性同位元素によつて汚染された物以外の物が混入し、又は付着しないように封及び表示をし、当該陽電子断層撮影診療用放射性同位元素の原子の数が1を下回ることが確実な期間として厚生労働大臣が定める期間を超えて管理区域内において行うこと。
2　前項第2号イ又は第3号イに規定する能力を有する排水設備又は排気設備を設けることが著しく困難な場合において、病院又は診療所の境界の外における実効線量を1年間につき1ミリシーベルト以下とする能力を排水設備又は排気設備が有することにつき厚生労働大臣の承認を受けた場合においては、同項第2号イ又は第3号イの規定は適用しない。この場合において、排水口若しくは排水監視設備のある場所において排水中の放射性同位元素の数量及び濃度を監視し、又は排気口若しくは排気監視設備のある場所において排気中の放射性同位元素の数量及び濃度を監視することにより、病院又は診療所の境界の外における実効線量を1年間につき1ミリシーベルト以下としなければならな

い。
3　前項の承認を受けた排水設備又は排気設備がその能力を有すると認められなくなつたときは、厚生労働大臣は当該承認を取り消すことができる。
4　第1項第6号の規定により保管廃棄する陽電子断層撮影診療用放射性同位元素又は陽電子断層撮影診療用放射性同位元素によつて汚染された物については、同号の厚生労働大臣が定める期間を経過した後は、陽電子断層撮影診療用放射性同位元素又は放射性同位元素によつて汚染された物ではないものとする。

●放射線治療病室
第30条の12　診療用放射線照射装置、診療用放射線照射器具、診療用放射性同位元素又は陽電子断層撮影診療用放射性同位元素により治療を受けている患者を入院させる病室（以下「放射線治療病室」という。）の構造設備の基準は、次のとおりとする。
一　画壁等の外側の実効線量が1週間につき1ミリシーベルト以下になるように画壁等その他必要なしやへい物を設けること。ただし、その外側が、人が通行し、若しくは停在することのない場所であるか又は放射線治療病室である画壁等については、この限りでない。
二　放射線治療病室である旨を示す標識を付すること。
三　第30条の8第6号から第8号までに定めるところに適合すること。ただし、第30条の8第8号の規定は、診療用放射線照射装置又は診療用放射線照射器具により治療を受けている患者のみを入院させる放射線治療病室については、適用しない。

　　　第7章　雑則
●特例
第43条の2　医学を履修する課程を置く大学に附属する病院（特定機能病院及び精神病床のみを有する病院を除く。）又は100人以上の患者を入院させるための施設を有し、その診療科名中に内科、外科、産婦人科、眼科及び耳鼻いんこう科（令第3条の2第1項第1号ハ又はニ(2)の規定によりこれらの診療科名と組み合わせた名称を診療科名とする場合を除く。）を含む病院（特定機能病院を除く。）であつて、精神病床を有するものについては、第16条第1項第11号イ中「2.7メートル」とあるのは「2.1メートル」と、第19条第1項第1号及び第2項第1号中「精神病床及び療養病床」とあるのは「療養病床」と、同条第2項第2号中「精神病床及び結核病床」とあるのは「結核病床」と、「感染症病床及び一般病床」とあるのは「結核病床及び療養病床以外の病床」と読み替えるものとする。

医療法の一部を改正する法律の一部の施行について（抄）

（平成5年2月15日　健政発第98号　厚生省健康政策局長通知）

注　平成30年5月30日医政発0530第1号改正現在

第2　療養型病床群に関する事項
　5　構造設備等
　　(6)　療養型病床群の廊下には適当な手摺りを両側に設けることが望ましいが、その際には、手摺りは廊下の幅に含めて差し支えないものであること。
第3　業務委託に関する事項
　2　検体検査の業務（新省令第9条の8関係）
　　イ　構造・設備に関する事項
　　　(ア)　血清分離のみを請負う受託者にあっては、電気冷蔵庫、電気冷凍庫及び遠心器を有すれば足りるものであること。
　　　　なお、施設の賃貸借については、検体検査業務を委託する病院又は診療所の開設者と受託者の契約により明確にするものとし、当該病院又は診療所の検査用機械器具を使用する場合は、当該機械器具の賃貸借についても、契約により明確にすること。
　　　(イ)　微生物学的検査のうち、病原体遺伝子検査の検査用機械器具は、当該検査の前処理の工程まで専用とされていれば差し支えないものであること。
　3　医療機器等の滅菌消毒の業務（新省令第9条の9関係）
　　(3)　構造・設備に関する事項
　　　ア　エチレンオキシドガスボンベを有する場合にあっては、当該ボンベは、滅菌消毒作業室の外であって、エチレンオキシドガス滅菌器に近接した場所に配置されていること。
　　　イ　新省令第9条の9第10号イ、ロ及びニに掲げる滅菌の処理に使用する機器及び装置は、滅菌

処理が行われる医療機器等を搬入する扉と滅菌処理が行われた医療機器等を搬出する扉を有する両扉方式であることが望ましいこと。
4 患者等の食事の提供の業務(新省令第9条の10関係)
(3) 施設、設備及び食器に関する事項
ア 施設、設備及び食器の衛生管理
患者等給食に係る施設、設備及び食器については、病院内の給食施設及び病院外の調理加工施設いずれにおいても、HACCPの概念に基づく適切な衛生管理が行われ、衛生状態が常に良好に保たれている必要があること。
イ 必要な給食施設
病院内の給食施設において調理のすべてを行う必要はないが、病院外の調理加工施設を使用して調理を行う場合であっても、加熱等の病院内での調理作業は残ると考えられるので、病院内の給食施設のすべてが不要となることはないと考えられること。
ウ 病院と老人保健施設等とを併設する場合における病院の給食施設
病院と老人保健施設等とを併設する場合(同一敷地内にある場合又は公道を挟んで隣接している場合をいう。)においては、併設施設の給食施設を病院の給食施設として共用することが認められること。
ただし、病院又は老人保健施設等のそれぞれの患者又は入所者等への食事の提供に支障を来すことがないよう十分に配慮されていなければならないこと。また、食事の運搬については、衛生管理に特段の留意が図られていること。
エ 食器の清潔保持
食事を盛り付ける食器は洗浄後に消毒されたものを用いること。また、食器は食事の提供に支障を生じることがないよう必要数を備えていること。なお、食器を運搬する場合には、食器が細菌等に汚染されることがないよう専用の保管庫又は保管容器を用いること。
8 患者等の寝具類の洗濯の業務(新省令第9条の14関係)
(2) 構造・設備に関する事項
新省令第9条の14第2号から第9号までの規定によるほか、次によるものとすること。
ア 洗濯施設は、原則として病院洗濯物のみを取り扱う専門施設とすること。
なお、他の洗濯物も併せて取り扱う場合にあっては、病院洗濯物に係る各施設(受取場、洗濯場(選別場、消毒場、洗い場、乾燥場等)、仕上場及び引渡場)が病院洗濯物専用のものであり、また、隔壁等により他の洗濯物に係る各施設と区分されていること。
イ 洗濯場の床及び腰張りは、コンクリート、タイル等の不浸透性材料を使用し、清掃が容易に行える構造であること。
ウ 水洗いによる洗濯物の処理を行う洗濯施設の床面は、容易に排水ができるよう適当なこう配を有し、排水口が設けられていること。
エ 有機溶剤を使用しての洗濯物の処理を行う洗濯施設には、局所排気装置等の換気設備を適正な位置に設けるなど有機溶剤使用に伴い生じる悪臭等による周辺への影響について十分配慮すること。
オ 寝具類を運搬する車には、未洗濯物と仕上げの終わった物を区分して入れるそれぞれ専用の容器等が備えられていること。
カ 洗濯施設には、汚染のおそれのない場所に仕上げの終わった寝具類の格納設備が設けられていること。

医療法等の一部を改正する法律等の施行について(抄)

(平成13年2月22日 医政発第125号 厚生労働省医政局長通知)
注 平成14年4月1日医政発第0401012号改正現在

第6 必置施設の緩和
1 病院が有しなければならないこととされている施設について、外部委託の進展等により一律の義務付けの必要性が薄れてきた施設について、①から④までのとおり緩和等を行うこと。
① これまで法律において設置の義務付けがなされていた消毒施設及び洗濯施設について、新たに厚生労働省令で設置を義務付けるとともに、繊維製

品の滅菌の業務又は寝具類の洗濯の業務を委託する場合にあっては、当該業務に係る設備を設けないことができることとすること。(新省令第21条)
② 臨床検査施設について、検体検査の業務を委託する場合にあっては、当該検査に係る施設を設けないことができることとするが、検体検査の業務を外部委託する場合であっても、休日・夜間や救急時の体制が確保されていること。なお、生理学的検査を行う場所は原則として病院又は診療所等医業の行なわれる場所に限定されるものであること。(新省令第20条第6号)
③ 給食施設について、調理業務又は洗浄業務を委託する場合にあっては、当該業務に係る施設を設けないことができることとすること。しかしながら、再加熱等の作業に必要な設備については設けなければならないこと。(新省令第20条第9号)
④ 給水施設、暖房施設及び汚物処理施設に関する規定については、医療環境の変化に伴い、厚生労働省令においてあえて規定する必要性が薄れてきたために削除するものであること。
2 療養病床を有する診療所が有しなければならないこととされている施設のうち、暖房施設について、規制を廃止すること。
3 なお、前記の委託の実施に当たって、病院、診療所等の業務委託に関する関連通知を遵守するとともに、医療の提供に支障をきたさないよう、その運用に遺憾なきを期されたい。

基本診療料の施設基準等(抄)

注 平成30年3月5日厚生労働省告示第44号改正現在

(平成20年3月5日 厚生労働省告示第62号)

第8 入院基本料等加算の施設基準等
7 診療録管理体制加算の施設基準
(1) 診療録管理体制加算1
イ 患者に対し診療情報の提供が現に行われていること。
ロ 診療記録の全てが保管及び管理されていること。
ハ 診療記録管理を行うにつき十分な体制が整備されていること。
ニ 中央病歴管理室等、診療記録管理を行うにつき適切な施設及び設備を有していること。
ホ 入院患者について疾病統計及び退院時要約が適切に作成されていること。
(2) 診療録管理体制加算2
イ (1)のイ、ロ及びニを満たすものであること。
ロ 診療記録管理を行うにつき必要な体制が整備されていること。
ハ 入院患者について疾病統計及び退院時要約が作成されていること。
19 重症者等療養環境特別加算の施設基準
(1) 常時監視を要し、随時適切な看護及び介助を必要とする重症者等の看護を行うにつき十分な看護師等が配置されていること。
(2) 個室又は2人部屋の病床であって、療養上の必要から当該重症者等を入院させるのに適したものであること。
20 療養病棟療養環境加算の施設基準
(1) 療養病棟療養環境加算1の施設基準
イ 長期にわたる療養を行うにつき十分な構造設備を有していること。
ロ 長期にわたる療養を行うにつき必要な器械・器具が具備されている機能訓練室を有していること。
ハ ロに掲げる機能訓練室のほか、十分な施設を有していること。
(2) 療養病棟療養環境加算2の施設基準
イ 長期にわたる療養を行うにつき十分な構造設備を有していること。
ロ 長期にわたる療養を行うにつき必要な器械・器具が具備されている機能訓練室を有していること。
ハ ロに掲げる機能訓練室のほか、適切な施設を有していること。
20の2 療養病棟療養環境改善加算の施設基準
(1) 療養病棟療養環境改善加算1の施設基準
イ 長期にわたる療養を行うにつき適切な構造設備を有していること。
ロ 長期にわたる療養を行うにつき必要な器械・

　　　　器具が具備されている機能訓練室を有していること。
　　ハ　ロに掲げる機能訓練室のほか、適切な施設を有していること。
　　ニ　医療法施行規則第19条第１項第１号並びに第２項第２号及び第３号に定める医師及び看護師等の員数以上の員数が配置されていること。
　　ホ　療養環境の改善に係る計画を策定し、定期的に、改善の状況を地方厚生局長等に報告していること。
　(2)　療養病棟療養環境改善加算２の施設基準
　　イ　長期にわたる療養を行うにつき適切な構造設備を有していること。
　　ロ　機能訓練室のほか、適切な施設を有していること。
　　ハ　医療法施行規則第19条第１項第１号並びに第２項第２号及び第３号に定める医師及び看護師等の員数以上の員数が配置されていること。
　　ニ　療養環境の改善に係る計画を策定し、定期的に、改善の状況を地方厚生局長等に報告していること。
21　診療所療養病床療養環境加算の施設基準
　(1)　長期にわたる療養を行うにつき十分な構造設備を有していること。
　(2)　機能訓練室のほか、適切な施設を有していること。
21の３　無菌治療室管理加算の施設基準
　(1)　無菌治療室管理加算１の施設基準
　　　室内を無菌の状態に保つために十分な体制が整備されていること。
　(2)　無菌治療室管理加算２の施設基準
　　　室内を無菌の状態に保つために適切な体制が整備されていること。
35の４　病棟薬剤業務実施加算の施設基準
　(1)　病棟薬剤業務実施加算１の施設基準
　　ハ　医薬品情報の収集及び伝達を行うための専用施設を有すること。
第９　特定入院料の施設基準等
　２　救命救急入院料の施設基準
　(1)　救命救急入院料の注１に規定する入院基本料の施設基準
　　イ　救命救急入院料１の施設基準
　　　①　都道府県が定める救急医療に関する計画に基づいて運営される救命救急センターを有している病院の一般病棟の治療室を単位として行うものであること。
　　　②　当該治療室内に重篤な救急患者に対する医療を行うにつき必要な医師が常時配置されていること。
　　　③　当該治療室における看護師の数は、常時、当該治療室の入院患者の数が４又はその端数を増すごとに１以上であること。
　　　④　重篤な救急患者に対する医療を行うにつき十分な専用施設を有していること。
　　ロ　救命救急入院料２の施設基準
　　　次のいずれにも該当するものであること。
　　　①　イの①から④までを満たすものであること。
　　　②　次のいずれかに該当すること。
　　　　１　３の(1)のイを満たすものであること。
　　　　２　３の(1)のハを満たすものであること。
　　ハ　救命救急入院料３の施設基準
　　　次のいずれにも該当するものであること。
　　　①　イを満たすものであること。
　　　②　広範囲熱傷特定集中治療を行うにつき十分な体制が整備されていること。
　　ニ　救命救急入院料４の施設基準
　　　次のいずれにも該当するものであること。
　　　①　ロを満たすものであること。
　　　②　広範囲熱傷特定集中治療を行うにつき十分な体制が整備されていること。
　(2)　救命救急入院料の注１に規定する厚生労働大臣が定める区分
　　イ　救命救急入院料
　　　広範囲熱傷特定集中治療管理が必要な患者以外の患者
　　ロ　広範囲熱傷特定集中治療管理料
　　　広範囲熱傷特定集中治療管理が必要な患者
　(3)　救命救急入院料の注１に規定する厚生労働大臣が定める状態
　　　広範囲熱傷特定集中治療管理が必要な状態
　(4)　救命救急入院料の注３に規定する厚生労働大臣が定める施設基準
　　イ　救急体制充実加算１の施設基準
　　　重篤な救急患者に対する医療を行うにつき充実した体制が整備されていること。
　　ロ　救急体制充実加算２の施設基準
　　　重篤な救急患者に対する医療を行うにつき十分な体制が整備されていること。
　　ハ　救急体制充実加算３の施設基準
　　　重篤な救急患者に対する医療を行うにつき必要な体制が整備されていること。

(5) 救命救急入院料の注4に規定する厚生労働大臣が定める施設基準
　　重篤な救急患者に対する医療を行うにつき必要な体制が整備されていること。
(6) 救命救急入院料の注6に規定する厚生労働大臣が定める施設基準
　　当該保険医療機関内に、専任の小児科の医師が常時配置されていること。

3 **特定集中治療室管理料**の施設基準等
(1) 特定集中治療室管理料の注1に規定する入院基本料の施設基準
　イ　特定集中治療室管理料1の施設基準
　　① 病院の一般病棟の治療室を単位として行うものであること。
　　② 当該治療室内に集中治療を行うにつき十分な医師が常時配置されていること。
　　③ 当該治療室内に集中治療を行うにつき十分な看護師が配置されていること。
　　④ 当該治療室における看護師の数は、常時、当該治療室の入院患者の数が2又はその端数を増すごとに1以上であること。
　　⑤ 集中治療を行うにつき十分な専用施設を有していること。
　　⑥ 特定集中治療室用の重症度、医療・看護必要度の基準を満たす患者を8割以上入院させる治療室であること。
　ロ　特定集中治療室管理料2の施設基準
　　次のいずれにも該当するものであること。
　　① イを満たすものであること。
　　② 広範囲熱傷特定集中治療を行うにつき十分な体制が整備されていること。
　ハ　特定集中治療室管理料3の施設基準
　　① イの①及び④を満たすものであること。
　　② 当該治療室内に集中治療を行うにつき必要な医師が常時配置されていること。
　　③ 集中治療を行うにつき必要な専用施設を有していること。
　　④ 特定集中治療室用の重症度、医療・看護必要度の基準を満たす患者を7割以上入院させる治療室であること。
　ニ　特定集中治療室管理料4の施設基準
　　次のいずれにも該当するものであること。
　　① ハを満たすものであること。
　　② 広範囲熱傷特定集中治療を行うにつき十分な体制が整備されていること。
(2) 特定集中治療室管理料の注1に規定する厚生労働大臣が定める区分
　イ　特定集中治療室管理料
　　広範囲熱傷特定集中治療管理が必要な患者以外の患者
　ロ　広範囲熱傷特定集中治療室管理料
　　広範囲熱傷特定集中治療管理が必要な患者
(3) 特定集中治療室管理料の注1に規定する厚生労働大臣が定める状態
　　広範囲熱傷特定集中治療管理が必要な状態
(4) 特定集中治療室管理料の注2に規定する厚生労働大臣が定める施設基準
　　当該保険医療機関内に、専任の小児科医が常時配置されていること。
(5) 特定集中治療室管理料の注4に規定する厚生労働大臣が定める施設基準
　イ　早期の離床を目的とした取組を行うにつき十分な体制が整備されていること。
　ロ　心大血管疾患リハビリテーション料、脳血管疾患等リハビリテーション料又は呼吸器リハビリテーション料に係る届出を行っている保険医療機関であること。

4 **ハイケアユニット入院医療管理料**の施設基準
(1) ハイケアユニット入院医療管理料1の施設基準
　イ　病院の一般病棟の治療室を単位として行うものであること。
　ロ　当該治療室の病床数は、**30床以下**であること。
　ハ　ハイケアユニット入院医療管理を行うにつき必要な医師が常時配置されていること。
　ニ　当該治療室における看護師の数は、常時、当該治療室の入院患者の数が4又はその端数を増すごとに1以上であること。
　ホ　ハイケアユニット用の重症度、医療・看護必要度の基準を満たす患者を8割以上入院させる治療室であること。
　ヘ　当該病院の一般病棟の入院患者の平均在院日数が19日以内であること。
　ト　診療録管理体制加算に係る届出を行った保険医療機関であること。
　チ　ハイケアユニット入院医療管理を行うにつき十分な専用施設を有していること。
(2) ハイケアユニット入院医療管理料2の施設基準
　イ　(1)のイからハ及びヘからチまでの基準を満たすものであること。
　ロ　当該治療室における看護師の数は、常時、当該治療室の入院患者の数が5又はその端数を増すごとに1以上であること。

ハ　ハイケアユニット用の重症度、医療・看護必要度の基準を満たす患者を6割以上入院させる治療室であること。

5　脳卒中ケアユニット入院医療管理料の施設基準
(1)　病院の一般病棟の治療室を単位として行うものであること。
(2)　当該治療室の病床数は、30床以下であること。
(3)　脳卒中ケアユニット入院医療管理を行うにつき必要な医師が常時配置されていること。
(4)　当該治療室における看護師の数は、常時、当該治療室の入院患者の数が3又はその端数を増すごとに1以上であること。
(5)　当該治療室において、常勤の理学療法士又は作業療法士が1名以上配置されていること。
(6)　脳梗塞、脳出血及びくも膜下出血の患者をおおむね8割以上入院させる治療室であること。
(7)　脳卒中ケアユニット入院医療管理を行うにつき十分な専用施設を有していること。
(8)　脳卒中ケアユニット入院医療管理を行うにつき必要な器械・器具を有していること。
(9)　当該治療室に入院している患者の一般病棟用の重症度、医療・看護必要度Ⅰについて継続的に測定を行い、その結果に基づき評価を行っていること。

5の2　小児特定集中治療室管理料の施設基準
(1)　病院の一般病棟の治療室を単位として行うものであること。
(2)　当該治療室内に小児集中治療を行うにつき必要な医師が常時配置されていること。
(3)　当該治療室における看護師の数は、常時、当該治療室の入院患者の数が2又はその端数を増すごとに1以上であること。
(4)　集中治療を行うにつき十分な体制及び専用施設を有していること。
(5)　他の保険医療機関において救命救急入院料若しくは特定集中治療室管理料を算定している患者又は救急搬送診療料を算定した患者の当該治療室への受入れについて、相当の実績を有していること。

6　新生児特定集中治療室管理料の施設基準等
(1)　新生児特定集中治療室管理料1の施設基準
イ　病院の一般病棟の治療室を単位として行うものであること。
ロ　当該治療室内に集中治療を行うにつき必要な医師が常時配置されていること。
ハ　当該治療室における助産師又は看護師の数は、常時、当該治療室の入院患者の数が3又はその端数を増すごとに1以上であること。
ニ　集中治療を行うにつき十分な専用施設を有していること。
(2)　新生児特定集中治療室管理料2の施設基準
イ　(1)のイ、ハ及びニの基準を満たすものであること。
ロ　当該保険医療機関内に集中治療を行うにつき必要な専任の医師が常時配置されていること。

6の2　総合周産期特定集中治療室管理料の施設基準等
(1)　総合周産期特定集中治療室管理料1の施設基準
イ　病院の一般病棟の治療室を単位として行うものであること。
ロ　当該治療室内に集中治療を行うにつき必要な医師が常時配置されていること。
ハ　当該治療室における助産師又は看護師の数は、常時、当該治療室の入院患者の数が3又はその端数を増すごとに1以上であること。
ニ　集中治療を行うにつき十分な専用施設を有していること。
(2)　総合周産期特定集中治療室管理料2の施設基準
イ　(1)のイからニまでの基準を満たすものであること。
ロ　集中治療を行うにつき十分な実績を有していること。

6の3　新生児治療回復室入院医療管理料の施設基準等
(1)　病院の一般病棟の治療室を単位として行うものであること。
(2)　当該保険医療機関内に新生児治療回復室入院医療管理を行うにつき必要な小児科の専任の医師が常時配置されていること。
(3)　当該治療室における助産師又は看護師の数は、常時、当該治療室の入院患者の数が6又はその端数を増すごとに1以上であること。
(4)　新生児治療回復室入院医療管理を行うにつき十分な体制が整備されていること。
(5)　新生児治療回復室入院医療管理を行うにつき十分な構造設備を有していること。
(6)　新生児特定集中治療室管理料又は総合周産期特定集中治療室管理料に係る届出を行った保険医療機関であること。

8　特殊疾患入院医療管理料の施設基準等
(1)　特殊疾患入院医療管理料の施設基準
イ　脊髄損傷等の重度障害者、重度の意識障害者、筋ジストロフィー患者及び難病患者等をおおむ

ね8割以上入院させる病室であって、一般病棟の病室を単位として行うものであること。

9 **小児入院医療管理料**の施設基準
 (1) 通則
  イ 小児科を標榜している病院であること。
  ロ 医療法施行規則第19条第1項第1号に定める医師の員数以上の員数が配置されていること。
  ハ 小児医療を行うにつき十分な体制が整備されていること。
 (2) 小児入院医療管理料1の施設基準
  ハ 専ら15歳未満の小児（小児慢性特定疾病医療支援（児童福祉法第6条の2第2項に規定する小児慢性特定疾病医療支援をいう。以下同じ。）の対象である場合は、20歳未満の者）を入院させる病棟であること。
  ニ 専ら小児の入院医療に係る相当の実績を有していること。
  ホ 入院を要する小児救急医療を行うにつき十分な体制が整備されていること。
  ヘ 当該病棟の入院患者の平均在院日数が21日以内であること。
 (3) 小児入院医療管理料2の施設基準
  ハ 専ら15歳未満の小児（小児慢性特定疾病医療支援の対象である場合は、20歳未満の者）を入院させる病棟であること。
  ニ 入院を要する小児救急医療を行うにつき必要な体制が整備されていること。
  ホ 当該病棟の入院患者の平均在院日数が21日以内であること。
 (4) 小児入院医療管理料3の施設基準
  ハ 専ら15歳未満の小児（小児慢性特定疾病医療支援の対象である場合は、20歳未満の者）を入院させる病棟であること。
  ニ 当該病棟の入院患者の平均在院日数が21日以内であること。
 (5) 小児入院医療管理料4の施設基準
  ニ 当該病棟において、専ら小児を入院させる病床が10床以上であること。
  ホ 当該保険医療機関の当該病棟を含めた一般病棟の入院患者の平均在院日数が28日以内であること。
 (7) 小児入院医療管理料の注2に規定する加算の施設基準
  イ 当該病棟に専ら15歳未満の小児の療養生活の指導を担当する常勤の保育士（国家戦略特別区域法（平成25年法律第107号）第12条の5第5項に規定する事業実施区域内にある保険医療機関にあっては、保育士又は当該事業実施区域に係る国家戦略特別区域限定保育士）が1名以上配置されていること。
  ロ 小児患者に対する療養を行うにつき十分な構造設備を有していること。
 (8) 小児入院医療管理料の注4に規定する加算の施設基準
  イ 当該病棟に専ら15歳未満の小児の療養生活の指導を担当する常勤の保育士が1名以上配置されていること。
  ロ 小児患者に対する療養を行うにつき十分な構造設備を有していること。

10 **回復期リハビリテーション病棟入院料**の施設基準等
 (1) 通則
  イ 回復期リハビリテーションの必要性の高い患者を8割以上入院させ、一般病棟又は療養病棟の病棟単位で行うものであること。
  ロ 回復期リハビリテーションを行うにつき必要な構造設備を有していること。
  ハ 心大血管疾患リハビリテーション料、脳血管疾患等リハビリテーション料、廃用症候群リハビリテーション料、運動器リハビリテーション料又は呼吸器リハビリテーション料を算定するリハビリテーションに係る適切な実施計画を作成する体制及び適切な当該リハビリテーションの効果、実施方法等を評価する体制がとられていること。
  ニ 回復期リハビリテーションを要する状態の患者に対し、1日当たり2単位以上のリハビリテーションが行われていること。
 (9) 休日リハビリテーション提供体制加算の施設基準
  休日を含め、週7日間リハビリテーションを提供できる体制を有していること。

12 **特殊疾患病棟入院料**の施設基準等
 (1) 特殊疾患病棟入院料1の施設基準
  イ 脊髄損傷等の重度障害者、重度の意識障害者、筋ジストロフィー患者及び難病患者等をおおむね8割以上入院させる一般病棟であって、病棟単位で行うものであること。
  ホ 特殊疾患医療を行うにつき必要な体制が整備されていること。
 (2) 特殊疾患病棟入院料2の施設基準
  次のいずれかに該当する病棟であること。

イ　児童福祉法第42条第2号に規定する医療型障害児入所施設（主として肢体不自由のある児童又は重症心身障害児を入所させるものに限る。）又は同法第6条の2の2第3項に規定する指定発達支援医療機関に係る一般病棟であること。
　　ロ　次のいずれにも該当する病棟であること。
　　　①　重度の肢体不自由児（者）等（脳卒中の後遺症の患者及び認知症の患者を除く。）、重度の障害児（(1)のイに掲げる者を除く。）をおおむね8割以上入院させる一般病棟又は精神病棟であって、病棟単位で行うものであること。
　　　②　(1)の施設基準のロからホまでを満たすものであること。

13　緩和ケア病棟入院料の施設基準等
(1)　緩和ケア病棟入院料1の施設基準
　　イ　主として悪性腫瘍の患者又は後天性免疫不全症候群に罹患している患者を入院させ、緩和ケアを一般病棟の病棟単位で行うものであること。
　　ハ　当該療養を行うにつき十分な体制が整備されていること。
　　ニ　当該体制において、緩和ケアに関する研修を受けた医師が配置されていること（当該病棟において緩和ケア病棟入院料を算定する悪性腫瘍の患者に対して緩和ケアを行う場合に限る。）。
　　ホ　当該療養を行うにつき十分な構造設備を有していること。
　　ヘ　当該病棟における患者の入退棟を判定する体制がとられていること。
　　ト　健康保険法第63条第2項第5号及び高齢者医療確保法第64条第2項第5号に規定する選定療養としての特別の療養環境の提供に係る病室が適切な割合であること。
　　チ　がん診療の拠点となる病院若しくは公益財団法人日本医療機能評価機構等が行う医療機能評価を受けている病院又はこれらに準ずる病院であること。
　　リ　連携する保険医療機関の医師・看護師等に対して研修を実施していること。

14　精神科救急入院料の施設基準等
(1)　精神科救急入院料の施設基準
　　イ　主として急性期の集中的な治療を要する精神疾患を有する患者を入院させ、精神病棟を単位として行うものであること。
　　ト　当該地域における精神科救急医療体制の確保のために整備された精神科救急医療施設であること。
　　チ　精神科救急医療を行うにつき十分な体制が整備されていること。
　　リ　精神科救急医療を行うにつき十分な構造設備を有していること。
　　ヌ　精神科救急医療に係る実績を相当程度有していること。

15　精神科急性期治療病棟入院料の施設基準等
(1)　通則
　　イ　主として急性期の集中的な治療を要する精神疾患を有する患者を入院させ、精神病棟を単位として行うものであること。
　　ホ　当該地域における精神科救急医療体制の確保のために整備された精神科救急医療施設であること。
(2)　精神科急性期治療病棟入院料1の施設基準
　　イ　当該病棟を有する保険医療機関に、常勤の精神保健指定医が2名以上配置され、かつ、当該病棟に常勤の精神保健指定医が1名以上配置されていること。
　　ホ　精神科急性期治療を行うにつき十分な体制が整備されていること。
　　ヘ　精神科急性期治療を行うにつき十分な構造設備を有していること。
(3)　精神科急性期治療病棟入院料2の施設基準
　　イ　当該病棟を有する保険医療機関に、常勤の精神保健指定医が2名以上配置され、かつ、当該病棟に常勤の精神保健指定医が1名以上配置されていること。
　　ホ　精神科急性期治療を行うにつき必要な体制が整備されていること。
　　ヘ　精神科急性期治療を行うにつき適切な構造設備を有していること。

15の2　精神科救急・合併症入院料の施設基準等
(1)　精神科救急・合併症入院料の施設基準
　　イ　都道府県が定める救急医療に関する計画に基づいて運営される救命救急センターを有している病院の病棟単位で行うものであること。
　　ロ　主として急性期の集中的な治療を要する精神疾患を有する患者を入院させ、精神病棟を単位として行うものであること。
　　ヘ　当該病棟を有する保険医療機関に、常勤の精神科医が5名以上配置され、かつ、当該病棟に常勤の精神保健指定医が3名以上配置されていること。

チ 当該地域における精神科救急医療体制の確保のために整備された精神科救急医療施設であること。
リ 精神科救急・合併症医療を行うにつき十分な体制が整備されていること。
ヌ 精神科救急・合併症医療を行うにつき十分な構造設備を有していること。
ル 精神科救急・合併症医療に係る実績を相当程度有していること。

15の3 児童・思春期精神科入院医療管理料の施設基準
(1) 20歳未満の精神疾患を有する患者をおおむね8割以上入院させる病棟（精神病棟に限る。）又は治療室（精神病床に係るものに限る。）を単位として行うものであること。
(4) 当該病棟又は治療室に小児医療及び児童・思春期の精神医療に関し経験を有する常勤の医師が2名以上配置されており、うち1名は精神保健指定医であること。
(6) 20歳未満の精神疾患を有する患者に対する療養を行うにつき十分な体制が整備されていること。
(7) 20歳未満の精神疾患を有する患者に対する療養を行うにつき十分な構造設備を有していること。

16 精神療養病棟入院料の施設基準等
(1) 精神療養病棟入院料の施設基準
イ 主として長期の入院を要する精神疾患を有する患者を入院させ、精神病棟を単位として行うものであること。
ニ 当該病棟を有する保険医療機関において、常勤の精神保健指定医が2名以上配置され、かつ、当該病棟に専任の常勤精神科医が1名以上配置されていること。
チ 精神療養を行うにつき十分な体制が整備されていること。
リ 精神療養を行うにつき十分な構造設備を有していること。
(3) 重症者加算1の対象患者の状態
ＧＡＦ尺度による判定が30以下であること。
(4) 重症者加算2の対象患者の状態
ＧＡＦ尺度による判定が40以下であること。
(5) 重症者加算1の施設基準
当該地域における精神科救急医療体制の確保に協力している保険医療機関であること。
(6) 退院調整加算の施設基準
イ 当該保険医療機関において、入院患者の退院に係る支援に関する部門が設置されていること。
ロ 退院調整を行うにつき必要な体制が整備されていること。

18 認知症治療病棟入院料の施設基準
(1) 通則
主として急性期の集中的な治療を要する認知症患者を入院させ、精神病棟を単位として行うものであること。
(4) 退院調整加算の施設基準
イ 当該保険医療機関において、入院患者の退院に係る支援に関する部門が設置されていること。
ロ 退院調整を行うにつき必要な体制が整備されていること。
(5) 認知症夜間対応加算の施設基準
イ 当該病棟における夜勤を行う看護補助者の数が3以上（看護職員が夜勤を行う場合においては、3から当該看護職員の数を減じた数以上）であること。
ロ 当該保険医療機関において、入院患者に対する行動制限を必要最小限のものとするため、医師、看護師及び精神保健福祉士等で構成された委員会を設置していること。

19 特定一般病棟入院料の施設基準等
(2) 特定一般病棟入院料1の施設基準
ホ 夜勤については、看護師1を含む2以上の数の看護職員が行うこと。
(4) 一般病棟看護必要度評価加算の施設基準
イ 特定一般病棟入院料1に係る届出を行った病棟であること。
ロ 当該加算を算定する患者について測定した一般病棟用の重症度、医療・看護必要度Ⅰの結果に基づき、当該病棟における当該看護必要度の評価を行っていること。
(5) 特定一般病棟入院料の注7に規定する施設基準
イ 病室を単位として行うものであること。
ハ 当該保険医療機関内に在宅復帰支援を担当する者が適切に配置されていること。
ヘ 心大血管疾患リハビリテーション料、脳血管疾患等リハビリテーション料、廃用症候群リハビリテーション料、運動器リハビリテーション料、呼吸器リハビリテーション料又はがん患者リハビリテーション料に係る届出を行った保険医療機関であること。
チ 地域包括ケア入院医療を行うにつき必要な構造設備を有していること。

リ　当該病室において、退院患者に占める、自宅等に退院するものの割合が7割以上であること。

第10　短期滞在手術等基本料の施設基準等
　2　短期滞在手術等基本料1の施設基準
　（1）　局所麻酔による短期滞在手術を行うにつき十分な体制が整備されていること。
　（2）　短期滞在手術を行うにつき回復室その他適切な施設を有していること。
　3　短期滞在手術等基本料2の施設基準
　（1）　全身麻酔、硬膜外麻酔又は脊椎麻酔による短期滞在手術を行うにつき十分な体制が整備されていること。
　（2）　短期滞在手術を行うにつき適切な施設を有していること。

基本診療料の施設基準等及びその届出に関する手続きの取扱いについて（抄）

（平成30年3月5日　保医発0305第2号　厚生労働省保険局医療課長・厚生労働省保険局歯科医療管理官連名通知）

別添2
　　入院基本料等の施設基準等
第2　病院の入院基本料等に関する施設基準
　病院である保険医療機関の入院基本料等に関する施設基準は、「基本診療料の施設基準等」の他、下記のとおりとする。
　1　病棟の概念は、病院である保険医療機関の各病棟における看護体制の1単位をもって病棟として取り扱うものとする。なお、高層建築等の場合であって、複数階（原則として2つの階）を1病棟として認めることは差し支えないが、3つ以上の階を1病棟とすることは、2の(3)の要件を満たしている場合に限り、特例として認められるものであること。また、感染症病床が別棟にある場合は、隣接して看護を円滑に実施できる一般病棟に含めて1病棟とすることができる。
　　平均入院患者数が概ね30名程度以下の小規模な結核病棟を有する保険医療機関については、一般病棟（一般病棟入院基本料、特定機能病院入院基本料（一般病棟に限る。）、専門病院入院基本料又は障害者施設等入院基本料を算定する病棟）と結核病棟を併せて1看護単位とすることはできるが、看護配置基準が同じ入院基本料を算定する場合に限る。ただし、結核病床を構造上区分すること等医療法で規定する構造設備の基準は遵守するものとし、平均在院日数の計算に当たっては、一般病棟のみにより計算するものとし、一般病棟が急性期一般入院基本料、7対1入院基本料又は10対1入院基本料の届出を行う病棟である場合及び結核病棟が7対1入院基本料又は10対1入院基本料の届出を行う病棟である場合には、原則として一般病棟及び結核病棟で別々に重症度、医療・看護必要度Ⅰ・Ⅱの評価を行うものとするが、7対1入院基本料の結核病棟のみで重症度、医療・看護必要度Ⅰ・Ⅱの基準を満たせない場合に限り、両病棟の重症度、医療・看護必要度Ⅰ・Ⅱの評価を合わせて行い、重症度、医療・看護必要度Ⅰ・Ⅱの基準を満たすことで差し支えないものとする。
　2　1病棟当たりの病床数に係る取扱いについては、次のとおりとする。
　（1）　1病棟当たりの病床数については、①効率的な看護管理、②夜間における適正な看護の確保、③当該病棟に係る建物等の構造の観点から、総合的に判断した上で決定されるものであり、原則として60床以下を標準とする。ただし、精神病棟については、70床まではやむを得ないものとする。
　（2）　(1)の病床数の標準を上回っている場合については、①2以上の病棟に分割した場合には、片方について1病棟として成り立たない、②建物構造上の事情で標準を満たすことが困難である、③近く建物の改築がなされることが確実である等、やむを得ない理由がある場合に限り、認められるものであること。
　（3）　複数階で1病棟を構成する場合又は別棟にある感染症病床を含めて1病棟を構成する場合についても上記(1)及び(2)と同様であるが、いわゆるサブナース・ステーションの設置や看護要員の配置を工夫すること。

別添3
　　入院基本料等加算の施設基準等
第4　診療録管理体制加算

1 診療録管理体制加算1に関する施設基準
(2) 中央病歴管理室が設置されており、「医療情報システムの安全管理に関するガイドライン」(平成29年5月厚生労働省)(以下、「医療情報システムの安全管理に関するガイドライン」という。)に準拠した体制であること。
(3) 診療録管理部門又は診療記録管理委員会が設置されていること。
(4) 診療記録の保管・管理のための規定が明文化されていること。
(5) 年間の退院患者数2,000名ごとに1名以上の専任の常勤診療記録管理者が配置されており、うち1名以上が専従であること。なお、診療記録管理者は、診療情報の管理、入院患者についての疾病統計(ICD10による疾病分類等)を行うものであり、診療報酬の請求事務(DPCのコーディングに係る業務を除く。)、窓口の受付業務、医療機関の経営・運営のためのデータ収集業務、看護業務の補助及び物品運搬業務等については診療記録管理者の業務としない。なお、当該専従の診療記録管理者は医師事務作業補助体制加算に係る医師事務作業補助者を兼ねることはできない。

第9 療養環境加算
1 療養環境加算に関する施設基準
(1) 病棟を単位とすること。
(2) 病室に係る病床の面積が、内法による測定で、1病床当たり8平方メートル以上であること。ただし、当該病棟内に1病床当たり**6.4平方メートル未満**の病室を有する場合には算定できない。
(3) 要件となる1病床当たり面積は、医療法上の許可等を受けた病床に係る病室(特別の療養環境の提供に係る病室を除く。)の総床面積を当該病床数(特別の療養環境の提供に係る病室に係る病床を除く。)で除して得た面積とすること。
(4) 病棟内であっても、診察室、廊下、手術室等病室以外の部分の面積は算入しないこと。なお、病室内に付属している浴室・便所等の面積は算入の対象となるものであること。
(5) 特別の療養環境の提供に係る病床又は特定入院料を算定している病床若しくは病室については、本加算の対象から除外すること。
(6) 当該病院の医師及び看護要員の数は、医療法に定める標準を満たしていること。

第10 重症者等療養環境特別加算
1 重症者等療養環境特別加算に関する施設基準
(1) 病院である保険医療機関の一般病棟(特殊疾患入院施設管理加算に係る病棟を除く。)における特定の病床を単位として行うこと。
(2) 当該基準の届出の対象となる病床は次のいずれにも該当すること。
 ア **個室又は2人部屋**である。
 イ 重症者等の容態が常時監視できるような設備又は構造上の配慮がなされている。(心拍監視装置等の患者監視装置を備えている場合又は映像による患者観察システムを有する場合を含む。)
 ウ 酸素吸入、吸引のための設備が整備されている。
 エ 特別の療養環境の提供に係る病室でないこと。
(3) 当該基準の届出の対象となる病床数は、当該保険医療機関の一般病棟に入院している重症者等の届出前1月間の平均数を上限とする。ただし、当該保険医療機関の一般病棟の平均入院患者数の8%未満とし、当該保険医療機関が特別の診療機能等を有している場合であっても、一般病棟における平均入院患者数の10%を超えないこと。

第11 療養病棟療養環境加算
1 療養病棟療養環境加算に関する施設基準
(1) 療養病棟療養環境加算1に関する施設基準
 ア 当該療養病棟に係る病室の病床数は、1病室につき**4床以下**であること。
 イ 当該療養病棟に係る病室の床面積は、内法による測定で、患者1人につき、**6.4平方メートル以上**であること。
 ウ 当該療養病棟に係る病室に隣接する廊下の幅は、内法による測定で、**1.8メートル以上**であること。ただし、両側に居室(両側にある居室の出入口が当該廊下に面している場合に限る。)がある廊下の幅は、**2.7メートル以上**であること。なお、廊下の幅は、柱等の構造物(手すりを除く。)も含めた最も狭い部分において、基準を満たすこと。
 エ 当該病院に機能訓練室を有しており、当該機能訓練室の床面積は、内法による測定で、**40平方メートル以上**であること。なお、当該機能訓練室には、長期にわたる療養を行うにつき必要な器械・器具を備えていること。必要な器械・器具とは、例えば訓練マットとその付属品、姿勢矯正用鏡、車椅子、各種杖、各種測定用具(角度計、握力計等)である。
 オ 療養病棟に係る病床に入院している患者1人

につき、内法による測定で1平方メートル以上の広さを有する食堂が設けられていること。
　　カ　療養病棟の入院患者同士や入院患者とその家族が談話を楽しめる広さを有する談話室が設けられていること。ただし、オに規定する食堂と兼用であっても差し支えない。
　　キ　当該保険医療機関内に、身体の不自由な患者の利用に適した浴室が設けられていること。
　　ク　当該病棟に係る病棟床面積は、患者1人につき内法による測定で、16平方メートル以上であること。なお、病棟床面積の算定に当たっては、当該病棟内にある治療室、機能訓練室、浴室、廊下、デイルーム、食堂、面会室、ナースステーション、便所等を面積に算入しても差し支えない。

第11の2　療養病棟療養環境改善加算

1　療養病棟療養環境改善加算に関する施設基準
　(1)　療養病棟療養環境改善加算1に関する施設基準
　　ア　当該療養病棟に係る病室の病床数は、1病室につき4床以下であること。
　　イ　当該療養病棟に係る病室の床面積は、内法による測定で、患者1人につき、6.4平方メートル以上であること。
　　ウ　当該病院に機能訓練室を有しており、当該機能訓練室の床面積は、内法による測定で、40平方メートル以上であること。なお、当該機能訓練室には、長期にわたる療養を行うにつき必要な器械・器具を備えていること。必要な器械・器具とは、例えば訓練マットとその付属品、姿勢矯正用鏡、車椅子、各種杖、各種測定用具（角度計、握力計等）である。
　　エ　療養病棟に係る病床に入院している患者1人につき、内法による測定で1平方メートル以上の広さを有する食堂が設けられていること。
　　オ　療養病棟の入院患者同士や入院患者とその家族が談話を楽しめる広さを有する談話室が設けられていること。ただし、エに規定する食堂と兼用であっても差し支えない。
　　カ　当該保険医療機関内に、身体の不自由な患者の利用に適した浴室が設けられていること。
　　キ　当該加算を算定できる期間については、当該病棟の増築又は全面的な改築を行うまでの間とする。
　(2)　療養病棟療養環境改善加算2に関する施設基準
　　ア　(1)のエからカまでを満たしていること。
　　イ　当該病棟に係る病室の床面積は、内法による測定で、患者1人につき、6.0平方メートル以上であること。
　　ウ　当該病院に機能訓練室を有していること。
　　エ　当該加算の対象病棟については、平成24年3月31日において、現に療養病棟療養環境加算4に係る届出を行っている病棟のみとする。
　　オ　当該加算を算定できる期間については、当該病棟の増築又は全面的な改築を行うまでの間とする。

第12　診療所療養病床療養環境加算

1　診療所療養病床療養環境加算に関する施設基準
　(1)　診療所である保険医療機関において、当該療養病床を単位として行う。
　(2)　当該療養病床に係る病室の病床数は、1病室につき4床以下であること。
　(3)　当該療養病床に係る病室の床面積は、内法による測定で、患者1人につき、6.4平方メートル以上であること。
　(4)　当該療養病床に係る病室に隣接する廊下の幅は、内法による測定で、1.8メートル以上であること。ただし、両側に居室（両側にある居室の出入口が当該廊下に面している場合に限る。）がある廊下の幅は、2.7メートル以上であること。なお、廊下の幅は、柱等の構造物（手すりを除く。）も含めた最も狭い部分において、基準を満たすこと。
　(5)　当該診療所に機能訓練室を有していること。なお、当該機能訓練室には、長期にわたる療養を行うにつき必要な器械・器具を備えていること。必要な器械・器具とは、例えば訓練マットとその付属品、姿勢矯正用鏡、車椅子、各種杖、各種測定用具（角度計、握力計等）であること。
　(6)　療養病床に係る病床に入院している患者1人につき、内法による測定で1平方メートル以上の広さを有する食堂が設けられていること。
　(7)　当該診療所内に、療養病床の入院患者同士や入院患者とその家族が談話を楽しめる広さを有する談話室が設けられていること。ただし、(6)に定める食堂と兼用であっても差し支えない。
　(8)　当該診療所内に、身体の不自由な患者の利用に適した浴室が設けられていること。

第12の3　無菌治療室管理加算

1　無菌治療室管理加算に関する施設基準
　(1)　無菌治療室管理加算1に関する施設基準
　　ア　当該保険医療機関において自家発電装置を有していること。
　　イ　滅菌水の供給が常時可能であること。

ウ　個室であること。
　　エ　室内の空気清浄度が、患者に対し無菌治療室管理を行っている際に、常時ＩＳＯクラス６以上であること。
　　オ　当該治療室の空調設備が垂直層流方式、水平層流方式又はその双方を併用した方式であること。
　(2)　無菌治療室管理加算２に関する施設基準
　　ア　室内の空気清浄度が、患者に対し無菌治療室管理を行っている際に、常時ＩＳＯクラス７以上であること。
　　イ　(1)のア及びイを満たしていること。

第16の２　精神科地域移行実施加算

１　精神科地域移行実施加算の施設基準
(1)　精神科を標榜する病院である保険医療機関において病棟を単位として行うものとすること。
(3)　当該病院に専門の部門（以下この項において「地域移行推進室」という。）が設置され、地域移行推進のための体制が院内に確保されていること。
(4)　地域移行推進室に常勤の精神保健福祉士が１名以上配置されていること。なお、当該精神保健福祉士は、入院患者の地域移行支援に係る業務（当該患者又はその家族等に対して、退院後地域で生活するに当たっての留意点等について面接等を行うなどの業務）に専従していることが必要であり、業務を行う場所が地域移行推進室である必要はないこと。また、当該精神保健福祉士は、区分番号「Ａ312」に掲げる精神療養病棟入院料の「注５」等に規定する退院支援部署と兼務することができ、地域移行推進室と退院支援部署は同一でも差し支えない。

第17の４　摂食障害入院医療管理加算

１　摂食障害入院医療管理加算の施設基準
(3)　精神療法を行うために必要な面接室を有していること。

第26の３　病棟薬剤業務実施加算

１　病棟薬剤業務実施加算１の施設基準
(2)　病棟薬剤業務を行う専任の薬剤師が当該保険医療機関の全ての病棟（区分番号「Ａ106」障害者施設等入院基本料又は特殊疾患病棟入院料等の特定入院料（病棟単位で行うものに限る。）を算定する病棟を除く。）に配置されていること。ただし、この場合において、複数の薬剤師が一の病棟において病棟薬剤業務を実施することを妨げない。
　　病棟の概念及び１病棟当たりの病床数に係る取扱いについては、別添２の第２の１及び２によるものであること。
　　なお、病棟薬剤業務実施加算を算定できない手術室、治療室及び特殊疾患病棟入院料等の特定入院料（病棟単位で行うものに限る。）を算定する病棟においても、病棟薬剤業務の実施に努めること。
(5)　医薬品情報の収集及び伝達を行うための専用施設（以下「医薬品情報管理室」という。）を有し、常勤の薬剤師が１人以上配置されていること。
(6)　医薬品情報管理室が、病棟専任の薬剤師を通じて、次のアからウまでに掲げる情報を積極的に収集し、評価するとともに、一元的に管理し、当該情報及びその評価した結果について、有効に活用されるよう分かりやすく工夫した上で、関係する医療従事者に速やかに周知していること。
　　ア　当該保険医療機関における医薬品の投薬及び注射の状況（使用患者数、使用量、投与日数等を含む。）
　　イ　当該保険医療機関において発生した医薬品に係る副作用（医薬品医療機器等法第68条の10第２項に規定されている厚生労働大臣に報告しなければならない副作用をいう。なお、同法第68条の10第１項に規定されている副作用についても、同様の体制を講じていることが望ましい。）、ヒヤリハット、インシデント等の情報
　　ウ　公的機関、医薬品製造販売業者、卸売販売業者、学術誌、医療機関外の医療従事者等外部から入手した医薬品の有効性、安全性、品質、ヒヤリハット、インシデント等の情報（後発医薬品に関するこれらの情報も含む。）
(7)　医薬品安全性情報等（(6)アからウまでに掲げるものをいう。以下同じ。）のうち、迅速な対応が必要となるものを把握した際に、電子媒体に保存された診療録、薬剤管理指導記録等の活用により、当該医薬品を処方した医師及び投与された患者（入院中の患者以外の患者を含む。）を速やかに特定でき、必要な措置を迅速に講じることができる体制を有していること。
(8)　病棟専任の薬剤師と医薬品情報管理室の薬剤師が必要に応じカンファレンス等を行い、各病棟での問題点等の情報を共有するとともに、各薬剤師が病棟薬剤業務を実施するにつき必要な情報が提供されていること。
(9)　データベースの構築などにより医療従事者が、必要な時に医薬品情報管理室で管理している医薬

品安全性情報等を容易に入手できる体制を有していること。

別添4
特定入院料の施設基準等

第1 救命救急入院料

1 救命救急入院料1に関する施設基準
  (3) 重篤な救急患者に対する医療を行うのに必要な次に掲げる装置及び器具を治療室内に常時備え付けていること。ただし、ウからカまでについては、当該保険医療機関内に備え、必要な際に迅速に使用でき、緊急の事態に十分対応できる場合においては、この限りではない。
    ア 救急蘇生装置（気管内挿管セット、人工呼吸装置等）
    イ 除細動器
    ウ ペースメーカー
    エ 心電計
    オ ポータブルエックス線撮影装置
    カ 呼吸循環監視装置
  (4) 自家発電装置を有している病院であって、当該病院において電解質定量検査及び血液ガス分析を含む必要な検査が常時実施できること。なお、当該治療室以外の病床を有しない病院は、一般病棟入院基本料の届出も同時に行うこと。
  (5) 当該治療室勤務の医師は、当該治療室に勤務している時間帯は、当該治療室以外での当直勤務を併せて行わないものとし、当該治療室勤務の看護師は、当該治療室に勤務している時間帯は、当該治療室以外での夜勤を併せて行わないものとすること。

2 救命救急入院料2に関する施設基準
  救命救急入院料1の(1)から(5)までの施設基準を満たすほか、特定集中治療室管理料1又は3の施設基準を満たすものであること。

3 救命救急入院料3に関する施設基準
  (1) 救命救急入院料1の施設基準を満たすほか、広範囲熱傷特定集中治療管理を行うにふさわしい治療室を有しており、当該治療室の広さは、内法による測定で、1床当たり15平方メートル以上であること。
  (2) 当該保険医療機関に広範囲熱傷特定集中治療を担当する常勤の医師が勤務していること。

4 救命救急入院料4に関する施設基準
  (1) 救命救急入院料2の施設基準を満たすほか、広範囲熱傷特定集中治療管理を行うにふさわしい治療室を有しており、当該治療室の広さは、内法による測定で、1床当たり15平方メートル以上であること。

第2 特定集中治療室管理料

1 特定集中治療室管理料1に関する施設基準
  (4) 特定集中治療室管理を行うにふさわしい専用の特定集中治療室を有しており、当該特定集中治療室の広さは、内法による測定で、1床当たり20平方メートル以上であること。ただし、新生児用の特定集中治療室にあっては、1床当たり9平方メートル以上であること。
  (5) 当該管理を行うために必要な次に掲げる装置及び器具を特定集中治療室内に常時備えていること。ただし、ウからカについては、当該保険医療機関内に備え、必要な際に迅速に使用でき、緊急の事態に十分対応できる場合においては、この限りではない。
    ア 救急蘇生装置（気管内挿管セット、人工呼吸装置等）
    イ 除細動器
    ウ ペースメーカー
    エ 心電計
    オ ポータブルエックス線撮影装置
    カ 呼吸循環監視装置
  (6) 新生児用の特定集中治療室にあっては、(5)に掲げる装置及び器具のほか、次に掲げる装置及び器具を特定集中治療室内に常時備えていること。
    ア 経皮的酸素分圧監視装置又は経皮的動脈血酸素飽和度測定装置
    イ 酸素濃度測定装置
    ウ 光線治療器
  (7) 自家発電装置を有している病院であって、当該病院において電解質定量検査及び血液ガス分析を含む必要な検査が常時実施できること。
  (8) 原則として、当該治療室内はバイオクリーンルームであること。

2 特定集中治療室管理料2（広範囲熱傷特定集中治療管理料）に関する施設基準
  (1) 特定集中治療室管理料1の施設基準を満たすほか、広範囲熱傷特定集中治療管理を行うにふさわしい治療室を有しており、当該治療室の広さは、内法による測定で、1床当たり20平方メートル以上であること。
  (2) 当該保険医療機関に広範囲熱傷特定集中治療を担当する常勤の医師が勤務していること。

3 特定集中治療室管理料3に関する施設基準
  (2) 特定集中治療室管理を行うにふさわしい専用の

特定集中治療室を有しており、当該特定集中治療室の広さは、内法による測定で、1床当たり15平方メートル以上であること。ただし、新生児用の特定集中治療室にあっては、1床当たり9平方メートル以上であること。
4 特定集中治療室管理料4（広範囲熱傷特定集中治療管理料）に関する施設基準
(1) 特定集中治療室管理料3の施設基準を満たすほか、広範囲熱傷特定集中治療管理を行うにふさわしい治療室を有しており、当該治療室の広さは、内法による測定で、1床当たり15平方メートル以上であること。
(2) 当該保険医療機関に広範囲熱傷特定集中治療を担当する常勤の医師が勤務していること。

第3 ハイケアユニット入院医療管理料

1 ハイケアユニット入院医療管理料1に関する施設基準
(2) 当該保険医療機関の一般病床に、ハイケアユニット入院医療管理を行うにふさわしい専用の治療室を有していること。
(3) 当該管理を行うために必要な次に掲げる装置及び器具を当該治療室内に常時備えていること。ただし、当該治療室が特定集中治療室と隣接しており、これらの装置及び器具を特定集中治療室と共有しても緊急の事態に十分対応できる場合においては、この限りではない。
　ア 救急蘇生装置（気管内挿管セット、人工呼吸装置等）
　イ 除細動器
　ウ 心電計
　エ 呼吸循環監視装置
(4) 当該治療室勤務の看護師は、当該治療室に勤務している時間帯は、当該治療室以外での夜勤を併せて行わないものとすること。

第4 脳卒中ケアユニット入院医療管理料

1 脳卒中ケアユニット入院医療管理料に関する施設基準
(2) 脳卒中ケアユニット入院医療管理を行うにふさわしい専用の治療室を有していること。
(3) 当該管理を行うために必要な次に掲げる装置及び器具を当該治療室内に常時備えていること。ただし、当該治療室が特定集中治療室と隣接しており、これらの装置及び器具を特定集中治療室と共有しても緊急の事態に十分対応できる場合においては、この限りではない。
　ア 救急蘇生装置（気管内挿管セット、人工呼吸装置等）
　イ 除細動器
　ウ 心電計
　エ 呼吸循環監視装置
(4) 当該治療室勤務の看護師は、当該治療室に勤務している時間帯は、当該治療室以外での夜勤を併せて行わないものとすること。
(5) 脳血管疾患等リハビリテーションの経験を有する専任の常勤理学療法士又は専任の常勤作業療法士が1名以上、当該治療室に勤務していること。なお、当該理学療法士又は当該作業療法士は、疾患別リハビリテーションを担当する専従者との兼務はできないものであること。
(6) 当該治療室の入院患者数の概ね8割以上が、脳梗塞、脳出血又はくも膜下出血の患者であること。
(7) コンピューター断層撮影、磁気共鳴コンピューター断層撮影、脳血管造影等の必要な脳画像撮影及び診断が常時行える体制であること。
(8) 脳血管疾患等リハビリテーション料(Ⅰ)、(Ⅱ)又は(Ⅲ)の届出を行っていること。

第4の2 小児特定集中治療室管理料

1 小児特定集中治療室管理料に関する施設基準
(3) 小児特定集中治療室管理を行うにふさわしい専用の小児特定集中治療室を有しており、当該治療室の病床数は、8床以上であること。また、当該小児特定集中治療室の広さは、内法による測定で、1床当たり15平方メートル以上であること。
(4) 当該管理を行うために必要な次に掲げる装置及び器具を特定集中治療室内に常時備えていること。ただし、ウからカについては、当該保険医療機関内に備え、必要な際に迅速に使用でき、緊急の事態に十分対応できる場合においては、この限りではない。
　ア 救急蘇生装置（気管内挿管セット、人工呼吸装置等）
　イ 除細動器
　ウ ペースメーカー
　エ 心電計
　オ ポータブルエックス線撮影装置
　カ 呼吸循環監視装置
　キ 体外補助循環装置
　ク 急性血液浄化療法に必要な装置
(5) 自家発電装置を有している病院であって、当該病院において電解質定量検査及び血液ガス分析を含む必要な検査が常時実施できること。
(6) 原則として、当該治療室内はバイオクリーン

ルームであること。
(7) 当該治療室勤務の医師は、当該治療室に勤務している時間帯は、当該治療室以外での当直勤務を併せて行わないものとし、当該治療室勤務の看護師は、当該治療室に勤務している時間帯は、当該治療室以外での夜勤を併せて行わないものとすること。

第5 新生児特定集中治療室管理料
1 新生児特定集中治療室管理料1に関する施設基準
 (2) 新生児特定集中治療室管理を行うのにふさわしい専用の新生児特定集中治療室を有しており、当該新生児特定集中治療室の広さは、内法による測定で、1床当たり7平方メートル以上であること。
 (3) 当該管理を行うために必要な次に掲げる装置及び器具を新生児特定集中治療室内に常時備えていること。
  ア 救急蘇生装置（気管内挿管セット）
  イ 新生児用呼吸循環監視装置
  ウ 新生児用人工換気装置
  エ 微量輸液装置
  オ 経皮的酸素分圧監視装置又は経皮的動脈血酸素飽和度測定装置
  カ 酸素濃度測定装置
  キ 光線治療器
 (4) 自家発電装置を有している病院であって、当該病院において電解質定量検査及び血液ガス分析を含む必要な検査が常時実施できること。
 (5) 原則として、当該治療室はバイオクリーンルームであること。
 (6) 当該治療室勤務の医師は、当該治療室に勤務している時間帯は、治療室又は治療室、中間室及び回復室からなる病棟（正常新生児室及び一般小児病棟は含まれない。）以外での当直勤務を併せて行わないものとし、当該治療室勤務の看護師は、当該治療室に勤務している時間帯は、当該治療室以外での夜勤を併せて行わないものとすること。
2 新生児特定集中治療室管理料2に関する施設基準
 (2) 1の(2)から(5)までの施設基準を満たしていること。
 (3) 当該治療室勤務の看護師は、当該治療室に勤務している時間帯は、当該治療室以外での夜勤を併せて行わないものとすること。

第6 総合周産期特定集中治療室管理料
1 総合周産期特定集中治療室管理料に関する施設基準
 (1) 母体・胎児集中治療室管理料に関する施設基準
  ア 「疾病・事業及び在宅医療に係る医療提供体制について」（平成29年3月31日医政地発0331第3号）に規定する総合周産期母子医療センター又は地域周産期母子医療センターのいずれかであること。
  ウ 母体・胎児集中治療室管理を行うにふさわしい専用の母体・胎児集中治療室を有しており、当該集中治療室の広さは、内法による測定で、1床当たり15平方メートル以上であること。また、当該治療室に3床以上設置されていること。
  エ 帝王切開術が必要な場合、30分以内に児の娩出が可能となるよう保険医療機関内に、医師その他の各職員が配置されていること。
  オ 当該管理を行うために必要な次に掲げる装置及び器具を母体・胎児集中治療室内に常時備えていること。ただし、㈸及び㈽については、当該保険医療機関内に備え、必要な際に迅速に使用でき、緊急の事態に十分対応できる場合においては、この限りではない。
   ㈵ 救急蘇生装置（気管内挿管セット、人工呼吸装置等）
   ㈸ 心電計
   ㈷ 呼吸循環監視装置
   ㈲ 分娩監視装置
   ㈻ 超音波診断装置（カラードップラー法による血流測定が可能なものに限る。）
  カ 自家発電装置を有している病院であって、当該病院において電解質定量検査及び血液ガス分析を含む必要な検査が常時実施できること。
  キ 原則として、当該治療室はバイオクリーンルームであること。
 (2) 新生児集中治療室管理料に関する施設基準
  ア 「疾病・事業及び在宅医療に係る医療提供体制について」（平成29年3月31日医政地発0331第3号）に規定する総合周産期母子医療センター又は地域周産期母子医療センターのいずれかであること。
  イ 第5の1の(1)から(7)までを全て満たしていること。
  ウ 当該治療室に病床が6床以上設置されていること。

第7 新生児治療回復室入院医療管理料
1 新生児治療回復室入院医療管理料に関する施設基準
 (1) 病院である保険医療機関の一般病棟における特定の治療室を単位とすること。

(2) 当該保険医療機関内に、専任の小児科の常勤医師又は週3日以上常態として勤務しており、かつ、所定労働時間が週24時間上の勤務を行っている専任の小児科の非常勤医師が常時1名以上配置されていること。

(3) 当該管理を行うために必要な次に掲げる装置及び器具を当該治療室内に常時備えていること。ただし、当該治療室が新生児特定集中治療室又は新生児集中治療室と隣接しており、これらの装置及び器具を新生児特定集中治療室又は新生児集中治療室と共有しても緊急の事態に十分対応できる場合においては、この限りでない。

 ア　救急蘇生装置（気管内挿管セット）
 イ　新生児用呼吸循環監視装置
 ウ　新生児用人工換気装置
 エ　微量輸液装置
 オ　経皮的酸素分圧監視装置又は経皮的動脈血酸素飽和度測定装置
 カ　酸素濃度測定装置
 キ　光線治療器

(4) 自家発電装置を有している病院であって、当該病院において電解質定量検査及び血液ガス分析を含む必要な検査が常時実施できること。

第9　特殊疾患入院医療管理料

1　特殊疾患入院医療管理料に関する施設基準

(1) 当該病室の入院患者数の概ね8割以上が、脊髄損傷等の重度障害者、重度の意識障害者、筋ジストロフィー患者又は神経難病患者であること。なお、重度の意識障害者とは、次に掲げるものをいうものであり、病因が脳卒中の後遺症であっても、次の状態である場合には、重度の意識障害者となる。

 ア　意識障害レベルがＪＣＳ（Japan Coma Scale）でⅡ－3（又は30）以上又はＧＣＳ（Glasgow Coma Scale）で8点以下の状態が2週以上持続している患者
 イ　無動症の患者（閉じ込め症候群、無動性無言、失外套症候群等）

(3) 当該病室に係る病室床面積は、患者1人につき内法による測定で、**6.4平方メートル以上**であること。

第10　小児入院医療管理料

1　小児入院医療管理料に関する施設基準

(1) 小児入院医療管理料1、2、3又は4と小児入院医療管理料5の双方を算定することはできないものであること。

(2) 小児入院医療管理料において、小児科の常勤の医師とは、小児科又は小児外科を専任する常勤の医師のことをいう。

3　小児入院医療管理料の注2に規定する加算の施設基準

(1) 当該病棟に小児入院患者を専ら対象とする保育士が1名以上常勤していること。

(2) 内法による測定で**30平方メートル**のプレイルームがあること。プレイルームについては、当該病棟内（小児入院医療管理料5においては、主として小児が入院する病棟）にあることが望ましい。

(3) プレイルーム内には、入院中の小児の成長発達に合わせた遊具、玩具、書籍等があること。

第11　回復期リハビリテーション病棟入院料

1　通則

(1) 心大血管疾患リハビリテーション料(Ⅰ)、脳血管疾患等リハビリテーション料(Ⅰ)、(Ⅱ)若しくは(Ⅲ)、運動器リハビリテーション料(Ⅰ)若しくは(Ⅱ)又は呼吸器リハビリテーション料(Ⅰ)の届出を行っていること。

(2) 回復期リハビリテーション病棟に係る病室の床面積は、内法による測定で、患者1人につき、**6.4平方メートル以上**であること。

(3) 患者の利用に適した浴室及び便所が設けられていること。

(4) 病室に隣接する廊下の幅は内法による測定で、**1.8メートル以上**であることが望ましい。ただし、両側に居室がある廊下の幅は、**2.7メートル以上**であることが望ましい。

(8) 回復期リハビリテーションを要する状態の患者に対する1日当たりリハビリテーション提供単位数は平均2単位以上であること。なお、次のアに掲げる数をイに掲げる数で除して算出するものであること。

 ア　直近1か月間に回復期リハビリテーション病棟に入院する回復期リハビリテーションを要する状態の患者（「基本診療料の施設基準等」別表第九の二に掲げる状態の患者。以下同じ。）に対して提供された心大血管疾患リハビリテーション、脳血管疾患等リハビリテーション、廃用症候群リハビリテーション、運動器リハビリテーション及び呼吸器リハビリテーションの総単位数（その費用が回復期リハビリテーション病棟入院料に含まれるもの及び選定療養として行われたものを除く。）
 イ　直近1か月間に回復期リハビリテーション病

棟に入院していた回復期リハビリテーションを要する状態の患者の延入院日数

4　休日リハビリテーション提供体制加算の施設基準

⑵　当該保険医療機関において、休日を含め全ての日において、リハビリテーションを提供できる体制を備えていること。なお、リハビリテーションの提供体制については、当該保険医療機関のその他の病床におけるリハビリテーションの実施状況を踏まえ、適切な体制をとることとするが、回復期リハビリテーションが提供される患者に対し、休日の1日当たりリハビリテーション提供単位数も平均2単位以上であるなど、曜日により著しい提供単位数の差がないような体制とすること。

第12　地域包括ケア病棟入院料

1　地域包括ケア病棟入院料の施設基準

⑸　特定機能病院（医療法第4条の2第1項に規定する特定機能病院をいう。以下同じ。）以外の保険医療機関であること。

⑹　心大血管疾患リハビリテーション料(Ⅰ)、脳血管疾患等リハビリテーション料(Ⅰ)、(Ⅱ)若しくは(Ⅲ)、運動器リハビリテーション料(Ⅰ)若しくは(Ⅱ)、呼吸器リハビリテーション料(Ⅰ)又はがん患者リハビリテーション料の届出を行っていること。

⑺　⑹のリハビリテーションを提供する患者については、1日平均2単位以上提供していること。ただし、1患者が1日に算入できる単位数は9単位までとする。なお、当該リハビリテーションは地域包括ケア病棟入院料に包括されており、費用を別に算定することはできないため、当該病棟又は病室を含む病棟に専従の理学療法士等が提供しても差し支えない。また、当該入院料を算定する患者に提供したリハビリテーションは、疾患別リハビリテーションに規定する従事者1人あたりの実施単位数に含むものとする。

⑻　病室に隣接する廊下の幅は内法による測定で、1.8メートル以上であることが望ましい。ただし、両側に居室がある廊下の幅は、2.7メートル以上であることが望ましい。なお、廊下の幅が1.8メートル（両側居室の場合は2.7メートル）に満たない医療機関については、全面的な改築等を行うまでの間は1.8メートル（両側居室の場合は2.7メートル）未満であっても差し支えないが、全面的な改築等の予定について年1回報告を行うこと。

⑼　当該病棟若しくは病室を含む病棟に、又は当該医療機関内における当該病棟若しくは病室を含む病棟の近傍に患者の利用に適した浴室及び便所が設けられていること。

⑽　次のいずれかの基準を満たしていること。

ア　「特掲診療料の施設基準等及びその届出に関する手続きの取扱いについて」の別添1の第14の2に規定する在宅療養支援病院の届出を行っていること。

イ　「特掲診療料の施設基準等及びその届出に関する手続きの取扱いについて」の別添1の第16の3に規定する在宅療養後方支援病院の届出を行っており、直近1年間の在宅患者の受入実績が3件以上（区分番号「A206」在宅患者緊急入院診療加算の1を算定したものに限る。）であること。

ウ　医療法第30条の4の規定に基づき都道府県が作成する医療計画に記載されている第二次救急医療機関であること。

エ　救急病院等を定める省令に基づき認定された救急病院であること。

オ　訪問看護ステーションが当該保険医療機関と同一の敷地内に設置されていること。

2　地域包括ケア病棟入院料1の施設基準

⑶　当該病室の床面積は、内法による測定で、患者1人につき、6.4平方メートル以上であること。なお、平成27年3月31日までの間に、床面積について、壁芯による測定で届出が行われたものについては、平成27年4月1日以降も有効なものとして取扱う。

⑷　許可病床200床未満（「基本診療料の施設基準等」別表第6の2に掲げる地域に所在する保険医療機関にあっては240床）の保険医療機関であること。

⑽　病院の一般病棟又は療養病棟の病棟単位で行うものであること。

3　地域包括ケア入院医療管理料1の施設基準

⑸　病院の一般病棟又は療養病棟の病室単位で行うものであること。

⑹　2の⑶、⑷、⑻及び⑼を満たすものであること。

4　地域包括ケア病棟入院料2の施設基準

⑴　病院の一般病棟又は療養病棟の病棟単位で行うものであること。

⑵　2の⑴から⑶までを満たすものであること。

5　地域包括ケア入院医療管理料2の施設基準

⑴　病院の一般病棟又は療養病棟の病室単位で行うものであること。

⑵　2の⑶及び⑷並びに3の⑴を満たすものであること。

6　地域包括ケア病棟入院料3の施設基準

(1)　病院の一般病棟又は療養病棟の病棟単位で行うものであること。
　(2)　2の(4)から(9)までを満たすものであること。
7　地域包括ケア入院医療管理料3の施設基準
　(1)　病院の一般病棟又は療養病棟の病室単位で行うものであること。
　(2)　2の(4)、(8)及び(9)並びに3の(2)から(4)までを満たすものであること。
8　地域包括ケア病棟入院料4の施設基準
　(1)　病院の一般病棟又は療養病棟の病棟単位で行うものであること。
9　地域包括ケア入院医療管理料4の施設基準
　(1)　病院の一般病棟又は療養病棟の病室単位で行うものであること。
　(2)　2の(4)を満たすものであること。

第13　特殊疾患病棟入院料
1　特殊疾患病棟入院料に関する施設基準
　(1)　特殊疾患病棟入院料1又は2の施設基準
　　　ウ　当該病棟に係る病棟床面積は、患者1人につき内法による測定で、**16平方メートル以上**であること。なお、病棟床面積の算定に当たっては当該病棟内にある治療室、機能訓練室、浴室、廊下、デイルーム、食堂、面会室、ナースステーション、便所等の面積を算入しても差し支えない。
　(2)　特殊疾患病棟入院料1の施設基準
　　　当該病棟の入院患者数の概ね8割以上が、脊髄損傷等の重度障害者（平成20年10月1日以降は、脳卒中の後遺症の患者及び認知症の患者を除く。）、重度の意識障害者、筋ジストロフィー患者又は神経難病患者であること。なお、重度の意識障害者とは、次に掲げるものをいうものであり、病因が脳卒中の後遺症であっても、次の状態である場合には、重度の意識障害者となる。
　　　ア　意識障害レベルがJCS（Japan Coma Scale）でⅡ-3（又は30）以上又はGCS（Glasgow Coma Scale）で8点以下の状態が2週以上持続している患者
　　　イ　無動症の患者（閉じ込め症候群、無動性無言、失外套症候群等）
　(3)　特殊疾患病棟入院料2の施設基準
　　　次のいずれかの基準を満たしていること。
　　　ア　次のいずれかに該当する一般病棟又は精神病棟
　　　　(イ)　児童福祉法第43条の3に規定する肢体不自由児施設
　　　　(ロ)　児童福祉法第43条の4に規定する重症心身障害児施設
　　　　(ハ)　児童福祉法第7条第6項に規定する国立高度専門医療研究センター
　　　　(ニ)　児童福祉法第7条第6項に規定する独立行政法人国立病院機構の設置する医療機関であって厚生労働大臣の指定する医療機関
　　　イ　当該病棟の入院患者数の概ね8割以上が、重度の肢体不自由児（者）（日常生活自立度のランクB以上に限る。）等の重度の障害者（ただし、(2)に掲げる脊髄損傷等の重度障害者、筋ジストロフィー患者、神経難病患者、脳卒中の後遺症の患者及び認知症の患者（平成20年10月1日以降に限る。）を除く。）であること。

第14　緩和ケア病棟入院料
1　緩和ケア病棟入院料1に関する施設基準等
　(1)　主として悪性腫瘍患者又は後天性免疫不全症候群に罹患している患者を入院させ、緩和ケアを行う病棟を単位として行うこと。
　(6)　当該病棟に係る病棟床面積は、患者1人につき内法による測定で、**30平方メートル以上**であり、病室床面積は、患者1人につき内法による測定で、**8平方メートル以上**であること。
　(7)　当該病棟内に、患者家族の控え室、患者専用の台所、面談室、一定の広さを有する談話室を備えていること。
　(8)　当該病棟は全室個室であって差し支えないが、特別の療養環境の提供に係る病床の数が5割以下であること。
　(11)　がん診療の拠点となる病院は、別添3の第14の(12)と同様であること。
　　　また、がん診療の拠点となる病院又は公益財団法人日本医療機能評価機構等が行う医療機能評価を受けている病院に準じる病院とは、都道府県が当該地域においてがん診療の中核的な役割を担うと認めた病院又は公益財団法人日本医療機能評価機構が定める機能評価（緩和ケア病院）と同等の基準について、第三者の評価を受けている病院をいう。

第15　精神科救急入院料
1　精神科救急入院料に関する施設基準等
　(1)　医療法の規定に基づき許可を受け、若しくは届出をし、又は承認を受けた病床の数以上の入院患者を入院させていないこと。
　(7)　当該病棟の病床数は、1看護単位当たり**60床以下**であること。

(8) 当該病棟の病床のうち、隔離室を含む個室が半数以上を占めていること。
(9) 必要な検査及びＣＴ撮影が必要に応じて速やかに実施できる体制にあること。ただし、ＣＴ撮影については、他の保険医療機関との連携により速やかに実施できる体制が整備されていれば足りるものとする。

第16 精神科急性期治療病棟入院料

1 精神科急性期治療病棟入院料に関する施設基準等
(1) 同一保険医療機関内に精神科急性期治療病棟入院料1を算定すべき病棟と精神科急性期治療病棟入院料2を算定すべき病棟が混在することはできない。
(2) 精神科急性期治療病棟入院料1又は2の施設基準
ア 医療法の規定に基づき許可を受け、若しくは届出をし、又は承認を受けた病床の数以上の入院患者を入院させていない。
オ 当該病院が精神科救急医療システムに参加していること。
カ 当該病棟の病床数は、当該病院の精神病床数が300床以下の場合には60床以下であり、当該病院の精神病床数が300床を超える場合にはその2割以下である。
キ 当該病棟の病床数は、1看護単位当たり60床以下である。
ク 当該病棟に隔離室がある。

第16の2 精神科救急・合併症入院料

1 精神科救急・合併症入院料に関する施設基準等
(1) 医療法の規定に基づき許可を受け、若しくは届出をし、又は承認を受けた病床の数以上の入院患者を入院させていないこと。
(7) 当該病棟の病床数は、1看護単位当たり60床以下であること。
(8) 当該病棟に以下に定める合併症ユニットを有しており、当該病棟の病床のうち、隔離室を含む個室が半数以上を占める。なお、合併症ユニットの病床は個室として算入することができる。
ア 当該病棟の治療室単位であり、当該病棟の病床数の2割以上であること。
ウ 身体合併症管理を行うために必要な次に掲げる装置及び器具を当該病棟内に常時備えていること。
(イ) 救急蘇生装置
(ロ) 除細動器
(ハ) 心電計
(ニ) 呼吸循環監視装置
(9) 必要な検査及びＣＴ撮影が必要に応じて速やかに実施できる体制にある。

第16の3 児童・思春期精神科入院医療管理料

1 児童・思春期精神科入院医療管理料に関する施設基準
(1) 精神科を標榜する病院において精神病棟又は治療室を単位とすること。
(2) 当該病棟又は治療室における直近1か月間の入院患者数の概ね8割以上が、20歳未満の精神疾患を有する患者（精神作用物質使用による精神及び行動の障害の患者並びに知的障害の患者を除く。）であること。
(5) 病院内に学習室が設けられていること。
(6) 当該治療室の病床は30床以下であり、浴室、廊下、デイルーム、食堂、面会室、便所、学習室が、当該病棟の他の治療室とは別に設置されていること。

第17 精神療養病棟入院料

1 精神療養病棟入院料の施設基準等
(10) 当該病棟の病床数は、1看護単位当たり60床以下であること。
(11) 当該病棟に係る病室の病床数は、1病室につき6床以下であること。
(12) 当該病棟に係る病棟床面積は、患者1人につき内法による測定で18平方メートル以上であり、病室床面積は、患者1人につき内法による測定で、5.8平方メートル以上であること。なお、病棟床面積の算定に当たっては当該病棟内にある治療室、食堂、談話室、面会室、浴室、廊下、ナースステーション及び便所等の面積を算入しても差し支えない。
(13) 当該病棟に、当該病棟の入院患者同士が使用できる談話室、食堂、面会室、浴室（又はシャワー室）及び公衆電話が設けられている。ただし、談話室、食堂、面会室については兼用であっても差し支えない。
(14) 当該病棟に鉄格子がないこと。ただし、既存の病棟については、届出後1年間の経過措置を認める。
(15) 当該病院に、専用の作業療法室又は生活機能回復訓練室を有していること。

第19 認知症治療病棟入院料

1 認知症治療病棟入院料の施設基準等
(3) 認知症治療病棟入院料1の施設基準
オ 当該病棟における1看護単位は、概ね40から

60床までを上限とすること。
　カ　当該病棟の患者1人当たりの面積は、内法による測定で、**18平方メートル**（管理部分を除く。）を標準とすること。ただし、平成20年3月31日時点で特殊疾患療養病棟入院料2を算定している病棟から当該病棟へ移行した場合は、当分の間、内法による測定で、**16平方メートル**（治療室、機能訓練室、浴室、廊下、デイルーム、食堂、面会室、ナースステーション、便所等の面積を含む。）であっても、認めることとする。
　キ　認知症治療病棟入院医療を行うにふさわしいデイルーム等の共有空間がある等高齢者の行動しやすい廊下を有していること。
　ク　認知症治療病棟入院医療を行うにふさわしい、広さ**60平方メートル以上**（内法による測定に基づく。）の専用の生活機能回復訓練室（平成20年3月31日時点で特殊疾患療養病棟入院料2を算定している病棟から当該病棟へ移行した場合は、当分の間、代用的に生活機能回復訓練等が行える場所（デイルーム等））を有し、当該病棟に入院している全ての患者に対して、次に掲げる生活機能回復訓練等を行うこと。
　　(イ)　医師の指導監督の下で、作業療法士、看護師、精神保健福祉士の従事者により、精神症状等の軽快及び生活機能の回復を目的に看護並びに生活機能回復のための訓練及び指導を集中的に行う。
　　(ロ)　医師の診療に基づき心理検査の結果等を踏まえて作成した患者ごとの治療計画に基づき、看護並びに生活機能回復のための訓練及び指導を集中的に行うとともに、定期的にその評価を行う等計画的な治療を行う。
　　(ハ)　生活機能回復のための訓練及び指導を、生活機能回復訓練室等において患者1人当たり1日4時間、週5回行う。ただし、当該訓練及び指導は患者の状態に応じて行うものとし、認知症患者リハビリテーション料又は精神科作業療法を算定した場合は、その時間を含めて差し支えない。
(4)　認知症治療病棟入院料2の施設基準
　ウ　当該病棟における1看護単位は、概ね**60床を上限**とする。
　エ　当該病棟の患者1人当たりの面積は、内法による測定で、**18平方メートル**（管理部分を除く。）以上とする。ただし、平成20年3月31日時点で特殊疾患療養病棟入院料2を算定している病棟から当該病棟へ移行した場合は、当分の間、内法による測定で、**16平方メートル**（治療室、機能訓練室、浴室、廊下、デイルーム、食堂、面会室、ナースステーション、便所等の面積を含む。）であっても、認めることとする。
　オ　認知症治療病棟入院医療を行うにふさわしい、広さ**60平方メートル以上**（内法による測定に基づく。）の専用の生活機能回復訓練室（平成20年3月31日時点で特殊疾患療養病棟入院料2を算定している病棟から当該病棟へ移行した場合は、当分の間、代用的に生活機能回復訓練等が行える場所（デイルーム等））を有し、当該病棟に入院している全ての患者に対して、次に掲げる生活機能回復機能訓練等を行うこと。
　　(イ)　医師の指導監督の下で、作業療法士、看護師又は精神保健福祉士の従事者により、精神症状等の軽快及び生活機能の回復を目的に看護並びに生活機能回復のための訓練及び指導を集中的に行う。
　　(ロ)　医師の診療に基づき心理検査の結果等を踏まえて作成した患者ごとの治療計画に基づき、看護並びに生活機能回復のための訓練及び指導を集中的に行うとともに、定期的にその評価を行う等計画的な治療を行う。
　　(ハ)　生活機能回復のための訓練及び指導を、生活機能回復訓練室等において患者1人当たり1日4時間、週5回行う。ただし、当該訓練及び指導は患者の状態に応じて行うものとし、認知症患者リハビリテーション料又は精神科作業療法を算定した場合は、その時間を含めて差し支えない。

第20　特定一般病棟入院料

1　特定一般病棟入院料の施設基準等
(1)　医療提供体制の確保の状況に鑑み、別紙2に定められた地域に所在する保険医療機関のうち、一般病棟が1病棟で構成される病院である保険医療機関であること。
(5)　特定一般病棟入院料（地域包括ケア1）の施設基準等
　エ　心大血管疾患リハビリテーション料(I)、脳血管疾患等リハビリテーション料(I)、(II)若しくは(III)、運動器リハビリテーション料(I)若しくは(II)、呼吸器リハビリテーション料(I)又はがん患者リハビリテーション料の届出を行っていること。
　オ　エのリハビリテーションを提供する患者については、1日平均2単位以上提供していること。

カ 当該病室の床面積は、内法による測定で、患者1人につき、6.4平方メートル以上であること。

キ 病室に隣接する廊下の幅は内法による測定で、1.8メートル以上であることが望ましい。ただし、両側に居室がある廊下の幅は、2.7メートル以上であることが望ましい。なお、廊下の幅が1.8メートル（両側居室の場合は2.7メートル）に満たない医療機関については、全面的な改築等を行うまでの間は1.8メートル（両側居室の場合は2.7メートル）未満であっても差し支えないが、全面的な改築等の予定について年1回報告を行うこと。

別添5
短期滞在手術等基本料の施設基準等
短期滞在手術等基本料に関する施設基準は、「基本診療料の施設基準等」の他、下記のとおりとする。
1 短期滞在手術等基本料1に関する施設基準
(1) 術後の患者の回復のために適切な専用の病床を有する回復室が確保されていること。ただし、当該病床は必ずしも許可病床である必要はない。
(3) 当該保険医療機関が、退院後概ね3日間の患者に対して24時間緊急対応の可能な状態にあること。又は当該保険医療機関と密接に提携しており、当該手術を受けた患者について24時間緊急対応が可能な状態にある保険医療機関があること。

特掲診療料の施設基準等（抄）

（平成20年3月5日　厚生労働省告示第63号）

注　平成30年5月21日厚生労働省告示第229号改正現在

第4 在宅医療
1 **在宅療養支援病院**
次のいずれかに該当するものであること。
(1) 次のいずれの基準にも該当するものであること。
イ 保険医療機関である病院であって、許可病床数が200床（基本診療料の施設基準等別表第6の2に掲げる地域に所在する保険医療機関にあっては240床）未満のもの又は当該病院を中心とした半径4キロメートル以内に診療所が存在しないものであること。
ト 当該病院において、緊急時に在宅での療養を行っている患者が入院できる病床を常に確保していること。
(2) 他の保険医療機関（診療所又は許可病床数が200床（基本診療料の施設基準等の別表第6の2に掲げる地域に所在する保険医療機関にあっては240床）未満の病院に限る。）と地域における在宅療養の支援に係る連携体制を構築している病院であって、次のいずれの基準にも該当するものであること。
イ 保険医療機関である病院であって、許可病床数が200床（基本診療料の施設基準等別表第6の2に掲げる地域に所在する保険医療機関にあっては240床）未満のものであること。
ト 当該病院において、緊急時に在宅での療養を行っている患者が入院できる病床を常に確保していること。

第8 注射
1 外来化学療法加算の施設基準
(2) 外来化学療法を行うにつき必要な機器及び十分な専用施設を有していること。
3 無菌製剤処理料の施設基準等
(1) 無菌製剤処理料の施設基準
イ 病院であること。
ロ 無菌製剤処理を行うにつき十分な施設を有していること。
ハ 無菌製剤処理を行うにつき必要な体制が整備されていること。

第9 リハビリテーション
1 **心大血管疾患リハビリテーション料、脳血管疾患等リハビリテーション料、廃用症候群リハビリテーション料、運動器リハビリテーション料及び呼吸器リハビリテーション料の施設基準等**
(2) 心大血管疾患リハビリテーション料、脳血管疾患等リハビリテーション料、廃用症候群リハビリテーション料、運動器リハビリテーション料及び呼吸器リハビリテーション料の施設基準
ハ 心大血管疾患リハビリテーション料、脳血管疾患等リハビリテーション料、廃用症候群リハ

ビリテーション料、運動器リハビリテーション料又は呼吸器リハビリテーション料を行うにつきそれぞれ十分な施設を有していること。
ニ　心大血管疾患リハビリテーション料、脳血管疾患等リハビリテーション料、廃用症候群リハビリテーション料、運動器リハビリテーション料又は呼吸器リハビリテーション料を行うにつきそれぞれ必要な器械・器具が具備されていること。

2　難病患者リハビリテーション料の施設基準等
(1)　難病患者リハビリテーション料の施設基準
ニ　難病患者リハビリテーションを行うにつき十分な専用施設を有していること。
ホ　難病患者リハビリテーションを行うにつき必要な器械・器具が具備されていること。

3　障害児（者）リハビリテーション料の施設基準等
(1)　障害児（者）リハビリテーション料の施設基準
イ　児童福祉法第42条第2号に規定する医療型障害児入所施設（主として肢体不自由のある児童又は重症心身障害児を入所させるものに限る。）若しくは同法第6条の2の2に規定する指定発達支援医療機関又は保険医療機関であって当該保険医療機関においてリハビリテーションを実施している患者のうち、おおむね8割以上が別表第10の2に該当する患者（ただし加齢に伴って生ずる心身の変化に起因する疾病の者を除く。）であるもの。
ホ　障害児（者）リハビリテーションを行うにつき十分な専用施設を有していること。
ヘ　障害児（者）リハビリテーションを行うにつき必要な器械・器具が具備されていること。

3の2　がん患者リハビリテーション料の施設基準等
(1)　がん患者リハビリテーション料の施設基準
ニ　がん患者に対するリハビリテーションを行うにつき十分な専用施設を有していること。
ホ　がん患者に対するリハビリテーションを行うにつき必要な器械・器具が具備されていること。

4　集団コミュニケーション療法料の施設基準等
(1)　集団コミュニケーション療法料の施設基準
イ　脳血管疾患等リハビリテーション料(Ⅰ)、脳血管疾患等リハビリテーション料(Ⅱ)若しくは脳血管疾患等リハビリテーション料(Ⅲ)又は障害児（者）リハビリテーション料の届出を行っている施設であること。
ホ　集団コミュニケーション療法である言語聴覚療法を行うにつき十分な専用施設を有していること。
ヘ　集団コミュニケーション療法である言語聴覚療法を行うにつき必要な器械・器具が具備されていること。

第10　精神科専門療法
1の4　認知療法・認知行動療法の施設基準
(1)　当該保険医療機関における認知療法・認知行動療法に関する講習を受けた医師の有無を地方厚生局長等に届け出ていること。

1の6　精神科作業療法、精神科ショート・ケア、精神科デイ・ケア、精神科ナイト・ケア若しくは精神科デイ・ナイト・ケア又は重度認知症患者デイ・ケアの施設基準
(3)　当該精神科作業療法、精神科ショート・ケア、精神科デイ・ケア、精神科ナイト・ケア若しくは精神科デイ・ナイト・ケア又は重度認知症患者デイ・ケアを行うにつき十分な専用施設を有していること。

特掲診療料の施設基準等及びその届出に関する手続きの取扱いについて（抄）

（平成30年3月5日　保医発0305第3号　厚生労働省保険局医療課長・厚生労働省保険局歯科医療管理官連名通知）

別添1
特掲診療料の施設基準等
第1の2　ウイルス疾患指導料
1　ウイルス疾患指導料注2に規定する加算に関する施設基準
(5)　プライバシーの保護に配慮した診察室及び相談室が備えられていること。

第8　開放型病院共同指導料
1　開放型病院共同指導料に関する施設基準
(1)　当該病院の施設・設備の開放について、開放利用に関わる地域の医師会等との合意（契約等）があり、かつ、病院の運営規程等にこれが明示され

(3) 開放病床は概ね5床以上あること。

第12　薬剤管理指導料
1　薬剤管理指導料に関する施設基準
(2) 医薬品情報の収集及び伝達を行うための専用施設（以下「医薬品情報管理室」という。）を有し、常勤の薬剤師が1人以上配置されていること。

第14の2　在宅療養支援病院
1　在宅療養支援病院の施設基準
(1) 病院であって、当該病院単独で以下の要件のいずれにも該当し、緊急時の連絡体制及び24時間往診できる体制等を確保していること。
　ア　許可病床数が200床（「基本診療料の施設基準等」別表第6の2に掲げる地域に所在する保険医療機関にあっては240床）未満の病院であること又は当該病院を中心とした半径4キロメートル以内に診療所が存在しないものであること。なお、半径4キロメートル以内に当該病院以外の病院が存在しても差し支えない。
　　また、当該病院が届出を行った後に半径4キロメートル以内に診療所が開設された場合にあっても、当分の間、当該病院を在宅療養支援病院として取り扱うこととして差し支えない。
(2) 他の保険医療機関と地域における在宅療養の支援に係る連携体制（診療所又は許可病床数が200床（「基本診療料の施設基準等」別表第6の2に掲げる地域に所在する保険医療機関にあっては240床）未満の病院により構成されたものに限る。以下この項において「在宅支援連携体制」という。）を構築している病院であって、以下の要件のいずれにも該当し、緊急時の連絡体制及び24時間往診できる体制等を確保していること。
　　ただし、在宅支援連携体制を構築する複数の保険医療機関の数は、当該病院を含めて10未満とする。
　　なお、当該在宅支援連携体制は、これを構成する診療所及び病院（許可病床数が200床（「基本診療料の施設基準等」別表第6の2に掲げる地域に所在する保険医療機関にあっては240床）未満のものに限る。）が、診療所にあっては第9の1(2)の要件、病院にあっては以下の要件を全て満たし、在宅療養支援診療所又は在宅療養支援病院となることを想定しているものである。
　ア　許可病床数が200床（「基本診療料の施設基準等」別表第6の2に掲げる地域に所在する保険医療機関にあっては240床）未満の病院であること。
　キ　当該病院において、緊急時に在宅での療養を行っている患者が入院できる病床を常に確保していること。
(3) 以下の要件のいずれにも該当し、緊急時の連絡体制及び24時間往診できる体制等を確保していること。
　ア　許可病床数が200床（「基本診療料の施設基準等」別表第6の2に掲げる地域に所在する保険医療機関にあっては240床）未満の病院であること又は当該病院を中心とした半径4キロメートル以内に診療所が存在しないものであること。なお、半径4キロメートル以内に当該病院以外の病院が存在しても差し支えない。
　　また、当該病院が届出を行った後に半径4キロメートル以内に診療所が開設された場合にあっても、当分の間、当該病院を在宅療養支援病院として取り扱うこととして差し支えない。
　カ　当該病院において、緊急時に在宅での療養を行っている患者が入院できる病床を常に確保していること。

第16の5　在宅血液透析指導管理料
1　在宅血液透析指導管理料の施設基準
(1) 在宅血液透析指導管理を実施する保険医療機関は専用透析室及び人工腎臓装置を備えなければならない。

第36の2　抗悪性腫瘍剤処方管理加算
1　抗悪性腫瘍剤処方管理加算に関する施設基準
(1) 許可病床数が200床以上の病院であること。

第37　外来化学療法加算
1　外来化学療法加算1に関する施設基準
(1) 外来化学療法を実施するための専用のベッド（点滴注射による化学療法を実施するに適したリクライニングシート等を含む。）を有する治療室を保有していること。なお、外来化学療法を実施している間は、当該治療室を外来化学療法その他の点滴注射（輸血を含む。）以外の目的で使用することは認められないものであること。
2　外来化学療法加算2に関する施設基準
(1) 外来化学療法を実施するための専用のベッド（点滴注射による化学療法を実施するに適したリクライニングシート等を含む。）を有する治療室を保有していること。なお、外来化学療法を実施している間は、当該治療室を外来化学療法その他の点滴注射（輸血を含む。）以外の目的で使用することは認められないものであること。

第37の2　無菌製剤処理料

1　無菌製剤処理料に関する施設基準
(2)　無菌製剤処理を行うための専用の部屋（内法による測定で5平方メートル以上）を有していること。
(3)　無菌製剤処理を行うための無菌室、クリーンベンチ又は安全キャビネットを備えていること。

第38　心大血管疾患リハビリテーション料(Ⅰ)

1　心大血管疾患リハビリテーション料(Ⅰ)に関する施設基準
(3)　専用の機能訓練室（少なくとも、病院については、内法による測定で30平方メートル以上、診療所については、内法による測定で20平方メートル以上）を有していること。専用の機能訓練室は、当該療法を実施する時間帯以外の時間帯において、他の用途に使用することは差し支えない。また、当該療法を実施する時間帯に、他の疾患別リハビリテーション、障害児（者）リハビリテーション又はがん患者リハビリテーションを同一の機能訓練室で行う場合には、それぞれの施設基準を満たしていれば差し支えない。それぞれの施設基準を満たす場合とは、例えば、心大血管疾患リハビリテーションと脳血管疾患等リハビリテーションを同一の時間帯に実施する場合には、機能訓練室の面積は、それぞれのリハビリテーションの施設基準で定める面積を合計したもの以上である必要があり、必要な器械・器具についても、兼用ではなく、それぞれのリハビリテーション専用のものとして備える必要があること。
(5)　専用の機能訓練室には、当該療法を行うために必要な以下の器械・器具を備えていること。
ア　酸素供給装置
イ　除細動器
ウ　心電図モニター装置
エ　トレッドミル又はエルゴメータ
オ　血圧計
カ　救急カート
　　また、当該保険医療機関内に以下の器械を備えていること。
　　運動負荷試験装置
(8)　届出保険医療機関又は連携する別の保険医療機関（循環器科又は心臓血管外科を標榜するものに限る。以下この項において同じ。）において、緊急手術や、緊急の血管造影検査を行うことができる体制が確保されていること。
(9)　届出保険医療機関又は連携する別の保険医療機関において、救命救急入院料又は特定集中治療室管理料の届出がされており、当該治療室が心大血管疾患リハビリテーションの実施上生じた患者の緊急事態に使用できること。

第39　心大血管疾患リハビリテーション料(Ⅱ)

1　心大血管疾患リハビリテーション料(Ⅱ)に関する施設基準
(3)　専用の機能訓練室（少なくとも、病院については、内法による測定で、30平方メートル以上、診療所については、内法による測定で、20平方メートル以上）を有していること。専用の機能訓練室は、当該療法を実施する時間帯以外の時間帯において、他の用途に使用することは差し支えない。また、当該療法を実施する時間帯に、他の疾患別リハビリテーション、障害児（者）リハビリテーション又はがん患者リハビリテーションを同一の機能訓練室で行う場合には、それぞれの施設基準を満たしていれば差し支えない。それぞれの施設基準を満たす場合とは、例えば、心大血管疾患リハビリテーションと脳血管疾患等リハビリテーションを同一の時間帯に実施する場合には、機能訓練室の面積は、それぞれのリハビリテーションの施設基準で定める面積を合計したもの以上である必要があり、必要な器械・器具についても、兼用ではなく、それぞれのリハビリテーション専用のものとして備える必要があること。
(5)　専用の機能訓練室には、当該療法を行うために必要な以下の器械・器具を備えていること。
ア　酸素供給装置
イ　除細動器
ウ　心電図モニター装置
エ　トレッドミル又はエルゴメータ
オ　血圧計
カ　救急カート
　　また、当該保険医療機関内に以下の器械を備えていること。
　　運動負荷試験装置
(8)　届出保険医療機関又は連携する別の保険医療機関（循環器科又は心臓血管外科を標榜するものに限る。以下この項において同じ。）において、緊急手術や、緊急の血管造影検査を行うことができる体制が確保されていること。
(9)　届出保険医療機関又は連携する別の保険医療機関において、救命救急入院料又は特定集中治療室管理料の届出がされており、当該治療室が心大血管疾患リハビリテーションの実施上生じた患者の

緊急事態に使用できること。

第40 脳血管疾患等リハビリテーション料(I)

1 脳血管疾患等リハビリテーション料(I)に関する施設基準

(3) 治療・訓練を十分実施し得る専用の機能訓練室（少なくとも、内法による測定で**160平方メートル以上**）を有していること。専用の機能訓練室は、当該療法を実施する時間帯以外の時間帯において、他の用途に使用することは差し支えない。また、専用の機能訓練室は、疾患別リハビリテーション、障害児（者）リハビリテーション又はがん患者リハビリテーションを実施している時間帯において「専用」ということであり、疾患別リハビリテーション、障害児（者）リハビリテーション又はがん患者リハビリテーションを同一の機能訓練室において同時に行うことは差し支えない。ただし、同一の時間帯において心大血管疾患リハビリテーションを行う場合にあっては、それぞれの施設基準を満たしていること。なお、言語聴覚療法を行う場合は、遮蔽等に配慮した専用の個別療法室（内法による測定で**8平方メートル以上**）1室以上を別に有していること。

(4) 当該療法を行うために必要な施設及び器械・器具として、以下のものを具備していること。これらの器械等については、当該保険医療機関が、指定通所リハビリテーションを実施する場合であって、リハビリテーションの提供に支障が生じない場合に、指定通所リハビリテーション事業所の利用者が使用しても差し支えない。

歩行補助具、訓練マット、治療台、砂嚢などの重錘、各種測定用器具（角度計、握力計等）、血圧計、平行棒、傾斜台、姿勢矯正用鏡、各種車椅子、各種歩行補助具、各種装具（長・短下肢装具等）、家事用設備、各種日常生活動作用設備　等。ただし、言語聴覚療法を行う場合は、聴力検査機器、音声録音再生装置、ビデオ録画システム等を有すること。必要に応じ、麻痺側の関節の屈曲・伸展を補助し運動量を増加させるためのリハビリテーション用医療機器を備えること。

(5) 言語聴覚療法のみを実施する場合は、上記基準にかかわらず、以下のアからエまでの基準を全て満たす場合は、脳血管疾患等リハビリテーション料(I)の基準を満たすものとする。

ウ　遮蔽等に配慮した専用の個別療法室（内法による測定で**8平方メートル以上**）を有していること。

エ　言語聴覚療法に必要な、聴力検査機器、音声録音再生装置、ビデオ録画システム等の器械・器具を具備していること。

第40の2 脳血管疾患等リハビリテーション料(Ⅱ)

1 脳血管疾患等リハビリテーション料(Ⅱ)に関する施設基準

(3) 治療・訓練を十分実施し得る専用の機能訓練室（少なくとも、病院については内法による測定で**100平方メートル以上**、診療所については内法による測定で**45平方メートル以上**）を有していること。専用の機能訓練室は、当該療法を実施する時間帯以外の時間帯において、他の用途に使用することは差し支えない。また、専用の機能訓練室は、疾患別リハビリテーション、障害児（者）リハビリテーション又はがん患者リハビリテーションを実施している時間帯において「専用」ということであり、疾患別リハビリテーション、障害児（者）リハビリテーション又はがん患者リハビリテーションを同一の機能訓練室において同時に行うことは差し支えない。ただし、同一の時間帯において心大血管疾患リハビリテーションを行う場合にあっては、それぞれの施設基準を満たしていること。なお、言語聴覚療法を行う場合は、遮蔽等に配慮した専用の個別療法室（内法による測定で**8平方メートル以上**）1室以上を別に有していること。

(5) 当該療法を行うために必要な施設及び器械・器具として、以下のものを具備していること。

歩行補助具、訓練マット、治療台、砂嚢などの重錘、各種測定用器具（角度計、握力計等）、血圧計、平行棒、傾斜台、姿勢矯正用鏡、各種車椅子、各種歩行補助具、各種装具（長・短下肢装具等）、家事用設備、各種日常生活動作用設備　等。ただし、言語聴覚療法を行う場合は、聴力検査機器、音声録音再生装置、ビデオ録画システム等を有すること。

第41 脳血管疾患等リハビリテーション料(Ⅲ)

1 脳血管疾患等リハビリテーション料(Ⅲ)に関する施設基準

(3) 治療・訓練を十分実施し得る専用の機能訓練室（少なくとも、病院については内法による測定で**100平方メートル以上**、診療所については内法による測定で**45平方メートル以上とする。**）を有していること。専用の機能訓練室は、当該療法を実施する時間帯以外の時間帯において、他の用途に使用することは差し支えない。また、専用の機能

訓練室は、疾患別リハビリテーション、障害児（者）リハビリテーション又はがん患者リハビリテーションを実施している時間帯において「専用」ということであり、疾患別リハビリテーション、障害児（者）リハビリテーション又はがん患者リハビリテーションを同一の機能訓練室において同時に行うことは差し支えない。ただし、同一の時間帯において心大血管疾患リハビリテーションを行う場合にあっては、それぞれの施設基準を満たしていること。なお、言語聴覚療法を行う場合は、遮蔽等に配慮した専用の個別療法室（内法による測定で**8平方メートル以上**）1室以上を別に有していることとし、言語聴覚療法のみを行う場合は、当該個別療法室があれば前段に規定する専用の施設は要しない。

　(5)　当該療法を行うために必要な施設及び器械・器具として以下のものを具備していること。

　　　歩行補助具、訓練マット、治療台、砂嚢などの重錘、各種測定用器具等。ただし、言語聴覚療法を行う場合は、聴力検査機器、音声録音再生装置、ビデオ録画システム等を有すること。

第42　運動器リハビリテーション料(Ⅰ)

1　運動器リハビリテーション料(Ⅰ)に関する施設基準

　(3)　治療・訓練を十分実施し得る専用の機能訓練室（少なくとも、病院については内法による測定で**100平方メートル以上**、診療所については内法による測定で**45平方メートル以上**）を有していること。専用の機能訓練室は、当該療法を実施する時間帯以外の時間帯において、他の用途に使用することは差し支えない。また、専用の機能訓練室は、疾患別リハビリテーション、障害児（者）リハビリテーション又はがん患者リハビリテーションを実施している時間帯において「専用」ということであり、疾患別リハビリテーション、障害児（者）リハビリテーション又はがん患者リハビリテーションを同一の機能訓練室において同時に行うことは差し支えない。ただし、同一の時間帯において心大血管疾患リハビリテーションを行う場合にあっては、それぞれの施設基準を満たしていること。

　(5)　治療・訓練を行うための以下の器具等を具備していること。

　　　各種測定用器具（角度計、握力計等）、血圧計、平行棒、姿勢矯正用鏡、各種車椅子、各種歩行補助具等

第42の2　運動器リハビリテーション料(Ⅱ)

1　運動器リハビリテーション料(Ⅱ)に関する施設基準

　(3)　治療・訓練を十分実施し得る専用の機能訓練室（少なくとも、病院については内法による測定で**100平方メートル以上**、診療所については内法による測定で**45平方メートル以上**）を有していること。専用の機能訓練室は、当該療法を実施する時間帯以外の時間帯において、他の用途に使用することは差し支えない。また、専用の機能訓練室は、疾患別リハビリテーション、障害児（者）リハビリテーション及びがん患者リハビリテーションを実施している時間帯において「専用」ということであり、疾患別リハビリテーション、障害児（者）リハビリテーション又はがん患者リハビリテーションを同一の機能訓練室において同時に行うことは差し支えない。ただし、同一の時間帯において心大血管疾患リハビリテーションを行う場合にあっては、それぞれの施設基準を満たしていること。

　(5)　治療・訓練を行うための以下の器具等を具備していること。

　　　各種測定用器具（角度計、握力計等）、血圧計、平行棒、姿勢矯正用鏡、各種車椅子、各種歩行補助具等

第43　運動器リハビリテーション料(Ⅲ)

1　運動器リハビリテーション料(Ⅲ)に関する施設基準

　(3)　治療・訓練を十分実施し得る専用の機能訓練室（少なくとも、内法による測定で**45平方メートル以上とする。**）を有していること。専用の機能訓練室は、当該療法を実施する時間帯以外の時間帯において、他の用途に使用することは差し支えない。また、専用の機能訓練室は、疾患別リハビリテーション、障害児（者）リハビリテーション又はがん患者リハビリテーションを実施している時間帯において「専用」ということであり、疾患別リハビリテーション、障害児（者）リハビリテーション又はがん患者リハビリテーションを同一の機能訓練室において同時に行うことは差し支えない。ただし、同一の時間帯において心大血管疾患リハビリテーションを行う場合にあっては、それぞれの施設基準を満たしていること。

　(5)　治療・訓練を行うための以下の器具等を具備していること。

　　　歩行補助具、訓練マット、治療台、砂嚢などの重錘、各種測定用器具等

第44　呼吸器リハビリテーション料(Ⅰ)

1　呼吸器リハビリテーション料(Ⅰ)に関する施設基準

(3) 治療・訓練を十分実施し得る専用の機能訓練室（少なくとも、病院については内法による測定で**100平方メートル以上**、診療所については内法による測定で**45平方メートル以上**とする。）を有していること。専用の機能訓練室は、当該療法を実施する時間帯以外の時間帯において、他の用途に使用することは差し支えない。また、専用の機能訓練室は、疾患別リハビリテーション、障害児（者）リハビリテーション又はがん患者リハビリテーションを実施している時間帯において「専用」ということであり、疾患別リハビリテーション、障害児（者）リハビリテーション又はがん患者リハビリテーションを同一の機能訓練室において同時に行うことは差し支えない。ただし、同一の時間帯において心大血管疾患リハビリテーションを行う場合にあっては、それぞれの施設基準を満たしていること。
(5) 治療・訓練を行うための以下の各種計測用器具等を具備していること。
　　呼吸機能検査機器、血液ガス検査機器等

第45　呼吸器リハビリテーション料(Ⅱ)

1　呼吸器リハビリテーション料(Ⅱ)に関する施設基準
(3) 治療・訓練を十分実施し得る専用の機能訓練室（少なくとも、内法による測定で**45平方メートル以上**とする。）を有していること。専用の機能訓練室は、当該療法を実施する時間帯以外の時間帯において、他の用途に使用することは差し支えない。また、専用の機能訓練室は、疾患別リハビリテーション、障害児（者）リハビリテーション及びがん患者リハビリテーションを実施している時間帯において「専用」ということであり、疾患別リハビリテーション、障害児（者）リハビリテーション又はがん患者リハビリテーションを同一の機能訓練室において同時に行うことは差し支えない。ただし、同一の時間帯において心大血管疾患リハビリテーションを行う場合にあっては、それぞれの施設基準を満たしていること。
(5) 治療・訓練を行うための以下の器具等を具備していること。
　　呼吸機能検査機器、血液ガス検査機器等

第46　難病患者リハビリテーション料

1　難病患者リハビリテーション料に関する施設基準
(3) 取り扱う患者数は、従事者１人につき１日20人を限度とすること。
(4) 難病患者リハビリテーションを行うにふさわしい専用の機能訓練室を有しており、当該機能訓練室の広さは、内法による測定で**60平方メートル以上**とし、かつ、患者１人当たりの面積は、内法による測定で**4.0平方メートル**を標準とすること。なお、専用の機能訓練室には疾患別リハビリテーション又は障害児（者）リハビリテーションを行う機能訓練室を充てて差し支えない。
(6) 当該訓練を行うために必要な専用の器械・器具として、以下のものを具備していること。
　ア　訓練マットとその付属品
　イ　姿勢矯正用鏡
　ウ　車椅子
　エ　各種杖
　オ　各種測定用器具（角度計、握力計等）

第47　障害児（者）リハビリテーション料

1　障害児（者）リハビリテーション料に関する施設基準
(1) 当該リハビリテーションを実施する保険医療機関は、次のいずれかであること。
　ア　児童福祉法（昭和22年法律第164号）第42条第２号に規定する医療型障害児入所施設（主として肢体不自由のある児童又は重症心身障害児（同法第７条第２項に規定する重症心身障害児をいう。）を入所させるものに限る。）
　イ　児童福祉法第６条の２の２に規定する指定発達支援医療機関
　ウ　当該保険医療機関においてリハビリテーションを実施している外来患者のうち、概ね８割以上が別表第十の二に該当する患者（ただし加齢に伴って生ずる心身の変化に起因する疾病の者を除く。）である医療機関（概ね８割であることの要件については、暦月で３か月を超えない期間の１割以内の変動である場合には、要件を満たすものであること。）
(5) 障害児（者）リハビリテーションを行うにふさわしい専用の機能訓練室（少なくとも、病院については、内法による測定で**60平方メートル以上**、診療所については、内法による測定で**45平方メートル以上**とする。）を有すること。専用の機能訓練室は、当該療法を実施する時間帯以外の時間帯において、他の用途に使用することは差し支えない。また、専用の機能訓練室は、疾患別リハビリテーション、障害児（者）リハビリテーション及びがん患者リハビリテーションを実施している時間帯において「専用」ということであり、疾患別リハビリテーション、障害児（者）リハビリテーション及びがん患者リハビリテーションを同時に

行うことは差し支えない。ただし、同一の時間帯において心大血管疾患リハビリテーションを行う場合にあっては、それぞれの施設基準を満たしていること。また、言語聴覚療法を行う場合は、遮蔽等に配慮した専用の個別療法室（内法による測定で8平方メートル以上）1室以上を別に有していること。
(7) 当該訓練を行うために必要な専用の器械・器具として、以下のものを具備していること。
ア 訓練マットとその付属品
イ 姿勢矯正用鏡
ウ 車椅子
エ 各種杖
オ 各種測定用器具（角度計、握力計等）
(9) 定期的に担当の多職種が参加するカンファレンスが開催されていること。

第47の2 がん患者リハビリテーション料
1 がん患者リハビリテーション料に関する施設基準
(3) 治療・訓練を十分実施し得る専用の機能訓練室（少なくとも、内法による測定で**100平方メートル以上**）を有していること。専用の機能訓練室は、当該療法を実施する時間帯以外の時間帯において、他の用途に使用することは差し支えない。また、専用の機能訓練室は、疾患別リハビリテーション、障害児（者）リハビリテーション又はがん患者リハビリテーションを実施している時間帯において「専用」ということであり、疾患別リハビリテーション、障害児（者）リハビリテーション又はがん患者リハビリテーションを同一の機能訓練室において同時に行うことは差し支えない。ただし、同一の時間帯において心大血管疾患リハビリテーションを行う場合にあっては、それぞれの施設基準を満たしていること。
(5) 当該療法を行うために必要な施設及び器械・器具として、以下のものを具備していること。
歩行補助具、訓練マット、治療台、砂嚢などの重錘、各種測定用器具等

第47の4 集団コミュニケーション療法料
1 集団コミュニケーション療法料に関する施設基準
(3) 次に掲げる当該療法を行うための専用の療法室及び必要な器械・器具を有していること。
ア 専用の療法室
集団コミュニケーション療法を行うに当たっては、集団コミュニケーション療法室（内法による測定で**8平方メートル以上**）を1室以上有していること（言語聴覚療法以外の目的で使用するものは集団コミュニケーション療法室に該当しないものとする。なお言語聴覚療法における個別療法室と集団コミュニケーション療法室の共用は可能なものとする）。
イ 必要な器械・器具（主なもの）
簡易聴力スクリーニング検査機器、音声録音再生装置、ビデオ録画システム、各種言語・心理・認知機能検査機器・用具、発声発語検査機器・用具、各種診断・治療材料（絵カード他）

第48の2 精神科作業療法
1 精神科作業療法に関する施設基準
(3) 作業療法を行うためにふさわしい専用の施設を有しており、当該専用の施設の広さは、作業療法士1人に対して**50平方メートル**（内法による測定による。）を基準とすること。なお、当該専用の施設は、精神科作業療法を実施している時間帯において「専用」ということであり、当該療法を実施する時間帯以外の時間帯において、他の用途に使用することは差し支えない。
(5) 当該療法を行うために必要な専用の器械・器具を対象患者の状態と当該療法の目的に応じて具備すること。
代表的な諸活動：創作活動（手工芸、絵画、音楽等）、日常生活活動（調理等）、通信・コミュニケーション・表現活動（パーソナルコンピュータ等によるものなど）、各種余暇・身体活動（ゲーム、スポーツ、園芸、小児を対象とする場合は各種玩具等）、職業関連活動等

第49 精神科ショート・ケア「大規模なもの」
1 精神科ショート・ケア「大規模なもの」に関する施設基準
(2) 精神科ショート・ケアを行うにふさわしい専用の施設（内法による測定で広さ**60平方メートル以上**とし、かつ、患者1人当たりの面積は、内法による測定で4.0平方メートルを標準とする。）又は同等の面積を有する精神科デイ・ケア、精神科ナイト・ケア若しくは精神科デイ・ナイト・ケアと兼用の施設を有すること。

第50 精神科ショート・ケア「小規模なもの」
1 精神科ショート・ケア「小規模なもの」に関する施設基準
(2) 精神科ショート・ケアを行うにふさわしい専用の施設（内法による測定で広さ**30平方メートル以**

上とし、患者1人当たりの面積は、内法による測定で3.3平方メートルを標準とする。）又は同等の面積を有する精神科デイ・ケア、精神科ナイト・ケア若しくは精神科デイ・ナイト・ケアと兼用の施設を有すること。

第51 精神科デイ・ケア「大規模なもの」

1 精神科デイ・ケア「大規模なもの」に関する施設基準

(2) 精神科デイ・ケアを行うにふさわしい専用の施設又は精神科ショート・ケア、精神科ナイト・ケア若しくは精神科デイ・ナイト・ケアと兼用の施設を有しており、当該専用の施設の広さは、内法による測定で60平方メートル以上とし、かつ、患者1人当たりの面積は内法による測定で4.0平方メートルを標準とすること。

(5) なお、精神科デイ・ケアと精神科ナイト・ケアを同一施設で実施する保険医療機関にあっては、両者を同一時間帯に混在して実施してはならない。

第52 精神科デイ・ケア「小規模なもの」

1 精神科デイ・ケア「小規模なもの」に関する施設基準

(2) 精神科デイ・ケアを行うにふさわしい専用の施設又は精神科ショート・ケア、精神科ナイト・ケア若しくは精神科デイ・ナイト・ケアと兼用の施設を有しており、当該専用の施設の広さは、内法による測定で40平方メートル以上とし、かつ、患者1人当たりの面積は、内法による測定で3.3平方メートルを標準とするものであること。

(4) なお、精神科デイ・ケアと精神科ナイト・ケアを同一施設で実施する保険医療機関にあっては、両者を同一時間帯に混在して実施してはならない。

第53 精神科ナイト・ケア

1 精神科ナイト・ケアに関する施設基準

(2) 精神科ナイト・ケアを行うにふさわしい専用の施設又は精神科ショート・ケア、精神科デイ・ケア若しくは精神科デイ・ナイト・ケアと兼用の施設を有しており、当該専用の施設の広さは、内法による測定で40平方メートル以上とし、かつ、患者1人当たりの面積は、内法による測定で3.3平方メートルを標準とすること。

(4) なお、精神科デイ・ケアと精神科ナイト・ケアを同一施設で実施する保険医療機関にあっては、両者を同一時間帯に混在して実施してはならない。

第54 精神科デイ・ナイト・ケア

1 精神科デイ・ナイト・ケアに関する施設基準

(2) 精神科デイ・ナイト・ケアを行うにふさわしい専用の施設又は精神科ショート・ケア若しくは精神科デイ・ナイト・ケアと兼用の施設を有しているものであり、当該施設の広さは、内法による測定で40平方メートル以上とし、かつ、患者1人当たりの面積は、内法による測定で3.3平方メートルを標準とすること。なお、当該施設には調理設備を有することが望ましい。

第55 重度認知症患者デイ・ケア料

1 重度認知症患者デイ・ケア料に関する施設基準

(2) 重度認知症患者デイ・ケアを行うにふさわしい専用の施設を有しているものであり、当該専用施設の広さは、内法による測定で60平方メートル以上とし、かつ、患者1人当たりの面積は、内法による測定で4.0平方メートルを基準とすること。

(4) 重度認知症患者デイ・ケアを行うために必要な専用の器械・器具を具備しているものであること。

第57の7 有床義歯修理及び有床義歯内面適合法の歯科技工加算1及び2

1 有床義歯修理及び有床義歯内面適合法の歯科技工加算1及び2に関する施設基準

(2) 歯科医療機関内に歯科技工室を有していること。

(3) 歯科技工に必要な機器を有していること。

第73 体外衝撃波胆石破砕術

1 体外衝撃波胆石破砕術に関する施設基準

(1) 体外衝撃波胆石破砕術を行う専用の室を備えているとともに、患者の緊急事態に対応するため緊急手術が可能な手術室を有していること。ただし、体外衝撃波胆石破砕術、体外衝撃波膵石破砕術及び体外衝撃波腎・尿管結石破砕術を行う専用の室は同一のものであって差し支えない。

(3) 当該手術を行うために必要な次に掲げる検査等が、当該保険医療機関内で常時実施できるよう、必要な機器を備えていること。

　ア　生化学的検査
　イ　血液学的検査
　ウ　微生物学的検査
　エ　画像診断

第77 体外衝撃波腎・尿管結石破砕術

1 体外衝撃波腎・尿管結石破砕術に関する施設基準

(1) 体外衝撃波腎・尿管結石破砕術を行う専用の室を備えているとともに、患者の緊急事態に対応するため緊急手術が可能な手術室を有しているこ

と。ただし、体外衝撃波胆石破砕術、体外衝撃波膵石破砕術及び体外衝撃波腎・尿管結石破砕術を行う専用の室は同一のものであって差し支えない。
(3) 当該手術を行うために必要な次に掲げる検査等が、当該保険医療機関内で常時実施できるよう、必要な機器を備えていること。
　ア　生化学的検査
　イ　血液学的検査
　ウ　微生物学的検査
　エ　画像診断

感染症の予防及び感染症の患者に対する医療に関する法律（抄）

(平成10年10月2日　法律第114号)

注　平成26年11月21日法律第115号改正現在

●定義等
第6条
13　この法律において「特定感染症指定医療機関」とは、新感染症の所見がある者又は1類感染症、2類感染症若しくは新型インフルエンザ等感染症の患者の入院を担当させる医療機関として厚生労働大臣が指定した病院をいう。
14　この法律において「第1種感染症指定医療機関」とは、1類感染症、2類感染症又は新型インフルエンザ等感染症の患者の入院を担当させる医療機関として都道府県知事が指定した病院をいう。
15　この法律において「第2種感染症指定医療機関」とは、2類感染症又は新型インフルエンザ等感染症の患者の入院を担当させる医療機関として都道府県知事が指定した病院をいう。
16　この法律において「結核指定医療機関」とは、結核患者に対する適正な医療を担当させる医療機関として都道府県知事が指定した病院若しくは診療所（これらに準ずるものとして政令で定めるものを含む。）又は薬局をいう。

健康増進施設認定規程（抄）

(昭和63年11月29日　厚生省告示第273号)

注　平成28年3月31日厚労告第158号改正現在

●健康増進施設
第2条　この規程において「健康増進施設」とは、次の各号に掲げる施設をいう。
　一　健康増進のための有酸素運動（休養効果を高めることを目的とした活動を含む。以下「運動」という。）を安全かつ適切に行うことのできる施設であつて適切な生活指導を提供する場を有するもの（以下「運動健康増進施設」という。）
　二　健康増進のための温泉利用（以下「温泉利用」という。）及び運動を安全かつ適切に行うことのできる施設であつて適切な生活指導を提供する場を有するもの（温泉利用を安全かつ適切に行うことのできる施設（以下「温泉利用施設」という。）と運動健康増進施設が近接していることその他の事情により一体となって運営されていると認められるもの（以下「連携型施設」という。）を含む。）
　三　温泉利用プログラム（温泉の利用を中心とした健康増進のための計画をいう。以下同じ。）を有し、かつ、温泉利用プログラムの提供を安全かつ適切に行うことのできる施設であつて適切な生活指導を提供する場を有するもの

●認定の基準
第4条　認定の基準は、次の各号に掲げる場合に応じ、当該各号に定めるものとする。
　一　申請施設が第2条第1号に掲げる施設である場合　次に掲げる基準
　　イ　運動を安全かつ適切に実践するための設備を備えていること。

ロ　体力測定及び運動プログラムの提供のための設備を備えていること。
　ハ　生活指導を行うための設備を備えていること。
　ニ　応急処置を行うための設備を備えていること。
　ホ　医療機関と適切な提携関係を有していること。
　ヘ　健康増進のための運動プログラムを適切に提供する能力を有する者を配置していること。
　ト　体力測定、運動指導、生活指導及び応急手当を行う者を配置していること。
　チ　継続的な利用者に対し健康状態の把握及び体力測定を適切に行い、これらの結果に基づく運動プログラムを提供すること。
　リ　生活指導を適切に行うこと。
　ヌ　申請施設の利用に係る負担が妥当なものであり、かつ、その利用を著しく制限するものでないこと。
　ル　申請施設が適切に維持管理されていること。
二　申請施設が第2条第2号に掲げる施設（連携型施設を除く。）である場合　次に掲げる基準
　イ　前号イからルまでに掲げる基準
　ロ　温泉利用を実践するための設備を備えていること。
　ハ　温泉利用に関する基礎的な知識及び技術を備えた者を配置していること。
　ニ　温泉利用の指導を適切に行うこと。
三　申請施設が連携型施設である場合　次に掲げる基準
　イ　運動健康増進施設にあっては、第1号イからルまでに掲げる基準
　ロ　温泉利用施設にあっては、次に掲げる基準
　　(1)　第1号ハからホまで及びリからルまでに掲げる基準
　　(2)　第2号ロからニまでに掲げる基準
　　(3)　身体測定を行うための設備を備えていること。
　　(4)　身体測定、生活指導及び応急手当を行う者を配置していること。
　ハ　運動健康増進施設と温泉利用施設が近接していることその他の事情により一体となって運営されているとともに、これらの施設が連携して適切な健康指導を提供する場を有すること。
四　申請施設が第2条第3号に掲げる施設である場合　次に掲げる基準
　イ　第1号ハからホまで及びリからルまでに掲げる基準
　ロ　身体測定及び温泉利用プログラムの提供のための設備を備えていること。
　ハ　温泉利用プログラムの提供を安全かつ適切に実践するための設備を備えていること。
　ニ　健康状態の把握及び身体測定を適切に行い、これらの結果に基づく温泉利用プログラムを提供すること。
　ホ　温泉利用プログラムを安全かつ適切に指導する能力を有し、身体測定、生活指導及び応急手当を行う者を配置していること。

医　師　法（抄）

注　平成26年6月13日法律第69号改正現在

（昭和23年7月30日　法律第201号）

第3章の2　臨床研修

●臨床研修

第16条の2　診療に従事しようとする医師は、2年以上、医学を履修する課程を置く大学に附属する病院又は厚生労働大臣の指定する病院において、臨床研修を受けなければならない。

医師法第 16 条の 2 第 1 項に規定する臨床研修に関する省令（抄）

（平成 14 年 12 月 11 日　厚生労働省令第 158 号）

注　平成 28 年 6 月 15 日厚生労働省令第 111 号改正現在

●臨床研修病院の指定

第3条　法第16条の2第1項の指定は、次に掲げる区分に応じて行うものとする。

一　基幹型臨床研修病院　他の病院又は診療所と共同して臨床研修を行う病院であって、当該臨床研修の管理を行うもの

二　協力型臨床研修病院　他の病院と共同して臨床研修を行う病院であって、前号に該当しないもの

歯科医師法（抄）

（昭和 23 年 7 月 30 日　法律第 202 号）

注　平成 26 年 6 月 13 日法律第 69 号改正現在

第3章の2　臨床研修

●臨床研修

第16条の2　診療に従事しようとする歯科医師は、1年以上、歯学若しくは医学を履修する課程を置く大学に附属する病院（歯科医業を行わないものを除く。）又は厚生労働大臣の指定する病院若しくは診療所において、臨床研修を受けなければならない。

歯科医師法第 16 条の 2 第 1 項に規定する臨床研修に関する省令（抄）

（平成 17 年 6 月 28 日　厚生労働省令第 103 号）

注　平成 28 年 1 月 13 日厚生労働省令第 3 号改正現在

●臨床研修施設の指定

第3条　法第16条の2第1項の指定は、次に掲げる区分に応じて行うものとする。

一　単独型臨床研修施設　単独で又は研修協力施設（臨床研修施設（法第16条の2第1項の指定を受けた病院又は診療所をいう。以下同じ。）と共同して臨床研修を行う施設であって、臨床研修施設及び歯学又は医学を履修する課程を置く大学に附属する病院（歯科医業を行わないものを除く。以下「大学病院」という。）以外のものをいう。以下同じ。）と共同して臨床研修を行う病院又は診療所

二　管理型臨床研修施設　他の施設と共同して臨床研修を行う病院又は診療所（前号に該当するものを除く。）であって、当該臨床研修の管理を行うもの

三　協力型臨床研修施設　他の施設と共同して臨床研修を行う病院又は診療所（第1号に該当するものを除く。）であって、前号に該当しないもの（3月以上臨床研修を行うものに限る。）

四　連携型臨床研修施設　他の施設と共同して臨床研修を行う病院又は診療所（第1号に該当するものを除く。）であって、前2号に該当しないもの

高齢者施設関係

介護保険法（抄）

注　平成30年5月25日法律第31号改正現在

（平成9年12月17日　法律第123号）

第1章　総則

●定義

第8条

2　この法律において「**訪問介護**」とは、要介護者であって、居宅（老人福祉法（昭和38年法律第133号）第20条の6に規定する軽費老人ホーム、同法第29条第1項に規定する有料老人ホーム（第11項及び第21項において「有料老人ホーム」という。）その他の厚生労働省令で定める施設における居室を含む。以下同じ。）において介護を受けるもの（以下「居宅要介護者」という。）について、その者の居宅において介護福祉士その他政令で定める者により行われる入浴、排せつ、食事等の介護その他の日常生活上の世話であって、厚生労働省令で定めるもの（定期巡回・随時対応型訪問介護看護（第15項第2号に掲げるものに限る。）又は夜間対応型訪問介護に該当するものを除く。）をいう。

4　この法律において「**訪問看護**」とは、居宅要介護者（主治の医師がその治療の必要の程度につき厚生労働省令で定める基準に適合していると認めたものに限る。）について、その者の居宅において看護師その他厚生労働省令で定める者により行われる療養上の世話又は必要な診療の補助をいう。

7　この法律において「**通所介護**」とは、居宅要介護者について、老人福祉法第5条の2第3項の厚生労働省令で定める施設又は同法第20条の2の2に規定する老人デイサービスセンターに通わせ、当該施設において入浴、排せつ、食事等の介護その他の日常生活上の世話であって厚生労働省令で定めるもの及び機能訓練を行うこと（利用定員が厚生労働省令で定める数以上であるものに限り、認知症対応型通所介護に該当するものを除く。）をいう。

8　この法律において「**通所リハビリテーション**」とは、居宅要介護者（主治の医師がその治療の必要の程度につき厚生労働省令で定める基準に適合していると認めたものに限る。）について、介護老人保健施設、介護医療院、病院、診療所その他の厚生労働省令で定める施設に通わせ、当該施設において、その心身の機能の維持回復を図り、日常生活の自立を助けるために行われる理学療法、作業療法その他必要なリハビリテーションをいう。

9　この法律において「**短期入所生活介護**」とは、居宅要介護者について、老人福祉法第5条の2第4項の厚生労働省令で定める施設又は同法第20条の3に規定する老人短期入所施設に短期間入所させ、当該施設において入浴、排せつ、食事等の介護その他の日常生活上の世話及び機能訓練を行うことをいう。

11　この法律において「**特定施設**」とは、有料老人ホームその他厚生労働省令で定める施設であって、第21項に規定する地域密着型特定施設でないものをいい、「**特定施設入居者生活介護**」とは、特定施設に入居している要介護者について、当該特定施設が提供するサービスの内容、これを担当する者その他厚生労働省令で定める事項を定めた計画に基づき行われる入浴、排せつ、食事等の介護その他の日常生活上の世話であって厚生労働省令で定めるもの、機能訓練及び療養上の世話をいう。

15　この法律において「**定期巡回・随時対応型訪問介護看護**」とは、次の各号のいずれかに該当するものをいう。

一　居宅要介護者について、定期的な巡回訪問により、又は随時通報を受け、その者の居宅において、介護福祉士その他第2項の政令で定める者により行われる入浴、排せつ、食事等の介護その他の日常生活上の世話であって、厚生労働省令で定めるものを行うとともに、看護師その他厚生労働省令で定める者により行われる療養上の世話又は必要な診療の補助を行うこと。ただし、療養上の世話又は必要な診療の補助にあっては、主治の医師がその治療の必要の程度につき厚生労働省令で定める基準に適合していると認めた居宅要介護者についてのものに限る。

二　居宅要介護者について、定期的な巡回訪問により、又は随時通報を受け、訪問看護を行う事業所と連携しつつ、その者の居宅において介護福祉士その他第2項の政令で定める者により行われる入浴、排せつ、

16　この法律において「夜間対応型訪問介護」とは、居宅要介護者について、夜間において、定期的な巡回訪問により、又は随時通報を受け、その者の居宅において介護福祉士その他第2項の政令で定める者により行われる入浴、排せつ、食事等の介護その他の日常生活上の世話であって、厚生労働省令で定めるもの（定期巡回・随時対応型訪問介護看護に該当するものを除く。）をいう。

17　この法律において「地域密着型通所介護」とは、居宅要介護者について、老人福祉法第5条の2第3項の厚生労働省令で定める施設又は同法第20条の2の2に規定する老人デイサービスセンターに通わせ、当該施設において入浴、排せつ、食事等の介護その他の日常生活上の世話であって厚生労働省令で定めるもの及び機能訓練を行うこと（利用定員が第7項の厚生労働省令で定める数未満であるものに限り、認知症対応型通所介護に該当するものを除く。）をいう。

18　この法律において「認知症対応型通所介護」とは、居宅要介護者であって、認知症であるものについて、老人福祉法第5条の2第3項の厚生労働省令で定める施設又は同法第20条の2の2に規定する老人デイサービスセンターに通わせ、当該施設において入浴、排せつ、食事等の介護その他の日常生活上の世話であって厚生労働省令で定めるもの及び機能訓練を行うことをいう。

19　この法律において「小規模多機能型居宅介護」とは、居宅要介護者について、その者の心身の状況、その置かれている環境等に応じて、その者の選択に基づき、その者の居宅において、又は厚生労働省令で定めるサービスの拠点に通わせ、若しくは短期間宿泊させ、当該拠点において、入浴、排せつ、食事等の介護その他の日常生活上の世話であって厚生労働省令で定めるもの及び機能訓練を行うことをいう。

20　この法律において「認知症対応型共同生活介護」とは、要介護者であって認知症であるもの（その者の認知症の原因となる疾患が急性の状態にある者を除く。）について、その共同生活を営むべき住居において、入浴、排せつ、食事等の介護その他の日常生活上の世話及び機能訓練を行うことをいう。

21　この法律において「地域密着型特定施設入居者生活介護」とは、有料老人ホームその他第11項の厚生労働省令で定める施設であって、その入居者が要介護者、その配偶者その他厚生労働省令で定める者に限られるもの（以下「介護専用型特定施設」という。）のうち、その入居定員が29人以下であるもの（以下この項において「地域密着型特定施設」という。）に入居している要介護者について、当該地域密着型特定施設が提供するサービスの内容、これを担当する者その他厚生労働省令で定める事項を定めた計画に基づき行われる入浴、排せつ、食事等の介護その他の日常生活上の世話であって厚生労働省令で定めるもの、機能訓練及び療養上の世話をいう。

22　この法律において「地域密着型介護老人福祉施設」とは、老人福祉法第20条の5に規定する特別養護老人ホーム（入所定員が29人以下であるものに限る。以下この項において同じ。）であって、当該特別養護老人ホームに入所する要介護者（厚生労働省令で定める要介護状態区分に該当する状態である者その他居宅において日常生活を営むことが困難な者として厚生労働省令で定めるものに限る。以下この項及び第27項において同じ。）に対し、地域密着型施設サービス計画（地域密着型介護老人福祉施設に入所している要介護者について、当該施設が提供するサービスの内容、これを担当する者その他厚生労働省令で定める事項を定めた計画をいう。以下この項において同じ。）に基づいて、入浴、排せつ、食事等の介護その他の日常生活上の世話、機能訓練、健康管理及び療養上の世話を行うことを目的とする施設をいい、「地域密着型介護老人福祉施設入所者生活介護」とは、地域密着型介護老人福祉施設に入所する要介護者に対し、地域密着型施設サービス計画に基づいて行われる入浴、排せつ、食事等の介護その他の日常生活上の世話、機能訓練、健康管理及び療養上の世話をいう。

23　この法律において「複合型サービス」とは、居宅要介護者について、訪問介護、訪問入浴介護、訪問看護、訪問リハビリテーション、居宅療養管理指導、通所介護、通所リハビリテーション、短期入所生活介護、短期入所療養介護、定期巡回・随時対応型訪問介護看護、夜間対応型訪問介護、地域密着型通所介護、認知症対応型通所介護又は小規模多機能型居宅介護を2種類以上組み合わせることにより提供されるサービスのうち、訪問看護及び小規模多機能型居宅介護の組合せその他の居宅要介護者について一体的に提供されることが特に効果的かつ効率的なサービスの組合せにより提供されるサービスとして厚生労働省令で定めるものをいう。

27　この法律において「介護老人福祉施設」とは、老人福祉法第20条の5に規定する特別養護老人ホーム（入所定員が30人以上であるものに限る。以下この項において同じ。）であって、当該特別養護老人ホームに入

所する要介護者に対し、施設サービス計画に基づいて、入浴、排せつ、食事等の介護その他の日常生活上の世話、機能訓練、健康管理及び療養上の世話を行うことを目的とする施設をいい、「介護福祉施設サービス」とは、介護老人福祉施設に入所する要介護者に対し、施設サービス計画に基づいて行われる入浴、排せつ、食事等の介護その他の日常生活上の世話、機能訓練、健康管理及び療養上の世話をいう。

28 この法律において「**介護老人保健施設**」とは、要介護者であって、主としてその心身の機能の維持回復を図り、居宅における生活を営むことができるようにするための支援が必要である者（その治療の必要の程度につき厚生労働省令で定めるものに限る。以下この項において単に「要介護者」という。）に対し、施設サービス計画に基づいて、看護、医学的管理の下における介護及び機能訓練その他必要な医療並びに日常生活上の世話を行うことを目的とする施設として、第94条第1項の都道府県知事の許可を受けたものをいい、「介護保健施設サービス」とは、介護老人保健施設に入所する要介護者に対し、施設サービス計画に基づいて行われる看護、医学的管理の下における介護及び機能訓練その他必要な医療並びに日常生活上の世話をいう。

29 この法律において「**介護医療院**」とは、要介護者であって、主として長期にわたり療養が必要である者（その治療の必要の程度につき厚生労働省令で定めるものに限る。以下この項において単に「要介護者」という。）に対し、施設サービス計画に基づいて、療養上の管理、看護、医学的管理の下における介護及び機能訓練その他必要な医療並びに日常生活上の世話を行うことを目的とする施設として、第107条第1項の都道府県知事の許可を受けたものをいい、「介護医療院サービス」とは、介護医療院に入所する要介護者に対し、施設サービス計画に基づいて行われる療養上の管理、看護、医学的管理の下における介護及び機能訓練その他必要な医療並びに日常生活上の世話をいう。

　　第5章　介護支援専門員並びに事業者及び施設
　　第2節　指定居宅サービス事業者

●指定居宅サービス事業者の指定
第70条
4　都道府県知事は、介護専用型特定施設入居者生活介護（介護専用型特定施設に入居している要介護者について行われる特定施設入居者生活介護をいう。以下同じ。）につき第1項の申請があった場合において、当該申請に係る事業所の所在地を含む区域（第118条第2項第1号の規定により当該都道府県が定める区域とする。）における介護専用型特定施設入居者生活介護の利用定員の総数及び地域密着型特定施設入居者生活介護の利用定員の総数の合計数が、同条第1項の規定により当該都道府県が定める都道府県介護保険事業支援計画において定めるその区域の介護専用型特定施設入居者生活介護の必要利用定員総数及び地域密着型特定施設入居者生活介護の必要利用定員総数の合計数に既に達しているか、又は当該申請に係る事業者の指定によってこれを超えることになると認めるとき、その他の当該都道府県介護保険事業支援計画の達成に支障を生ずるおそれがあると認めるときは、第41条第1項本文の指定をしないことができる。

5　都道府県知事は、混合型特定施設入居者生活介護(介護専用型特定施設以外の特定施設に入居している要介護者について行われる特定施設入居者生活介護をいう。以下同じ。）につき第1項の申請があった場合において、当該申請に係る事業所の所在地を含む区域（第118条第2項第1号の規定により当該都道府県が定める区域とする。）における混合型特定施設入居者生活介護の推定利用定員（厚生労働省令で定めるところにより算定した定員をいう。）の総数が、同条第1項の規定により当該都道府県が定める都道府県介護保険事業支援計画において定めるその区域の混合型特定施設入居者生活介護の必要利用定員総数に既に達しているか、又は当該申請に係る事業者の指定によってこれを超えることになると認めるとき、その他の当該都道府県介護保険事業支援計画の達成に支障を生ずるおそれがあると認めるときは、第41条第1項本文の指定をしないことができる。

介護保険法施行規則（抄）

(平成11年3月31日　厚生省令第36号)

注　平成30年3月22日厚生労働省令第30号改正現在

第1章　総則

●法第8条第11項の厚生労働省令で定める施設

第15条　法第8条第11項の厚生労働省令で定める施設は、次のとおりとする。

一　養護老人ホーム
二　軽費老人ホーム

老人福祉法（抄）

(昭和38年7月11日　法律第133号)

注　平成29年6月2日法律第52号改正現在

第1章　総則

●定義

第5条の3　この法律において、「老人福祉施設」とは、老人デイサービスセンター、老人短期入所施設、養護老人ホーム、特別養護老人ホーム、軽費老人ホーム、老人福祉センター及び老人介護支援センターをいう。

第3章　事業及び施設

●老人デイサービスセンター

第20条の2の2　老人デイサービスセンターは、第10条の4第1項第2号の措置に係る者又は介護保険法の規定による通所介護に係る居宅介護サービス費、地域密着型通所介護若しくは認知症対応型通所介護に係る地域密着型介護サービス費若しくは介護予防認知症対応型通所介護に係る地域密着型介護予防サービス費の支給に係る者若しくは第1号通所事業であつて厚生労働省令で定めるものを利用する者その他の政令で定める者（その者を現に養護する者を含む。）を通わせ、第5条の2第3項の厚生労働省令で定める便宜を供与することを目的とする施設とする。

●老人短期入所施設

第20条の3　老人短期入所施設は、第10条の4第1項第3号の措置に係る者又は介護保険法の規定による短期入所生活介護に係る居宅介護サービス費若しくは介護予防短期入所生活介護に係る介護予防サービス費の支給に係る者その他の政令で定める者を短期間入所させ、養護することを目的とする施設とする。

●特別養護老人ホーム

第20条の5　特別養護老人ホームは、第11条第1項第2号の措置に係る者又は介護保険法の規定による地域密着型介護老人福祉施設入所者生活介護に係る地域密着型介護サービス費若しくは介護福祉施設サービスに係る施設介護サービス費の支給に係る者その他の政令で定める者を入所させ、養護することを目的とする施設とする。

●軽費老人ホーム

第20条の6　軽費老人ホームは、無料又は低額な料金で、老人を入所させ、食事の提供その他日常生活上必要な便宜を供与することを目的とする施設（第20条の2の2から前条までに定める施設を除く。）とする。

第4章の2　有料老人ホーム

●届出等

第29条　有料老人ホーム（老人を入居させ、入浴、排せつ若しくは食事の介護、食事の提供又はその他の日常生活上必要な便宜であつて厚生労働省令で定めるもの（以下「介護等」という。）の供与（他に委託して供与をする場合及び将来において供与をすることを約する場合を含む。第11項を除き、以下この条において同じ。）をする事業を行う施設であつて、老人福祉施設、認知症対応型老人共同生活援助事業を行う住居その他厚生労働省令で定める施設でないものをいう。以下同じ。）を設置しようとする者は、あらかじめ、その施設を設置しようとする地の都道府県知事に、次の各号に掲げる事項を届け出なければならない。

一　施設の名称及び設置予定地
二　設置しようとする者の氏名及び住所又は名称及び所在地
三　条例、定款その他の基本約款
四　事業開始の予定年月日

五　施設の管理者の氏名及び住所
六　施設において供与をされる介護等の内容
七　その他厚生労働省令で定める事項

特別養護老人ホームの設備及び運営に関する基準（抄）

（平成11年3月31日　厚生省令第46号）

注　平成30年1月18日厚生労働省令第4号改正現在

第2章　基本方針並びに人員、設備及び運営に関する基準

●設備の基準

第11条　特別養護老人ホームの建物（入所者の日常生活のために使用しない附属の建物を除く。）は、耐火建築物（建築基準法（昭和25年法律第201号）第2条第9号の2に規定する耐火建築物をいう。以下同じ。）でなければならない。ただし、次の各号のいずれかの要件を満たす2階建又は平屋建ての特別養護老人ホームの建物にあっては、準耐火建築物（同条第9号の3に規定する準耐火建築物をいう。以下同じ。）とすることができる。

一　居室その他の入所者の日常生活に充てられる場所（以下「居室等」という。）を2階及び地階のいずれにも設けていないこと。

二　居室等を2階又は地階に設けている場合であって、次に掲げる要件の全てを満たすこと。

　イ　当該特別養護老人ホームの所在地を管轄する消防長（消防本部を置かない市町村にあっては、市町村長。以下同じ。）又は消防署長と相談の上、第8条第1項に規定する計画に入所者の円滑かつ迅速な避難を確保するために必要な事項を定めること。

　ロ　第8条第2項に規定する訓練については、同条第1項に規定する計画に従い、昼間及び夜間において行うこと。

　ハ　火災時における避難、消火等の協力を得ることができるよう、地域住民等との連携体制を整備すること。

2　前項の規定にかかわらず、都道府県知事（指定都市及び中核市にあっては、指定都市又は中核市の市長。以下同じ。）が、火災予防、消火活動等に関し専門的知識を有する者の意見を聴いて、次の各号のいずれかの要件を満たす木造かつ平屋建ての特別養護老人ホームの建物であって、火災に係る入所者の安全性が確保されていると認めたときは、耐火建築物又は準耐火建築物とすることを要しない。

一　スプリンクラー設備の設置、天井等の内装材等への難燃性の材料の使用、調理室等火災が発生するおそれがある箇所における防火区画の設置等により、初期消火及び延焼の抑制に配慮した構造であること。

二　非常警報設備の設置等による火災の早期発見及び通報の体制が整備されており、円滑な消火活動が可能なものであること。

三　避難口の増設、搬送を容易に行うために十分な幅員を有する避難路の確保等により、円滑な避難が可能な構造であり、かつ、避難訓練を頻繁に実施すること、配置人員を増員すること等により、火災の際の円滑な避難が可能なものであること。

3　特別養護老人ホームには、次の各号に掲げる設備を設けなければならない。ただし、他の社会福祉施設等の設備を利用することにより当該特別養護老人ホームの効果的な運営を期待することができる場合であって、入所者の処遇に支障がないときは、次の各号に掲げる設備の一部を設けないことができる。

一　居室
二　静養室（居室で静養することが一時的に困難な心身の状況にある入所者を静養させることを目的とする設備をいう。以下同じ。）
三　食堂
四　浴室
五　洗面設備
六　便所
七　医務室
八　調理室
九　介護職員室
十　看護職員室
十一　機能訓練室
十二　面談室
十三　洗濯室又は洗濯場
十四　汚物処理室
十五　介護材料室
十六　前各号に掲げるもののほか、事務室その他の運

営上必要な設備
4　前項各号に掲げる設備の基準は、次のとおりとする。
一　居室
イ　1の居室の定員は、1人とすること。ただし、入所者へのサービスの提供上必要と認められる場合は、2人とすることができる。
ロ　地階に設けてはならないこと。
ハ　入所者1人当たりの床面積は、**10.65平方メートル以上**とすること。
ニ　寝台又はこれに代わる設備を備えること。
ホ　1以上の出入口は、避難上有効な空地、廊下又は広間に直接面して設けること。
ヘ　床面積の14分の1以上に相当する面積を直接外気に面して開放できるようにすること。
ト　入所者の身の回り品を保管することができる設備を備えること。
チ　ブザー又はこれに代わる設備を設けること。
二　静養室
イ　介護職員室又は看護職員室に近接して設けること。
ロ　イに定めるもののほか、前号ロ及びニからチまでに定めるところによること。
三　浴室
介護を必要とする者が入浴するのに適したものとすること。
四　洗面設備
イ　居室のある階ごとに設けること。
ロ　介護を必要とする者が使用するのに適したものとすること。
五　便所
イ　居室のある階ごとに居室に近接して設けること。
ロ　ブザー又はこれに代わる設備を設けるとともに、介護を必要とする者が使用するのに適したものとすること。
六　医務室
イ　医療法（昭和23年法律第205号）第1条の5第2項に規定する診療所とすること。
ロ　入所者を診療するために必要な医薬品及び医療機器を備えるほか、必要に応じて臨床検査設備を設けること。
七　調理室
火気を使用する部分は、不燃材料を用いること。
八　介護職員室
イ　居室のある階ごとに居室に近接して設けること。
ロ　必要な備品を備えること。
九　食堂及び機能訓練室
イ　食堂及び機能訓練室は、それぞれ必要な広さを有するものとし、その合計した面積は、**3平方メートル**に入所定員を乗じて得た面積以上とすること。ただし、食事の提供又は機能訓練を行う場合において、当該食事の提供又は機能訓練に支障がない広さを確保することができるときは、同一の場所とすることができる。
ロ　必要な備品を備えること。
5　居室、静養室、食堂、浴室及び機能訓練室（以下「居室、静養室等」という。）は、3階以上の階に設けてはならない。ただし、次の各号のいずれにも該当する建物に設けられる居室、静養室等については、この限りでない。
一　居室、静養室等のある3階以上の各階に通ずる特別避難階段を2以上（防災上有効な傾斜路を有する場合又は車いす若しくはストレッチャーで通行するために必要な幅を有するバルコニー及び屋外に設ける避難階段を有する場合は、1以上）有すること。
二　3階以上の階にある居室、静養室等及びこれから地上に通ずる廊下その他の通路の壁及び天井の室内に面する部分の仕上げを不燃材料でしていること。
三　居室、静養室等のある3階以上の各階が耐火構造の壁又は建築基準法施行令（昭和25年政令第338号）第112条第1項に規定する特定防火設備（以下「特定防火設備」という。）により防災上有効に区画されていること。
6　前各項に規定するもののほか、特別養護老人ホームの設備の基準は、次に定めるところによる。
一　廊下の幅は、**1.8メートル以上**とすること。ただし、中廊下の幅は、**2.7メートル以上**とすること。
二　廊下、便所その他必要な場所に常夜灯を設けること。
三　廊下及び階段には、手すりを設けること。
四　階段の傾斜は、緩やかにすること。
五　居室、静養室等が2階以上の階にある場合は、1以上の傾斜路を設けること。ただし、エレベーターを設ける場合は、この限りでない。

●職員の配置の基準
第12条
7　第1項第2号の医師及び同項第7号の調理員、事務員その他の職員の数は、サテライト型居住施設（当該施設を設置しようとする者により設置される当該施設以外の特別養護老人ホーム、介護老人保健施設若しくは介護医療院又は病院若しくは診療所であって当該施

設に対する支援機能を有するもの（以下「本体施設」という。）と密接な連携を確保しつつ、本体施設とは別の場所で運営される地域密着型特別養護老人ホーム（入所定員が29人以下の特別養護老人ホームをいう。以下同じ。）をいう。以下同じ。）の本体施設である特別養護老人ホームであって、当該サテライト型居住施設に医師又は調理員、事務員その他の職員を置かない場合にあっては、特別養護老人ホームの入所者の数及び当該サテライト型居住施設の入所者の数の合計数を基礎として算出しなければならない。

第3章　ユニット型特別養護老人ホームの基本方針並びに設備及び運営に関する基準

● 設備の基準

第35条　ユニット型特別養護老人ホームの建物（入居者の日常生活のために使用しない附属の建物を除く。）は、耐火建築物でなければならない。ただし、次の各号のいずれかの要件を満たす2階建て又は平屋建てのユニット型特別養護老人ホームの建物にあっては、準耐火建築物とすることができる。

一　居室等を2階及び地階のいずれにも設けていないこと。

二　居室等を2階又は地階に設けている場合であって、次に掲げる要件の全てを満たすこと。

イ　当該ユニット型特別養護老人ホームの所在地を管轄する消防長又は消防署長と相談の上、第42条において準用する第8条第1項に規定する計画に入居者の円滑かつ迅速な避難を確保するために必要な事項を定めること。

ロ　第42条において準用する第8条第2項に規定する訓練については、同条第1項に規定する計画に従い、昼間及び夜間において行うこと。

ハ　火災時における避難、消火等の協力を得ることができるよう、地域住民等との連携体制を整備すること。

2　前項の規定にかかわらず、都道府県知事が、火災予防、消火活動等に関し専門的知識を有する者の意見を聴いて、次の各号のいずれかの要件を満たす木造かつ平屋建てのユニット型特別養護老人ホームの建物であって、火災に係る入居者の安全性が確保されていると認めたときは、耐火建築物又は準耐火建築物とすることを要しない。

一　スプリンクラー設備の設置、天井等の内装材等への難燃性の材料の使用、調理室等火災が発生するおそれがある箇所における防火区画の設置等により、初期消火及び延焼の抑制に配慮した構造であること。

二　非常警報設備の設置等による火災の早期発見及び通報の体制が整備されており、円滑な消火活動が可能なものであること。

三　避難口の増設、搬送を容易に行うために十分な幅員を有する避難路の確保等により、円滑な避難が可能な構造であり、かつ、避難訓練を頻繁に実施すること、配置人員を増員すること等により、火災の際の円滑な避難が可能なものであること。

3　ユニット型特別養護老人ホームには、次の各号に掲げる設備を設けなければならない。ただし、他の社会福祉施設等の設備を利用することにより当該ユニット型特別養護老人ホームの効果的な運営を期待することができる場合であって、入居者へのサービスの提供に支障がないときは、次の各号（第1号を除く。）に掲げる設備の一部を設けないことができる。

一　ユニット
二　浴室
三　医務室
四　調理室
五　洗濯室又は洗濯場
六　汚物処理室
七　介護材料室
八　前各号に掲げるもののほか、事務室その他の運営上必要な設備

4　前項各号に掲げる設備の基準は、次のとおりとする。

一　ユニット
イ　居室
(1)　1の居室の定員は、1人とすること。ただし、入居者へのサービスの提供上必要と認められる場合は、2人とすることができる。
(2)　居室は、いずれかのユニットに属するものとし、当該ユニットの共同生活室に近接して一体的に設けること。ただし、1のユニットの入居定員は、おおむね10人以下としなければならない。
(3)　地階に設けてはならないこと。
(4)　1の居室の床面積等は、次のいずれかを満たすこと。
(i)　**10.65平方メートル以上**とすること。ただし、(1)ただし書の場合にあっては、**21.3平方メートル以上**とすること。
(ii)　ユニットに属さない居室を改修したものについては、入居者同士の視線の遮断の確保を前提にした上で、居室を隔てる壁について、天井との間に一定の隙間が生じていても差し支えない。

(5) 寝台又はこれに代わる設備を備えること。
(6) 1以上の出入口は、避難上有効な空地、廊下、共同生活室又は広間に直接面して設けること。
(7) 床面積の14分の1以上に相当する面積を直接外気に面して開放できるようにすること。
(8) 必要に応じて入居者の身の回り品を保管することができる設備を備えること。
(9) ブザー又はこれに代わる設備を設けること。
ロ　共同生活室
(1) 共同生活室は、いずれかのユニットに属するものとし、当該ユニットの入居者が交流し、共同で日常生活を営むための場所としてふさわしい形状を有すること。
(2) 地階に設けてはならないこと。
(3) 1の共同生活室の床面積は、**2平方メートル**に当該共同生活室が属するユニットの入居定員を乗じて得た面積以上を標準とすること。
(4) 必要な設備及び備品を備えること。
ハ　洗面設備
(1) 居室ごとに設けるか、又は共同生活室ごとに適当数設けること。
(2) 介護を必要とする者が使用するのに適したものとすること。
ニ　便所
(1) 居室ごとに設けるか、又は共同生活室ごとに適当数設けること。
(2) ブザー又はこれに代わる設備を設けるとともに、介護を必要とする者が使用するのに適したものとすること。
二　浴室
介護を必要とする者が入浴するのに適したものとすること。
三　医務室
イ　医療法第1条の5第2項に規定する診療所とすること。
ロ　入居者を診療するために必要な医薬品及び医療機器を備えるほか、必要に応じて臨床検査設備を設けること。
四　調理室
火気を使用する部分は、不燃材料を用いること。
5　ユニット及び浴室は、3階以上の階に設けてはならない。ただし、次の各号のいずれにも該当する建物に設けられるユニット又は浴室については、この限りでない。
一　ユニット又は浴室のある3階以上の各階に通ずる特別避難階段を2以上（防災上有効な傾斜路を有する場合又は車いす若しくはストレッチャーで通行するために必要な幅を有するバルコニー及び屋外に設ける避難階段を有する場合は、1以上）有すること。
二　3階以上の階にあるユニット又は浴室及びこれらから地上に通ずる廊下その他の通路の壁及び天井の室内に面する部分の仕上げを不燃材料でしていること。
三　ユニット又は浴室のある3階以上の各階が耐火構造の壁又は特定防火設備により防災上有効に区画されていること。
6　前各項に規定するもののほか、ユニット型特別養護老人ホームの設備の基準は、次に定めるところによる。
一　廊下の幅は、**1.8メートル以上**とすること。ただし、中廊下の幅は、**2.7メートル以上**とすること。なお、廊下の一部の幅を拡張することにより、入居者、職員等の円滑な往来に支障が生じないと認められる場合には、**1.5メートル以上**（中廊下にあっては、**1.8メートル以上**）として差し支えない。
二　廊下、共同生活室、便所その他必要な場所に常夜灯を設けること。
三　廊下及び階段には手すりを設けること。
四　階段の傾斜は、緩やかにすること。
五　ユニット又は浴室が2階以上の階にある場合は、1以上の傾斜路を設けること。ただし、エレベーターを設ける場合は、この限りでない。

　　　第5章　地域密着型特別養護老人ホームの基本方針並びに設備及び運営に関する基準

●設備の基準
第55条　地域密着型特別養護老人ホームの建物（入所者の日常生活のために使用しない附属の建物を除く。）は、耐火建築物でなければならない。ただし、次の各号のいずれかの要件を満たす2階建て又は平屋建ての地域密着型特別養護老人ホームの建物にあっては、準耐火建築物とすることができる。
一　居室等を2階及び地階のいずれにも設けていないこと。
二　居室等を2階又は地階に設けている場合であって、次に掲げる要件の全てを満たすこと。
イ　当該地域密着型特別養護老人ホームの所在地を管轄する消防長又は消防署長と相談の上、第59条において準用する第8条第1項に規定する計画に入所者の円滑かつ迅速な避難を確保するために必要な事項を定めること。
ロ　第59条において準用する第8条第2項に規定する訓練については、同条第1項に規定する計画に従い、昼間及び夜間において行うこと。

八 火災時における避難、消火等の協力を得ることができるよう、地域住民等との連携体制を整備すること。
2 前項の規定にかかわらず、都道府県知事が、火災予防、消火活動等に関し専門的知識を有する者の意見を聴いて、次の各号のいずれかの要件を満たす木造かつ平屋建ての地域密着型特別養護老人ホームの建物であって、火災に係る入所者の安全性が確保されていると認めたときは、耐火建築物又は準耐火建築物とすることを要しない。
一 スプリンクラー設備の設置、天井等の内装材等への難燃性の材料の使用、調理室等火災が発生するおそれがある箇所における防火区画の設置等により、初期消火及び延焼の抑制に配慮した構造であること。
二 非常警報設備の設置等による火災の早期発見及び通報の体制が整備されており、円滑な消火活動が可能なものであること。
三 避難口の増設、搬送を容易に行うために十分な幅員を有する避難路の確保等により、円滑な避難が可能な構造であり、かつ、避難訓練を頻繁に実施すること、配置人員を増員すること等により、火災の際の円滑な避難が可能なものであること。
3 地域密着型特別養護老人ホームには、次の各号に掲げる設備を設けなければならない。ただし、他の社会福祉施設等の設備を利用することにより当該地域密着型特別養護老人ホームの効果的な運営を期待することができる場合であって、入所者の処遇に支障がないときは、次の各号に掲げる設備の一部を設けないことができる。
一 居室
二 静養室
三 食堂
四 浴室
五 洗面設備
六 便所
七 医務室
八 調理室
九 介護職員室
十 看護職員室
十一 機能訓練室
十二 面談室
十三 洗濯室又は洗濯場
十四 汚物処理室
十五 介護材料室
十六 前各号に掲げるもののほか、事務室その他の運営上必要な設備

4 前項各号に掲げる設備の基準は、次のとおりとする。
一 居室
イ 1の居室の定員は、1人とすること。ただし、入所者へのサービスの提供上必要と認められる場合は、2人とすることができる。
ロ 地階に設けてはならないこと。
ハ 入所者1人当たりの床面積は、10.65平方メートル以上とすること。
ニ 寝台又はこれに代わる設備を備えること。
ホ 1以上の出入口は、避難上有効な空地、廊下又は広間に直接面して設けること。
ヘ 床面積の14分の1以上に相当する面積を直接外気に面して開放できるようにすること。
ト 入所者の身の回り品を保管することができる設備を備えること。
チ ブザー又はこれに代わる設備を設けること。
二 静養室
イ 介護職員室又は看護職員室に近接して設けること。
ロ イに定めるもののほか、前号ロ及びニからチまでに定めるところによること。
三 浴室
介護を必要とする者が入浴するのに適したものとすること。
四 洗面設備
イ 居室のある階ごとに設けること。
ロ 介護を必要とする者が使用するのに適したものとすること。
五 便所
イ 居室のある階ごとに居室に近接して設けること。
ロ ブザー又はこれに代わる設備を設けるとともに、介護を必要とする者が使用するのに適したものとすること。
六 医務室
医療法第1条の5第2項に規定する診療所とすることとし、入所者を診療するために必要な医薬品及び医療機器を備えるほか、必要に応じて臨床検査設備を設けること。ただし、本体施設が特別養護老人ホームであるサテライト型居住施設については医務室を必要とせず、入所者を診療するために必要な医薬品及び医療機器を備えるほか、必要に応じて臨床検査設備を設けることで足りるものとする。
七 調理室
イ 火気を使用する部分は、不燃材料を用いること。

ロ　サテライト型居住施設の調理室については、本体施設の調理室で調理する場合であって、運搬手段について衛生上適切な措置がなされているときは、簡易な調理設備を設けることで足りるものとする。
　八　介護職員室
　　イ　居室のある階ごとに居室に近接して設けること。
　　ロ　必要な備品を備えること。
　九　食堂及び機能訓練室
　　イ　食堂及び機能訓練室は、それぞれ必要な広さを有するものとし、その合計した面積は、**3平方メートル**に入所定員を乗じて得た面積以上とすること。ただし、食事の提供又は機能訓練を行う場合において、当該食事の提供又は機能訓練に支障がない広さを確保することができるときは、同一の場所とすることができる。
　　ロ　必要な備品を備えること。
5　居室、静養室等は、3階以上の階に設けてはならない。ただし、次の各号のいずれにも該当する建物に設けられる居室、静養室等については、この限りでない。
　一　居室、静養室等のある3階以上の各階に通ずる特別避難階段を2以上（防災上有効な傾斜路を有する場合又は車いす若しくはストレッチャーで通行するために必要な幅を有するバルコニー及び屋外に設ける避難階段を有する場合は、1以上）有すること。
　二　3階以上の階にある居室、静養室等及びこれから地上に通ずる廊下その他の通路の壁及び天井の室内に面する部分の仕上げを不燃材料でしていること。
　三　居室、静養室等のある3階以上の各階が耐火構造の壁又は特定防火設備により防災上有効に区画されていること。
6　前各項に規定するもののほか、地域密着型特別養護老人ホームの設備の基準は、次に定めるところによる。
　一　廊下の幅は、**1.5メートル以上**とすること。ただし、中廊下の幅は、**1.8メートル以上**とすること。なお、廊下の一部の幅を拡張すること等により、入所者、職員等の円滑な往来に支障が生じないと認められるときは、これによらないことができる。
　二　廊下、便所その他必要な場所に常夜灯を設けること。
　三　廊下及び階段には、手すりを設けること。
　四　階段の傾斜は、緩やかにすること。
　五　居室、静養室等が2階以上の階にある場合は、1以上の傾斜路を設けること。ただし、エレベーターを設ける場合は、この限りでない。

7　本体施設とサテライト型居住施設との間の距離は、両施設が密接な連携を確保できる範囲内としなければならない。

　　第6章　ユニット型地域密着型特別養護老人ホームの基本方針並びに設備及び運営に関する基準

●設備の基準
第61条　ユニット型地域密着型特別養護老人ホームの建物（入居者の日常生活のために使用しない附属の建物を除く。）は、耐火建築物でなければならない。ただし、次の各号のいずれかの要件を満たす2階建又は平屋建てのユニット型地域密着型特別養護老人ホームの建物にあっては、準耐火建築物とすることができる。
　一　居室等を2階及び地階のいずれにも設けていないこと。
　二　居室等を2階又は地階に設けている場合であって、次に掲げる要件の全てを満たすこと。
　　イ　当該ユニット型地域密着型特別養護老人ホームの所在地を管轄する消防長又は消防署長と相談の上、第63条において準用する第8条第1項に規定する計画に入居者の円滑かつ迅速な避難を確保するために必要な事項を定めること。
　　ロ　第63条において準用する第8条第2項に規定する訓練については、同条第1項に規定する計画に従い、昼間及び夜間において行うこと。
　　ハ　火災時における避難、消火等の協力を得ることができるよう、地域住民等との連携体制を整備すること。
2　前項の規定にかかわらず、都道府県知事が、火災予防、消火活動等に関し専門的知識を有する者の意見を聴いて、次の各号のいずれかの要件を満たす木造かつ平屋建てのユニット型地域密着型特別養護老人ホームの建物であって、火災に係る入居者の安全性が確保されていると認めたときは、耐火建築物又は準耐火建築物とすることを要しない。
　一　スプリンクラー設備の設置、天井等の内装材等への難燃性の材料の使用、調理室等火災が発生するおそれがある箇所における防火区画の設置等により、初期消火及び延焼の抑制に配慮した構造であること。
　二　非常警報設備の設置等による火災の早期発見及び通報の体制が整備されており、円滑な消火活動が可能なものであること。
　三　避難口の増設、搬送を容易に行うために十分な幅員を有する避難路の確保等により、円滑な避難が可能な構造であり、かつ、避難訓練を頻繁に実施する

こと、配置人員を増員すること等により、火災の際の円滑な避難が可能なものであること。
3　ユニット型地域密着型特別養護老人ホームには、次の各号に掲げる設備を設けなければならない。ただし、他の社会福祉施設等の設備を利用することにより当該ユニット型地域密着型特別養護老人ホームの効果的な運営を期待することができる場合であって、入居者へのサービスの提供に支障がないときは、次の各号（第1号を除く。）に掲げる設備の一部を設けないことができる。
　一　ユニット
　二　浴室
　三　医務室
　四　調理室
　五　洗濯室又は洗濯場
　六　汚物処理室
　七　介護材料室
　八　前各号に掲げるもののほか、事務室その他の運営上必要な設備
4　前項各号に掲げる設備の基準は、次のとおりとする。
　一　ユニット
　　イ　居室
　　　(1)　1の居室の定員は、1人とすること。ただし、入居者へのサービスの提供上必要と認められる場合は、2人とすることができる。
　　　(2)　居室は、いずれかのユニットに属するものとし、当該ユニットの共同生活室に近接して一体的に設けること。ただし、1のユニットの入居定員は、おおむね10人以下としなければならない。
　　　(3)　地階に設けてはならないこと。
　　　(4)　1の居室の床面積等は、次のいずれかを満たすこと。
　　　　(i)　**10.65平方メートル以上**とすること。ただし、(1)ただし書の場合にあっては、**21.3平方メートル以上**とすること。
　　　　(ii)　ユニットに属さない居室を改修したものについては、入居者同士の視線の遮断の確保を前提にした上で、居室を隔てる壁について、天井との間に一定の隙間が生じていても差し支えない。
　　　(5)　寝台又はこれに代わる設備を備えること。
　　　(6)　1以上の出入口は、避難上有効な空地、廊下、共同生活室又は広間に直接面して設けること。
　　　(7)　床面積の14分の1以上に相当する面積を直接外気に面して開放できるようにすること。
　　　(8)　必要に応じて入居者の身の回り品を保管することができる設備を備えること。
　　　(9)　ブザー又はこれに代わる設備を設けること。
　　ロ　共同生活室
　　　(1)　共同生活室は、いずれかのユニットに属するものとし、当該ユニットの入居者が交流し、共同で日常生活を営むための場所としてふさわしい形状を有すること。
　　　(2)　地階に設けてはならないこと。
　　　(3)　1の共同生活室の床面積は、**2平方メートル**に当該共同生活室が属するユニットの入居定員を乗じて得た面積以上を標準とすること。
　　　(4)　必要な設備及び備品を備えること。
　　ハ　洗面設備
　　　(1)　居室ごとに設けるか、又は共同生活室ごとに適当数設けること。
　　　(2)　介護を必要とする者が使用するのに適したものとすること。
　　ニ　便所
　　　(1)　居室ごとに設けるか、又は共同生活室ごとに適当数設けること。
　　　(2)　ブザー又はこれに代わる設備を設けるとともに、介護を必要とする者が使用するのに適したものとすること。
　二　浴室
　　　介護を必要とする者が入浴するのに適したものとすること。
　三　医務室
　　　医療法第1条の5第2項に規定する診療所とすることとし、入居者を診療するために必要な医薬品及び医療機器を備えるほか、必要に応じて臨床検査設備を設けること。ただし、本体施設が特別養護老人ホームであるサテライト型居住施設については医務室を必要とせず、入居者を診療するために必要な医薬品及び医療機器を備えるほか、必要に応じて臨床検査設備を設けることで足りるものとする。
　四　調理室
　　イ　火気を使用する部分は、不燃材料を用いること。
　　ロ　サテライト型居住施設の調理室については、本体施設の調理室で調理する場合であって、運搬手段について衛生上適切な措置がなされているときは、簡易な調理設備を設けることで足りるものとする。
5　ユニット及び浴室は、3階以上の階に設けてはならない。ただし、次の各号のいずれにも該当する建物に設けられるユニット又は浴室については、この限りで

ない。
一 ユニット又は浴室のある３階以上の各階に通ずる特別避難階段を２以上（防災上有効な傾斜路を有する場合又は車いす若しくはストレッチャーで通行するために必要な幅を有するバルコニー及び屋外に設ける避難階段を有する場合は、１以上）有すること。
二 ３階以上の階にあるユニット又は浴室及びこれらから地上に通ずる廊下その他の通路の壁及び天井の室内に面する部分の仕上げを不燃材料でしていること。
三 ユニット又は浴室のある３階以上の各階が耐火構造の壁又は特定防火設備により防災上有効に区画されていること。
6 前各項に規定するもののほか、ユニット型地域密着型特別養護老人ホームの設備の基準は、次に定めるところによる。
一 廊下の幅は、1.5メートル以上とすること。ただし、中廊下の幅は、1.8メートル以上とすること。なお、廊下の一部の幅を拡張すること等により、入居者、職員等の円滑な往来に支障が生じないと認められるときは、これによらないことができる。
二 廊下、共同生活室、便所その他必要な場所に常夜灯を設けること。
三 廊下及び階段には手すりを設けること。
四 階段の傾斜は、緩やかにすること。
五 ユニット又は浴室が２階以上の階にある場合は、１以上の傾斜路を設けること。ただし、エレベーターを設ける場合は、この限りでない。
7 本体施設とサテライト型居住施設との間の距離は、両施設が密接な連携を確保できる範囲内としなければならない。

特別養護老人ホームの設備及び運営に関する基準について（抄）

（平成12年3月17日　老発第214号　厚生省老人保健福祉局長通知）
注　平成30年3月22日老高発0322第2号・老振発0322第1号・老老発0322第3号改正現在

第2　設備に関する事項
1　設備の基準（基準第11条）
(1)　特別養護老人ホームの建物は、入所者が身体的、精神的に著しい障害を有する者であることにかんがみ、入所者の日常生活のために使用しない附属の建物を除き耐火建築物としなければならない。ただし、入所者の日常生活に充てられる居室、静養室、食堂、浴室及び機能訓練室（以下「居室等」という。）を２階及び地下のいずれにも設けていない建物については、準耐火建築物とすることができる。また、居室等を２階又は地階に設ける場合であっても、基準第11条第１項第２号に掲げる要件を満たし、火災に係る入所者の安全性が確保されていると認められる場合には、準耐火建築物とすることができる。
(2)　基準第11条第２項における「火災に係る入所者の安全性が確保されている」と認めるときは、次の点を考慮して判断されたい。
① 基準第11条第２項各号の要件のうち、満たしていないものについても、一定の配慮措置が講じられていること。
② 日常における又は火災時の火災に係る入所者の安全性の確保が、入所者が身体的、精神的に障害を有する者であることにかんがみてなされていること。
③ 管理者及び防火管理者は、当該特別養護老人ホームの建物の燃焼性に対する知識を有し、火災の際の危険性を十分認識するとともに、職員等に対して、火気の取扱いその他火災予防に関する指導監督、防災意識の高揚に努めること。
④ 定期的に行うこととされている避難等の訓練は、当該特別養護老人ホームの建物の燃焼性を十分に勘案して行うこと。
(3)　特別養護老人ホームの設備は、当該特別養護老人ホームの運営上及び入所者の処遇上当然設けなければならないものであるが、同一敷地内に他の社会福祉施設が設置されている場合等であって、当該施設の設備を利用することにより特別養護老人ホームの効果的な運営が図られ、かつ、入所者の処遇に支障がない場合には、入所者が日常継続的に使用する設備以外の調理室等の設備について、その一部を設けないことができる。なお、特別養護老人ホームが利用する他の施設の当該設備については、本基準に適合するものでなければな

らない。
(4) 便所等面積又は数の定めのない設備については、それぞれの設備のもつ機能を十分に発揮し得る適当な広さ又は数を確保するよう配慮すること。
(5) 特別養護老人ホームにおける廊下の幅は、入所者の身体的、精神的特性及び非常災害時における迅速な避難、救出の確保を考慮して定められたものである。なお、「中廊下」とは、廊下の両側に居室、静養室等入所者の日常生活に直接使用する設備のある廊下をいう。
(6) 特別養護老人ホームに設置する傾斜路は、入所者の歩行及び輸送車、車椅子等の昇降並びに災害発生時の避難、救出に支障がないようその傾斜はゆるやかにし、表面は、粗面又はすべりにくい材料で仕上げること。
(7) 医務室は、入院施設を有しない診療所として医療法(昭和23年法律第205号)第7条第1項の規定に基づく都道府県知事の許可を得ること。
(8) 調理室には、食器、調理器具等を消毒する設備、食器、食品等を清潔に保管する設備並びに防虫及び防鼠の設備を設けること。
(9) 汚物処理室は、他の設備と区分された一定のスペースを有すれば足りるものである。ただし、換気及び衛生管理等に十分配慮すること。
(10) 焼却炉、浄化槽その他の汚物処理設備及び便槽を設ける場合には、居室、静養室、食堂及び調理室から相当の距離を隔てて設けること。
(11) 居室、食堂及び機能訓練室の面積に係る基準は、すべて内法での測定によるものである。なお、居室等の面積に関する測定方法についてはこれまで明確化されていなかったことから、「特別養護老人ホームの設備及び運営に関する基準の一部を改正する省令」(平成14年厚生労働省令第107号。以下「平成14年改正省令」という。)の施行の際現に存する居室等についてまで当てはめる趣旨ではない。
(12) 廊下の幅は、内法によるものとし、手すりから測定することとする。なお、廊下の幅に関する測定方法についてはこれまで明確化されていなかったことから、平成14年改正省令の施行の際現に存する廊下についてまで当てはめる趣旨ではない。
(13) 経過措置等(基準附則第2条、第3条、第4条、第6条、第7条、第8条)
　　設備の基準については、以下の経過措置等が設けられているので留意すること。

① 汚物処理室に関する経過措置
　平成12年4月1日において現に存する特別養護老人ホームであって、児童福祉施設最低基準等の一部を改正する省令(昭和62年厚生省令第12号)附則第4条第1項(同令第4条の規定による改正後の養護老人ホーム及び特別養護老人ホームの設備及び運営に関する基準(昭和41年厚生省令第19号)第18条第2項第16号の規定に係る部分に限る。)の規定の適用を受けていたものについては、第11条第3項第14号(汚物処理室)の規定は、当分の間適用しない。(附則第2条)
② 1の居室の定員に関する経過措置
　イ　平成12年4月1日において現に存する特別養護老人ホームの建物(基本的な設備が完成しているものを含み、同日の後に増築され、又は全面的に改築された部分を除く。)については、設備基準のうち1の居室の定員に関する基準「4人以下」については、「原則として4人以下」とする。(附則第3条第1項)
　ロ　平成12年4月1日において現に存する特別養護老人ホームであって、児童福祉施設最低基準等の一部を改正する省令附則第4条第2項(同令第4条の規定による改正後の養護老人ホーム及び特別養護老人ホームの設備及び運営に関する基準第20条の規定に係る部分に限る。)の規定の適用を受けていたものについては、設備基準のうち1の居室の定員に関する基準は「4人以下」については、「8人以下」とする。(附則第3条第2項)
③ 入所者1人当たりの居室の床面積に関する経過措置
　平成12年4月1日において現に存する特別養護老人ホームの建物(基本的な設備が完成しているものを含み、同日の後に増築され、又は全面的に改築された部分を除く。)については、設備基準のうち入所者1人当たりの居室の床面積に関する基準「10.65平方メートル以上」については、「収納設備等を除き、4.95平方メートル以上」とする。(附則第3条第1項)
④ 入所者1人当たりの食堂及び機能訓練室の面積に関する経過措置
　平成12年4月1日において現に存する特別養護老人ホームの建物(基本的な設備が完成しているものを含み、同日の後に増築され、又は全面的に改築された部分を除く。)については、

設備基準のうち食堂及び機能訓練室の合計した面積「3平方メートルに入所定員を乗じて得た面積以上」の基準については、当分の間適用しない。（附則第4条）

⑤　病院の療養病床転換による食堂及び機能訓練室に関する基準の緩和

一般病床、療養病床若しくは老人性認知症疾患療養病棟を有する病院の一般病床、療養病床若しくは老人性認知症疾患療養病棟を平成36年3月31日までの間に転換し、特別養護老人ホームを開設しようとする場合において、当該転換に係る食堂の面積は、入所者1人当たり1平方メートル以上を有し、機能訓練室の面積は、40平方メートル以上であればよいこととする。ただし、食事の提供又は機能訓練を行う場合において、当該食事の提供又は機能訓練に支障がない広さを確保することができるときは、同一の場所とすることができるものとする。（附則第6条）

⑥　診療所の療養病床転換による食堂及び機能訓練室に関する基準の緩和

一般病床又は療養病床を有する診療所の一般病床又は療養病床を平成36年3月31日までの間に転換し、特別養護老人ホームを開設しようとする場合において、当該転換に係る食堂及び機能訓練室については、次の基準のいずれかに適合するものであればよいこととする。（附則第7条）

一　食堂及び機能訓練室の面積は、それぞれ必要な広さを有するものとし、合計して入所者1人当たり3平方メートル以上とすること。ただし、食事の提供又は機能訓練を行う場合において、当該食事の提供又は機能訓練に支障がない広さを確保することができるときは、同一の場所とすることができる。

二　食堂の面積は、入所者1人当たり1平方メートル以上を有し、機能訓練室の面積は、40平方メートル以上を有すること。ただし、食事の提供又は機能訓練を行う場合において、当該食事の提供又は機能訓練に支障がない広さを確保することができるときは、同一の場所とすることができる。

⑦　病院及び診療所の療養病床転換による廊下幅に関する基準の緩和

一般病床、療養病床若しくは老人性認知症疾患療養病棟を有する病院の一般病床、療養病床若しくは老人性認知症疾患療養病棟又は一般病床若しくは療養病床を有する診療所の一般病床若しくは療養病床を平成36年3月31日までの間に転換し、特別養護老人ホームを開設しようとする場合において、当該転換に係る廊下の幅については、内法による測定で、1.2メートル以上であればよいこととする。ただし、中廊下の幅は、内法による測定で、1.6メートル以上であればよいこととする。なお、廊下の幅は、壁から測定した幅でよいこととする。（附則第8条）

第5　ユニット型特別養護老人ホーム

4　設備の基準（基準第35条）

(1)　ユニットケアを行うためには、入居者の自律的な生活を保障する居室（使い慣れた家具等を持ち込むことのできる個室）と、少人数の家庭的な雰囲気の中で生活できる共同生活室（居宅での居間に相当する部屋）が不可欠であることから、ユニット型特別養護老人ホームは、施設全体を、こうした居室と共同生活室によって一体的に構成される場所（ユニット）を単位として構成し、運営しなければならない。

(2)　基準第35条第3項第1号に掲げている「ユニット」は、居室及び共同生活室のほか、洗面設備及び便所を含むものである。

(3)　入居者が、自室のあるユニットを超えて広がりのある日常生活を楽しむことができるよう、他のユニットの入居者と交流したり、多数の入居者が集まったりすることのできる場所を設けることが望ましい。

(4)　ユニット（第4項第1号）

ユニットは、居宅に近い居住環境の下で、居宅における生活に近い日常の生活の中でケアを行うというユニットケアの特徴を踏まえたものでなければならない。

(5)　居室（第1号イ）

①　前記(1)のとおりユニットケアには個室が不可欠なことから、居室の定員は1人とする。ただし、夫婦で居室を利用する場合などサービスの提供上必要と認められる場合は、2人部屋とすることができる。

②　居室は、いずれかのユニットに属するものとし、当該ユニットの共同生活室に近接して一体的に設けなければならない。

この場合、「当該ユニットの共同生活室に近接して一体的に設け」られる居室とは、次の3

つをいう。
　㋐　当該共同生活室に隣接している居室
　㋑　当該共同生活室に隣接してはいないが、㋐の居室と隣接している居室
　㋒　その他当該共同生活室に近接して一体的に設けられている居室（他の共同生活室の㋐及び㋑に該当する居室を除く。）
③　ユニットの入居定員
　ユニット型特別養護老人ホームは、各ユニットにおいて入居者が相互に社会的関係を築き、自律的な日常生活を営むことを支援するものであることから、1のユニットの入居定員は、**10人以下**とすることを原則とする。
　ただし、敷地や建物の構造上の制約など特別の事情によりやむを得ない場合であって、各ユニットにおいて入居者が相互に社会的関係を築き、自律的な日常生活を営むことを支援するのに支障がないと認められる場合には、入居定員が10人を超えるユニットも認める。なお、この場合にあっても、次の2つの要件を満たさなければならない。
　㋐　入居定員が10人を超えるユニットにあっては、「おおむね10人」と言える範囲内の入居定員であること。
　㋑　入居定員が10人を超えるユニットの数は、当該施設の総ユニット数の半数以下であること。
④　ユニットの入居定員に関する既存施設の特例
　平成15年4月1日に現に存する特別養護老人ホーム（建築中のものを含む。）が、その建物を同日以降に改修してユニットを造る場合にあっては、施設を新増築したり、改築したりする場合に比べて、現にある建物の構造や敷地などの面で、より大きな制約が想定されることから、前記③の㋑の要件は適用しない。
　また、平成15年4月1日に現に存する特別養護老人ホーム（建築中のものを含む。）が同日において現にユニットを有している（建築中のものを含む。）場合は、当該ユニットについては、前記③は適用しない。ただし、当該ユニットが改築されたときは、この限りでない。
⑤　居室の床面積等
　ユニット型特別養護老人ホームでは、居宅に近い居住環境の下で、居宅における生活に近い日常の生活の中でケアを行うため、入居者は長年使い慣れた箪笥などの家具を持ち込むことを想定しており、居室は次のいずれかに分類される。
イ　ユニット型個室
　床面積は、**10.65平方メートル以上**（居室内に洗面設備が設けられているときはその面積を含み、居室内に便所が設けられているときはその面積を除く。）とするとともに、身の回りの品を保管することができる設備は、必要に応じて備えれば足りることとする。
　また、入居者へのサービス提供上必要と認められる場合に2人部屋とするときは**21.3平方メートル以上**とすること。
ロ　ユニット型個室的多床室
　ユニットに属さない居室を改修してユニットを造る場合であり、床面積は、**10.65平方メートル以上**（居室内に洗面設備が設けられているときはその面積を含み、居室内に便所が設けられているときはその面積を除く。）とするとともに、身の回りの品を保管することができる設備は、必要に応じて備えれば足りることとする。この場合にあっては、入居者同士の視線が遮断され、入居者のプライバシーが十分に確保されていれば、天井と壁との間に一定の隙間が生じていても差し支えない。
　壁については、家具等のように可動のもので室内を区分しただけのものは認められず、可動でないものであって、プライバシーの確保のために適切な素材であることが必要である。
　居室であるためには、一定程度以上の大きさの窓が必要であることから、多床室を仕切って窓のない居室を設けたとしても個室的多床室としては認められない。
　また、居室への入口が、複数の居室で共同であったり、カーテンなどで仕切られているに過ぎないような場合には、十分なプライバシーが確保されているとはいえず、個室的多床室としては認められないものである。
　入居者へのサービス提供上必要と認められる場合に2人部屋とするときは**21.3平方メートル以上**とすること。
　なお、ユニットに属さない居室を改修してユニットを造る場合に、居室がイの要件を満たしていれば、ユニット型個室に分類される。
(6)　共同生活室（第1号ロ）

①　共同生活室は、いずれかのユニットに属するものとし、当該ユニットの入居者が交流し、共同で日常生活を営むための場所としてふさわしい形状を有するものでなければならない。このためには、次の２つの要件を満たす必要がある。
　㋐　他のユニットの入居者が、当該共同生活室を通過することなく、施設内の他の場所に移動することができるようになっていること。
　㋑　当該ユニットの入居者全員とその介護等を行う職員が一度に食事をしたり、談話等を楽しんだりすることが可能な備品を備えた上で、当該共同生活室内を車椅子が支障なく通行できる形状が確保されていること。
②　共同生活室の床面積
　共同生活室の床面積について「標準とする」とされている趣旨は、居室の床面積について前記(5)の⑤にあるのと同様である。
③　共同生活室には、介護を必要とする者が食事をしたり、談話等を楽しんだりするのに適したテーブル、椅子等の備品を備えなければならない。
　また、入居者が、その心身の状況に応じて家事を行うことができるようにする観点から、簡易な流し・調理設備を設けることが望ましい。
(7)　洗面設備（第１号ハ）
　洗面設備は、居室ごとに設けることが望ましい。ただし、共同生活室ごとに適当数設けることとしても差し支えない。この場合にあっては、共同生活室内の１か所に集中して設けるのではなく、２か所以上に分散して設けることが望ましい。なお、居室ごとに設ける方式と、共同生活室ごとに設ける方式とを混在させても差し支えない。
(8)　便所（第１号ニ）
　便所は、居室ごとに設けることが望ましい。ただし、共同生活室ごとに適当数設けることとしても差し支えない。この場合にあっては、共同生活室内の１か所に集中して設けるのではなく、２か所以上に分散して設けることが望ましい。なお、居室ごとに設ける方式と、共同生活室ごとに設ける方式とを混在させても差し支えない。
(9)　浴室（第２号）
　浴室は、居室のある階ごとに設けることが望ましい。
(10)　廊下（第６項第１号）
　ユニット型特別養護老人ホームにあっては、多数の入居者や職員が日常的に一度に移動することはないことから、廊下の幅の一律の規制を緩和する。
　ここでいう「廊下の一部の幅を拡張することにより、入居者、職員等の円滑な往来に支障が生じないと認められる場合」とは、アルコーブを設けることなどにより、入居者、職員等がすれ違う際にも支障が生じない場合を想定している。
　このほか、ユニット型特別養護老人ホームの廊下の幅については、第２の１の(5)及び療養病床等を有する病院等の療養病床等を平成24年３月31日までの間に転換する場合は、第２の１の(13)の⑦を準用する。この場合において、第２の１の(5)中「静養室」とあるのは「共同生活室」と読み替えるものとする。
(11)　ユニット型特別養護老人ホームの設備については、前記の(1)から(10)までによるほか、第２の１の規定（(5)及び(13)を除く。）を準用する。この場合において、第２の１の(1)中「静養室、食堂、浴室及び機能訓練室」とあるのは「共同生活室及び浴室」と、同(10)中「静養室、食堂」とあるのは「共同生活室」と、同(11)中「、食堂及び機能訓練室」とあるのは「及び共同生活室」と読み替えるものとする。

第６　地域密着型特別養護老人ホーム

１　第５章の趣旨

(1)　「地域密着型」の特別養護老人ホームは、小規模でより地域に密着した居住環境の下でケアを行うことに特徴があり、これまでの特別養護老人ホームとは一部異なることから、その設備及び運営に関する基準については、第５章の定めるところによるものである。

(2)　地域密着型特別養護老人ホームの形態は、次のようなものが考えられる。
・単独の小規模の特別養護老人ホーム
・本体施設のあるサテライト型居住施設
・指定居宅サービス事業所（指定通所介護事業所、指定短期入所生活介護事業所等）や指定地域密着型サービス事業所（指定小規模多機能型居宅介護事業所等）と併設された小規模の特別養護老人ホーム

　これらの形態を組み合わせると、本体施設＋地域密着型特別養護老人ホーム（サテライト型居住施設）＋併設事業所といった事業形態も可能である。

(3)　サテライト型居住施設とは、本体施設と密接な連携を確保しつつ、本体施設とは別の場所で運営

される地域密着型特別養護老人ホームをいう。また、本体施設とは、サテライト型居住施設と同じ法人により設置され、当該施設に対する支援機能を有する特別養護老人ホーム、介護老人保健施設若しくは介護医療院又は病院若しくは診療所をいう。

また、サテライト型居住施設を設置する場合、各都道府県が介護保険事業支援計画において定める必要利用定員総数（地域密着型特別養護老人ホームである本体施設にあっては、各市町村が介護保険事業計画において定める必要利用定員総数）の範囲内であれば、本体施設の定員を減らす必要はない。ただし、各都道府県等では、同計画の中で、特別養護老人ホームを始めとする介護保険施設等の個室・ユニット化の整備目標を定めていることを踏まえ、サテライト型居住施設の仕組みを活用しながら、本体施設を改修するなど、ユニット型施設の整備割合が高まっていくようにする取組が求められる。

2 設備の基準（基準第55条）
(1) 基準第55条第6項第1号は、地域密着型特別養護老人ホームにあっては入所者や職員が少数であることから、廊下幅の一律の規制を緩和したものである。

ここでいう「廊下の一部の幅を拡張すること等により、入所者、職員等の円滑な往来に支障が生じないと認められるとき」とは、アルコーブを設けることなどにより、入所者、職員等がすれ違う際にも支障が生じない場合を想定している。

また、「これによらないことができる。」とは、建築基準法等他の法令の基準を満たす範囲内である必要がある。

このほか、地域密着型特別養護老人ホームの廊下の幅については、第2の1の(5)及び療養病床等を有する病院等の療養病床等を平成36年3月31日までの間に転換する場合は、第2の1の(13)の⑦を準用する。

(2) 基準第55条第7項で定める「密接な連携を確保できる範囲内」とは、通常の交通手段を利用して、おおむね20分以内で移動できることを目安とする。

(3) 療養病床等を有する病院等の療養病床等を平成36年3月31日までの間に転換する場合における食堂及び機能訓練室については、第2の1の(13)の⑤及び⑥を準用する。なお、第2の1の(13)の⑤及び⑥二について、当該転換を行って開設する特別養護老人ホームがサテライト型居住施設の場合にあっては、機能訓練室は、本体施設における機能訓練室を利用すれば足りることとする。

(4) 地域密着型特別養護老人ホームにおける設備の基準については、前記の(1)から(3)によるほか、第2の1（(5)及び(13)を除く。）を準用する。この場合において、第2の1中「第11条」とあるのは「第55条」と読み替えるものとする。

第7 ユニット型地域密着型特別養護老人ホーム
2 設備
ユニット型地域密着型特別養護老人ホームにおける設備については、第2の1（(5)及び(13)を除く。）、第5の4及び第6の2（(3)を除く。）を準用する。

社会福祉施設における防火安全対策の強化について

（昭和62年9月18日　社施第107号　厚生省社会・児童家庭局長連名通知）

注　平成11年3月30日社援第830号改正現在

標記については、昭和62年6月30日付社施第84号をもって通知したところであるが、今般、「社会福祉施設等における防火安全対策検討委員会」において社会福祉施設（以下「施設」という。）の防火安全対策のあり方について基本的な見直しが行われ、別添のとおり検討結果が報告されたところである。ついてはこの報告を踏まえ施設の防火安全対策の強化を図ることとしたので、今後次の事項に留意のうえ貴管下各施設に対し指導願いたい。

また、施設の指導監査等にあたっては、防火安全対策について特に重点的に指導を行うよう配慮されたい。

なお、本通知については、消防庁とは予め協議済みであるので念のため申し添える。

1 対象施設について
本通知は、施設の性格上、自力避難が困難な者が多数入所する次の施設（以下「自力避難困難施設」とい

う。）を指導の対象とする。
　　特別養護老人ホーム、養護老人ホーム、身体障害者療護施設、重度身体障害者更生援護施設、重度身体障害者授産施設、視覚障害者更生施設、聴覚・言語障害者更生施設、救護施設、重症心身障害児施設、知的障害者更生施設（通所施設を除く）、知的障害者授産施設（通所施設を除く）、知的障害児施設、肢体不自由児施設（通所施設を除く）、盲ろうあ児施設（通所施設を除く）、乳児院
　　なお、これらの施設以外の施設についても以下の各指導事項に準じ、施設の実態に応じた防火安全対策を指導すること。
2　火災発生の未然防止について
（1）寝具類、カーテン等の防炎化の促進
　　　施設においては、壁、天井等の内装やカーテン、じゅうたん等については、既に消防法令で一定の防炎化、難燃化が義務づけられているので、未整備の施設は早急に改善を図るほか、今後は布団、毛布、シーツ等の寝具類についても一定以上の防炎性能を有するものを積極的に使用するよう努めること。
　　　また、寝衣類についても、個人的嗜好等に配慮しつつできるだけ防炎性能を有するものを使用することが望ましいこと。
（2）暖房機器の改善
　　　放射形又は自然対流形の石油ストーブ等は転倒、可燃物の接触等により出火原因となりやすいので、原則として使用しないこととし、ストーブ類を使用する場合には、強制対流形のストーブ又はこれと同等以上の火災安全性を有する器具を使用するよう努めること。
（3）出火防止対策の強化
　ア　火災発生を未然に防ぐために、各部署について火気取締責任者を定めるとともに、たばこの吸殻等火気の取扱いについては職員及び入所者（通所、利用者も含む。以下同じ）に対して注意を喚起するよう指導すること。特に喫煙については、指定された場所での喫煙を励行すること。
　　　また、夜間においては、可燃物のあるリネン室、倉庫等人気のない密室については施錠すること。
　イ　夜間に勤務する者は火気の取扱いの確認や可燃物のあるリネン室等の施錠等を行うため、夜間の巡回を強化することにより火災発生の未然防止に努めること。
3　火災発生時の早期通報・連絡について
（1）消防機関への早期通報
　　　夜間に火災が発生した場合、当直職員等だけで消火及び入所者全員の避難誘導、搬送を行うことは極めて難しいので、出来る限り早期に消防機関へ連絡し迅速に消火・救助活動が出来るようにすることが重要である。このため、管轄の消防機関と事前に協議したうえで、宿直室等必要な場所に非常通報装置等を設置すべきであること。
（2）職員動員体制の確保
　　　夜間に火災が発生した場合、幹部職員及び施設の近隣に居住する職員を含めた初動体制が重要であるので、（1）の非常通報装置に幹部職員宅へも通報できるシステムの設置や職員の宿舎を同一敷地又は近隣に設けること等についても配慮すること。
4　初期消火対策について
（1）スプリンクラー設備
　　　スプリンクラー設備は現在、原則として6000㎡以上の建物に設置することが義務付けられているが、自力避難困難施設については一定の要件を満たす建物を除き、その設置対象を延面積1000㎡以上のものにまで拡大するよう消防法施行令等の改正が近く行われる予定である。
（2）屋内消火栓設備
　　　屋内消火栓設備に関しては、施設のスプリンクラー設備の設置拡大に伴って、消防法施行令上設置義務対象に矛盾を生じないよう整合性が図られる予定であること。
（3）スプリンクラー設備等の整備に当たっての留意点
　　　スプリンクラー設備及び屋内消火栓設備に関する消防法施行令等の改正に当たっては、既存の施設に対しては猶予期間を設ける経過措置についての配慮がなされる予定であるが、あわせて水量の低減等弾力的な対応が図られる予定である。
　　　施設においてはこれらの設備について可能な限り早急に設置するよう努めること。
　　　また、設置義務のない自力避難困難施設についても立地条件等施設の状況により自主設置することが望ましいこと。
（4）消火設備等の維持管理及び可燃物の保管状況の点検の実施
　　　消火設備、警報設備、避難設備等は、出火等災害発生時に遺漏なく機能するよう日頃から維持管理に努めるとともに、可燃物の保管状況の点検等に努めること。
5　夜間防火管理体制の充実について
　　職員の勤務体制については、施設の性格、規模、介護需要の必要性等により、各施設の実態に応じた体制がとれるよう措置費上所要の予算措置が講じられてい

るところである。

特に夜間勤務体制については、防災上の観点からも必要な配慮を行うよう従前から指導してきたところであるが、今後は特に次に示すところにより徹底を図ること。

(1) 夜間における所要配置人員

　ア　夜勤・宿直に対する手当については、措置費上所要の予算措置を講じているので、この配置人員を目安とし所要の人員を配置すること。

　　　なお、この場合、各施設における入所者の状況、建物の構造、配置、立地条件及び消防設備等を総合的に勘案すること。

　イ　また、特別養護老人ホーム、身体障害者療護施設については、夜勤者（直接処遇職員）とは別に、宿直者を必ず配置すること。

　ウ　現状において、直ちに夜勤・宿直に当たる職員の確保が困難な場合にあっては、例えば夜間宿直専門の者を雇い上げる等創意工夫することにより、入所者の処遇の低下を来たさないよう配慮しつつ、入所者の安全が確保されるよう夜間勤務体制の整備充実を図ること。

(2) 夜間における勤務形態

　夜間における標準的な勤務形態として従来から施設の種別に応じて交替制・宿直制を指導しているので、原則としてこの勤務形態を確保すること。

　ただし、三交替制勤務の施設で、諸般の事情によりこれにより難い場合にあっては少なくとも二交替制勤務（ただし、変則は除く。）は確保すること。

6　避難対策等について

(1) 有効な避難訓練及び職員の教育等

　避難訓練は最低年2回以上実施することとなっているが、この実施に当たっては消防機関の協力を得て行うよう努め、特に自力避難困難者の避難・救出訓練及び夜間における避難に重点を置いた訓練等実態に即した訓練を定期的に実施すること。

　この場合、職員には消火訓練等を併せて行わせ、平素から消防設備等の操作について熟知させておくこと。

　また、職員に対しては、火気の取扱いその他火災予防に関する指導監督、防災意識の高揚に努めるとともに入所者に対しても常日頃から防災に対する意識の高揚に努めること。

(2) バルコニーの設置

　居室に接するバルコニーは、出火の際の避難場所として有効なものであるので、今後建設される施設については2階以上の部分に設置することが望ましいこと。

(3) 避難路の確保及び構造改善

　入所者の避難又は搬送が容易に行えるよう避難路となるバルコニー等を含め床の段差、溝、急な傾斜をなくし十分幅員を確保するとともに、ゆるやかな傾斜の避難路を設けることや手すりを設置することについて十分配慮すること。

(4) 避難誘導設備の改善

　視覚あるいは聴覚に障害がある者が入所する施設については、閃光型警報装置、点滅型誘導灯、誘導音装置付誘導灯等を施設の実態に応じて設置することが望ましいこと。

(5) 居室の避難階への設置促進

　出火等災害発生時に避難が迅速かつ円滑に行えるよう、入所者のうち寝たきり等最も重度な者のための居室については、極力1階又は避難の容易な場所に設けること。

(6) 延焼防止及び防煙対策

　今後建設される社会福祉施設については、延焼防止対策として間仕切り壁を防火上有効に小屋裏又は天井に達せしめるようにすること。また、防煙対策として防煙垂れ壁を設置することが望ましいこと。

7　近隣住民、近隣施設、消防機関等との連携協力体制の確保について

(1) 近隣住民、近隣施設との協力体制

　施設の火災においては、施設職員だけではその対応が必ずしも十分でない場合が多く、また、救助された者を一時的に収容する場所も必要であるため、近隣に所在する施設、病院等相互間の連携を図るとともに地域住民及びボランティア組織とも日常の連携を密にし、施設で行う避難訓練への参加等により施設の構造・配置、入所者の実態を認識してもらい、緊急の場合の応援、協力体制を確保しておくよう努めること。

(2) 消防機関等との連携

　避難訓練の計画、実施等施設の防火安全対策に関して常時消防機関の指導を受けるなど連携を密にし、施設の設備、構造・配置、入所者の状況等についても十分な理解を得ておくよう努めること。

　また、必要に応じ地域における福祉関係者等と消防関係者との連絡会議を設置することも検討すること。

8　その他

　施設は防火安全対策に万全を期すことは当然であるが、万が一入所者に傷害、死亡事故が発生し、施設管理責任上損害賠償金を支払わなければならない場合に

備え、各種の補償保険制度があるので、その活用についても検討すること。

介護老人保健施設の人員、施設及び設備並びに運営に関する基準（抄）

（平成11年3月31日　厚生省令第40号）

注　平成30年1月18日厚生労働省令第4号改正現在

第2章　人員に関する基準

●従業者の員数

第2条

6　第1項第1号及び第4号から第7号までの規定にかかわらず、**サテライト型小規模介護老人保健施設**（当該施設を設置しようとする者により設置される当該施設以外の介護老人保健施設若しくは介護医療院又は病院若しくは診療所（以下「**本体施設**」という。）との密接な連携を確保しつつ、本体施設とは別の場所で運営され、入所者の在宅への復帰の支援を目的とする定員29人以下の介護老人保健施設をいう。以下同じ。）の医師、支援相談員、理学療法士、作業療法士若しくは言語聴覚士、栄養士又は介護支援専門員については、次に掲げる本体施設の場合には、次の各号に掲げる区分に応じ、当該各号に定める職員により当該サテライト型小規模介護老人保健施設の入所者の処遇が適切に行われると認められるときは、これを置かないことができる。

一　介護老人保健施設　医師、支援相談員、理学療法士、作業療法士若しくは言語聴覚士、栄養士又は介護支援専門員

二　介護医療院　医師、栄養士又は介護支援専門員

三　病院　医師、栄養士（病床数100以上の病院の場合に限る。）又は介護支援専門員（健康保険法等の一部を改正する法律（平成18年法律第83号）附則第130条の2第1項の規定によりなおその効力を有するものとされた同法第26条の規定による改正前の法第48条第1項第3号に規定する指定介護療養型医療施設の場合に限る。）

四　診療所　医師

7　第1項第1号及び第4号から第7号までの規定にかかわらず、医療機関併設型小規模介護老人保健施設（介護医療院又は病院若しくは診療所に併設され、入所者の在宅への復帰の支援を目的とする定員29人以下の介護老人保健施設であって、前項に規定するサテライト型小規模介護老人保健施設以外のものをいう。以下同じ。）の医師、支援相談員、理学療法士、作業療法士若しくは言語聴覚士、栄養士又は介護支援専門員の員数の基準は、次のとおりとする。

一　医師、理学療法士、作業療法士若しくは言語聴覚士又は栄養士　併設される介護医療院又は病院若しくは診療所の医師、理学療法士、作業療法士若しくは言語聴覚士又は栄養士により当該医療機関併設型小規模介護老人保健施設の入所者の処遇が適切に行われると認められるときは、置かないことができること。

二　支援相談員又は介護支援専門員　当該医療機関併設型小規模介護老人保健施設の実情に応じた適当数。

第3章　施設及び設備に関する基準

●厚生労働省令で定める施設

第3条　介護老人保健施設は、次に掲げる施設を有しなければならない。ただし、サテライト型小規模介護老人保健施設の場合にあっては、本体施設の施設を利用することにより当該サテライト型小規模介護老人保健施設及び当該本体施設の入所者の処遇が適切に行われると認められるときは、調理室、洗濯室又は洗濯場及び汚物処理室を、医療機関併設型小規模介護老人保健施設の場合にあっては、併設される介護医療院又は病院若しくは診療所の施設を利用することにより、当該医療機関併設型小規模介護老人保健施設及び当該介護医療院又は病院若しくは診療所の入所者及び入院患者の処遇が適切に行われると認められるときは、療養室及び診察室を除き、これらの施設を有しないことができる。

一　療養室
二　診察室
三　機能訓練室
四　談話室
五　食堂
六　浴室
七　レクリエーション・ルーム
八　洗面所
九　便所

十　サービス・ステーション
　　十一　調理室
　　十二　洗濯室又は洗濯場
　　十三　汚物処理室
2　前項各号に掲げる施設の基準は、次のとおりとする。
　　一　療養室
　　　イ　1の療養室の定員は、4人以下とすること。
　　　ロ　入所者1人当たりの床面積は、8平方メートル以上とすること。
　　　ハ　地階に設けてはならないこと。
　　　ニ　1以上の出入口は、避難上有効な空地、廊下又は広間に直接面して設けること。
　　　ホ　寝台又はこれに代わる設備を備えること。
　　　ヘ　入所者の身の回り品を保管することができる設備を備えること。
　　　ト　ナース・コールを設けること。
　　二　機能訓練室
　　　　1平方メートルに入所定員数を乗じて得た面積以上の面積を有し、必要な器械・器具を備えること。ただし、サテライト型小規模介護老人保健施設又は医療機関併設型小規模介護老人保健施設の場合にあっては、機能訓練室は40平方メートル以上の面積を有し、必要な器械・器具を備えること。
　　三　談話室
　　　　入所者同士や入所者とその家族が談話を楽しめる広さを有すること。
　　四　食堂
　　　　2平方メートルに入所定員数を乗じて得た面積以上の面積を有すること。
　　五　浴室
　　　イ　身体の不自由な者が入浴するのに適したものとすること。
　　　ロ　一般浴槽のほか、入浴に介助を必要とする者の入浴に適した特別浴槽を設けること。
　　六　レクリエーション・ルーム
　　　　レクリエーションを行うために十分な広さを有し、必要な設備を備えること。
　　七　洗面所
　　　　療養室のある階ごとに設けること。
　　八　便所
　　　イ　療養室のある階ごとに設けること。
　　　ロ　ブザー又はこれに代わる設備を設けるとともに、身体の不自由な者が使用するのに適したものとすること。
　　　ハ　常夜灯を設けること。
3　第1項各号に掲げる施設は、専ら当該介護老人保健施設の用に供するものでなければならない。ただし、入所者の処遇に支障がない場合には、この限りでない。

●構造設備の基準

第4条　介護老人保健施設の構造設備の基準は、次のとおりとする。
　一　介護老人保健施設の建物（入所者の療養生活のために使用しない附属の建物を除く。）は、耐火建築物（建築基準法（昭和25年法律第201号）第2条第9号の2に規定する耐火建築物をいう。以下同じ。）とすること。ただし、次のいずれかの要件を満たす2階建又は平屋建ての介護老人保健施設の建物にあっては、準耐火建築物（同条第9号の3に規定する準耐火建築物をいう。以下同じ。）とすることができる。
　　イ　療養室その他の入所者の療養生活に充てられる施設（以下「療養室等」という。）を2階及び地階のいずれにも設けていないこと。
　　ロ　療養室等を2階又は地階に設けている場合であって、次に掲げる要件の全てを満たすこと。
　　　(1)　当該介護老人保健施設の所在地を管轄する消防長（消防本部を設置しない市町村にあっては、市町村長。以下同じ。）又は消防署長と相談の上、第28条に規定する計画に入所者の円滑かつ迅速な避難を確保するために必要な事項を定めること。
　　　(2)　第28条に規定する訓練については、同条に規定する計画に従い、昼間及び夜間において行うこと。
　　　(3)　火災時における避難、消火等の協力を得ることができるよう、地域住民等との連携体制を整備すること。
　二　療養室等が2階以上の階にある場合は、屋内の直通階段及びエレベーターをそれぞれ1以上設けること。
　三　療養室等が3階以上の階にある場合は、避難に支障がないように避難階段を2以上設けること。ただし、前号に規定する直通階段を建築基準法施行令（昭和25年政令第338号）第123条第1項に規定する避難階段としての構造とする場合は、その直通階段の数を避難階段の数に算入することができる。
　四　階段には、手すりを設けること。
　五　廊下の構造は、次のとおりとすること。
　　イ　幅は、1.8メートル以上とすること。ただし、中廊下の幅は、2.7メートル以上とすること。
　　ロ　手すりを設けること。
　　ハ　常夜灯を設けること。

六　入所者に対する介護保健施設サービスの提供を適切に行うために必要な設備を備えること。
七　消火設備その他の非常災害に際して必要な設備を設けること。

2　前項第1号の規定にかかわらず、都道府県知事（指定都市及び中核市にあっては、指定都市又は中核市の市長。以下同じ。）が、火災予防、消火活動等に関し専門的知識を有する者の意見を聴いて、次の各号のいずれかの要件を満たす木造かつ平屋建ての介護老人保健施設の建物であって、火災に係る入所者の安全性が確保されていると認めたときは、耐火建築物又は準耐火建築物とすることを要しない。

一　スプリンクラー設備の設置、天井等の内装材等への難燃性の材料の使用、調理室等火災が発生するおそれがある箇所における防火区画の設置等により、初期消火及び延焼の抑制に配慮した構造であること。
二　非常警報設備の設置等による火災の早期発見及び通報の体制が整備されており、円滑な消火活動が可能なものであること。
三　避難口の増設、搬送を容易に行うために十分な幅員を有する避難路の確保等により、円滑な避難が可能な構造であり、かつ、避難訓練を頻繁に実施すること、配置人員を増員すること等により、火災の際の円滑な避難が可能なものであること。

第5章　ユニット型介護老人保健施設の基本方針並びに施設、設備及び運営に関する基準
第2節　施設及び設備に関する基準

●厚生労働省令で定める施設

第41条　ユニット型介護老人保健施設は、次に掲げる施設を有しなければならない。ただし、ユニット型サテライト型小規模介護老人保健施設（ユニットごとに入居者の日常生活が営まれ、これに対する支援が行われるサテライト型小規模介護老人保健施設をいう。以下同じ。）の場合にあっては、本体施設の施設を利用することにより、当該ユニット型サテライト型小規模介護老人保健施設及び当該本体施設の入居者の処遇が適切に行われると認められるときは、調理室、洗濯室又は洗濯場及び汚物処理室を、ユニット型医療機関併設型小規模介護老人保健施設（ユニットごとに入居者の日常生活が営まれ、これに対する支援が行われる医療機関併設型小規模介護老人保健施設をいう。以下同じ。）の場合にあっては、併設される介護医療院又は病院若しくは診療所の施設を利用することにより、当該ユニット型医療機関併設型小規模介護老人保健施設及び当該介護医療院又は病院若しくは診療所の入居者又は入院患者の処遇が適切に行われると認められるときは、療養室及び診察室を除き、これらの施設を有しないことができる。

一　ユニット
二　診察室
三　機能訓練室
四　浴室
五　サービス・ステーション
六　調理室
七　洗濯室又は洗濯場
八　汚物処理室

2　前項各号に掲げる施設の基準は、次のとおりとする。
一　ユニット
　イ　療養室
　　(1)　1の療養室の定員は、1人とすること。ただし、入居者への介護保健施設サービスの提供上必要と認められる場合は、2人とすることができる。
　　(2)　療養室は、いずれかのユニットに属するものとし、当該ユニットの共同生活室に近接して一体的に設けること。ただし、1のユニットの入居定員は、おおむね10人以下としなければならない。
　　(3)　1の療養室の床面積等は、次のいずれかを満たすこと。
　　　(i)　10.65平方メートル以上とすること。ただし、(1)ただし書の場合にあっては、21.3平方メートル以上とすること。
　　　(ii)　ユニットに属さない療養室を改修したものについては、入居者同士の視線の遮断の確保を前提にした上で、療養室を隔てる壁について、天井との間に一定の隙間が生じていても差し支えない。
　　(4)　地階に設けてはならないこと。
　　(5)　1以上の出入口は、避難上有効な空地、廊下又は広間に直接面して設けること。
　　(6)　寝台又はこれに代わる設備を備えること。
　　(7)　入居者の身の回り品を保管することができる設備を備えること。
　　(8)　ナース・コールを設けること。
　ロ　共同生活室
　　(1)　共同生活室は、いずれかのユニットに属するものとし、当該ユニットの入居者が交流し、共同で日常生活を営むための場所としてふさわしい形状を有すること。
　　(2)　1の共同生活室の床面積は、**2平方メートル**

資料　法令等　359

に当該共同生活室が属するユニットの入居定員
　　　を乗じて得た面積以上を標準とすること。
　　(3) 必要な設備及び備品を備えること。
　八　洗面所
　　(1) 療養室ごとに設けるか、又は共同生活室ごと
　　　に適当数設けること。
　　(2) 身体の不自由な者が使用するのに適したもの
　　　とすること。
　ニ　便所
　　(1) 療養室ごとに設けるか、又は共同生活室ごと
　　　に適当数設けること。
　　(2) ブザー又はこれに代わる設備を設けるととも
　　　に、身体の不自由な者が使用するのに適したも
　　　のとすること。
　　(3) 常夜灯を設けること。
　二　機能訓練室
　　　1平方メートルに入居定員数を乗じて得た面積以
　　上の面積を有し、必要な器械・器具を備えること。
　　ただし、ユニット型サテライト型小規模介護老人保
　　健施設又はユニット型医療機関併設型小規模介護老
　　人保健施設の場合は、機能訓練室は**40平方メートル
　　以上**の面積を有し、必要な器械・器具を備えること。
　三　浴室
　　イ　身体の不自由な者が入浴するのに適したものと
　　　すること。
　　ロ　一般浴槽のほか、入浴に介助を必要とする者の
　　　入浴に適した特別浴槽を設けること。
3　前項第2号及び第3号に掲げる設備は、専ら当該ユ
　ニット型介護老人保健施設の用に供するものでなけれ
　ばならない。ただし、入居者に対する介護保健施設サー
　ビスの提供に支障がない場合は、この限りでない。
4　前3項に規定するもののほか、ユニット型介護老人
　保健施設の設備構造の基準は、次に定めるところによ
　る。
　一　ユニット型介護老人保健施設の建物（入居者の療
　　養生活のために使用しない附属の建物を除く。）は、
　　耐火建築物とすること。ただし、次のいずれかの要
　　件を満たす2階建又は平屋建てのユニット型介護
　　老人保健施設の建物にあつては、準耐火建築物とす
　　ることができる。
　　イ　療養室等を2階及び地階のいずれにも設けてい
　　　ないこと。
　　ロ　療養室等を2階又は地階に設けている場合で
　　　あって、次に掲げる要件の全てを満たすこと。
　　　(1) 当該ユニット型介護老人保健施設の所在地を
　　　　管轄する消防長又は消防署長と相談の上、第50

　　　　条において準用する第28条に規定する計画に入
　　　　居者の円滑かつ迅速な避難を確保するために必
　　　　要な事項を定めること。
　　　(2) 第50条において準用する第28条に規定する訓
　　　　練については、同条に規定する計画に従い、昼
　　　　間及び夜間において行うこと。
　　　(3) 火災時における避難、消火等の協力を得るこ
　　　　とができるよう、地域住民等との連携体制を整
　　　　備すること。
　二　療養室等が2階以上の階にある場合は、屋内の直
　　通階段及びエレベーターをそれぞれ1以上設けるこ
　　と。
　三　療養室等が3階以上の階にある場合は、避難に支
　　障がないように避難階段を2以上設けること。ただ
　　し、前号に規定する直通階段を建築基準法施行令第
　　123条第1項に規定する避難階段としての構造とす
　　る場合は、その直通階段の数を避難階段の数に算入
　　することができる。
　四　階段には、手すりを設けること。
　五　廊下の構造は、次のとおりとすること。
　　イ　幅は、**1.8メートル以上**とすること。ただし、
　　　中廊下の幅は、**2.7メートル以上**とすること。なお、
　　　廊下の一部の幅を拡張することにより、入居者、
　　　従業者等の円滑な往来に支障が生じないと認めら
　　　れる場合には、**1.5メートル以上**（中廊下にあっ
　　　ては、**1.8メートル以上**）として差し支えない。
　　ロ　手すりを設けること。
　　ハ　常夜灯を設けること。
　六　入居者に対する介護保健施設サービスの提供を適
　　切に行うために必要な設備を備えること。
　七　消火設備その他の非常災害に際して必要な設備を
　　設けること。
5　前項第1号の規定にかかわらず、都道府県知事が、
　火災予防、消火活動等に関し専門的知識を有する者の
　意見を聴いて、次の各号のいずれかの要件を満たす木
　造かつ平屋建てのユニット型介護老人保健施設の建物
　であって、火災に係る入居者の安全性が確保されてい
　ると認めたときは、耐火建築物又は準耐火建築物とす
　ることを要しない。
　一　スプリンクラー設備の設置、天井等の内装材等へ
　　の難燃性の材料の使用、調理室等火災が発生するお
　　それがある箇所における防火区画の設置等により、
　　初期消火及び延焼の抑制に配慮した構造であるこ
　　と。
　二　非常警報設備の設置等による火災の早期発見及び
　　通報の体制が整備されており、円滑な消火活動が可

能なものであること。
三 避難口の増設、搬送を容易に行うために十分な幅員を有する避難路の確保等により、円滑な避難が可能な構造であり、かつ、避難訓練を頻繁に実施すること、配置人員を増員すること等により、火災の際の円滑な避難が可能なものであること。

介護老人保健施設の人員、施設及び設備並びに運営に関する基準について（抄）

（平成12年3月17日　老企第44号　厚生省老人保健福祉局企画課長通知）
注　平成30年3月22日老高発0322第2号・老振発0322第1号・老老発0322第3号改正現在

第1　基準省令の性格
4　小規模介護老人保健施設等の形態は以下のとおり。
　① サテライト型小規模介護老人保健施設
　　イ　サテライト型小規模介護老人保健施設は、当該施設を設置しようとする者により設置される当該施設以外の介護老人保健施設若しくは介護医療院又は病院若しくは診療所（以下「本体施設」という。）との密接な連携を確保しつつ、本体施設とは別の場所で運営され、入所者の在宅への復帰の支援を目的とする定員29人以下の介護老人保健施設をいう。
　　ロ　本体施設と密接な連携を確保する具体的な要件は、本体施設とサテライト型小規模介護老人保健施設は、自動車等による移動に要する時間がおおむね20分以内の近距離であること。本体施設の医師等又は協力病院が、サテライト型小規模介護老人保健施設の入所者の病状急変等の事態に適切に対応できる体制を採ること。
　　ハ　サテライト型小規模介護老人保健施設は、原則として、本体施設に1か所の設置とする。ただし、本体施設の医師等により、サテライト型小規模介護老人保健施設の入所者の医学的管理等の処遇が適切に行われると認められるときは、本体施設に2か所以上の設置も認めることとする。
　② 医療機関併設型小規模介護老人保健施設
　　イ　医療機関併設型小規模介護老人保健施設は、介護医療院又は病院若しくは診療所に併設（同一敷地内又は隣接する敷地において、サービスの提供、夜勤を行う職員の配置等が一体的に行われているものを指すこと。）され、入所者の在宅への復帰の支援を目的とする定員29人以下の介護老人保健施設であって、前項に規定するサテライト型小規模介護老人保健施設以外のものをいう。
　　ロ　医療機関併設型小規模介護老人保健施設は、介護医療院又は病院若しくは診療所に1か所の設置とする。
　③ 分館型介護老人保健施設
　　分館型介護老人保健施設（以下「分館型介護老人保健施設」という。）は、「分館型介護老人保健施設の整備について」（平成12年9月5日老振第53号）に示された従来から整備してきた施設であり、介護老人保健施設の開設者が当該介護老人保健施設と一体として運営するものとして開設する介護老人保健施設であって過疎地域自立促進特別措置法等に規定する地域に整備された施設である。

第3　施設及び設備に関する基準
1　一般原則
　(1)　介護老人保健施設の施設及び構造設備については、基準省令のほか建築基準法、消防法等の関係規定を遵守するとともに、日照、採光、換気等について十分考慮したものとし、入所者の保健衛生及び防災につき万全を期すこと。
　(2)　介護老人保健施設の環境及び立地については、入所者の療養生活を健全に維持するため、ばい煙、騒音、振動等による影響を極力排除するとともに、交通、水利の便等を十分考慮したものとすること。
2　施設に関する基準
　(1)　施設に関する基準
　　① 基準省令第3条第1項各号に掲げる施設（設置の義務付けられているもの）については、次の点に留意すること。
　　　イ　機能訓練室、談話室、食堂、レクリエーション・ルーム等を区画せず、1つのオープンスペースとすることは差し支えないが、入所者に対する介護保健施設サービスの提供に支障を来さないよう全体の面積は各々の施設の基

準面積を合算したもの以上とすること。
ロ　施設の兼用については、各々の施設の利用目的に沿い、かつ、入所者に対する介護保健施設サービスの提供に支障を来さない程度で認めて差し支えないものであること。したがって、談話室とレクリエーション・ルームの兼用並びに洗面所と便所、洗濯室と汚物処理室が同一の区画にあること等は差し支えないこと。
② 各施設については、基準省令第3条第2項に定めるもののほか、次の点に留意すること。
　イ　療養室
　　a　療養室に洗面所を設置した場合に必要となる床面積及び収納設備の設置に要する床面積は、基準面積に含めて差し支えないものであること。
　　b　療養室にはナース・コールを設けることを定めたものである。ただし、入所者の状況等に応じ、サービスに支障を来さない場合には、入所者の動向を検知できる見守り機器を設置することで代用することとして差し支えない。
　ロ　診察室
　　　医師が診察を行うのに適切なものとすること。
　ハ　機能訓練室
　　　介護老人保健施設で行われる機能訓練は、理学療法士又は作業療法士の指導下における運動機能やＡＤＬ（日常生活動作能力）の改善を中心としたものであるので、これに必要な器械・器具を備えること。ただし、サテライト型小規模介護老人保健施設及び医療機関併設型小規模介護老人保健施設の場合は、機能訓練室は**40平方メートル以上**の面積を有し、必要な器械・器具を備えること。
　ニ　談話室
　　　談話室には、入所者とその家族等が談話を楽しめるよう、ソファー、テレビその他の教養娯楽設備等を備えること。
　ホ　浴室
　　　入浴に全面的な介助を必要とする者に必要な特別浴室については、その出入りに当たってストレッチャー等の移動に支障を生じないよう構造設備上配慮すること。
　ヘ　サービス・ステーション
　　　看護・介護職員が入所者のニーズに適切に応じられるよう、療養室のある階ごとに療養室に近接して設けること。
　ト　調理室
　　　食器、調理器具等を消毒する設備、食器、食品等を清潔に保管する設備並びに防虫及び防鼠の設備を設けること。
　チ　汚物処理室
　　　汚物処理室は、他の施設と区別された一定のスペースを有すれば足りること。
　リ　その他
　　a　焼却炉、浄化槽、その他の汚物処理設備及び便槽を設ける場合には、療養室、談話室、食堂、調理室から相当の距離を隔てて設けること。
　　b　床面積を定めない施設については、各々の施設の機能を十分に発揮し得る適当な広さを確保するよう配慮すること。
　　c　薬剤師が介護老人保健施設で調剤を行う場合には、薬剤師法の規定により、調剤所が必要となること。
③ 基準省令第3条第3項は、同条第1項各号に定める各施設が当該介護老人保健施設の用に専ら供するものでなければならないこととしたものであるが、介護老人保健施設と病院、診療所（医療機関併設型小規模介護老人保健施設を除く。）又は介護医療院、指定介護老人福祉施設等の社会福祉施設等（以下「病院等」という。）とが併設される場合（同一敷地内にある場合、又は公道をはさんで隣接している場合をいう。以下同じ。）に限り、次に掲げるところにより、同条第3項ただし書が適用されるものであるので、併設施設（介護老人保健施設に併設される病院等をいう。以下同じ。）と施設を共用する場合の運用に当たっては留意すること。
　イ　療養室については、併設施設との共用は認められないものであること。
　ロ　療養室以外の施設は、介護老人保健施設と併設施設双方の施設基準を満たし、かつ、当該介護老人保健施設の余力及び当該施設における介護保健施設サービス等を提供するための当該施設の使用計画（以下「利用計画」という。）からみて両施設の入所者の処遇に支障がない場合に限り共用を認めるものであること。
　ハ　共用する施設についても介護老人保健施設としての許可を与えることとなるので、例え

ば、併設の病院と施設を共用する場合には、その共用施設については医療法上の許可と介護老人保健施設の許可とが重複するものであること。
④ 設置が義務づけられている施設のほか、家族相談室、ボランティア・ルーム、家族介護教室は、介護老人保健施設の性格等からみて設置が望ましいので、余力がある場合には、その設置につき配慮すること。
(2) サテライト型小規模介護老人保健施設等の施設に関する基準
① サテライト型小規模介護老人保健施設
サテライト型小規模介護老人保健施設の場合にあっては、本体施設の施設を利用することにより当該サテライト型小規模介護老人保健施設及び当該本体施設の入所者の処遇が適切に行われると認められるときは、調理室、洗濯室又は洗濯場及び汚物処理室を有しないことができることとした。
② 医療機関併設型小規模介護老人保健施設
医療機関併設型小規模介護老人保健施設の場合にあっては、併設される介護医療院又は病院若しくは診療所の施設を利用することにより、当該医療機関併設型小規模介護老人保健施設及び当該介護医療院又は病院若しくは診療所の入所者及び入院患者の処遇が適切に行われると認められるときは、療養室を除き、これらの施設を有しないことができることとした。
(3) 「火災に係る入所者の安全性が確保されている」と認めるときは、次の点を考慮して判断されたい。
① 基準第3条第2項各号の要件のうち、満たしていないものについても、一定の配慮措置が講じられていること。
② 日常における又は火災時の火災に係る安全性の確保が、入所者が身体的、精神的に障害を有する者であることにかんがみてなされていること。
③ 管理者及び防火管理者は、当該介護老人保健施設の建物の燃焼性に対する知識を有し、火災の際の危険性を十分認識するとともに、職員等に対して、火気の取扱いその他火災予防に関する指導監督、防災意識の高揚に努めること。
④ 定期的に行うこととされている避難等の訓練は、当該介護老人保健施設の建物の燃焼性を十分に勘案して行うこと。
3 構造設備の基準

基準省令第4条に定める介護老人保健施設の構造設備については、次の点に留意すること。
(1) 耐火構造
介護老人保健施設の建物は、入所者が身体的、精神的に障害を有する者であることに鑑み、入所者の日常生活のために使用しない附属の建物を除き耐火建築物としなければならない。ただし、療養室、談話室、食堂、浴室、レクリエーション・ルーム、便所等入所者が日常継続的に使用する施設(以下「療養室等」という。)を2階以上の階及び地階のいずれにも設けていない建物については、準耐火建築物とすることができる。また、居室等を2階又は地階に設ける場合であっても、基準第4条第1号に掲げる要件を満たし、火災に係る入所者の安全性が確保されていると認められる場合には、準耐火建築物とすることができる。
(2) エレベーター
介護老人保健施設の入所者が寝たきり老人等介護を必要とする老人であることから、療養室等が2階以上の階にある場合は、屋内の直通階段及びエレベーターの設置を義務づけたこと。
(3) 階段
階段の傾斜は緩やかにするとともに、手すりは原則として両側に設けること。
(4) 廊下
① 廊下の幅は、内法によるものとし、手すりから測定するものとすること。
② 手すりは、原則として両側に設けること。
③ 中廊下は、廊下の両側に療養室等又はエレベーター室のある廊下をいうこと。
(5) 入所者の身体の状態等に応じた介護保健施設サービスの提供を確保するため、車椅子、ギャッチベッド、ストレッチャー等を備えること。
(6) 家庭的な雰囲気を確保するため、木製風のベッド、絵画、鉢植え等の配置や壁紙の工夫等に配慮するとともに、教養・娯楽のための本棚、音響設備、理美容設備等の配置に努めること。
(7) 車椅子等による移動に支障のないよう床の段差をなくすよう努めること。
(8) 病院又は診療所と介護老人保健施設とを併設する場合には、両施設の入所者の処遇に支障がないよう、表示等により病院又は診療所と介護老人保健施設の区分を可能な限り明確にすることで足りること。
(9) 基準省令第4条第7号に定める「消火設備その他の非常災害に際して必要な設備」とは、消防法

第17条の規定に基づく消防用設備等及び風水害、地震等の災害に際して必要な設備をいうこと。

4 経過措置

(1) 介護保険法施行法第8条第1項の規定により開設の許可を受けたとみなされる介護老人保健施設（以下「みなし介護老人保健施設」という。）のうち、老人保健施設の施設及び設備、人員並びに運営に関する基準の一部を改正する省令（平成6年厚生省令第1号）附則第2項の規定（病床転換に係る老人保健施設の床面積の特例）の適用を受け、基準の施行の際老人保健施設として開設していたものについては、療養室の入所者1人当たりの床面積は6平方メートル以上で差し支えないこととした（基準省令附則第4条）。

(2) みなし介護老人保健施設であって、平成4年9月30日以前に老人保健施設として開設していたものについては、食堂の入所者1人当たりの床面積については1平方メートルで差し支えないこととした（基準省令附則第5条）。

(3) みなし介護老人保健施設であって老人保健施設の施設及び設備、人員並びに運営に関する基準（昭和63年厚生省令第1号）附則第3条（病床転換に係る老人保健施設のエレベーターの特例）の適用を受け、基準の施行の際老人保健施設として開設していたものの構造設備（当該適用に係る部分に限る。）については、エレベーターの設置を義務づけないこととした（基準省令附則第6条）。

(4) みなし介護老人保健施設であって、老人保健施設の施設及び設備、人員並びに運営に関する基準附則第2条第1項の規定（病床転換に係る老人保健施設の廊下幅の特例）の適用を受け、平成12年1月19日までに開設したものについては、廊下幅の規定は適用しないこととした（基準省令附則第7条）。

(5) 平成14年4月1日時点において医療法上の開設許可を受けている病院の建物内の療養病床又は一般病床（医療法等の一部を改正する法律（平成12年法律第141号）の施行等に伴う病床区分の届出（平成15年8月末まで）を行う前のいわゆる経過的旧その他の病床又は経過的旧療養型病床群に係る病床を含む。）を転換して、平成15年4月1日から平成18年3月31日までの間に開設される介護老人保健施設（病院併設型の既存の介護老人保健施設の入所定員を増員する場合を含む。）について、療養室等の基準に関する以下の特例を設けることとした。

① 療養室の床面積

療養室の入所者1人当たりの床面積について、開設の許可を受けた日から5年間は、「6.4㎡以上（医療法施行規則の一部を改正する省令（平成13年厚生労働省令第8号）附則第6条の規定（病床転換による療養病床に係る床面積の特例）の適用を受けるものについては、6.0㎡以上）」で足りることとし、それ以降は、介護老人保健施設の基準である「8㎡以上」を適用することとした（基準省令附則第9条及び第10条関係）。ただし、談話室に近接する療養室の場合は、「当該談話室の1人当たり面積と合算して8㎡以上」であれば足りることとした（基準省令附則第8条関係）。

なお、「療養室が談話室に近接して設けられている」とは、談話室と同じ階にあって、療養室の入所者が療養生活上、当該談話室と当該療養室とを一体的に利用できる場合をいう。

② 機能訓練室

開設許可等を受けた日から起算して5年を経過する日までの間においては、「40㎡以上」で足りることとし、それ以降は、本則上の機能訓練室の基準である「1㎡に入所定員数を乗じて得た面積以上」を適用することとした（基準省令附則第11条関係）。

③ 廊下幅

本則上の廊下幅の基準である「1.8m以上（中廊下は2.7m以上）」に適合させることが困難な部分については、「1.2m以上（中廊下は1.6m以上）」で差し支えないこととした（基準省令附則第12条関係）。ただし、その場合は、車いすやストレッチャーのすれ違いができるよう必要な待避部分を設けなければならないこととする。

(6) 一般病床、療養病床若しくは老人性認知症疾患療養病棟を有する病院又は一般病床若しくは療養病床を有する診療所の開設者が、当該病院の一般病床、療養病床若しくは老人性認知症疾患療養病棟又は当該診療所の一般病床若しくは療養病床を平成36年3月31日までの間に転換を行って介護老人保健施設を開設する場合における当該転換に係る療養室の床面積は、新築、増築又は全面的な改築の工事が終了するまでの間は、入所者1人当たり6.4平方メートル以上であること。

(7) 一般病床、療養病床若しくは老人性認知症疾患療養病棟を有する病院又は一般病床若しくは療養

病床を有する診療所の開設者が、当該病院の一般病床、療養病床若しくは老人性認知症疾患療養病棟又は当該診療所の一般病床若しくは療養病床を平成36年3月31日までの間に転換を行って介護老人保健施設を開設する場合における当該転換に係る診察室については、当該介護老人保健施設の入所者及び併設される病院又は診療所の入院患者の処遇が適切に行われると認められるときは、当該病院又は診療所の施設を利用することで足り、当該介護老人保健施設は有しなくてもよいこととした（基準省令附則第14条）。

(8) 一般病床、療養病床又は老人性認知症疾患療養病棟を有する病院の開設者が、当該病院の一般病床、療養病床若しくは老人性認知症疾患療養病棟を平成36年3月31日までの間に転換を行って介護老人保健施設を開設する場合における当該転換に係る機能訓練室の面積は、40平方メートル以上であればよいこととした。なお、当該転換を行って開設する介護老人保健施設がサテライト型小規模介護老人保健施設の場合にあっては、機能訓練室は、本体施設における機能訓練室を利用すれば足りることとした（基準省令附則第15条第1項）。

一般病床、療養病床又は老人性認知症疾患療養病棟を有する病院の開設者が、当該病院の一般病床、療養病床若しくは老人性認知症疾患療養病棟を平成36年3月31日までの間に転換を行って介護老人保健施設を開設する場合における当該転換に係る食堂の面積は、入所者1人当たり1平方メートル以上であればよいこととした（基準省令附則第15条第2項）。

(9) 一般病床又は療養病床を有する診療所の開設者が、当該診療所の一般病床又は療養病床を平成36年3月31日までの間に転換を行って介護老人保健施設を開設する場合における当該転換に係る機能訓練室及び食堂の面積は、次の①又は②に掲げるいずれかに適合するものであればよいこととした（基準省令附則第16条）。

① 機能訓練室及び食堂の面積は、それぞれ必要な広さを有するものとし、合計して入所者1人当たり3平方メートル以上とすること。ただし、この場合にあっては、機能訓練又は食事の提供に支障がない広さを確保し、当該機能訓練を行うために必要な器械・器具を備えること。

② 機能訓練室の面積は、40平方メートル以上とし、食堂の面積は、入所者1人当たり1平方メートル以上とすること。また、当該機能訓練を行うために必要な器械・器具を備えること。なお、当該転換を行って開設する介護老人保健施設がサテライト型小規模介護老人保健施設の場合にあっては、機能訓練室は、本体施設における機能訓練室を利用すれば足りること。

(10) 一般病床、療養病床若しくは老人性認知症疾患療養病棟を有する病院又は一般病床若しくは療養病床を有する診療所の開設者が、当該病院の一般病床、療養病床若しくは老人性認知症疾患療養病棟又は当該診療所の一般病床若しくは療養病床を平成36年3月31日までの間に転換を行って介護老人保健施設を開設する場合における当該転換に係る建物の耐火構造については、基準省令第4条第1項第1号の規定は適用せず、建築基準法の基準によるものでよいこととした（基準省令附則第17条）。

(11) 一般病床、療養病床若しくは老人性認知症疾患療養病棟を有する病院又は一般病床若しくは療養病床を有する診療所の開設者が、当該病院の一般病床、療養病床若しくは老人性認知症疾患療養病棟又は当該診療所の一般病床若しくは療養病床を平成36年3月31日までの間に転換を行って介護老人保健施設を開設する場合における当該転換に係る屋内の直通階段及びエレベーターについては、転換前の医療法による基準と同等のものでよいこととした（基準省令附則第18条）。

(12) 一般病床、療養病床若しくは老人性認知症疾患療養病棟を有する病院又は一般病床若しくは療養病床を有する診療所の開設者が、当該病院の一般病床、療養病床若しくは老人性認知症疾患療養病棟又は当該診療所の一般病床若しくは療養病床の転換を行って介護老人保健施設を開設する場合における当該転換に係る療養室に隣接する廊下の幅は、内法による測定で、1.2メートル以上（ただし、両側に療養室等又はエレベーター室がある廊下の幅は、内法による測定で、1.6メートル以上）であればよいこととした。なお、廊下の幅は、壁から測定した幅でよいこと（基準省令附則第19条）。

第5 ユニット型介護老人保健施設

3 設備の基準（基準省令第41条）

(1) ユニット型小規模介護老人保健施設等の定義

① ユニット型サテライト型小規模介護老人保健施設

イ ユニット型サテライト型小規模介護老人保健施設は、当該施設を設置しようとする者により設置される当該施設以外のユニット型介

護老人保健施設（以下「本体施設」という。）との密接な連携を確保しつつ、本体施設とは別の場所で運営され、入所者の在宅への復帰の支援を目的とする定員29人以下のユニット型介護老人保健施設をいう。

ロ　本体施設と密接な連携を確保する具体的な要件は、本体施設とユニット型サテライト型小規模介護老人保健施設は、自動車等による移動に要する時間がおおむね20分以内の近距離であること。本体施設の医師等又は協力病院が、ユニット型サテライト型小規模介護老人保健施設の入所者の病状急変等の事態に適切に対応できる体制を採ること。

② ユニット型医療機関併設型小規模介護老人保健施設

ユニット型医療機関併設型小規模介護老人保健施設は、病院又は診療所に併設され、入所者の在宅への復帰の支援を目的とする定員29人以下のユニット型介護老人保健施設であって、前項に規定するユニット型サテライト型小規模介護老人保健施設以外のものをいう。

(2) 設備の基準

① ユニットケアを行うためには、入居者の自律的な生活を保障する療養室（使い慣れた家具等を持ち込むことのできる個室）と、少人数の家庭的な雰囲気の中で生活できる共同生活室（居宅での居間に相当する部屋）が不可欠であることから、ユニット型介護老人保健施設は、施設全体を、こうした療養室と共同生活室によって一体的に構成される場所（ユニット）を単位として構成し、運営しなければならない。

② 入居者が、自室のあるユニットを超えて広がりのある日常生活を楽しむことができるよう、他のユニットの入居者と交流したり、多数の入居者が集まったりすることのできる場所を設けることが望ましい。

③ ユニット（第2項第1号）

ユニットは、居宅に近い居住環境の下で、居宅における生活に近い日常の生活の中でケアを行うというユニットケアの特徴を踏まえたものでなければならない。

④ 療養室（第1号イ）

イ　前記①のとおりユニットケアには個室が不可欠なことから、療養室の定員は1人とする。ただし、夫婦で療養室を利用する場合などサービスの提供上必要と認められる場合は、2人部屋とすることができる。

ロ　療養室は、いずれかのユニットに属するものとし、当該ユニットの共同生活室に近接して一体的に設けなければならない。

この場合、「当該ユニットの共同生活室に近接して一体的に設け」られる療養室とは、次の3つをいう。

a　当該共同生活室に隣接している療養室

b　当該共同生活室に隣接してはいないが、aの療養室と隣接している療養室

c　その他当該共同生活室に近接して一体的に設けられている療養室（他の共同生活室のa及びbに該当する療養室を除く。）

ハ　ユニットの入居定員

ユニット型介護老人保健施設は、各ユニットにおいて入居者が相互に社会的関係を築き、自律的な日常生活を営むことを支援するものであることから、1のユニットの入居定員は、**10人以下**とすることを原則とする。

ただし、敷地や建物の構造上の制約など特別の事情によりやむを得ない場合であって、各ユニットにおいて入居者が相互に社会的関係を築き、自律的な日常生活を営むことを支援するのに支障がないと認められる場合には、当分の間、次の2つの要件を満たした場合に限り、入居者の定員が10人を超えるユニットも認める。

a　入居定員が10人を超えるユニットにあっては、「おおむね10人」と言える範囲内の入居定員であること。

b　入居定員が10人を超えるユニットの数は、当該施設の総ユニット数の半数以下であること。

ニ　ユニットの入居定員に関する既存施設の特例

平成17年10月1日に現に存する介護老人保健施設（建築中のものを含む。）が、その建物を同日以降に改修してユニットを造る場合にあっては、施設を新増築したり、改築したりする場合に比べて、現にある建物の構造や敷地などの面で、より大きな制約が想定されることから、前記ハのbの要件は適用しない。

ホ　療養室の面積等

ユニット型介護老人保健施設では、居宅に近い居住環境の下で、居宅における生活に近い日常の生活の中でケアを行うため、入居者

は長年使い慣れた箪笥などの家具を持ち込むことを想定しており、療養室は次のいずれかに分類される。

　a　ユニット型個室

　　　1の療養室の床面積は、**10.65平方メートル以上**（療養室内に洗面所が設けられているときはその面積を含み、療養室内に便所が設けられているときはその面積を除く。）とするとともに、身の回りの品を保管することができる設備は、必要に応じて備えれば足りることとしている。

　　　また、入居者へのサービス提供上必要と認められる場合に2人部屋とするときは**21.3平方メートル以上**とすること。

　b　ユニット型個室的多床室

　　　ユニットに属さない療養室を改修してユニットを造る場合であり、床面積は、**10.65平方メートル以上**（療養室内に洗面所が設けられているときはその面積を含み、療養室内に便所が設けられているときはその面積を除く。）とすること。この場合にあっては、入居者同士の視線が遮断され、入居者のプライバシーが十分に確保されていれば、天井と壁との間に一定の隙間が生じていても差し支えない。

　　　壁については、家具等のように可動のもので室内を区分しただけのものは認められず、可動でないものであって、プライバシーの確保のために適切な素材であることが必要である。

　　　療養室であるためには、一定程度以上の大きさの窓が必要であることから、多床室を仕切って窓のない療養室を設けたとしても個室的多床室としては認められない。

　　　また、療養室への入口が、複数の療養室で共同であったり、カーテンなどで仕切られているに過ぎないような場合には、十分なプライバシーが確保されているとはいえず、個室的多床室としては認められないものである。

　　　なお、平成17年10月1日に現に存する介護老人保健施設（建築中のものを含む。）が同日において現に有しているユニット（同日以降に増築又は改築されたものを除く。）にあっては、10.65平方メートル以上を標準（入居者へのサービス提供上必要と認められる場合に2人部屋とするときは21.3平方メートル以上を標準）とするものであれば足りるものとする（「指定居宅サービス等の事業の人員、設備及び運営に関する基準等の一部を改正する省令」（平成17年厚生労働省令第139号）附則第5条）。

　　　ここで「標準とする」とは、10.65平方メートル以上（入居者へのサービス提供上必要と認められる場合に2人部屋とするときは21.3平方メートル以上）とすることが原則であるが、平成17年10月1日に、現に存する介護老人保健施設（建築中のものを含む。）が同日において現に有しているユニット（同日以降に増築又は改築されたものを除く。）にあっては、建物の構造や敷地上の制約など特別の事情によって当該面積を確保することが困難であると認められたときには、前記の趣旨を損なわない範囲で、10.65平方メートル未満（入居者へのサービス提供上必要と認められる場合に2人部屋とするときは21.3平方メートル未満）であっても差し支えないとする趣旨である。

　　　なお、ユニットに属さない療養室を改修してユニットを造る場合に、療養室がaの要件を満たしていれば、ユニット型個室に分類される。

⑤　共同生活室（第1号ロ）

　イ　共同生活室は、いずれかのユニットに属するものとし、当該ユニットの入居者が交流し、共同で日常生活を営むための場所としてふさわしい形状を有するものでなければならない。このためには、次の2つの要件を満たす必要がある。

　　a　他のユニットの入居者が、当該共同生活室を通過することなく、施設内の他の場所に移動することができるようになっていること。

　　b　当該ユニットの入居者全員とその介護等を行う職員が一度に食事をしたり、談話等を楽しんだりすることが可能な備品を備えた上で、当該共同生活室内を車椅子が支障なく通行できる形状が確保されていること。

　ロ　共同生活室の床面積

　　　共同生活室の床面積について「標準とする」とされている趣旨は、療養室の床面積につい

て前記⑷の二にあるのと同様である。
　　　八　共同生活室には、介護を必要とする者が食事をしたり、談話等を楽しんだりするのに適したテーブル、椅子等の備品を備えなければならない。
　　　　また、入居者が、その心身の状況に応じて家事を行うことができるようにする観点から、簡易な流し・調理設備を設けることが望ましい。
　　⑥　洗面所（第1号ハ）
　　　洗面所は、療養室ごとに設けることが望ましい。ただし、共同生活室ごとに適当数設けることとしても差し支えない。この場合にあっては、共同生活室内の1か所に集中して設けるのではなく、2か所以上に分散して設けることが望ましい。なお、療養室ごとに設ける方式と、共同生活室ごとに設ける方式とを混在させても差し支えない。
　　⑦　便所（第1号ニ）
　　　便所は、療養室ごとに設けることが望ましい。ただし、共同生活室ごとに適当数設けることとしても差し支えない。この場合にあっては、共同生活室内の1か所に集中して設けるのではなく、2か所以上に分散して設けることが望ましい。なお、療養室ごとに設ける方式と、共同生活室ごとに設ける方式とを混在させても差し支えない。
　　⑧　浴室（第3号）
　　　浴室は、療養室のある階ごとに設けることが望ましい。
　　⑨　廊下（第4項第5号）

　　　ユニット型介護老人保健施設にあっては、多数の入居者や職員が日常的に一度に移動することはないことから、廊下の幅の一律の規制を緩和する。
　　　ここでいう「廊下の一部の幅を拡張することにより、入居者、職員等の円滑な往来に支障が生じないと認められる場合」とは、アルコーブを設けることなどにより、入居者、職員等がすれ違う際にも支障が生じない場合を想定している。
　　　このほか、ユニット型介護老人保健施設の廊下については、第3の3の⑷を準用する。
　　⑩　ユニット型介護老人保健施設の設備については、前記の①から⑨までによるほか、第3の規定（2の⑴の②のチ、4の⑴、4の⑵、4の⑸の①及び4の⑸の③を除く。）を準用する。この場合において、第3の2の⑴の①中「基準省令第3条第1項各号」とあるのは「基準省令第41条第1項各号」と、第3の2の⑴の①のイ中「機能訓練室、談話室、食堂、レクリエーション・ルーム等」とあるのは「機能訓練室及び共同生活室」と、⑴の①のロ中「談話室とレクリエーション・ルームの兼用並びに洗面所と便所、洗濯室と汚物処理室」とあるのは「洗面所と便所、洗濯室と汚物処理室」と、第3の2の⑴の②のリ中「療養室、談話室、食堂、調理室」とあるのは「療養室、共同生活室及び調理室」と、第3の3の⑴中「療養室、談話室、食堂、浴室、レクリエーション・ルーム、便所等」とあるのは「共同生活室、浴室及び便所等」と読み替えるものとする。

介護医療院の人員、施設及び設備並びに運営に関する基準（抄）

（平成30年1月18日　厚生労働省令第5号）

第1章　趣旨、基本方針等
●定義
第3条　この省令において、次の各号に掲げる用語の意義は、それぞれ当該各号に定めるところによる。
　一　療養床　療養室のうち、入所者1人当たりの寝台又はこれに代わる設備の部分をいう。
　二　Ⅰ型療養床　療養床のうち、主として長期にわたり療養が必要である者であって、重篤な身体疾患を有する者、身体合併症を有する認知症高齢者等を入所させるためのものをいう。
　三　Ⅱ型療養床　療養床のうち、Ⅰ型療養床以外のものをいう。

第2章　人員に関する基準
●従業者の員数
第4条
6　第1項第1号の規定にかかわらず、医療機関併設型

介護医療院（病院又は診療所に併設され、入所者の療養生活の支援を目的とする介護医療院をいう。次項及び第45条第2項第4号において同じ。）の医師の員数の基準は、常勤換算方法で、Ⅰ型入所者の数を48で除した数に、Ⅱ型入所者の数を100で除した数を加えて得た数以上とする。

7　第1項第1号、第2号、第4号、第5号及び第7号並びに前項の規定にかかわらず、併設型小規模介護医療院（医療機関併設型介護医療院のうち、入所定員が19人以下のものをいう。以下この項及び第5条第2項において同じ。）の医師、薬剤師、介護職員、理学療法士、作業療法士若しくは言語聴覚士又は介護支援専門員の員数の基準は、次のとおりとする。

第3章　施設及び設備に関する基準

●**厚生労働省令で定める施設**

第5条　介護医療院は、次に掲げる施設を有しなければならない。

一　療養室
二　診察室
三　処置室
四　機能訓練室
五　談話室
六　食堂
七　浴室
八　レクリエーション・ルーム
九　洗面所
十　便所
十一　サービス・ステーション
十二　調理室
十三　洗濯室又は洗濯場
十四　汚物処理室

2　前項各号に掲げる施設の基準は、次のとおりとする。

一　療養室
　　イ　1の療養室の定員は、**4人以下**とすること。
　　ロ　入所者1人当たりの床面積は、**8平方メートル以上**とすること。
　　ハ　地階に設けてはならないこと。
　　ニ　1以上の出入口は、避難上有効な空地、廊下又は広間に直接面して設けること。
　　ホ　入所者のプライバシーの確保に配慮した療養床を備えること。
　　ヘ　入所者の身の回り品を保管することができる設備を備えること。
　　ト　ナース・コールを設けること。

二　診察室
　　イ　診察室は、次に掲げる施設を有すること。
　　　(1)　医師が診察を行う施設
　　　(2)　喀痰、血液、尿、糞便等について通常行われる臨床検査を行うことができる施設（以下この号及び第45条第2項第2号において「臨床検査施設」という。）
　　　(3)　調剤を行う施設
　　ロ　イ(2)の規定にかかわらず、臨床検査施設は、人体から排出され、又は採取された検体の微生物学的検査、血清学的検査、血液学的検査、病理学的検査、寄生虫学的検査及び生化学的検査（以下「検体検査」という。）の業務を委託する場合にあっては、当該検体検査に係る設備を設けないことができる。

三　処置室
　　イ　処置室は、次に掲げる施設を有すること。
　　　(1)　入所者に対する処置が適切に行われる広さを有する施設
　　　(2)　診察の用に供するエックス線装置（定格出力の管電圧（波高値とする。）が10キロボルト以上であり、かつ、その有するエネルギーが1メガ電子ボルト未満のものに限る。第45条第2項第3号イ(2)において「エックス線装置」という。）
　　ロ　イ(1)に規定する施設にあっては、前号イ(1)に規定する施設と兼用することができる。

四　機能訓練室
　　内法による測定で**40平方メートル以上**の面積を有し、必要な器械及び器具を備えること。ただし、併設型小規模介護医療院にあっては、機能訓練を行うために十分な広さを有し、必要な器械及び器具を備えること。

五　談話室
　　入所者同士や入所者とその家族が談話を楽しめる広さを有すること。

六　食堂
　　内法による測定で、入所者1人当たり**1平方メートル以上**の面積を有すること。

七　浴室
　　イ　身体の不自由な者が入浴するのに適したものとすること。
　　ロ　一般浴槽のほか、入浴に介助を必要とする者の入浴に適した特別浴槽を設けること。

八　レクリエーション・ルーム
　　レクリエーションを行うために十分な広さを有し、必要な設備を備えること。

九　洗面所
　　身体の不自由な者が利用するのに適したものとす

ること。
十　便所
　　身体の不自由な者が利用するのに適したものとすること。

3　第1項各号に掲げる施設は、専ら当該介護医療院の用に供するものでなければならない。ただし、入所者の処遇に支障がない場合には、この限りでない。

● 構造設備の基準

第6条　介護医療院の構造設備の基準は、次のとおりとする。

一　介護医療院の建物（入所者の療養生活のために使用しない附属の建物を除く。以下同じ。）は、耐火建築物（建築基準法（昭和25年法律第201号）第2条第9号の2に規定する耐火建築物をいう。以下この条及び第45条において同じ。）とすること。ただし、次のいずれかの要件を満たす2階建て又は平屋建ての介護医療院の建物にあっては、準耐火建築物（建築基準法第2条第9号の3に規定する準耐火建築物をいう。以下この条及び第45条において同じ。）とすることができる。

　イ　療養室その他の入所者の療養生活に充てられる施設（以下この項及び第45条第4項において「療養室等」という。）を2階及び地階のいずれにも設けていないこと。
　ロ　療養室等を2階又は地階に設けている場合であって、次に掲げる要件の全てを満たすこと。
　　(1)　当該介護医療院の所在地を管轄する消防長（消防本部を設置しない市町村にあっては、市町村長。第45条第4項において同じ。）又は消防署長と相談の上、第32条の規定による計画に入所者の円滑かつ迅速な避難を確保するために必要な事項を定めること。
　　(2)　第32条の規定による訓練については、同条の計画に従い、昼間及び夜間において行うこと。
　　(3)　火災時における避難、消火等の協力を得ることができるよう、地域住民等との連携体制を整備すること。

二　療養室等が2階以上の階にある場合は、屋内の直通階段及びエレベーターをそれぞれ1以上設けること。

三　療養室等が3階以上の階にある場合は、避難に支障がないように避難階段を2以上設けること。ただし、前号の直通階段を建築基準法施行令（昭和25年政令第338号）第123条第1項の規定による避難階段としての構造とする場合は、その直通階段の数を避難階段の数に算入することができる。

四　診察の用に供する電気、光線、熱、蒸気又はガスに関する構造設備については、危害防止上必要な方法を講ずることとし、放射線に関する構造設備については、医療法施行規則（昭和23年厚生省令第50号）第30条、第30条の4、第30条の13、第30条の14、第30条の16、第30条の17、第30条の18（第1項第4号から第6号までを除く。）、第30条の19、第30条の20第2項、第30条の21、第30条の22、第30条の23第1項、第30条の25、第30条の26第3項から第5項まで及び第30条の27の規定を準用する。この場合において、同令第30条の18第1項中「いずれか及び第4号から第6号までに掲げる措置」とあるのは、「いずれか」と読み替えるものとする。

五　階段には、手すりを設けること。

六　廊下の構造は、次のとおりとすること。
　イ　幅は、1.8メートル以上とすること。ただし、中廊下の幅は、2.7メートル以上とすること。
　ロ　手すりを設けること。
　ハ　常夜灯を設けること。

七　入所者に対する介護医療院サービスの提供を適切に行うために必要な設備を備えること。

八　消火設備その他の非常災害に際して必要な設備を設けること。

2　前項第1号の規定にかかわらず、都道府県知事（指定都市及び中核市にあっては、指定都市又は中核市の市長。第45条第5項において同じ。）が、火災予防、消火活動等に関し専門的知識を有する者の意見を聴いて、次の各号のいずれかの要件を満たす木造かつ平屋建ての介護医療院の建物であって、火災に係る入所者の安全性が確保されていると認めたときは、耐火建築物又は準耐火建築物とすることを要しない。

一　スプリンクラー設備の設置、天井等の内装材等への難燃性の材料の使用、調理室等火災が発生するおそれがある箇所における防火区画の設置等により、初期消火及び延焼の抑制に配慮した構造であること。

二　非常警報設備の設置等による火災の早期発見及び通報の体制が整備されており、円滑な消火活動が可能なものであること。

三　避難口の増設、搬送を容易に行うために十分な幅員を有する避難路の確保等により、円滑な避難が可能な構造であり、かつ、避難訓練を頻繁に実施すること、配置人員を増員すること等により、火災の際の円滑な避難が可能なものであること。

　第5章　ユニット型介護医療院の基本方針並びに施設、設備及び運営に関する基準

第2節 施設及び設備に関する基準

●厚生労働省令で定める施設

第45条 ユニット型介護医療院は、次に掲げる施設を有しなければならない。
一　ユニット
二　診察室
三　処置室
四　機能訓練室
五　浴室
六　サービス・ステーション
七　調理室
八　洗濯室又は洗濯場
九　汚物処理室

2　前項各号に掲げる施設の基準は、次のとおりとする。
一　ユニット
イ　療養室
(1)　1の療養室の定員は、1人とすること。ただし、入居者への介護医療院サービスの提供上必要と認められる場合は、2人とすることができる。
(2)　療養室は、いずれかのユニットに属するものとし、当該ユニットの共同生活室に近接して一体的に設けること。ただし、1のユニットの入居者の定員は、おおむね10人以下としなければならない。
(3)　1の療養室の床面積等は、次のいずれかを満たすこと。
　(i)　10.65平方メートル以上とすること。ただし、(1)ただし書の場合にあっては、21.3平方メートル以上とすること。
　(ii)　ユニットに属さない療養室を改修したものについては、入居者同士の視線の遮断の確保を前提にした上で、療養室を隔てる壁について、天井との間に一定の隙間が生じていても差し支えない。
(4)　地階に設けてはならないこと。
(5)　1以上の出入口は、避難上有効な空地、廊下又は広間に直接面して設けること。
(6)　入居者のプライバシーの確保に配慮した療養床を設けること。
(7)　ナース・コールを設けること。
ロ　共同生活室
(1)　共同生活室は、いずれかのユニットに属するものとし、当該ユニットの入居者が交流し、共同で日常生活を営むための場所としてふさわしい形状を有すること。
(2)　1の共同生活室の床面積は、2平方メートルに当該共同生活室が属するユニットの入居者の定員を乗じて得た面積以上を標準とすること。
(3)　必要な設備及び備品を備えること。
ハ　洗面設備
(1)　療養室ごと又は共同生活室ごとに適当数設けること。
(2)　身体の不自由な者が使用するのに適したものとすること。
ニ　便所
　療養室ごと又は共同生活室ごとに適当数設けること。
二　診察室
イ　診察室は、次に掲げる施設を有すること。
(1)　医師が診察を行う施設
(2)　臨床検査施設
(3)　調剤を行う施設
ロ　イ(2)の規定にかかわらず、検体検査の業務を委託する場合にあっては、当該検体検査に係る設備を設けないことができる。
三　処置室
イ　処置室は、次に掲げる施設を有すること。
(1)　入居者に対する処置が適切に行われる広さを有する施設
(2)　診察の用に供するエックス線装置
ロ　イ(1)に規定する施設にあっては、前号イ(1)に規定する施設と兼用することができる。
四　機能訓練室
　内法による測定で40平方メートル以上の面積を有し、必要な器械及び器具を備えること。ただし、ユニット型併設型小規模介護医療院（ユニットごとに入居者の日常生活が営まれ、これに対する支援が行われる医療機関併設型介護医療院のうち、入居定員が19人以下のものをいう。）にあっては、機能訓練を行うために十分な広さを有し、必要な器械及び器具を備えること。
五　浴室
イ　身体の不自由な者が入浴するのに適したものとすること。
ロ　一般浴槽のほか、入浴に介助を必要とする者の入浴に適した特別浴槽を設けること。

3　前項第4号及び第5号に掲げる設備は、専ら当該ユニット型介護医療院の用に供するものでなければならない。ただし、入居者に対する介護医療院サービスの提供に支障がない場合は、この限りでない。

4　前3項に規定するもののほか、ユニット型介護医療

院の設備構造の基準は、次に定めるところによる。
一　ユニット型介護医療院の建物（入居者の療養生活のために使用しない附属の建物を除く。以下この号及び次項において同じ。）は、耐火建築物とすること。ただし、次のいずれかの要件を満たす2階建て又は平屋建てのユニット型介護医療院の建物にあっては、準耐火建築物とすることができる。
　イ　療養室等を2階及び地階のいずれにも設けていないこと。
　ロ　療養室等を2階又は地階に設けている場合であって、次に掲げる要件の全てを満たすこと。
　　(1)　当該ユニット型介護医療院の所在地を管轄する消防長又は消防署長と相談の上、第54条において準用する第32条の計画に入居者の円滑かつ迅速な避難を確保するために必要な事項を定めること。
　　(2)　第54条において準用する第32条の規定による訓練については、同条の計画に従い、昼間及び夜間において行うこと。
　　(3)　火災時における避難、消火等の協力を得ることができるよう、地域住民等との連携体制を整備すること。
二　療養室等が2階以上の階にある場合は、屋内の直通階段及びエレベーターをそれぞれ1以上設けること。
三　療養室等が3階以上の階にある場合は、避難に支障がないように避難階段を2以上設けること。ただし、前号の直通階段を建築基準法施行令第123条第1項の規定による避難階段としての構造とする場合は、その直通階段の数を避難階段の数に算入することができる。
四　診察の用に供する電気、光線、熱、蒸気又はガスに関する構造設備については、危害防止上必要な方法を講ずることとし、放射線に関する構造設備については、医療法施行規則第30条、第30条の4、第30条の13、第30条の14、第30条の16、第30条の17、第30条の18（第1項第4号から第6号までを除く。）、第30条の19、第30条の20第2項、第30条の21、第30条の22、第30条の23第1項、第30条の25、第30条の26第3項から第5項まで及び第30条の27の規定を準用する。この場合において、同令第30条の18第1項中「いずれか及び第4号から第6号までに掲げる措置」とあるのは、「いずれか」と読み替えるものとする。
五　階段には、手すりを設けること。
六　廊下の構造は、次のとおりとすること。
　イ　幅は、1.8メートル以上とすること。ただし、中廊下の幅は、2.7メートル以上とすること。なお、廊下の一部の幅を拡張することにより、入居者、従業者等の円滑な往来に支障が生じないと認められる場合には、1.5メートル以上（中廊下にあっては、1.8メートル以上）として差し支えない。
　ロ　手すりを設けること。
　ハ　常夜灯を設けること。
七　入居者に対する介護医療院サービスの提供を適切に行うために必要な設備を備えること。
八　消火設備その他の非常災害に際して必要な設備を設けること。
5　前項第1号の規定にかかわらず、都道府県知事が、火災予防、消火活動等に関し専門的知識を有する者の意見を聴いて、次の各号のいずれかの要件を満たす木造かつ平屋建てのユニット型介護医療院の建物であって、火災に係る入居者の安全性が確保されていると認めたときは、耐火建築物又は準耐火建築物とすることを要しない。
一　スプリンクラー設備の設置、天井等の内装材等への難燃性の材料の使用、調理室等火災が発生するおそれがある箇所における防火区画の設置等により、初期消火及び延焼の抑制に配慮した構造であること。
二　非常警報設備の設置等による火災の早期発見及び通報の体制が整備されており、円滑な消火活動が可能なものであること。
三　避難口の増設、搬送を容易に行うために十分な幅員を有する避難路の確保等により、円滑な避難が可能な構造であり、かつ、避難訓練を頻繁に実施すること、配置人員を増員すること等により、火災の際の円滑な避難が可能なものであること。

介護医療院の人員、施設及び設備並びに運営に関する基準について（抄）

（平成30年3月22日　老老発0322第1号　厚生労働省老健局老人保健課長通知）

4　療養床等の定義は以下のとおり。
① 療養床
療養室のうち、入所者1人当たりの寝台又はこれに代わる設備の部分をいう。
② Ⅰ型療養床
療養床のうち、主として長期にわたり療養が必要である者であって、重篤な身体疾病を有する者、身体合併症を有する認知症高齢者等を入所させるためのものをいう。
③ Ⅱ型療養床
療養床のうち、Ⅰ型療養床以外のものをいう。
5　医療機関併設型介護医療院等の形態は以下のとおり。
① 医療機関併設型介護医療院
イ　医療機関併設型介護医療院は、病院又は診療所に併設（同一敷地内又は隣接する敷地において、サービスの提供、夜勤を行う職員の配置等が一体的に行われているものを指すこと。以下同じ。）され、入所者の療養生活の支援を目的とする介護医療院である。
② 併設型小規模介護医療院
イ　併設型小規模介護医療院は、医療機関併設型介護医療院のうち、当該介護医療院の入所定員が19人以下のものをいう。
ロ　併設型小規模介護医療院は、病院又は診療所に1か所の設置とする。

第4　施設及び設備に関する基準
1　一般原則
(1) 介護医療院の施設及び構造設備については、基準省令のほか建築基準法、消防法等の関係規定を遵守するとともに、日照、採光、換気等について十分考慮したものとし、入所者の保健衛生及び防災につき万全を期すこと。
(2) 介護医療院の環境及び立地については、入所者の療養生活を健全に維持するため、ばい煙、騒音、振動等による影響を極力排除するとともに、交通、水利の便等を十分考慮したものとすること。
2　施設に関する基準
(1) 施設に関する基準
① 基準省令第5条第1項各号に掲げる施設（設置が義務付けられているもの）については、次の点に留意すること。
イ　機能訓練室、談話室、食堂、レクリエーション・ルーム等を区画せず、1つのオープンスペースとすることは差し支えないが、入所者に対する介護医療院サービスの提供に支障を来さないよう全体の面積は各々の施設の基準面積を合算したもの以上とすること。
ロ　施設の兼用については、各々の施設の利用目的に沿い、かつ、入所者に対する介護医療院サービスの提供に支障を来さない程度で認めて差し支えないものであること。したがって、談話室とレクリエーション・ルームの兼用並びに洗面所と便所、洗濯室と汚物処理室が同一の区画にあること等は差し支えないこと。
② 各施設については、基準省令第5条第2項に定めるもののほか、次の点に留意すること。
イ　療養室
a　療養室に洗面所を設置した場合に必要となる床面積及び収納設備の設置に要する床面積は、基準面積に含めて差し支えないものであること。
b　療養室の床面積は、内法による測定で入所者1人当たり**8平方メートル以上**とすること。
c　多床室の場合にあっては、家具、パーティション、カーテン等の組合せにより、室内を区分することで、入所者同士の視線等を遮断し、入所者のプライバシーを確保すること。カーテンのみで仕切られているに過ぎないような場合には、プライバシーの十分な確保とはいえない。また、家具、パーティション等については、入所者の安全が確保されている場合には、必ずしも固定されているものに限らない。
d　療養室のナース・コールについては、入所者の状況等に応じ、サービスに支障を来さない場合には、入所者の動向や意向を検知できる機器を設置することで代用するこ

ととして差し支えない。
ロ 診察室
　a 医師が診察を行う施設については医師が診療を行うのに適切なものとすること。
　b 臨床検査施設は、病院又は診療所に設置される臨床検査施設に求められる検査基準及び構造設備基準を満たすものであること。
　c 調剤を行う施設は、病院又は診療所に設置される調剤所に求められる基準を満たすものであること。
ハ 処置室
　a 医師が処置を行う施設については、医師が処置を行うのに適切なものとすること。なお、当該部分については、診察室における医師が診察を行う施設の部分と兼用することができる。
　b 診療の用に供するエックス線装置にあっては、医療法（昭和23年法律第205号）、医療法施行規則（昭和23年厚生省令第50号）及び医療法施行規則の一部を改正する省令の施行について（平成13年3月12日医薬発第188号）において求められる防護に関する基準を満たすものであること。
ニ 機能訓練室
　介護医療院で行われる機能訓練は、理学療法士、作業療法士又は言語聴覚士の指導の下における運動機能やＡＤＬ（日常生活動作能力）の改善を中心としたものであり、内法による測定で**40平方メートル以上の面積**を有し、必要な器械・器具を備えること。ただし、併設型小規模介護医療院の場合は、機能訓練を行うのに十分な広さを有し、必要な器械・器具を備えることで足りるものとする。
ホ 談話室
　談話室には、入所者とその家族等が談話を楽しめるよう、創意工夫を行うこと。
ヘ 浴室
　入所者の入浴に際し、支障が生じないよう配慮すること。
ト サービス・ステーション
　看護・介護職員が入所者のニーズに適切に応じられるよう、療養室のある階ごとに療養室に近接してサービス・ステーションを設けること。
チ 調理室
　食器、調理器具等を消毒する設備、食器、食品等を清潔に保管する設備並びに防虫及び防鼠の設備を設けること。
リ 汚物処理室
　汚物処理室は、他の施設と区別された一定のスペースを有すれば足りること。
ヌ その他
　a 焼却炉、浄化槽、その他の汚物処理設備及び便槽を設ける場合には、療養室、談話室、食堂、調理室から相当の距離を隔てて設けること。
　b 床面積を定めない施設については、各々の施設の機能を十分に発揮し得る適当な広さを確保するよう配慮すること。
③ 基準省令第5条第3項は、同条第1項各号に定める各施設が当該介護医療院の用に専ら供するものでなければならないこととしたものであるが、介護医療院と介護老人保健施設、指定介護老人福祉施設等の社会福祉施設等が併設される場合に限り、次に掲げるところにより、同条第3項ただし書が適用されるものである。ただし、介護医療院と病院又は診療所に併設される場合については、別途通知するところによるものとする。
イ 次に掲げる施設については、併設施設との共用は認められないものであること。
　a 療養室
　b 診察室（医師が診察を行う施設に限る。）
　c 処置室（エックス線装置を含む。）
ロ イに掲げる施設以外の施設は、介護医療院と併設施設双方の施設基準を満たし、かつ、当該介護医療院の余力及び当該施設における介護医療院サービス等を提供するための当該施設の使用計画（以下「利用計画」という。）からみて両施設の入所者の処遇に支障がない場合に限り共用を認めるものであること。
ハ 共用する施設についても介護医療院としての許可を与えることとなるので、例えば、併設の病院と施設を共用する場合には、その共用施設については医療法上の許可と介護医療院の許可とが重複するものであること。
④ 設置が義務づけられている施設のほか、家族相談室、ボランティア・ルーム、家族介護教室は、介護医療院の性格等からみて設置が望ましいので、余力がある場合には、その設置につき配慮すること。

(2) 「火災に係る入所者の安全性が確保されている」と認めるときは、次の点を考慮して判断されたい。
　① 基準省令第5条第2項各号の要件のうち、満たしていないものについても、一定の配慮措置が講じられていること。
　② 日常又は火災時における火災に係る安全性について、入所者が身体的、精神的に障害を有する者であることにかんがみて確保されていること。
　③ 管理者及び防火管理者は、当該介護医療院の建物の燃焼性に対する知識を有し、火災の際の危険性を十分認識するとともに、職員等に対して、火気の取扱いその他火災予防に関する指導監督、防災意識の高揚に努めること。
　④ 定期的に行うこととされている避難等の訓練は、当該介護医療院の建物の燃焼性を十分に勘案して行うこと。
3　構造設備の基準
　基準省令第6条に定める介護医療院の構造設備については、次の点に留意すること。
(1) 耐火構造
　介護医療院の建物は、入所者が身体的、精神的に障害を有する者であることに鑑み、入所者の日常生活のために使用しない附属の建物を除き耐火建築物としなければならない。ただし、療養室、談話室、食堂、浴室、レクリエーション・ルーム、便所等入所者が日常継続的に使用する施設（以下「療養室等」という。）を2階以上の階及び地階のいずれにも設けていない建物については、準耐火建築物とすることができる。また、居室等を2階又は地階に設ける場合であっても、基準省令第6条第1項第1号に掲げる要件を満たし、火災に係る入所者の安全性が確保されていると認められる場合には、準耐火建築物とすることができる。
(2) エレベーター
　介護医療院の入所者が常時介護を必要とする高齢者であることから、療養室等が2階以上の階にある場合は、屋内の直通階段及びエレベーターの設置すること。
(3) 診察の用に供する電気等
　介護医療院サービスの一環として行われる診察の用に供する電気、光線、熱、蒸気又はガスに関する構造設備については、医療法において病院又は診療所が求められる危害防止上必要な方法を講ずること。
(4) 階段

階段の傾斜は緩やかにするとともに、適当な手すりを設けること。なお、手すりは両側に設けることが望ましい。
(5) 廊下
　① 廊下の幅は、内法によるものとし、壁から測定するものとすること。
　② 適当な手すりを設けること。なお、手すりは両側に設けることが望ましい。
　③ 中廊下は、廊下の両側に療養室等又はエレベーター室のある廊下をいうこと。
(6) 入所者の身体の状態等に応じた介護医療院サービスの提供を確保するため、車椅子、ギャッチベッド、ストレッチャー等を備えること。
(7) 家庭的な雰囲気を確保するよう創意工夫すること。
(8) 車椅子等による移動に支障のないよう床の段差をなくすよう努めること。
(9) 病院又は診療所等と介護医療院とを併設する場合には、両施設の入所者の処遇に支障がないよう、表示等により病院又は診療所等との区分を可能な限り明確にすることで足りること。
(10) 基準省令第6条第1項第8号に定める「消火設備その他の非常災害に際して必要な設備」とは、消防法第17条の規定に基づく消防用設備等及び風水害、地震等の災害に際して必要な設備をいうこと。
4　経過措置
(1) 療養病床等を有する病院（医療法第7条第2項に規定する精神病床、感染症病床、結核病床、療養病床又は一般病床を有する病院。以下同じ。）又は病床を有する診療所（療養病床又は一般病床を有する診療所。以下同じ。）の開設者が、当該病院の療養病床等を平成36年3月31日までの間に転換を行って介護医療院を開設する場合における当該転換に係る療養室の床面積は、新築、増築又は全面的な改築の工事が終了するまでの間は、内法による測定で入所者1人当たり**6.4平方メートル以上**とする。（基準省令附則第2条）
(2) 療養病床等を有する病院又は療養病床等を有する診療所の開設者が、当該病院の療養病床等又は当該診療所の療養病床等を平成36年3月31日までの間に転換を行って介護医療院を開設する場合における当該転換に係る建物の耐火構造については、基準省令第6条第1項第1号の規定は適用せず、建築基準法の基準によるものでよいこととする。（基準省令附則第3条）

(3) 療養病床等を有する病院又は療養病床等を有する診療所の開設者が、当該病院の療養病床等又は当該診療所の療養病床等を平成36年3月31日までの間に転換を行って介護医療院を開設する場合における当該転換に係る屋内の直通階段及びエレベーターについては、転換前の医療法による基準と同等のものでよいこととする。(基準省令附則第4条)

(4) 療養病床等を有する病院又は療養病床等を有する診療所の開設者が、当該病院の療養病床等又は当該診療所の療養病床等を平成36年3月31日までの間に転換を行って介護医療院を開設する場合における当該転換に係る療養室に隣接する廊下の幅は、内法による測定で、**1.2メートル以上**(ただし、両側に療養室等又はエレベーター室がある廊下の幅は、内法による測定で、**1.6メートル以上**)であればよいこととする。(基準省令附則第5条)

(5) 平成18年7月1日から平成30年3月31日までの間に、療養病床等を有する病院又は病床を有する診療所の開設者が、当該病院の療養病床等又は当該診療所の病床の転換を行った介護老人保健施設(以下「介護療養型老人保健施設」という。)が、平成36年3月31日までに当該介護療養型老人保健施設の全部又は一部を廃止するとともに、介護医療院を開設した場合についても、(1)から(4)までの取扱と同様の取扱とする。(基準省令附則第7条から第10条まで)

(6) 介護療養型老人保健施設が平成36年3月31日までに当該介護療養型老人保健施設の全部又は一部を廃止するとともに、介護医療院を開設した場合には、当該介護医療院における調剤を行う施設については、近隣の場所にある薬局と連携することにより入所者に対する介護医療院サービスの提供に支障がない場合、臨床検査施設又はエックス線装置の設置については、近隣の医療機関等との連携により入所者に対する介護医療院サービスの提供に支障がない場合にあっては、それぞれ置かないことができることとする。(基準省令附則第6条)

第6 ユニット型介護医療院
1 第5章の趣旨(第43条)
「ユニット型」の介護医療院は、居宅に近い居住環境の下で、居宅における生活に近い日常の生活の中でケアを行うこと、すなわち、生活単位と介護単位とを一致させたケアであるユニットケアを行うことに特徴がある。

こうしたユニット型介護医療院のケアは、これまでの介護医療院のケアと大きく異なることから、その基本方針並びに施設、設備及び運営に関する基準については、第1章、第4章及び第5章ではなく、第6章に定めるところによるものである。なお、人員に関する基準については、第3章(基準省令第4条)に定めるところによるので、留意すること。

2 基本方針(第44条)
基準省令第44条(基本方針)は、ユニット型介護医療院がユニットケアを行うものであることを規定したものである。

その具体的な内容に関しては、基準省令第47条以下に、サービスの取扱方針、看護及び医学的管理の下における介護、食事など、それぞれについて明らかにしている。

3 設備の基準(基準省令第45条)
(1) ユニットケアを行うためには、入居者の自律的な生活を保障する療養室(使い慣れた家具等を持ち込むことのできる個室)と、少人数の家庭的な雰囲気の中で生活できる共同生活室(居宅での居間に相当する部屋)が不可欠であることから、ユニット型介護医療院は、施設全体を、こうした療養室と共同生活室によって一体的に構成される場所(ユニット)を単位として構成し、運営しなければならない。

(2) 入居者が、自室のあるユニットを超えて広がりのある日常生活を楽しむことができるよう、他のユニットの入居者と交流したり、多数の入居者が集まったりすることのできる場所を設けることが望ましい。

(3) ユニット(第2項第1号)
ユニットは、居宅に近い居住環境の下で、居宅における生活に近い日常の生活の中でケアを行うというユニットケアの特徴を踏まえたものでなければならない。

(4) 療養室(第1号イ)
① 前記(1)のとおりユニットケアには個室が不可欠なことから、療養室の定員は1人とする。ただし、夫婦で療養室を利用する場合などサービスの提供上必要と認められる場合は、2人部屋とすることができる。

② 療養室は、いずれかのユニットに属するものとし、当該ユニットの共同生活室に近接して一体的に設けなければならない。

この場合、「当該ユニットの共同生活室に近接して一体的に設け」られる療養室とは、次の

３つをいう。
　　イ　当該共同生活室に隣接している療養室
　　ロ　当該共同生活室に隣接してはいないが、イの療養室と隣接している療養室
　　ハ　その他当該共同生活室に近接して一体的に設けられている療養室（他の共同生活室のイ及びロに該当する療養室を除く。）
　③　ユニットの入居定員
　　ユニット型介護医療院は、各ユニットにおいて入居者が相互に社会的関係を築き、自律的な日常生活を営むことを支援するものであることから、１のユニットの入居定員は、**10人以下**とすることを原則とする。
　　ただし、敷地や建物の構造上の制約など特別の事情によりやむを得ない場合であって、各ユニットにおいて入居者が相互に社会的関係を築き、自律的な日常生活を営むことを支援するのに支障がないと認められる場合には、当分の間、次の２つの要件を満たした場合に限り、入居者の定員が10人を超えるユニットも認める。
　　イ　入居定員が10人を超えるユニットにあっては、「おおむね10人」と言える範囲内の入居定員であること。
　　ロ　入居定員が10人を超えるユニットの数は、当該施設の総ユニット数の半数以下であること。
　④　ユニットの入居定員の定員に関する既存施設の特例
　　平成17年10月１日に現に存する指定介護療養型医療施設（建築中のものを含む。）が、その建物を同日以降に改修してユニットを造る場合にあっては、施設を新増築したり、改築したりする場合に比べて、現にある建物の構造や敷地などの面で、より大きな制約が想定されることから、ユニットの入院患者の定員に関する既存施設の特例が適用されていた指定介護療養型医療施設が介護医療院に転換した場合については、前記③のロの要件は適用しない。
　⑤　療養室の面積等
　　ユニット型介護医療院では、居宅に近い居住環境の下で、居宅における生活に近い日常の生活の中でケアを行うため、入居者は長年使い慣れた箪笥（たんす）などの家具を持ち込むことを想定しており、療養室は次のいずれかに分類される。
　　イ　ユニット型個室

　　　１の療養室の床面積は、**10.65平方メートル以上**（療養室内に洗面所が設けられているときはその面積を含み、療養室内に便所が設けられているときはその面積を除く。）とするとともに、身の回りの品を保管することができる設備は、必要に応じて備えれば足りることとしている。また、入居者へのサービス提供上必要と認められる場合に２人部屋とするときは**21.3平方メートル以上**とすること。
　　ロ　ユニット型個室的多床室
　　　ユニットに属さない療養室を改修してユニットを造る場合であり、床面積は、**10.65平方メートル以上**（療養室内に洗面所が設けられているときはその面積を含み、療養室内に便所が設けられているときはその面積を除く。）とすること。この場合にあっては、入居者同士の視線が遮断され、入居者のプライバシーが十分に確保されていれば、天井と壁との間に一定の隙間が生じていても差し支えない。
　　　壁については、家具等のように可動のもので室内を区分しただけのものは認められず、可動でないものであって、プライバシーの確保のために適切な素材であることが必要である。
　　　療養室であるためには、一定程度以上の大きさの窓が必要であることから、多床室を仕切って窓のない療養室を設けたとしても個室的多床室としては認められない。
　　　また、療養室への入口が、複数の療養室で共同であったり、カーテンなどで仕切られているに過ぎないような場合には、十分なプライバシーが確保されているとはいえず、個室的多床室としては認められないものである。ここで、「標準とする」とは、10.65平方メートル以上（入院患者へのサービス提供上必要と認められる場合に２人部屋とするときは21.3平方メートル以上）とすることが原則であるが、平成17年10月１日に、当該介護医療院に転換する前の現に存する指定介護療養型医療施設（建築中のものを含む。）が同日において現に有しているユニット（同日以降に増築又は改築されたものを除く。）転換後の介護医療院において活用する場合にあっては、建物の構造や敷地上の制約など特別の事情によって当該面積を確保することが困難で

あると認められたときには、前記の趣旨を損なわない範囲で、10.65平方メートル未満（入院患者へのサービス提供上必要と認められる場合に2人部屋とするときは21.3平方メートル未満）であっても差し支えない。

なお、ユニットに属さない療養室を改修してユニットを造る場合に、療養室がイの要件を満たしていれば、ユニット型個室に分類される。

(5) 共同生活室（第1号ロ）
① 共同生活室は、いずれかのユニットに属するものとし、当該ユニットの入居者が交流し、共同で日常生活を営むための場所としてふさわしい形状を有するものでなければならない。このためには、次の2つの要件を満たす必要がある。
イ 他のユニットの入居者が、当該共同生活室を通過することなく、施設内の他の場所に移動することができるようになっていること。
ロ 当該ユニットの入居者全員とその介護等を行う職員が一度に食事をしたり、談話等を楽しんだりすることが可能な備品を備えた上で、当該共同生活室内を車椅子が支障なく通行できる形状が確保されていること。
② 共同生活室の床面積
共同生活室の床面積について「標準とする」とされている趣旨は、**2平方メートル以上とする**ことが原則であるが、建物の構造や敷地上の制約など特別の事情によって当該面積を確保することが困難であると認められたときには、基準省令第43条の趣旨を損なわない範囲で、2平方メートル未満であっても差し支えないとするものである。
③ 共同生活室には、介護を必要とする者が食事をしたり、談話等を楽しんだりするのに適したテーブル、椅子等の備品を備えなければならない。
また、入居者が、その心身の状況に応じて家事を行うことができるようにする観点から、簡易な流し・調理設備を設けることが望ましい。

(6) 洗面設備（第1号ハ）及び便所（第1号ニ）

洗面設備及び便所は、療養室ごとに設けることが望ましい。ただし、共同生活室ごとに適当数設けることとしても差し支えない。この場合にあっては、共同生活室内の1か所に集中して設けるのではなく、2か所以上に分散して設けることが望ましい。なお、療養室ごとに設ける方式と、共同生活室ごとに設ける方式とを混在させても差し支えない。

(7) 浴室（第5号）
浴室は、療養室のある階ごとに設けることが望ましい。

(8) 廊下（第4項第6号）
ユニット型介護医療院にあっては、多数の入居者や職員が日常的に一度に移動することはないことから、廊下の幅の一律の規制を緩和する。

ここでいう「廊下の一部の幅を拡張することにより、入居者、職員等の円滑な往来に支障が生じないと認められる場合」とは、アルコーブを設けることなどにより、入居者、職員等がすれ違う際にも支障が生じない場合を想定している。

このほか、ユニット型介護医療院の廊下については、第4の3の(5)を準用する。

(9) ユニット型介護医療院の設備については、前記の(1)から(8)までによるほか、第4の規定（2の(1)の②のリを除く。）を準用する。この場合において、第4の2の(1)の①中「基準省令第5条第1項各号」とあるのは「基準省令第45条第1項各号」と、第4の2の(1)の①のイ中「機能訓練室、談話室、食堂、レクリエーション・ルーム等」とあるのは「機能訓練室、共同生活室等」と、(1)の①のロ中「談話室とレクリエーション・ルームの兼用並びに洗面所と便所、洗濯室と汚物処理室」とあるのは「洗面所と便所、洗濯室と汚物処理室」と、第4の2の(1)の②のヌ中「療養室、談話室、食堂、調理室」とあるのは「療養室、共同生活室及び調理室」と、第4の3の(1)中「療養室、談話室、食堂、浴室、レクリエーション・ルーム、便所等」とあるのは「共同生活室、浴室及び便所等」と読み替えるものとする。

指定居宅サービス等の事業の人員、設備及び運営に関する基準（抄）

（平成11年3月31日　厚生省令第37号）

注　平成30年3月22日厚生労働省令第30号改正現在

第2章　訪問介護
第3節　設備に関する基準

●設備及び備品等

第7条　指定訪問介護事業所には、事業の運営を行うために必要な広さを有する専用の区画を設けるほか、指定訪問介護の提供に必要な設備及び備品等を備えなければならない。

2　指定訪問介護事業者が第5条第2項に規定する第1号訪問事業に係る指定事業者の指定を併せて受け、かつ、指定訪問介護の事業と当該第1号訪問事業とが同一の事業所において一体的に運営されている場合については、市町村の定める当該第1号訪問事業の設備に関する基準を満たすことをもって、前項に規定する基準を満たしているものとみなすことができる。

第4章　訪問看護
第3節　設備に関する基準

●設備及び備品等

第62条　指定訪問看護ステーションには、事業の運営を行うために必要な広さを有する専用の事務室を設けるほか、指定訪問看護の提供に必要な設備及び備品等を備えなければならない。ただし、当該指定訪問看護ステーションの同一敷地内に他の事業所、施設等がある場合は、事業の運営を行うために必要な広さを有する専用の区画を設けることで足りるものとする。

2　指定訪問看護を担当する医療機関は、事業の運営を行うために必要な広さを有する専ら指定訪問看護の事業の用に供する区画を確保するとともに、指定訪問看護の提供に必要な設備及び備品等を備えなければならない。

3　指定訪問看護事業者が指定介護予防訪問看護事業者の指定を併せて受け、かつ、指定訪問看護の事業と指定介護予防訪問看護の事業とが同一の事業所において一体的に運営されている場合については、指定介護予防サービス等基準第65条第1項又は第2項に規定する設備に関する基準を満たすことをもって、第1項又は前項に規定する基準を満たしているものとみなすことができる。

第7章　通所介護
第3節　設備に関する基準

●設備及び備品等

第95条　指定通所介護事業所は、食堂、機能訓練室、静養室、相談室及び事務室を有するほか、消火設備その他の非常災害に際して必要な設備並びに指定通所介護の提供に必要なその他の設備及び備品等を備えなければならない。

2　前項に掲げる設備の基準は、次のとおりとする。
　一　食堂及び機能訓練室
　　イ　食堂及び機能訓練室は、それぞれ必要な広さを有するものとし、その合計した面積は、**3平方メートル**に当該指定通所介護事業所の利用定員（当該指定通所介護事業所において同時に指定通所介護の提供を受けることができる利用者の数の上限をいう。次節において同じ。）を乗じて得た面積以上とすること。
　　ロ　イにかかわらず、食堂及び機能訓練室は、食事の提供の際にはその提供に支障がない広さを確保でき、かつ、機能訓練を行う際にはその実施に支障がない広さを確保できる場合にあっては、同一の場所とすることができる。
　二　相談室　遮へい物の設置等により相談の内容が漏えいしないよう配慮されていること。

3　第1項に掲げる設備は、専ら当該指定通所介護の事業の用に供するものでなければならない。ただし、利用者に対する指定通所介護の提供に支障がない場合は、この限りでない。

4　前項ただし書の場合（指定通所介護事業者が第1項に掲げる設備を利用し、夜間及び深夜に指定通所介護以外のサービスを提供する場合に限る。）には、当該サービスの内容を当該サービスの提供の開始前に当該指定通所介護事業者に係る指定を行った都道府県知事（指定都市及び中核市にあっては、指定都市又は中核市の市長。以下同じ。）に届け出るものとする。

5　指定通所介護事業者が第93条第1項第3号に規定する第1号通所事業に係る指定事業者の指定を併せて受け、かつ、指定通所介護の事業と当該第1号通所事業とが同一の事業所において一体的に運営されている場合については、市町村の定める当該第1号通所事業の設備に関する基準を満たすことをもって、第1項から第3項までに規定する基準を満たしているものとみなすことができる。

第8章　通所リハビリテーション
第3節　設備に関する基準
● 設備に関する基準

第112条　指定通所リハビリテーション事業所は、指定通所リハビリテーションを行うにふさわしい専用の部屋等であって、3平方メートルに利用定員（当該指定通所リハビリテーション事業所において同時に指定通所リハビリテーションの提供を受けることができる利用者の数の上限をいう。以下この節及び次節において同じ。）を乗じた面積以上のものを有しなければならない。ただし、当該指定通所リハビリテーション事業所が介護老人保健施設又は介護医療院である場合にあっては、当該専用の部屋等の面積に利用者用に確保されている食堂（リハビリテーションに供用されるものに限る。）の面積を加えるものとする。

2　指定通所リハビリテーション事業所は、消火設備その他の非常災害に際して必要な設備並びに指定通所リハビリテーションを行うために必要な専用の機械及び器具を備えなければならない。

3　指定通所リハビリテーション事業者が指定介護予防通所リハビリテーション事業者の指定を併せて受け、かつ、指定通所リハビリテーションの事業と指定介護予防通所リハビリテーションの事業とが同一の事業所において一体的に運営されている場合については、指定介護予防サービス等基準第118条第1項及び第2項に規定する設備に関する基準を満たすことをもって、前2項に規定する基準を満たしているものとみなすことができる。

第9章　短期入所生活介護
第2節　人員に関する基準
● 従業者の員数

第121条

4　特別養護老人ホーム、養護老人ホーム（老人福祉法第20条の4に規定する養護老人ホームをいう。以下同じ。）、病院、診療所、介護老人保健施設、介護医療院、特定施設入居者生活介護、地域密着型特定施設入居者生活介護又は介護予防特定施設入居者生活介護の指定を受けている施設（以下「特別養護老人ホーム等」という。）に併設される指定短期入所生活介護事業所であって、当該特別養護老人ホーム等と一体的に運営が行われるもの（以下「併設事業所」という。）については、老人福祉法、医療法（昭和23年法律第205号）又は法に規定する特別養護老人ホーム等として必要とされる数の従業者に加えて、第1項各号に掲げる短期入所生活介護従業者を確保するものとする。

第3節　設備に関する基準
● 利用定員等

第123条　指定短期入所生活介護事業所は、その利用定員を20人以上とし、指定短期入所生活介護の事業の専用の居室を設けるものとする。ただし、第121条第2項の適用を受ける特別養護老人ホームの場合にあっては、この限りでない。

2　併設事業所の場合又は指定短期入所生活介護事業所（ユニット型指定短期入所生活介護事業所（第140条の4に規定するユニット型指定短期入所生活介護事業所をいう。以下この項において同じ。）を除く。）とユニット型指定短期入所生活介護事業所とが併設され一体的に運営される場合であって、それらの利用定員の総数が20人以上である場合にあっては、前項本文の規定にかかわらず、その利用定員を20人未満とすることができる。

3　指定短期入所生活介護事業者が指定介護予防短期入所生活介護事業者の指定を併せて受け、かつ、指定短期入所生活介護の事業と指定介護予防短期入所生活介護の事業とが同一の事業所において一体的に運営されている場合については、指定介護予防サービス等基準第131条第1項及び第2項に規定する利用定員等に関する基準を満たすことをもって、前2項に規定する基準を満たしているものとみなすことができる。

● 設備及び備品等

第124条　指定短期入所生活介護事業所の建物（利用者の日常生活のために使用しない附属の建物を除く。）は、耐火建築物（建築基準法（昭和25年法律第201号）第2条第9号の2に規定する耐火建築物をいう。以下同じ。）でなければならない。ただし、次の各号のいずれかの要件を満たす2階建て又は平屋建ての指定短期入所生活介護事業所の建物にあっては、準耐火建築物（同条第9号の3に規定する準耐火建築物をいう。以下同じ。）とすることができる。

一　居室その他の利用者の日常生活に充てられる場所（以下「居室等」という。）を2階及び地階のいずれにも設けていないこと。

二　居室等を2階又は地階に設けている場合であって、次に掲げる要件の全てを満たすこと。

　イ　当該指定短期入所生活介護事業所の所在地を管轄する消防長（消防本部を設置しない市町村にあっては、市町村長。以下同じ。）又は消防署長と相談の上、第140条において準用する第103条に規定する計画に利用者の円滑かつ迅速な避難を確保するために必要な事項を定めること。

　ロ　第140条において準用する第103条に規定する訓練については、同条に規定する計画に従い、昼間

及び夜間において行うこと。
八　火災時における避難、消火等の協力を得ることができるよう、地域住民等との連携体制を整備すること。
2　前項の規定にかかわらず、都道府県知事が、火災予防、消火活動等に関し専門的知識を有する者の意見を聴いて、次の各号のいずれかの要件を満たす木造かつ平屋建ての指定短期入所生活介護事業所の建物であって、火災に係る利用者の安全性が確保されていると認めたときは、耐火建築物又は準耐火建築物とすることを要しない。
一　スプリンクラー設備の設置、天井等の内装材等への難燃性の材料の使用、調理室等火災が発生するおそれがある箇所における防火区画の設置等により、初期消火及び延焼の抑制に配慮した構造であること。
二　非常警報設備の設置等による火災の早期発見及び通報の体制が整備されており、円滑な消火活動が可能なものであること。
三　避難口の増設、搬送を容易に行うために十分な幅員を有する避難路の確保等により、円滑な避難が可能な構造であり、かつ、避難訓練を頻繁に実施すること、配置人員を増員すること等により、火災の際の円滑な避難が可能なものであること。
3　指定短期入所生活介護事業所には、次の各号に掲げる設備を設けるとともに、指定短期入所生活介護を提供するために必要なその他の設備及び備品等を備えなければならない。ただし、他の社会福祉施設等の設備を利用することにより、当該社会福祉施設等及び当該指定短期入所生活介護事業所の効率的運営が可能であり、当該社会福祉施設等の入所者等及び当該指定短期入所生活介護事業所の利用者の処遇に支障がない場合は、居室、便所、洗面設備、静養室、介護職員室及び看護職員室を除き、これらの設備を設けないことができる。
一　居室
二　食堂
三　機能訓練室
四　浴室
五　便所
六　洗面設備
七　医務室
八　静養室
九　面談室
十　介護職員室
十一　看護職員室
十二　調理室
十三　洗濯室又は洗濯場
十四　汚物処理室
十五　介護材料室
4　併設事業所の場合にあっては、前項の規定にかかわらず、当該併設事業所及び当該併設事業所を併設する特別養護老人ホーム等（以下この章において「併設本体施設」という。）の効率的運営が可能であり、かつ、当該併設事業所の利用者及び当該併設本体施設の入所者又は入院患者の処遇に支障がないときは、当該併設本体施設の前項各号に掲げる設備（居室を除く。）を指定短期入所生活介護の事業の用に供することができるものとする。
5　第121条第2項の規定の適用を受ける特別養護老人ホームの場合にあっては、第3項及び第7項第1号の規定にかかわらず、老人福祉法に規定する特別養護老人ホームとして必要とされる設備を有することで足りるものとする。
6　第3項各号に掲げる設備の基準は、次のとおりとする。
一　居室
イ　1の居室の定員は、4人以下とすること。
ロ　利用者1人当たりの床面積は、10.65平方メートル以上とすること。
ハ　日照、採光、換気等利用者の保健衛生、防災等について十分考慮すること。
二　食堂及び機能訓練室
イ　食堂及び機能訓練室は、それぞれ必要な広さを有するものとし、その合計した面積は、3平方メートルに利用定員を乗じて得た面積以上とすること。
ロ　イにかかわらず、食堂及び機能訓練室は、食事の提供の際にはその提供に支障がない広さを確保でき、かつ、機能訓練を行う際にはその実施に支障がない広さを確保できる場合にあっては、同一の場所とすることができる。
三　浴室
要介護者が入浴するのに適したものとすること。
四　便所
要介護者が使用するのに適したものとすること。
五　洗面設備
要介護者が使用するのに適したものとすること。
7　前各項に規定するもののほか、指定短期入所生活介護事業所の構造設備の基準は、次のとおりとする。
一　廊下の幅は、1.8メートル以上とすること。ただし、中廊下の幅は、2.7メートル以上とすること。

二　廊下、便所その他必要な場所に常夜灯を設けること。
　　三　階段の傾斜を緩やかにすること。
　　四　消火設備その他の非常災害に際して必要な設備を設けること。
　　五　居室、機能訓練室、食堂、浴室及び静養室が２階以上の階にある場合は、１以上の傾斜路を設けること。ただし、エレベーターを設けるときは、この限りでない。
　８　指定短期入所生活介護事業者が指定介護予防短期入所生活介護事業者の指定を併せて受け、かつ、指定短期入所生活介護の事業と指定介護予防短期入所生活介護の事業とが同一の事業所において一体的に運営されている場合については、指定介護予防サービス等基準第132条第１項から第７項までに規定する設備に関する基準を満たすことをもって、前各項に規定する基準を満たしているものとみなすことができる。
　　　　　第５節　ユニット型指定短期入所生活介護の事業の基本方針並びに設備及び運営に関する基準
　　　　　第２款　設備に関する基準
●設備及び備品等
第140条の４　ユニット型指定短期入所生活介護の事業を行う者（以下「ユニット型指定短期入所生活介護事業者」という。）が当該事業を行う事業所（以下「ユニット型指定短期入所生活介護事業所」という。）の建物（利用者の日常生活のために使用しない附属の建物を除く。）は、耐火建築物でなければならない。ただし、次の各号のいずれかの要件を満たす２階建て又は平屋建てのユニット型指定短期入所生活介護事業所の建物にあっては、準耐火建築物とすることができる。
　　一　居室等を２階及び地階のいずれにも設けていないこと。
　　二　居室等を２階又は地階に設けている場合であって、次に掲げる要件の全てを満たすこと。
　　　イ　当該ユニット型指定短期入所生活介護事業所の所在地を管轄する消防長又は消防署長と相談の上、第140条の13において準用する第140条において準用する第103条に規定する計画に利用者の円滑かつ迅速な避難を確保するために必要な事項を定めること。
　　　ロ　第140条の13において準用する第140条において準用する第103条に規定する訓練については、同条に規定する計画に従い、昼間及び夜間において行うこと。
　　　ハ　火災時における避難、消火等の協力を得ることができるよう、地域住民等との連携体制を整備すること。
　２　前項の規定にかかわらず、都道府県知事が、火災予防、消火活動等に関し専門的知識を有する者の意見を聴いて、次の各号のいずれかの要件を満たす木造かつ平屋建てのユニット型指定短期入所生活介護事業所の建物であって、火災に係る利用者の安全性が確保されていると認めたときは、耐火建築物又は準耐火建築物とすることを要しない。
　　一　スプリンクラー設備の設置、天井等の内装材等への難燃性の材料の使用、調理室等火災が発生するおそれがある箇所における防火区画の設置等により、初期消火及び延焼の抑制に配慮した構造であること。
　　二　非常警報設備の設置等による火災の早期発見及び通報の体制が整備されており、円滑な消火活動が可能なものであること。
　　三　避難口の増設、搬送を容易に行うために十分な幅員を有する避難路の確保等により、円滑な避難が可能な構造であり、かつ、避難訓練を頻繁に実施すること、配置人員を増員すること等により、火災の際の円滑な避難が可能なものであること。
　３　ユニット型指定短期入所生活介護事業所には、次の各号に掲げる設備を設けるとともに、指定短期入所生活介護を提供するために必要なその他の設備及び備品等を備えなければならない。ただし、他の社会福祉施設等の設備を利用することにより、当該社会福祉施設等及び当該ユニット型指定短期入所生活介護事業所の効率的運営が可能であり、当該社会福祉施設等の入所者等及び当該指定短期入所生活介護事業所の利用者へのサービスの提供に支障がない場合は、ユニットを除き、これらの設備を設けないことができる。
　　一　ユニット
　　二　浴室
　　三　医務室
　　四　調理室
　　五　洗濯室又は洗濯場
　　六　汚物処理室
　　七　介護材料室
　４　特別養護老人ホーム等に併設されるユニット型指定短期入所生活介護事業所であって、当該特別養護老人ホーム等と一体的に運営が行われるもの（以下「併設ユニット型事業所」という。）にあっては、前項の規定にかかわらず、当該併設ユニット型事業所及び当該併設ユニット型事業所を併設する特別養護老人ホーム等（以下この節において「ユニット型事業所併設本体

施設」という。）の効率的運営が可能であり、かつ、当該併設ユニット型事業所の利用者及び当該ユニット型事業所併設本体施設の入所者又は入院患者に対するサービスの提供上支障がないときは、当該ユニット型事業所併設本体施設の前項各号に掲げる設備（ユニットを除く。）をユニット型指定短期入所生活介護の事業の用に供することができるものとする。

5　第121条第2項の規定の適用を受けるユニット型特別養護老人ホーム（特別養護老人ホームの設備及び運営に関する基準（平成11年厚生省令第46号）第32条に規定するユニット型特別養護老人ホームをいう。以下同じ。）の場合にあっては、第3項及び第7項第1号の規定にかかわらず、ユニット型特別養護老人ホームとして必要とされる設備を有することで足りるものとする。

6　第3項各号に掲げる設備の基準は、次のとおりとする。
一　ユニット
イ　居室
(1)　1の居室の定員は、**1人**とすること。ただし、利用者への指定短期入所生活介護の提供上必要と認められる場合は、2人とすることができる。
(2)　居室は、いずれかのユニットに属するものとし、当該ユニットの共同生活室に近接して一体的に設けること。ただし、1のユニットの利用定員は、おおむね**10人以下**としなければならない。
(3)　利用者1人当たりの床面積は、**10.65平方メートル以上**とすること。また、ユニットに属さない居室を改修したものについては、利用者同士の視線の遮断の確保を前提にした上で、居室を隔てる壁について、天井との間に一定の隙間が生じても差し支えない。
(4)　日照、採光、換気等利用者の保健衛生、防災等について十分考慮すること。
ロ　共同生活室
(1)　共同生活室は、いずれかのユニットに属するものとし、当該ユニットの利用者が交流し、共同で日常生活を営むための場所としてふさわしい形状を有すること。
(2)　1の共同生活室の床面積は、**2平方メートル**に当該共同生活室が属するユニットの利用定員を乗じて得た面積以上を標準とすること。
(3)　必要な設備及び備品を備えること。
ハ　洗面設備
(1)　居室ごとに設けるか、又は共同生活室ごとに適当数設けること。
(2)　要介護者が使用するのに適したものとすること。
ニ　便所
(1)　居室ごとに設けるか、又は共同生活室ごとに適当数設けること。
(2)　要介護者が使用するのに適したものとすること。
二　浴室
要介護者が入浴するのに適したものとすること。

7　前各項に規定するもののほか、ユニット型指定短期入所生活介護事業所の構造設備の基準は、次のとおりとする。
一　廊下の幅は、**1.8メートル以上**とすること。ただし、中廊下の幅は、**2.7メートル以上**とすること。なお、廊下の一部の幅を拡張することにより、利用者、従業者等の円滑な往来に支障が生じないと認められる場合には、**1.5メートル以上**（中廊下にあっては、**1.8メートル以上**）として差し支えない。
二　廊下、共同生活室、便所その他必要な場所に常夜灯を設けること。
三　階段の傾斜を緩やかにすること。
四　消火設備その他の非常災害に際して必要な設備を設けること。
五　ユニット又は浴室が2階以上の階にある場合は、1以上の傾斜路を設けること。ただし、エレベーターを設けるときは、この限りでない。

8　ユニット型指定短期入所生活介護事業者がユニット型指定介護予防短期入所生活介護事業者の指定を併せて受け、かつ、ユニット型指定短期入所生活介護の事業とユニット型指定介護予防短期入所生活介護の事業とが同一の事業所において一体的に運営されている場合については、指定介護予防サービス等基準第153条第1項から第7項までに規定する設備に関する基準を満たすことをもって、前各項に規定する基準を満たしているものとみなすことができる。

●準用
第140条の5　第123条の規定は、ユニット型指定短期入所生活介護事業所について準用する。

第7節　基準該当居宅サービスに関する基準

●指定通所介護事業所等との併設
第140条の26　基準該当居宅サービスに該当する短期入所生活介護又はこれに相当するサービス（以下「基準該当短期入所生活介護」という。）の事業を行う者（以下「基準該当短期入所生活介護事業者」という。）が当該事業を行う事業所（以下「基準該当短期入所生活

介護事業所」という。）は、指定通所介護事業所、指定地域密着型通所介護事業所（指定地域密着型サービス基準第20条第1項に規定する指定地域密着型通所介護事業所をいう。）、指定認知症対応型通所介護事業所（指定地域密着型サービス基準第52条第1項に規定する指定認知症対応型通所介護事業所をいう。）若しくは指定小規模多機能型居宅介護事業所（指定地域密着型サービス基準第63条第1項に規定する指定小規模多機能型居宅介護事業所をいう。）又は社会福祉施設（以下「指定通所介護事業所等」という。）に併設しなければならない。

●利用定員等

第140条の29　基準該当短期入所生活介護事業所は、その利用定員（当該基準該当短期入所生活介護事業所において同時に基準該当短期入所生活介護の提供を受けることができる利用者の数の上限をいう。以下この節において同じ。）を20人未満とし、基準該当短期入所生活介護の事業の専用の居室を設けるものとする。

2　基準該当短期入所生活介護の事業と基準該当介護予防短期入所生活介護の事業とが同一の事業者により同一の事業所において一体的に運営されている場合については、指定介護予防サービス等基準第182条第1項に規定する利用定員等に関する基準を満たすことをもって、前項に規定する基準を満たしているものとみなすことができる。

●設備及び備品等

第140条の30　基準該当短期入所生活介護事業所には、次の各号に掲げる設備を設けるとともに、基準該当短期入所生活介護を提供するために必要なその他の設備及び備品等を備えなければならない。ただし、指定通所介護事業所等の設備を利用することにより、当該指定通所介護事業所等及び当該基準該当短期入所生活介護事業所の効率的運営が可能であり、当該指定通所介護事業所等の利用者等及び当該基準該当短期入所生活介護事業所の利用者の処遇に支障がない場合は、居室を除き、これらの設備を設けないことができる。

一　居室
二　食堂
三　機能訓練室
四　浴室
五　便所
六　洗面所
七　静養室
八　面接室
九　介護職員室

2　前項各号に掲げる設備の基準は、次のとおりとする。

一　居室
　イ　1の居室の定員は、4人以下とすること。
　ロ　利用者1人当たりの床面積は、7.43平方メートル以上とすること。
　ハ　日照、採光、換気等利用者の保健衛生、防災等に十分考慮すること。
二　食堂及び機能訓練室
　イ　食堂及び機能訓練室は、それぞれ必要な広さを有するものとし、その合計した面積は、3平方メートルに利用定員を乗じて得た面積以上とすること。
　ロ　イにかかわらず、食堂及び機能訓練室は、食事の提供の際にはその提供に支障がない広さを確保でき、かつ、機能訓練を行う際にはその実施に支障がない広さを確保できる場合にあっては、同一の場所とすることができる。
三　浴室
　身体の不自由な者が入浴するのに適したものとすること。
四　便所
　身体の不自由な者が使用するのに適したものとすること。
五　洗面所
　身体の不自由な者が使用するのに適したものとすること。

3　基準該当短期入所生活介護事業所の廊下幅は、利用者が車椅子で円滑に移動することが可能なものでなければならない。

4　基準該当短期入所生活介護の事業と基準該当介護予防短期入所生活介護の事業とが、同一の事業者により同一の事業所において一体的に運営されている場合については、指定介護予防サービス等基準第183条第1項から第3項までに規定する設備に関する基準を満たすことをもって、前3項に規定する基準を満たしているものとみなすことができる。

第12章　特定施設入居者生活介護
第3節　設備に関する基準

●設備に関する基準

第177条　指定特定施設の建物（利用者の日常生活のために使用しない附属の建物を除く。）は、耐火建築物又は準耐火建築物でなければならない。

2　前項の規定にかかわらず、都道府県知事が、火災予防、消火活動等に関し専門的知識を有する者の意見を聴いて、次の各号のいずれかの要件を満たす木造かつ平屋建ての指定特定施設の建物であって、火災に係る利用者の安全性が確保されていると認めたときは、耐

火建築物又は準耐火建築物とすることを要しない。
- 一　スプリンクラー設備の設置、天井等の内装材等への難燃性の材料の使用、調理室等火災が発生するおそれがある箇所における防火区画の設置等により、初期消火及び延焼の抑制に配慮した構造であること。
- 二　非常警報設備の設置等による火災の早期発見及び通報の体制が整備されており、円滑な消火活動が可能なものであること。
- 三　避難口の増設、搬送を容易に行うために十分な幅員を有する避難路の確保等により、円滑な避難が可能な構造であり、かつ、避難訓練を頻繁に実施すること、配置人員を増員すること等により、火災の際の円滑な避難が可能なものであること。

3　指定特定施設は、一時介護室（一時的に利用者を移して指定特定施設入居者生活介護を行うための室をいう。以下同じ。）、浴室、便所、食堂及び機能訓練室を有しなければならない。ただし、他に利用者を一時的に移して介護を行うための室が確保されている場合にあっては一時介護室を、他に機能訓練を行うために適当な広さの場所が確保できる場合にあっては機能訓練室を設けないことができるものとする。

4　指定特定施設の介護居室（指定特定施設入居者生活介護を行うための専用の居室をいう。以下同じ。）、一時介護室、浴室、便所、食堂及び機能訓練室は、次の基準を満たさなければならない。
- 一　介護居室は、次の基準を満たすこと。
  - イ　1の居室の定員は、1人とする。ただし、利用者の処遇上必要と認められる場合は、2人とすることができるものとする。
  - ロ　プライバシーの保護に配慮し、介護を行える適当な広さであること。
  - ハ　地階に設けてはならないこと。
  - ニ　1以上の出入口は、避難上有効な空き地、廊下又は広間に直接面して設けること。
- 二　一時介護室は、介護を行うために適当な広さを有すること。
- 三　浴室は、身体の不自由な者が入浴するのに適したものとすること。
- 四　便所は、居室のある階ごとに設置し、非常用設備を備えていること。
- 五　食堂は、機能を十分に発揮し得る適当な広さを有すること。
- 六　機能訓練室は、機能を十分に発揮し得る適当な広さを有すること。

5　指定特定施設は、利用者が車椅子で円滑に移動することが可能な空間と構造を有するものでなければならない。

6　指定特定施設は、消火設備その他の非常災害に際して必要な設備を設けるものとする。

7　前各項に定めるもののほか、指定特定施設の構造設備の基準については、建築基準法及び消防法（昭和23年法律第186号）の定めるところによる。

8　指定特定施設入居者生活介護事業者が指定介護予防特定施設入居者生活介護事業者の指定を併せて受け、かつ、指定特定施設入居者生活介護の事業と指定介護予防特定施設入居者生活介護の事業とが同一の施設において一体的に運営されている場合にあっては、指定介護予防サービス等基準第233条第1項から第7項までに規定する設備に関する基準を満たすことをもって、前各項に規定する基準を満たしているものとみなすことができる。

第5節　外部サービス利用型指定特定施設入居者生活介護の事業の基本方針、人員並びに設備及び運営に関する基準

第1款　この節の趣旨及び基本方針

●この節の趣旨

第192条の2　第1節から前節までの規定にかかわらず、外部サービス利用型指定特定施設入居者生活介護（指定特定施設入居者生活介護であって、当該指定特定施設の従業者により行われる特定施設サービス計画の作成、利用者の安否の確認、利用者の生活相談等（以下「基本サービス」という。）及び当該指定特定施設の事業者が委託する指定居宅サービス事業者（以下「受託居宅サービス事業者」という。）により、当該特定施設サービス計画に基づき行われる入浴、排せつ、食事等の介護その他の日常生活上の世話、機能訓練及び療養上の世話（以下「受託居宅サービス」という。）をいう。以下同じ。）の事業を行うものの基本方針、人員並びに設備及び運営に関する基準については、この節に定めるところによる。

第3款　設備に関する基準

●設備に関する基準

第192条の6　指定特定施設の建物（利用者の日常生活のために使用しない附属の建物を除く。）は、耐火建築物又は準耐火建築物でなければならない。

2　前項の規定にかかわらず、都道府県知事が、火災予防、消火活動等に関し専門的知識を有する者の意見を聴いて、次の各号のいずれかの要件を満たす木造かつ平屋建ての指定特定施設の建物であって、火災に係る利用者の安全性が確保されていると認めたときは、耐火建築物又は準耐火建築物とすることを要しない。

一 スプリンクラー設備の設置、天井等の内装材等への難燃性の材料の使用、調理室等火災が発生するおそれがある箇所における防火区画の設置等により、初期消火及び延焼の抑制に配慮した構造であること。
二 非常警報設備の設置等による火災の早期発見及び通報の体制が整備されており、円滑な消火活動が可能なものであること。
三 避難口の増設、搬送を容易に行うために十分な幅員を有する避難路の確保等により、円滑な避難が可能な構造であり、かつ、避難訓練を頻繁に実施すること、配置人員を増員すること等により、火災の際の円滑な避難が可能なものであること。
3 指定特定施設は、居室、浴室、便所及び食堂を有しなければならない。ただし、居室の面積が25平方メートル以上である場合には、食堂を設けないことができるものとする。
4 指定特定施設の居室、浴室、便所及び食堂は、次の基準を満たさなければならない。
一 居室は、次の基準を満たすこと。
　イ 1の居室の定員は、1人とすること。ただし、利用者の処遇上必要と認められる場合は、2人とすることができるものとする。
　ロ プライバシーの保護に配慮し、介護を行える適当な広さであること。
　ハ 地階に設けてはならないこと。
　ニ 1以上の出入り口は、避難上有効な空き地、廊下又は広間に直接面して設けること。
　ホ 非常通報装置又はこれに代わる設備を設けること。
二 浴室は、身体の不自由な者が入浴するのに適したものとすること。
三 便所は、居室のある階ごとに設置し、非常用設備を備えていること。
四 食堂は、機能を十分に発揮し得る適当な広さを有すること。
5 指定特定施設は、利用者が車椅子で円滑に移動することが可能な空間と構造を有するものでなければならない。
6 指定特定施設は、消火設備その他の非常災害に際して必要な設備を設けるものとする。
7 前各項に定めるもののほか、指定特定施設の構造設備の基準については、建築基準法及び消防法の定めるところによる。
8 外部サービス利用型指定特定施設入居者生活介護事業者が外部サービス利用型指定介護予防特定施設入居者生活介護事業者の指定を併せて受け、かつ、外部サービス利用型指定特定施設入居者生活介護の事業と外部サービス利用型指定介護予防特定施設入居者生活介護の事業とが同一の施設において一体的に運営されている場合にあっては、指定介護予防サービス等基準第257条第1項から第7項までに規定する設備に関する基準を満たすことをもって、前各項に規定する基準を満たしているものとみなすことができる。

指定居宅サービス等及び指定介護予防サービス等に関する基準について（抄）

（平成11年9月17日　老企第25号　厚生省老人保健福祉局企画課長通知）
注　平成30年3月30日老高発0330第6号・老振発0330第3号・老老発0330第2号改正現在

第2　総論
　3　指定居宅サービスと指定介護予防サービス等の一体的運営等について
　　指定居宅サービス又は基準該当居宅サービスに該当する各事業を行う者が、指定介護予防サービス等又は基準該当介護予防サービス等に該当する各事業者の指定を併せて受け、かつ、指定居宅サービス又は基準該当居宅サービスの各事業と指定介護予防サービス等又は基準該当介護予防サービス等の各事業とが同じ事業所で一体的に運営されている場合については、介護予防における各基準を満たすことによって、基準を満たしているとみなすことができる等の取扱いを行うことができることとされたが、その意義は次のとおりである。
　　例えば、訪問介護においては、指定居宅サービスにおいても、第1号訪問事業（指定介護予防訪問介護に相当するものとして市町村が定めるものに限る。以下同じ。）においても、訪問介護員等を常勤換算方法で2.5人以上配置しなければならないとされているが、同じ事業所で一体的に運営している場合には、合わせて常勤換算方法で5人以上を置かなければならないという趣旨ではなく、常勤換算方法

で2.5人以上配置していることで、指定居宅サービスに該当する訪問介護も、第1号訪問事業も、双方の基準を満たすこととするという趣旨である。

設備、備品についても同様であり、例えば、定員30人の指定通所介護事業所においては、機能訓練室の広さは30人×3㎡＝90㎡を確保する必要があるが、この30人に第1号通所事業（指定介護予防通所介護に相当するものとして市町村が定めるものに限る。以下同じ。）の利用者も含めて通算することにより、要介護者15人、要支援者15人であっても、あるいは要介護者20人、要支援者10人の場合であっても、合計で90㎡が確保されていれば、基準を満たすこととするという趣旨である。

要するに、人員についても、設備、備品についても、同一の事業所で一体的に運営する場合にあっては、例えば、従前から、指定居宅サービス事業を行っている者が、従来通りの体制を確保していれば、指定介護予防サービス等の基準も同時に満たしていると見なすことができるという趣旨である。

なお、居宅サービスと介護予防サービスを同一の拠点において運営されている場合であっても、完全に体制を分離して行われており一体的に運営されているとは評価されない場合にあっては、人員についても設備、備品についてもそれぞれが独立して基準を満たす必要があるので留意されたい。

また、例えば、指定居宅サービスと緩和した基準による第1号訪問事業等を一体的に運営する場合には、緩和した基準による第1号訪問事業等については、市町村がサービス内容等に応じて基準を定められるが、例えば、サービス提供責任者であれば、要介護者数で介護給付の基準を満たす必要があるので留意されたい。

第3　介護サービス
一　訪問介護
2　設備に関する基準（居宅基準第7条）
(1)　指定訪問介護事業所には、事業の運営を行うために必要な面積を有する専用の事務室を設けることが望ましいが、間仕切りする等他の事業の用に供するものと明確に区分される場合は、他の事業と同一の事務室であっても差し支えない。なお、この場合に、区分がされていなくても業務に支障がないときは、指定訪問介護の事業を行うための区画が明確に特定されていれば足りるものとする。
(2)　事務室又は区画については、利用申込の受付、相談等に対応するのに適切なスペースを確保するものとする。
(3)　指定訪問介護事業者は、指定訪問介護に必要な設備及び備品等を確保するものとする。特に、手指を洗浄するための設備等感染症予防に必要な設備等に配慮すること。ただし、他の事業所、施設等と同一敷地内にある場合であって、指定訪問介護の事業又は当該他の事業所、施設等の運営に支障がない場合は、当該他の事業所、施設等に備え付けられた設備及び備品等を使用することができるものとする。

なお、事務室・区画、又は設備及び備品等については、必ずしも事業者が所有している必要はなく、貸与を受けているものであっても差し支えない。

三　訪問看護
2　設備に関する基準
(1)　指定訪問看護ステーションの場合（居宅基準第62条第1項）
①　指定訪問看護ステーションには、運営に必要な面積を有する専用の事務室を設ける必要がある。ただし、当該指定訪問看護ステーションが健康保険法による指定を受けた訪問看護ステーションである場合には、両者を共用することは差し支えない。また、当該指定訪問看護ステーションが、他の事業の事業所を兼ねる場合には、必要な広さの専用の区画を有することで差し支えないものとする。なお、この場合に、区分されていなくても業務に支障がないときは、指定訪問看護の事業を行うための区画が明確に特定されていれば足りるものである。
②　事務室については、利用申込みの受付、相談等に対応するのに適切なスペースを確保するものとする。
③　指定訪問看護に必要な設備及び備品等を確保する必要がある。特に、感染症予防に必要な設備等に配慮する必要がある。ただし、他の事業所、施設等と同一敷地内にある場合であって、指定訪問看護の事業又は当該他の事業所、施設等の運営に支障がない場合は、当該他の事業所、施設に備え付けられた設備及び備品等を使用することができるものとする。
(2)　指定訪問看護を担当する医療機関の場合（居宅基準第62条第2項）
①　指定訪問看護を担当する病院又は診療所には、指定訪問看護の事業を行うために必要な専用の区画を設ける必要がある。なお、業務に支

障がないときは、指定訪問看護の事業を行うための区画が明確に特定されていれば足りるものである。
② 指定訪問看護事業に必要な設備及び備品等を確保する必要がある。ただし、設備及び備品等については、当該医療機関における診療用に備え付けられたものを使用することが出来るものである。

六　通所介護
2　設備に関する基準（居宅基準第95条）
(1)　事業所
事業所とは、指定通所介護を提供するための設備及び備品を備えた場所をいう。原則として1の建物につき、1の事業所とするが、利用者の利便のため、利用者に身近な社会資源（既存施設）を活用して、事業所の従業者が当該既存施設に出向いて指定通所介護を提供する場合については、これらを事業所の一部とみなして設備基準を適用するものである。
(2)　食堂及び機能訓練室
指定通所介護事業所の食堂及び機能訓練室（以下「指定通所介護の機能訓練室等」という。）については、**3平方メートル**に利用定員を乗じて得た面積以上とすることとされたが、指定通所介護が原則として同時に複数の利用者に対し介護を提供するものであることに鑑み、狭隘な部屋を多数設置することにより面積を確保すべきではないものである。ただし、指定通所介護の単位をさらにグループ分けして効果的な指定通所介護の提供が期待される場合はこの限りではない。
(3)　消火設備その他の非常災害に際して必要な設備
消火設備その他の非常災害に際して必要な設備とは、消防法その他の法令等に規定された設備を示しており、それらの設備を確実に設置しなければならないものである。
(4)　設備に係る共用
指定通所介護事業所と指定居宅サービス事業所等を併設している場合に、利用者へのサービス提供に支障がない場合は、設備基準上両方のサービスに規定があるもの（指定訪問介護事業所の場合は事務室）は共用が可能である。ただし、指定通所介護事業所の機能訓練室等と、指定通所介護事業所と併設の関係にある病院、診療所、介護老人保健施設又は介護医療院における指定通所リハビリテーション等を行うためのスペースについて共用する場合にあっては、以下の条件に適合することをもって、これらが同一の部屋等であっても差し支えないものとする。
イ　当該部屋等において、指定通所介護事業所の機能訓練室等と指定通所リハビリテーション等を行うためのスペースが明確に区分されていること。
ロ　指定通所介護事業所の機能訓練室等として使用される区分が、指定通所介護事業所の設備基準を満たし、かつ、指定通所リハビリテーション等を行うためのスペースとして使用される区分が、指定通所リハビリテーション事業所等の設備基準を満たすこと。

また、玄関、廊下、階段、送迎車両など、基準上は規定がないが、設置されるものについても、利用者へのサービス提供に支障がない場合は、共用が可能である。
なお、設備を共用する場合、居宅基準第104条第2項において、指定通所介護事業者は、事業所において感染症が発生し、又はまん延しないように必要な措置を講じるよう努めなければならないと定めているところであるが、衛生管理等に一層努めること。
(5)　指定通所介護事業所の設備を利用し、夜間及び深夜に指定通所介護以外のサービスを提供する場合
指定通所介護の提供以外の目的で、指定通所介護事業所の設備を利用し、夜間及び深夜に指定通所介護以外のサービス（以下「宿泊サービス」という。）を提供する場合には、当該サービスの内容を当該サービスの提供開始前に当該指定通所介護事業者に係る指定を行った都道府県知事、指定都市又は中核市の市長（以下「指定権者」という。）に届け出る必要があり、当該サービスの届出内容については、別紙様式によるものとする。また、指定通所介護事業者は宿泊サービスの届出内容に係る介護サービス情報を都道府県に報告し、都道府県は情報公表制度を活用し宿泊サービスの内容を公表することとする。
指定通所介護事業者は届け出た宿泊サービスの内容に変更がある場合は、変更の事由が生じてから10日以内に指定権者に届け出るよう努めることとする。また、宿泊サービスを休止又は廃止する場合は、その休止又は廃止の日の1月前までに指定権者に届け出るよう努めることとする。

七　通所リハビリテーション
2　設備に関する基準

(1) 指定通所リハビリテーション事業所ごとに備える設備については、専ら指定通所リハビリテーション事業の用に供するものでなければならないこととされているが、病院、診療所、介護老人保健施設又は介護医療院が互いに併設される場合（同一敷地内にある場合、又は公道をはさんで隣接している場合をいう。）であって、そのうちの複数の施設において、指定通所リハビリテーション事業を行う場合には、以下の条件に適合するときは、それぞれの指定通所リハビリテーションを行うためのスペースが同一の部屋等であっても差し支えないものとする。

① 当該部屋等において、それぞれの指定通所リハビリテーションを行うためのスペースが明確に区分されていること。

② それぞれの指定通所リハビリテーションを行うためのスペースが、次に掲げる面積要件（居宅基準第112条第1項）を満たしていること。

3平方メートルに利用定員を乗じた面積以上であるものを有すること。ただし、介護老人保健施設又は介護医療院の場合は、当該専用の部屋等の面積に利用者用に確保されている食堂（リハビリテーションに共用されるものに限る。）の面積を加えるものとすること。

(2) 指定通所リハビリテーションを行うためのスペースと、当該指定通所リハビリテーション事業所と併設の関係にある特別養護老人ホーム、社会福祉施設等における指定通所介護の機能訓練室等との関係については、第3の六の2の(4)を参照されたい。

ただし、保険医療機関が医療保険の脳血管疾患等リハビリテーション料、運動器リハビリテーション料又は呼吸器リハビリテーション料を算定すべきリハビリテーションの届出を行っており、当該保険医療機関において、指定通所リハビリテーション（1時間以上2時間未満に限る）又は指定介護予防通所リハビリテーションを実施する場合には、医療保険の脳血管疾患等リハビリテーション料、廃用症候群リハビリテーション料、運動器リハビリテーション料又は呼吸器リハビリテーション料を算定すべきリハビリテーションを受けている患者と介護保険の指定通所リハビリテーション又は指定介護予防通所リハビリテーションの利用者に対するサービス提供に支障が生じない場合に限り、同一のスペースにおいて行うことも差し支えない。この場合の居宅基準第112条第1項の指定通所リハビリテーションを行うために必要なスペースは、医療保険のリハビリテーションの患者数に関わらず、常時、**3平方メートル**に指定通所リハビリテーションの利用者数（指定通所リハビリテーションの事業と指定介護予防通所リハビリテーションの事業とが同一の事業所において一体的に運営されている場合にあっては、指定通所リハビリテーションの利用者数と指定介護予防通所リハビリテーションの利用者数の合計数）を乗じた面積以上とする。

なお、機器及び機具は、サービス提供時間に関わらず、各サービスの提供に支障が生じない場合に限り、共用して差し支えない。（予防基準第118条の基準についても同様）。

(3) 消火設備その他の非常災害に際して必要な設備（居宅基準第112条第2項）については、指定通所介護に係る居宅基準第95条第1項と同趣旨であるため、第3の六の2の(3)を参照されたい。

八 短期入所生活介護

2 設備に関する基準（居宅基準第123条及び第124条）

(1) ユニット型指定短期入所生活介護の事業と指定短期入所生活介護の事業（ユニット型指定短期入所生活介護の事業を除く）との一体的運営について

ユニット型指定短期入所生活介護事業所と指定短期入所生活介護事業所（ユニット型指定短期入所生活介護の事業を除く。）が併設され一体的に運営される場合であって、それらの利用定員の総数が20人以上である場合にあっては、その利用定員を20人未満であってもよいものとして取扱うことができることとされたが、「併設され一体的に運営される場合」とは、併設ユニット型指定短期入所生活介護の事業に支障が生じない場合で、かつ、夜間における介護体制を含めて指定短期入所生活介護を提供できる場合である。

(2) 指定短期入所生活介護事業所の建物は、利用者が身体的、精神的に障害を有する者であることに鑑み、利用者の日常生活のために使用しない附属の建物を除き耐火建築物としなければならない。ただし、利用者の日常生活に充てられる居室、静養室、食堂、浴室及び機能訓練室（以下「居室等」という。）を2階以上の階及び地階のいずれにも設けていない建物については、準耐火建築物とすることができる。また、居室等を2階又は地階に設ける場合であっても、基準第124条第1項第2号に掲げる要件を満たし、火災に係る利用者の安

全性が確保されていると認められる場合には、準耐火建築物とすることができる。
 (3) 基準第124条第2項における「火災に係る利用者の安全性が確保されている」と認めるときは、次の点を考慮して判断されたい。
  ① 同条第2項各号の要件のうち、満たしていないものについても、一定の配慮措置が講じられていること。
  ② 日常における又は火災時の火災に係る安全性の確保が、利用者が身体的、精神的に障害を有する者であることに鑑みてなされていること。
  ③ 管理者及び防火管理者は、当該指定短期入所生活介護事業所の建物の燃焼性に対する知識を有し、火災の際の危険性を十分認識するとともに、職員等に対して、火気の取扱いその他火災予防に関する指導監督、防災意識の高揚に努めること。
  ④ 定期的に行うこととされている避難等の訓練は、当該短期入所生活介護事業所の建物の燃焼性を十分に勘案して行うこと。
 (4) 指定短期入所生活介護事業所の設備は、当該指定短期入所生活介護の運営上及びサービス提供上当然設けなければならないものであるが、同一敷地内に他の社会福祉施設が設置されている場合等であって、当該施設の設備を利用することにより指定短期入所生活介護事業所の効果的な運営が図られ、かつ、当該指定短期入所生活介護事業所の利用者及び当該施設の入所者のサービス提供に支障がない場合には、利用者が日常継続的に使用する設備以外の調理室等の設備について、その一部を設けないことができる。なお、指定短期入所生活介護事業者が利用する他の施設の当該設備については、本基準に適合するものでなければならない。
 (5) 便所等面積又は数の定めのない設備については、それぞれの設備の持つ機能を十分に発揮し得る適当な広さ又は数を確保するよう配慮するものとする。
 (6) 指定短期入所生活介護事業所における廊下の幅は、利用者の身体的、精神的特性及び非常災害時における迅速な避難、救出の確保を考慮して定められたものである。なお、「中廊下」とは、廊下の両側に居室、静養室等利用者の日常生活に直接使用する設備のある廊下をいう。
 (7) 指定短期入所生活介護事業所に設置する傾斜路は、利用者の歩行及び輸送車、車椅子等の昇降並びに災害発生時の避難、救出に支障がないようその傾斜はゆるやかにし、表面は、粗面又はすべりにくい材料で仕上げるものとする。
 (8) 調理室には、食器、調理器具等を消毒する設備、食器、食品等を清潔に保管する設備並びに防虫及び防鼠の設備を設けるものとする。
 (9) 汚物処理室は、他の設備と区別された一定のスペースを有すれば足りるものである。
 (10) 焼却炉、浄化槽その他の汚物処理設備及び便槽を設ける場合には、居室、静養室、食堂及び調理室から相当の距離を隔てて設けるものとする。
 (11) 消火設備その他の非常災害に際して必要な設備(居宅基準第124条第7項第4号)については、指定通所介護に係る居宅基準第95条第1項と同趣旨であるため、第3の六の2の(3)を参照されたい。
 (12) 経過措置(居宅基準附則第3条)
   この省令の施行の際現に存する老人短期入所事業を行っている施設又は老人短期入所施設(基本的な設備が完成されているものを含み、この省令の施行の後に増築され、又は全面的に改築された部分を除く。)については、設備基準のうち1の居室の定員に関する基準(4人以下)、利用者1人当たりの床面積に関する基準(10.65平方メートル以上)、食堂及び機能訓練室の面積に関する基準(3平方メートルに利用定員を乗じて得た面積以上)並びに構造設備の基準(廊下の幅の基準、常夜灯の設置、傾斜路の設置等)を適用しないものである。
4 ユニット型指定短期入所生活介護の事業
 (3) 設備の基準(居宅基準第140条の4)
  ① ユニットケアを行うためには、利用者の自律的な生活を保障する居室(個室)と、少人数の家庭的な雰囲気の中で生活できる共同生活室(居宅での居間に相当する部屋)が不可欠であることから、ユニット型指定短期入所生活介護事業所は、事業所全体を、こうした居室と共同生活室によって一体的に構成される場所(ユニット)を単位として構成し、運営しなければならない。
  ② 居宅基準第140条の4第2項は、指定短期入所生活介護に係る居宅基準第124条第2項と同趣旨であるため、第3の八の2の(2)を参照されたい。
  ③ 同条第3項第1号に掲げている「ユニット」は、居室及び共同生活室のほか、洗面設備及び便所を含むものである。

④ 利用者が、自室のあるユニットを超えて広がりのある日常生活を楽しむことができるよう、他のユニットの利用者と交流したり、多数の利用者が集まったりすることのできる場所を設けることが望ましい。

⑤ ユニット（第6項第1号）

ユニットは、居宅に近い居住環境の下で、居宅における生活に近い日常の生活の中でケアを行うというユニットケアの特徴を踏まえたものでなければならない。

⑥ 居室（第1号イ）

イ 前記①のとおりユニットケアには個室が不可欠なことから、居室の定員は1人とする。ただし、夫婦で居室を利用する場合などサービスの提供上必要と認められる場合は、2人部屋とすることができる。

ロ 居室は、いずれかのユニットに属するものとし、当該ユニットの共同生活室に近接して一体的に設けなければならない。

この場合、「当該ユニットの共同生活室に近接して一体的に設け」られる居室とは、次の3つをいう。

a 当該共同生活室に隣接している居室

b 当該共同生活室に隣接してはいないが、aの居室と隣接している居室

c その他当該共同生活室に近接して一体的に設けられている居室（他の共同生活室のa及びbに該当する居室を除く。）

ハ ユニットの利用定員

ユニット型指定短期入所生活介護事業所は、各ユニットにおいて利用者が相互に社会的関係を築き、自律的な日常生活を営むことを支援するものであることから、1のユニットの利用定員は、**10人以下**とすることを原則とする。

ただし、敷地や建物の構造上の制約など特別の事情によりやむを得ない場合であって、各ユニットにおいて利用者が相互に社会的関係を築き、自律的な日常生活を営むことを支援するのに支障がないと認められる場合には、利用定員が10人を超えるユニットも認める。なお、この場合にあっても、次の2つの要件を満たさなければならない。

a 利用定員が10人を超えるユニットにあっては、「おおむね10人」と言える範囲内の利用定員であること。

b 利用定員が10人を超えるユニットの数は、当該事業所の総ユニット数の半数以下であること。

ニ ユニットの利用定員に関する既存事業所の特例

平成15年4月1日に現に存する指定短期入所生活介護事業所（建築中のものを含む。）が、その建物を同日以降に改修してユニットを造る場合にあっては、事業所を新増築したり、改築したりする場合に比べて、現にある建物の構造や敷地などの面で、より大きな制約が想定されることから、前記ハのbの要件は適用しない。

また、平成15年4月1日に現に存する指定短期入所生活介護事業所（建築中のものを含む。）が同日において現にユニットを有している（建築中のものを含む。）場合は、当該ユニットについては、前記ハは適用しない。ただし、当該ユニットが改築されたときは、この限りでない。

ホ 居室の床面積等

ユニット型指定短期入所生活介護事業所では、居宅に近い居住環境の下で、居宅における生活に近い日常の生活の中でケアを行うため、利用者は長年使い慣れた箪笥などの家具を持ち込むことを想定しており、居室は次のいずれかに分類される。

a ユニット型個室

床面積は、**10.65平方メートル以上**（居室内に洗面設備が設けられているときはその面積を含み、居室内に便所が設けられているときはその面積を除く。）とすること。

b ユニット型準個室

ユニットに属さない居室を改修してユニットを造る場合であり、床面積は、**10.65平方メートル以上**（居室内に洗面設備が設けられているときはその面積を含み、居室内に便所が設けられているときはその面積を除く。）とすること。この場合にあっては、入居者同士の視線が遮断され、入居者のプライバシーが十分に確保されていれば、天井と壁との間に一定の隙間が生じていても差し支えない。

壁については、家具等のように可動のもので室内を区分しただけのものは認められず、可動でないものであって、プライバシー

の確保のために適切な素材であることが必要である。

居室であるためには、一定程度以上の大きさの窓が必要であることから、多床室を仕切って窓のない居室を設けたとしても準個室としては認められない。

また、居室への入口が、複数の居室で共同であったり、カーテンなどで仕切られているに過ぎないような場合には、十分なプライバシーが確保されているとはいえず、準個室としては認められないものである。

なお、ユニットに属さない居室を改修してユニットを造る場合に、居室がaの要件を満たしていれば、ユニット型個室に分類される。

⑦ 共同生活室（第1号ロ）

イ 共同生活室は、いずれかのユニットに属するものとし、当該ユニットの利用者が交流し、共同で日常生活を営むための場所としてふさわしい形状を有するものでなければならない。このためには、次の2つの要件を満たす必要がある。

　a 他のユニットの利用者が、当該共同生活室を通過することなく、事業所内の他の場所に移動することができるようになっていること。

　b 当該ユニットの利用者全員とその介護等を行う従業者が一度に食事をしたり、談話等を楽しんだりすることが可能な備品を備えた上で、当該共同生活室内を車椅子が支障なく通行できる形状が確保されていること。

ロ 共同生活室には、要介護者が食事をしたり、談話等を楽しんだりするのに適したテーブル、椅子等の備品を備えなければならない。

また、利用者が、その心身の状況に応じて家事を行うことができるようにする観点から、簡易な流し、調理設備を設けることが望ましい。

⑧ 洗面設備（第1号ハ）

洗面設備は、居室ごとに設けることが望ましい。ただし、共同生活室ごとに適当数設けることとしても差し支えない。この場合にあっては、共同生活室内の1か所に集中して設けるのではなく、2か所以上に分散して設けることが望ましい。なお、居室ごとに設ける方式と、共同生活室ごとに設ける方式とを混在させても差し支えない。

⑨ 便所（第1号ニ）

便所は、居室ごとに設けることが望ましい。ただし、共同生活室ごとに適当数設けることとしても差し支えない。この場合にあっては、共同生活室内の1か所に集中して設けるのではなく、2か所以上に分散して設けることが望ましい。なお、居室ごとに設ける方式と、共同生活室ごとに設ける方式とを混在させても差し支えない。

⑩ 浴室（第2号）

浴室は、居室のある階ごとに設けることが望ましい。

⑪ 廊下（第6項第1号）

ユニット型指定短期入所生活介護事業所にあっては、多数の利用者や従業者が日常的に一度に移動することはないことから、廊下の幅の一律の規制を緩和する。

ここでいう「廊下の一部の幅を拡張することにより、利用者、従業者等の円滑な往来に支障が生じないと認められる場合」とは、アルコーブを設けることなどにより、利用者、従業者等がすれ違う際にも支障が生じない場合を想定している。

このほか、ユニット型指定短期入所生活介護事業所の廊下の幅については、第3の八の2の(5)を準用する。この場合において、第3の八の2の(5)中「静養室」とあるのは「共同生活室」と読み替えるものとする。

⑫ 消火設備その他の非常災害に際して必要となる設備

居宅基準第140条の4第7項は、指定通所介護に係る居宅基準第95条第1項と同趣旨であるため、第3の六の2の(3)を参照されたい。

⑬ ユニット型指定短期入所生活介護事業所の設備については、前記の①から⑩までによるほか、第3の八の2の規定（(6)及び(12)を除く。）を準用する。この場合において、第3の八の2の(2)中「静養室、食堂、浴室及び機能訓練室」とあるのは「共同生活室及び浴室」と、同(10)中「静養室、食堂」とあるのは「共同生活室」と読み替えるものとする。

6 基準該当短期入所生活介護に関する基準

(1) 基準該当短期入所生活介護事業所は、指定通所介護事業所、指定地域密着型通所介護事業所、指

定認知症対応型通所介護事業所、指定小規模多機能型居宅介護事業所又は社会福祉施設に併設しなければならないこととされているが、ここにいう社会福祉施設とは、社会福祉法第62条にいう社会福祉施設を指すものであること。
　(3) 設備に関する基準
　　① 併設の指定通所介護事業所等の施設との設備の兼用が居室を除き可能であること、利用者1人当たりの床面積に関する基準が異なること、廊下は車椅子での円滑な移動が可能な廊下幅であればよいこと等、指定短期入所生活介護の基準との相違点に留意すること。
　　② 基準該当短期入所生活介護における利用者1人当たりの床面積については7.43平方メートル以上とされているところであるが、基準該当サービスは市区町村が必要と認める場合にのみ給付の対象となるサービスであり、指定事業者によるサービス提供が地域の需要を満たしている場合は給付の対象とならないことがあり得るので、基準該当短期入所生活介護の事業を行おうとする場合は当該市区町村の意向をあらかじめ確認するとともに、利用者の適切な処遇確保の観点から良好な居住環境の実現や居室面積の確保に留意すること。
　　③ この省令の施行の際現に存する老人短期入所事業を行っている施設若しくは老人短期入所施設（基本的な設備が完成されているものを含み、この省令の施行の後に増築され、又は全面的に改築された部分を除く。）又は老人短期入所事業に相当する事業の用に供する施設若しくは老人短期入所施設に相当する施設（この省令の施行の後に増築され、又は全面的に改築された部分を除く。）については、設備基準のうち1の居室の定員に関する基準（4人以下）、利用者1人当たりの床面積に関する基準（10.65平方メートル以上）、食堂及び機能訓練室の面積に関する基準（3平方メートルに利用定員を乗じて得た面積以上）を適用しないものである。（指定居宅サービス等の事業の人員、設備及び運営に関する基準の一部を改正する省令（平成12年厚生省令第37号）附則第2項による経過措置）

十　特定施設入居者生活介護
　2　設備に関する基準（居宅基準第177条）
　　(1) 居宅基準第177条第2項は、指定短期入所生活介護の事業に係る居宅基準第124条第2項と同趣旨である為、第3の八の2の(2)を参照されたい。

　　(2) 居宅基準第177条第4項第1号イの「利用者の処遇上必要と認められる場合」とは、例えば、夫婦で居室を利用する場合などであって、事業者の都合により一方的に2人部屋とすることはできない。なお、平成18年厚生労働省令第33号附則第2条により、既存の指定特定施設における定員4人以下の介護居室については、個室とする規定を適用しないものとする。

　　(3) 居宅基準第177条第4項において、介護居室、一時介護室、食堂及び機能訓練室についていう「適当な広さ」については、面積による基準を定めることはせず、利用者の選択に委ねることとする。このため、具体的な広さについては、利用申込者のサービスの選択に資すると認められる重要事項であり、利用申込者に対する文書を交付しての説明及び掲示が必要となる。また、機能訓練室については、他に適当な場所が確保されている場合に設けないことができることとしたが、この場合には、同一敷地内にある若しくは道路を隔てて隣接する又は当該特定施設入居者生活介護事業所の付近にある等機能訓練の実施に支障のない範囲内にある施設の設備を利用する場合も含まれるものである。

　　(4) 居宅基準第177条第5項の「利用者が車椅子で円滑に移動することが可能な空間と構造」とは、段差の解消、廊下の幅の確保等の配慮がなされていることをいうものである。

　　(5) 居宅基準附則第13条は、平成11年3月31日においてすでに存在する特定有料老人ホーム（旧社会福祉・医療事業団業務方法書に規定する特定有料老人ホームをいう。）について、浴室及び食堂を設けないことができるものとする趣旨で設けられたものである。ただし、利用者が当該有料老人ホームに併設する養護老人ホーム等の浴室及び食堂を利用することができること等が要件であることに留意するものとする。

　　(6) 病院及び診療所の療養病床転換による浴室、便所及び食堂に関する基準の緩和（附則第16条）
　　　一般病床、療養病床若しくは老人性認知症疾患療養病棟を有する病院の一般病床、療養病床若しくは老人性認知症疾患療養病棟又は一般病床若しくは療養病床を有する診療所の一般病床若しくは療養病床を平成36年3月31日までの間に転換し、指定特定施設入居者生活介護（外部サービス利用型指定特定施設入居者生活介護を除く。）の事業を行う医療機関併設型指定特定施設においては、

当該医療機関併設型指定特定施設における浴室、便所及び食堂に関しては、当該医療機関併設型指定特定施設の入居者に対するサービス提供が適切に行われると認められる場合にあっては、置かないことができるものとする。

なお、機能訓練指導室については、他に適当な場所が確保されている場合に設けないことができることとされており、この場合には、併設医療機関の設備を利用する場合も含まれるものである。

十の二　外部サービス利用型特定施設入居者生活介護
2　設備に関する基準
(1) 居宅基準第192条の6第2項は、指定短期入所生活介護の事業に係る居宅基準第124条第2項と同趣旨である為、第3の八の2の(2)を参照されたい。
(2) 居宅基準第192条の6第4項において、居室及び食堂についていう「適当な広さ」については、面積による基準を定めることはせず、利用者の選択に委ねることとする。このため、具体的な広さについては、利用申込者のサービスの選択に資すると認められる重要事項であり、利用申込者に対する文書を交付しての説明及び掲示が必要となる。
(3) 居宅基準第192条の6第4項第1号イの「利用者の処遇上必要と認められる場合」とは、例えば夫婦で居室を利用する場合などであって、事業者の都合により一方的に2人部屋とすることはできない。なお、平成18年厚生労働省令第33号附則第2条により、既存の指定特定施設における定員4人以下の居室については、同附則第5条により、既存の又は既存とみなすことができる養護老人ホームに係る特定施設における居室については、個室とする規定を適用しないものとする。
(4) 居宅基準第192条の6第4項第1号ホ及び同項第3号の非常通報装置等の設置の規定は、利用者が居室等にいる場合に病状の急変等の事態が生じた場合に、特定施設の従業者が速やかに対応できるようにする趣旨で設置を求めるものである。ただし、平成18年厚生労働省令第33号附則第3条により、既存の養護老人ホームに係る特定施設の場合は、平成19年3月31日までの間に非常通報装置等の設置をする旨の計画が立てられていることを要件として、当該規定を満たすこととする。
(5) 病院及び診療所の療養病床転換による浴室、便所、食堂及び機能訓練室に関する基準緩和の経過措置

一般病床、療養病床若しくは老人性認知症疾患療養病棟を有する病院の一般病床、療養病床若しくは老人性認知症疾患療養病棟又は一般病床若しくは療養病床を有する診療所の一般病床若しくは療養病床を平成36年3月31日までの間に転換し、外部サービス利用型指定特定施設入居者生活介護の事業を行う医療機関併設型指定特定施設においては、併設される介護老人保健施設、介護医療院又は病院若しくは診療所の施設を利用することにより、当該医療機関併設型指定特定施設の利用者の処遇が適切に行われると認められるときは、当該医療機関併設型指定特定施設に浴室、便所及び食堂を置かないことができるものとする。

軽費老人ホームの設備及び運営に関する基準（抄）

（平成20年5月9日　厚生労働省令第107号）

注　平成30年1月18日厚生労働省令第4号改正現在

第3章　設備及び運営に関する基準
●設備の基準
第10条　軽費老人ホームの建物（入所者の日常生活のために使用しない附属の建物を除く。）は、耐火建築物（建築基準法（昭和25年法律第201号）第2条第9号の2に規定する耐火建築物をいう。以下同じ。）又は準耐火建築物（同条第9号の3に規定する準耐火建築物をいう。以下同じ。）でなければならない。

2　前項の規定にかかわらず、都道府県知事（指定都市又は中核市にあっては、指定都市又は中核市の長。以下同じ。）が、火災予防、消火活動等に関し専門的知識を有する者の意見を聴いて、次の各号のいずれかの要件を満たす木造かつ平屋建ての軽費老人ホームの建物であって、火災時における入所者の安全性が確保されているものと認めたときは、耐火建築物又は準耐火建築物とすることを要しない。

一　スプリンクラー設備の設置、天井等の内装材等への難燃性の材料の使用、調理室等火災が発生するおそれがある箇所における防火区画の設置等により、初期消火及び延焼の抑制に配慮した構造であること。
二　非常警報設備の設置等による火災の早期発見及び通報の体制が整備されており、円滑な消火活動が可能なものであること。
三　避難口の増設、搬送を容易に行うために十分な幅員を有する避難路の確保等により、円滑な避難が可能な構造であり、かつ、避難訓練を頻繁に実施すること、配置人員を増員すること等により、火災の際の円滑な避難が可能なものであること。

3　軽費老人ホームには、次の各号に掲げる設備を設けなければならない。ただし、他の社会福祉施設等の設備を利用することにより、当該軽費老人ホームの効果的な運営を期待することができる場合であって、入所者に提供するサービスに支障がないときは、設備の一部を設けないことができる。
一　居室
二　談話室、娯楽室又は集会室
三　食堂
四　浴室
五　洗面所
六　便所
七　調理室
八　面談室
九　洗濯室又は洗濯場
十　宿直室
十一　前各号に掲げるもののほか、事務室その他の運営上必要な設備

4　前項第1号、第4号及び第7号に掲げる設備の基準は、次のとおりとする。
一　居室
　イ　1の居室の定員は、**1人**とすること。ただし、入所者へのサービスの提供上必要と認められる場合は、2人とすることができる。
　ロ　地階に設けてはならないこと。
　ハ　1の居室の床面積は、**21.6平方メートル**（ニの設備を除いた有効面積は**14.85平方メートル**）以上とすること。ただし、イただし書の場合にあっては、**31.9平方メートル以上**とすること。
　ニ　洗面所、便所、収納設備及び簡易な調理設備を設けること。
　ホ　緊急の連絡のためのブザー又はこれに代わる設備を設けること。

二　浴室
　老人が入浴するのに適したものとするほか、必要に応じて、介護を必要とする者が入浴できるようにするための設備を設けること。
三　調理室
　火気を使用する部分は、不燃材料を用いること。

5　前項第1号の規定にかかわらず、10程度の数の居室及び当該居室に近接して設けられる共同生活室（当該居室の入所者が談話室、娯楽室又は集会室及び食堂として使用することが可能な部屋をいう。以下この項において同じ。）により構成される区画における設備の基準は、次の各号に定めるところによる。
一　居室
　イ　1の居室の定員は、**1人**とすること。ただし、入所者へのサービスの提供上必要と認められる場合は、2人とすることができる。
　ロ　地階に設けてはならないこと。
　ハ　1の居室の床面積は、**15.63平方メートル**（ニの設備を除いた有効面積は**13.2平方メートル**）以上とすること。ただし、イただし書の場合にあっては、**23.45平方メートル以上**とすること。
　ニ　洗面所、便所、収納設備及び簡易な調理設備を設けること。ただし、共同生活室ごとに便所及び調理設備を適当数設ける場合にあっては、居室ごとの便所及び簡易な調理設備を設けないことができる。
　ホ　緊急の連絡のためのブザー又はこれに代わる設備を設けること。
二　共同生活室
　イ　同一区画内の入所者が交流し、共同で日常生活を営むための場所としてふさわしい形状を有すること。
　ロ　必要な設備及び備品を備えること。

6　前各項に規定するもののほか、軽費老人ホームの設備の基準は、次に定めるところによる。
一　施設内に一斉に放送できる設備を設置すること。
二　居室が2階以上の階にある場合にあっては、エレベーターを設けること。

●**職員配置の基準**
第11条
12　第1項第6号の規定にかかわらず、**サテライト型軽費老人ホーム**（当該施設を設置しようとする者により設置される当該施設以外の介護老人保健施設若しくは介護医療院又は診療所であって当該施設に対する支援機能を有するもの（以下この項において「本体施設」という。）との密接な連携を確保しつつ、本体施設と

は別の場所で運営される入所定員が29人以下の軽費老人ホームをいう。以下この項において同じ。）の調理員その他の職員については、次に掲げる本体施設の場合には、次の各号に掲げる区分に応じ、当該各号に定める職員により当該サテライト型軽費老人ホームの入所者に提供するサービスが適切に行われていると認められるときは、これを置かないことができる。
一　介護老人保健施設又は介護医療院　調理員又はその他の従業者
二　診療所　その他の従業者

第4章　都市型軽費老人ホームの設備及び運営に関する基準

●この章の趣旨

第34条　前章の規定にかかわらず、都市型軽費老人ホーム（小規模な軽費老人ホームであって、原則として既成市街地等（租税特別措置法（昭和32年法律第26号）第37条第1項の表の第1号の上欄に規定する既成市街地等をいう。）に設置され、かつ、都道府県知事が地域の実情を勘案して指定するものをいう。以下同じ。）の設備及び運営に関する基準については、この章に定めるところによる。

●設備の基準

第36条　都市型軽費老人ホームの建物（入所者の日常生活のために使用しない附属の建物を除く。）は、耐火建築物又は準耐火建築物でなければならない。

2　前項の規定にかかわらず、都道府県知事が、火災予防、消火活動等に関し専門的知識を有する者の意見を聴いて、次の各号のいずれかの要件を満たす木造かつ平屋建ての都市型軽費老人ホームの建物であって、火災時における入所者の安全性が確保されているものと認めたときは、耐火建築物又は準耐火建築物とすることを要しない。
一　スプリンクラー設備の設置、天井等の内装材等への難燃性の材料の使用、調理室等火災が発生するおそれがある箇所における防火区画の設置等により、初期消火及び延焼の抑制に配慮した構造であること。
二　非常警報設備の設置等による火災の早期発見及び通報の体制が整備されており、円滑な消火活動が可能なものであること。
三　避難口の増設、搬送を容易に行うために十分な幅員を有する避難路の確保等により、円滑な避難が可能な構造であり、かつ、避難訓練を頻繁に実施すること、配置人員を増員すること等により、火災の際の円滑な避難が可能なものであること。

3　都市型軽費老人ホームには、次の各号に掲げる設備を設けなければならない。ただし、他の社会福祉施設等の設備を利用することにより、当該都市型軽費老人ホームの効果的な運営を期待することができる場合であって入所者に提供するサービスに支障がないときは設備の一部を、調理業務の全部を委託する場合等にあっては第6号の調理室を設けないことができる。
一　居室
二　食堂
三　浴室
四　洗面所
五　便所
六　調理室
七　面談室
八　洗濯室又は洗濯場
九　宿直室
十　前各号に掲げるもののほか、事務室その他運営上必要な設備

4　前項第1号、第3号及び第6号に掲げる設備の基準は、次のとおりとする。
一　居室
　イ　1の居室の定員は、1人とすること。ただし、入所者へのサービスの提供上必要と認められる場合は、2人とすることができる。
　ロ　地階に設けてはならないこと。
　ハ　入所者1人当たりの床面積は、**7.43平方メートル**（収納設備を除く。）以上とすること。
　ニ　緊急の連絡のためのブザー又はこれに代わる設備を設けること。
二　浴室
　　老人が入浴するのに適したものとするほか、必要に応じて、介護を必要とする者が入浴できるようにするための設備を設けること。
三　調理室
　　火気を使用する部分は、不燃材料を用いること。

5　前各項に規定するもののほか、都市型軽費老人ホームの設備の基準は、次に定めるところによる。
一　施設内に一斉に放送できる設備を設置すること。
二　原則として食堂等の共用部分に入所者が自炊を行うための調理設備を設けることとし、火気を使用する部分は、不燃材料を用いること。

軽費老人ホームの設備及び運営に関する基準について（抄）

（平成20年5月30日　老発第0530002号　厚生労働省老健局長通知）
注　平成30年3月22日老高発0322第2号・老振発0322第1号・老老発0322第3号改正現在

　社会福祉法（昭和26年法律第45号）第65条第1項の規定に基づき、老人福祉法（昭和38年法律第133号）第20条の6に規定される軽費老人ホームについては、「軽費老人ホームの設備及び運営に関する基準（平成20年厚生労働省令第107号）」（以下「基準」という。）が平成20年5月9日に公布され、平成20年6月1日より施行されるところである。

　これまで、軽費老人ホームについては、「軽費老人ホームの設備及び運営について（昭和47年2月26日社老第17号厚生省社会局長通知）」（以下「旧通知」という。）において、軽費老人ホーム（A型）、軽費老人ホーム（B型）及びケアハウスの3類型が規定されていたところであるが、今後はケアハウスに一元化していく観点から、旧通知におけるケアハウスに係る規定を基準の本則として定め、軽費老人ホーム（A型）及び軽費老人ホーム（B型）に係る規定に関しては、現に存する施設のみに適用するものとして、附則において規定を置くこととした。

　基準の趣旨及び内容は下記のとおりであるので、御了知の上、管内市町村、関係団体、関係機関等にその周知徹底を図るとともに、その運営の指導に遺憾のないようにされたい。

　当通知は平成20年6月1日より適用することとし、それに伴い、「軽費老人ホームの設備及び運営について」（昭和47年2月26日社老第17号厚生省社会局長通知）、「軽費老人ホームの設備及び運営について」（昭和47年3月29日社老第24号老人福祉課長通知）は同日をもって廃止する。

　　　　　　記
第1　一般的事項
　1　基本方針
　　基準第2条は、軽費老人ホームが入所者の福祉を図るために必要な方針について総括的に規定したものであること。

　　基準第2条から第33条の適用を受ける軽費老人ホームは、「軽費老人ホームの設備及び運営について」（昭和47年2月26日社老第17号厚生省社会局長通知（以下、「旧通知」という。））における「ケアハウス」を指すものである。
第2　設備に関する事項
　1　設備の基準

(1)　軽費老人ホームの建物のうち、居室、談話室、食堂等入所者が日常継続的に使用する設備を有するものについては、建築基準法第2条第9号の2に規定する耐火建築物又は同条第9号の3に規定する準耐火建築物としなければならないこと。

　なお、入所者が日常継続的に使用することのない設備のみ有する建物であって、居室、談話室等のある主たる建物から防災上支障がないよう相当の距離を隔てて設けられているものについては、必ずしも耐火建築物又は準耐火建築物としなくてもよいこと。

(2)　「火災に係る入所者の安全性が確保されている」と認めるときは、次の点を考慮して判断されたい。
　ア　基準第10条第2項各号の要件のうち、満たしていないものについても、一定の配慮措置が講じられていること。
　イ　入所者の身体的、精神的特性にかんがみた日常における又は火災時の火災に係る安全性が確保されていること。
　ウ　施設長及び防火管理者は、当該軽費老人ホームの建物の燃焼性に対する知識を有し、火災の際の危険性を十分認識するとともに、職員等に対して、火気の取扱いその他火災予防に関する指導監督、防災意識の高揚に努めること。
　エ　定期的に行うこととされている避難等の訓練は、当該軽費老人ホームの建物の燃焼性を十分に勘案して行うこと。

(3)　軽費老人ホームの設備は、当該軽費老人ホームの運営上及び入所者へのサービスの提供上当然設けなければならないものであるが、同一敷地内に他の社会福祉施設が設置されている場合等であって、当該施設の設備を利用することにより軽費老人ホームの効果的な運営が図られ、かつ、入所者へのサービスの提供に支障がない場合には、入所者が日常継続的に使用する設備以外の調理室等の設備について、その一部を設けないことができることとしたこと。なお、軽費老人ホームが利用する他の施設の当該設備については、本基準に適合するものでなければならない。

(4)　談話室、食堂、浴室等面積又は数の定めのない

設備については、それぞれの設備のもつ機能を十分に発揮し得る適当な広さ又は数を確保するよう配慮すること。
(5) 調理室には、食器、調理器具等を消毒する設備、食器、食品等を清潔に保管する設備並びに防虫及び防鼠の設備を設けること。
(6) 「面談室」は、旧通知における「相談室」の名称を変更したものであること。

第3 職員に関する事項
1 職員数
(6) 同条第12項におけるサテライト型軽費老人ホームは、本体施設との密接な連携が図られるものであることを前提として人員規準の緩和を認めており、本体施設の職員によりサテライト型軽費老人ホームの入所者に対するサービスの提供等が適切に行われることを要件として、調理員その他の職員をサテライト型軽費老人ホームに置かないことができる。

第5の2 都市型軽費老人ホーム
1 趣旨
(1) 基準第34条から第39条の適用を受ける都市型軽費老人ホームは、都市部において、軽費老人ホームの設備や職員配置基準の特例を設け、主として要介護度が低い低所得高齢者を対象とする小規模な施設である。
(2) 基準第34条にいう「原則として既成市街地等」とは、既成市街地周辺や政令指定都市等において、当該地域の路線価や家賃相場等の客観的な指標が既成市街地等と同程度であると認められる地域であること。

2 設備の基準
(1) 第2の1の(1)から(3)は、都市型軽費老人ホームについて準用する。この場合において、「軽費老人ホーム」とあるのは「都市型軽費老人ホーム」と、「第10条第2項」とあるのは、「第36条第2項」と読み替えるものとする。
(2) 食堂、浴室等面積又は数の定めのない設備については、居住に要する費用等利用者負担を考慮の上、それぞれの設備のもつ機能を十分に発揮し得る適当な広さ又は数を確保するよう配慮すること。
(3) 調理室には、食器、調理器具等を消毒する設備、食器、食品等を清潔に保管する設備並びに防虫及び防鼠の設備を設けること。
(4) 面談室、宿直室は、他の設備を活用することにより、入所者に提供するサービスに支障がないときは、設けないことができること。
(5) 居室における入所者1人当たりの床面積は、居住に要する費用等利用者負担を考慮の上、基準第36条第4項第1号ハに規定するとおりとしているが、**10.65平方メートル（収納設備を除く）以上**とすることが望ましいこと。

有料老人ホームの設置運営標準指導指針について（抄）

（平成14年7月18日　老発第0718003号　厚生労働省老健局長通知）
注　平成30年4月2日老発0402第1号改正現在

1 標準指導指針の性格
　有料老人ホームは民間の活力と創意工夫により高齢者の多様なニーズに応えていくことが求められるものであり、一律の規制には馴染まない面があるが、一方、高齢者が長年にわたり生活する場であり、入居者の側からも介護を始めとするサービスに対する期待が大きいこと、入居に当たり前払金を支払う場合を含めて大きな金銭的な負担を伴うことから、行政としても、サービス水準の確保等のため十分に指導を行う必要がある。特に、有料老人ホーム事業は、設置者と入居者との契約が基本となることから、契約の締結及び履行に必要な情報が、入居者に対して十分提供されることが重要である。
　このような事業の性格を踏まえ、各都道府県、指定都市又は中核市（以下「都道府県等」という。）は、本標準指導指針を参考として、地域の状況に応じて指導指針（以下「指導指針」という。）を定め、これに基づき設置前及び事業開始後において継続的な指導を行われたい。なお、指導指針を作成していない場合は、本標準指導指針に基づき指導を行うこととして差し支えないが、できる限り速やかに指導指針を作成されたい。

別添
　有料老人ホーム設置運営標準指導指針

5 規模及び構造設備
(1) 建物は、入居者が快適な日常生活を営むのに適した規模及び構造設備を有すること。
(2) 建物は、建築基準法に規定する耐火建築物又は準耐火建築物とすること。
(3) 建物には、建築基準法、消防法(昭和23年法律第186号)等に定める避難設備、消火設備、警報設備その他地震、火災、ガスもれ等の防止や事故・災害に対応するための設備を十分設けること。また、緊急通報装置を設置する等により、入居者の急病等緊急時の対応を図ること。
(4) 建物の設計に当たっては、「高齢者が居住する住宅の設計に係る指針」(平成13年国土交通省告示第1301号)を踏まえて、入居者の身体機能の低下や障害が生じた場合にも対応できるよう配慮すること。
(5) 建物の配置及び構造は、日照、採光、換気等入居者の保健衛生について十分考慮されたものであること。
(6) 次の居室を設けること。
一 一般居室
二 介護居室
　設置者が自ら介護サービスを提供するための専用の居室であり、入居者の状況等に応じて適切な数を確保すること。なお、一般居室で介護サービスが提供される場合又は有料老人ホームが自ら介護サービスを提供しない場合は介護居室を設置しなくてもよいこと。
三 一時介護室
　設置者が自ら一時的な介護サービスを提供するための居室であり、入居者の状況等に応じて適切な数を確保すること。なお、一般居室又は介護居室で一時的な介護サービスを提供することが可能である場合は一時介護室を設置しなくてもよいこと。
(7) 次の設備について、居室内に設置しない場合は、全ての入居者が利用できるように適当な規模及び数を設けること。
一 浴室
二 洗面設備
三 便所
(8) 設置者が提供するサービス内容に応じ、次の共同利用の設備を設けること。
一 食堂
二 医務室又は健康管理室
三 看護・介護職員室
四 機能訓練室(専用室を確保する場合に限らず、機能訓練を行うために適当な広さの場所が確保できる場合を含む。)
五 談話室又は応接室
六 洗濯室
七 汚物処理室
八 健康・生きがい施設(スポーツ、レクリエーション等のための施設、図書室その他の施設)
九 前各号に掲げるもののほか、事務室、宿直室その他の運営上必要な設備
(9) (6)、(7)及び(8)に定める設備の基準は、次によること。
一 一般居室、介護居室及び一時介護室は次によること。
イ 個室とすることとし、入居者1人当たりの床面積は13平方メートル以上とすること。
ロ 各個室は、建築基準法第30条の規定に基づく界壁により区分されたものとすること。
二 医務室を設置する場合には、医療法施行規則(昭和23年厚生省令第50号)第16条に規定する診療所の構造設備の基準に適合したものとすること。
三 要介護者等が使用する浴室は、身体の不自由な者が使用するのに適したものとすること。
四 要介護者等が使用する便所は、居室内又は居室のある階ごとに居室に近接して設置することとし、緊急通報装置等を備えるとともに、身体の不自由な者が使用するのに適したものとすること。
五 介護居室のある区域の廊下は、入居者が車いす等で安全かつ円滑に移動することが可能となるよう、次のイ又はロによること。
イ すべての介護居室が個室で、1室当たりの床面積が**18平方メートル**(面積の算定方法はバルコニーの面積を除き、壁芯(へきしん)方法による。)以上であって、かつ、居室内に便所及び洗面設備が設置されている場合、廊下の幅は**1.4メートル以上**とすること。ただし、中廊下の幅は**1.8メートル以上**とすること。
ロ 前記以外の場合、廊下の幅は**1.8メートル以上**とすること。ただし、中廊下の幅は**2.7メートル以上**とすること。
6 既存建築物等の活用の場合等の特例
(1) 既存の建築物を転用して開設される有料老人ホーム又は定員9人以下の有料老人ホームについて、建物の構造上5(9)に定める基準を満たすことが困難である場合においては、次のいずれかの基準を満たす場合、当該基準に適合することを要しない。
一 次のイ、ロ及びハの基準を満たすもの

イ　すべての居室が個室であること。
　　ロ　5⑼に定める基準を満たしていない事項について、重要事項説明書又は管理規程に記入し、その内容を適切に入居者又は入居希望者に対して説明すること。
　　ハ　次の①又は②のいずれかに適合するものであること
　　　①　代替の措置（入居者が車いす等で安全かつ円滑に移動することが可能となる廊下幅を確保できない場合において、入居者の希望に応じて職員が廊下の移動を介助することなど）を講ずること等により、5⑼の基準を満たした場合と同等の効果が得られると認められるものであること。
　　　②　将来において5⑼に定める基準に適合させる改善計画を策定し、入居者への説明を行っていること。
　ニ　建物の構造について、文書により適切に入居者又は入居希望者に対して説明しており、外部事業者によるサービスの受入や地域との交流活動の実施などにより、事業運営の透明性が確保され、かつ、入居者に対するサービスが適切に行われているなど、適切な運営体制が確保されているものとして都道府県知事が個別に認めたもの
⑵　都道府県知事が、火災予防、消火活動等に関し専門的知識を有する者の意見を聴いて、次の各号のいずれかの要件を満たす木造かつ平屋建ての有料老人ホームであって、火災に係る入居者の安全性が確保されていると認めたものについては、5⑵の規定にかかわらず、耐火建築物又は準耐火建築物とすることを要しない。
　一　スプリンクラー設備の設置、天井等の内装材等への難燃性の材料の使用、調理室等火災が発生するおそれがある箇所における防火区画の設置等により、初期消火及び延焼の抑制に配慮した構造であること。
　二　非常警報設備の設置等による火災の早期発見及び通報の体制が整備されており、円滑な消火活動が可能なものであること。
　三　避難口の増設、搬送を容易に行うために十分な幅員を有する避難路の確保等により、円滑な避難が可能な構造であり、かつ、避難訓練を頻繁に実施すること、配置人員を増員すること等により、火災の際の円滑な避難が可能なものであること。
⑶　高齢者の居住の安定確保に関する法律等の一部を改正する法律（平成23年法律第74号。以下「改正法」という。）の施行（平成23年10月20日）の際現に改正法による改正前の高齢者の居住の安定確保に関する法律第4条に規定する高齢者円滑入居賃貸住宅の登録を受けている高齢者専用賃貸住宅であった有料老人ホームについては、5⑵、⑶、⑹、⑺、⑻及び⑼の基準を適用しない。ただし、建築基準法、消防法等に定める避難設備、消火設備、警報設備その他地震、火災、ガスもれ等の防止や事故、災害に対応するための設備を十分に設けるとともに、緊急通報装置を設置する等により、入居者の急病等緊急時の対応を図ること。

高齢者の居住の安定確保に関する法律（抄）

（平成13年4月6日　法律第26号）

注　平成29年6月21日法律第67号改正現在

第3章　サービス付き高齢者向け住宅事業
第1節　登録
●サービス付き高齢者向け住宅事業の登録

第5条　高齢者向けの賃貸住宅又は老人福祉法第29条第1項に規定する有料老人ホーム（以下単に「有料老人ホーム」という。）であって居住の用に供する専用部分を有するものに高齢者（国土交通省令・厚生労働省令で定める年齢その他の要件に該当する者をいう。以下この章において同じ。）を入居させ、状況把握サービス（入居者の心身の状況を把握し、その状況に応じた一時的な便宜を供与するサービスをいう。以下同じ。）、生活相談サービス（入居者が日常生活を支障なく営むことができるようにするために入居者からの相談に応じ必要な助言を行うサービスをいう。以下同じ。）その他の高齢者が日常生活を営むために必要な福祉サービスを提供する事業（以下「サービス付き高齢者向け住宅事業」という。）を行う者は、サービス付き高齢者向け住宅事業に係る賃貸住宅又は有料老人

ホーム（以下「サービス付き高齢者向け住宅」という。）を構成する建築物ごとに、都道府県知事の登録を受けることができる。

●登録の申請
第6条　前条第1項の登録（同条第2項の登録の更新を含む。以下同じ。）を受けようとする者は、国土交通省令・厚生労働省令で定めるところにより、次に掲げる事項を記載した申請書を都道府県知事に提出しなければならない。
一　商号、名称又は氏名及び住所
二　事務所の名称及び所在地
三　法人である場合においては、その役員の氏名
四　未成年者である場合においては、その法定代理人の氏名及び住所（法定代理人が法人である場合においては、その商号又は名称及び住所並びにその役員の氏名）
五　サービス付き高齢者向け住宅の位置
六　サービス付き高齢者向け住宅の戸数
七　サービス付き高齢者向け住宅の規模
八　サービス付き高齢者向け住宅の構造及び設備
九　サービス付き高齢者向け住宅の入居者（以下この章において単に「入居者」という。）の資格に関する事項
十　入居者に提供する高齢者生活支援サービス（状況把握サービス、生活相談サービスその他の高齢者が日常生活を営むために必要な福祉サービスであって国土交通省令・厚生労働省令で定めるものをいう。以下同じ。）の内容
十一　サービス付き高齢者向け住宅事業を行う者が入居者から受領する金銭に関する事項
十二　終身又は入居者と締結するサービス付き高齢者向け住宅への入居に係る契約（以下「入居契約」という。）の期間にわたって受領すべき家賃等（家賃又は高齢者生活支援サービスの提供の対価をいう。以下同じ。）の全部又は一部を前払金として一括して受領する場合にあっては、当該前払金の概算額及び当該前払金についてサービス付き高齢者向け住宅事業を行う者が返還債務を負うこととなる場合に備えて講ずる保全措置に関する事項
十三　居住の用に供する前のサービス付き高齢者向け住宅にあっては、入居開始時期
十四　入居者に対する保健医療サービス又は福祉サービスの提供について高齢者居宅生活支援事業を行う者と連携及び協力をする場合にあっては、当該連携及び協力に関する事項
十五　その他国土交通省令・厚生労働省令で定める事項

●登録の基準等
第7条　都道府県知事は、第5条第1項の登録の申請が次に掲げる基準に適合していると認めるときは、次条第1項の規定により登録を拒否する場合を除き、その登録をしなければならない。
一　サービス付き高齢者向け住宅の各居住部分（賃貸住宅にあっては住戸をいい、有料老人ホームにあっては入居者ごとの専用部分をいう。以下同じ。）の床面積が、国土交通省令・厚生労働省令で定める規模以上であること。
二　サービス付き高齢者向け住宅の構造及び設備（加齢対応構造等であるものを除く。）が、高齢者の入居に支障を及ぼすおそれがないものとして国土交通省令・厚生労働省令で定める基準に適合するものであること。
三　サービス付き高齢者向け住宅の加齢対応構造等が、第54条第1号ロに規定する基準又はこれに準ずるものとして国土交通省令・厚生労働省令で定める基準に適合するものであること。
四　入居者の資格を、自ら居住するため賃貸住宅又は有料老人ホームを必要とする高齢者又は当該高齢者と同居するその配偶者（婚姻の届出をしていないが事実上夫婦と同様の関係にあるものを含む。以下同じ。）とするものであること。
五　入居者に国土交通省令・厚生労働省令で定める基準に適合する状況把握サービス及び生活相談サービスを提供するものであること。
六　入居契約が次に掲げる基準に適合する契約であること。
　イ　書面による契約であること。
　ロ　居住部分が明示された契約であること。
　ハ　サービス付き高齢者向け住宅事業を行う者が、敷金並びに家賃等及び前条第1項第12号の前払金（以下「家賃等の前払金」という。）を除くほか、権利金その他の金銭を受領しない契約であること。
　ニ　家賃等の前払金を受領する場合にあっては、当該家賃等の前払金の算定の基礎及び当該家賃等の前払金についてサービス付き高齢者向け住宅事業を行う者が返還債務を負うこととなる場合における当該返還債務の金額の算定方法が明示された契約であること。
　ホ　入居者の入居後、国土交通省令・厚生労働省令で定める一定の期間が経過する日までの間に契約が解除され、又は入居者の死亡により終了した場

合において、サービス付き高齢者向け住宅事業を行う者が、国土交通省令・厚生労働省令で定める方法により算定される額を除き、家賃等の前払金を返還することとなる契約であること。
　ヘ　サービス付き高齢者向け住宅事業を行う者が、入居者の病院への入院その他の国土交通省令・厚生労働省令で定める理由により居住部分を変更し、又はその契約を解約することができないものであること。
七　サービス付き高齢者向け住宅の整備をしてサービス付き高齢者向け住宅事業を行う場合にあっては、当該整備に関する工事の完了前に敷金又は家賃等の前払金を受領しないものであること。
八　家賃等の前払金についてサービス付き高齢者向け住宅事業を行う者が返還債務を負うこととなる場合に備えて、国土交通省令・厚生労働省令で定めるところにより必要な保全措置が講じられるものであること。
九　その他基本方針（サービス付き高齢者向け住宅が市町村高齢者居住安定確保計画が定められている市町村の区域内にある場合にあっては基本方針及び市町村高齢者居住安定確保計画、サービス付き高齢者向け住宅が都道府県高齢者居住安定確保計画が定められている都道府県の区域（当該市町村の区域を除く。）内にある場合にあっては基本方針及び都道府県高齢者居住安定確保計画）に照らして適切なものであること。

第3節　登録住宅に係る特例

●老人福祉法の特例

第23条　第5条第1項の登録を受けている有料老人ホームの設置者（当該有料老人ホームを設置しようとする者を含む。）については、老人福祉法第29条第1項から第3項までの規定は、適用しない。

第4章　地方公共団体等による高齢者向けの優良な賃貸住宅の供給の促進等

●地方公共団体に対する費用の補助

第45条　国は、地方公共団体が次に掲げる基準に適合する賃貸住宅の整備及び管理を行う場合においては、予算の範囲内において、政令で定めるところにより、当該賃貸住宅の整備に要する費用の一部を補助することができる。
一　賃貸住宅の規模及び設備（加齢対応構造等であるものを除く。）が、国土交通省令で定める基準に適合するものであること。
二　賃貸住宅の加齢対応構造等が、第54条第1号ロに規定する基準又はこれに準ずるものとして国土交通省令で定める基準に適合するものであること。
三　賃貸住宅の入居者の資格を、自ら居住するため住宅を必要とする高齢者（国土交通省令で定める年齢その他の要件に該当する者に限る。以下この号において同じ。）又は当該高齢者と同居するその配偶者とするものであること。
四　賃貸住宅の入居者の家賃の額が、近傍同種の住宅の家賃の額と均衡を失しないよう定められるものであること。
五　賃貸住宅の入居者の募集及び選定の方法並びに賃貸の条件が、国土交通省令で定める基準に従い適正に定められるものであること。
六　前3号に掲げるもののほか、賃貸住宅の管理の方法が国土交通省令で定める基準に適合するものであること。
七　その他基本方針に照らして適切なものであること。
2　国は、地方公共団体が入居者の居住の安定を図るため前項の賃貸住宅の家賃を減額する場合においては、予算の範囲内において、政令で定めるところにより、その減額に要する費用の一部を補助することができる。

●機構又は公社に対する供給の要請

第46条　地方公共団体は、自ら高齢者向けの優良な賃貸住宅の整備及び管理を行うことが困難であり、又は自ら高齢者向けの優良な賃貸住宅の整備及び管理を行うのみではその不足を補うことができないと認めるときは、独立行政法人都市再生機構（以下「機構」という。）又は公社に対し、国土交通省令で定めるところにより、高齢者向けの優良な賃貸住宅の整備及び管理を行うよう要請することができる。

●要請に基づき供給する機構に対する費用の負担及び補助

第47条　機構は、前条の規定による要請に基づいて第45条第1項各号に掲げる基準に適合する賃貸住宅の整備及び管理を行うときは、当該要請をした地方公共団体に対し、その利益を受ける限度において、政令で定めるところにより、当該賃貸住宅の整備に要する費用の一部又は入居者の居住の安定を図るため当該賃貸住宅の家賃を減額する場合における当該減額に要する費用の一部を負担することを求めることができる。
2　前項の場合において、地方公共団体が負担する費用の額及び負担の方法は、機構と地方公共団体とが協議して定める。
3　前項の規定による協議が成立しないときは、当事者の申請に基づき、国土交通大臣が裁定する。この場合

において、国土交通大臣は、当事者の意見を聴くとともに、総務大臣と協議しなければならない。
4　国は、機構が前条の規定による要請に基づいて第45条第1項各号に掲げる基準に適合する賃貸住宅の整備及び管理を行う場合においては、予算の範囲内において、政令で定めるところにより、当該賃貸住宅の整備に要する費用の一部又は入居者の居住の安定を図るため当該賃貸住宅の家賃を減額する場合における当該減額に要する費用の一部を補助することができる。

●機構に対する費用の補助

第49条　国は、第47条第4項の規定による場合のほか、機構が次に掲げる基準に適合する賃貸住宅の整備及び管理を行う場合においては、予算の範囲内において、政令で定めるところにより、当該賃貸住宅の整備に要する費用の一部を補助することができる。
一　賃貸住宅の戸数が、国土交通省令で定める戸数以上であること。
二　賃貸住宅の規模並びに構造及び設備（加齢対応構造等であるものを除く。）が、国土交通省令で定める基準に適合するものであること。
三　賃貸住宅の加齢対応構造等が、第54条第1号ロに規定する基準又はこれに準ずるものとして国土交通省令で定める基準に適合するものであること。
四　賃貸住宅の入居者の資格を、自ら居住するため住宅を必要とする高齢者（国土交通省令で定める年齢その他の要件に該当する者に限る。以下この号において同じ。）又は当該高齢者と同居するその配偶者とするものであること。
五　前号に掲げるもの及び独立行政法人都市再生機構法（平成15年法律第100号）第25条に定めるもののほか、賃貸住宅の管理の方法が国土交通省令で定める基準に適合するものであること。
六　その他基本方針に照らして適切なものであること。

2　国は、第47条第4項の規定による場合のほか、機構が入居者の居住の安定を図るため前項の賃貸住宅の家賃を減額する場合においては、予算の範囲内において、政令で定めるところにより、その減額に要する費用の一部を補助することができる。

第5章　終身建物賃貸借

●認可の基準

第54条　都道府県知事は、第52条の認可の申請があった場合において、当該申請に係る事業が次に掲げる基準に適合すると認めるときは、同条の認可をすることができる。
一　賃貸住宅が、次に掲げる基準に適合するものであること。
イ　賃貸住宅の規模及び設備（加齢対応構造等であるものを除く。）が、国土交通省令で定める基準に適合するものであること。
ロ　賃貸住宅の加齢対応構造等が、段差のない床、浴室等の手すり、介助用の車椅子で移動できる幅の廊下その他の加齢に伴って生ずる高齢者の身体の機能の低下を補い高齢者が日常生活を支障なく営むために必要な構造及び設備の基準として国土交通省令で定める基準に適合するものであること。

高齢者の居住の安定確保に関する法律施行規則（抄）

（平成13年8月3日　国土交通省令第115号）

注　平成30年1月4日国土交通省令第1号改正現在

第3章　地方公共団体等による高齢者向けの優良な賃貸住宅の供給の促進等

●規模及び設備の基準

第3条　法第45条第1項第1号の国土交通省令で定める規模及び設備の基準は、次のとおりとする。
一　各戸が床面積（共同住宅にあっては、共用部分の床面積を除く。第17条第1号及び第33条第1号において同じ。）25平方メートル（居間、食堂、台所その他の住宅の部分が高齢者が共同して利用するため十分な面積を有する場合（以下「共同利用の場合」という。）にあっては、18平方メートル）以上であること。ただし、賃貸住宅の所在する市町村が市町村高齢者居住安定確保計画で別に定める場合にあってはその規模、賃貸住宅の所在する都道府県が都道府県高齢者居住安定確保計画で別に定める場合（賃貸住宅の所在する市町村が市町村高齢者居住安定確保計画を定めている場合を除く。）にあってはその規模とすることができる。

二　原則として、各戸が台所、水洗便所、収納設備、洗面設備及び浴室（以下「台所等」という。）を備えたものであること。ただし、共用部分に共同して利用するため適切な台所、収納設備又は浴室を備えることにより、各戸に備える場合と同等以上の居住環境が確保される場合（以下「同等以上の居住環境が確保される場合」という。）にあっては、各戸が台所、収納設備又は浴室を備えたものであることを要しないものとすることができる。

●加齢対応構造等である構造及び設備の基準に準ずる基準

第4条　法第45条第1項第2号の国土交通省令で定める基準は、既存の住宅その他の建物の改良（用途の変更を伴うものを含む。以下この条及び第18条において同じ。）（地域における多様な需要に応じた公的賃貸住宅等の整備等に関する特別措置法（平成17年法律第79号）第2条第1項に規定する公的賃貸住宅等を改良する場合にあっては、同法第6条第1項に規定する地域住宅計画に基づき実施されるものに限る。第18条において同じ。）により賃貸住宅の整備が行われる場合において、建築材料又は構造方法により、第34条第1項の基準をそのまま適用することが適当でないと認められる加齢対応構造等である構造及び設備について適用されるものであって、次に掲げるものとする。

一　床は、原則として段差のない構造のものであること。

二　住戸内の階段の各部の寸法は、次の各式に適合するものであること。

$T \geq 19.5$

$\dfrac{R}{T} \leq \dfrac{22}{21}$

$55 \leq T + 2R \leq 65$

$\left(\begin{array}{l} \text{T及びRは、それぞれ次の数値を表すものとする。以下同じ。} \\ \text{T　踏面の寸法（単位　センチメートル）} \\ \text{R　けあげの寸法（単位　センチメートル）} \end{array} \right)$

三　主たる共用の階段の各部の寸法は、次の各式に適合するものであること。

$T \geq 24$

$55 \leq T + 2R \leq 65$

四　便所、浴室及び住戸内の階段には、手すりを設けること。

五　その他国土交通大臣の定める基準に適合すること。

●法第49条第1項第1号の国土交通省令で定める戸数

第16条　法第49条第1項第1号の国土交通省令で定める戸数は、5戸とする。

●規模並びに構造及び設備の基準

第17条　法第49条第1項第2号の国土交通省令で定める規模並びに構造及び設備の基準は、次のとおりとする。

一　各戸が床面積25平方メートル（共同利用の場合にあっては、18平方メートル）以上であること。ただし、賃貸住宅の所在する市町村が市町村高齢者居住安定確保計画で別に定める場合にあってはその規模、賃貸住宅の所在する都道府県が都道府県高齢者居住安定確保計画で別に定める場合（賃貸住宅の所在する市町村が市町村高齢者居住安定確保計画を定めている場合を除く。）にあってはその規模とすることができる。

二　耐火構造の住宅又は準耐火構造の住宅（防火上及び避難上支障がないと機構が認めるものを含む。）であること。

三　原則として、各戸が台所等を備えたものであること。ただし、同等以上の居住環境が確保される場合にあっては、各戸が台所、収納設備又は浴室を備えたものであることを要しないものとすることができる。

●加齢対応構造等である構造及び設備の基準に準ずる基準

第18条　法第49条第1項第3号の国土交通省令で定める基準は、既存の住宅その他の建物の改良により賃貸住宅の整備が行われる場合において、建築材料又は構造方法により、第34条第1項の基準をそのまま適用することが適当でないと認められる加齢対応構造等である構造及び設備について適用されるものであって、第4条各号に掲げるものとする。

第4章　終身建物賃貸借

●加齢対応構造等である構造及び設備の基準

第34条　法第54条第1号ロの国土交通省令で定める基準は、次に掲げるものとする。

一　床は、原則として段差のない構造のものであること。

二　主たる廊下の幅は、78センチメートル（柱の存する部分にあっては、75センチメートル）以上であること。

三　主たる居室の出入口の幅は75センチメートル以上とし、浴室の出入口の幅は60センチメートル以上であること。

四　浴室の短辺は130センチメートル（一戸建ての住宅以外の住宅の用途に供する建築物内の住宅の浴室にあっては、120センチメートル）以上とし、その面積は2平方メートル（一戸建ての住宅以外の住宅

の用途に供する建築物内の住宅の浴室にあっては、1.8平方メートル）以上であること。
　五　住戸内の階段の各部の寸法は、次の各式に適合するものであること。

$T \geq 19.5$

$\dfrac{R}{T} \leq \dfrac{22}{21}$

$55 \leq T + 2R \leq 65$

　六　主たる共用の階段の各部の寸法は、次の各式に適合するものであること。

$T \geq 24$

$55 \leq T + 2R \leq 65$

　七　便所、浴室及び住戸内の階段には、手すりを設けること。
　八　階数が3以上である共同住宅の用途に供する建築物には、原則として当該建築物の出入口のある階に停止するエレベーターを設置すること。
　九　その他国土交通大臣の定める基準に適合すること。
2　都道府県知事（機構又は都道府県が終身賃貸事業者である場合にあっては、国土交通大臣）が既存の住宅に係る法第53条に規定する事業の認可をする場合における法第54条第1号ロの国土交通省令で定める基準は、前項の規定にかかわらず、第4条各号に掲げるものとする。

国土交通省・厚生労働省関係高齢者の居住の安定確保に関する法律施行規則（抄）

（平成23年8月12日　厚生労働・国土交通省令第2号）

注　平成30年6月1日厚生労働・国土交通省令第3号改正現在

● 高齢者生活支援サービス

第5条　法第6条第1項第10号の国土交通省令・厚生労働省令で定める高齢者が日常生活を営むために必要な福祉サービスは、次に掲げるものとする。
　一　状況把握サービス
　二　生活相談サービス
　三　入浴、排せつ、食事等の介護に関するサービス
　四　食事の提供に関するサービス
　五　調理、洗濯、掃除等の家事に関するサービス
　六　心身の健康の維持及び増進に関するサービス

● 規模の基準

第8条　法第7条第1項第1号の国土交通省令・厚生労働省令で定める規模は、各居住部分が床面積25平方メートル（居間、食堂、台所その他の居住の用に供する部分が高齢者が共同して利用するため十分な面積を有する場合にあっては、18平方メートル）とする。

● 構造及び設備の基準

第9条　法第7条第1項第2号の国土交通省令・厚生労働省令で定める基準は、原則として、各居住部分が台所、水洗便所、収納設備、洗面設備及び浴室を備えたものであることとする。ただし、共用部分に共同して利用するため適切な台所、収納設備又は浴室を備えることにより、各居住部分に備える場合と同等以上の居住環境が確保される場合にあっては、各居住部分が台所、収納設備又は浴室を備えたものであることを要しない。

● 加齢対応構造等の基準

第10条　法第7条第1項第3号の国土交通省令・厚生労働省令で定める基準は、既存の建物の改良（用途の変更を伴うものを含む。）により整備されるサービス付き高齢者向け住宅に係る法第5条第1項の登録が行われる場合において、建築材料又は構造方法により、法第54条第1号ロに規定する基準をそのまま適用することが適当でないと認められる加齢対応構造等である構造及び設備について適用されるものであって、次に掲げるものとする。
　一　床は、原則として段差のない構造のものであること。
　二　居住部分内の階段の各部の寸法は、次の各式に適合するものであること。

$T \geq 19.5$

$\dfrac{R}{T} \leq \dfrac{22}{21}$

$55 \leq T + 2R \leq 65$

$\left(\begin{array}{l} T\text{及び}R\text{は、それぞれ次の数値を表すものとする。以下同じ。} \\ T\quad\text{踏面の寸法（単位　センチメートル）} \\ R\quad\text{けあげの寸法（単位　センチメートル）} \end{array} \right)$

　三　主たる共用の階段の各部の寸法は、次の各式に適合するものであること。

$T \geq 24$

$55 \leq T + 2R \leq 65$

　四　便所、浴室及び居住部分内の階段には、手すりを設けること。

　五　その他国土交通大臣及び厚生労働大臣の定める基準に適合すること。

●状況把握サービス及び生活相談サービスの基準

第11条　法第7条第1項第5号の国土交通省令・厚生労働省令で定める基準は、次に掲げるものとする。

　一　次のイ及びロに掲げる者のいずれかが、原則として、夜間を除き、サービス付き高齢者向け住宅の敷地又は当該敷地に隣接し、若しくは近接する土地に存する建物に常駐し、状況把握サービス及び生活相談サービスを提供すること。

　　イ　医療法人、社会福祉法人、介護保険法第41条第1項に規定する指定居宅サービス事業者、同法第42条の2第1項に規定する指定地域密着型サービス事業者、同法第46条第1項に規定する指定居宅介護支援事業者、同法第53条第1項に規定する指定介護予防サービス事業者、同法第54条の2第1項に規定する指定地域密着型介護予防サービス事業者若しくは同法第58条第1項に規定する指定介護予防支援事業者が、登録を受けようとする者である場合又は登録を受けようとする者から委託を受けて状況把握サービス若しくは生活相談サービスを提供する場合（医療法人にあっては、医療法（昭和23年法律第205号）第42条の2第1項に規定する社会医療法人が提供する場合に限る。）にあっては、当該サービスに従事する者

　　ロ　イに規定する場合以外の場合にあっては、医師、看護師、准看護師、介護福祉士、社会福祉士、介護保険法第7条第5項に規定する介護支援専門員又は介護保険法施行規則（平成11年厚生省令第36号）第22条の23第1項の介護職員初任者研修課程を修了した介護保険法施行令（平成10年政令第412号）第3条第1項第1号の養成研修修了者（介護保険法施行規則の一部を改正する省令（平成24年厚生労働省令第25号）附則第2条の規定により介護職員初任者研修課程を修了した者とみなされる者を含む。）

　二　前号の状況把握サービスを、各居住部分への訪問その他の適切な方法により、毎日1回以上、提供すること。

　三　第1号の規定により同号イ及びロに掲げる者のいずれかがサービス付き高齢者向け住宅の敷地に近接する土地に存する建物に常駐する場合において、入居者から居住部分への訪問を希望する旨の申出があったときは、前号に規定する方法を当該居住部分への訪問とすること。

　四　少なくとも第1号イ及びロに掲げる者のいずれかがサービス付き高齢者向け住宅の敷地又は当該敷地に隣接し、若しくは近接する土地に存する建物に常駐していない時間においては、各居住部分に、入居者の心身の状況に関し必要に応じて通報する装置を設置して状況把握サービスを提供すること。

高齢者の居住の安定確保に関する法律施行規則第34条第1項第9号の国土交通大臣の定める基準

（平成13年8月3日　国土交通省告示第1296号）

注　平成23年10月7日国土交通省告示1016号改正現在

1　住宅の専用部分に係る基準

　(1)　段差

　　イ　日常生活空間（高齢者の利用を想定する1の主たる玄関、便所、浴室、脱衣室、洗面所、寝室（以下「特定寝室」という。）、食事室及び特定寝室の存する階（接地階（地上階のうち最も低い位置に存する階をいう。）を除く。）にあるバルコニー、特定寝室の存する階にあるすべての居室並びにこれらを結ぶ1の主たる経路をいう。以下同じ。）内の床が、段差のない構造（5㎜以下の段差が生じるものを含む。以下同じ。）であること。ただし、次に掲げるものにあっては、この限りでない。

　　　①　玄関の出入口の段差で、くつずりと玄関外側の高低差を20㎜以下とし、かつ、くつずりと玄関土間の高低差を5㎜以下としたもの

　　　②　玄関の上がりかまちの段差

　　　③　勝手口その他屋外に面する開口部（玄関を除く。以下「勝手口等」という。）の出入口及び上がりかまちの段差

　　　④　居室の部分の床のうち次に掲げる基準に適合

するものとその他の部分の床の300mm以上450mm以下の段差
- a 介助用車いすの移動の妨げとならない位置に存すること。
- b 面積が3㎡以上9㎡（当該居室の面積が18㎡以下の場合にあっては、当該面積の1/2）未満であること。
- c 当該部分の面積の合計が、当該居室の面積の1/2未満であること。
- d 長辺（工事を伴わない撤去等により確保できる部分の長さを含む。）が1,500mm以上であること。
- e その他の部分の床より高い位置にあること。

⑤ 浴室の出入口の段差で、20mm以下の単純段差（立ち上がりの部分が一の段差をいう。以下同じ。）としたもの又は浴室内外の高低差を120mm以下、またぎ高さを180mm以下とし、かつ、手すりを設置したもの

⑥ バルコニーの出入口の段差。ただし、接地階を有しない住戸にあっては、次に掲げるもの並びにバルコニーと踏み段（奥行きが300mm以上で幅が600mm以上であり、当該踏み段とバルコニーの端との距離が1,200mm以上であり、かつ、1段であるものに限る。以下同じ。）との段差及び踏み段とかまちとの段差で180mm以下の単純段差としたものに限る。
- a 180mm（踏み段を設ける場合にあっては、360mm）以下の単純段差としたもの
- b 250mm以下の単純段差とし、かつ、手すりを設置できるようにしたもの
- c 屋内側及び屋外側の高さが180mm以下のまたぎ段差（踏み段を設ける場合にあっては、屋内側の高さが180mm以下で屋外側の高さが360mm以下のまたぎ段差）とし、かつ、手すりを設置できるようにしたもの

ロ 日常生活空間外の床が、段差のない構造であること。ただし、次に掲げるものにあっては、この限りでない。
① 玄関の出入口の段差
② 玄関の上がりかまちの段差
③ 勝手口等の出入口及び上がりかまちの段差
④ バルコニーの出入口の段差
⑤ 浴室の出入口の段差
⑥ 室内又は室の部分の床とその他の部分の床の90mm以上の段差

(2) 通路及び出入口の幅員
イ 日常生活空間内の通路の有効な幅員が780mm（柱等の箇所にあっては750mm）以上であること。
ロ 日常生活空間内の出入口（バルコニーの出入口及び勝手口等の出入口を除く。）の幅員（玄関及び浴室の出入口については、開き戸にあっては建具の厚み、引き戸にあっては引き残しを勘案した通行上有効な幅員とし、玄関及び浴室以外の出入口については、軽微な改造により確保できる部分の長さを含む。）が750mm（浴室の出入口にあっては600mm）以上であること。

(3) 階段
住戸内の階段の各部の寸法は、次の各式に適合していること。ただし、ホームエレベーターが設けられている場合にあっては、この限りではない。
イ 勾配が22／21以下であり、けあげの寸法の2倍と踏面の寸法の和が550mm以上650mm以下であり、かつ、踏面の寸法が195mm以上であること。
ロ 蹴込みが30mm以下であること。
ハ イに掲げる各部の寸法は、回り階段の部分においては、踏面の狭い方の端から300mmの位置における寸法とすること。ただし、次のいずれかに該当する部分にあっては、イの規定のうち各部の寸法に関するものは適用しないものとする。
① 90度屈曲部分が下階の床から上3段以内で構成され、かつ、その踏面の狭い方の形状がすべて30度以上となる回り階段の部分
② 90度屈曲部分が踊場から上3段以内で構成され、かつ、その踏面の狭い方の形状がすべて30度以上となる回り階段の部分
③ 180度屈曲部分が4段で構成され、かつ、その踏面の狭い方の形状が下から60度、30度、30度及び60度の順となる回り階段の部分

(4) 手すり
イ 手すりが、次の表の(い)項に掲げる空間ごとに、(ろ)項に掲げる基準に適合していること。ただし、便所、浴室、玄関及び脱衣室にあっては、日常生活空間内に存するものに限る。

(い)	(ろ)
空間	手すりの設置の基準
階段	少なくとも片側（勾配が45度を超える場合にあっては両側）に、かつ、踏面の先端からの高さが700mmから900mmの位置に設けられていること。ただし、ホームエレベーターが設けられている場合にあっては、

便所	この限りでない。 立ち座りのためのものが設けられていること。
浴室	浴槽出入りのためのものが設けられていること。
玄関	上がりかまち部の昇降や靴の着脱のためのものが設置できるようになっていること。
脱衣所	衣服の着脱のためのものが設置できるようになっていること。

ロ　転落防止のための手すりが、次の表のい項に掲げる空間ごとに、ろ項に掲げる基準に適合していること。ただし、外部の地面、床等からの高さが1m以下の範囲又は開閉できない窓その他転落のおそれのないものについては、この限りでない。

(い)	(ろ)
空間	手すりの設置の基準
バルコニー	①　腰壁その他足がかりとなるおそれのある部分（以下「腰壁等」という。）の高さが650mm以上1,100mm未満の場合にあっては、床面から1,100mm以上の高さに達するように設けられていること。 ②　腰壁等の高さが300mm以上650mm未満の場合にあっては、腰壁等から800mm以上の高さに達するように設けられていること。 ③　腰壁等の高さが300mm未満の場合にあっては、床面から1,100mm以上の高さに達するように設けられていること。
2階以上の窓	①　窓台その他足がかりとなるおそれのある部分（以下「窓台等」という。）の高さが650mm以上800mm未満の場合にあっては、床面から800mm（3階以上の窓にあっては1,100mm）以上の高さに達するように設けられていること。 ②　窓台等の高さが300mm以上650mm未満の場合にあっては、窓台等から800mm以上の高さに達するように設けられていること。 ③　窓台等の高さが300mm未満の場合にあっては、床面から1,100mm以上の高さに達するように設けられていること。
廊下及び階段（開放されている側に限る。）	①　腰壁等の高さが650mm以上800mm未満の場合にあっては、床面（階段にあっては踏面の先端）から800mm以上の高さに達するように設けられていること。 ②　腰壁等の高さが650mm未満の場合にあっては、腰壁等から800mm以上の高さに達するように設けられていること。

ハ　転落防止のための手すりの手すり子で床面（階段にあっては踏面の先端）及び腰壁等又は窓台等（腰壁等又は窓台等の高さが650mm未満の場合に限る。）からの高さが800mm以内の部分に存するものの相互の間隔が、内法寸法で110mm以下であること。

(5)　部屋の配置

日常生活空間のうち、便所が特定寝室の存する階にあること。

(6)　便所及び寝室

イ　日常生活空間内の便所が次のいずれかに掲げる基準に適合し、かつ、当該便所の便器が腰掛け式であること。

①　長辺（軽微な改造により確保できる部分の長さを含む。）が内法寸法で1,300mm以上であること。

②　便器の前方又は側方について、便器と壁の距離（ドアの開放により確保できる部分又は軽微な改造により確保できる部分の長さを含む。）が500mm以上であること。

ロ　特定寝室の面積が内法寸法で9㎡以上であること。

2　住宅の共用部分に係る基準

(1)　共用廊下

住戸から建物出入口、共用施設、他住戸その他の日常的に利用する空間に至る少なくとも1の経路上に存する共用廊下が、次に掲げる基準に適合していること。

イ　共用廊下の床が、段差のない構造であること。

ロ　共用廊下の床に高低差が生じる場合にあっては、次に掲げる基準に適合していること。

①　勾配が1／12以下（高低差が80mm以下の場合にあっては1／8以下）の傾斜路が設けられているか、又は、当該傾斜路及び段が併設されていること。

②　段が設けられている場合にあっては、当該段が(2)イの①から④までに掲げる基準に適合していること。

ハ　手すりが共用廊下（次の①及び②に掲げる部分

を除く。）の少なくとも片側に、かつ、床面からの高さが700mmから900mmの位置に設けられていること。
　　①　住戸その他の室の出入口、交差する動線がある部分その他やむを得ず手すりを設けることのできない部分
　　②　エントランスホールその他手すりに沿って通行することが動線を著しく延長させる部分
　ニ　直接外部に開放されている共用廊下（１階に存するものを除く。）にあっては、次に掲げる基準に適合していること。
　　①　転落防止のための手すりが、腰壁等の高さが650mm以上1,100mm未満の場合にあっては床面から1,100mm以上の高さに、腰壁等の高さが650mm未満の場合にあっては腰壁等から1,100mm以上の高さに設けられていること。
　　②　転落防止のための手すりの手すり子で床面及び腰壁等（腰壁等の高さが650mm未満の場合に限る。）からの高さが800mm以内の部分に存するものの相互の間隔が、内法寸法で110mm以下であること。
(2)　主たる共用の階段
　次に掲げる基準に適合していること。
　イ　次の①から④まで（住戸のある階においてエレベーターを利用できる場合にあっては、③及び④）に掲げる基準に適合していること。
　　①　踏面が240mm以上であり、かつ、けあげの寸法の２倍と踏面の寸法の和が550mm以上650mm以下であること。
　　②　蹴込みが30mm以下であること。
　　③　最上段の通路等への食い込み部分及び最下段の通路等への突出部分が設けられていないこと。
　　④　手すりが、少なくとも片側に、かつ、踏面の先端からの高さが700mmから900mmの位置に設けられていること。
　ロ　直接外部に開放されている主たる共用の階段にあっては、次に掲げる基準に適合していること。ただし、高さ１m以下の階段の部分については、この限りでない。
　　①　転落防止のための手すりが、腰壁等の高さが650mm以上1,100mm未満の場合にあっては踏面の先端から1,100mm以上の高さに、腰壁等の高さが650mm未満の場合にあっては腰壁等から1,100mm以上の高さに設けられていること。
　　②　転落防止のための手すりの手すり子で踏面の先端及び腰壁等（腰壁等の高さが650mm未満の場合に限る。）からの高さが800mm以内の部分に存するものの相互の間隔が、内法寸法で110mm以下であること。
　ハ　住戸のある階においてエレベーターを利用できない場合にあっては、当該階から建物出入口のある階又はエレベーター停止階に至る主たる共用の階段の有効幅員が900mm以上であること。
(3)　エレベーター
　住戸が建物出入口の存する階にある場合を除き、住戸からエレベーター又は共用の階段（１階分の移動に限る。）を利用し、建物出入口の存する階まで到達でき、かつ、エレベーターを利用せずに住戸から建物出入口に到達できる場合を除き、住戸からエレベーターを経て建物出入口に至る少なくとも一の経路上に存するエレベーター及びエレベーターホールが、次に掲げる基準に適合していること。
　イ　エレベーター及びエレベーターホールの寸法が、次に掲げる基準に適合していること。
　　①　エレベーターの出入口の有効な幅員が800mm以上であること。
　　②　エレベーターホールに一辺を1,500mmとする正方形の空間を確保できるものであること。
　ロ　建物出入口からエレベーターホールまでの経路上の床が、段差のない構造であること。
　ハ　建物出入口とエレベーターホールに高低差が生じる場合にあっては、次に掲げる基準に適合していること。
　　①　勾配が１／12以下の傾斜路及び段が併設されており、かつ、それぞれの有効な幅員が900mm以上であるか、又は、高低差が80mm以下で勾配が１／８以下の傾斜路若しくは勾配が１／15以下の傾斜路が設けられており、かつ、その有効な幅員が1,200mm以上であること。
　　②　手すりが、傾斜路の少なくとも片側に、かつ、床面からの高さが700mmから900mmの位置に設けられていること。
　　③　段が設けられている場合にあっては、当該段が(2)イの①から④までに掲げる基準に適合していること。

国土交通省・厚生労働省関係高齢者の居住の安定確保に関する法律施行規則第10条第5号の国土交通大臣及び厚生労働大臣の定める基準

(平成23年10月7日　厚生労働・国土交通省告示第2号)

　国土交通省・厚生労働省関係高齢者の居住の安定確保に関する法律施行規則(平成23年厚生労働省・国土交通省令第2号)第10条第5号の規定に基づき、国土交通省・厚生労働省関係高齢者の居住の安定確保に関する法律施行規則第十条第五号の国土交通大臣及び厚生労働大臣の定める基準を次のように定め、平成23年10月20日から適用する。

　　国土交通省・厚生労働省関係高齢者の居住の安定確保に関する法律施行規則第10条第5号の国土交通大臣及び厚生労働大臣の定める基準

1　住宅の専用部分に係る基準
　(1)　段差
　　　日常生活空間(高齢者の利用を想定する一の主たる便所、浴室、玄関、脱衣室、洗面所、寝室(以下「特定寝室」という。)、食事室、特定寝室の存する階(接地階(地上階のうち最も低い位置に存する階をいう。)を除く。)にあるバルコニー又は特定寝室の存する階にある全ての居室及びこれらを結ぶ一の主たる経路をいう。以下同じ。)内の床が、段差のない構造(5ミリメートル以下の段差が生じるものを含む。以下同じ。)であること。ただし、次に掲げるものにあっては、この限りでない。
　　イ　玄関の出入口の段差
　　ロ　玄関の上がりかまちの段差
　　ハ　勝手口その他屋外に面する開口部(玄関を除く。)の出入口及び上がりかまちの段差
　　ニ　バルコニーの出入口の段差
　　ホ　浴室の出入口の段差
　　ヘ　室内又は室の部分の床とその他の部分の床との高低差が90ミリメートル以上ある段差
　(2)　階段
　　　住戸内の階段の各部の寸法が、次に掲げる基準に適合していること。ただし、ホームエレベーターが設けられている場合にあっては、この限りでない。
　　イ　勾配が21分の22以下であり、けあげの寸法の2倍と踏面の寸法の和が550ミリメートル以上650ミリメートル以下であり、かつ、踏面の寸法が195ミリメートル以上であること。
　　ロ　蹴込みが30ミリメートル以下であること。
　　ハ　イに掲げる各部の寸法は、回り階段の部分においては、踏面の狭い方の端から300ミリメートルの位置における寸法とすること。ただし、次のいずれかに該当する部分にあっては、イの規定のうち各部の寸法に関するものは適用しないものとする。
　　　①　90度屈曲部分が下階の床から上3段以内で構成され、かつ、その踏面の狭い方の形状が全て30度以上となる回り階段の部分
　　　②　90度屈曲部分が踊場から上3段以内で構成され、かつ、その踏面の狭い方の形状が全て30度以上となる回り階段の部分
　　　③　180度屈曲部分が4段で構成され、かつ、その踏面の狭い方の形状が下から60度、30度、30度及び60度の順となる回り階段の部分
　(3)　手すり
　　イ　手すりが、次の表の空間の項に掲げる場所ごとに、それぞれ手すりの設置の基準の項に掲げる基準に適合していること。ただし、便所、浴室、玄関及び脱衣室にあっては、日常生活空間内に存するものに限る。

空　間	手すりの設置の基準
階　段	少なくとも片側(勾配が45度を超える場合にあっては両側)に設けられていること。ただし、ホームエレベーターが設けられている場合にあっては、この限りでない。
便　所	立ち座りのためのものが設けられていること。
浴　室	浴槽出入りのためのもの又は浴室内での姿勢保持のためのものが設けられていること。
玄　関	上がりかまち部の昇降や靴の着脱のためのものが設置できるようになっていること。
脱衣所	衣服の着脱のためのものが設置できるようになっていること。

　　ロ　転落防止のための手すりが、次の表の空間の項に掲げる場所ごとに、それぞれ手すりの設置の基準の項に掲げる基準に適合していること。ただし、外部の地面、床等からの高さが1メートル以下の範囲にあるものその他転落のおそれのないものに

設置される手すりについては、この限りでない。

空　間	手すりの設置の基準
バルコニー	①　腰壁その他足がかりとなるおそれのある部分（以下「腰壁等」という。）の高さが650ミリメートル以上1,100ミリメートル未満の場合にあっては、床面から1,100ミリメートル以上の高さに達するように設けられていること。 ②　腰壁等の高さが300ミリメートル以上650ミリメートル未満の場合にあっては、腰壁等から800ミリメートル以上の高さに達するように設けられていること。 ③　腰壁等の高さが300ミリメートル未満の場合にあっては、床面から1,100ミリメートル以上の高さに達するように設けられていること。

ハ　転落防止のための手すりの手すり子であって、床面、腰壁等又は窓台その他足がかりとなるおそれのある部分（以下「窓台等」という。）（腰壁等又は窓台等にあっては、その高さが650ミリメートル未満のものに限る。）からの高さが800ミリメートル以内の部分に存するものの相互の間隔が、内法寸法で110ミリメートル以下であること。

(4)　部屋の配置

日常生活空間のうち、便所及び特定寝室が同一階に配置されていること。

2　住宅の共用部分に係る基準

(1)　共用廊下

住戸から建物出入口、共用施設、他住戸その他の日常的に利用する空間に至る少なくとも一の経路上に存する共用廊下が、次に掲げる基準に適合していること。

イ　共用廊下が、次に掲げる基準に適合していること。

①　次のいずれかに該当すること。

a　共用廊下の床が、段差のない構造であること。

b　共用廊下の床に高低差が生じる場合にあっては、次に掲げる基準に適合していること。

(i)　勾配が12分の1以下（高低差が80ミリメートル以下の場合にあっては、8分の1以下）の傾斜路が設けられている、又は当該傾斜路及び段が併設されていること。

(ii)　段が設けられている場合にあっては、当該段が(2)イに掲げる基準に適合していること。

②　手すりが共用廊下（次のa及びbに掲げる部分を除く。）の少なくとも片側に設けられていること。

a　住戸その他の室の出入口、交差する動線がある部分その他やむを得ず手すりを設けることのできない部分

b　エントランスホールその他手すりに沿って通行することが動線を著しく延長させる部分

ロ　直接外部に開放されている共用廊下（1階に存するものを除く。）が、次に掲げる基準に適合していること。

①　転落防止のための手すりが、腰壁等の高さが650ミリメートル以上1,100ミリメートル未満の場合にあっては床面から1,100ミリメートル以上の高さに、腰壁等の高さが650ミリメートル未満の場合にあっては腰壁等から1,100ミリメートル以上の高さに設けられていること。

②　転落防止のための手すりの手すり子であって、床面又は腰壁等（その高さが650ミリメートル未満のものに限る。）からの高さが800ミリメートル以内の部分に存するものの相互の間隔が、内法寸法で110ミリメートル以下であること。

(2)　主たる共用の階段

次に掲げる基準に適合していること。

イ　次に掲げる基準（住戸のある階においてエレベーターを利用できる場合にあっては、③及び④に掲げるものに限る。）に適合していること。

①　踏面が240ミリメートル以上であり、かつ、けあげの寸法の2倍と踏面の寸法の和が550ミリメートル以上650ミリメートル以下であること。

②　蹴込みが30ミリメートル以下であること。

③　最上段の通路等への食い込み部分及び最下段の通路等への突出部分が設けられていないこと。

④　手すりが、少なくとも片側に設けられていること。

ロ　直接外部に開放されている主たる共用の階段にあっては、次に掲げる基準に適合していること。ただし、その高さが1メートル以下の部分については、この限りでない。

①　転落防止のための手すりが、腰壁等の高さが650ミリメートル以上1,100ミリメートル未満の場合にあっては踏面の先端から1,100ミリメートル以上の高さに、腰壁等の高さが650ミリメー

トル未満の場合にあっては腰壁等から1,100ミリメートル以上の高さに設けられていること。
② 転落防止のための手すりの手すり子であって、踏面の先端又は腰壁等（その高さが650ミリメートル未満のものに限る。）からの高さが800ミリメートル以内の部分に存するものの相互の間隔が、内法寸法で110ミリメートル以下であること。

指定地域密着型サービスの事業の人員、設備及び運営に関する基準（抄）

（平成18年3月14日　厚生労働省令第34号）

注　平成30年3月22日厚生労働省令第30号改正現在

第1章の2　定期巡回・随時対応型訪問介護看護
第3節　設備に関する基準
●設備及び備品等

第3条の6　指定定期巡回・随時対応型訪問介護看護事業所には、事業の運営を行うために必要な広さを有する専用の区画を設けるほか、指定定期巡回・随時対応型訪問介護看護の提供に必要な設備及び備品等を備えなければならない。

2　指定定期巡回・随時対応型訪問介護看護事業者は、利用者が円滑に通報し、迅速な対応を受けることができるよう、指定定期巡回・随時対応型訪問介護看護事業所ごとに、次に掲げる機器等を備え、必要に応じてオペレーターに当該機器等を携帯させなければならない。ただし、第1号に掲げる機器等については、指定定期巡回・随時対応型訪問介護看護事業者が適切に利用者の心身の状況等の情報を蓄積するための体制を確保している場合であって、オペレーターが当該情報を常時閲覧できるときは、これを備えないことができる。

一　利用者の心身の状況等の情報を蓄積することができる機器等

二　随時適切に利用者からの通報を受けることができる通信機器等

3　指定定期巡回・随時対応型訪問介護看護事業者は、利用者が援助を必要とする状態となったときに適切にオペレーターに通報できるよう、利用者に対し、通信のための端末機器を配布しなければならない。ただし、利用者が適切にオペレーターに随時の通報を行うことができる場合は、この限りでない。

4　指定定期巡回・随時対応型訪問介護看護事業者が指定夜間対応型訪問介護事業者（第6条第1項に規定する指定夜間対応型訪問介護事業者をいう。）の指定を併せて受け、かつ、指定定期巡回・随時対応型訪問介護看護の事業と指定夜間対応型訪問介護（第4条に規定する指定夜間対応型訪問介護をいう。）の事業とが同一の事業所において一体的に運営されている場合については、第8条に規定する設備に関する基準を満たすことをもって、前3項に規定する基準を満たしているものとみなすことができる。

第2章　夜間対応型訪問介護
第3節　設備に関する基準
●設備及び備品等

第8条　指定夜間対応型訪問介護事業所には、事業の運営を行うために必要な広さを有する専用の区画を設けるほか、指定夜間対応型訪問介護の提供に必要な設備及び備品等を備えなければならない。

2　指定夜間対応型訪問介護事業者は、利用者が円滑に通報し、迅速な対応を受けることができるよう、オペレーションセンターごとに、次に掲げる機器等を備え、必要に応じてオペレーターに当該機器等を携帯させなければならない。ただし、第1号に掲げる機器等については、指定夜間対応型訪問介護事業者が適切に利用者の心身の状況等の情報を蓄積するための体制を確保している場合であって、オペレーターが当該情報を常時閲覧できるときは、これを備えないことができる。

一　利用者の心身の状況等の情報を蓄積することができる機器等

二　随時適切に利用者からの通報を受けることができる通信機器等

3　指定夜間対応型訪問介護事業者は、利用者が援助を必要とする状態となったときに適切にオペレーションセンターに通報できるよう、利用者に対し、通信のための端末機器を配布しなければならない。ただし、利用者が適切にオペレーションセンターに随時の通報を行うことができる場合は、この限りでない。

4　指定夜間対応型訪問介護事業者が指定定期巡回・随時対応型訪問介護看護事業者の指定を併せて受け、かつ、指定夜間対応型訪問介護の事業と指定定期巡回・随時対応型訪問介護看護の事業とが同一の事業所にお

いて一体的に運営されている場合については、第3条の6に規定する設備に関する基準を満たすことをもって、前3項に規定する基準を満たしているものとみなすことができる。

第2章の2　地域密着型通所介護
第3節　設備に関する基準

●設備及び備品等

第22条　指定地域密着型通所介護事業所は、食堂、機能訓練室、静養室、相談室及び事務室を有するほか、消火設備その他の非常災害に際して必要な設備並びに指定地域密着型通所介護の提供に必要なその他の設備及び備品等を備えなければならない。

2　前項に掲げる設備の基準は、次のとおりとする。
　一　食堂及び機能訓練室
　　イ　食堂及び機能訓練室は、それぞれ必要な広さを有するものとし、その合計した面積は、**3平方メートル**に利用定員を乗じて得た面積以上とすること。
　　ロ　イにかかわらず、食堂及び機能訓練室は、食事の提供の際にはその提供に支障がない広さを確保でき、かつ、機能訓練を行う際にはその実施に支障がない広さを確保できる場合にあっては、同一の場所とすることができる。
　二　相談室　遮へい物の設置等により相談の内容が漏えいしないよう配慮されていること。

3　第1項に掲げる設備は、専ら当該指定地域密着型通所介護の事業の用に供するものでなければならない。ただし、利用者に対する指定地域密着型通所介護の提供に支障がない場合は、この限りでない。

4　前項ただし書の場合（指定地域密着型通所介護事業者が第1項に掲げる設備を利用し、夜間及び深夜に指定地域密着型通所介護以外のサービスを提供する場合に限る。）には、当該サービスの内容を当該サービスの提供の開始前に当該指定地域密着型通所介護事業者に係る指定を行った市町村長に届け出るものとする。

5　指定地域密着型通所介護事業者が第20条第1項第3号に規定する第1号通所事業に係る指定事業者の指定を併せて受け、かつ、指定地域密着型通所介護の事業と当該第1号通所事業とが同一の事業所において一体的に運営されている場合については、市町村の定める当該第1号通所事業の設備に関する基準を満たすことをもって、第1項から第3項までに規定する基準を満たしているものとみなすことができる。

第6節　指定療養通所介護の事業の基本方針並びに人員、設備及び運営に関する基準
第3款　設備に関する基準

●設備及び備品等

第40条の4　指定療養通所介護事業所は、指定療養通所介護を行うのにふさわしい専用の部屋を有するほか、消火設備その他の非常災害に際して必要な設備並びに指定療養通所介護の提供に必要な設備及び備品等を備えなければならない。

2　前項に掲げる専用の部屋の面積は、6.4平方メートルに利用定員を乗じた面積以上とする。

3　第1項に掲げる設備は、専ら当該指定療養通所介護の事業の用に供するものでなければならない。ただし、利用者に対する指定療養通所介護の提供に支障がない場合は、この限りでない。

4　前項ただし書の場合（指定療養通所介護事業者が第1項に掲げる設備を利用し、夜間及び深夜に療養通所介護以外のサービスを提供する場合に限る。）には、当該サービスの内容を当該サービスの提供の開始前に当該指定療養通所介護事業者に係る指定を行った市町村長に届け出るものとする。

第3章　認知症対応型通所介護
第2節　人員及び設備に関する基準
第1款　単独型指定認知症対応型通所介護及び併設型指定認知症対応型通所介護

●従業者の員数

第42条　単独型指定認知症対応型通所介護（特別養護老人ホーム等（特別養護老人ホーム（老人福祉法（昭和38年法律第133号）第20条の5に規定する特別養護老人ホームをいう。以下同じ。）、同法第20条の4に規定する養護老人ホーム、病院、診療所、介護老人保健施設、介護医療院、社会福祉施設又は特定施設をいう。以下この項において同じ。）に併設されていない事業所において行われる指定認知症対応型通所介護をいう。以下同じ。）の事業を行う者及び併設型指定認知症対応型通所介護（特別養護老人ホーム等に併設されている事業所において行われる指定認知症対応型通所介護をいう。以下同じ。）の事業を行う者（以下「単独・併設型指定認知症対応型通所介護事業者」という。）が当該事業を行う事業所（以下「単独型・併設型指定認知症対応型通所介護事業所」という。）ごとに置くべき従業者の員数は、次のとおりとする。

　一　生活相談員　単独型・併設型指定認知症対応型通所介護（単独型・併設型指定認知症対応型通所介護事業所において行われる指定認知症対応型通所介護をいう。以下同じ。）の提供日ごとに、当該単独型・併設型指定認知症対応型通所介護を提供している時間帯に生活相談員（専ら当該単独型・併設型指定認知症対応型通所介護の提供に当たる者に限る。）が

勤務している時間数の合計数を当該単独型・併設型指定認知症対応型通所介護を提供している時間帯の時間数で除して得た数が1以上確保されるために必要と認められる数

二　看護師若しくは准看護師（以下この章において「看護職員」という。）又は介護職員　単独型・併設型指定認知症対応型通所介護の単位ごとに、専ら当該単独型・併設型指定認知症対応型通所介護の提供に当たる看護職員又は介護職員が1以上及び当該単独型・併設型指定認知症対応型通所介護を提供している時間帯に看護職員又は介護職員（いずれも専ら当該単独型・併設型指定認知症対応型通所介護の提供に当たる者に限る。）が勤務している時間数の合計数を当該単独型・併設型指定認知症対応型通所介護を提供している時間数で除して得た数が1以上確保されるために必要と認められる数

三　機能訓練指導員　1以上

2　単独型・併設型指定認知症対応型通所介護事業者は、単独型・併設型指定認知症対応型通所介護の単位ごとに、前項第2号の看護職員又は介護職員を、常時1人以上当該単独型・併設型指定認知症対応型通所介護に従事させなければならない。

3　第1項第2号の規定にかかわらず、同項の看護職員又は介護職員は、利用者の処遇に支障がない場合は、他の単独型・併設型指定認知症対応型通所介護の単位の看護職員又は介護職員として従事することができるものとする。

●設備及び備品等

第44条　単独型・併設型指定認知症対応型通所介護事業所は、食堂、機能訓練室、静養室、相談室及び事務室を有するほか、消火設備その他の非常災害に際して必要な設備並びに単独型・併設型指定認知症対応型通所介護の提供に必要なその他の設備及び備品等を備えなければならない。

2　前項に掲げる設備の基準は、次のとおりとする。

一　食堂及び機能訓練室

イ　食堂及び機能訓練室は、それぞれ必要な広さを有するものとし、その合計した面積は、**3平方メートル**に利用定員を乗じて得た面積以上とすること。

ロ　イにかかわらず、食堂及び機能訓練室は、食事の提供の際にはその提供に支障がない広さを確保でき、かつ、機能訓練を行う際にはその実施に支障がない広さを確保できる場合にあっては、同一の場所とすることができる。

二　相談室　遮へい物の設置等により相談の内容が漏えいしないよう配慮されていること。

3　第1項に掲げる設備は、専ら当該単独型・併設型指定認知症対応型通所介護の事業の用に供するものでなければならない。ただし、利用者に対する単独型・併設型指定認知症対応型通所介護の提供に支障がない場合は、この限りでない。

4　前項ただし書の場合（単独型・併設型指定認知症対応型通所介護事業者が第1項に掲げる設備を利用し、夜間及び深夜に単独型・併設型指定認知症対応型通所介護以外のサービスを提供する場合に限る。）には、当該サービスの内容を当該サービスの提供の開始前に当該単独型・併設型指定認知症対応型通所介護事業者に係る指定を行った市町村長に届け出るものとする。

5　単独型・併設型指定認知症対応型通所介護事業者が単独型・併設型指定介護予防認知症対応型通所介護事業者の指定を併せて受け、かつ、単独型・併設型指定認知症対応型通所介護の事業と単独型・併設型指定介護予防認知症対応型通所介護の事業とが同一の事業所において一体的に運営されている場合については、指定地域密着型介護予防サービス基準第7条第1項から第3項までに規定する設備に関する基準を満たすことをもって、第1項から第3項までに規定する基準を満たしているものとみなすことができる。

第2款　共用型指定認知症対応型通所介護

●従業者の員数

第45条　指定認知症対応型共同生活介護事業所若しくは指定介護予防認知症対応型共同生活介護事業所（指定地域密着型介護予防サービス基準第70条第1項に規定する指定介護予防認知症対応型共同生活介護事業所をいう。次条において同じ。）の居間若しくは食堂又は指定地域密着型特定施設若しくは指定地域密着型介護老人福祉施設の食堂若しくは共同生活室において、これらの事業所又は施設の利用者、入居者又は入所者とともに行う指定認知症対応型通所介護（以下「共用型指定認知症対応型通所介護」という。）の事業を行う者（以下「共用型指定認知症対応型通所介護事業者」という。）が当該事業を行う事業所（以下「共用型指定認知症対応型通所介護事業所」という。）に置くべき従業者の員数は、当該利用者、当該入居者又は当該入所者の数と当該共用型指定認知症対応型通所介護の利用者（当該共用型指定認知症対応型通所介護事業者が共用型指定介護予防認知症対応型通所介護事業者（指定地域密着型介護予防サービス基準第8条第1項に規定する共用型指定介護予防認知症対応型通所介護事業者をいう。以下同じ。）の指定を併せて受け、かつ、共用型指定認知症対応型通所介護の事業と共用型指定

介護予防認知症対応型通所介護（同項に規定する共用型指定介護予防認知症対応型通所介護をいう。以下同じ。）の事業とが同一の事業所において一体的に運営されている場合にあっては、当該事業所における共用型指定認知症対応型通所介護又は共用型指定介護予防認知症対応型通所介護の利用者。次条において同じ。）の数を合計した数について、第90条、第110条若しくは第131条又は指定地域密着型介護予防サービス基準第70条に規定する従業者の員数を満たすために必要な数以上とする。

第4章　小規模多機能型居宅介護
第2節　人員に関する基準

●従業者の員数等

第63条

7　第1項の規定にかかわらず、**サテライト型指定小規模多機能型居宅介護事業所**（指定小規模多機能型居宅介護事業所であって、指定居宅サービス事業等その他の保健医療又は福祉に関する事業について3年以上の経験を有する指定小規模多機能型居宅介護事業者又は指定看護小規模多機能型居宅介護事業者により設置される当該指定小規模多機能型居宅介護事業所以外の指定小規模多機能型居宅介護事業所又は指定看護小規模多機能型居宅介護事業所であって当該指定小規模多機能型居宅介護事業所に対して指定小規模多機能型居宅介護の提供に係る支援を行うもの（以下この章において「本体事業所」という。）との密接な連携の下に運営されるものをいう。以下同じ。）に置くべき訪問サービスの提供に当たる小規模多機能型居宅介護従業者については、本体事業所の職員により当該サテライト型指定小規模多機能型居宅介護事業所の登録者の処遇が適切に行われると認められるときは、1人以上とすることができる。

第3節　設備に関する基準

●設備及び備品等

第67条　指定小規模多機能型居宅介護事業所は、居間、食堂、台所、宿泊室、浴室、消火設備その他の非常災害に際して必要な設備その他指定小規模多機能型居宅介護の提供に必要な設備及び備品等を備えなければならない。

2　前項に掲げる設備の基準は、次のとおりとする。
一　居間及び食堂　居間及び食堂は、機能を十分に発揮しうる適当な広さを有すること。
二　宿泊室
　イ　1の宿泊室の定員は、1人とする。ただし、利用者の処遇上必要と認められる場合は、2人とすることができるものとする。
　ロ　1の宿泊室の床面積は、**7.43平方メートル以上**としなければならない。
　ハ　イ及びロを満たす宿泊室（以下「個室」という。）以外の宿泊室を設ける場合は、個室以外の宿泊室の面積を合計した面積は、おおむね7.43平方メートルに宿泊サービスの利用定員から個室の定員数を減じた数を乗じて得た面積以上とするものとし、その構造は利用者のプライバシーが確保されたものでなければならない。
　ニ　プライバシーが確保された居間については、ハの個室以外の宿泊室の面積に含めることができる。

3　第1項に掲げる設備は、専ら当該指定小規模多機能型居宅介護の事業の用に供するものでなければならない。ただし、利用者に対する指定小規模多機能型居宅介護の提供に支障がない場合は、この限りでない。

4　指定小規模多機能型居宅介護事業所は、利用者の家族との交流の機会の確保や地域住民との交流を図る観点から、住宅地又は住宅地と同程度に利用者の家族や地域住民との交流の機会が確保される地域にあるようにしなければならない。

5　指定小規模多機能型居宅介護事業者が指定介護予防小規模多機能型居宅介護事業者の指定を併せて受け、かつ、指定小規模多機能型居宅介護の事業と指定介護予防小規模多機能型居宅介護の事業とが同一の事業所において一体的に運営されている場合については、指定地域密着型介護予防サービス基準第48条第1項から第4項までに規定する設備に関する基準を満たすことをもって、前各項に規定する基準を満たしているものとみなすことができる。

第5章　認知症対応型共同生活介護
第3節　設備に関する基準

第93条　指定認知症対応型共同生活介護事業所は、共同生活住居を有するものとし、その数は1又は2とする。ただし、指定認知症対応型共同生活介護事業所に係る用地の確保が困難であることその他地域の実情により指定認知症対応型共同生活介護事業所の効率的運営に必要と認められる場合は、1の事業所における共同生活住居の数を3とすることができる。

2　共同生活住居は、その入居定員（当該共同生活住居において同時に指定認知症対応型共同生活介護の提供を受けることができる利用者の数の上限をいう。第104条において同じ。）を5人以上9人以下とし、居室、居間、食堂、台所、浴室、消火設備その他の非常災害に際して必要な設備その他利用者が日常生活を営む上で必要な設備を設けるものとする。

3　1の居室の定員は、1人とする。ただし、利用者の処遇上必要と認められる場合は、2人とすることができるものとする。
4　1の居室の床面積は、**7.43平方メートル以上**としなければならない。
5　居間及び食堂は、同一の場所とすることができる。
6　指定認知症対応型共同生活介護事業所は、利用者の家族との交流の機会の確保や地域住民との交流を図る観点から、住宅地又は住宅地と同程度に利用者の家族や地域住民との交流の機会が確保される地域にあるようにしなければならない。
7　指定認知症対応型共同生活介護事業者が指定介護予防認知症対応型共同生活介護事業者の指定を併せて受け、かつ、指定認知症対応型共同生活介護の事業と指定介護予防認知症対応型共同生活介護の事業とが同一の事業所において一体的に運営されている場合については、指定地域密着型介護予防サービス基準第73条第1項から第6項までに規定する設備に関する基準を満たすことをもって、前各項に規定する基準を満たしているものとみなすことができる。

第6章　地域密着型特定施設入居者生活介護
第2節　人員に関する基準
●従業者の員数
第110条
4　第1項第2号の看護職員及び介護職員は、主として指定地域密着型特定施設入居者生活介護の提供に当たるものとし、看護職員及び介護職員のうちそれぞれ1人以上は、常勤の者でなければならない。ただし、**サテライト型特定施設**（当該施設を設置しようとする者により設置される当該施設以外の介護老人保健施設、介護医療院又は病院若しくは診療所であって当該施設に対する支援機能を有するもの（以下この章において「本体施設」という。）との密接な連携を確保しつつ、本体施設とは別の場所で運営される指定地域密着型特定施設をいう。以下同じ。）にあっては、常勤換算方法で1以上とする。

第3節　設備に関する基準
第112条　指定地域密着型特定施設の建物（利用者の日常生活のために使用しない附属の建物を除く。）は、耐火建築物（建築基準法（昭和25年法律第201号）第2条第9号の2に規定する耐火建築物をいう。次項において同じ。）又は準耐火建築物（同条第9号の3に規定する準耐火建築物をいう。次項において同じ。）でなければならない。
2　前項の規定にかかわらず、市町村長が、火災予防、消火活動等に関し専門的知識を有する者の意見を聴いて、次の各号のいずれかの要件を満たす木造かつ平屋建ての指定地域密着型特定施設の建物であって、火災に係る利用者の安全性が確保されていると認めたときは、耐火建築物又は準耐火建築物とすることを要しない。
　一　スプリンクラー設備の設置、天井等の内装材等への難燃性の材料の使用、調理室等火災が発生するおそれがある箇所における防火区画の設置等により、初期消火及び延焼の抑制に配慮した構造であること。
　二　非常警報設備の設置等による火災の早期発見及び通報の体制が整備されており、円滑な消火活動が可能なものであること。
　三　避難口の増設、搬送を容易に行うために十分な幅員を有する避難路の確保等により、円滑な避難が可能な構造であり、かつ、避難訓練を頻繁に実施すること、配置人員を増員すること等により、火災の際の円滑な避難が可能なものであること。
3　指定地域密着型特定施設は、一時介護室（一時的に利用者を移して指定地域密着型特定施設入居者生活介護を行うための室をいう。以下同じ。）、浴室、便所、食堂及び機能訓練室を有しなければならない。ただし、他に利用者を一時的に移して介護を行うための室が確保されている場合にあっては一時介護室を、他に機能訓練を行うために適当な広さの場所が確保できる場合にあっては機能訓練室を、利用者が同一敷地内にある他の事業所、施設等の浴室及び食堂を利用できる場合にあっては浴室及び食堂を設けないことができるものとする。
4　指定地域密着型特定施設の介護居室（指定地域密着型特定施設入居者生活介護を行うための専用の居室をいう。以下同じ。）、一時介護室、浴室、便所、食堂及び機能訓練室は、次の基準を満たさなければならない。
　一　介護居室は、次の基準を満たすこと。
　　イ　1の居室の定員は、1人とする。ただし、利用者の処遇上必要と認められる場合は、2人とすることができるものとする。
　　ロ　プライバシーの保護に配慮し、介護を行える適当な広さであること。
　　ハ　地階に設けてはならないこと。
　　ニ　1以上の出入口は、避難上有効な空き地、廊下又は広間に直接面して設けること。
　二　一時介護室は、介護を行うために適当な広さを有すること。
　三　浴室は、身体の不自由な者が入浴するのに適したものとすること。

四　便所は、居室のある階ごとに設置し、非常用設備を備えていること。
五　食堂は、機能を十分に発揮し得る適当な広さを有すること。
六　機能訓練室は、機能を十分に発揮し得る適当な広さを有すること。
5　指定地域密着型特定施設は、利用者が車椅子で円滑に移動することが可能な空間と構造を有するものでなければならない。
6　指定地域密着型特定施設は、消火設備その他の非常災害に際して必要な設備を設けるものとする。
7　前各項に定めるもののほか、指定地域密着型特定施設の構造設備の基準については、建築基準法及び消防法（昭和23年法律第186号）の定めるところによる。

第7章　地域密着型介護老人福祉施設入所者生活介護

第2節　人員に関する基準

●従業者の員数

第131条

4　第1項第1号の規定にかかわらず、サテライト型居住施設（当該施設を設置しようとする者により設置される当該施設以外の指定介護老人福祉施設、指定地域密着型介護老人福祉施設（サテライト型居住施設である指定地域密着型介護老人福祉施設を除く。第8項第1号及び第17項、第132条第1項第6号並びに第160条第1項第3号において同じ。）、介護老人保健施設、介護医療院又は病院若しくは診療所であって当該施設に対する支援機能を有するもの（以下この章において「本体施設」という。）との密接な連携を確保しつつ、本体施設とは別の場所で運営される指定地域密着型介護老人福祉施設をいう。以下同じ。）の医師については、本体施設の医師により当該サテライト型居住施設の入所者の健康管理が適切に行われると認められるときは、これを置かないことができる。

第3節　設備に関する基準

●設備

第132条　指定地域密着型介護老人福祉施設の設備の基準は、次のとおりとする。

一　居室
　イ　1の居室の定員は、1人とすること。ただし、入所者への指定地域密着型介護老人福祉施設入所者生活介護の提供上必要と認められる場合は、2人とすることができる。
　ロ　入所者1人当たりの床面積は、10.65平方メートル以上とすること。
　ハ　ブザー又はこれに代わる設備を設けること。

二　静養室
　　介護職員室又は看護職員室に近接して設けること。
三　浴室
　　要介護者が入浴するのに適したものとすること。
四　洗面設備
　イ　居室のある階ごとに設けること。
　ロ　要介護者が使用するのに適したものとすること。
五　便所
　イ　居室のある階ごとに居室に近接して設けること。
　ロ　ブザー又はこれに代わる設備を設けるとともに、要介護者が使用するのに適したものとすること。
六　医務室
　　医療法第1条の5第2項に規定する診療所とすることとし、入所者を診療するために必要な医薬品及び医療機器を備えるほか、必要に応じて臨床検査設備を設けること。ただし、本体施設が指定介護老人福祉施設又は指定地域密着型介護老人福祉施設であるサテライト型居住施設については医務室を必要とせず、入所者を診療するために必要な医薬品及び医療機器を備えるほか、必要に応じて臨床検査設備を設けることで足りるものとする。
七　食堂及び機能訓練室
　イ　それぞれ必要な広さを有するものとし、その合計した面積は、3平方メートルに入所定員を乗じて得た面積以上とすること。ただし、食事の提供又は機能訓練を行う場合において、当該食事の提供又は機能訓練に支障がない広さを確保することができるときは、同一の場所とすることができる。
　ロ　必要な備品を備えること。
八　廊下幅
　　1.5メートル以上とすること。ただし、中廊下の幅は、1.8メートル以上とすること。なお、廊下の一部の幅を拡張すること等により、入所者、従業者等の円滑な往来に支障が生じないと認められるときは、これによらないことができる。
九　消火設備その他の非常災害に際して必要な設備を設けること。

2　前項各号に掲げる設備は、専ら当該指定地域密着型介護老人福祉施設の用に供するものでなければならない。ただし、入所者の処遇に支障がない場合は、この限りでない。

第5節　ユニット型指定地域密着型介護老人福

祉施設の基本方針並びに設備及び運営に関する基準
第2款 設備に関する基準
●設備
第160条 ユニット型指定地域密着型介護老人福祉施設の設備の基準は、次のとおりとする。
一 ユニット
　イ 居室
　　(1) 1の居室の定員は、**1人**とすること。ただし、入居者への指定地域密着型介護老人福祉施設入所者生活介護の提供上必要と認められる場合は、2人とすることができる。
　　(2) 居室は、いずれかのユニットに属するものとし、当該ユニットの共同生活室に近接して一体的に設けること。ただし、1のユニットの入居定員は、おおむね10人以下としなければならない。
　　(3) 1の居室の床面積等は、次のいずれかを満たすこと。
　　　(i) **10.65平方メートル以上**とすること。ただし、(1)ただし書の場合にあっては、**21.3平方メートル以上**とすること。
　　　(ii) ユニットに属さない居室を改修したものについては、入居者同士の視線の遮断の確保を前提にした上で、居室を隔てる壁について、天井との間に一定の隙間が生じていても差し支えない。
　　(4) ブザー又はこれに代わる設備を設けること。
　ロ 共同生活室
　　(1) 共同生活室は、いずれかのユニットに属するものとし、当該ユニットの入居者が交流し、共同で日常生活を営むための場所としてふさわしい形状を有すること。
　　(2) 1の共同生活室の床面積は、**2平方メートル**に当該共同生活室が属するユニットの入居定員を乗じて得た面積以上を標準とすること。
　　(3) 必要な設備及び備品を備えること。
　ハ 洗面設備
　　(1) 居室ごとに設けるか、又は共同生活室ごとに適当数設けること。
　　(2) 要介護者が使用するのに適したものとすること。
　ニ 便所
　　(1) 居室ごとに設けるか、又は共同生活室ごとに適当数設けること。
　　(2) ブザー又はこれに代わる設備を設けるとともに、要介護者が使用するのに適したものとすること。
二 浴室
　要介護者が入浴するのに適したものとすること。
三 医務室
　医療法第1条の5第2項に規定する診療所とすることとし、入居者を診療するために必要な医薬品及び医療機器を備えるほか、必要に応じて臨床検査設備を設けること。ただし、本体施設が指定介護老人福祉施設又は指定地域密着型介護老人福祉施設であるサテライト型居住施設については医務室を必要とせず、入居者を診療するために必要な医薬品及び医療機器を備えるほか、必要に応じて臨床検査設備を設けることで足りるものとする。
四 廊下幅
　1.5メートル以上とすること。ただし、中廊下の幅は、**1.8メートル以上**とすること。なお、廊下の一部の幅を拡張すること等により、入居者、従業者等の円滑な往来に支障が生じないと認められるときは、これによらないことができる。
五 消火設備その他の非常災害に際して必要な設備を設けること。
2 前項第2号から第5号までに掲げる設備は、専ら当該ユニット型指定地域密着型介護老人福祉施設の用に供するものでなければならない。ただし、入居者に対する指定地域密着型介護老人福祉施設入所者生活介護の提供に支障がない場合は、この限りでない。

第8章 看護小規模多機能型居宅介護
第2節 人員に関する基準
●従業者の員数等
第171条
8 第1項の規定にかかわらず、サテライト型指定看護小規模多機能型居宅介護事業所（利用者又はその家族等から電話等により看護に関する意見を求められた場合に常時対応し、利用者に対し適切な看護サービスを提供できる体制にある指定看護小規模多機能型居宅介護事業所であって、指定居宅サービス事業等その他の保健医療又は福祉に関する事業について3年以上の経験を有する指定看護小規模多機能型居宅介護事業者により設置される当該指定看護小規模多機能型居宅介護事業所以外の指定看護小規模多機能型居宅介護事業所であって、当該指定看護小規模多機能型居宅介護事業所に対して指定看護小規模多機能型居宅介護の提供に係る支援を行うもの（以下この章において「本体事業所」という。）との密接な連携の下に運営され、利用者に対し適切な看護サービスを提供できる体制にある

ものをいう。以下同じ。）に置くべき訪問サービスの提供に当たる看護小規模多機能型居宅介護従業者については、本体事業所の職員により当該サテライト型指定看護小規模多機能型居宅介護事業所の登録者の処遇が適切に行われると認められるときは、2人以上とすることができる。

第3節　設備に関する基準

●設備及び備品等

第175条　指定看護小規模多機能型居宅介護事業所は、居間、食堂、台所、宿泊室、浴室、消火設備その他の非常災害に際して必要な設備その他指定看護小規模多機能型居宅介護の提供に必要な設備及び備品等を備えなければならない。

2　前項に掲げる設備の基準は、次のとおりとする。
　一　居間及び食堂　居間及び食堂は、機能を十分に発揮しうる適当な広さを有すること。
　二　宿泊室
　　イ　1の宿泊室の定員は、1人とする。ただし、利用者の処遇上必要と認められる場合は、2人とすることができる。
　　ロ　1の宿泊室の床面積は、**7.43平方メートル以上**としなければならない。ただし、指定看護小規模多機能型居宅介護事業所が病院又は診療所である場合であって定員が1人である宿泊室の床面積については、**6.4平方メートル以上**とすることができる。
　　ハ　イ及びロを満たす宿泊室（以下この号において「個室」という。）以外の宿泊室を設ける場合は、個室以外の宿泊室の面積を合計した面積は、おおむね7.43平方メートルに宿泊サービスの利用定員から個室の定員数を減じた数を乗じて得た面積以上とするものとし、その構造は利用者のプライバシーが確保されたものでなければならない。
　　ニ　プライバシーが確保された居間については、ハの個室以外の宿泊室の面積に含めることができる。
　　ホ　指定看護小規模多機能型居宅介護事業所が診療所である場合であって、当該指定看護小規模多機能型居宅介護の利用者へのサービスの提供に支障がない場合には、当該診療所が有する病床については、宿泊室を兼用することができる。

3　第1項に掲げる設備は、専ら当該指定看護小規模多機能型居宅介護の事業の用に供するものでなければならない。ただし、利用者に対する指定看護小規模多機能型居宅介護の提供に支障がない場合は、この限りでない。

4　指定看護小規模多機能型居宅介護事業所は、利用者の家族との交流の機会の確保や地域住民との交流を図る観点から、住宅地又は住宅地と同程度に利用者の家族や地域住民との交流の機会が確保される地域にあるようにしなければならない。

指定地域密着型サービス及び指定地域密着型介護予防サービスに関する基準について（抄）

（平成18年3月31日　老計発第0331004号・老振発第0331004号・老老発第0331017号
厚生労働省老健局計画・振興・老人保健課長連名通知）

注　平成30年3月30日老高発0330第6号・老振発0330第3号・老老発0330第2号改正現在

第2　総論

3　指定地域密着型サービスと指定地域密着型介護予防サービスの一体的運営等について

指定地域密着型サービスに該当する各事業を行う者が、指定地域密着型介護予防サービスに該当する各事業者の指定を併せて受け、かつ、指定地域密着型サービスの各事業と指定地域密着型介護予防サービスの各事業とが同じ事業所で一体的に運営されている場合については、介護予防における各基準を満たすことによって、基準を満たしているとみなすことができるとされたが、その意義は次のとおりである。

小規模多機能型居宅介護においては、指定地域密着型サービスにおいても、指定地域密着型介護予防サービスにおいても、夜間及び深夜の時間帯以外の時間帯には、常勤換算方法で、介護従業者を通いサービスの利用者の数が3又はその端数を増すごとに1人以上、訪問サービスの提供に当たる介護従業者を1人以上配置しなければならないとされているが、例えば、通いサービスの利用者について、要介護の利用者が11人、要支援の利用者が4人である場合、それぞれが独立して基準を満たすためには、指定小規模多機能型居宅介護事業所にあっては、通いサービスの提供に当たる介護従業者を4人、訪問サービスの提供に当たる介護従業者を1人配置することが必要となり、指定介護予防小規模多機能型居宅介護事業所にあっては、通いサービスの提供に当たる介護従業者を2人、訪問サービスの提供に当たる介護従業者を1人配置することが必要となるが、一体的に事業を行っている場合については、それぞれの事業所において、要介護の利用者と要支援の利用者とを合算し、利用者を15人とした上で、通いサービスの提供に当たる介護従業者を5人、訪問サービスの提供に当たる介護従業者を1人配置することによって、双方の基準を満たすこととするという趣旨である。

設備、備品についても同様であり、例えば、利用定員10人の単独型・併設型指定認知症対応型通所介護事業所においては、食堂及び機能訓練室の合計面積は10人×3㎡＝30㎡を確保する必要があるが、この10人に単独型・併設型指定介護予防認知症対応型通所介護事業所の利用者も含めてカウントすることにより、実態として、要介護者8人、要支援者2人であっても、要介護者7人、要支援者3人であっても、合計で30㎡が確保されていれば、基準を満たすこととするという趣旨である。

なお、指定地域密着型サービスと指定地域密着型介護予防サービスを同一の拠点で行う場合であっても、一体的に行わないで、完全に体制を分離して行う場合にあっては、人員についても設備、備品についてもそれぞれが独立して基準を満たす必要があるので留意されたい。

第3　地域密着型サービス

一　定期巡回・随時対応型訪問介護看護

3　設備等に関する基準（基準第3条の6）

(1)　指定定期巡回・随時対応型訪問介護看護事業所には、事業の運営を行うために必要な面積を有する専用の事務室を設けることが望ましいが、間仕切りする等他の事業の用に供するものと明確に区分される場合は、他の事業と同一の事務室であっても差し支えない。なお、この場合に、区分がされていなくても業務に支障がないときは、指定定期巡回・随時対応型訪問介護看護の事業を行うための区画が明確に特定されていれば足りるものとする。また、当該指定定期巡回・随時対応型訪問介護看護事業所が健康保険法による指定訪問看護の指定を受けている場合には当該事務室を共用することは差し支えない。

(2)　事務室又は区画については、利用申込の受付、相談等に対応するのに適切なスペースを確保するものとする。

(3)　指定定期巡回・随時対応型訪問介護看護事業者は、指定定期巡回・随時対応型訪問介護看護に必要な設備及び備品等を確保するものとする。特に、手指を洗浄するための設備等感染症予防に必要な設備等に配慮すること。ただし、他の事業所、施設等と同一敷地内にある場合であって、指定定期巡回・随時対応型訪問介護看護の事業又は当該他

の事業所、施設等の運営に支障がない場合は、当該他の事業所、施設等に備え付けられた設備及び備品等を使用することができるものとする。なお、事務室・区画、又は設備及び備品等については、必ずしも事業者が所有している必要はなく、貸与を受けているものであっても差し支えない。
(4) 利用者からの通報を受けるための機器については、必ずしも当該事業所に設置され固定されている必要はなく、地域を巡回するオペレーターが携帯することもできること。また、利用者の心身の状況等の情報を蓄積し、利用者からの通報を受けた際に瞬時にそれらの情報が把握できるものでなければならないが、通報を受信する機器と、利用者の心身の情報を蓄積する機器は同一の機器でなくても差し支えないこと。したがって、通報を受ける機器としては、携帯電話等であっても差し支えないこと。
(5) 利用者の心身の状況等の情報を蓄積する機器等については、事業所・事業者内のネットワークや情報セキュリティに十分に配慮した上で、インターネットを利用したクラウドコンピューティング等の技術を活用し、オペレーターが所有する端末から常時利用者の情報にアクセスできる体制が確保されていれば、必ずしも当該事業所において機器等を保有する必要はない。また、常時利用者の情報にアクセスできる体制とは、こうした情報通信技術の活用のみに限らず、例えば、オペレーターが所有する紙媒体での利用者のケース記録等が、日々の申し送り等により随時更新され当該事業所において一元的に管理されていること等も含まれるものである。
(6) 利用者に配布するケアコール端末は、利用者が援助を必要とする状態となったときにボタンを押すなどにより、簡単にオペレーターに通報できるものでなければならない。ただし、利用者の心身の状況によって、一般の家庭用電話や携帯電話でも随時の通報を適切に行うことが可能と認められる場合は、利用者に対し携帯電話等を配布すること又はケアコール端末を配布せず、利用者所有の家庭用電話や携帯電話により随時の通報を行わせることも差し支えないものである。
(7) 利用者に配布するケアコール端末等については、オペレーターに対する発信機能のみならず、オペレーターからの通報を受信する機能を有するものや、テレビ電話等の利用者とオペレーターが画面上でお互いの状況を確認し合いながら対話できるもの等を活用し、利用者の在宅生活の安心感の向上に資するものであることが望ましい。
(8) 指定定期巡回・随時対応型訪問介護看護事業者が指定夜間対応型訪問介護事業者の指定を併せて受け、同一の事業所においてこれらの事業が一体的に運営されている場合は、随時対応サービスの提供に必要となる設備を双方の事業で共用することができるものである。

二 夜間対応型訪問介護
3 設備等に関する基準（基準第8条）
(1) 指定夜間対応型訪問介護事業所には、事業の運営を行うために必要な面積を有する専用の事務室を設けることが望ましいが、間仕切りする等他の事業の用に供するものと明確に区分される場合は、他の事業と同一の事務室であっても差し支えない。なお、この場合に、区分がされていなくても業務に支障がないときは、指定夜間対応型訪問介護の事業を行うための区画が明確に特定されていれば足りるものとする。
(2) 事務室又は区画については、利用申込の受付、相談等に対応するのに適切なスペースを確保するものとする。
(3) 指定夜間対応型訪問介護事業者は、指定夜間対応型訪問介護に必要な設備及び備品等を確保するものとする。特に、手指を洗浄するための設備等感染症予防に必要な設備等に配慮すること。ただし、他の事業所、施設等と同一敷地内にある場合であって、指定夜間対応型訪問介護の事業又は当該他の事業所、施設等の運営に支障がない場合は、当該他の事業所、施設等に備え付けられた設備及び備品等を使用することができるものとする。なお、事務室・区画、又は設備及び備品等については、必ずしも事業者が所有している必要はなく、貸与を受けているものであっても差し支えない。
(4) 利用者からの通報を受け付けるための機器については、必ずしも当該オペレーションセンターに設置され固定されている必要はなく、地域を巡回するオペレーターが携帯することもできること。また、利用者の心身の状況等の情報を蓄積し、利用者からの通報を受信した際に瞬時にそれらの情報が把握できるものでなければならないが、通報を受信する機器と、利用者の心身の情報を蓄積する機器は同一の機器でなくても差し支えないこと。したがって、通報を受け付ける機器としては、一般の携帯電話等であっても差し支えないこと。
(5) 利用者の心身の状況等の情報を蓄積する機器等

については、事業所・事業者内のネットワークや情報セキュリティに十分に配慮した上で、インターネットを利用したクラウドコンピューティング等の技術を活用し、オペレーターが所有する端末から常時利用者の情報にアクセスできる体制が確保されていれば、必ずしも当該事業所において機器等を保有する必要はない。また、常時利用者の情報にアクセスできる体制とは、こうした情報通信技術の活用のみに限らず、例えば、オペレーターが所有する紙媒体での利用者のケース記録等が、日々の申し送り等により随時更新され当該事業所において一元的に管理されていること等も含まれるものである。

(6) 利用者に配布するケアコール端末は、利用者が援助を必要とする状態となったときにボタンを押すなどにより、簡単にオペレーターに通報できるものでなければならない。ただし、利用者の心身の状況によって、一般の家庭用電話や携帯電話でも随時の通報を適切に行うことが可能と認められる場合は、利用者に対し携帯電話等を配布すること又はケアコール端末を配布せず、利用者所有の家庭用電話や携帯電話により随時の通報を行わせることも差し支えないものである。

(7) 利用者に配布するケアコール端末等については、オペレーターに対する発信機能のみならず、オペレーターからの通報を受信する機能を有するものや、テレビ電話等の利用者とオペレーターが画面上でお互いの状況を確認し合いながら対話できるもの等を活用し、利用者が安心して在宅生活を送ることに資するものであることが望ましい。

(8) オペレーションセンターを設置しない場合にあっても、オペレーションセンターにおける通信機器に相当するもの及び利用者に配布するケアコール端末は必要となるものである。

(9) 指定夜間対応型訪問介護事業者が指定定期巡回・随時対応型訪問介護看護事業者の指定を併せて受け、同一の事業所においてこれらの事業が一体的に運営されている場合は、オペレーションサービスの提供に必要となる設備を双方の事業で共用することができるものである。

二の二　地域密着型通所介護
2　設備に関する基準（基準第22条）
　(1)　事業所
　　　事業所とは、指定地域密着型通所介護を提供するための設備及び備品を備えた場所をいう。原則として1の建物につき、1の事業所とするが、利用者の利便のため、利用者に身近な社会資源（既存施設）を活用して、事業所の従業者が当該既存施設に出向いて指定地域密着型通所介護を提供する場合については、これらを事業所の一部とみなして設備基準を適用するものである。（基準第44条第1項、第67条第1項及び第175条第1項についても同趣旨）

　(2)　食堂及び機能訓練室
　　　指定地域密着型通所介護事業所の食堂及び機能訓練室（以下「指定地域密着型通所介護の機能訓練室等」という。）については、3平方メートルに利用定員を乗じて得た面積以上とすることとされたが、指定地域密着型通所介護が原則として同時に複数の利用者に対し介護を提供するものであることに鑑み、狭隘な部屋を多数設置することにより面積を確保すべきではないものである。ただし、指定地域密着型通所介護の単位をさらにグループ分けして効果的な指定地域密着型通所介護の提供が期待される場合はこの限りではない。

　(3)　消火設備その他の非常災害に際して必要な設備
　　　消火設備その他の非常災害に際して必要な設備とは、消防法その他の法令等に規定された設備を示しており、それらの設備を確実に設置しなければならないものである。（基準第44条第1項、第67条第1項、第112条第6項、第132条第1項第9号及び第175条第1項についても同趣旨）

　(4)　設備に係る共用
　　　指定地域密着型通所介護事業所と指定居宅サービス事業所等を併設している場合に、利用者へのサービス提供に支障がない場合は、設備基準上両方のサービスに規定があるもの（指定訪問介護事業所の場合は事務室）は共用が可能である。ただし、指定地域密着型通所介護事業所の機能訓練室等と、指定地域密着型通所介護事業所と併設の関係にある病院、診療所、介護老人保健施設又は介護医療院における指定通所リハビリテーション等を行うためのスペースについて共用する場合にあっては、以下の条件に適合することをもって、これらが同一の部屋等であっても差し支えないものとする。

　　イ　当該部屋等において、指定地域密着型通所介護事業所の機能訓練室等と指定通所リハビリテーション等を行うためのスペースが明確に区分されていること。

　　ロ　指定地域密着型通所介護事業所の機能訓練室等として使用される区分が、指定地域密着型通

所介護事業所の設備基準を満たし、かつ、指定通所リハビリテーション等を行うためのスペースとして使用される区分が、指定通所リハビリテーション事業所等の設備基準を満たすこと。

また、玄関、廊下、階段、送迎車両など、基準上は規定がないが、設置されるものについても、利用者へのサービス提供に支障がない場合は、共用が可能である。

なお、設備を共用する場合、基準第33条第2項において、指定地域密着型通所介護事業者は、事業所において感染症が発生し、又はまん延しないように必要な措置を講じるよう努めなければならないと定めているところであるが、衛生管理等に一層努めること。

(5) 指定地域密着型通所介護事業所の設備を利用し、夜間及び深夜に指定地域密着型通所介護以外のサービスを提供する場合

指定地域密着型通所介護の提供以外の目的で、指定地域密着型通所介護事業所の設備を利用し、夜間及び深夜に指定地域密着型通所介護以外のサービス(以下「宿泊サービス」という。)を提供する場合には、当該サービスの内容を当該サービスの提供開始前に当該指定地域密着型通所介護事業者に係る指定を行った市町村長(以下「指定権者」という。)に届け出る必要があり、当該サービスの届出内容については、別紙様式によるものとする。また、指定地域密着型通所介護事業者は宿泊サービスの届出内容に係る介護サービス情報を都道府県に報告し、都道府県は情報公表制度を活用し宿泊サービスの内容を公表することとする。

指定地域密着型通所介護事業者は届け出た宿泊サービスの内容に変更がある場合は、変更の事由が生じてから10日以内に指定権者に届け出るよう努めることとする。また、宿泊サービスを休止又は廃止する場合は、その休止又は廃止の日の1月前までに指定権者に届け出るよう努めることとする。

5 指定療養通所介護の事業
(3) 設備に関する基準
① 利用定員等
利用定員は、あらかじめ定めた利用者の数の上限をいうものであり、事業所の実情に応じて18人までの範囲で定めることとするものである。
② 設備及び備品等

イ 指定療養通所介護を行うのにふさわしい専用の部屋とは、利用者の状態を勘案して判断されるものであるが、利用者毎の部屋の設置を求めるものではない。

ロ 専用の部屋の面積は、利用者1人につき**6.4平方メートル以上**であって、明確に区分され、他の部屋等から完全に遮蔽されていること。

ハ 指定療養通所介護を行う設備は専用でなければならないが、当該サービスの提供に支障がない場合は、この限りではない。例えば、利用者以外の者(重症心身障害児等)をサービス提供に支障のない範囲で受け入れることが可能である。ただしこの場合、利用者以外の者も利用者とみなして人員及び設備の基準を満たさなければならない。具体的には、利用定員を9人として定めている場合には、利用者7人、利用者以外の者2人であれば、療養通所介護従業者の員数は、提供時間帯を通じて6人を確保するために必要な数とするとともに、利用者の数はすでに9人とみなされていることから、これを上限としなければならない。

ニ 療養通所介護事業所の設備を利用し夜間及び深夜に指定療養通所介護以外のサービスを提供する場合の取扱いについては、地域密着型通所介護と同様であるので、第3の二の2の(5)を参照されたい。

三 認知症対応型通所介護
2 人員及び設備に関する基準
(1) **単独型指定認知症対応型通所介護及び併設型指定認知症対応型通所介護**
① **単独型指定認知症対応型通所介護**とは、以下の社会福祉施設等に併設されていない事業所において行われる指定認知症対応型通所介護をいう。(基準第42条)

特別養護老人ホーム、養護老人ホーム、病院、診療所、介護老人保健施設、介護医療院、その他社会福祉法(昭和26年法律第45号)第62条第1項に規定する社会福祉施設、又は特定施設

② **併設型指定認知症対応型通所介護**とは、①の社会福祉施設等に併設されている事業所において行われる指定認知症対応型通所介護をいう。

⑤ **単独型・併設型指定認知症対応型通所介護事業所**における設備に関する基準(第44条)
イ 事業所
基準第44条第1項の「事業所」とは、指定

地域密着型通所介護に係る第22条第1項の規定と同趣旨であるため、第3の二の二の2の(1)を参照されたい。
ロ　消火設備その他の非常災害に際して必要な設備
　　基準第44条第1項の「消火設備その他の非常災害に際して必要な設備」とは、指定地域密着型通所介護に係る第22条第1項の規定と同趣旨であるため、第3の二の二の2の(3)を参照されたい。
ハ　食堂及び機能訓練室
　　単独型・併設型指定認知症対応型通所介護事業所の食堂及び機能訓練室（以下「単独型・併設型指定認知症対応型通所介護の機能訓練室等」という。）については、**3平方メートル**に利用定員を乗じて得た面積以上とすることとされたが、単独型・併設型指定認知症対応型通所介護が原則として同時に複数の利用者に対し介護を提供するものであることに鑑み、狭隘な部屋を多数設置することにより面積を確保すべきではないものである。ただし、単独型・併設型指定認知症対応型通所介護の単位をさらにグループ分けして効果的な単独型・併設型指定認知症対応型通所介護の提供が期待される場合はこの限りではない。
ニ　設備の共用
　　単独型・併設型指定認知症対応型通所介護事業所と指定居宅サービス事業所等を併設している場合に、利用者へのサービス提供に支障がない場合は、設備基準上両方のサービスに規定があるもの（指定訪問介護事業所の場合は事務室）は共用が可能である。ただし、単独型・併設型指定認知症対応型通所介護事業所の機能訓練室等と、単独型・併設型指定認知症対応型通所介護事業所と併設の関係にある病院、診療所、介護老人保健施設又は介護医療院における指定通所リハビリテーション等を行うためのスペースについて共用する場合にあっては、以下の条件に適合することをもって、これらが同一の部屋等であっても差し支えないものとする。
　イ　当該部屋等において、単独型・併設型指定認知症対応型通所介護事業所の機能訓練室等と指定通所リハビリテーション等を行うためのスペースが明確に区分されていること。
　ロ　単独型・併設型指定認知症対応型通所介護事業所の機能訓練室等として使用される区分が、単独型・併設型指定認知症対応型通所介護事業所の設備基準を満たし、かつ、指定通所リハビリテーション等を行うためのスペースとして使用される区分が、指定通所リハビリテーション事業所等の設備基準を満たすこと。
　　また、玄関、廊下、階段、送迎車両など、基準上は規定がないが、設置されるものについても、利用者へのサービス提供に支障がない場合は、共用が可能である。
　　なお、設備を共用する場合、基準第61条により準用する基準第33条第2項において、指定認知症対応型通所介護事業者は、事業所において感染症が発生し、又はまん延しないように必要な措置を講じるよう努めなければならないと定めているところであるが、衛生管理等に一層努めること。
ホ　単独型・併設型指定認知症対応型通所介護事業所の設備を利用し、夜間及び深夜に単独型・併設型指定認知症対応型通所介護以外のサービスを提供する場合
　　単独型・併設型指定認知症対応型通所介護の提供以外の目的で、単独型・併設型指定認知症対応型通所介護事業所の設備を利用し、夜間・深夜に単独型・併設型指定認知症対応型通所介護以外のサービス（以下「宿泊サービス」という。）を提供する場合には、当該サービスの内容を当該サービスの提供開始前に当該単独型・併設型指定認知症対応型通所介護事業者に係る指定を行った市町村長（以下「指定権者」という。）に届け出る必要があり、当該サービスの届出内容については、別紙様式によるものとする。また、単独型・併設型指定認知症対応型通所介護事業者は宿泊サービスの届出内容に係る介護サービス情報を都道府県に報告し、都道府県は情報公表制度を活用し宿泊サービスの内容を公表することとする。
　　単独型・併設型指定認知症対応型通所介護事業者は届け出た宿泊サービスの内容に変更がある場合は、変更の事由が生じてから10日以内に指定権者に届け出るよう努めることとする。また、宿泊サービスを休止又は廃止する場合は、その休止又は廃止の日の1月前ま

でに指定権者に届け出るよう努めることとする。
　(2) 共用型指定認知症対応型通所介護
　　① 共用型指定認知症対応型通所介護とは、指定認知症対応型共同生活介護事業所若しくは指定介護予防認知症対応型共同生活介護事業所の居間又は食堂、指定地域密着型特定施設若しくは指定地域密着型介護老人福祉施設の食堂又は共同生活室において、これらの事業所又は施設の利用者、入居者又は入所者とともに行う指定認知症対応型通所介護をいう。（基準第45条）
四　小規模多機能型居宅介護
２　人員に関する基準
　(1) 従業者の員数等（基準第63条）
　　ハ　サテライト事業所は、本体事業所との密接な連携を確保しつつ、運営するものであるため、次に掲げる要件をいずれも満たす必要があること。
　　　a　本体事業所とサテライト事業所の距離は、自動車等による移動に要する時間が概ね20分以内の近距離であること
　　　b　1の本体事業所に係るサテライト事業所の数は2箇所までとすること
　　ニ　本体事業所とサテライト事業所は、同一の日常生活圏域内に所在することが望ましいが、隣接する市町村における指定小規模多機能型居宅介護事業所又は指定看護小規模多機能型居宅介護事業所を本体事業所とすることも差し支えないものである。
３　設備に関する基準
　(2) 設備及び備品等（基準第67条）
　　① 基準第67条第１項にいう「事業所」及び「消火設備その他の非常災害に際して必要な設備」は、指定地域密着型通所介護に係る第22条第１項の規定と同趣旨であるため、第３の二の二の２の(1)及び(3)を参照されたい。
　　② 居間及び食堂
　　　イ　居間及び食堂は同一の室内とする場合であっても、居間、食堂のそれぞれの機能が独立していることが望ましい。また、その広さについても原則として利用者及び小規模多機能型居宅介護従業者が一堂に会するのに充分な広さを確保するものとする。
　　　ロ　居間及び食堂は、機能を十分に発揮しうる適当な広さを確保することが必要である。
　　　　なお、基準第66条第２項第１号の規定により通いサービスの利用定員について15人を超えて定める指定小規模多機能型居宅介護事業所にあっては、居間及び食堂を合計した面積は、利用者の処遇に支障がないと認められる十分な広さ（１人当たり３㎡以上）を確保することが必要である。
　　③ 宿泊室
　　　イ　民家等の既存施設を活用した効率的なサービス提供等を可能とする観点から、宿泊専用の個室がない場合であっても、宿泊室についてプライバシーが確保されたしつらえになっていれば差し支えない。プライバシーが確保されたものとは、例えば、パーティションや家具などにより利用者同士の視線の遮断が確保されるようなものである必要があるが、壁やふすまのような建具まで要するということではない。ただし、カーテンはプライバシーが確保されたものとは考えにくいことから認められないものである。
　　　ロ　利用者が泊まるスペースは、基本的に１人当たり7.43㎡程度あり、かつ、その構造がプライバシーが確保されたものであることが必要であることから、例えば、６畳間であれば、基本的に１人を宿泊させることになる。ただし、利用者の希望等により、６畳間で一時的に２人を宿泊させるという状態があったとしても、そのことをもって直ちに基準違反となるものではないことに留意すること。
　　　ハ　他の利用者が通らない宿泊室と連続した縁側等については、宿泊室の面積に含めて差し支えない。
　　④ 指定認知症対応型共同生活介護事業所の居間を指定小規模多機能型居宅介護の居間として共用することは、指定認知症対応型共同生活介護事業所の居間は入居者の生活空間であることから、基本的に指定小規模多機能型居宅介護の居間との共用は認められないものである。ただし、事業所が小規模である場合（指定小規模多機能型居宅介護事業所の通いサービスと指定認知症対応型共同生活介護事業所の定員の合計が15名以下である場合）などで、指定認知症対応型共同生活介護事業所の居間として必要なものが確保されており、かつ、指定小規模多機能型居宅介護の居間として機能を十分に発揮しうる適当な広さを有している場合は、共通としても差し支えない。

また、指定小規模多機能型居宅介護の居間及び食堂を指定通所介護等の機能訓練室及び食堂として共用することは認められないが、法第115条の45第1項に規定する介護予防・日常生活支援総合事業の交流スペースとして共用することは、事業所が小規模である場合（指定小規模多機能型居宅介護事業所の通いサービスの利用者と介護予防・日常生活支援総合事業の交流スペースの参加者の合計が少数である場合）などで、指定小規模多機能型居宅介護の居間及び食堂として機能を十分に発揮しうる適当な広さが確保されており、利用者に対する指定小規模多機能型居宅介護の提供に支障がない場合は差し支えない。なお、浴室、トイレ等を共用することは差し支えないが、指定通所介護事業所等の浴室を活用する場合、当該指定通所介護事業所等の利用者が利用している時間帯に指定小規模多機能型居宅介護事業所の利用者が利用できない取扱いとするなど画一的な取扱いは行わないこと。

⑤ 事業所の立地

指定小規模多機能型居宅介護事業所の立地については、利用者に対して、家庭的な雰囲気によるサービスを提供すること、また、地域との交流を図ることによる社会との結びつきを確保することなどのため、住宅地の中にあること又は住宅地と同程度に家族や地域住民との交流の機会が確保される地域の中にあることを、市町村が確認することを求めたものである。開設及び指定申請時においては、都市計画法（昭和43年法律第100号）その他の法令の規定により一律に判断するのではなく、事業所を開設しようとする場所の現地調査等により、周辺の環境を踏まえ、地域の実情に応じて適切に判断されるべきものである（基準第93条第6項についても同趣旨）。なお、指定小規模多機能型居宅介護が、利用者と職員とのなじみの関係を構築しながらサービスを提供するものであることに鑑み、指定小規模多機能型居宅介護事業所と他の施設・事業所との併設については、指定小規模多機能型居宅介護として適切なサービスが提供されることを前提に認められるものであることに留意すること。

五　認知症対応型共同生活介護

3　設備に関する基準（基準第93条）

（1）事業所

1の事業所に複数の共同生活住居を設ける場合には、2つまでに限られるものであるが、用地の確保が困難であることその他地域の実情により指定認知症対応型共同生活介護事業所の効率的運営に必要と認められる場合は、1の事業所に3つの共同生活住居を設けることができるものとする。

また、基準附則第7条の規定により、平成18年4月1日に現に2を超える共同生活住居を設けているものについては、当分の間、当該共同生活住居を有することができるものとする。

1の事業所に複数の共同生活住居を設ける場合であっても、居間、食堂及び台所については、それぞれ共同生活住居ごとの専用の設備でなければならない。また、併設の事業所において行われる他のサービスの利用者がこれらの設備を共用することも原則として不可とする。ただし、指定認知症対応型共同生活介護を地域に開かれたものとするために有効であると考えられる共用型指定認知症対応型通所介護を、指定認知症対応型共同生活介護事業所の居間又は食堂において行うことは可能であるが、その場合にあっても、家庭的な雰囲気を維持する観点から、共用型指定認知症対応型通所介護の利用者は、共同生活住居ごとに、同一の時間帯において3人を上限とし、当該指定認知症対応型共同生活介護事業所の利用者の生活に支障のない範囲で居間又は食堂を利用することが必要である。

なお、それぞれの共同生活住居に対し、緊急時に速やかに対処できる距離、位置関係にあるなど、管理上特に支障がないと認められる場合は、事務室については兼用であっても差し支えない。

(2)　消火設備その他の非常災害に際して必要な設備

基準第93条第2項に定める「消火設備その他の非常災害に際して必要な設備」とは、消防法その他の法令等に規定された設備を示しており、それらの設備を確実に設置しなければならないものである。

なお、指定認知症対応型共同生活介護事業所については、原則として、全ての事業所でスプリンクラー設備の設置が義務づけられているので、留意されたい。

(3)　居室

1の居室の面積は、**7.43平方メートル**（和室であれば4.5畳）**以上**とされているが、生活の場であることを基本に、収納設備は別途確保するなど利用者の私物等も置くことができる充分な広さを

有するものとすること。また、居室とは、廊下、居間等につながる出入口があり、他の居室と明確に区分されているものをいい、単にカーテンや簡易なパネル等で室内を区分しただけと認められるものは含まれないこと。ただし、一般の住宅を改修している場合など、建物の構造上、各居室間がふすま等で仕切られている場合は、この限りでない。

さらに、居室を２人部屋とすることができる場合とは、例えば、夫婦で居室を利用する場合などであって、事業者の都合により一方的に２人部屋とするべきではない。なお、２人部屋については、特に居室面積の最低基準は示していないが、前記と同様に充分な広さを確保しなければならないものとする。

(4) 居間及び食堂

居間及び食堂は同一の室内とする場合であっても、居間、食堂のそれぞれの機能が独立していることが望ましい。また、その広さについても原則として利用者及び介護従業者が一堂に会するのに充分な広さを確保するものとする。

(5) 立地条件について

基準第93条第６項の規定は、指定小規模多機能型居宅介護に係る第67条第４項の規定と同趣旨であるため、第３の四の３の(2)の⑤を参照されたい。

なお、この規定は、平成18年４月１日に現に存する事業所について、改めて調査する必要があることを示したものではないので、留意されたい。

(6) 経過措置

基準附則第８条の規定により、平成18年４月１日に現に7.43平方メートルを下回る面積の居室を有している場合には、介護保険法等の一部を改正する法律（平成17年法律第77号）附則第10条第２項の規定により指定認知症対応型共同生活介護事業者とみなされた者が指定認知症対応型共同生活介護の事業を行う事業所の共同生活住居であって、平成18年４月１日の前日において指定居宅サービス等の事業の人員、設備及び運営に関する基準の一部を改正する省令（平成11年厚生省令第96号）附則第２項の規定の適用を受けていたものについては、第93条第４項の１の居室の床面積に関する基準（7.43平方メートル以上）の規定は適用しない。

六 地域密着型特定施設入居者生活介護

1 人員に関する基準

(1) 生活相談員（基準第110条第７項）

サテライト型特定施設（本体施設と密接な連携を確保しつつ、本体施設とは別の場所で運営される指定地域密着型特定施設をいう。また、本体施設とは、サテライト型特定施設と同じ法人により設置され、当該施設に対する支援機能を有する介護老人保健施設、介護医療院又は病院若しくは診療所をいう。この場合において、本体施設と密接な連携を確保する具体的な要件は、本体施設とサテライト型特定施設は、自動車等による移動に要する時間がおおむね20分以内の近距離であることをいう。以下、この号において同じ。）の生活相談員については、本体施設（介護老人保健施設に限る。）の支援相談員によるサービス提供が、当該本体施設の入所者及びサテライト型特定施設の入居者に適切に行われると認められるときは、これを置かないことができる。

2 設備に関する基準（基準第112条）

(1) 基準第112条第４項第１号イの「利用者の処遇上必要と認められる場合」とは、例えば、夫婦で居室を利用する場合などであって、事業者の都合により一方的に２人部屋とすることはできない。なお、基準附則第９条により、既存の指定特定施設で平成18年４月１日から地域密着型特定施設とみなされるものにおける定員４人以下の介護居室については、個室とする規定を適用しないものとする。

(2) 基準第112条第４項において、介護居室、一時介護室、食堂及び機能訓練室についていう「適当な広さ」については、面積による基準を定めることはせず、利用者の選択に委ねることとする。このため、具体的な広さについては、利用申込者のサービスの選択に資すると認められる重要事項であり、利用申込者に対する文書を交付しての説明及び掲示が必要となる。また、機能訓練室については、他に適当な場所が確保されている場合に設けないことができることとしたが、この場合には、同一敷地内にある若しくは道路を隔てて隣接する又は当該指定地域密着型特定施設の付近にある等機能訓練の実施に支障のない範囲内にある施設の設備を利用する場合も含まれるものである。

(3) 基準第112条第５項の「利用者が車椅子で円滑に移動することが可能な空間と構造」とは、段差の解消、廊下の幅の確保等の配慮がなされていることをいうものである。

(4) 基準第112条第６項の「消火設備その他の非常災害に際して必要な設備」とは、指定地域密着型

通所介護に係る第22条第1項の規定と同趣旨であるため、第3の二の二の2の(3)を参照されたい。
(5) 療養病床転換による基準緩和の経過措置
　一般病床、療養病床若しくは老人性認知症疾患療養病棟を有する病院又は一般病床若しくは療養病床を有する診療所の開設者が、当該病院の一般病床、療養病床若しくは老人性認知症疾患療養病棟又は当該診療所の一般病床若しくは療養病床を平成30年3月31日までの間に転換を行ってサテライト型特定施設である指定地域密着型特定施設を開設する場合にあっては、機能訓練室は、本体施設の機能訓練室を利用すれば足りることとする。
(6) 病院及び診療所の療養病床転換による浴室、便所及び食堂に関する基準の緩和（附則第18条）
　一般病床、療養病床若しくは老人性認知症疾患療養病棟を有する病院の一般病床、療養病床若しくは老人性認知症疾患療養病棟又は一般病床若しくは療養病床を有する診療所の一般病床若しくは療養病床を平成36年3月31日までの間に転換し、指定地域密着型特定施設入居者生活介護の事業を行う医療機関併設型指定地域密着型特定施設においては、当該医療機関併設型指定地域密着型特定施設における浴室、便所及び食堂に関しては、当該医療機関併設型指定地域密着型特定施設の入居者に対するサービス提供が適切に行われると認められる場合にあっては、置かないことができるものとする。
　なお、機能訓練指導室については、他に適当な場所が確保されている場合に設けないことができることとされており、この場合には、併設医療機関の設備を利用する場合も含まれるものである。

七　地域密着型介護老人福祉施設入所者生活介護

1　基本方針
(2) 指定地域密着型介護老人福祉施設の形態は、次のようなものが考えられる。
・単独の小規模の介護老人福祉施設
・本体施設のあるサテライト型居住施設
・居宅サービス事業所（通所介護事業所、短期入所生活介護事業所等）や地域密着型サービス事業所（地域密着型通所介護事業所、小規模多機能型居宅介護事業所等）と併設された小規模の介護老人福祉施設
　これらの形態を組み合わせると、本体施設＋指定地域密着型介護老人福祉施設（サテライト型居住施設）＋併設事業所といった事業形態も可能である。

(3) サテライト型居住施設とは、本体施設と密接な連携を確保しつつ、本体施設とは別の場所で運営される指定地域密着型介護老人福祉施設をいう。また、本体施設とは、サテライト型居住施設と同じ法人により設置され、当該施設に対する支援機能を有する指定介護老人福祉施設、指定地域密着型介護老人福祉施設、介護老人保健施設、介護医療院又は病院若しくは診療所をいう。
　また、サテライト型居住施設を設置する場合、各都道府県が介護保険事業支援計画において定める必要利用定員総数（指定地域密着型介護老人福祉施設である本体施設にあっては、各市町村が介護保険事業計画において定める必要利用定員総数）の範囲内であれば、本体施設の定員を減らす必要はない。ただし、各都道府県では、同計画の中で、介護老人福祉施設を始めとする介護保険施設の個室・ユニット化の整備目標を定めていることを踏まえ、サテライト型居住施設の仕組みを活用しながら、本体施設を改修するなど、ユニット型施設の整備割合が高まっていくようにする取組が求められる。
(4) 運営に関する基準に従って施設の運営をすることができなくなったことを理由として指定が取り消された直後に再度当該施設から指定地域密着型介護老人福祉施設について指定の申請がなされた場合には、当該施設が運営に関する基準を遵守することを確保することに特段の注意が必要であり、その改善状況等が十分に確認されない限り指定を行わないものとすること。
3　設備に関する基準（基準第132条）
(1) 便所等の面積又は数の定めのない設備については、それぞれの設備の持つ機能を十分に発揮し得る適当な広さ又は数を確保するよう配慮するものとする。
(2) 基準第132条第1項第8号は、指定地域密着型介護老人福祉施設にあっては入所者や従業者が少数であることから、廊下幅の一律の規制を緩和したものである。
　ここでいう「廊下の一部の幅を拡張すること等により、入所者、従業者等の円滑な往来に支障が生じないと認められるとき」とは、アルコーブを設けることなどにより、入所者、従業者等がすれ違う際にも支障が生じない場合を想定している。
　また、「これによらないことができる。」とは、建築基準法等他の法令の基準を満たす範囲内である必要がある。

(3) 基準第132条第1項第9号に定める「消火設備その他の非常災害に際して必要な設備」は、指定地域密着型通所介護に係る第22条第1項の規定と同趣旨であるため、第3の二の二の2の(3)を参照されたい。
(4) 療養病床転換による基準緩和の経過措置
　療養病床転換による設備に関する基準については、以下の基準の緩和を行うこととするので留意すること。
　① 病院の療養病床転換による食堂及び機能訓練室に関する基準の緩和
　　一般病床、療養病床若しくは老人性認知症疾患療養病棟を有する病院の一般病床、療養病床若しくは老人性認知症疾患療養病棟を平成36年3月31日までの間に転換し、指定地域密着型介護老人福祉施設を開設しようとする場合において、当該転換に係る食堂の面積は、入所者1人当たり**1平方メートル以上**を有し、機能訓練室の面積は、**40平方メートル以上**であればよいこととする。ただし、食事の提供又は機能訓練を行う場合において、当該食事の提供又は機能訓練に支障がない広さを確保することができるときは、同一の場所とすることができるものとする。また、当該転換を行って開設する指定地域密着型介護老人福祉施設がサテライト型居住施設の場合にあっては、機能訓練室は、本体施設における機能訓練室を利用すれば足りることとする。（附則第14条）
　② 診療所の療養病床転換による食堂及び機能訓練室に関する基準の緩和
　　一般病床又は療養病床を有する診療所の一般病床又は療養病床を平成36年3月31日までの間に転換し、指定地域密着型介護老人福祉施設を開設しようとする場合において、当該転換に係る食堂及び機能訓練室については、次の基準のいずれかに適合するものであればよいこととする。（附則第15条）
　　一 食堂及び機能訓練室の面積は、それぞれ必要な広さを有するものとし、合計して入所者1人当たり**3平方メートル以上**とすること。ただし、食事の提供又は機能訓練を行う場合において、当該食事の提供又は機能訓練に支障がない広さを確保することができるときは、同一の場所とすることができる。
　　二 食堂の面積は、入所者1人当たり**1平方メートル以上**を有し、機能訓練室の面積は、**40平方メートル以上**を有すること。ただし、食事の提供又は機能訓練を行う場合において、当該食事の提供又は機能訓練に支障がない広さを確保することができるときは、同一の場所とすることができる。また、当該転換を行って開設する指定地域密着型介護老人福祉施設がサテライト型居住施設の場合にあっては、機能訓練室は、本体施設における機能訓練室を利用すれば足りることとする。
　③ 病院及び診療所の療養病床転換による廊下幅に関する基準の緩和
　　一般病床、療養病床若しくは老人性認知症疾患療養病棟を有する病院の一般病床、療養病床若しくは老人性認知症疾患療養病棟又は一般病床若しくは療養病床を有する診療所の一般病床若しくは療養病床を平成36年3月31日までの間に転換し、指定地域密着型介護老人福祉施設を開設しようとする場合において、当該転換に係る廊下の幅については、内法による測定で、**1.2メートル以上**であればよいこととする。ただし、中廊下の幅は、内法による測定で、**1.6メートル以上**であればよいこととする。なお、廊下の幅は、壁から測定した幅でよいこととする。（附則第16条）
5　ユニット型指定地域密着型介護老人福祉施設
(2) 設備に関する要件（基準第160条）
　① ユニットケアを行うためには、入居者の自律的な生活を保障する居室（使い慣れた家具等を持ち込むことのできる個室）と、少人数の家庭的な雰囲気の中で生活できる共同生活室（居宅での居間に相当する部屋）が不可欠であることから、ユニット型指定地域密着型介護老人福祉施設は、施設全体を、こうした居室と共同生活室によって一体的に構成される場所（ユニット）を単位として構成し、運営しなければならない。
　② 入居者が、自室のあるユニットを超えて広がりのある日常生活を楽しむことができるよう、他のユニットの入居者と交流したり、多数の入居者が集まったりすることのできる場所を設けることが望ましい。
　③ ユニット（第1項第1号）
　　ユニットは、居宅に近い居住環境の下で、居宅における生活に近い日常の生活の中でケアを行うというユニットケアの特徴を踏まえたものでなければならない。
　④ 居室（第1号イ）

イ　前記①のとおりユニットケアには個室が不可欠なことから、居室の定員は1人とする。ただし、夫婦で居室を利用する場合などサービスの提供上必要と認められる場合は、2人部屋とすることができる。

ロ　居室は、いずれかのユニットに属するものとし、当該ユニットの共同生活室に近接して一体的に設けなければならない。

　この場合、「当該ユニットの共同生活室に近接して一体的に設け」られる居室とは、次の3つをいう。

(イ)　当該共同生活室に隣接している居室

(ロ)　当該共同生活室に隣接してはいないが、(イ)の居室と隣接している居室

(ハ)　その他当該共同生活室に近接して一体的に設けられている居室（他の共同生活室のイ及びロに該当する居室を除く。）

ハ　ユニットの入居定員

ユニット型指定地域密着型介護老人福祉施設は、各ユニットにおいて入居者が相互に社会的関係を築き、自律的な日常生活を営むことを支援するものであることから、1のユニットの入居定員は、10人以下とすることを原則とする。

ただし、敷地や建物の構造上の制約など特別の事情によりやむを得ない場合であって、各ユニットにおいて入居者が相互に社会的関係を築き、自律的な日常生活を営むことを支援するのに支障がないと認められる場合には、入居定員が10人を超えるユニットも認める。なお、この場合にあっても、次の2つの要件を満たさなければならない。

(イ)　入居定員が10人を超えるユニットにあっては、「おおむね10人」と言える範囲内の入居定員であること。

(ロ)　入居定員が10人を超えるユニットの数は、当該施設の総ユニット数の半数以下であること。

ニ　居室の床面積等

ユニット型指定地域密着型介護老人福祉施設では、居宅に近い居住環境の下で、居宅における生活に近い日常の生活の中でケアを行うため、入居者は長年使い慣れた箪笥などの家具を持ち込むことを想定しており、居室は次のいずれかに分類される。

(イ)　ユニット型個室

床面積は、**10.65平方メートル以上**（居室内に洗面設備が設けられているときはその面積を含み、居室内に便所が設けられているときはその面積を除く。）とすること。

また、入居者へのサービス提供上必要と認められる場合に2人部屋とするときは**21.3平方メートル以上**とすること。

(ロ)　ユニット型個室的多床室

ユニットに属さない居室を改修してユニットを造る場合であり、床面積は、**10.65平方メートル以上**（居室内に洗面設備が設けられているときはその面積を含み、居室内に便所が設けられているときはその面積を除く。）とすること。この場合にあっては、入居者同士の視線が遮断され、入居者のプライバシーが十分に確保されていれば、天井と壁との間に一定の隙間が生じていても差し支えない。

壁については、家具等のように可動のもので室内を区分しただけのものは認められず、可動でないものであって、プライバシーの確保のために適切な素材であることが必要である。

居室であるためには、一定程度以上の大きさの窓が必要であることから、多床室を仕切って窓のない居室を設けたとしても個室的多床室としては認められない。

また、居室への入口が、複数の居室で共同であったり、カーテンなどで仕切られているに過ぎないような場合には、十分なプライバシーが確保されているとはいえず、個室的多床室としては認められないものである。

入居者へのサービス提供上必要と認められる場合に2人部屋とするときは**21.3平方メートル以上**とすること。

なお、ユニットに属さない居室を改修してユニットを造る場合に、居室が(イ)の要件を満たしていれば、ユニット型個室に分類される。

⑤　共同生活室（第1号ロ）

イ　共同生活室は、いずれかのユニットに属するものとし、当該ユニットの入居者が交流し、共同で日常生活を営むための場所としてふさわしい形状を有するものでなければならない。このためには、次の2つの要件を満たす

必要がある。
　　　　(イ)　他のユニットの入居者が、当該共同生活室を通過することなく、施設内の他の場所に移動することができるようになっていること。
　　　　(ロ)　当該ユニットの入居者全員とその介護等を行う従業者が一度に食事をしたり、談話等を楽しんだりすることが可能な備品を備えた上で、当該共同生活室内を車椅子が支障なく通行できる形状が確保されていること。
　　　ロ　共同生活室には、要介護者が食事をしたり、談話等を楽しんだりするのに適したテーブル、椅子等の備品を備えなければならない。
　　　　また、入居者が、その心身の状況に応じて家事を行うことができるようにする観点から、簡易な流し・調理設備を設けることが望ましい。
　　⑥　洗面設備（第1号ハ）
　　　洗面設備は、居室ごとに設けることが望ましい。ただし、共同生活室ごとに適当数設けることとしても差し支えない。この場合にあっては、共同生活室内の1か所に集中して設けるのではなく、2か所以上に分散して設けることが望ましい。なお、居室ごとに設ける方式と、共同生活室ごとに設ける方式とを混在させても差し支えない。
　　⑦　便所（第1号ニ）
　　　便所は、居室ごとに設けることが望ましい。ただし、共同生活室ごとに適当数設けることとしても差し支えない。この場合にあっては、共同生活室内の1か所に集中して設けるのではなく、2か所以上に分散して設けることが望ましい。なお、居室ごとに設ける方式と、共同生活室ごとに設ける方式とを混在させても差し支えない。
　　⑧　浴室（第2号）
　　　浴室は、居室のある階ごとに設けることが望ましい。
　　⑨　ユニット型指定地域密着型介護老人福祉施設の設備については、前記の①から⑧までによるほか、第3の六の3を準用する。
八　看護小規模多機能型居宅介護
2　人員に関する基準
(1)　従業者の員数等（基準第171条）
　　　ハ　サテライト型看護小規模多機能型居宅介護事業所は、本体事業所との密接な連携を確保しつつ、運営するものであるため、次に掲げる要件をいずれも満たす必要があること。
　　　　a　本体事業所とサテライト型看護小規模多機能型居宅介護事業所の距離は、自動車等による移動に要する時間が概ね20分以内の近距離であること
　　　　b　1の本体事業所に係るサテライト型看護小規模多機能型居宅介護事業所の数は2箇所までとし、またサテライト型看護小規模多機能型居宅介護事業所1箇所及びサテライト型小規模多機能型居宅介護事業所1箇所を合わせ2箇所までとするものであること。
　　　ニ　本体事業所とサテライト型看護小規模多機能型居宅介護事業所は、同一の日常生活圏域内に所在することが望ましいが、隣接する市町村における指定看護小規模多機能型居宅介護事業所とすることも差し支えないものである。
　　　ホ　なお、市町村長は、サテライト型看護小規模多機能型居宅介護事業所の指定に当たっては、他の地域密着型サービスの指定の場合と同様、あらかじめ市町村に設置される地域密着型サービス運営委員会等の意見を聴き、必要があると認められる場合は、指定の際に条件を付す等により、事業の適正な運営に当たっての措置を講ずること。
3　設備に関する基準
(1)　登録定員（基準第174条）
　①　指定看護小規模多機能型居宅介護事業所は、その登録定員を29人（サテライト型看護小規模多機能型居宅介護事業所にあっては、18人）以下としなければならないとしたものである。指定看護小規模多機能型居宅介護においては、利用者と従業者のなじみの関係を築きながらサービスを提供する観点から、利用者は1か所の指定看護小規模多機能型居宅介護事業所に限って利用者登録を行うことができるものであり、複数の指定看護小規模多機能型居宅介護事業所の利用は認められないものである。
　②　指定看護小規模多機能型居宅介護事業所は、その通いサービスの利用定員を登録定員の**2分の1から15人**（登録定員が25人を超える指定看護小規模多機能型居宅介護事業所にあっては、登録定員に応じて、基準第174条第2項第1号

の表中に定める数、サテライト型看護小規模多機能型居宅介護事業所にあっては、12人）まで、宿泊サービスの利用定員を通いサービスの利用定員の3分の1から9人（サテライト型看護小規模多機能型居宅介護事業所にあっては、6人）までとしなければならない。この場合における利用定員については、当該指定看護小規模多機能型居宅介護事業所において1日当たりの同時にサービスの提供を受ける者の上限を指すものであり、1日当たりの延べ人数ではないことに留意すること。なお、基準第182条において準用する基準第82条の規定により、特に必要と認められる場合は、当該利用定員を超えるサービス提供も差し支えないこととされているので、指定看護小規模多機能型居宅介護が利用者の心身の状況に応じ、柔軟に通いサービス、訪問サービス、宿泊サービスを組み合わせて提供されるものであることを踏まえ、適切なサービス提供を行うこと。
　③　指定看護小規模多機能型居宅介護事業所に併設している有料老人ホームの入居者が指定看護小規模多機能型居宅介護を利用することは可能である（ただし、特定施設入居者生活介護を受けている間は、介護報酬は算定できない。）が、養護老人ホームの入所者が指定看護小規模多機能型居宅介護を利用することについては、養護老人ホームは措置費の下で施設サービスとして基礎的な生活支援が行われているところであり、養護老人ホームの入所者が指定看護小規模多機能型居宅介護を利用することは想定していないものである。
(2)　設備及び備品等（基準第175条）
　①　基準第175条第1項にいう「事業所」及び「消火設備その他の非常災害に際して必要な設備」は、指定地域密着型通所介護に係る第22条第1項の規定と同趣旨であるため、第3の二の2の(1)及び(3)を参照されたい。
　②　居間及び食堂
　　イ　居間及び食堂は同一の室内とする場合であっても、居間、食堂のそれぞれの機能が独立していることが望ましい。また、その広さについても原則として利用者及び看護小規模多機能型居宅介護従業者が一堂に会するのに充分な広さを確保するものとする。
　　ロ　居間及び食堂は、機能を十分に発揮しうる適当な広さを確保することが必要である。

　　なお、基準第174条第2項第1号の規定により、通いサービスの利用定員について15人を超えて定める指定看護小規模多機能型居宅介護事業所にあっては、居間及び食堂を合計した面積は、利用者の処遇に支障がないと認められる十分な広さ（1人当たり3㎡以上）を確保することが必要である。
　③　宿泊室
　　イ　民家等の既存施設を活用した効率的なサービス提供等を可能とする観点から、宿泊専用の個室がない場合であっても、宿泊室についてプライバシーが確保されたしつらえになっていれば差し支えない。プライバシーが確保されたものとは、例えば、パーティションや家具などにより利用者同士の視線の遮断が確保されるようなものである必要があるが、壁やふすまのような建具まで要するということではない。ただし、カーテンはプライバシーが確保されたものとは考えにくいことから認められないものである。
　　ロ　利用者が泊まるスペースは、基本的に1人当たり7.43㎡程度あり、かつ、その構造がプライバシーが確保されたものであることが必要であることから、例えば、6畳間であれば、基本的に1人を宿泊させることになる。ただし、利用者の希望等により、6畳間で一時的に2人を宿泊させるという状態があったとしても、そのことをもって直ちに基準違反となるものではないことに留意すること。また、指定看護小規模多機能型居宅介護事業所が病院又は診療所である場合であって、宿泊室の定員が1人の場合には、利用者が泊まるスペースは、1人当たり6.4㎡程度以上として差し支えない。
　　ハ　指定看護小規模多機能型居宅介護事業所が有床診療所である場合については、有床診療所の病床を宿泊室として柔軟に活用することは差し支えない。ただし、当該病床のうち1病床以上は利用者の専用のものとして確保しておくこと。
　　ニ　他の利用者が通らない宿泊室と連続した縁側等については、宿泊室の面積に含めて差し支えない。
　　ホ　ハにおいては、イ、ロ及びニに準じるものであるが、有床診療所の入院患者と同じ居室を利用する場合も想定されることから、衛生

管理等について必要な措置を講ずること。
④ 指定認知症対応型共同生活介護事業所の居間を指定看護小規模多機能型居宅介護の居間として共用することは、指定認知症対応型共同生活介護事業所の居間は入居者の生活空間であることから、基本的に指定看護小規模多機能型居宅介護の居間との共用は認められないものである。ただし、事業所が小規模である場合（指定看護小規模多機能型居宅介護事業所の通いサービスの利用定員と指定認知症対応型共同生活介護事業所の定員の合計が15名以下である場合）などで、指定認知症対応型共同生活介護事業所の居間として必要なものが確保されており、かつ、指定看護小規模多機能型居宅介護の居間として機能を十分に発揮しうる適当な広さを有している場合は、共用としても差し支えない。

また、指定看護小規模多機能型居宅介護の居間及び食堂を指定通所介護等の機能訓練室及び食堂として共用することは認められないが、法第115条の45第１項に規定する介護予防・日常生活支援総合事業の交流スペースとして共用することは、事業所が小規模である場合（指定看護小規模多機能型居宅介護事業所の通いサービスの利用者と介護予防・日常生活支援総合事業の交流スペースの参加者の合計が少数である場合）などで、指定看護小規模多機能型居宅介護の居間及び食堂として機能を十分に発揮しうる適当な広さが確保されており、利用者に対する指定看護小規模多機能型居宅介護の提供に支障がない場合は差し支えない。なお、浴室、トイレ等を共用することは差し支えないが、指定通所介護事業所等の浴室を活用する場合、当該指定通所介護事業所等の利用者が利用している時間帯に指定看護小規模多機能型居宅介護事業所の利用者が利用できない取扱いとするなど画一的な取扱いは行わないこと。

⑤ 事業所の立地基準第175条第４項の規定は、指定小規模多機能型居宅介護に係る第67条第４項の規定と同趣旨であるため、第３の四の３の(2)の⑤を参照されたい。

資料　法令番号

- 昭 23. 7.30　法律第 205 号◎医療法
- 昭 23. 7.30　法律第 201 号◎医師法
- 昭 23. 7.30　法律第 202 号◎歯科医師法
- 昭 23.11. 5　厚生省令第 50 号◎医療法施行規則
- 昭 36. 8. 7　衛発第 644 号○一般病院における併設精神科病棟（室）建築基準について
- 昭 38. 7.11　法律第 133 号◎老人福祉法
- 昭 44. 6.23　衛発第 431 号○精神科病院建築基準の改正について
- 昭 52. 7. 6　医発第 692 号○救急医療対策の整備事業について
- 昭 62. 9.18　社施第 107 号○社会福祉施設における防火安全対策の強化について
- 昭 63. 7. 5　健医発第 785 号○老人性認知症疾患治療病棟及び老人性認知症疾患デイ・ケア施設の施設整備基準について
- 昭 63.11.11　老健第 24 号○介護老人保健施設における防火、防災対策について
- 昭 63.11.29　厚生労働省告示第 273 号◎健康増進施設認定規程
- 平 4.12.10　健医発第 1415 号○結核患者収容モデル事業の実施について
- 平 5. 2.15　健政発第 98 号○医療法の一部を改正する法律の一部の施行について
- 平 5. 2.15　指第 14 号○病院、診療所等の業務委託について
- 平 5. 7.28　健医発第 825 号○エイズ治療の拠点病院の整備について
- 平 6. 3.16　健医精発第 12 号○老人性認知症治療病棟施設整備基準について
- 平 7. 4.26　健政発第 390 号○医療施設と疾病予防施設等との合築について
- 平 9. 3.24　衛食第 85 号○大規模食中毒対策等について
- 平 9.12.17　法律第 123 号◎介護保険法
- 平 10.10. 2　法律第 114 号◎感染症の予防及び感染症の患者に対する医療に関する法律
- 平 11. 3.31　厚生省令第 36 号◎介護保険法施行規則
- 平 11. 3.31　厚生省令第 46 号◎特別養護老人ホームの設備及び運営に関する基準
- 平 11. 3.31　厚生省令第 40 号◎介護老人保健施設の人員、施設及び設備並びに運営に関する基準
- 平 11. 3.31　厚生省令第 37 号◎指定居宅サービス等の事業の人員、設備及び運営に関する基準
- 平 11. 9.17　老企第 25 号○指定居宅サービス等及び指定介護予防サービス等に関する基準について
- 平 12. 3.17　老発第 214 号○特別養護老人ホームの設備及び運営に関する基準について
- 平 12. 3.17　老企第 44 号○介護老人保健施設の人員、施設及び設備並びに運営に関する基準について
- 平 12. 9. 5　老健第 115 号○認知症専門棟に係る施設基準について
- 平 12. 9.27　老発第 655 号○高齢者生活福祉センター運営事業の実施について
- 平 13. 2.22　医政発第 125 号○医療法等の一部を改正する法律等の施行について
- 平 13. 3.28　老発第 114 号・国住備発第 51 号○シルバーハウジング・プロジェクトの実施について
- 平 13. 4. 6　法律第 26 号◎高齢者の居住の安定確保に関する法律
- 平 13. 8. 3　国土交通省令第 115 号◎高齢者の居住の安定確保に関する法律施行規則
- 平 13. 8. 3　国土交通省告示第 1296 号◎高齢者の居住の安定確保に関する法律施行規則第 34 条第 1 項第 9 号の国土交通大臣の定める基準
- 平 14. 7.18　老発第 0718003 号○有料老人ホームの設置運営標準指導指針について
- 平 14.12.11　厚生労働省令第 158 号◎医師法第 16 条の 2 第 1 項に規定する臨床研修に関する省令
- 平 15. 6.12　医政発第 0612004 号○医師法第 16 条の 2 第 1 項に規定する臨床研修に関する省令の施行について

平 15. 7.25	厚生労働省告示第 264 号◎レジオネラ症を予防するために必要な措置に関する技術上の指針	
平 16. 3. 3	健感発第 0303001 号○感染症指定医療機関の施設基準に関する手引きについて	
平 17. 6.28	厚生労働省令第 103 号◎歯科医師法第 16 条の2第1項に規定する臨床研修に関する省令	
平 17. 7.14	障精発第 0714001 号○心神喪失等の状態で重大な他害行為を行った者の医療及び観察等に関する法律の施行について	
平 17. 8. 2	障精発第 0802003 号○基本診療料及び医療観察精神科専門療法の施設基準及びその届出に関する手続の取扱いについて	
平 18. 3. 6	保医発第 0306009 号○入院時食事療養費に係る食事療養及び入院時生活療養費に係る生活療養の実施上の留意事項について	
平 18. 3. 6	保医発第 0306011 号○認知症治療病棟の施設基準の運用について	
平 18. 3.13	保医発第 0313003 号○「療担規則及び薬担規則並びに療担基準に基づき厚生労働大臣が定める掲示事項等」及び「保険外併用療養費に係る厚生労働大臣が定める医薬品等」の実施上の留意事項について	
平 18. 3.14	厚生労働省令第 34 号◎指定地域密着型サービスの事業の人員、設備及び運営に関する基準	
平 18. 3.31	老計発第 0331004 号・老振発第 0331004 号・老老発第 0331017 号○指定地域密着型サービス及び指定地域密着型介護予防サービスに関する基準について	
平 20. 3. 5	厚生労働省告示第 62 号◎基本診療料の施設基準等	
平 20. 3. 5	厚生労働省告示第 63 号◎特掲診療料の施設基準等	
平 20. 5. 9	厚生労働省令第 107 号◎軽費老人ホームの設備及び運営に関する基準	
平 20. 5.30	老発第 0530002 号○軽費老人ホームの設備及び運営に関する基準について	
平 23. 8.12	厚生労働・国土交通省令第2号◎国土交通省・厚生労働省関係高齢者の居住の安定確保に関する法律施行規則	
平 23.10. 7	厚生労働省・国土交通省告示第2号◎国土交通省・厚生労働省関係高齢者の居住の安定確保に関する法律施行規則第 10 条第5号の国土交通大臣及び厚生労働大臣の定める基準	
平 24. 3.21	医政発 0321 第2号○災害時における医療体制の充実強化について	
平 26. 1.10	健発 0110 第7号○がん診療連携拠点病院等の整備について	
平 26. 8. 1	国都計第 67 号○開発許可制度運用指針	
平 26.12.19	医政地発 1219 第1○医療機関における院内感染対策について	
平 29. 3.31	医政地発 0331 第3号○疾病・事業及び在宅医療に係る医療体制について	
平 29. 3.31	健発 0331 第8号○肝疾患に関する診療体制及び肝疾患患者に対する支援体制の整備について	
平 30. 1.18	厚生労働省令第5号◎介護医療院の人員、施設及び設備並びに運営に関する基準	
平 30. 3. 5	保医発 0305 第1号○診療報酬の算定方法の一部改正に伴う実施上の留意事項について	
平 30. 3. 5	保医発 0305 第2号○基本診療料の施設基準等及びその届出に関する手続きの取扱いについて	
平 30. 3. 5	保医発 0305 第3号○特掲診療料の施設基準等及びその届出に関する手続きの取扱いについて	
平 30. 3.22	老老発 0322 第1号○介護医療院の人員、施設及び設備並びに運営に関する基準について	
平 30. 3.27	医政発 0327 第 31 号・老発 0327 第6号○病院又は診療所と介護保険施設等との併設等について	

「改訂 医療福祉施設 計画・設計のための法令ハンドブック」編集体制

医療施設グループ

板谷　善晃　　清水建設　プロポーザル・ソリューション推進室　医療福祉計画部
加藤　拓郎　　山下設計　東京本社　第1設計部
郡　　明宏　　鹿島建設　建築設計本部　建築設計統括グループ
小林　健一　　国立保健医療科学院　医療・福祉サービス研究部

福祉施設グループ

赤桐　雅子　　赤桐雅子＋西田雄一建築設計事務所
糸山　　剛　　竹中工務店　営業本部
菅野　正広　　かん一級建築士事務所

設　備

鈴村　明文　　長大　社会事業本部　まちづくり事業部

(それぞれ五十音順)

改訂
医療福祉施設　計画・設計のための法令ハンドブック

2018年8月1日　発行

編　集	一般社団法人日本医療福祉建築協会
協　力	一般社団法人日本医療福祉設備協会
発行者	荘村明彦
発行所	中央法規出版株式会社
	〒110-0016　東京都台東区台東3-29-1　中央法規ビル
	営　業　TEL 03-3834-5817　FAX 03-3837-8037
	書店窓口　TEL 03-3834-5815　FAX 03-3837-8035
	編　集　TEL 058-231-8745　FAX 058-231-8166
	URL　https://www.chuohoki.co.jp/

印刷・製本　長野印刷商工株式会社
ISBN978-4-8058-5725-0

落丁本・乱丁本はお取り替えいたします。
定価はカバーに表示してあります。
本書のコピー、スキャン、デジタル化等の無断複製は、著作権法上での例外を除き禁じられています。また、本書を代行業者等の第三者に依頼してコピー、スキャン、デジタル化することは、たとえ個人や家庭内での利用であっても著作権法違反です。